LES REINES DE FRANCE

*

Le siècle des Valois

Du même auteur

Henri IV et la Providence, éditions de Fallois, Paris, 2020.

Le Roman d'Ulysse, éditions de Fallois, Paris, 2017.

Louis XIII et Richelieu : la malentente, éditions de Fallois, Paris, 2016.

Le Procès Fouquet, éditions de Fallois, Paris, 2013. Grand prix du livre d'histoire Ouest-France en 2014. Grand prix du livre d'histoire Ouest-France en 2014.

Condé le héros fourvoyé, éditions de Fallois, Paris, 2011. Réédition au format de poche : Librairie générale française, coll. « Le Livre de poche », Paris, 2014.

Dumas et les Mousquetaires *: histoire d'un chef-d'œuvre*, éditions de Fallois, Paris, 2009. Réédition au format de poche : Librairie générale française, coll. « Le Livre de poche », Paris, 2010.

Mazarin, le maître du jeu. Prix de la meilleure biographie de l'année 2007 du magazine *Lire*. Lauréat du 32e prix de la Fondation Pierre-Lafue, sélectionné pour le Prix Essai France Télévisions 2008. Première édition : éditions de Fallois, Paris, 2007. Réédition au format de poche : Librairie générale française, coll. « Le Livre de poche » no 31283, Paris, 2009.

Apologie pour Clytemnestre. Ouvrage récompensé par le prix Océanes 2005. Première édition : éditions de Fallois, Paris, 2003. Réédition au format de poche : Librairie générale française, coll. « Le Livre de poche » no 30658, Paris, 2006. Traduction en grec moderne par Maria Kekropoulou, Ekdoseis Enalios, Athènes, 2004.

Le Cardinal de Retz, éditions Memini, coll. « Bibliographica. Bibliographie des écrivains français » no 20, Paris et Rome, 2000.

Les Reines de France au temps des Bourbons : 4. Marie-Antoinette, l'insoumise. Ouvrage récompensé par le Prix de la biographie de l'Académie française, le prix des Ambassadeurs et le prix Maison de la presse 2002 : Première édition : éditions de Fallois, Paris, 2002. Réédition au format de poche : Librairie générale française, coll. « Le Livre de poche » no 15572, Paris, 2003. *The Indomitable Marie-Antoinette*, traduction anglaise par Mary Hudson, éditions de Fallois, Paris, 2014.

Les Reines de France au temps des Bourbons : 3. La reine et la favorite. Ouvrage récompensé par le Prix des lecteurs de la bibliothèque de la Ville de Paris en 1998. Première édition : éditions de Fallois, Paris, 2000. Réédition au format de poche : Librairie générale française, coll. « Le Livre de poche » no 15287, Paris, 2002.

Les Reines de France au temps des Bourbons : 2. Les femmes du Roi-Soleil. Ouvrage récompensé par le prix Hugues-Capet : Première édition : éditions de Fallois, Paris, 1998. Réédition au format de poche : Librairie générale française, coll. « Le Livre de poche » no 14712, Paris, 1999.

Les Reines de France au temps des Bourbons : 1. Les deux régentes. Ouvrage récompensé par le prix Chateaubriand en 1996 : Première édition : éditions de Fallois, Paris, 1996, coll. « Le Livre de poche » no 14529, Paris, 1998.

(suite en fin d'ouvrage)

SIMONE BERTIÈRE

LES REINES DE FRANCE

*

Le siècle des Valois

PERRIN

92, avenue de France
75013 Paris
Tél. : 01 44 16 08 00

ISBN : 978-2-262-10141-1
Dépôt légal : octobre 2022

Mise en pages : Nord Compo

À mon mari
André Bertière
(1922-1975)

in memoriam

Préface

Vingt ans déjà ! Vingt ans que mon histoire des *Reines de France* aux Temps modernes, entamée en 1994 avec l'énergique Anne de Bretagne, éprise du pouvoir, s'est achevée en 2002 sur l'exécution de l'indocile Marie-Antoinette, qui s'était permis d'en refuser les servitudes. Puis-je risquer ici une confidence d'ordre personnel ? Cette saga me tient à cœur parce qu'elle m'a consacrée comme « historienne ». Or telle n'était pas ma vocation première. D'abord étiquetée scientifique au lycée sous prétexte que j'avais l'esprit clair, je fis, par goût, une carrière universitaire en littérature générale et comparée. Une préférence marquée pour les œuvres non contemporaines, puis l'intérêt partagé avec mon mari pour les mémorialistes de la Fronde (notamment Retz) se sont conjugués pour me pousser, par-delà l'histoire littéraire, vers l'Histoire tout court. Cette conversion tardive n'impliquait aucune réforme dans les méthodes de travail : les voies de la recherche y sont analogues. J'ai simplement transposé dans la rédaction de ce livre quelques-unes de mes habitudes d'enseignante – particulièrement le souci de rester intelligible pour un public non averti. Ce n'est donc pas en amateur, mais pleine d'expérience que je m'y suis consacrée entièrement, une fois veuve et mes trois enfants ayant pris leur envol, lorsque la retraite m'a rendu ma liberté. Et j'y ai gagné une seconde vie.

*

Pourquoi me pencher sur le sort des reines ? À une époque où sévissait encore la *doxa* marxiste qui refusait aux individus toute influence sur le cours des événements, j'allais à contre-courant. Haro sur le « récit national » ! Mais pour en discuter, mieux vaut en connaître le contenu. Je percevais autour de moi un désir de cohérence et un appétit de concret. Or dans l'image qu'on nous offrait du passé, il y avait une injustice à réparer, un angle mort appelant la lumière. Contrairement à ses voisins, notre pays, invoquant une loi dite « salique », avait choisi, vers la fin du Moyen Âge, d'exclure les femmes du trône, qu'elles avaient naguère brillamment occupé, et de limiter leur rôle à celui d'épouse et de mère. Rendues quasi invisibles, elles ne captaient l'attention des chroniqueurs que lorsque l'absence ou la mort de leur seigneur et maître leur donnait accès au pouvoir, à titre de régentes. Et les historiens successifs ne prenaient en compte dans leur vie que leur période d'activité politique : n'avaient-elles donc rien fait avant d'être veuves ? Point besoin d'être militante féministe pour juger que toutes méritaient mieux. Mon enquête leur restituerait, à côté de leur époux, ou en tant que mère d'un roi mineur, la place qui leur était légitimement due. Je ne visais pas plus loin au départ. J'ai découvert ensuite que je n'étais pas seule à m'intéresser à leur sort. Il sert aujourd'hui de référence obligée dans les débats traitant du pouvoir des femmes en politique.

Évoquer leurs destins respectifs implique une plongée dans trois siècles d'histoire de France. Dans l'évocation du passé, deux options, également prometteuses, s'offrent à l'historien : y chercher le prélude de ce qui s'ensuivra et donc travailler sur le long terme, ou bien, comme j'ai choisi de le faire, l'envisager pour lui-même en faisant ressortir ce qu'il a de singulier. On a coutume de s'extasier sur la stabilité de la nature humaine, présumée identique en tout lieu et en tout temps. Mais cette nature ne se manifeste-t-elle pas de façon diverse au gré des circonstances ? Chaque époque a son mode de vie et ses coutumes, impliquant une vision du monde et une morale. Nos ancêtres croyaient en Dieu, à son intervention permanente dans le cours de leur existence et ils avaient peur de l'enfer. Rythmée par les saisons, leur vie était rude, même pour les mieux protégés. Ils s'éclairaient à la lampe à huile ou à la bougie. Durs au mal pour eux-mêmes et cruels pour autrui, ils ne s'émouvaient guère au spectacle de la mort, souvent violente, qui pouvait survenir à tout âge, et ils opposaient à la souffrance physique une stupéfiante résistance. Ils avaient pour lot quotidien l'inconfort et l'insécurité, qu'aidait à supporter l'espoir d'une vie éternelle meilleure.

Les représenter « comme ils étaient » ? Pas d'illusions. La « résurrection » fidèle du passé dont rêvait Michelet est une chimère. L'image que je donne d'eux est tributaire de mon propre regard. Je n'échappe pas aux effets de ce « biais », notamment dans la place respective attribuée aux différents épisodes. Mais du moins le corps du récit colle aux témoignages. Je rapporte ce qu'ont dit et fait les personnages sans leur prêter un mot qu'ils ne soient censés avoir prononcé et ils restent dans le cadre que décrivent les documents. Bref, je n'ajoute pas de « couleur locale » et j'évite de « romancer ». Sur le plan moral, pas question de distribuer blâmes et *satisfecit*. Place à l'image, souvent contrastée, qu'en donnent les contemporains. Il appartiendra aux lecteurs successifs de porter sur eux un jugement, qui variera au fil des années. Mais ils peuvent compter pour cela sur la véracité littérale des faits attestés – « documentés », comme disent les chercheurs – dans un récit honnête, qui ne triche pas, qui ne glisse pas sous le tapis les détails encombrants, qui répartit équitablement la lumière entre les divers participants et ignore le manichéisme.

*

Mais, dira-t-on, ce panorama a trente ans : n'a-t-il pas passé la date de péremption ? Exige-t-il une mise à jour pour cause d'informations nouvelles ? Non. Les recherches menées depuis lors ont livré de précieux détails[1], mais aucune découverte notoire n'a disqualifié les événements racontés. Le récit en est donc jusqu'à nouvel ordre fiable. Dois-je le réécrire en une langue plus libre, plus « moderne » – c'est-à-dire plus crue ? Les vieux pamphlets incitent certes à glisser vers le burlesque. Mais ce serait prendre parti et tuer d'avance tout débat. Je préfère donc respecter mes personnages, même s'ils sont très

1. J'ai naturellement revu la Bibliographie, en ajoutant les principaux travaux parus depuis l'édition originale.

différents de moi. Ils se sont interrogés sur la structure de la société, sur les moyens de l'action politique et sur ses rapports avec la morale. La vie des reines constitue un vaste réservoir de questions, auxquelles elle offre des éléments de réponse. Au premier chef se pose, de nos jours, celle de l'inégalité persistante entre hommes et femmes pour l'accès au pouvoir – ce qui leur vaut la sympathie des militantes féministes. Mais leur histoire laisse entendre que cette inégalité n'est pas un simple problème sociétal de répartition des tâches, et qu'elle repose sur des substrats philosophiques et religieux, encore vivaces dans diverses cultures. Beaucoup d'autres questions peuvent surgir au passage, sur la liberté tout court et les libertés au pluriel, sur la guerre, juste ou injuste, sur la violence, ses modalités, ses effets. La liste n'est pas close, et de loin.

Je n'ai que trop glosé. Encore une confidence, la dernière. Rien ne m'obligeait à écrire. Rien ne m'y avait préparée. Aucune vocation précoce n'a marqué mon adolescence et, à soixante ans, retraitée et veuve, je n'avais à mon actif que des cours polycopiés lorsque Bernard de Fallois me mit le pied à l'étrier en acceptant de publier ma biographie du cardinal de Retz, issue des travaux accomplis auprès de mon mari. Que devenir ensuite ? C'en était fini pour moi des projets de carrière et des parcours balisés. Je fis un saut dans l'inconnu. Je ne m'affiliai à aucune « école » et ne me liai à aucun patron. Quand j'y repense après coup, n'était-ce pas tenter le diable ? Je cherchais un sujet assez neuf pour me procurer les joies de la découverte. Personne ne semblait s'être penché sur la condition des jeunes femmes qui épousaient les rois de France. Je m'en emparai aussitôt.

Le travail de rédaction n'a pas été un *pensum,* mais il a perturbé mon emploi du temps, qui a dû se plier aux caprices de ce que j'appelais faute de mieux l'inspiration et il a troublé le sommeil nocturne de mon chat. Le goût de l'écriture m'est venu et ma plume s'est déliée. J'ai pris plaisir à manier les mots. Je me suis immergée dans le passé. J'ai aimé mes personnages – à tel point que, plus tard, j'ai consacré à certains d'entre eux une étude plus poussée, ou même un volume entier. Et en échange, m'arrachant à l'ennui qui nous guette tous avec l'âge, ils ont assuré ma survie et m'ont valu un statut reconnu d'écrivain – oui, vous avez bien lu, sans *e* à la fin. Parce que ce n'est pas un attribut qui m'est propre, mais un métier non « genré » que j'exerce, et parce que je réprouve toute forme de viol, y compris sur la langue française. Mais cela ne m'empêche pas de plaider ardemment pour un plus large accès des femmes à toutes les fonctions quand elles ont les compétences et la détermination requises.

C'est donc sur un message d'optimisme que je souhaite terminer. Rien n'est perdu sans recours. On peut toujours rebondir. Un peu de chance, beaucoup de travail : grâce à quoi j'ai eu deux vies et mes livres plusieurs, comme l'atteste cette nouvelle édition, entièrement revue et corrigée. Il ne faut jamais désespérer. Tel est aussi l'ultime conseil que n'ont cessé de nous donner les plus remarquables de nos reines.

Paris, printemps 2022

Préambule

Quel sort attend une jeune femme, sous l'Ancien Régime, quand elle épouse le roi de France ? Quelle place est faite aux reines dans ce royaume régi par la loi salique, qui les écarte du pouvoir ? Pourquoi et comment quelques-unes parviennent-elles à s'imposer alors que d'autres y sont broyées ? Épouses ou mères du roi régnant, vouées à la seule procréation ou associées à la gestion du royaume, elles offrent dans leur diversité une image contrastée de ce qu'était leur condition. Telles sont les questions qui serviront de fil rouge à ce récit.

Tout d'abord, il me fallait lui assigner un cadre temporel. Devais-je remonter aux origines, jusqu'à Clovis ? Pour des motifs de compétence et de goût, j'ai choisi de prendre en marche le train de l'histoire. Mieux que le Moyen Âge, trop vaste et trop divers, les siècles suivants se prêtent à une narration continue. Le royaume s'agrandit, la monarchie se consolide, les règles de succession au trône, clairement définies, fixent pour trois cents ans le statut des reines de France. Et celles de ce temps, plus proches de nous psychologiquement que leurs aînées, connues grâce à des documents plus nombreux, nous sont plus aisément intelligibles. Il sera plus facile de s'identifier à Anne de Bretagne qu'à son homonyme jadis venue de Kiev. Son avènement – 1591 – s'impose comme point de départ. Il précède d'un an seulement la découverte de l'Amérique et l'expulsion des derniers Maures d'Espagne, qui marquent le début de ce qu'il est convenu d'appeler les Temps Modernes. Le récit se déroule alors en continu jusqu'au moment où la fin tragique de Marie-Antoinette dépouille la fonction de reine de son antique prestige.

L'Histoire, complaisante, fournit à ce récit une structure toute prête : trois siècles, bien distincts, constituent la matière de trois volumes qui paraîtront l'un après l'autre. Voici le premier d'entre eux, consacré au XVIe siècle. Il évoque l'apogée puis l'effondrement des Valois, dont le nom lui est attaché bien que leur dynastie règne depuis longtemps déjà. À son terme l'année 1600, où Henri IV, enfin séparé de sa femme Marguerite, épouse Marie de Médicis, marque une rupture avec le passé et inaugure une ère nouvelle.

Les reines s'y succèdent à un rythme rapide. Elles sont dix, d'origine diverse. Impérieuses ou timides, elles se suivent et ne se ressemblent pas. Mais toutes sont attachantes, notamment les plus obscures, les délaissées, les figurantes, celles que les historiens renvoient, non sans condescendance, à leurs travaux d'aiguille et à leur quenouille. Pourtant il y en a toujours une, sauf exception, auprès du roi de France. On en trouve même souvent plusieurs : mère et épouse se partagent les fonctions de reine, dont il leur arrive de déléguer une part à d'autres femmes de la famille, filles ou sœurs. Et la plus reine de toutes n'est pas forcément celle qui en porte officiellement le titre. Aucune ne manque ici à l'appel.

La France qu'elles découvrent offre un visage très contrasté. Dans la première moitié d'un siècle qui sera qualifié de *Beau*, tout concourt au rayonnement de la monarchie entre les mains de souverains au pouvoir raffermi, dans un pays en paix, qui se couvre d'admirables châteaux et voit la Renaissance déployer sa splendeur Le temps est faste pour Anne de Bretagne, Jeanne de France, Marie d'Angleterre, Claude de France et Éléonore d'Autriche, tandis que la très jeune Catherine de Médicis tient le rôle de Cendrillon.

Mais au mitan du siècle, l'irruption de la Réforme précipite le pays dans des affrontements sanglants dont l'horreur culmine à la Saint-Barthélemy : trente-cinq ans de guerres civiles, alimentées par les ambitions nobiliaires et le fanatisme religieux, tandis qu'agonisent les derniers Valois. Pour les cinq reines concernées, la vie privée est rythmée par les péripéties qui déchirent la France. Trois d'entre elles sont entrées dans la légende. Omniprésente, la reine mère Catherine de Médicis, que le veuvage métamorphose en homme d'État, dirige le royaume au nom de ses fils. Sa première bru, Marie Stuart, et sa dernière fille, Marguerite de Valois – la fameuse « Margot » –, se brûlent aux feux de l'amour et de la politique. À côté d'elles, la douce Élisabeth d'Autriche ne compte guère. Mais Louise de Lorraine, épouse aimante et aimée de Henri III est à redécouvrir.

Quelle fut dans le destin de ces reines la part respective de leur personnalité et des circonstances ? À ces questions, il ne peut y avoir de réponses qu'individuelles. Chacune m'a intéressée pour elle-même, en tant qu'être unique, et pas seulement pour le rôle qu'elle a joué dans l'histoire de France. Et je me suis aperçue que même les reines de premier plan, dont l'action politique est bien connue, prenaient un visage un peu différent si l'on concentrait la lumière sur leur personne.

Pas de développements abstraits donc, sinon, au départ, un bref rappel des règles du métier. Des évocations concrètes, vivantes. Une série de portraits. Que dis-je, portraits ? Leur condition de reines, elles l'ont vécue dans la durée. Impossible de les figer dans des figures d'oraison funèbre, avec distribution d'éloges et de blâmes, comme on en trouve tant dans les livres anciens. Pour tenter de les comprendre, il me fallait les immerger dans le flux des événements vécus au jour le jour et par conséquent racontés avec précision et en détail. Et par ce biais l'histoire de France, dont je pensais ne faire qu'une toile de fond, est revenue en force. Pas sous tous ses aspects cependant. Elle y apparaît sous un angle un peu insolite, vue de l'appartement des reines – que cet appartement soit la chambre où elles mettaient au monde leurs enfants ou le cabinet où se décidait le sort de la France.

La mise en œuvre m'a imposé un certain nombre de choix. Tout d'abord, devais-je écarter de ce récit les quelques femmes remarquables qui, bien qu'elles ne fussent pas reines, en ont joué à l'occasion le rôle et obtenu les prérogatives, notamment Marguerite d'Autriche, la petite fiancée de Charles VIII, et Louise de Savoie, l'impérieuse mère de François Ier ? Elles ont pesé trop lourd, l'une dans le mariage d'Anne de Bretagne, l'autre dans la vie conjugale de Claude et la négociation matrimoniale d'Éléonore, pour qu'on puisse n'en pas parler. Autant leur accorder la place et l'intérêt qu'elles méritent : un développement entier, voire un chapitre, ne sera pas de trop.

Il n'était pas question d'autre part d'aligner côte à côte, en des monographies juxtaposées, l'évocation de chacune des reines concernées. Car leurs vies sont de longueur très inégale, d'intérêt inégal aussi, et surtout elles se chevauchent. Le mariage d'une fille se décide souvent sous le règne de sa mère : ainsi de celui de Claude de France au début du siècle, de Marguerite de Valois à la fin. Belle-mère et belle-fille sont vouées à cohabiter : ainsi de Catherine de Médicis et de ses trois brus. Les séparer de force, c'était s'exposer à d'innombrables redites et voltiger à travers le temps, dans la plus extrême confusion.

La solution adoptée ici est donc mixte. Pour éviter de malmener à l'excès la chronologie, la vie des reines les plus importantes s'étale sur plusieurs chapitres, entre lesquels s'en intercalent d'autres. Au prix de quelques anticipations et retours en arrière, j'ai tenté de préserver à chacun d'eux un minimum d'unité, autour d'une figure centrale. Si j'osais me réclamer d'un patronage aussi prestigieux que celui de Plutarque, je dirais qu'au lieu de *Vies parallèles*, j'ai tenté de proposer ici des Vies entrelacées. Mais il est aisé, si l'on s'intéresse à l'une de ces reines en particulier, de relier entre eux tous les passages où elle figure. Le livre peut donc se lire, au gré de chacun, en continu ou en diagonale, d'un seul trait ou « en feuilleton », chapitre par chapitre, la promesse d'une suite tenant non pas à l'artifice du narrateur, mais à la nature de l'histoire narrée, qui se confond avec l'histoire tout court, toujours ouverte sur un avenir.

La diversité des points de vue m'a également causé quelque embarras. J'ai pris pour règle de me mettre, si possible, à la place des différentes reines que j'évoquais et de m'identifier momentanément à elles pour tenter de partager leur perception des choses et de saisir les raisons de leurs actes. Mais avec des protagonistes multiples se disputant le premier plan, il m'est arrivé d'être condamnée à une sorte de jeu de rôles, en racontant deux fois un même événement vécu par des participants différents. On se convaincra aisément, j'espère, que ces « variations » ne font pas double emploi.

Et, ma foi ! puisque l'habitude était prise, j'ai parfois adopté le point de vue des autres personnages, notamment les époux de chacune des reines. Mon récit y perd les contrastes accusés dont l'historiographie romantique était friande et qu'affectionnent encore les biographes d'une seule vie. À la place des bons et des méchants, nettement différenciés, il n'y a plus que des êtres concrets, vivants, ambigus, déchirés entre des sollicitations antagonistes et qui font ce qu'ils peuvent dans des situations qu'ils ne maîtrisent qu'imparfaitement. Tous tant qu'ils sont, j'ai préféré tenter de les comprendre en laissant au lecteur le soin de les juger. Mais je n'ai pu m'empêcher, de temps en temps, de montrer le bout de l'oreille : un peu de recul et un peu d'humour quand l'occasion s'y prêtait.

Ce livre, qui s'adresse à un large public, ne prétend pas apporter de faits nouveaux : un nouvel éclairage plutôt. Je me suis donc appuyée largement sur les études historiques existantes, qui me fournissaient une documentation surabondante[1]. Pour les reines de premier plan, j'ai simplifié, trié, clarifié, à la recherche de lignes de force. Pour les moins connues, j'ai glané des détails dans des ouvrages consacrés à d'autres, où elles n'apparaissent qu'obliquement et jouent comme à cache-cache. Quitte à laisser pour les unes et les autres des blancs, à avancer prudemment des hypothèses, à poser des questions qui resteront sans réponse. Puissé-je inciter par là le lecteur à poursuivre l'enquête !

1. Cf. Bibliographie à la fin de l'ouvrage

PREMIÈRE PARTIE

LE BEAU XVIe SIÈCLE

PROLOGUE

Le métier de reine

Être reine en France au XVIe siècle n'est pas une sinécure. Une reine ne s'appartient pas.

Elle mène une vie fastueuse, certes, mais réglée par de très strictes obligations, sous le regard continu de son entourage. Elle exerce un dur métier, qui exige une santé de fer et un caractère bien trempé, et pour lequel un peu d'intelligence ne nuit pas. Un métier à temps plein, où la moindre femme d'aujourd'hui verrait une intolérable servitude. Autres temps, autres mœurs : les intéressées n'en jugent pas ainsi à l'époque. Nous aurions tort de mesurer leurs sentiments à notre aune. La plupart d'entre elles remplissent sans rechigner un rôle auquel les a préparées leur éducation, à moins qu'elles ne s'émerveillent du hasard heureux qui leur a valu une grandeur inespérée.

Mariage

À la différence des pays voisins, la France a toujours un roi. La reine n'est que son épouse. Traversez les Pyrénées ou la Manche : vous trouverez en Castille ou à Londres des reines de plein exercice, tout comme dans l'Europe du Nord. Quant aux détentrices légitimes d'un duché ou d'un comté, elles sont partout légion. Mais s'agissant de la monarchie française, une loi originale, unique en son genre, régit la succession au trône et en barre l'accès aux femmes. Non seulement elle exclut les filles de l'héritage paternel, mais elle leur interdit même de transmettre à leurs descendants mâles le moindre droit sur cet héritage. À un petit-fils du roi défunt, par sa mère, on préfère un cousin au énième degré, par filiation masculine. Bien que les juristes aient tenté de la faire remonter aux anciennes coutumes des Francs Saliens pour en accréditer le caractère fondamental, cette loi fameuse, dite *salique*, n'est appliquée en fait que depuis 1316, lorsque les deux fils puînés de Philippe le Bel furent tour à tour préférés à la fille de son fils aîné prématurément décédé. Tous les rois, depuis trois siècles, ayant toujours eu un fils pour leur succéder, l'idée que le pouvoir chez nous ne pouvait être que masculin s'était ancrée dans les esprits : « Le royaume des lis ne doit point tomber en quenouille. » La France échappe ainsi au risque de passer en des mains étrangères et elle peut espérer tirer profit des règles contraires prévalant chez ses voisins pour arrondir son territoire en faisant épouser à ses fils des héritières bien dotées.

Les mariages royaux sont donc des opérations politiques, pour lesquelles l'avis des futurs conjoints ne compte guère. Rien que de très normal, dans une société qui subordonne l'individu à la famille et voit dans la passion amoureuse un dangereux principe de subversion : on ne se marie pas pour soi, mais pour perpétuer sa lignée et la faire progresser dans la hiérarchie sociale. La destinée des reines est étroitement tributaire des relations internationales : leur mariage doit consacrer l'acquisition d'une province, sceller une alliance et si possible, mais on répugne à l'avouer, renflouer le trésor toujours à sec. Leur histoire peut commencer très tôt. Dès le berceau leur main est promise à divers prétendants successifs, voire simultanés, elles sont des pions sur l'échiquier politique, qu'on avance et qu'on retire au gré des intérêts nationaux. Et le récit des négociations préalables à leurs noces offre parfois de réjouissantes péripéties.

Les reines sont, sauf exception[1], des étrangères. Mais les possibilités de choix sont restreintes. Une fois la Bretagne annexée à la France et la Flandre à l'Espagne, les seuls partis acceptables

1. Elles peuvent être françaises, lorsqu'il y a rupture dans la succession en ligne directe. Les collatéraux appelés au trône ont pu alors épouser une fille du défunt roi. Ce fut le cas de Louis XII avec Jeanne de France, de François Ier avec Claude et de Henri IV avec Marguerite de Valois.

pour nos rois sont alors, par ordre de prestige décroissant, les infantes et les archiduchesses, filles des Habsbourg de Madrid ou de Vienne, puis les Anglaises ou les Écossaises, enfin les Lorraines ou les Savoyardes. Ensuite, comme les Espagnols se réservent les héritières de Portugal, il ne reste guère que quelques princesses allemandes ou scandinaves, parmi lesquelles il faudra exclure, à partir du milieu du siècle, celles qui appartiennent à la religion réformée. Quant aux Italiennes, ce sont des pis-aller : Catherine de Médicis, à peine digne d'un fils cadet de François Ier, n'aurait jamais été épousée si on avait prévu que la mort de l'aîné ferait d'elle une reine. On tourne donc dans un cercle très étroit. Les souverains d'Europe sont membres d'un même réseau familial.

Aussi ne doit-on pas exagérer, pour les reines, les affres du dépaysement. Certaines, venues de Bretagne, de Lorraine ou de Savoie, sont quasiment françaises par la langue et par l'éducation. D'autres auront plus de peine à s'adapter. L'usage qui veut que l'enfant fiancée à un roi soit élevée dans son pays d'adoption, en garantie des traités, est censé aussi faciliter son assimilation. Et peut-être est-il moins cruel en effet d'être transplantée à cinq ans qu'à seize et de faire connaissance avec son futur époux dans l'innocente intimité de la nursery plutôt que de se voir jetée à l'improviste dans le lit d'un homme qu'on n'a jamais vu. Quant à la séparation d'avec leurs parents, elle ne compte guère. Les enfants princiers étaient élevés loin d'eux. Plus importante est pour les jeunes reines la présence de leurs servantes, nourrice, gouvernante, compagnes de jeux, qu'on cherche d'ailleurs à leur enlever pour les franciser plus vite.

Vie quotidienne

L'épreuve la plus rude n'est pas le changement de pays, mais le changement de milieu. La princesse étrangère choisie pour le roi de France sait qu'elle épouse, en même temps que lui, ce qu'on a envie d'appeler sa tribu. Il lui faut s'intégrer au groupe compact formé auprès de lui par les femmes de sa famille. Si elle n'est encore que la *dauphine*, c'est-à-dire la femme de l'héritier du trône, elle a intérêt à se faire toute petite en attendant son heure. La fonction de *reine régnante*, – on devrait dire *reine* tout court – lui assure la préséance sur toutes les autres, mais ne lui garantit aucune prééminence effective : la *reine mère*, s'il y en a une, a sur elle une bonne longueur d'avance par l'âge, l'expérience et l'influence exercée sur son fils. Elle doit compter aussi avec ses belles-sœurs et, éventuellement, avec des filles d'un premier lit, en qui elle trouvera, selon les cas, des alliées ou des ennemies. C'est avec toutes ces femmes que la nouvelle venue va vivre, plus qu'avec un conjoint qui mène une existence séparée. Chacun a sa maison, ses appartements, ses domestiques, et la visite quotidienne que le roi rend aux unes et aux autres est de sa part un hommage protocolaire auquel il n'est pas tenu. Plus est complexe la constellation féminine qui gravite autour du roi, plus elle abonde en intrigues, en tensions, en coteries, et plus la jeune reine peut espérer, si elle est adroite, s'y faire une place. Si au contraire elle a affaire à une belle-mère autoritaire et possessive, elle risque d'avoir à choisir entre un conflit perdu d'avance et une éternelle dépendance. Bienheureuse quand elle ne se heurte pas à une maîtresse qui la traite de haut, forte de l'amour du roi.

Car si les usages imposent à celui-ci un mariage de raison, ils lui accordent de généreuses compensations. À côté de l'épouse vouée à la procréation, il dispose de maîtresses, pour le plaisir du corps et du cœur. L'amour est un luxe qui lui est réservé et dont il peut user à volonté. Il le doit même : l'abstinence serait chez lui suspecte. L'Église a beau lui rappeler ses devoirs, elle ne peut rien contre l'indulgence complice du pays tout entier, qui voit dans ses exploits extraconjugaux une preuve de bonne santé et de vitalité virile. La reine, elle, n'a pas cette consolation. Aucun soupçon ne doit peser sur la légitimité des enfants qu'elle met au monde, sans quoi la consécration divine leur serait refusée. Elle s'accommode, bon gré mal gré, des infidélités d'un mari qu'elle est condamnée à aimer ou à faire semblant d'aimer, car l'opinion commune y tient fermement. Lorsqu'elle parvient à limiter ces infidélités à des passades, à les cantonner hors de la cour, à éviter l'intronisation d'une maîtresse officielle, c'est un beau succès.

Une jeune reine joue son destin sur la maternité, unique atout qui lui appartienne en propre. Elle seule peut donner au roi des héritiers aptes à lui succéder. Procréer est, pendant les premières années au moins, sa fonction exclusive. Et ce n'est pas alors une fonction de tout repos. Au XVIe siècle une grossesse est une aventure à haut risque. Si on ne meurt pas en couches, il est rare qu'on n'en conserve pas quelques séquelles. Les reines sont à cet égard moins bien partagées que leurs sœurs de condition plus modeste. Le mariage tardif est pour celles-ci une forme déguisée de contrôle des naissances. Mais pour les princesses, les considérations économiques ne jouent pas. On les marie prématurément, dès quatorze ans, afin de consolider les traités dont elles sont le gage. Et on attend d'elles des enfants au plus vite, pour assurer l'avenir de la dynastie. L'espérance de vie est brève, la mortalité infantile très élevée. Les incertitudes successorales, éveillant les appétits des princes collatéraux, sont sources de troubles : il faut y couper court en opposant à leur ambition un ou plusieurs héritiers prioritaires. Pour peu qu'elles soient fécondes, et comme elles ne sont pas protégées des maternités trop rapprochées par l'allaitement, confié à des nourrices, des reines à peine sorties de l'adolescence peuvent être enceintes sans discontinuer pendant des années. Il leur arrive d'en mourir, de fièvre puerpérale ou d'épuisement, avant d'avoir atteint vingt-cinq ans. Elles en souffrent toujours et la lutte qu'elles mènent pour survivre à ces épreuves répétées absorbe une partie de leurs forces et contribue à les tenir à l'écart.

Trop d'enfants nuit, trop peu également. La stérilité est pour une reine la pire des malédictions. Elle risque d'être répudiée. Certes le divorce est interdit. Mais l'Église peut annuler un mariage. Et bien que la stérilité ne soit pas un motif recevable à ses yeux, il ne manque pas de juristes pour dénicher des vices de forme sur lesquels appuyer la sentence. Rien n'est donc plus précaire que la situation d'une reine sans enfants, menacée d'un renvoi humiliant et qui n'aura d'autre refuge qu'un monastère. À peine préférable est le sort de celle qui n'a que des filles : tout au plus garde-t-on l'espoir que la prochaine maternité sera la bonne et lui donnera le fils attendu. Mais en cas de veuvage, et bien que l'attribution d'un douaire lui permette de mener une vie décente dans quelque château de province, on ne fait rien pour la retenir. Si elle choisit de se remarier ou de se retirer chez elle dans son pays d'origine, il lui faudra abandonner sa ou ses filles, qui sont princesses françaises et dont la France disposera : telle est la règle qui prévaut dans tous les pays d'Europe. Il est probable qu'elle ne les reverra jamais. La position d'une reine n'est donc vraiment assurée que lorsqu'elle a mis au monde un fils. Alors seulement elle accède à son plein statut social. Elle en tire dans l'immédiat un regain de considération et d'égards. Et elle sait pouvoir jouir, au cas où son époux mourrait le premier, de la situation enviable de reine mère.

Représentation

Si peu que compte la reine dans sa vie privée, le roi ne peut manquer de l'associer largement à sa vie publique. La célébration du culte monarchique, tel qu'il est organisé dès le XVIe siècle, exige la présence d'une femme à ses côtés.

Dans la France de cette époque, profondément chrétienne, la souveraineté est délégation divine. Le roi a réussi à faire oublier qu'il était jadis l'élu de ses pairs. Le sacre lui confère une forme de sacerdoce, un lien mystique l'unit à ses sujets. Le sentiment monarchique est personnel : le peuple est attaché non à une forme abstraite de gouvernement, mais à un être de chair et de sang, qui incarne en sa personne le royaume tout entier, mystérieusement solidaire de sa prospérité. À ses côtés la reine n'a qu'un statut inférieur : les cérémonies qui la consacrent lui accordent deux onctions seulement au lieu de neuf, au moyen d'une huile moins prestigieuse que celle de la Sainte Ampoule. Mais on la sait irremplaçable : en assurant la relève des générations, elle permet à la dynastie de défier, collectivement, la mort. L'amour du peuple de France va à un couple chargé d'enfants, sanctifié par une vague ressemblance avec les Saintes Familles ornant les murs des églises, et en qui il croit lire la promesse de sa propre fécondité.

La reine a donc sa place au Conseil, dans toutes les cérémonies civiles et religieuses, elle accueille les ambassadeurs étrangers, trône aux côtés de son époux à l'ouverture des États généraux, festoie avec lui dans les banquets et danse dans les bals ; elle l'accompagne dans ses voyages – expéditions militaires exceptées – et a droit, comme lui, à des « entrées » solennelles offertes par les villes traversées. Qu'elle soit enceinte ou malade, il lui faut endosser les lourds vêtements d'apparat qui l'étouffent, endurer la pluie, la chaleur, la poussière dans des litières cahotées au pas des mules, s'accommoder de gîtes inconfortables, parader, sourire, adresser à chacun le mot attendu, résister à l'ennui, à la fatigue, au sommeil, accepter d'être en perpétuelle représentation.

L'ancienne monarchie avait compris, bien avant nos sociétés modernes, que les détenteurs du pouvoir avaient intérêt à soigner leur image. Le roi et la reine doivent être complémentaires. Entre eux, la répartition des rôles s'opère selon le mode traditionnel. Un roi guerrier et justicier, une reine pieuse, bonne, charitable : c'est ainsi qu'on veut les voir, c'est sous ce jour qu'ils s'appliquent à apparaître lors des festivités qui accompagnent leurs déplacements à travers le pays. Au fil des siècles, les rois ont été évincés du gouvernement, leur condition n'est plus ce qu'elle était. Mais les reines d'aujourd'hui et les « premières dames » des démocraties modernes, visiteuses obligées d'hôpitaux, d'écoles, de crèches, pourraient reconnaître dans le programme ici tracé quelques-unes des rubriques de leur propre emploi du temps.

Pouvoir

De pouvoir politique. il n'est pas question, en principe du moins. Depuis deux siècles, les reines ont vu leur rôle s'amenuiser, à mesure que se renforçait la prépondérance des rois sur les grands seigneurs détenteurs de fiefs.

La société féodale associait étroitement les femmes de la haute aristocratie à la politique familiale. Tandis que les hommes, voués à la guerre, étaient souvent éloignés de chez eux, leurs épouses étaient chargées, non seulement de l'éducation des enfants, mais de la surveillance des domestiques, de la gestion des domaines, de la rentrée des revenus, de tout ce qu'on nommait le « ménage » – nous dirions l'intendance – et dont la détention des clefs était le symbole. Elles possédaient des biens propres qu'elles administraient et dont elles disposaient par testament. Et la mort de leur mari pouvait faire d'elles des chefs de famille. Bref, elles avaient les moyens de jouer un rôle considérable.

Les reines ne faisaient pas exception. Mais les rois, pour asseoir plus fortement leur autorité, tendirent à dépouiller leurs épouses de ces prérogatives, qui risquaient de jouer contre eux. À partir de Philippe-Auguste s'amorce un lent processus de mise à l'écart des reines, coïncidant avec l'instauration progressive de la monarchie absolue.

Le processus est suspendu au XVIe siècle, par suite de crises politiques graves et grâce à la très forte personnalité de quelques-unes des reines de ce temps. Des femmes intelligentes et énergiques savent user de leur influence sur les hommes de leur entourage – époux ou fils – ou jouer pour s'imposer des divisions de ceux qui leur disputent le pouvoir. Mais rien ne leur appartient de droit. Elles doivent ce qui leur est concédé de pouvoir à la bonne volonté du souverain ou aux circonstances et à leur propre ténacité.

Certaines activités leur sont abandonnées de bonne grâce, celles qui tiennent à la bonne marche de la « maison » royale notamment. Pour peu que sa femme ou sa mère montre quelque compétence financière, le roi lui confie sans regret les cordons de la bourse et il lui donne parfois carte blanche pour la construction et l'aménagement des bâtiments. De son ressort aussi la protection des ordres religieux, les œuvres de bienfaisance et le mécénat.

La diplomatie, qui se ressent encore du caractère familial des relations internationales, offre aussi à la reine un terrain d'action privilégié. Si elle vient d'un pays voisin, sa qualité d'étrangère la place parfois en position fausse lorsque son pays natal et son pays d'adoption sont en guerre, mais on ne lui en fait pas alors grief. On voit surtout en elle un jalon posé pour l'indispensable réconciliation. Lorsqu'il s'agit de traiter, on se souvient soudain qu'elle est espagnole ou autrichienne, proche parente de l'interlocuteur à convaincre : la voici propulsée au premier plan de la scène diplomatique. Plus généralement, comme toutes les familles princières sont apparentées, épouses, mères ou sœurs font pour les contacts préalables d'excellents intermédiaires.

Leurs rencontres passeront pour visites privées, on pourra les désavouer en cas d'échec. Et un patronage féminin colore les négociations d'une nouvelle forme de civilité.

Mais seules les régences permettent aux reines d'exercer un vrai pouvoir politique. Il en est de très provisoires : le roi, partant pour la guerre, choisit souvent de déléguer à sa mère ou à son épouse le soin d'expédier ce que nous appellerions les affaires courantes. Mais s'il est fait prisonnier, par exemple, et si ce provisoire dure, c'est à une femme qu'il incombe de redresser la situation : Louise de Savoie s'en tirera avec honneur. Il est aussi des cas dont les enjeux sont beaucoup plus graves : qui gouvernera au nom d'un roi enfant ?

La législation misogyne comportait en France une lacune : aucune loi ne fixait la dévolution de la régence en cas de minorité. Difficile cependant de refuser à une mère la tutelle de son fils mineur, qu'admettait le droit public. Mais une reine mère pouvait-elle prétendre exercer la plénitude du pouvoir, y compris dans ses attributions militaires ? Les princes du sang[1] réclamaient donc soit la régence pure et simple, soit au moins un partage du pouvoir leur laissant, sous le nom de lieutenance générale du royaume, la haute main sur l'armée. De solides précédents, notamment celui de Blanche de Castille, plaidaient pour la régence des reines. Catherine de Médicis dut pourtant batailler ferme pour l'obtenir.

Paradoxalement, ce n'est pas lorsqu'une reine mère a le titre de régente qu'elle peut le plus ; c'est lorsque son fils déclaré majeur, mais encore enfant, la laisse gouverner à sa place. Bien que nos ancêtres fussent plus précoces que nous, un roi de treize ans[2] était bien incapable de diriger le pays. Pourvu qu'elle soit assurée de son aval, c'est donc sa mère qui, en dehors de tout contrôle, détient la réalité du pouvoir. Le règne effectif de Catherine de Médicis déborde largement les deux ans et

1. On appelait ainsi tous les princes apparentés, même de très loin, au roi, qui avaient dans les veines du sang de Saint Louis.

2. Afin d'abréger les régences, qui passaient à juste titre pour encourager les rébellions féodales, Charles V avait avancé pour les rois l'âge de la majorité. Le terme fixé par les édits était d'abord de *quatorze* ans, qu'on interpréta plus tard comme l'entrée dans la quatorzième année, c'est-à-dire *treize* ans révolus.

demi pendant lesquels elle fut légalement régente, aux côtés de Charles IX : il se prolonge presque jusqu'à sa mort.

Il reste qu'une femme, même si elle surclasse la plupart des hommes par sa capacité à gouverner, souffre d'un handicap du fait même qu'elle est femme. On lui prête les faiblesses présumées de son sexe et on agit en conséquence : jamais elle ne sera obéie comme le serait un roi. De plus, une régente, une reine mère, n'exerce qu'une autorité déléguée, médiate. Elle décide au nom d'un fils qui peut toujours défaire ce qu'elle a fait : dans la moindre fissure entre elle et lui s'engouffrent les opposants. Les moyens d'une politique suivie lui sont presque toujours refusés. Une bonne partie de sa tâche s'apparente au travail de Sisyphe, à recommencer chaque jour. Tant il est vrai que toute action politique efficace repose d'abord sur la cohésion et sur la confiance.

Tel est en gros le cadre dans lequel se déroule la vie des reines de France au XVIe siècle. Elles sont dix, aussi différentes que possible les unes des autres. Leurs « règnes », qui vont de trois mois à un demi-siècle – si l'on prend en compte tout le temps passé par Catherine de Médicis à la cour de France –, illustrent à merveille les destinées diverses qui pouvaient s'offrir à elles. Passivité docile, résignation chrétienne, combativité, révolte, ambition et volonté de pouvoir : chacune aborde avec sa personnalité et ses ressources propres des situations très diverses. Le récit de ce qu'elles ont vécu tour à tour en dira plus long sur la condition de reine que toutes les analyses.

CHAPITRE I

Les noces du lis et de l'hermine

L'histoire des reines du XVIe siècle commence, comme il se doit, par des noces. En 1491, le souverain des lis, Charles VIII, épouse la petite duchesse Anne de Bretagne, aux armoiries semées d'hermine. Opération de politique territoriale typique de cette époque où le roi de France, toujours menacé par les grands féodaux ses voisins, tentait de se protéger par des annexions. Le père du jeune roi, Louis XI, esprit pratique, réaliste, peu aventureux, préférait les mariages à la guerre et il tissait depuis longtemps sa toile pour mettre la main, par héritière interposée, sur la Bourgogne ou sur la Bretagne. Il visait, de préférence, les possessions bourguignonnes. Mais il mourut avant de recueillir le fruit de ses calculs. Sa vive misogynie ne l'avait pas empêché de confier à sa fille, Anne de Beaujeu, le soin de veiller sur le royaume. C'est elle qui saura, au bon moment, choisir la Bretagne.

Les calculs de Louis XI

Sur le rôle des femmes aux côtés du roi de France, Louis XI s'était fait une doctrine simple et claire : moins elles interviendraient dans les affaires du pays, mieux cela vaudrait, il en était convaincu. Ses préventions valaient pour les épouses comme pour les maîtresses. Respectivement vouées à la procréation et à l'agrément, elles devaient rester les unes et les autres dans l'ombre et le silence.

Il gardait un mauvais souvenir du mariage que son père lui avait imposé lorsqu'il était encore adolescent. Marguerite, une ravissante et fragile poupée, fille du roi poète Jacques Ier d'Écosse, chantait et dansait à ravir, savait rimer un rondeau presque aussi bien que son père et ne rêvait que d'exhiber aux fêtes de la cour or, fourrures et pierreries. Elle buvait du vinaigre, se gavait de pommes vertes et sanglait étroitement le laçage de son corset, dans l'espoir d'éviter les maternités, dont elle avait une peur aiguë. Flattée de l'admiration des courtisans, choyée par Charles VII qu'elle égayait de sa grâce juvénile, elle avait pris le parti de son beau-père contre son propre époux et refusé d'accompagner en Dauphiné le fils indocile. Le futur Louis XI, libéré par sa mort prématurée, s'était choisi une solide Savoyarde, peu attrayante, mais pleine de vertus, et l'avait épousée en dépit de l'opposition paternelle. Devenu roi, il l'avait installée dans le château d'Amboise, où il lui rendait périodiquement visite, aux fins d'assurer sa descendance. Elle y mena, en compagnie de ses suivantes, une vie recluse dont l'histoire a retenu peu de chose. Nous en savons encore moins sur les maîtresses du prudent monarque, qu'il choisissait discrètes et dont il décida très tôt de se passer.

La politique était assurément une affaire d'hommes et la France avait été bien inspirée d'adopter la loi salique. La couronne passait de mâle en mâle, suivant des règles établies avec soin. La France ne risquait pas, par les hasards d'un mariage, d'être agrégée au territoire d'un souverain étranger, ni d'être revendiquée par les descendants d'une lignée féminine, comme cela avait été le cas lors de la guerre de Cent Ans. Une règle indiscutée, c'étaient en outre bien des contestations et des guerres évitées.

Pourtant Louis XI, victime de plusieurs malaises graves et se sentant condamné, était inquiet. Des enfants que lui avait donnés Charlotte de Savoie, trois survivaient : deux filles et un fils. C'était plus que n'en avait tel ou tel de ses voisins. Mais voilà : il arrive que la nature se trompe dans l'attribution des sexes. Celui des trois en qui il se reconnaissait, qui avait hérité de son intelligence, de sa force, de sa volonté, de sa lucidité sans faille, c'était sa fille aînée, sa préférée, Anne, sa « vraie image ». Que n'était-ce un garçon ! Il aurait trouvé en lui le successeur espéré.

Le dauphin Charles ? Il ne savait qu'en penser. C'était un enfant chétif aux membres grêles, souvent malade, dont on se demandait s'il allait se décider à grandir. On l'avait élevé à Amboise, à l'abri des miasmes et des accidents. Le souci de développer son corps par des exercices physiques, équitation, chasse, paume, ne compensait qu'imparfaitement le caractère renfermé de cette éducation en marge du monde, dans une bulle qui excluait l'imprévu, le hasard, le danger. Il ne savait de la vie que ce qu'en disaient les livres, les romans de chevalerie surtout, dont il faisait une intempérante consommation.

Louis XI le connaissait à peine. Il décida soudain d'aller lui rendre visite, le 21 septembre 1482, dans un grand déploiement de solennité.

Curieuse rencontre, face à face glacé entre le vieux monarque, anxieux de ne pas laisser son œuvre sombrer avec lui, et un enfant intimidé, appelé à comparaître comme devant un juge. Examen de passage, épreuve d'intronisation, dont l'élève, dûment chapitré par ses gouverneurs, ne se tira pas trop mal. Louis XI ne demandait qu'à croire aux capacités de son rejeton. Mais il avait des doutes. L'entretien avait visiblement pour but d'impressionner le jeune garçon et de le lier. Le roi se livra à un long exposé de politique, auquel le petit Charles fut invité à souscrire : il continuerait l'action de son père. Leur conversation, qui fut consignée par écrit et publiée, a des allures de testament : tout le royaume était pris à témoin des engagements du dauphin. Et pour plus de sûreté, le vieux renard s'apprêtait à lui trouver une épouse : ce sera chose faite au mois de décembre. On en reparlera plus loin.

À sa mort, le 30 août 1483, Louis XI laissait derrière lui un héritage de paix. Il avait mis un terme aux revendications des Anglais, mal consolés d'avoir été chassés de France ; il avait abattu, par alliés interposés, son plus redoutable ennemi, Charles le Téméraire, duc de Bourgogne ; il avait maté les grands féodaux indisciplinés ; il avait agrandi le domaine royal. Le pays était prospère, l'autorité monarchique solidement assise.

Bien que Charles, qui n'avait pas encore treize ans, fût considéré comme mineur, Louis XI avait préféré éluder l'installation officielle d'une régence, qui eût soulevé des difficultés. Il n'avait de confiance qu'en sa fille Anne, qu'il tenait pour « la moins folle femme de France » : c'est une litote. Mais il savait bien qu'il n'y avait « pas d'exemple dans notre histoire que la régence eût été confiée à une jeune princesse au détriment de sa mère ». Il se contenta donc d'une délégation de pouvoir verbale. Il restait moins d'un an à attendre. Le temps travaillait pour Anne, la nature aussi : la reine Charlotte, qui revendiquait la tutelle de son fils, mourut quatre mois après son royal époux. Une fois la majorité proclamée, il appartiendrait à la jeune femme de jouer de sa diplomatie pour écarter les grands seigneurs ambitieux et imposer à son frère son autorité de fait : un effort de tous les jours, une tâche de plus en plus difficile, à mesure que grandirait chez Charles le désir de s'émanciper.

L'habileté d'Anne et de son mari, Pierre de Beaujeu, ne valait pas l'autorité d'un roi de plein exercice, intelligent et ferme. Un adolescent sur le trône, flatté par son entourage, serait tenté de regimber contre la tutelle grondeuse de son impérieuse aînée. Un premier prince du sang, Louis d'Orléans, cousin du roi et, en l'absence d'autre descendant mâle de Louis XI, héritier désigné de la couronne, chercherait à s'immiscer dans le gouvernement d'un royaume susceptible de lui revenir un jour. C'étaient là des circonstances propres à redonner espoir aux grands féodaux et à les inciter à l'agitation.

L'héritière de Bretagne

Le plus redoutable d'entre eux était François II, duc de Bretagne, à qui pesait très fort sa vassalité à l'égard du roi de France. Il possédait un vaste domaine isolé à l'extrême ouest du pays, largement ouvert sur la mer, et dont le particularisme était accusé par les différences de race et de langue. Les habitants se sentaient proches de leurs frères d'Outre-Manche : la Bretagne tout court louchait vers la Grande-Bretagne.

Depuis 1465, François II n'avait cessé de guerroyer contre Louis XI, s'alliant avec ses ennemis anglais, bourguignons, autrichiens, offrant ses territoires comme base de repli à tous les révoltés. Une longue suite de revers ne l'avait pas rendu plus sage. L'accession au trône de Charles VIII réveilla ses appétits d'indépendance. Au printemps de 1487, il accueillit Louis d'Orléans et tous deux mirent sur pied un projet de traité avec l'empereur d'Autriche. « Guerre Folle » : tel est le nom donné par les chroniqueurs à cette équipée absurde. L'impérial allié est loin, les barons bretons, divisés, passent sans cesse d'un camp à l'autre, les troupes prennent, perdent et reprennent les places fortes, ravageant toutes les provinces de l'ouest. La très meurtrière bataille de Saint-Aubain-du-Cormier, le 28 juillet 1488, livra au roi de France une foule de prisonniers, dont son propre cousin, Louis d'Orléans, et contraignit le duc à traiter. Le vaincu rentrait dans l'obéissance ; il s'engageait notamment à ne pas marier ses filles sans l'accord du roi, et il livrait en garantie quatre forteresses. Il en mourut de chagrin six semaines plus tard.

Il était veuf. Il ne laissait que deux filles, Anne, onze ans, et Isabelle, sept ans[1]. La loi salique ne jouant pas en Bretagne, l'aînée se trouvait, de plein droit, héritière du duché. Ainsi l'entendirent bien les Bretons, qui, refusant au roi de France la tutelle des deux enfants, s'empressèrent, le 10 février 1489, de proclamer Anne duchesse de Bretagne, en une cérémonie solennelle : mieux que quiconque elle incarnait la blanche hermine emblématique de cette terre. Avec la main de la fillette, c'était désormais le duché qui s'offrait aux épouseurs. Comme on peut le penser, ils ne manquèrent pas.

La Bretagne était exsangue, ruinée par cette guerre qui n'en finissait pas. Une solution simple sautait aux yeux : il suffisait de marier Anne à Charles. Certains y pensaient depuis longtemps, et la suggestion bénéficia même d'un porte-parole hors du commun.

Dans une chapelle tapie au fond du parc du Plessis-lès-Tours, Louis XI avait installé François de Paule, un illustre ermite qu'il avait décidé non sans peine à quitter sa Calabre natale. Le saint homme n'avait pas répondu tout à fait aux espoirs du monarque moribond : il s'était déclaré incapable de prolonger sa vie. Mais il lui avait apporté un puissant réconfort spirituel.

---

1. Elle devait mourir très vite, en 1490.

Resté sur place après la disparition de son protecteur, il jouissait d'un prestige que rehaussait encore le don de prophétie. Or, en juillet, dès avant la mort du duc de Bretagne, il s'était enfermé trois semaines dans sa cellule, jeûnant et priant pour le roi et pour la paix. Et il avait reparu en annonçant que Charles épouserait Anne. Hélas, ajoutait-il, ce dénouement interviendrait « trop tard » : beaucoup de malheureux auraient succombé d'ici là. Il tenta cependant de faire mentir le second point de sa prédiction et délégua de part et d'autre deux de ses moines, des frères minimes, pour tenter de hâter l'échéance.

En vain. Il se heurta à un double refus. Car la chose semblait impossible. Les deux époux présumés étaient engagés, chacun de son côté : quasiment mariés.

« La petite reine »

L'idée d'un mariage avec une héritière est vieille comme le monde. Et Louis XI, on l'a dit, avait déjà songé à monnayer la main du dauphin. Il y eut un projet anglais, de pure forme, auquel il n'envisagea jamais de donner suite : la fille d'Édouard IV, la petite Élisabeth, n'apportait rien qui vaille. Et qui sait si les Anglais n'argueraient pas un jour d'une telle alliance, en dépit de la loi salique, pour réaffirmer leurs droits prétendus à la couronne de France. Non, Louis XI n'en voulait pas. Il se garda de faire venir la fillette en France, comme le stipulait le contrat de fiançailles. Il se contenta de bercer d'espérances la vanité d'un partenaire ombrageux.

Il guettait en revanche l'héritage bourguignon, qui lui échappa une première fois.

Au lendemain de la bataille sous les murs de Nancy, en janvier 1477, on avait retrouvé dans un étang gelé le cadavre du Téméraire nu, le crâne fendu de part en part. On ne l'avait reconnu qu'à l'absence des incisives supérieures, qu'il avait perdues à la guerre, et à ses ongles, qu'il laissait pousser comme des griffes. Il n'avait qu'une fille, Marie.

Dans la longue écharpe de ses possessions qui, entre France et Allemagne, réunissait la mer du Nord aux Alpes, Louis XI commença par s'approprier tout ce qu'il put saisir. La Bourgogne accepta d'assez bonne grâce son rattachement à la France. Mais la Franche-Comté se déroba et l'Artois fit mine de résister : « Quand les rats mangeront les chats, / Le roi sera seigneur d'Arras », chantait-on dans les rues de la ville. Quant à la Flandre, elle se souleva.

Louis XI n'attendait qu'une occasion propice pour demander la main de Marie en faveur de son fils. La jeune fille avait déjà quatorze ans et le dauphin était encore au maillot lorsque l'offre en avait été faite au Téméraire, qui l'avait écartée avec mépris. Après la mort de celui-ci, l'héritière ne laissa pas à son vieil ennemi le temps de faire de nouvelles propositions. Elle s'autorisa des projets paternels pour choisir un prétendant d'âge assorti, Maximilien de Habsbourg, le fils de l'empereur Frédéric III, qui promettait une aide militaire puissante contre la France.

Louis XI, patient, savait attendre. L'occasion perdue se retrouva, sous une forme moins avantageuse, quelques années plus tard. La duchesse Marie de Bourgogne mourut à son tour, en 1482, à vingt-sept ans, des suites d'une chute de cheval. Elle avait eu le temps de donner à Maximilien deux enfants, Philippe, né en 1478 à Bruges, et Marguerite, née en 1480 à Bruxelles.

Les Flamands, très attachés à leur duchesse, ne se sentaient nullement tenus à l'égard du monarque autrichien. Ils redoutaient son humeur belliqueuse : la guerre est nuisible à l'artisanat et surtout au commerce, dont vivaient leurs opulentes cités. Ils négocièrent donc avec Louis XI, le 23 décembre 1482, le traité d'Arras. La paix signée entre la France et les villes de Flandre était garantie par l'union du dauphin Charles et de la petite Marguerite, qui lui apportait en dot l'Artois et la Franche-Comté. À Maximilien, on n'avait pas demandé son avis.

Mieux valait tenir que courir : le traité stipulait que l'enfant serait immédiatement amenée en France pour être élevée dans le pays qui serait plus tard le sien. Les ambassadeurs flamands prononcèrent le serment requis dans les formes. La petite histoire veut que Louis XI, qui portait en écharpe son bras droit paralysé par l'arthrite, n'ait touché le Saint Livre que du coude, ou de la main gauche. Présage de mauvais augure ? Astucieux moyen de préparer une dérobade en frappant le serment de nullité ? On ne sait…

Dans l'immédiat, la France traita la petite fille en reine.

Elle arriva à Paris le 2 juin 1483, sous la conduite d'Anne de Beaujeu. On avait préparé, à la porte Saint-Denis, un échafaudage symbolique à trois étages. Tout en haut trônait le roi Louis XI, comme il se doit. Au-dessous, « deux beaux enfants », garçon et fille, représentaient le dauphin et sa future épouse. En bas figuraient le couple Beaujeu et quatre personnages incarnant le « labour », le clergé, la « marchandise » et la noblesse, c'est-à-dire les divers états du royaume. Les rues, sur le trajet du cortège, étaient tendues de tapisseries rutilantes, et l'on ouvrit en signe de réjouissance les portes de quelques prisons.

À Amboise, nouvelles festivités. Pour l'accueillir, le dimanche 22 juin, le roi s'était dérangé. Il avait convoqué des représentants de ses bonnes villes et invité les bourgeois, contenus par les archers derrière des barrières de bois, à acclamer l'enfant reine. On la conduisit à la chapelle du château, où eut lieu la cérémonie du « mariage » : elle avait trois ans ! On ne pouvait valablement faire fond sur son consentement. Et pour la consommation des noces, il faudrait attendre un bon moment. L'engagement, ainsi consacré par l'Église, ne deviendrait irrévocable que lorsqu'elle aurait douze ans, avait bien spécifié Louis XI. Il se gardait une porte de sortie – on ne sait jamais… –, tout en sachant qu'il ne risquait rien de ses partenaires, puisqu'il avait la fillette entre les mains.

C'était plus que des fiançailles, moins qu'un mariage : un contrat dont la France seule détenait la clef. Reine dauphine en titre, la petite Marguerite était, de fait, un otage. Mais il faut oublier, en prononçant ce mot, une bonne partie de ce que notre sensibilité contemporaine y attache.

Ce n'était pas une pratique d'exception, au contraire, que de faire élever une princesse étrangère dans le pays sur lequel elle serait appelée à régner. Transplantation pour transplantation, ne valait-il pas mieux qu'elle intervînt plus tôt, à un âge où l'enfant, plus propre à s'adapter, souffrait moins de l'arrachement à son milieu d'origine. En pleine adolescence, la rupture risquait d'être plus douloureuse. Les exigences, primordiales, de la politique n'étaient pas forcément en désaccord avec l'humanité.

Le cas de Marguerite en apporte la preuve : elle s'acclimata admirablement à la cour de France et y fut très heureuse. Au début du moins. Comme future reine, elle avait sa « maison », ses dames d'honneur, des amies de son âge. Très vite elle séduisit tout le monde. C'était une fillette exquise, pleine de grâce et de sensibilité, qui promettait d'être grande et belle. Sur son jeune visage, la lèvre inférieure proéminente des Habsbourg prenait l'apparence d'une moue charmante. Qualités plus rares encore : à une intelligence hors du commun, elle joignait une exceptionnelle maturité.

Chose imprévue dans un « mariage » ainsi arrangé, Charles l'aima, en enfant qu'il était lui aussi, sorte de grand frère protecteur et tendre. Loin de songer à se soustraire, une fois roi, aux engagements pris en son nom par son père, il renouvela librement, en privé, sa promesse de l'épouser pour de bon le moment venu. Il se laissa traiter de gendre par Maximilien, lors des accords de Francfort en octobre 1489, qui lui associaient officiellement « sa femme et épouse ». Il se pliait aux désirs de la fillette, ému, désarçonné par la franchise ingénue de ses propos. Elle tenait à l'accompagner partout et il cédait, vaincu par son sourire ou ses larmes.

Elle eut vent très tôt du projet breton, s'inquiéta, s'indigna. Elle avait huit ans ! « Après l'avoir embrassé et baisé en pleurant, elle lui avait dit qu'elle savait qu'il s'en allait en Bretagne épouser une autre femme. À quoi le roi lui répondit que feu son père la lui avait baillée pour femme et qu'elle fût sûre que tant qu'il vivrait il n'en aurait point d'autre. » Elle demanda des preuves, exigea de l'accompagner : « Menez-moi donc avec vous ! » Il fallut l'insistance du Conseil pour qu'on lui interdît de dépasser le Plessis-lès-Tours. Il est vrai que c'est en équipage de guerre qu'on partait pour la Bretagne en ce printemps de 1488.

Elle suivit encore son « époux » au Verger, près d'Angers, en septembre 1490, puis à Moulins, chez les Beaujeu, en octobre, et dans un voyage en Lyonnais et en Dauphiné, avant de revenir passer les fêtes en Bourbonnais. Un bien beau cadeau de Noël l'y attendait : l'annonce du mariage d'Anne de Bretagne avec Maximilien, son propre père à elle, Marguerite. Celle qu'on n'appelait que « la petite reine » ou « la reine », tout simplement, put se croire assurée de l'avenir.

Les malheurs de la duchesse Anne

Depuis la défaite et la mort de son père, l'héritière de Bretagne se débattait avec véhémence pour éviter de se soumettre. Pour tenir tête à la France, quel autre moyen que d'offrir, avec sa main, le duché à qui voudrait en assurer la défense, comme dans les contes et légendes ? Le duc François y avait déjà pensé et, réduit aux abois, avait multiplié les promesses inconsidérées. Mais tous les prétendants n'étaient pas des princes charmants, tant s'en faut. Le sire Alain d'Albret, auquel son père avait donné des espérances – verbales, par bonheur –, était un vieux soudard veuf, déjà pourvu de sept enfants, une vraie brute. Ne s'introduisit-il pas nuitamment dans sa chambre pour tenter de la prendre de force ? Aux cris de la fillette, suivantes et gardes accourus avaient extirpé le violeur de son lit en le tirant par les cheveux. Elle en avait été quitte pour la peur. Mais c'en était assez pour qu'elle pût révoquer – par écrit cette fois ! – l'engagement paternel.

Sur les rangs il y avait aussi le vicomte de Rohan, qui, après avoir longuement oscillé d'un parti à l'autre, marchait désormais aux côtés du roi de France : il ne faisait plus l'affaire. Le propre cousin du roi, Louis d'Orléans – le futur Louis XII – constituait un parti plus enviable : hélas, il était marié déjà, avec une sœur de Charles VIII de surcroît, la pauvre Jeanne, dont il aurait le plus grand mal à se défaire. Les Beaujeu avaient contrecarré ses démarches à Rome pour faire annuler cette union. Après trois ans de captivité, il avait dû promettre à Charles VIII, venu en personne le libérer, qu'il conserverait son épouse. On y reviendra. Pour l'instant, il ne pouvait prétendre à Anne de Bretagne.

Restait Maximilien d'Autriche, veuf de Marie de Bourgogne, le plus puissant et le plus prestigieux de tous. Il venait précisément d'être élu roi des Romains, ce qui le désignait comme successeur automatique de son père à la tête de l'Empire[1]. Le duc François II lui avait également promis sa fille, par une

1. La couronne impériale était élective. Pour tenter de la transmettre à leur fils, les empereurs avaient l'habitude de faire procéder, de leur vivant, à l'élection de leur successeur, qui portait en attendant le titre de « roi des Romains ».

lettre du 23 septembre 1487, contre la perspective d'une aide militaire. Anne était fière : l'idée d'être impératrice lui souriait. Elle crut à l'efficacité des secours annoncés. Elle se décida à l'épouser, en décembre 1490.

La chose se fit par personne interposée, comme bien souvent : les voyages étaient longs et hasardeux, en ce temps-là. L'heureux élu ne s'était pas dérangé. Le maréchal de Polheim le représenta à la cérémonie religieuse. Le soir même, selon la coutume germanique, la jeune fille fut mise au lit et, en présence de témoins autorisés, l'envoyé autrichien, tenant à la main la procuration de son maître, se dénuda une jambe et l'introduisit un instant dans la couche nuptiale : prise de possession symbolique censée remplacer la consommation effective. Anne était désormais dûment mariée à Maximilien.

Elle ne le vit jamais.

Elle attendait beaucoup de lui : elle fut déçue. C'était un faible, un velléitaire, qui n'avait pas les moyens de ses ambitions. Il avait fort à faire chez lui, avec ses indociles vassaux allemands ou hongrois et avec la menace turque sur ses marches orientales. Elle n'en reçut que quelques lansquenets qui, malgré l'appui plus efficace des corsaires anglais, n'empêchèrent pas ses troupes de se débander, ses amis de la trahir, sa bonne ville de Nantes de lui fermer ses portes : il est vrai qu'elle était l'enfant chérie de Rennes et les deux cités se jalousaient. La guerre contre la France était perdue. Les députés de ses états, prêts à lui voter encore quelques subsides, la suppliaient de mettre fin aux souffrances de ses sujets en épousant son vainqueur. Elle s'enfermait dans ses dénégations, répétant qu'elle n'était pas libre, et que Charles ne l'était pas davantage. Si l'on invoquait les vices de forme entachant son mariage ou le fait qu'il n'avait pas été consommé, elle se taisait. Si on lui proposait des solutions de rechange, en la personne d'un grand seigneur français ou breton, elle les refusait avec hauteur. Après un futur empereur, ce serait déchoir : « Si le roi des Romains venait à me manquer, je ne pourrais épouser maintenant qu'un roi ou un fils de roi. » À défaut de Juan d'Aragon, qui n'était pas candidat, il ne restait guère sur le marché européen que le roi de France. « N'est-il pas assez grand pour vous ? » lui murmurait-on.

Elle avait tout juste quatorze ans. À bout de résistance, ses armées battues et ses terres occupées, réduite à la dernière extrémité dans Rennes assiégée, elle capitula. Elle consentit à un traité de paix dont sa main était l'enjeu, et elle accepta de rencontrer Charles.

Des fiançailles difficiles

Le roi, aussi réticent qu'elle, s'assura auprès de ses conseillers que le mariage autrichien était juridiquement nul, se fit confirmer en public que l'intérêt du pays exigeait qu'il changeât d'épouse. C'est ensuite seulement qu'il demanda à voir celle que la raison d'État lui imposait.

La rencontre fut préparée dans le plus grand secret. Une délégation préalable alla faire subir à la jeune fille la visite prénuptiale de rigueur qui, pour traditionnelle qu'elle fût, n'en était pas moins déplaisante : il fallait s'assurer qu'une future reine était saine et propre à avoir des enfants. La légère claudication d'Anne inquiétait un peu. Sa comparution, dans le plus simple appareil, devant les envoyés royaux, apaisa les craintes, nous dit l'ambassadeur milanais, qui ne se demande pas comment elle supporta, elle, l'exhibition de sa nudité. Il est vrai, comme on le verra souvent par la suite, que le corps des reines de France ne leur appartient pas et que l'intimité leur est refusée.

Charles, parti pour Rennes, sous prétexte d'un pèlerinage, s'arrêta dans les faubourgs, près du sanctuaire de Bonne-Nouvelle. Anne vint le rejoindre, le 15 octobre. Ils se voyaient pour la première fois.

Elle était petite, maigrichonne. Elle boitait un peu, mais sa chaussure rehaussée d'un patin dissimulait cette infirmité. Elle avait un assez joli visage. Plus tard, la chronique s'extasiera sur la finesse de ses traits, l'élégance de sa taille. Mais ce jour-là, médiocrement vêtue, marquée par les épreuves, rongée d'anxiété et digérant mal sa défaite, elle ne se présentait pas sous son meilleur jour. Charles la trouva laide : « De prime abord, elle ne lui plut guère. » Comment le trouva-t-elle ? Nul ne prit la peine de s'en informer.

Il n'avait rien d'un Adonis. De très petite taille, le visage dissymétrique déparé par un trop long nez aquilin, il manquait singulièrement de prestance et de charme. Certes, à vingt ans passés, il pouvait se prévaloir de nombreux succès féminins, mais l'éclat de la couronne couvre aisément les pires disgrâces physiques. Quoi qu'en aient pu dire ses biographes, il n'était pas séduisant. Mais, sauf coups de colère, on le savait délicat et bon. Dévoré lui-même d'appréhensions et de scrupules, il pouvait comprendre ceux d'Anne et lui pardonner ses réticences.

L'essentiel est qu'aucune répugnance majeure ne surgit entre eux. Ils eurent une seconde entrevue et les fiançailles furent aussitôt célébrées, le 17 novembre, dans la même chapelle, en présence de cinq ou six témoins silencieux. Leur sort était lié. Charles reprit la route du Val de Loire pour préparer le mariage.

La double rupture

Il y avait un préalable épineux : les deux futurs époux devaient dénoncer officiellement leurs engagements antérieurs.

La tâche la plus difficile incombait à Charles.

Dès le 25 novembre, il se décida à affronter Marguerite. Il alla la voir en Anjou, au château de Baugé. *Invitus invitam*... Il pleura comme jadis l'empereur Titus, comme plus tard son lointain successeur Louis XIV. « Les larmes aux yeux et plein de regret par le remords de sa conscience », il lui dit son déplaisir, et qu'il l'aimait de tout son cœur. Il invoqua l'intérêt du royaume et le désir de complaire à son père à elle, Maximilien, qui feignait de la réclamer. Et derrière ces excuses, on sentait la main de la chancellerie des deux cours cherchant à sauver la face, à déguiser en restitution honorable ce qui n'était au vrai qu'une répudiation.

Elle fit preuve alors d'une dignité, d'une grandeur, d'une sagesse à peine croyables de la part d'une enfant de onze ans et demi. Avec « un haut courage viril », « une très prudente audace non féminine », elle refusa les faux-semblants. Elle déclara qu'une rupture d'engagement qui entraînait « dépit et honte » était nécessairement pénible. Et elle la ressentait comme offensante. Mais, ajouta-t-elle, nul ne pourrait jamais l'accuser d'avoir encouru cet affront par une faute quelconque ou pour lui avoir déplu : « Sur lui seul en retomberait le reproche. » Princes et princesses assistant à la scène rivalisaient d'émotion, versant larmes et soupirs sur la « si dolente départie »[1] de ces deux amants. Le viril Dunois, fier guerrier, s'impatientait de ces simagrées sentimentales : en punition de quoi, dit-on, la providence voulut qu'il se tuât d'une chute de cheval dans l'heure qui suivit.

Restait Maximilien, le dindon de l'affaire, à un double titre, puisque du même coup on lui prenait son « épouse » et qu'on lui renvoyait sa fille, répudiée. Il était loin. On n'alla pas l'informer de ce qui se tramait. On décida de le mettre devant le fait accompli.

Le plus urgent était d'obtenir l'approbation pontificale. On ne demanda pas au pape l'annulation du mariage d'Anne. Pour cela, les juristes français suffisaient, invoquant des vices de forme, l'opposition du père de l'intéressée, le fait que le roi de France n'avait pas été consulté, malgré les stipulations du traité du Verger, et, naturellement la non-consommation. On supposa donc ce problème résolu. On sollicita seulement pour la nouvelle union une dispense, en raison du cousinage des deux époux, doublement parents au quatrième degré. Mais il était évident qu'en accordant cette dispense, Rome confirmerait aux yeux de toute la chrétienté la nullité de l'engagement précédent. En agissant très vite, on parviendrait peut-être à gagner Maximilien de vitesse et à prévenir les démarches d'obstruction qu'il ne manquerait pas de faire auprès du Saint-Siège. Les émissaires royaux firent diligence : ils virent le pape le 5 décembre, veille du jour prévu pour la célébration. Si celui-ci consentait à antidater la dispense, ou au moins à la dater du jour même, on serait à l'abri de toute contestation.

Déjà Maximilien, averti, contre-attaquait. Pour sauver la face, il niait l'affront, prétendait n'avoir épousé Anne que pour inquiéter la France afin de récupérer sa fille, dont il ne voulait pas que la dot revînt à des ennemis. Mais on le savait furieux. Entre les aléas d'un délai prolongé, à la merci du moindre coup

1. Séparation.

de force, et l'inconvénient d'un mariage précipité, les conseillers du roi n'hésitèrent pas : ils optèrent pour des noces rapides et discrètes. On ne risquait pas grand-chose – tout au plus une pénitence spirituelle légère – à anticiper sur la dispense pontificale : jamais elle n'avait été refusée pour un cousinage aussi éloigné. Au contraire un scandale eût été désastreux. On veilla donc à ne fournir aucun prétexte propre à nourrir la contestation et l'on prit soin de paralyser ceux qui auraient pu s'en faire les porte-parole.

Un mariage clandestin

Contre la toute-puissante autorité paternelle, l'Église, nous l'ignorons souvent, tentait de protéger les individus : le libre consentement des conjoints était nécessaire et suffisant pour un mariage. En revanche les violences, qu'elles vinssent de l'extérieur comme dans un rapt, ou des pressions familiales, entraînaient la nullité. Ce n'est donc pas par esprit chevaleresque, comme on l'a dit, mais pour prévenir toute imputation de contrainte, que Charles VIII prit soin de laisser ostensiblement à Anne, après la signature de la paix, la liberté de ses mouvements. Elle pouvait se rendre, lui fut-il dit, où elle voudrait, notamment s'en aller rejoindre son impérial époux à Vienne, en emmenant ses serviteurs : on lui fournirait une escorte. Si elle répugnait pour ce faire à recourir aux Français, elle avait la ressource de s'embarquer sur un bâtiment britannique et de gagner les Pays-Bas via l'Angleterre : les ports bretons étaient libres.

Mais, de son plein gré, conformément au plan mis au point lors des fiançailles secrètes, c'est vers le Val de Loire qu'elle se dirigea en quittant Rennes, le 23 novembre. Déjà son équipage a meilleure figure qu'au temps où elle courait les chemins en quête d'un asile : les larges subsides accordés par le roi lui ont permis de se vêtir, elle et sa suite. À La Flèche, où l'attendait Anne de Beaujeu, elle trouva mieux encore : un somptueux trousseau de noces, une robe ruisselante d'or, doublée de fourrures précieuses.

Pour la célébration du mariage, on avait choisi une forteresse. Sur le site de Langeais, qui occupe un entablement rocheux dominant la rive gauche de la Loire, Louis XI avait fait bâtir un château fort inexpugnable. De quoi décourager Maximilien, pour le cas où il aurait tenté de faire enlever son ex-épouse – ce à quoi il ne songeait nullement, mais deux précautions valent mieux qu'une. Il pouvait aussi faire faire opposition par des hommes à lui, au cours de la cérémonie. Pour parer à cette éventualité, on multiplia les mesures dissuasives. Les futurs conjoints se rendirent à Langeais séparément. Anne arriva la première, à l'improviste. Et l'on boucla derrière elle tous les accès terrestres. Charles la rejoignit plus discrètement encore, dans la nuit du 5 au 6 décembre, trois heures avant le jour, par voie fluviale, accompagné d'une suite réduite à sa plus simple expression. Et la Loire fut aussitôt interdite à tout trafic. Les ambassadeurs étrangers avaient bien reçu une invitation – protocole exige –, mais trop tard pour leur permettre de s'y rendre. Ainsi nul ne pourrait venir proclamer, en réponse à la rituelle demande d'objections, que les époux pressentis étaient déjà mariés.

La cérémonie eut lieu aussitôt, à l'aube du 6 décembre, en présence de quelques grands seigneurs triés sur le volet. Y assistaient également six bourgeois de Rennes, représentant les États de Bretagne qui avaient si fort poussé à cette réconciliation. L'évêque d'Angers reçut le consentement des époux et celui d'Albi célébra la messe. Après quoi l'on passa à la signature du contrat.

Les termes en avaient été minutieusement pesés par les juristes français, formés à l'école de Louis XI. Il s'agissait d'arrimer solidement la Bretagne à la France. La jeune femme conservait son titre ducal, mais abandonnait au roi l'administration de ses territoires. Dans un esprit d'apparente égalité, les deux époux se faisaient donation réciproque de tous leurs droits sur la province en cause, mais un jeu de clauses complexes en assurait, à la génération suivante, le rattachement à la France. On avait envisagé plusieurs cas. Si Anne mourait la première en laissant des enfants, ceux-ci hériteraient naturellement d'elle. Dans le cas contraire, la Bretagne appartiendrait à Charles VIII : aucun testament ultérieur ne pourrait annuler cette cession, définitive.

Si Charles mourait le premier, avec enfants, sa veuve récupérerait à titre viager le duché, assorti d'un douaire confortable : en tout état de cause, la province reviendrait ensuite à leurs descendants, par héritage. Le risque le plus grave était de le voir mourir sans enfants. Pour empêcher sa veuve de reprendre la Bretagne et de l'apporter en dot à un nouveau mari, une clause très insolite stipulait qu'elle serait tenue d'épouser son successeur sur le trône de France. Si ce dernier était libre, bien sûr. Sinon, il était question du premier prince du sang : éventualité redoutable, grosse de conflits potentiels, à laquelle on préférait ne pas penser.

Telle avait été la solution trouvée pour concilier les droits théoriques d'Anne sur sa province natale avec les intérêts français, et « pour éviter que les guerres et sinistres fortunes qui venaient de prendre fin ne se renouvellent ». Elle n'avait pas encore quinze ans, le roi en avait vingt et un : le problème dynastique n'était pas d'actualité. Tous signèrent sans arrière-pensées, sauf peut-être Louis d'Orléans, le premier prince du sang, précisément… Le soir même, on mit les jeunes gens au lit. Les six bourgeois de Rennes purent constater, le lendemain au matin, que Charles avait rempli ses devoirs et s'en allèrent en rendre bon compte à leurs concitoyens. Le mariage, dûment consommé, était désormais indissoluble.

Les époux prirent ensuite séparément la route de Tours. La reine revêtit une tenue de voyage en velours noir dépourvue d'ornements. Elle entra dans le château du Plessis à la dérobée, en rasant les murs. Pour la recevoir, sa belle-sœur était seule, elle la fit passer par une étroite poterne secrète et la guida vers ses appartements. À la messe du lendemain, la robe de la reine tranchait, par sa modestie, avec les ors et les velours étalés à profusion pour lui faire honneur par les suivantes d'Anne de Beaujeu. Discrétion, silence : c'est sur la pointe des pieds que l'orgueilleuse Bretonne pénétrait au royaume de France.

Les craintes se dissipèrent vite. Dès le 18 décembre, Charles, rassuré, la présente à sa bonne ville de Tours, qui lui fait un accueil chaleureux. Et en février, il la conduit à Paris pour être non seulement couronnée, dans l'abbatiale de Saint-Denis, mais sacrée : c'est un honneur. Le bon peuple de la capitale, ravi, lui fait fête : « Il la faisait beau voir, car elle était belle et jeune, et pleine de si bonne grâce que l'on prenait plaisir à la regarder. » Quelque chose aurait encore réjoui davantage les Parisiens s'ils avaient pu le savoir : déjà elle était enceinte.

L'adieu à Marguerite

Entre deux dots, la France avait choisi la plus avantageuse. Il valait mieux s'approprier la Bretagne que de revendiquer à l'est des provinces certes plus riches et plus désirables, mais hostiles : Artois et Franche-Comté préféraient la tutelle distante de l'Empereur à une autorité directe, plus pesante. Et puis, Marguerite n'était pas seule héritière de Bourgogne : elle avait un frère, Philippe le Beau, à qui le traité d'Arras précisait que les provinces de sa sœur retourneraient, si elle mourait sans enfants : à coup sûr, il défendrait ses droits. Le choix breton était de beaucoup le plus sage.

Mais il fallait en assumer les conséquences : en renvoyant la petite fille, restituer sa dot. Un crève-cœur pour certains conseillers, qui se souvenaient de l'âpre lutte contre le Téméraire et redoutaient de voir renaître la puissance de la maison de Bourgogne : on ne devait rendre « ni fille, ni fillette, ni ville, ni villette ». Louis XI, se souvenant opportunément que son serment d'Arras n'avait pas été fait dans les formes, avait fait enregistrer par le parlement de Paris sa décision d'annexer les territoires attribués en dot à Marguerite même si le mariage ne se faisait pas. Mais, sous le règne de son fils, la mauvaise foi n'était plus de saison. On avait l'esprit chevaleresque, désormais, et le vieil amiral Graville n'osa souffler mot de ce document.

On consentit donc à rendre l'Artois et la Franche-Comté. À vrai dire, le roi n'avait jamais eu sur ces provinces qu'une autorité nominale. La restitution ne changeait pas grand-chose. On tenta seulement de tirer de cette concession le maximum d'avantages. Tant que l'affaire restait en suspens, on disposait d'un moyen de pression sur Maximilien. Celui-ci se répandait en menaces, criant au double adultère, dénonçant la « bâtardise » des futurs enfants de France. Il devenait dangereux. On garda donc, en otages, Marguerite et sa dot : le temps pour la colère paternelle de s'épuiser en vaines protestations ; le temps, aussi, de voir arriver l'agrément de Rome, sous forme de bonnes lettres scellées. L'ex-« petite reine » fut ballottée de château en château, avant d'être installée pour un temps à Melun, en juin 1492, avec les dames de sa suite, dans des conditions honorables : Charles VIII avait mauvaise conscience.

L'arrivée de la bulle pontificale, en juillet, fut pour le couple royal un soulagement. Innocent VIII, après avoir tergiversé devant les exigences contradictoires du roi de France et du roi des Romains, avait finalement opté pour le premier, « non seulement, dit-il, parce que la France est plus puissante, mais aussi parce que cette maison a toujours été amie et défenseur de la Sainte Église ». Le texte de la bulle restait muet sur les engagements antérieurs d'Anne et de Charles. Il soulignait que leur mariage avait été conclu « pour mettre fin aux guerres ». Il les absolvait de la faute commise en anticipant sur la dispense et déclarait leur postérité légitime. Le pape avait tenu cependant à faire montre d'indépendance en datant cet acte non du 5 décembre, veille du mariage, comme le lui avaient demandé nos ambassadeurs, mais du 15. Peu de chose, en somme. Les époux ne s'étaient trouvés hors du giron de l'Église que neuf jours. Ils s'en tiraient à bon compte.

Maximilien, lui, prit les armes. Pour sa fille ? ou pour ses provinces ? On ne sait. Les engagements militaires en Franche-Comté n'emportant pas la décision et les habitants des Pays-Bas se faisant tirer l'oreille pour intensifier la guerre, la parole fut laissée à la diplomatie. Dans le traité signé à Senlis au printemps de 1493, le fils de Maximilien, l'archiduc Philippe, âgé de quinze ans, flamand et bourguignon bien plus qu'autrichien, fait figure d'héritier de son grand-père, le Téméraire. C'est à lui que devraient faire retour, après une période transitoire, Artois et Franche-Comté.

Et Marguerite ? Elle attendait, dans un château tout proche, que les juristes aient terminé leurs travaux. Puis elle fut acheminée vers la frontière du Cambrésis, qu'elle franchit le 12 juin, et où elle signa sa renonciation à toute prétention sur la main de Charles VIII. Elle versa des larmes en se séparant de ses amies françaises, mais la chaleur de l'accueil que lui réservèrent Cambrai et Valenciennes la réconforta. Son père, indifférent, n'était pas là. Mais elle y trouva son frère et sa grand-mère, dont elle avait quasiment oublié le visage. Elle redécouvrit un pays qu'elle ne connaissait pas, mais qui était le sien et qu'elle allait aimer passionnément.

De Charles VIII elle reçut, en souvenir de leurs amours enfantines, une chaîne d'or de grand prix, qu'elle accepta sans doute de meilleur cœur que la parure de tête que crut devoir lui envoyer sa rivale. Déjà, autour d'elle, on pensait à l'avenir. Il fallait lui trouver un nouveau mari, de rang au moins égal au précédent : difficile ! On y mit le temps nécessaire et on lui proposa, en 1496, le fils unique des souverains espagnols, Ferdinand d'Aragon et Isabelle de Castille : l'infant héritier, Juan. Sur le navire qui la conduisait vers celui qu'elle venait d'épouser par procuration, elle essuya une tempête, se vit morte, et écrivit par avance son épitaphe :

Ci-gît Margot, la gente demoiselle,
Qu'eut deux maris et si[1] *mourut pucelle.*

Cette gente demoiselle qui rimait si crânement dans le péril avait quinze ans. Elle devait survivre et nous la retrouverons.

Quant aux bénéficiaires de la double rupture, quelques esprits scrupuleux éprouvèrent pour eux de la crainte. « Si lesdits mariages furent ainsi changés selon l'ordonnance de l'Église ou non, je m'en rapporte à ce qui est », écrit, beaucoup plus tard il est vrai, Philippe de Commynes ; « mais plusieurs docteurs en théologie m'ont dit que non, et plusieurs m'ont dit que oui. »

Marguerite avait vécu aux côtés de Charles VIII pendant plusieurs années ; tout enfant qu'elle fût, elle avait été traitée en reine de France. Charles et Anne, chacun de leur côté, avaient pris des engagements solennels et les avaient violés. Le vieux chroniqueur n'est pas loin de voir, rétrospectivement, la main de Dieu dans les malheurs ultérieurs des protagonistes de cette histoire.

1. Pourtant.

CHAPITRE II

Le premier règne d'Anne de Bretagne

Charles VIII et Anne de Bretagne étaient jeunes. Leur âge semblait leur promettre un long règne. Pourtant leur vie commune ne dura que six ans et demi. Commencée sous les auspices les plus favorables, elle bascule, après l'expédition d'Italie, dans les chagrins et les deuils.

Une union harmonieuse

Sur son état d'esprit face à l'époux que lui imposaient les armes, la jeune reine n'a pas laissé de confidences. Nous en sommes donc réduits aux conjectures.

Certes les filles de grande famille n'avaient pas coutume de choisir leur conjoint et elles le savaient : leurs pères décidaient pour elles. Mais Anne, orpheline et duchesse régnante, avait pu se croire libre lorsqu'elle avait opté pour Maximilien. Il lui fut assurément pénible de renoncer à cette liberté, d'abandonner aussi l'administration de la Bretagne. Le contrat de mariage était plein de clauses astreignantes, voire humiliantes, pour elle : il consacrait sa dépendance.

Le dénouement était intervenu très vite. Elle avait eu, moins encore que Charles, le temps de se préparer psychologiquement à cette union. Jusqu'au dernier moment, tous deux avaient imaginé un avenir différent. Ils s'abordaient pleins de réticence et de craintes, mais conscients des enjeux et décidés à faire preuve de bonne volonté.

Anne, courageuse, volontaire, mûrie par les épreuves précoces, a résolu d'écarter les rancœurs et de ne pas bouder le cadeau que lui fait enfin la fortune. Elle avait été élevée dans la haine de Charles VIII. L'intéressé, vu de près, mérite mieux que l'idée qu'elle s'en faisait. Il s'efforça de la ménager et de lui être agréable. Elle n'a jamais rêvé d'un mariage d'amour, mais, orgueilleuse, elle tenait à la grandeur. Son nouvel état lui offre bien des satisfactions d'amour-propre. Elle a été préférée à Marguerite, au risque d'un conflit. Elle ou la Bretagne ? c'est la même chose aux yeux de la jeune duchesse. Le jour de son couronnement, à Saint-Denis, elle a vu la dame de Beaujeu, si acharnée naguère à mener la lutte contre son père, marcher derrière elle en portant la traîne de son manteau d'or. Et son ancien prétendant, Louis d'Orléans, qui comptait se tailler grâce à elle un État en Bretagne, soutenait ce jour-là sur sa tête la couronne de France, si lourde. On la fête, on l'honore. Elle est reine du plus puissant pays d'Europe. Belle revanche pour la fugitive qui courait les routes en quête d'un asile.

Après la guerre, la peur, la trahison, les coffres vides et les vassaux débandés, elle respire enfin. Elle retrouve auprès de Charles sécurité et égards. Elle lui en est reconnaissante. Elle aime le Val de Loire, séjour de prédilection des rois de France. Il est plus proche que les rives du Danube de la Bretagne où reste attaché son cœur. Anne est une Bretonne de l'intérieur, ses villes préférées sont Rennes d'abord, et Nantes. Les pays de Loire ressemblent à cette dernière : même douceur de l'air, même climat changeant, même variété dans les paysages, même fleuve nourricier, à quelques lieues en amont. Mesure, équilibre, harmonie : au Plessis-lès-Tours, à Amboise, elle ne se sent pas dépaysée. Ni même à Paris ou à Lyon, dans ce royaume à l'échelle humaine.

Elle est assez intelligente et assez sage pour comprendre qu'elle trouve dans ce mariage d'inestimables avantages.

Y trouve-t-elle aussi, contre toute attente, l'amour ? Les historiens ont longtemps raffolé des histoires sentimentales dans les alcôves royales, et sous la plume de quelques-uns, aujourd'hui, on peut lire parfois qu'elle fut très éprise de Charles VIII. Encore faut-il savoir ce qu'on entend par là.

Les souverains ont leurs appartements distincts et font normalement chambre à part. Quand le roi rejoint nuitamment la reine, toute la cour en est avertie. Les assiduités de Charles auprès de sa jeune femme furent remarquées, et l'ambassadeur vénitien notait crûment : « La reine est désireuse du roi outre mesure, au point que, depuis qu'elle est sa femme, il s'est passé très peu de nuits qu'elle n'ait dormi avec lui. » Harmonie charnelle soudain découverte ? C'est possible entre des êtres jeunes au tempérament vigoureux. Mais Charles n'était pas novice en la matière, il avait une longue expérience des équipées nocturnes en galante compagnie. Aussi les courtisans ont-ils vu plutôt, dans l'attirance qu'Anne exerce sur son mari, l'effet d'une stratégie délibérée. Elle est jalouse. Elle veut le retenir et tente de battre sur leur propre terrain des rivales éventuelles. Un pari bien risqué.

Disons-le tout de suite : à ce jeu-là, elle n'obtiendra qu'une demi-victoire. Elle évitera l'intronisation d'une maîtresse en titre, comme Agnès Sorel, qu'avait installée auprès de lui Charles VII. Elle ne partagera officiellement son époux avec aucune autre. C'est déjà beaucoup. Mais elle ne l'empêchera pas de retourner très vite à ses habitudes de beuverie et de ripailles, aux côtés de femmes faciles, ni de succomber au charme des belles Italiennes que les cités traversées jetteront à foison dans ses bras. Le roi « aimait son plaisir », toutes les formes de ce plaisir. Il n'y mettait guère de sentiment et oubliait vite ses multiples partenaires. Pas d'enfants naturels élevés près de lui au vu et su de tous. Pas d'intrigues sous les courtines des châteaux. C'est dehors que le roi se dévergonde. Anne surveille d'un œil impitoyable la bonne tenue de sa « maison ».

Ses armes ? Elle a du charme. Elle en est consciente et elle en joue. Certes, elle n'est pas parfaitement jolie, avec sa taille étriquée, son nez trop fort, sa claudication. Mais elle sait tirer parti de ses avantages physiques. Elle s'habille avec goût, sans ostentation. Elle affectionne le costume breton, dont la coiffe noire sied à son teint, surtout lorsque y étincellent quelques diamants. Elle aime plaire et sait s'y prendre, feindre la fragilité, mêler le rire et les larmes, supplier, exiger quand il le faut. Obstinée, elle revient à la charge, use les résistances, assez habile pour ne pas demander l'impossible, mais occupant tout le champ qui lui est ouvert. Elle est de ces femmes à qui l'on cède, par lassitude, à qui l'on ment, par lâcheté, et qui réussissent à exercer sur les maris volages, en jouant de leur mauvaise conscience, un empire considérable.

Avec Charles VIII, elle n'eut guère le temps d'affiner ses talents, et elle ne put les exercer que dans le domaine de la vie privée. Les occasions d'affrontement furent entre eux très rares et – fruit des sages mesures de la dame de Beaujeu ? – elle eut peu de prétextes à se mêler de politique. Tout au plus soulagea-t-elle la misère de quelques gentilshommes bretons en leur procurant des emplois auprès du roi. Mais ce n'est pas à elle que sont confiées les affaires quand celui-ci quitte le royaume.

Serait-elle d'ailleurs en mesure d'y faire face ? Toutes ses forces sont absorbées par les maternités.

Maternités

Est-il indispensable de chercher des explications psychologiques compliquées à la présence répétée de Charles dans le lit conjugal au début de leur mariage ? Tous deux souhaitent passionnément avoir un fils, le plus rapidement possible. Lui, pour assurer la continuité de sa race sur le trône, elle, pour conforter sa position, par sens de son devoir et – pourquoi pas ? – par instinct maternel. Ils font tout ce qu'il faut pour cela.

C'est la force et la faiblesse d'une reine que d'être le réceptacle des espoirs dynastiques. Enceinte, elle est l'objet de tous les égards. Mais il est évident aussi qu'une fois la grossesse assurée, le roi se sent plus libre de chercher ailleurs son plaisir. Cependant, l'emprise qu'elle exerce alors sur lui, pour changer de nature, n'en est pas moins forte.

Dans le rôle de futur père, Charles VIII se surpassa.

Anne resta pendant la plus grande partie de sa grossesse à Paris, évitant les fatigues et les déplacements inutiles, se contentant d'assister en spectatrice aux joutes courtoises qui opposaient à l'amiable les turbulents seigneurs de la cour. Son époux la couve avec anxiété. Un roi sans héritier n'est pas libre de ses choix politiques. Il ne peut s'éloigner, courir fortune au loin, sans risquer de plonger le pays dans l'anarchie par sa disparition. Il a les mains liées. Aussi l'Europe est-elle suspendue à l'échéance annoncée. Les ambassadeurs étrangers viennent aux nouvelles, sous couleur de félicitations. Si c'est un fils, peut-être Charles donnera-t-il suite aux grands projets qu'il caresse depuis longtemps. Si c'est une fille ? Ce sera partie remise.

Ce fut un fils.

La naissance du dauphin s'entoura d'une légende complaisamment orchestrée. Anne s'était rendue au Plessis, où tout était prêt pour ses couches. Le travail commença dans la nuit du 9 au 10 octobre 1492. Auprès d'elle Charles s'agite, s'affole, s'exaspère contre les médecins. Sa piété le pousse à solliciter les secours spirituels de François de Paule, celui même qui avait prédit son mariage. Le « bonhomme » – comme on disait alors parce qu'il était très âgé, sans nuance de familiarité péjorative – se mit en prières, puis déclara à l'envoyé royal : « Hâte-toi vers ton roi et dis-lui que ce matin, à l'aurore, il lui naîtra un fils, *cui nomen erit Orlandus* » – qui aura nom Orland. Et à quatre heures du matin, en effet, Anne donnait le jour à un garçon bien constitué, parfaitement viable. Restait à suivre, pour le baptiser, les injonctions du vieil ermite.

Orland ? Curieux nom pour un futur roi de France. Aucun de ses ancêtres ne l'avait porté. Ce n'était même pas un nom français : *Orlando* est la forme italienne de Roland. Sans aucun doute l'ermite calabrais pensait au preux compagnon de Charlemagne, mais, comme tous ses compatriotes, il l'associait dans son esprit, non à la défaite de Roncevaux, mais aux combats victorieux en Aspromonte. Cet *Orlando*, que l'Arioste allait nous dépeindre un peu plus tard *furioso* – c'est-à-dire fou –, était le plus populaire des héros de la lutte contre les Sarrasins en Italie du Sud. Un nom pareil, c'était presque un programme : il faisait de l'enfant un futur champion de la chrétienté.

En attendant, les deux parrains pressentis, Pierre de Bourbon et Louis d'Orléans, font grise mine, prennent très mal cette intrusion étrangère dans une affaire familiale française et plaident pour la tradition. La marraine, elle, veuve du bon René d'Anjou, roi détrôné de Naples et de Jérusalem, appuie le choix des parents. Après trois jours de discussions orageuses, on transigea : ce serait *Orlandus-Carolus* en latin et Charles-Orland en français. Le petit prince fut conduit en grande pompe dans l'église Saint-Jean du Plessis, où son père attendait, en prières, aux côtés du pieux ermite dont il tiendra la main tout au long de la cérémonie, comme le peuple de France en fut avisé par un récit officiel. Anne profite de la fête des relevailles pour affirmer à nouveau qu'elle s'est mariée de son plein gré, hors de toute contrainte, et Charles se joint à elle pour déclarer par écrit que les lettres de dispense nécessaires leur ont été concédées dans les temps. Le dauphin est bien l'héritier légitime de France.

Charles-Orland poussait sans à-coups, vigoureux et dru. C'était un très bel enfant au teint blanc, aux yeux noirs, grand et gros pour son âge. Des visiteurs qui l'ont vu à quatorze mois, puis à deux ans et demi, notent qu'il se comportait bien en public, ce qui veut dire qu'il se montrait souriant et gai. Selon Commynes, il était à trois ans « audacieux en paroles » et « ne craignait point les choses que les autres enfants ont accoutumé de craindre ». Tous croyaient déceler en lui déjà, au physique et au moral, les qualités d'un roi. Un portrait conservé au Louvre confirme cette impression favorable.

Vers dix-huit mois, on l'avait installé à Amboise, sous la surveillance de deux gouverneurs et d'une gouvernante, entouré d'une nuée de serviteurs et à portée des prières de François de Paule. Il faisait la fierté et la joie de ses parents. Une correspondance suivie les tenait au courant de sa santé et de ses progrès. S'enrhumait-il ? le roi fondait plusieurs messes pour la guérison de celui qu'il nommait « la plus belle de ses pierres précieuses ».

Le jeune père se souvient des mesures de protection dont Louis XI avait entouré sa propre enfance. Il en prend de plus énergiques encore : forêt interdite à la chasse, portes de la cité réduites à quatre, pour en faciliter la surveillance, archers écossais triés sur le volet et disséminés aux points stratégiques, contrôle de l'identité des moines compagnons de l'ermite calabrais, isolement total de la ville prévu en cas d'alerte. Le précieux trésor est bien gardé.

Le couple royal, encouragé par cette naissance, souhaitait lui donner des frères et sœurs. Anne était prolifique. Dès l'année suivante, elle se trouvait à nouveau enceinte. Seconde grossesse : les enjeux étant moindres, elle se ménagea moins. Elle tint à accompagner le roi qui, comme tous ceux de son époque, menait de château en château une vie itinérante pour visiter son royaume et consommer sur place les produits de ses domaines. Par une très chaude journée d'août, elle le suivit à la chasse, en forêt de Courcelles, et perdit l'enfant qu'elle portait – assez avancé pour qu'on vît que c'était un garçon.

Ils s'en consolèrent vite : une troisième maternité s'annonçait déjà. Charles, père comblé, assuré de la fécondité de son épouse, crut pouvoir se donner à la grande entreprise qu'il méditait depuis longtemps.

La Grande Entreprise

Ce n'est pas ici le lieu d'exposer le détail de sa politique italienne. Qu'il suffise de dire que la péninsule abritait alors une mosaïque d'États qui s'entre-déchiraient. La France apparaissait comme un recours à certains d'entre eux. De plus, les hasards dynastiques avaient donné au roi des droits sur le royaume de Naples, dont il pouvait se dire l'héritier légitime, comme descendant des Angevins évincés une cinquantaine d'années plus tôt par un usurpateur aragonais. Enfin le pape, inquiet des incursions répétées des Turcs en Méditerranée centrale, se tournait vers la France, fille aînée de l'Église, en même temps que vers l'Espagne, qui venait en 1492 d'expulser les derniers Maures accrochés à la province de Grenade : la Reconquête était terminée. L'heure n'avait-elle pas sonné d'aller plus loin ?

Charles était nourri de littérature chevaleresque. Ses rêveries héroïques, encouragées par les plaintes et les appels au secours des réfugiés napolitains, avaient pris forme peu à peu. Sa sœur, la prudente Anne de Beaujeu, y mit d'abord une sourdine. Mais, pleinement majeur, marié, père d'un dauphin, il lui échappait. Sa décision est prise dès la fin de 1492 : il se lancera dans l'aventure.

Pour avoir les mains libres, il signa avec ses adversaires politiques des traités de paix assortis de concessions territoriales ou financières qui ont paru exorbitantes aux historiens d'aujourd'hui. À Henri VII d'Angleterre, il promet une substantielle pension, à Ferdinand d'Aragon, il restitue le Roussillon, à Maximilien, il rend, on l'a vu, la dot de sa fille Marguerite. C'est là le prix de leur consentement tacite à l'expédition d'Italie, voire de leur aide ultérieure contre les Turcs.

Son but est double. Comme préalable, chasser l'usurpateur de Naples et occuper un trône qui lui revient. Se servir ensuite de l'Italie du Sud comme base de départ pour une nouvelle croisade. La reprise des lieux saints est à ses yeux, et doit être à ceux de toute l'Europe, la justification de ce qui ne serait, autrement, qu'une quelconque manifestation d'impérialisme. C'est avec la conviction d'être investi d'une mission sacrée que Charles prépare l'expédition italienne.

On ne sait dans quelle mesure il parvint à faire partager ses rêves à sa femme. Anne, très possessive, avait tout à craindre d'une guerre longue et périlleuse, dont il risquait de ne pas revenir, et qui, dans le meilleur des cas, impliquait une séparation prolongée : soustrait à son influence, soumis à des tentations innombrables, il s'écarterait d'elle à coup sûr, elle le perdrait. Pourtant, elle ne paraît pas s'être opposée à son dessein. Pourquoi ? Son imagination ambitieuse a pu être flattée par le trône de Naples et, peut-être, celui de Jérusalem – empire plus prestigieux que celui sur lequel son ex-époux Maximilien maintenait avec peine une autorité vacillante. Mais il est plus vraisemblable que sa piété profonde et exaltée a contribué à la convaincre : on ne s'oppose pas à l'élection divine.

Les préparatifs furent longs. Une année durant, Charles multiplie les déplacements – pèlerinages à des sanctuaires, visites aux provinces récemment rattachées à la couronne, dont il conforte la fidélité – et quête des troupes et des fonds. Les caisses royales sont vides, comme d'habitude, et les sujets du roi peu enclins à ouvrir leur bourse. Anne engage ses bijoux auprès d'une banque génoise. Elle évite autant qu'elle le peut les déplacements, pour raisons de santé. Mais, contre l'avis des médecins, elle accompagne à Moulins, puis à Lyon, son mari, heureux de la garder le plus longtemps possible auprès de lui, avant l'épreuve. Pour lui épargner les cahots des grands chemins, que n'absorbent pas toujours les litières, on lui organise un itinéraire presque entièrement fluvial. Elle fait à ses côtés, vers la mi-mars, une entrée solennelle dans la capitale rhodanienne : occasion de fêtes et réjouissances brillantes, combats navals sur la Saône, jeux et mystères, tableaux vivants allégoriques à la gloire de la mère et de l'enfant roi.

La litière où elle reposait l'a-t-elle trop secouée sur les pavés inégaux des ruelles lyonnaises ? Un nouvel accident emporte ses espoirs de maternité. Elle en est d'autant plus affligée qu'on murmure que son époux n'est pas insensible aux charmes d'une certaine Sibille, à qui l'unissaient des liens déjà anciens. Entouré de joyeux compagnons, il court les mauvais lieux, à la manière des chats, dit-on en riant, qui peuplent la nuit de leurs râles d'amour. Dernières folies avant la guerre, la mort peut-être…

Anne, encore dolente de sa fausse couche, pleure, gémit, s'accroche à lui. Le supplie-t-elle au dernier moment de ne pas partir ? C'est d'autant plus probable qu'elle n'est pas seule à réprouver l'expédition. Les médecins mettent le roi en garde contre des fatigues qu'il risque de ne pouvoir supporter. En vain : Charles est résolu. Anne se résigne à l'inévitable, plus aisément depuis qu'elle se sait à nouveau enceinte : elle parle de ce voyage en des termes plus mesurés. Le roi se plie à ses derniers caprices. De grosses barques à rames les conduisent à Vienne, sur le Rhône, où doit avoir lieu la séparation. Elle insiste encore. Elle obtiendra d'aller jusqu'à Grenoble, où ils passent ensemble une grande semaine. Il la quitte enfin le 29 août 1494 au petit matin, pour chevaucher vers les cols alpestres. Elle-même regagne Moulins à brèves étapes. Elle y sera choyée – et surveillée – par les Beaujeu, à qui a été confié, pour la durée de l'absence du roi, le soin d'administrer le royaume. Simplification appréciable : c'est là qu'arrivera tout le courrier. Elle sera plus vite et plus complètement informée. Quant au pouvoir, ce sont bien sûr Pierre de Beaujeu et sa femme qui l'exerceront.

Anne a dix-sept ans et demi. Pendant les quatorze mois que dura l'éloignement de Charles VIII, elle put mesurer sa solitude et sa dépendance. Sans lui, elle n'est rien. Aucun rôle dans l'État. Pas de clientèle, pas d'amis, pas de serviteurs autres que privés. Elle constate aussi son incompétence : elle a l'expérience de la guerre civile, pas celle du gouvernement. Elle ne sait rien, ne peut rien. Tout est suspendu pour elle au retour de l'époux sur lequel elle exerce une emprise qu'elle devine fragile. Elle a tout le loisir d'y réfléchir. D'autant que sa santé s'améliore : elle a perdu, on ne sait au juste quand, le nouvel enfant qui s'annonçait. À l'abri pour un temps des maternités à répétition, elle se fortifie et mûrit.

Les délices de Naples

Les chroniqueurs se sont désintéressés d'elle pour suivre Charles VIII à la guerre.

En mettant le pied dans le guêpier italien, il ne sait pas quels traquenards l'y attendent. À vingt-deux ans, il « ne faisait que saillir[1] du nid », dit Commynes, qui était de la partie. Face au vieux prédateur sans scrupules qu'était Ludovic Sforza, son « allié » lombard, il ne fera pas le poids.

Le voyage d'aller, malgré quelques péripéties, a des airs de promenade triomphale. Charles préfère fermer les yeux sur les découvertes déplaisantes, par exemple, que Ludovic est en train d'empoisonner à petit feu son neveu, Galéas Sforza, héritier légitime du duché de Milan, dont il convoite la place et l'épouse. Il se bouche les oreilles aux supplications de la jeune femme, qui, il est vrai, est fille de « l'usurpateur » napolitain. Les acclamations des Florentins l'étourdissent d'orgueil comblé. Le temps d'un détour par le mont Cassin, pour mettre ses pas dans ceux de Charlemagne, et le voici à Rome, où le pape nouvellement élu, Alexandre VI, de son nom Roderigo Borgia, lui réserve un accueil contraint. Exhibant des étendards brodés où s'inscrit le signe de sa mission divine, il pénètre dans Capoue tout de blanc vêtu, sur un cheval blanc, en émissaire de foi et de paix. Il entre sans combat dans Naples en liesse, désertée par les souverains aragonais, il vient à bout en quelques jours des deux châteaux forts où s'était cantonnée la résistance. Déconvenue du menu peuple : le roi de France est un nain, « plus semblable à un monstre qu'à un homme », et non un preux géant sorti des chansons de geste médiévales. On se console : ses yeux rayonnent d'une bonté affable qu'il puise dans la conscience de son élection surnaturelle ; et de ses mains

1. Sortir.

ruisselle l'or, car il a trouvé pleins à ras bord les coffres de ses prédécesseurs enfuis.

Pour les guerriers français triomphant sans avoir combattu, Naples est « un vrai Paradis terrestre ». L'exubérance de la nature, les merveilles de l'art, la beauté des femmes grisent les conquérants. Qu'en pensent les épouses restées en France ? Il est vrai que l'obstacle linguistique réduit les possibilités de conversation et que la jalousie des maris place hors de portée les plus nobles dames. Mais il y en a beaucoup de faciles dans ce grand port, carrefour de peuples au centre du bassin méditerranéen.

Au fil des jours, l'euphorie se dissipe pourtant. Les couleurs trop vives, les vins trop capiteux, les femmes trop désirables engendrent une ivresse dont on se réveille avec la gueule de bois, la tête lourde et le cœur au bord des lèvres. Il fait trop chaud surtout, une chaleur écrasante, débilitante, et la fièvre ronge les énergies. Malaria, syphilis. L'idylle tourne à l'aigre entre Français et Napolitains, également déçus. Les héros, saturés de ripailles et de débauche, ont le mal du pays et rêvent de plaisirs apaisés dans des bras familiers, tendres et rassurants.

Charles, de son côté, a vite compris que les souverains dont il escomptait l'appui, ou au moins l'approbation tacite, le lâchent. Ils le croyaient voué à une catastrophe rapide. Ses succès les ont désagréablement surpris. L'empereur ne veut concéder à personne le privilège de mener une croisade, qui lui revient de droit. Le roi d'Espagne s'inquiète d'une implantation à Naples qui pourrait menacer sa mainmise sur la Sicile. Bien que son désir de reprendre Jérusalem aux Turcs soit ravivé par un songe, Charles comprend que les conditions politiques pour une expédition commune ne sont pas réunies, et qu'il n'a pas les moyens de la mener seul. Il ne lui reste qu'à rentrer en France. La croisade, ce sera pour plus tard. Il se prépare au retour, non sans avoir dilapidé inconsidérément entre les mains de ses lieutenants les richesses du pays. Il laisse sur place pour gouverner la province un cousin éloigné, Gilbert de Bourbon-Montpensier. L'an prochain, promet-il, il reviendra, accompagné d'Anne de Bretagne, nouvelle reine de Naples.

Le retour est beaucoup plus épineux que l'aller. Entre Florentins et Pisans révoltés, il faut choisir, s'attirer l'animosité d'un des deux partis. Plus au nord, la situation est envenimée par les ambitions personnelles de Louis d'Orléans, qui dispute à Ludovic Sforza le duché de Milan, dont il se dit l'héritier par sa grand-mère, Valentine Visconti. Venise a décidément pris parti contre la France. Notre armée échappe de justesse au piège qui lui est tendu à Fornoue, au débouché de l'Apennin : la victoire tient du miracle, mais elle ne fait que confirmer la nécessité d'une retraite rapide. Un bref séjour en Lombardie, le temps de neutraliser provisoirement Sforza et de signer avec lui le traité de Verceil, et Charles reprend le chemin des Alpes, menacé dans sa santé par les maladies variées qui déciment l'armée, et dans sa liberté par les mécontents de tout bord, notamment les mercenaires suisses, dont la solde n'est pas payée et qui parlent de le séquestrer en attendant leur dû.

Parti de Turin le 22 octobre, le roi gagne Briançon, par Suse et le mont Genèvre. Il force les étapes : Embrun, Gap, col Bayard, La Mure. Il est à Grenoble le 27, dans des délais records. Trois jours de repos et le voici reparti, plus posément, pour Lyon, qui l'accueille le 7 novembre. Au balcon de l'archevêché, une petite silhouette frêle sanglée de drap d'or : c'est Anne de Bretagne, émue et heureuse, bien décidée cette fois à le retenir. La peur de l'avoir perdu le lui rend soudain plus cher.

Le temps des épreuves

Le couple royal enfin réuni ne put guère jouir des retrouvailles. Deux épreuves terribles vinrent le frapper coup sur coup.

Les nouvelles de Naples étaient mauvaises. L'implantation française, très récente, restait fragile. Les troupes, insuffisantes en nombre et mal dirigées, se montrèrent incapables de résister à la contre-offensive menée par le souverain détrôné. Enfermées dans le Castel Nuovo, elles imploraient de Charles VIII des secours qui arriveront trop tard. Leur capitulation, le 4 décembre, fut connue à Lyon une quinzaine de jours plus tard. Naples était perdue.

Charles VIII venait tout juste d'apprendre la mort du dauphin.

Une épidémie sévissait depuis trois mois en Touraine. Rougeole, petite vérole ? Le roi, en correspondance presque quotidienne avec les médecins, avait mis en place un plan de prévention. Si le « mauvais air » était en cause, on transporterait l'enfant ailleurs. S'il s'agissait de contagion directe, on l'enfermerait plus étroitement dans le château. C'était la rougeole. On le laissa sur place, coupé de tout contact avec la ville. Précaution inutile ! On annonça successivement que le petit Charles-Orland se trouvait atteint, que son mal empirait, qu'il était à l'extrémité, que, malgré les efforts des médecins et les prières du bonhomme François et de ses moines, il était mort, le 16 décembre 1495.

Le chagrin du roi fut profond, mais il eut la force d'en dominer les manifestations : la reine, elle, s'abandonnait à une douleur si violente qu'elle lui fit peur. On usa du seul remède alors connu contre la souffrance morale : on offrit à la jeune femme le divertissement d'un intermède dansé par des gentilshommes de la cour. Pas de quoi la consoler, on s'en doute. Le chagrin ne l'aveuglait pas, cependant, au point qu'elle ne vît sur le visage de Louis d'Orléans passer un éclair de joie : cette disparition refaisait de lui, jusqu'à nouvel ordre, l'héritier du trône. Elle resta longtemps sans vouloir lui adresser la parole et ne lui pardonna jamais.

Ce double malheur condamnait la Grande Entreprise. Charles a beau parler d'aller reconquérir Naples en personne, nul ne partage plus ses espoirs. Argent et alliés font défaut : l'enthousiasme et les illusions sont taris. Anne, liguée cette fois avec sa belle-sœur de Beaujeu, s'oppose vigoureusement à toute aventure, et son chagrin fait tant de peine à voir que le roi ne sait que faire pour l'apaiser. D'ailleurs, les Parisiens lui ont rappelé, par l'entremise du Parlement, qu'il ne saurait quitter le royaume sans y laisser un héritier, dont il lui faut souhaiter la venue rapide.

Il ronge son frein en surveillant les travaux qu'il met en train au château d'Amboise et il attend. Ou plutôt, c'est la reine qui attend à nouveau un enfant au printemps de 1496. Bénédiction du ciel : un fils lui naît le 8 septembre, qu'on baptise Charles. Hélas ! moins d'un mois après, le 2 octobre, le petit garçon est mort.

Y eut-il encore, au printemps de 1497, naissance prématurée d'un garçon, qu'on aurait eu le temps de prénommer François avant qu'il ne meure ? À moins qu'on ne le confonde avec celui qui était en route lorsque Charles partit pour l'Italie, et dont on ignore le sort. Les témoignages finissent par s'embrouiller dans les grossesses avortées d'Anne de Bretagne et le compte en est hasardeux.

Une chose est sûre. Devant l'accumulation des malheurs, Charles VIII se livre à un examen de conscience. À Lyon, au carême de 1497, il s'est entendu reprocher en pleine chaire par un prédicateur célèbre « sa convoitise pour les choses d'Italie et du Royaume » (de Naples) ; il a été invité à conclure la paix et à faire pénitence. Sa piété est sincère et profonde. Il avait cherché à remettre dans le droit chemin les ordres religieux corrompus, il songeait, en se rendant en Italie, à une réforme générale de l'Église. L'apprenti réformateur ne doit-il pas exercer d'abord son effort sur lui-même ? Tout le monde croit, à l'époque, à l'intervention de la providence dans notre vie quotidienne, par l'entremise des causes secondes. Tout a un sens spirituel. Tout devient signe. Les deuils successifs sont perçus comme le châtiment d'une faute, d'un péché, « un coup de Dieu », dit Commynes. On s'explique donc aisément la « conversion » de Charles, si durement frappé. S'il veut que le Seigneur lui accorde enfin un dauphin, il lui faut faire pénitence. Prières, jeûnes, messes, communions, aumônes, pèlerinages, fondations pieuses ne suffisent pas. N'est-il pas puni par où il a péché ? « Détestant désormais les plaisirs voluptueux du passé, il s'engage dans une vie chaste », se promet de garder fidélité à sa femme, chasse les filles de joie des alentours de la cour et fait la morale à son cousin d'Orléans. Ces saintes résolutions portent-elles aussitôt leurs fruits ? En septembre 1497, il apparaît qu'Anne, une fois encore, est enceinte.

Il occupa les mois d'attente à améliorer l'administration du royaume, essayant, sans y parvenir, d'alléger le poids des impôts, veillant aux nominations épiscopales. Pour Noël, il rejoint la reine à Amboise : la représentation du mystère de la Nativité, commandée tout exprès, semblait de bon augure au couple royal en mal d'enfant. Mais on craint une naissance prématurée : la reine gagne donc Le Plessis, où tout est prêt, comme d'habitude. Ce n'est qu'une fausse alerte. Le roi, rassuré, repart en voyage. Il sera rappelé d'urgence à la mi-mars. L'enfant naît le 20. Double déception. C'est une fille, qu'on nomme Anne. Et elle ne vivra pas. Le 23, sa mère fait une offrande *in memoriam* à la Sainte Larme de Vendôme.

Le couple royal, désespéré, a regagné Amboise. Anne, mal remise encore, reste triste et dolente et son époux cherche à la distraire. Le 7 avril 1498, samedi, veille des Rameaux, il l'invite à monter avec lui dans une galerie désaffectée surplombant le fossé où se déroule une partie de paume très animée : ils apprécieront mieux le jeu d'en haut. Le trajet suppose qu'on descende vers les sous-sols pour remonter ensuite par un autre escalier, au sommet duquel une porte basse donne accès à cette galerie, qui porte le nom curieux de Haquelebac. Charles montait le premier. De très petite taille, il n'avait pas coutume de se baisser pour franchir portes et poternes : il n'en avait nul besoin. Peut-être est-ce la raison pour laquelle il déboucha sans précaution sur le palier, ne vit pas le linteau placé très bas et le heurta du front. Sans paraître en souffrir, il prend place pour regarder les joueurs, devise avec les autres spectateurs, dit à son confesseur, qui lui a donné l'absolution le matin même, qu'il espère bien ne plus commettre de péchés. Et tout soudain, il tombe à la renverse, évanoui. Dans la galerie souillée de fientes d'oiseau et de déjections de toutes sortes, il resta étendu neuf heures sur une paillasse de fortune, ne retrouva la parole qu'à trois reprises, brièvement, pour invoquer Dieu et la Vierge, et aussi saint Blaise, qui passait pour soulager les difficultés respiratoires. On arracha de ses bras Anne sanglotante. Les médecins tentèrent de lui faire reprendre conscience, en lui tirant les poils de la barbe et les cheveux, « afin que le catarrhe ne l'étouffe ». En vain : il mourut vers onze heures du soir.

Malgré les habituelles rumeurs d'empoisonnement – il avait mangé une orange –, un diagnostic prévalut : un « catarrhe », ou apoplexie, lui était « tombé dans la gorge ». Il s'agissait d'une congestion cérébrale. Charles y était prédisposé : son père, Louis XI, en avait souffert à plusieurs reprises avant d'en mourir. Le choc contre le chambranle de pierre a sans doute déclenché une hémorragie interne, d'où le délai observé entre l'accident et ses manifestations.

Charles était jeune, même à l'époque, pour mourir de cette façon : il n'avait pas encore vingt-huit ans.

Anne montra un désespoir violent, dans lequel il est difficile de faire le départ entre le chagrin sincère, l'inquiétude pour son avenir et le goût pour les cris et les larmes, de rigueur chez les femmes de ce temps. Il y eut sans doute un peu des trois. Elle s'était attachée à Charles VIII, dont l'avaient rapprochée, dans les dernières années, les épreuves subies en commun. Elle l'avait aimé, peut-être pas d'amour passion, mais d'une affection profonde, solide. Il le lui rendait bien ; malgré ses infidélités, il tenait très fort à elle. Avec lui, elle savait qu'elle perdait beaucoup.

Elle s'enferma dans sa chambre aux fenêtres obscurcies de tentures sombres, selon l'étiquette. Elle exigea de porter le deuil en noir, et non en blanc, comme le voulait la tradition pour les reines de France. Était-ce pour s'affirmer duchesse de Bretagne ou parce que le noir était « la seule couleur qui ne se puisse déteindre » ? Elle resta une journée entière sans manger ni boire, effondrée sur le sol. Puis elle s'installa dans sa claustration obligée : elle en avait pour quarante jours.

Pendant ce temps, on enterrait Charles VIII. Le roi est mort, vive le roi : la formule qui devait devenir rituelle avait salué Louis d'Orléans, désormais Louis XII. Dès le lendemain, celui-ci tirait des plans pour épouser la veuve, selon la clause prévue, on s'en souvient, par le contrat de mariage de 1492. Un gros obstacle se dressait cependant : il était déjà marié…

Il engagea aussitôt une procédure en annulation, à laquelle nous devons l'essentiel de ce que nous savons sur sa première épouse, Jeanne de France, fille de Louis XI.

CHAPITRE III

Le calvaire de Jeanne de France

De son premier mariage, le malheureux Louis XII n'était nullement responsable, pas plus que son épouse, Jeanne la Boiteuse : ils avaient respectivement vingt-trois mois et vingt-six jours lorsque leurs parents les avaient officiellement fiancés, quatorze et douze ans lorsqu'on les avait mariés, de force. Mais ils étaient légalement unis depuis vingt-deux ans, bien qu'ils eussent peu vécu ensemble, lorsque Louis, devenu roi, entreprit les démarches d'annulation en cour de Rome.

Un procès s'ensuivit, dont les débats, en latin, sont parvenus jusqu'à nous. Ces documents jettent une lumière crue sur les pratiques matrimoniales du temps, sur les mœurs aussi, et sur le caractère respectif des deux conjoints. Mais ils gauchissent toute approche de ce qu'a pu être réellement leur histoire. Sur cette histoire nous ne savons rien, en dehors des témoignages biaisés produits à foison au service de la cause royale, gagnée d'avance. Si l'on ajoute que les deux parties en litige sont, d'un côté le roi de France, de l'autre une future sainte de l'Église catholique, fondatrice de l'Annonciade, et que l'annulation de leur mariage fut prononcée par un tribunal ecclésiastique, on comprend mieux la circonspection des historiens successifs, soucieux de ménager les uns et les autres. La plupart d'entre eux accablent Louis XI, responsable de cette union, pour excuser Louis XII, dont ils adoptent le point de vue. Presque tous éludent certaines difficultés, ils évitent notamment de se demander pourquoi Jeanne choisit, contre toute prudence, d'affronter le procès et selon quels principes elle y régla sa démarche.

Poser les questions, chercher à comprendre, proposer des solutions, dont le lecteur sera juge, c'est tout ce qu'on peut faire, en l'absence d'informations fiables sur l'état d'esprit réel des protagonistes de cette lamentable affaire.

Des fiancés au maillot

Il nous faut revenir, une fois de plus, aux combinaisons matrimoniales de Louis XI.

Au début de l'année 1464, il n'a toujours pas d'héritier. Son fils premier-né, en 1459, n'a vécu que quelques mois. Puis lui est venue une fille, Anne, en 1461, l'année même de son avènement.

Son plus proche parent est alors le vieux duc Charles d'Orléans, qu'il traite d'oncle, mais qui est en fait le cousin germain de son père. Il n'a rien à reprocher personnellement à ce charmant poète, qui a trompé l'ennui de vingt-cinq ans de captivité Outre-Manche à rimer sur la « douce France » des vers exquis que nous lisons encore : pas d'ambitions politiques à craindre de ce côté. Mais voilà-t-il pas qu'après seize ans de mariage, l'heureux sexagénaire se met à procréer. Sa femme, Marie de Clèves, n'avait que la moitié de son âge. On jasa. Mais la médisance ne suffit pas à entacher la légitimité des enfants qu'elle lui donna : encadré par deux filles lui naquit, le 27 juin 1462, un garçon que le roi dut parrainer, le cœur lourd. S'il n'avait pas lui-même de fils, cet enfant lui succéderait. Dans le cas contraire, ce pouvait être un rival dangereux pour l'héritier légitime. Louis XI savait, même avant de les avoir expérimentés à ses dépens, quels risques les collatéraux jaloux peuvent faire courir à la couronne lorsqu'ils s'allient aux grands féodaux avides de secouer la tutelle de leur suzerain. Dieu sait qui ce futur duc d'Orléans irait épouser, joignant aux possessions de sa promise le beau duché tapi au cœur du royaume, berceau de rêve pour toutes les subversions.

Sur ces entrefaites, la reine Charlotte se trouva de nouveau enceinte. Louis XI est auprès de sa femme, à Nogent-le-Roi, lorsqu'elle accouche, le 23 avril 1464. Hélas, ce n'est pas le dauphin attendu, mais une fille. Le père surmonte sa déception et reste trois semaines auprès de son épouse avant de retourner à ses affaires, dont l'une consiste en un projet de mariage pour l'enfant. À son « très cher et très aimé oncle », le duc Charles, il propose d'unir sa « très chère et très aimée fille, Jeanne », à son « très cher et très aimé cousin, Louis ». La main d'une fille de France ne se refuse pas. Charles, flatté, accepta volontiers et, le 19 mai, à Blois, il signa le contrat en bonne et due forme.

S'il avait cru y gagner un regain de faveur, il déchanta vite, pris entre les exigences de Louis XI et les amitiés nouées avec les grands féodaux rebelles. Sommé de désavouer les menées du duc de Bretagne, il se déroba, quitta brusquement le roi, mais prit froid en chemin et mourut sans avoir pu atteindre son château de Blois. Face à Louis XI restait sa veuve, la séduisante et impulsive Marie de Clèves, peu douée pour gérer les affaires d'une maison princière.

Ici se posent deux questions, étroitement liées, sur l'état physique de Jeanne, et sur la responsabilité morale de Louis XI.

Une mauvaise action de Louis XI ?

Pouvait-on deviner, dans l'enfant au berceau, la femme difforme qu'elle allait devenir ? Et à qui se fier pour se représenter cette dernière ? Aux témoins du procès, qui ont forcé la note afin de justifier les répugnances de son époux ? Aux historiens de Louis XII, tous masculins, qui, s'identifiant à celui-ci, ont poussé le portrait au noir, décrivant le visage de la malheureuse d'après son masque mortuaire – en s'étonnant même qu'il ne fût pas plus laid ! –, voyant dans la poitrine qui lui était normalement venue une gibbosité jumelle de la bosse qu'elle portait sur le dos, lui prêtant même un pied bot pour compléter sa disgrâce ? À ces caricatures répondent les euphémismes des contemporains de Louis XI, qui lui trouvent seulement « des défauts dans la taille », et l'angélisation de la Chronique de l'Annonciade, pour laquelle la légère claudication est compensée par la douceur d'un visage encadré de cheveux blonds et illuminé par des yeux verts. Tous sont d'accord sur un point : elle tient de son père un nez fort et volontaire. On s'apercevra plus tard qu'elle lui doit aussi son intelligence.

Était-elle épousable, ou pas ? Comme le dira le procureur évoquant ce précédent lors de la demande en annulation de Henri IV, « il n'y a si grand prince qui ne tienne à faveur et honneur d'avoir à femme la fille de son roi, de quelque imperfection que son corps soit marqué ». Et de la comparer à Claude de France, la future fille de Louis XII, qui, « bien qu'elle fût autant imparfaite de corps », fut ardemment convoitée par l'héritier du trône, qui devint François Ier. En somme, rien de rédhibitoire. Et il y avait pléthore de boiteuses parmi les reines de France de ce temps-là.

Les malformations de Jeanne n'étaient certainement pas toutes congénitales. « La reine s'était délivrée d'une belle fille », écrit le chroniqueur Jean de Troyes : formule de convention, certes, mais qu'il aurait évitée s'il se fût agi d'un gnome difforme. Pouvait-on prévoir qu'elle boiterait, alors qu'elle était encore emmaillotée dans ses langes ? On a diagnostiqué chez elle, a posteriori, rachitisme et scoliose, déformation de la colonne vertébrale, développement inégal des membres inférieurs et du bassin, faiblesse osseuse généralisée : souvent d'origine tuberculeuse, ce sont là des maux évolutifs, indissociables de la croissance, et qui ont dû s'accentuer avec les années jusqu'à la puberté. À la naissance, on n'en pouvait prendre la mesure exacte.

La preuve ? L'enfant vécut auprès de sa mère, dans le gynécée-nursery d'Amboise, jusque vers cinq ans. C'est à cet âge que, contrairement aux usages qui voulaient que deux fiancés précoces fussent élevés côte à côte, on l'expédia dans le château de Linières, au fond du Berry, tandis que sa sœur Anne et plus tard son frère restaient à Amboise. Preuve qu'on voulut alors soustraire aux yeux malveillants ses infirmités devenues trop apparentes.

Lorsque son père l'avait fiancée à Louis d'Orléans, il ne la savait pas aussi lourdement handicapée. Et il ne pensait pas la « sacrifier ». Il disposait d'elle tout naturellement. Qu'il eût la tête pleine d'arrière-pensées politiques en négociant cette union, la chose était conforme aux usages. Moins banale, en revanche, sa façon de raisonner. L'intérêt national l'emporte chez lui sur les considérations de prestige. Ses filles pourraient prétendre à des alliances étrangères brillantes, mais il répugne à leur donner en dot des territoires arrachés au domaine royal. Il choisit pour elles des époux moins relevés, mais français, qu'il espère s'attacher par une alliance flatteuse : il y réussit pleinement en accordant Anne à Pierre de Beaujeu. Et il préfère les doter en argent, si possible, plutôt qu'en provinces. Lier Jeanne à Louis d'Orléans, c'est fixer celui-ci, lui interdire de convoler avec une autre et de chercher hors du royaume un beau-père complaisant à ses entreprises.

À l'égard de la fillette, il n'avait rien à se reprocher. La jugeait-il normale ? Son rang devait lui donner barre sur son époux et lui assurer des égards qu'elle n'était pas sûre de trouver auprès d'un étranger. La savait-il gravement atteinte ? C'est le couvent qui recueillait alors les « empêches de maison », comme dira Rabelais, les épaves humaines dont les familles répugnaient à s'encombrer. Au lieu de quoi, il lui procure un époux inespéré. Non, en toute conscience, il ne l'avait pas desservie. C'est à Louis qu'il pensait jouer, dans ce dernier cas, un bien vilain tour. Ainsi en jugea celui-ci, qui ne s'en consola jamais.

Et quand Louis XI, les années passant, commença de percevoir ce que ce mariage avait de choquant et de dangereux pour la paix du royaume, il n'était plus en mesure de reculer sans perdre la face. Les protestations de Marie de Clèves et de son fils ne firent que renforcer sa détermination. On ne brave pas impunément le roi de France. Le jeune homme serait, malgré lui, l'époux de Jeanne, il remplirait, de gré ou de force, ses devoirs conjugaux auprès de celle qui était devenue l'enjeu d'un affrontement à implications politiques.

L'affaire ainsi envenimée empoisonna la fin de son règne et tout celui de son fils Charles VIII. Et elle fit de la vie de Jeanne un calvaire.

Berrichonne d'adoption

Selon que l'historien chausse des lunettes noires ou roses, le château de Linières en Berry revêt l'aspect d'une sinistre forteresse médiévale ou d'un agréable séjour rustique.

À l'écart des grandes routes, perdu au milieu des étangs et des bois, c'était en effet un édifice féodal datant de la seconde moitié du XIIIe siècle. On franchissait l'enceinte bordée de fossés profonds par un pont-levis que flanquaient deux tourelles massives, pour accéder à la première cour, avec sa tour de guet, ses écuries, sa prison. Un second pont-levis, au portail plus orné, enjambait le second fossé, qui défendait la cour centrale où trônait le donjon : une grosse tour ovale agrémentée, elle aussi, de plusieurs tourelles. À l'intérieur, la grande salle, sombre, avec son plafond élevé et ses hautes fenêtres étroites, tenait beaucoup d'une nef de cathédrale. Mais on avait aménagé dans les étages quantité de chambres et d'appartements plus accueillants et plus confortables.

Il ne reste rien de l'ancien château, ni de l'église romane qui lui était rattachée, à la réserve d'un petit oratoire semi-circulaire qu'on peut encore visiter. Il était réservé à Jeanne, parce qu'il comportait une cheminée : on avait soin de sa santé.

Le choix de Louis XI obéissait à des considérations politiques et économiques. Le Berry, apanage de son frère Charles, venait tout juste de lui revenir en 1465, après la révolte et la défaite de celui-ci dans la guerre de la Ligue du Bien Public. En installant à demeure à Linières, sous prétexte d'y élever Jeanne, des gens à lui, il s'assurait un moyen supplémentaire de surveiller la province. Et puis, il était ménager de ses deniers. On vivait pour presque rien à la campagne. Les terres alentour pourvoiraient largement à la consommation des habitants du château. Pas de vie mondaine, pas de dépenses vestimentaires. Une pension modique suffirait.

Cet exil rustique eût pu paraître pesant à une princesse plus âgée, habituée au luxe et à l'animation d'une maison royale. Mais il n'est pas certain qu'il déplût à une petite fille de cinq ans, pourvu qu'elle se sentît en sympathie avec son entourage. François de Beaujeu, seigneur de Linières, et son épouse, Anne de Culan, qu'avait choisis Louis XI, s'attachèrent à l'enfant, qui leur rendit leur affection. Elle eut une petite cour de fillettes de son âge. On lui apprit à tisser, à peindre, à jouer du luth, comme il convenait à sa condition.

L'enseignement religieux trouva chez elle un terrain très favorable. Sous la direction de son premier confesseur, un frère mineur nommé – mais oui ! – Jean de La Fontaine, puis sous celle du frère Gilbert Nicolas, qui l'accompagna jusqu'à sa mort, elle progresse en piété, a des visions, dès l'âge de six ans. Selon la touchante Chronique de l'Annonciade, elle entend la Vierge lui dire : « Ma chère Jeanne, avant ta mort, tu fonderas une religion – c'est-à-dire un monastère – en l'honneur de moi. » Il y a sans doute dans ces anecdotes une part de légende. Mais l'intensité de sa foi n'est pas douteuse. Et sa gouvernante entretient chez elle ces dispositions très propres à lui faire supporter un handicap qui s'annonce lourd.

Quelle conscience eut-elle de ses infirmités dans ce milieu clos, protégé, où chacun, habitué à elles, finissait par ne plus les voir ? Elle semble avoir aimé Linières, ses bois, ses prairies parsemées de troupeaux, son calme serein, sa solitude. La mort d'Anne de Culan, le remariage du seigneur de Linières avec Françoise de Maillé lui seront plus tard un crève-cœur : la nouvelle épouse ne saurait remplacer celle qui lui a servi de mère. Mais elle restera très attachée au Berry, sa terre d'adoption, qui deviendra plus tard son apanage et où elle choisira de se fixer – à Bourges, la capitale.

Le mariage forcé

Tandis qu'elle grandit ainsi à l'écart, Louis XI poursuit son projet de mariage, avec d'autant plus d'obstination que les déceptions le frappent à coups redoublés. Un fils lui est né, en 1466, qu'il a le chagrin de voir mourir aussitôt. L'écervelée Marie de Clèves imagine déjà ses enfants richement pourvus : Pierre de Beaujeu pour sa fille et – qui sait ? – Anne de France pour son fils, à qui l'Empereur vient d'accorder l'investiture du duché italien d'Asti comme héritier de Valentine Visconti, tandis que Louis XI, lui, soutient l'usurpateur local, Sforza. Une violente altercation les oppose, dès 1468, au sujet du mariage du jeune Louis. La duchesse d'Orléans est toujours à court d'argent, car les économies ne sont pas son fort et l'énorme rançon payée aux Anglais pour la libération du duc Charles a ruiné sa maison. Incapable de résister au roi, elle plie sous l'orage, comptant sur le temps pour débarrasser son fils de sa malingre fiancée : la mort pourrait se montrer charitable…

Le temps passait. Jeanne ne mourait pas. Elle grandissait, la vie chevillée à son pauvre corps de plus en plus déformé. En 1470, les espoirs de Louis XI sont enfin comblés : il lui naît un fils, le futur Charles VIII. Mais la comparaison du chétif dauphin avec son beau cousin d'Orléans, grand et vigoureux, rend ce dernier plus haïssable à ses yeux. La naissance et la mort rapide d'un autre fils, en 1473, l'aigrissent encore contre ces cousins arrogants, trop bien portants, qui guettent sournoisement sa succession et osent mépriser l'alliance offerte avec une fille de France. S'il renonçait au mariage prévu, ce serait aveu de faiblesse, encouragement à l'insubordination. Il décide alors de brusquer les choses.

Du mois de septembre 1473 – le 27 exactement – date la lettre où il confie à son homme lige, le comte de Dammartin, ses visées cyniques :

« Je me suis délibéré[1] de faire le mariage de ma petite fille Jeanne et du petit duc d'Orléans, pour ce qu'il me semble que les enfants qu'ils auront ensemble ne leur coûteront guère à nourrir, vous avertissant que j'espère faire ledit mariage, ou autrement ceux qui iraient au contraire ne seraient jamais assurés de leur vie en mon royaume ; par quoi, il me semble que j'en ferai le tout à mon intention. »

Il spécule donc sur la stérilité présumée de Jeanne pour tarir la lignée des Orléans : l'opulent duché, soustrait aux trublions, reviendrait à la couronne. Cette lettre est si horrible, et elle fut si opportunément versée au procès – on en reparlera – que son authenticité inspira des doutes. Mais il semble, quoiqu'elle soit écrite et signée par un secrétaire, qu'elle ait bel et bien été dictée par le roi.

C'est ce jour-là que le projet concerté neuf ans plus tôt prend clairement la forme d'une machination dont la pauvre Jeanne sera l'instrument.

La confirmation de la promesse de mariage se fit sans elle. Elle n'assista pas à la visite impromptue de Louis XI à Marie de Clèves où il obligea celle-ci à renouveler ses engagements, le 20 octobre, à Saint-Laurent-des-Eaux, ni à la signature du contrat, le 28 : seul le petit Louis d'Orléans, en présence de

1. Décidé.

nombreux témoins, s'entendit demander s'il acceptait de prendre pour femme sa cousine Jeanne. Effaré, il répondit que oui et les notaires consignèrent dans le procès-verbal qu'il montrait, pour son âge, une maturité exceptionnelle. Il avait onze ans ! Louis XI acquitta libéralement – une fois n'est pas coutume – le prix de sa victoire : sur les 100 000 écus d'or de la dot, à verser comptant, le tiers devenait la propriété personnelle du futur époux.

Jeanne continuait de jouer l'Arlésienne. Ni son fiancé, ni sa future belle-mère ne la connaissent. Son père ne l'a pas vue depuis qu'il l'a reléguée à la campagne quatre ans plus tôt. Après la signature du contrat cependant, il la fait venir discrètement au Plessis, s'effraie de la trouver si déformée : il ne la croyait pas telle, aurait-il murmuré en faisant un grand signe de croix. Il la revit une seconde fois, en février 1476, lors d'un pèlerinage qu'il fit à Bourges, répéta qu'il ne la savait pas si disgraciée, traita le sieur de Linières de « mauvais féal » qui lui avait dissimulé ses infirmités. Mais il ne recula pas pour autant. Par ces propos, il se dédouanait.

Marie de Clèves, de son côté, avait fait le voyage de Linières pour la rencontrer. Elle fut sur le point de s'évanouir en l'apercevant, se jeta sur un lit, en larmes : « Ah ! Notre-Dame, faut-il que mon fils ait cette femme ainsi difforme ! » Sur l'ordre du roi, elle y traîna cependant le jeune garçon, qui dut lui promettre de passer quelques jours auprès de la pauvre fille. Mais il s'enfuit dès qu'elle eut tourné les talons.

Il tenait grief à sa mère de ce qu'il appelait sa faiblesse. En pleine révolte adolescente, il ruminait âcrement son malheur, se montait la tête en compagnie d'amis de son âge, exhalant sa bile en rodomontades, jurant qu'il n'épouserait jamais Jeanne : « Qu'on ne m'en parle pas, je voudrais être mort ! » À son écuyer qui lui disait : « Monsieur, vous serez marié », il répondait : « Non, sauf contre mon vouloir ! »

Il l'épousa pourtant, lorsque tous deux eurent atteint l'âge de la nubilité légale, quatorze ans pour les garçons, douze pour les filles. Louis XI avait méticuleusement préparé le terrain, soudoyant ou intimidant les familiers de Louis pour les dissuader d'encourager sa résistance, sollicitant de Rome, en temps voulu, la dispense nécessaire à une union consanguine, bouleversant en secret le calendrier pour éviter les dérobades. Le 8 septembre, les deux enfants étaient amenés au château de Montrichard. Jeanne, en fille de France, était vêtue de drap d'or. Louis XI n'était pas là, pour couper court à toute discussion. Mais il avait délégué sa femme Charlotte. L'évêque d'Orléans recueillit de la bouche du jeune garçon une acceptation contrainte, dont il dut se contenter : « Il m'est fait violence, et il n'y a nul remède. » C'est du moins ce que Louis affirma au procès. Une cérémonie réduite à sa plus simple expression, un dîner et un souper magnifiques, auxquels les deux enfants furent incapables de toucher, la gorge nouée. Le lendemain, les nouveaux époux firent leur entrée solennelle à Blois, résidence des ducs d'Orléans depuis que le château de cette dernière ville avait été détruit pendant la guerre de Cent Ans. Puis Jeanne repartit pour Linières, seule.

Pas le moindre détail n'a filtré sur la nuit de noces. Discrétion bien étrange, vu l'importance qu'on accordait alors à la consommation des mariages, et dont on peut tirer à cet égard des conclusions diamétralement opposées. Laissons la question en suspens : nous la retrouverons plus loin.

Une moisson d'humiliations

Un mariage conclu sous de tels auspices ne pouvait être que désastreux : il le fut.

Les contemporains plaignirent d'abord le beau jeune homme enchaîné à une pareille épouse. Ils n'avaient pas pour les infirmes, très nombreux à l'époque, la compassion que nous croyons devoir leur manifester. Face à Jeanne, brusquement arrachée à son cocon protecteur, les nouveaux venus ne se gênaient pas – et son mari tout le premier. Qu'éprouva-t-elle en lisant la répulsion dans les regards, en entendant les paroles blessantes ? On sait qu'elle pleura. Elle n'eut jamais, en tout cas, un mot de protestation, un mouvement de révolte contre son sort, un geste de colère contre celui qui l'abreuvait d'avanies. « Madame, parlez à Monseigneur », lui disait M. de Linières en lui désignant son tout nouveau mari, « et montrez-lui semblant d'amour. » – « Je n'oserais parler à lui », répondit-elle,

« car vous et chacun voit bien qu'il ne fait compte de moi. » Sa seule réponse au mépris et aux rebuffades sera la patience, l'effacement silencieux.

Tant de bénignité ne manquera pas de lui attirer des éloges : « Elle est bonne, c'est la meilleure des femmes parmi les meilleures », « bonne et honnête devant Dieu et devant les hommes ». Bonté, douceur, qu'on prit imprudemment, et bien à tort, pour de la faiblesse. En fait, Jeanne était forte, beaucoup plus que son orgueilleux mari.

À quatorze ans, Louis est un enfant gâté, capricieux, incapable de maîtriser ses mouvements d'humeur, livré sans frein aux impulsions d'une sensualité précoce. À douze, Jeanne est posée, réfléchie, mûre : fruit des épreuves et de l'éducation. Ceux qui ont pris soin d'elle ont su la préparer – sur ordre de Louis XI ? – à une vie qu'on prévoyait difficile. Ils ont trouvé en elle de grandes ressources : elle est intelligente et courageuse. Et elle est soutenue par sa foi ardente, que les souffrances ne feront qu'aviver. Elle adhère à l'ordre du monde, qui est celui de la Providence. Consciente de ses devoirs de fille, d'épouse, elle accepte sans discuter ce qui a été décidé pour elle. Et Dieu sait s'il faut parfois de la force pour se plier sans murmurer à l'intolérable ! Elle supporte. Elle obéit. Elle vient quand on la convoque, repart quand on la renvoie, docile aux exigences contradictoires d'un père et d'un mari affrontés, tâchant de satisfaire l'un et l'autre, ne demandant rien, acceptant l'exclusion que lui vaut sa difformité. Sans jamais s'abaisser pourtant : simple, humble, digne.

Elle aima Louis, nous dit-on, envers et contre tout, d'un amour à sens unique. Abstenons-nous de bâtir sur ce simple mot le roman de la mal aimée : l'abîme est trop profond entre la mentalité de son temps et la nôtre pour qu'on puisse raisonnablement préjuger de ses sentiments. Ce qui est sûr, en revanche, c'est que le mariage est pour elle un engagement total et un sacrement, au plein sens du terme. Et qu'il exige un dévouement absolu, quoi qu'il arrive.

Ce dévouement, elle en déploiera pendant vingt-deux ans les trésors au service de Louis, assez courageuse pour supporter les violences de l'adolescent rétif, tout d'abord, puis assez intelligente et assez sage pour tenter d'établir, avec l'homme affaibli par la maladie et la captivité, une manière de lien acceptable.

Les débuts furent très pénibles. Louis d'Orléans ne décolérait pas. Son terrible beau-père le tenait en lisière étroite, le rappelait brutalement à ses devoirs et l'envoyait à Linières à intervalles réguliers, une fois par mois en moyenne, le menaçant, s'il n'allait voir sa femme, diront plus tard des témoins, de « le faire jeter dans la rivière et qu'on n'entendrait plus jamais parler de lui ». Menace outrée : on mettait rarement à mort un prince du sang. Mais le jeune homme risquait ses biens et sa liberté. Il obtempérait donc, furieux, et passait sa rage sur la malheureuse. Il ne lui adressait pas la parole, lui tournait ostensiblement le dos à table, même pendant la récitation du *Benedicite*, et, en sa présence, régalait ses compagnons du récit des exploits amoureux qu'il multipliait avec frénésie.

Il convient de manier avec précaution les relations faites au procès, qui toutes montent en épingle les incidents les plus violents, aux fins de prouver la contrainte subie par Louis et de montrer la vigueur de ses refus. Jeanne ne se vit pas infliger continûment, pendant les sept années que vécut son père, une aussi conflictuelle cohabitation. Elle souffrit plutôt de l'isolement. Elle vivait seule à Linières la plus grande partie du temps et, quand son mari était là, il passait ses journées à chasser ou à courir la gueuse. Ils auraient pu s'ignorer, sans l'épineuse question des relations conjugales.

Louis XI était bien décidé à les leur imposer. Pour pallier les dérobades de son gendre, il mit au point, avec la complicité de serviteurs à sa dévotion, une stratégie machiavélique. Comme on se défiait des nuits, où le sommeil sert de refuge, un médecin nommé Gérard Cochet imagina de le coincer en plein jour, au sortir d'une partie de paume dont on pensait qu'elle aurait échauffé ses humeurs, et il lui jeta Jeanne dans les bras, avec « l'espoir qu'elle conçût et eût progéniture » (Tiens, tiens, on ne la croyait donc plus stérile ?). Mais au serviteur chargé de lui signifier ces injonctions, Louis aurait répondu : « Le Diable m'emporte, j'aimerais mieux avoir la tête coupée que je le fisse ! » Et il se prémunit dorénavant contre les surprises de la chair : alors que le médecin, récidivant, introduisait Jeanne dans la chambre où il se changeait après le jeu, il riposta en ouvrant la porte à d'autres « dames », qu'il avait convoquées « pour s'ébattre en leur compagnie ». Le témoin qui raconte cette histoire sinistre ne dit pas si l'épouse délaissée fut invitée à assister à ces ébats.

Situation intolérable, pour l'un comme pour l'autre. Mais plus encore pour Jeanne, dont on se demande comment elle fut préparée et comment elle fit face à l'ignoble rôle qui lui était ainsi dévolu. Le tout sous l'œil expert du médecin chargé de rendre à son maître le compte le plus cru. Ses rapports ne nous sont pas parvenus. Il est certain cependant que la persévérance de Louis XI et de ses séides entamèrent la résistance du jeune homme, qui fut conduit à partager bien des fois le lit de sa femme. Ce qu'il y fit ou n'y fit pas sera au centre du débat, lors du procès en annulation. Entre-temps, Jeanne remplissait ponctuellement tout ce qui, dans ses devoirs d'épouse, relevait de son initiative. En avril 1483, son mari se trouva atteint de la petite vérole, immobilisé à Bourges : elle accourut lui servir de garde-malade. Il se laissa faire, mais lui refusa tout remerciement.

Avec la mort du vieux roi, la même année, Louis reprit espoir et l'arrogance lui revint. Il fut saisi de colère en voyant arriver Jeanne à Amboise, mais parvint, sur les conseils de ses amis, à ne pas lui faire trop mauvaise figure. Il lui fallait endormir les méfiances pour agir en sous-main. Il fit déposer discrètement à Rome une demande d'annulation et, anticipant sur le résultat, il s'en alla en Bretagne solliciter la main de la petite Anne, alors âgée de sept ans. Le projet, vite éventé, inquiéta à bon droit Anne de Beaujeu, qui gouvernait au nom de son frère. Et Louis lui fournit imprudemment toutes les armes dont elle avait besoin pour l'abattre : il intrigua lors des États généraux, alterna sans discernement actes de rébellion et de soumission, choisit finalement la cause du duc de Bretagne et fut entraîné dans sa défaite. Fait prisonnier à Saint-Aubain-du-Cormier, il paya de trois ans de captivité sa participation à la Guerre Folle.

Transféré de château en château, mais toujours étroitement gardé, il ne bénéficie pas de l'amnistie accordée aux autres chefs rebelles. Car il s'obstine à vouloir rompre son mariage, qu'il prétend être la seule cause de sa révolte, et il maintient ses prétentions à la main de la duchesse bretonne. D'où la dureté du traitement qui lui est infligé, aux mains d'un gardien féroce : il souffre de la faim, du froid, de la chasteté forcée, des vexations de toutes sortes. On voit alors surgir la fidèle Jeanne, qu'il accueille d'abord grossièrement, avant que le sens de son intérêt bien compris ne l'incite à plus d'amabilité. Elle lui promet d'intervenir pour adoucir sa détention et obtient en effet son transfert dans la grosse tour de Bourges, où il passera deux ans. Peu de confort, aucune chance d'évasion, mais quelques contacts avec l'extérieur, et surtout des visites de Jeanne, qui l'entretient de ses démarches pour le faire libérer.

Il n'y avait rien à attendre de sa sœur Anne de Beaujeu, qui répugnait, en bonne politique, à remettre le trublion en liberté. Jeanne lui adressa à cette fin deux lettres touchantes, qui sont parvenues jusqu'à nous et qui la laissèrent de marbre. Elle sentit qu'elle trouverait plus d'audience auprès de son frère, Charles VIII, agacé par la tutelle de son aînée et prêt à s'apitoyer sur le sort d'un cousin qui avait parrainé son entrée en chevalerie. Elle se jeta à ses pieds, lui tint, si l'on en croit un récit du temps, un discours à la fois émouvant et habile, mêlant les excuses pour le passé aux promesses pour l'avenir, faisant vibrer la corde sensible de la générosité : « Croyez-moi, vous acquerrez plus de gloire en tendant la main à un vaincu, que vous n'en avez acquis en triomphant de lui. » Charles VIII céda à ses prières, non sans lui adresser une sorte d'avertissement : « Vous aurez, ma sœur, celui qui cause vos regrets ; et veuille le ciel que vous ne vous repentiez pas un jour de ce que vous avez fait pour lui », lui aurait-il dit au moment de quitter Tours, le 27 juin 1491, pour se rendre à Bourges ouvrir les portes au prisonnier.

Louis, souvent malade, a vieilli, s'est assagi. Ses ambitions sont moins vives, ses espoirs bretons anéantis : six mois après sa sortie de prison, le roi épouse Anne de Bretagne. Un *modus vivendi* s'établit alors avec Jeanne. Il s'engage à la garder et elle fait son entrée solennelle à Orléans, vêtue d'une tunique de drap d'or, dans une litière tendue d'or.

Il lui a découvert des qualités. Sa captivité avait entraîné la mise sous séquestre de ses biens. C'est elle, alors, qui a pris en main la gestion de leurs affaires, paré au plus pressé et consacré à améliorer son sort une bonne partie de la pension personnelle que le roi lui versait. Bref, elle s'est montrée capable de remplir l'un au moins des rôles traditionnels d'une épouse de haut rang : celui de diriger la « maison ». Aussi, lorsqu'il part pour l'expédition d'Italie, est-ce à elle qu'il en confie le soin. La correspondance qu'ils échangent et où il l'appelle familièrement « ma mie » témoigne d'une évidente confiance en ce domaine : associés et non plus adversaires, ils apparaissent solidaires l'un de l'autre, comme de vrais époux.

Elle est à Lyon, en compagnie de toute la cour, pour l'accueillir à son retour. Les retrouvailles manquent de chaleur : il la supporte mieux de loin que de près. Charles tente de les rapprocher, insiste pour des visites – « Mon frère, allez voir ma sœur » –, mais il n'a pas sur son cousin la même autorité que Louis XI. Lorsque, devenu dévot, il le morigène sur le chapitre de ses débauches, Louis peut se permettre de répondre qu'il en serait autrement si sa femme était moins repoussante : le roi rougit de colère, mais ne dit rien.

En fait, Charles a renoncé à intervenir dans la vie intime du couple. L'espionnage domestique s'est relâché. S'il le fait surveiller discrètement, c'est sur le plan politique. Pour le reste, il se satisfait que les apparences soient sauves : fille et sœur d'un roi de France, Jeanne ne saurait être répudiée. Il suffit que Louis la traite publiquement en épouse pour conserver l'amitié du roi.

Elle, pour sa part, a su se faire tolérer : sa douceur et sa modestie ont du bon. Elle n'est plus confinée à Linières, elle circule d'un château à l'autre, en Val de Loire, comme tous les grands seigneurs du temps. On les voit ensemble à Blois et aux Mesnils, tout proches, à Amboise, où elle assiste à ses côtés à un grand dîner offert par son frère. Le reste du temps, Louis chasse et voyage. Les années passent et la vie de cet étrange couple pourrait s'écouler ainsi jusqu'à son terme, sans le coup de théâtre du 7 avril 1498. Ils sont tous deux aux Montils lorsque les atteint la nouvelle : Charles VIII se meurt. Louis d'Orléans devient aussitôt Louis XII, roi de France.

Une reine encombrante

Jeanne avait perdu un frère qu'elle aimait. Elle dut comprendre très vite que cette disparition sonnait le glas de son mariage. Le pouvoir, désormais, se trouvait entre les mains de Louis. Et l'annulation à sa portée. Jamais, au grand jamais, maintenant qu'il était le maître, il ne reconnaîtrait en elle la reine de France.

En attendant, elle l'était, de fait, comme épouse légitime de celui qu'on venait de saluer du nom de roi. Elle se considéra aussitôt comme telle, et lorsqu'elle s'attribue ce titre dans des actes notariés, nul n'ose le lui contester. Quant à Louis, il s'abstient soigneusement de le lui donner, ne la faisant appeler que de son nom propre, Madame Jeanne de France, sans aucun titre. Il la tient à l'écart, se gardant de toute démarche qui pourrait les associer l'un à l'autre. Et, bien sûr, elle ne paraît pas au sacre qui, dès le 27 mai, fait de lui un roi de France à part entière, revêtu de l'onction divine.

Sur le statut juridique de Jeanne pendant les neuf mois qui précédèrent l'annulation, les historiens sont partagés. Car, rétroactivement, le jugement déclarant le mariage nul et non avenu a pour corollaire le fait que, n'étant pas l'épouse du roi, elle n'était pas reine et ne l'avait jamais été. Mais pour les contemporains, elle fut incontestablement, durant cette courte période de suspens, la reine légitime. Et dans l'esprit de quelques-uns, elle le resta. Un jugement peut-il priver d'existence et rayer des mémoires ce qui a été ? Peut-on effacer toutes les conséquences d'une union qui a passé pour valable durant vingt-deux ans, même si, après coup, on démontre qu'elle ne l'était pas ?

D'autant que la nullité fut bien malaisée à prouver.

Louis, impatient, croyait pouvoir s'en tirer très vite. Pour se séparer de Jeanne, il avait, s'ajoutant aux rancœurs d'ordre privé, un motif d'intérêt national : le fameux traité de Langeais, qui imposait au successeur de Charles VIII d'épouser sa veuve, pour assurer le rattachement définitif de la Bretagne à la France. Il ne pouvait rêver plus merveilleuse justification. L'histoire bégayait. Il se voyait revenu quinze ans plus tôt, lorsqu'il partait clandestinement pour Rennes demander la main de la petite duchesse, en jurant à son père qu'il serait vite débarrassé de son encombrante épouse. Avec cette différence qu'il avait maintenant tous les atouts en main.

Il entreprit aussitôt deux démarches, l'une auprès de Jeanne, l'autre à Rome, pour obtenir l'annulation de son mariage, escomptant une solution aisée et rapide. Ô surprise : rien ne se déroula selon ses vues.

À Jeanne, il envoya le fidèle Louis de La Trémoille, pour proposer un arrangement amiable assaisonné d'un flot de bonnes paroles, que nous rapporte Jean Bouchet dans le *Panégyric du Chevalier sans reproche* :

« Madame, le Roi se recommande très fort à vous, et m'a chargé de vous dire que la dame de ce monde qu'il aime le plus est vous, sa proche parente, pour les grâces et vertus qui en vous resplendent[1] ; et est fort déplaisant et courroucé que vous n'êtes disposée à avoir lignée, car il se sentirait curieux[2] de finir ses jours en si sainte compagnie que la vôtre. » Mais pour éviter les problèmes dynastiques, continue-t-il, « pour empêcher le royaume de tomber en des mains étrangères » – risque inexistant, car il y avait beaucoup de collatéraux –, « lui a été conseillé prendre autre épouse, si vous plaît y donner consentement, jaçoit que[3] de droit n'y ait vrai mariage entre vous deux, parce qu'il dit n'y avoir donné aucun consentement, mais l'avoir fait par force et pour la crainte qu'il avait que feu monseigneur votre père, par furieux courroux, attentât en sa personne ; toutefois il a tant d'amour pour vous que mieux aimerait mourir sans lignée de son sang que vous déplaire. »

En clair, le roi est bien bon de lui demander un consentement dont il n'a nul besoin puisque le mariage, contracté sous la contrainte, est nul. Sous les fleurs perce la menace : qu'elle accepte de bonne grâce ce qu'elle ne saurait empêcher.

La réponse, un chef-d'œuvre de prudence et de diplomatie, témoigne de l'extrême intelligence de Jeanne :

1. Resplendissent.
2. Désireux.
3. Bien que…

« Quand je penserais[1] que mariage légitime ne serait entre le Roi et moi, je le prierais de toute mon affection me laisser vivre en perpétuelle chasteté : car la chose que plus je désire est, les mondains honneurs contemnés[2] et délices charnelles oubliées, vivre spirituellement avec l'éternel roi et redoutable empereur » – entendez Dieu. « Et d'autre part, je serais joyeuse, pour l'amour que j'ai au Roi et à la couronne de France dont je suis issue, qu'il eût épouse à lui semblable, pour lui rendre le vrai fruit de loyal et honnête mariage, la fin duquel est avoir lignée, le priant s'en conseiller avec les sages et ne se marier par amour impudique, et moins par ambition et avarice. »

Dans ce discours, tous les verbes sont à l'irréel du présent. Les souhaits qu'ils expriment – la vie religieuse pour elle, une épouse féconde pour lui – ne sont pas réalisables. Pourquoi ? Parce qu'elle croit son mariage légitime, irrévocable. Le roi le comprend aussitôt et pousse un gros soupir de déconvenue quand La Trémoille lui rapporte ces propos. Il loue la droiture de Jeanne et ajoute : « Et combien que je n'aie vrai mariage avec elle, ni eu d'elle charnelle compagnie, néanmoins, à la raison de ce que longtemps a été tenue et réputée mon épouse par la commune renommée [...] me ennuie de me séparer d'elle, doutant offenser Dieu, et que les étranges nations ignorant la vérité du fait en détractent[3]. » Il lui faut renoncer à voir Jeanne confirmer ses dires sur la nullité du mariage, ce qui eût coupé court à toute critique.

Du côté de Rome, les choses n'allaient pas mieux. Certes il avait affaire à un pape compréhensif. Alexandre VI, de son nom Roderigo Borgia, n'était point d'une morale austère. Son fils, le fameux condottiere César Borgia, qu'il avait fait cardinal dès son jeune âge, préférait visiblement à une carrière dans l'Église la main de quelque héritière assortie de provinces d'un bon rapport. Le pontife était disposé, en échange d'un parti avantageux pour son rejeton, à complaire au roi de France, dont il espérait aussi, grâce à ce marchandage, tempérer les prétentions italiennes. Sa bonne volonté de principe était entière.

1. Si je pensais...
2. Méprisés.
3. Que les nations étrangères... n'en disent du mal.

Mais le fin renard savait combien épineux pouvaient être les problèmes matrimoniaux des souverains et ne se souciait pas de créer des précédents. L'affaire n'était pas nette. Au lieu de la faire régler discrètement à Rome, sous sa responsabilité directe, par une commission de cardinaux, il s'en défaussa sur un tribunal ecclésiastique français, désigné par ses soins mais autonome, et qui siégerait en France. À ce tribunal il se contentait d'envoyer la liste récapitulative de tous les motifs d'annulation retenus par le droit canon et susceptibles d'être invoqués. Bref, il s'en lavait ostensiblement les mains.

Anne de Bretagne, de son côté, se montrait réticente, soucieuse de se faire restituer l'administration de son duché avant d'être à nouveau liée à la France. Elle parla de retourner en Bretagne, exigea le départ des garnisons royales occupant ses places fortes. Louis dut lui signer, le 19 août, une promesse de mariage contraignante : s'il ne l'épousait pas dans un délai d'un an, les derniers châteaux tenus par la France – Nantes et Fougères – lui seraient rendus. Laps de temps bien court pour obtenir l'annulation et demander à Rome les dispenses nécessaires à la nouvelle union.

C'est donc dans les conditions les plus détestables pour Louis que s'engagea un procès à scandale où le « demandeur » était le roi et la « défenderesse » son épouse légitime jusqu'à nouvel ordre, unie à lui par mariage religieux depuis vingt-deux ans.

Un procès à scandale

Ce fut un procès étrange. L'issue en était connue d'avance, et elle fut en effet conforme aux pronostics. Mais l'habile et énergique défense de Jeanne lui donna un tour que nul n'avait prévu, surtout pas le roi.

Les juges étaient tout acquis à ce dernier. Louis d'Amboise d'abord, évêque d'Albi, frère du ministre et favori Georges d'Amboise, était sa créature. Il siégea tout au long du procès en compagnie de Francisco d'Almeida, un prélat portugais à la dévotion du pape, et de Philippe de Luxembourg, un fantoche, qui l'assistèrent tantôt ensemble, tantôt séparément. Le tribunal ne demandait qu'à accorder au plus vite l'annulation. Encore fallait-il que les formes fussent respectées : ni l'Église, ni le roi ne souhaitaient que pesât sur leur sentence une suspicion qui compromettrait la légitimité de la nouvelle union projetée. Le procès fut donc rigoureusement inattaquable du point de vue juridique et entièrement biaisé pourtant par l'évidente inégalité du traitement accordé aux deux parties. Mais le contrôle de la situation échappa très vite aux juges, dont la tâche fut compliquée par la tranquille obstination de Jeanne d'une part, et par l'ignoble servilité des comparses d'autre part, qui compromettaient à force de zèle maladroit la cause qu'ils voulaient servir.

Tout avait été bien organisé cependant pour ménager le roi lors de ce procès, qui s'ouvrit le 10 août à Saint-Gatien-de-Tours.

Aucune confrontation n'était prévue. Louis XII ne devait même pas être interrogé. Il se tenait à l'écart, olympien, cuirassé dans sa dignité royale toute neuve, invulnérable. Il faisait connaître ses griefs par le truchement de ses procureurs. Jeanne, elle, était appelée à comparaître dès le début, en position d'accusée, défavorable. L'instance initiale lui donnait un délai de quelques jours pour prendre connaissance des arguments de son mari. Après quoi elle devrait se présenter devant le tribunal, pour accepter les conclusions de ce dernier – auquel cas il n'y aurait plus lieu de poursuivre – ou pour les contester, documents à l'appui.

On la savait douce, bonne, discrète, ennemie de l'agitation et du bruit. On la croyait faible et timide. On comptait bien qu'elle reculerait, effrayée, devant l'épreuve. À la surprise générale, elle décida de faire front.

Il lui fallait un rude courage. Car elle était bien seule. Lorsque le tribunal lui assigna pour sa défense l'assistance de trois jurisconsultes tourangeaux, ceux-ci ne songèrent qu'à décliner cette périlleuse commission. Même panique chez les avocats qu'on cherche à leur adjoindre, une panique qu'ils ne rougissent pas de clamer très haut : « Ils craignent de la servir contre le roi, qu'ils redoutent beaucoup. » Ils se récusent, se disant assurés du bon droit de leur souverain : à quoi bon plaider ? Il fallut la menace de sanctions graves pour procurer à la pauvre Jeanne des avocats et un notaire.

Les juristes avaient pris pour base le bref du 29 juillet énumérant les causes possibles de nullité. Alexandre VI avait fait bonne mesure : il n'en était pas moins de huit. Mais une fois éliminés les doublons et écartés les empêchements depuis longtemps couverts par des dispenses pontificales – consanguinité et « parenté spirituelle » consécutive à un parrainage –, il n'en restait que deux de plaidables : le non-consentement et la non-consommation.

Louis savait bien que le défaut de consentement de sa part était, selon la formule juridique, « purgé » par la cohabitation ultérieure. La contrainte exercée sur lui lors du mariage n'avait pas perduré continûment pendant vingt-deux ans : s'il l'avait voulu vraiment, il aurait trouvé, notamment sous le règne de Charles VIII, le moyen de dénoncer son union sans risquer sa liberté ou sa vie. Il choisit donc de mettre d'abord l'accent sur la non-consommation.

Pas sur la stérilité, on le remarquera, bien que Jeanne ne lui eût pas donné d'enfants. Ce n'était pas un motif d'annulation admis par l'Église. Les connaissances médicales étaient alors très sommaires sur le sujet. Disons simplement qu'une femme, comme une génisse ou une brebis, paraissait d'autant plus apte à procréer qu'elle était plus vigoureuse et plus solidement bâtie. Une sorte d'eugénisme instinctif faisait écarter les bêtes fragiles et les femmes mal faites, qu'on préférait supposer incapables de concevoir plutôt que susceptibles de transmettre des tares. Mais attention : on ne pouvait rejeter une jeune fille qu'au stade des fiançailles. Ensuite, tant pis pour le mari qui avait fait le mauvais choix. Sévérité nécessaire, par laquelle l'Église prévenait les contestations qui n'auraient pas manqué de pulluler.

Le mémoire présenté par Louis XII, tout en invoquant au passage la nécessité de perpétuer la lignée royale – l'argument pèserait peut-être en secret dans la balance –, insistait donc, sans vouloir « attenter en aucune sorte à l'honneur et à l'honnêteté » d'une fille de France, sur les défauts corporels de l'intéressée, « imparfaite, viciée et maléficiée de corps, inapte à un commerce avec l'homme ». C'était nier a priori la possibilité même d'une consommation du mariage.

Jeanne se présenta le lundi 6 septembre et en vint rapidement au fait. Malgré la désapprobation terrifiée de ses défenseurs commis d'office, elle déclara sans équivoque qu'aucun défaut corporel ne lui interdisait l'union charnelle et que son mariage avait été consommé.

Le jeudi 13 septembre commença l'interrogatoire détaillé. Il fut accompagné d'un serment, qu'elle prononça de bonne grâce, jurant de dire la vérité. Elle remit aux juges une déclaration rédigée de sa main, simple et digne, où elle tentait de se prémunir contre les pièges qu'on pourrait lui tendre : « Messeigneurs, je suis femme et ne me connais en procès... » Après quoi, elle se disposa à répondre.

Pour éviter d'aborder trop vite les points délicats, on ergota sur la parenté naturelle et spirituelle qui l'unissait à Louis XII et sur l'âge auquel ils avaient été mariés. On évoqua les violences subies alors par son mari : elle se récusa, invoquant son ignorance. Sur la collusion de celui-ci avec le duc de Bretagne, qu'il imputait au seul désir de rompre avec elle, et sur les épreuves qui s'ensuivirent, elle dit qu'elle ne savait rien, sinon qu'après sa fuite et sa défaite il avait été incarcéré : « et un homme prisonnier n'est pas bien aise ». Elle passa modestement sous silence le dévouement qu'elle lui avait témoigné et le rôle joué par elle dans sa libération. Finalement, il fallut en venir à ses infirmités. Elle savait bien, dit-elle avec simplicité, qu'elle n'était pas aussi belle que la plupart des autres femmes. Mais cela ne l'empêchait pas d'être apte au mariage et à la maternité.

Le tribunal se trouvait devant une impasse. Sur le point décisif, la consommation du mariage, c'était la parole du roi contre celle de sa femme.

Il y avait bien un moyen de savoir : il suffisait de faire examiner celle-ci par des femmes compétentes, « prudentes et sages ». Or, curieusement, devant une proposition propre à trancher le débat, c'est Jeanne qui prend l'initiative de manœuvres dilatoires. Si l'examen est indispensable, dit-elle, il doit être confié à des personnes « graves », désignées par moitié par les deux parties. D'ici qu'on les ait choisies, son mari se déciderait peut-être à dire la vérité, ajoutait-elle, rendant la chose inutile. Et en attendant, elle propose qu'on examine les autres points.

Aux lenteurs normales de la procédure s'ajouta, pour retarder l'échéance, une épidémie de peste : elle chassa de Tours le tribunal, qui dut s'installer à Amboise. Il ne comportait que deux juges, mais la « difficulté de la cause » parut alors justifier l'adjonction d'un troisième, tout dévoué au roi. Ce qui permettra un peu plus tard au pape, décidément réticent, de retirer le sien. Le malaise est évident.

Et ce n'est pas le lamentable défilé des témoins qui le dissipera. Ils se bousculent en grand nombre pour soutenir la thèse du mariage imposé par la force. On en retiendra vingt-sept. En revanche, ceux que Jeanne a pressentis se dérobent, sauf quatre, dont le plus modéré affirme ne se souvenir de rien, tandis que les trois autres l'accablent. Reniements, trahisons : elle dut se rappeler les leçons de l'Évangile, qu'elle savait par cœur. D'anciennes victimes de Louis XI, se vengeant sur sa fille, viennent décharger de vieilles rancœurs. On voit paraître côte à côte grands seigneurs et petites gens, domestiques, portier, gardien de nuit, archer du guet, venus déclarer que Louis d'Orléans avait subi une intolérable contrainte. Leur intervention est humiliante pour celui-ci, qui voit son sort livré à ses plus humbles sujets et qui est conduit à se prévaloir de leurs commérages. Ils en font trop, dans leur zèle intempestif. Ils décrivent avec force détails la violence exercée sur lui. De leurs propos ressort une image déplorable du nouveau roi. Un pleutre, qui a passé vingt-deux ans de sa vie à trembler non seulement devant Louis XI – passe encore –, mais devant sa fille de Beaujeu et devant le débonnaire Charles VIII. Un goujat, qui a multiplié à l'égard de sa malheureuse femme, victime comme lui d'une union imposée, les marques de répugnance les plus grossières.

Déballage nauséabond. L'opinion peu à peu se retourne et le bon peuple d'Amboise commence à plaindre de tout son cœur celle qu'il nomme sa reine. Et Jeanne trouve soudain un défenseur intelligent et dévoué en la personne de l'avocat François Béthoulas, qui sera désormais son porte-parole. Décidément, l'argument de la contrainte est à double tranchant. Et il n'est même pas efficace. Car s'il a quelque vraisemblance en ce qui concerne le mariage lui-même, il apparaît que par la suite, Louis aurait eu bien des occasions de demander l'annulation, s'il avait simplement consenti à sacrifier sa position à la cour. Il avait préféré jouir pleinement de son retour en grâce, en s'accommodant de sa femme. On les avait trop vus ensemble pour que le tribunal pût passer outre.

On n'a pas avancé d'un pouce. Retour au point de départ : il reste au roi, comme seul recours, l'épineuse question de la non-consommation. Et l'on reparle des infirmités de Jeanne. On en discute dans un latin médical obscurci pour nous par la distance temporelle, obscur déjà, à l'époque, parce que mal adapté au cas en litige. On la dit *frigida, maleficiata*. Mais ces termes, propres à décrire l'impuissance masculine, sous sa forme physiologique ou maléfique – un sortilège qui « noue les aiguillettes » –, n'impliquent nullement chez une femme l'inaptitude à être fécondée par son mari. D'une éventuelle malformation congénitale, il n'est pratiquement pas question.

Mais, tandis que le débat tourne en rond, Jeanne prend au mois d'octobre une double initiative.

Elle fait remettre au tribunal une requête d'une extrême habileté. Elle y demande que soient confiés à huit sages, « les plus clercs et de conscience du royaume », proposés par moitié par chaque partie, toutes les pièces du procès. Après en avoir pris connaissance, ils seront invités non à juger sur le fond, mais à dire si la défenderesse peut, « sans charge de conscience et sans offenser Dieu », se dispenser de fournir la preuve de ses dires – entendez subir l'examen corporel – et s'en remettre, pour trancher le différend, au serment du roi son seigneur, selon la procédure dite du *serment décisoire*. L'offre est encadrée de protestations de soumission. Elle « a toujours désiré et encore désire faire le plaisir du Roi, sa conscience gardée, pour la décharge de laquelle et non pour autre cause, [elle] soutient le procès que ledit seigneur a contre elle et se défend en icelui à grand regret et déplaisance, et non pour parvenir aux biens et honneurs du monde autres que ceux qui lui sont dus », dit-elle au début. Et à la fin, elle le « supplie très humblement, comme son seigneur, qu'il ne soit mal content d'elle, ne permette aucune chose lui être diminuée de son état, qui est très petit en regard de la maison dont elle est issue ». Dans ces périphrases, il ne faut voir aucune revendication du titre de reine, mais plus modestement une demande d'argent : elle n'avait pas de biens propres et, privée de la pension que lui servait son frère, elle se trouvait sans ressources.

Elle fit d'autre part préparer par François Béthoulas un plaidoyer récapitulatif, qui fut prononcé le 26 octobre 1498. Son avocat écartait un à un les arguments royaux, énumérait tous les moments de vie commune des deux époux et, dans un langage aussi cru que celui des témoins à charge, évoquait en latin les nuits passées « seul à seule, tous les deux, afin de rendre le devoir conjugal par union charnelle, avec rires, baisers, étreintes et autres signes de désir ». Après quoi le mari se félicitait de sa vaillance : « J'ai bien gagné à boire parce que j'ai chevauché ma femme cette nuit trois ou quatre fois. » Cette dernière phrase en français, parce que c'était une citation...

Pour le coup Louis XII s'inquiéta. Le temps travaillait contre lui. Anne de Bretagne prenait ses distances. Il fallait en finir. Non sans réticence, il accepta la procédure du serment proposée par Jeanne.

Pas question de le faire comparaître, ni de le confronter à elle. Les juges – ils n'étaient plus alors que deux – se rendirent une première fois chez lui, le 29 octobre, en compagnie d'un représentant de Jeanne, dans le village de Madon, près des Montils, pour un entretien préalable. Ses réponses évasives ne satisfirent personne, pas même les magistrats à sa dévotion. Il reconnut avoir rendu à sa femme d'assez fréquentes visites, mais il « croyait bien » ne l'avoir jamais connue charnellement : il lui eût fallu être « affolé » pour le faire. Hélas, il n'y avait pas alors de psychiatres pour plaider en son nom l'égarement irresponsable.

C'est sur ces entrefaites, qu'on produisit au tribunal, le 20 novembre, la fameuse lettre de Louis XI au comte de Dammartin opportunément retrouvée in extremis[1]. On y trouvait corroborés par Louis XI en personne les deux points litigieux du procès : Louis d'Orléans risquait la mort en refusant d'obéir, et sa femme était réputée stérile, impropre au mariage. Tous les anciens serviteurs du feu roi se disputèrent l'honneur de certifier l'authenticité de cette pièce, décisive pour la thèse royale.

1. Voir plus haut, p. 76. On s'est demandé, à juste titre, pourquoi les héritiers du comte, détenteurs de cette lettre capitale, avaient attendu si longtemps pour la produire. Le retard fut expliqué par des dissensions familiales. Mais l'histoire de ce document reste obscure.

Louis XII profita de ce coup de théâtre favorable : il se décida à prononcer le serment demandé, auquel la lettre de son beau-père fournissait une sorte de confirmation anticipée. Le 5 décembre, les juges le rencontrèrent au village de Ligueuil, près de Tours. Ils lui adressèrent solennellement les mises en garde d'usage. Après quoi il jura sur l'Évangile et devant le crucifix que « jamais il ne fut avec elle comme avec sa femme, ni ne s'efforça icelle connaître par affection maritale ; et si[1] ne la connut réellement et que, plus est, ne coucha jamais avec elle nu à nu ». Et il ajouta, non sans ingratitude, que c'est sans son aveu qu'elle vint le voir en prison et qu'il ne lui devait en rien sa libération.

Le verdict d'annulation ne pouvait plus tarder désormais. Jeanne en fut avertie officieusement le 15 décembre et en éprouva une telle émotion qu'elle tomba en prostration. Deux jours plus tard, proclamation en était faite en l'église Saint-Denis d'Amboise. Une foule hostile montrait du doigt les juges : « Voilà Caïphe, voilà Anne, son beau-père, voilà Hérode, voilà Pilate, voilà ceux qui ont jugé la sainte dame qui n'est plus reine de France. » Un gros orage éclata, insolite pour la saison, secoua la ville d'éclairs et de trombes d'eau, « changea la clarté d'un plein midi en l'obscurité triste et affreuse d'une sombre nuit » – comme à la mort du Christ – et ce fut à la lumière des torches qu'on lut, en présence des plus hauts personnages du royaume, l'arrêt signifiant qu'il n'y avait jamais eu de mariage entre Louis d'Orléans et Jeanne de France. Contrairement à l'usage, la défenderesse, déboutée, n'était pas condamnée aux dépens.

Ni l'un ni l'autre n'assistaient en personne à cette proclamation. Tout laisse à penser qu'ils ne se revirent jamais.

Le surlendemain César Borgia, qui avait consciencieusement traîné en chemin pour attendre la conclusion du procès, débarqua, porteur des bulles de dispense pour le mariage du roi avec Anne de Bretagne.

1. *Si* ne signifie pas ici *pourtant*, mais *par conséquent*.

Où est la victoire ?

Objectivement, Louis a gagné, Jeanne a perdu. L'affaire est close.

L'opinion publique se partagea. Jeanne s'était montrée digne et courageuse. On la préférait à l'ombrageuse Bretonne, peu aimée. On la plaignait. Des hommes d'Église osèrent critiquer le jugement, soutenant qu'il n'est jamais permis à un roi, fût-il le plus grand, de répudier une épouse non adultère, affirmant que Madame Jeanne était toujours « la vraie et légitime reine de France ». Les juristes, eux, s'abritant derrière la parfaite régularité du procès, approuvaient. Le chroniqueur Jean Bouchet éprouve un doute, mais s'abstient de trancher : « Si cela fut bien ou mal fait, Dieu est tout seul qui le connaît. » Beaucoup plus tard, cette mauvaise langue de Brantôme, grand compilateur de commérages, dira crûment son scepticisme : « Je crois que son mari, comme j'ai ouï dire, l'avait fort bien connue et vivement touchée, encore qu'elle fût un peu gâtée du corps, car il n'était pas si chaste de s'en abstenir, l'ayant si près de soi et autour de ses côtés, vu son naturel, qui était un peu convoiteux [...] du plaisir de Vénus. » Mais, ajoute-t-il, « un roi fait ce qu'il veut », « rien n'est impossible à un grand roi ». Un seul, parmi les historiens, semble s'être interrogé sur l'attitude de Jeanne : l'Italien Guichardin, qui soutient que tout ne fut que comédie et qu'elle avait consenti d'avance à perdre son procès. Réponse un peu sommaire à une très pertinente question.

Que voulait-elle, et pourquoi s'obstina-t-elle à affronter un procès éprouvant ? Revoyons les faits, de son point de vue.

Tenait-elle à être reine de France ? Elle a dit expressément le contraire et lorsqu'elle parle des égards dus à son rang, elle songe à une pension lui permettant de vivre décemment, non aux prérogatives d'une souveraine. Elle sait fort bien que le maintien du lien conjugal, maintenant que Louis est tout-puissant, l'exposerait à de nouvelles avanies ou, au mieux, à une mise à l'écart radicale. Sa vocation religieuse est ancienne et ardente, elle se croit depuis toujours appelée à fonder un monastère. Ajoutons – mais ce n'est qu'une hypothèse – que la fille de Louis XI a peut-être assez le sens de l'intérêt national pour comprendre l'utilité du mariage breton d'une part, l'importance de la continuité dynastique d'autre part. À trente-six ans, elle n'a plus guère d'espoir d'être mère, si tant est qu'elle en ait jamais eu. Elle n'est pas la reine qu'il faut à la France.

Supposons malgré tout qu'elle ait escompté, au départ, rester reine. La composition du tribunal, le comportement des hommes de loi et des témoins ont suffi à la convaincre qu'elle n'a pas la moindre chance. Pourquoi, après avoir repoussé l'arrangement amiable proposé par La Trémoille, persiste-t-elle dans son refus, avant l'engagement de la procédure ? Une seule explication, d'ordre moral et religieux. Le mariage est pour elle un sacrement, elle tient son union pour indissoluble ; elle se considère comme la femme de Louis, dans la pleine acception du terme. Elle se refuse à mentir. C'est lui qui veut le divorce, pas elle. À lui de trouver les moyens juridiques d'annulation, s'il en existe. Elle ne se fera pas complice, contre sa conscience.

Une obscure rancœur la pousse-t-elle à lui compliquer la tâche ? On serait tenté de le croire devant l'obstination qu'elle apporte à mettre à mal ses thèses. Elle ne lui facilite pas les choses, semble-t-il. Et pourtant…

Sur le point capital de la non-consommation, l'un dit blanc, l'autre dit noir. Seul le fameux examen corporel permettrait de trancher. Or, à deux reprises, c'est elle qui prend l'initiative de le repousser et de proposer une solution de rechange, à sa convenance. Et le tribunal, à chaque fois, la suit.

Pourquoi s'y dérobe-t-elle ? Par pudeur, nous dit-on. Mais au regard du déballage verbal auquel on se livre en public, une visite médicale discrète serait légère. La vraie raison est autre. Elle peut craindre la mauvaise foi des matrones déléguées à cet office. Elle se doute bien, au vu de la lâcheté générale, qu'elle ne trouvera pas sans peine quatre sages-femmes de confiance à adjoindre à celles du roi. Si elles la déclarent vierge, elle se trouvera publiquement convaincue de mensonge. Et si, au contraire, elles sont honnêtes et confirment ses dires, son mariage se trouvera validé, irrévocablement. Or elle ne veut ni de l'une, ni de l'autre solution – pour elle, mais aussi pour lui.

Premier refus, ou plutôt demande de délai. Elle tend au roi une première perche : qu'on passe d'abord à l'audition des témoins. Peut-être en sortira-t-il de quoi trancher, pour cause de non-consentement, par exemple. Mais dans son exigence de vérité, elle se refuse à toute concession, ne laisse rien passer. Et si bien disposés que soient les juges, ils ne peuvent conclure à l'existence d'une contrainte pareillement prolongée.

On revient alors à l'examen corporel. Nouveau refus. Nouvelle contre-proposition de Jeanne, assortie d'extraordinaires précautions d'ordre juridique et canonique. Si, et seulement si l'Église en est d'accord, elle s'en remettra au serment du roi. Cadeau empoisonné, devant lequel on comprend qu'il ait hésité. Depuis le début, il pratique l'esquive, laissant aux juges le soin de décider à sa place, cherchant à faire partager à Jeanne, voire à lui faire assumer la responsabilité d'une rupture qui, à ses yeux à elle, est un sacrilège. Impitoyable, elle le force dans ses retranchements, le met en face de ses responsabilités. Il n'a qu'un mot à dire. Son divorce, il l'aura, elle le lui offre sur un plateau d'argent. À une condition : qu'il en paie le prix, qu'il en assume la faute – le péché –, seul.

Tout ce qu'on sait de la personnalité de Jeanne donne à penser qu'elle n'a pas menti. Alors, c'est Louis ? À la différence des contemporains de l'affaire, la plupart des historiens postérieurs reculent devant cette hypothèse. Est-ce un crime de lèse-majesté de soupçonner ici Louis XII d'un parjure ? Ce serment, il ne l'a pas prononcé de gaieté de cœur, oh non ! Il ne s'y est décidé qu'en dernier recours. Il était profondément croyant. Mais l'enjeu était grave : ce n'est pas pour son plaisir, mais dans l'intérêt du royaume qu'il lui fallait épouser Anne de Bretagne. Et il dut se trouver des hommes d'Église pour lui souffler qu'il bénéficierait de circonstances atténuantes, prisonnier qu'il était d'une situation qu'il n'avait pas choisie.

Dans ce long affrontement qui les a dressés l'un contre l'autre, par procureurs interposés, Jeanne, contre toutes les apparences, a remporté la victoire : elle a imposé sa solution, la solution qui déchargeait sa conscience, tout en accordant à Louis sa liberté. Elle le fit sans haine, avec le désir de lui complaire autant qu'il était en son pouvoir – elle ne ment pas lorsqu'elle le proclame lors de chacune de ses interventions. Elle accepta les interrogatoires humiliants, la publicité donnée à tous les tourments de sa vie. Sur l'essentiel, elle ne céda pas. Mais après le serment du roi, elle se tut, définitivement.

À l'annonce du verdict, elle faillit s'évanouir. Sous le coup du dépit et de la déception, nous dit-on. C'est peu probable : il ne s'agissait pas d'une surprise. Mais psychologiquement, c'était tout de même un choc. Une annulation est, en un sens, pour quelqu'un qui ne l'a pas souhaitée, pire qu'un divorce. Celle-ci effaçait, d'un trait de plume, vingt-deux ans d'une existence qu'elle avait voulue tout entière au service de ce mari qui la repoussait. Soudain, on lui disait qu'elle n'avait pas été duchesse d'Orléans, qu'elle n'avait pas été reine, qu'elle n'avait rien été, en somme, au cours de ces années brusquement rejetées au néant. Il y avait de quoi éprouver un instant de vertige. Il est probable aussi que, animée par l'esprit de charité, elle éprouva une crainte religieuse à l'idée des dangers spirituels encourus par celui dont elle avait peine à ne pas se sentir solidaire, après tant d'épreuves traversées.

De son côté, Louis, dont l'image sortait ternie de ce scandaleux procès, sut se montrer grand et sage, une fois l'abcès crevé. Sourd aux conseils de répression qu'on lui donnait, il laissa vitupérer les prédicateurs, comptant sur le temps pour apaiser les rumeurs. Il n'en voulut pas à Jeanne, dont il avait trop bien compris les raisons. Il fut généreux, lui assura par lettres patentes, le 26 décembre, des revenus conformes à son rang. Il lui accordait un douaire substantiel et la faisait duchesse de Berry : cession viagère, puisqu'elle voulait entrer en religion et que la province, à sa mort, retournerait à la couronne. Mais moralement, son geste valait réparation.

Elle prit possession au mois de février 1499 de ce duché qui lui rappelait sa jeunesse et s'installa à Bourges. Détruite par un incendie douze ans plus tôt, la ville était alors ravagée par la peste. Elle y resta pour soigner les malades, puis décida de fonder une congrégation féminine vouée à célébrer l'Annonciation et l'Incarnation – un choix où s'exprime peut-être, inconsciemment, le regret de n'avoir pu s'accomplir elle-même dans la vocation de toute femme qu'est la maternité. La règle du nouvel ordre de l'Annonciade fut approuvée par le pape en 1501. Dans le monastère construit par ses soins, elle prit le voile et prononça ses vœux à la Pentecôte de 1503. « Se sentant forte de se contenir en continence et chasteté », dira Brantôme,

« elle se retira vers Dieu et l'épousa, tellement qu'onques puis[1] n'eut autre mari : meilleur n'en pouvait avoir ».

Usée par le jeûne et les macérations, elle y mourut le 4 février 1505. Elle n'avait que quarante ans. On trouva sur son corps meurtri un singulier cilice : un éclat du luth dont elle distrayait autrefois sa solitude à Linières ; elle y avait fixé cinq clous d'argent, en souvenir des cinq plaies du Christ, et le maintenait en position sur sa poitrine par un cercle de fer.

Telle fut la fin de cette femme étonnante, si faible et si forte pourtant, qui sut se montrer supérieure à un destin cruel. L'époux qui l'avait rejetée, le roi Louis XII, lui fit faire des funérailles grandioses. Elle fut béatifiée au XVIIIe siècle et canonisée tout récemment, le 28 mai 1950, quittant ainsi l'histoire nationale, qui lui refuse le titre de reine, pour l'histoire de l'Église, qui l'honore sous le nom de sainte Jeanne de France.

1. Jamais depuis…

CHAPITRE IV

Le second règne d'Anne de Bretagne

Revenons quelques mois en arrière et rejoignons Anne de Bretagne toute caparaçonnée de noir et cloîtrée pour quarante jours au fond de ses appartements.

La douleur ostentatoire dans laquelle elle s'est abîmée n'a pas obscurci chez elle le sens très vif de ses intérêts. « Elle eut un très grand regret à la mort du roi Charles », nous dit Brantôme, « tant pour l'amitié qu'elle lui portait que pour ne se voir[1] qu'à demi reine, n'ayant point d'enfants ». À ceux qui la plaignent, disant que, veuve d'un grand roi, elle trouverait malaisément moyen de « retourner en si haut état », elle répondait « qu'elle demeurerait plutôt toute sa vie veuve d'un roi que de se rabaisser à moindre que lui ».

Mais la solution est toute trouvée. Le singulier traité de Langeais, qui la contraint d'épouser le successeur de Charles VIII, lui convient tout à fait : elle ne quittera pas le trône de France et nul ne verra à redire à un remariage rapide auquel le défunt en personne a souscrit d'avance. Elle est tout à fait décidée à convoler avec Louis XII, s'il réussit à se séparer de Jeanne. Pour l'improbable cas où il n'y parviendrait pas, elle régnera sur son duché, qui doit lui être rendu. Quoi qu'il arrive, elle a tout intérêt à dénouer, entre sa province natale et son pays d'adoption, les liens imposés lors de son premier mariage : ne serait-il pas merveilleux d'être à la fois reine de France et duchesse de Bretagne de plein exercice ? Charles VIII était à peine enterré que déjà elle s'y employait.

1. Parce qu'elle ne se voyait…

Anne de Bretagne marque des points

Pour cette nouvelle négociation, elle a la partie belle. En 1491, très jeune, vaincue, aux abois, elle avait dû passer par les conditions des juristes formés à l'école de Louis XI et mandatés par Anne de Beaujeu. Cette fois, reine douairière, respectée, forte de son expérience, elle a en face d'elle un roi mal assuré, bientôt empêtré dans un humiliant procès. Elle est en mesure de dicter ses conditions.

Louis était demandeur et eut l'imprudence de le montrer, dès sa visite protocolaire de condoléances. Elle le laissa venir, émit des objections, lui sortit le grand jeu. N'était-il pas marié ? Drapée dans ses voiles de veuve, elle invoquait des scrupules religieux, rappelait les difficultés rencontrées jadis lors de sa propre rupture avec Maximilien, mettait en doute la validité d'une éventuelle annulation : à aucun prix, elle ne consentirait à une union suspecte, entachée d'illégitimité. Bref elle mettait en place les éléments d'un marchandage, pour monnayer au prix fort son consentement.

Charles était mort au soir du 7 avril. Le 10, elle envoyait un de ses pages mander son fidèle Jean de Chalon, prince d'Orange, qui accourut et se vit confier le gouvernement de la Bretagne. Les consignes qu'elle lui donna étaient explicitement dirigées contre la France. En mai, elle fit lever une délégation de notables bretons qu'elle convia à l'accompagner à Paris lorsque la fin de sa claustration lui permettrait de s'y rendre pour négocier. Elle agissait en souveraine indépendante, prenant en main l'administration de son duché, plaçant des hommes sûrs dans ses forteresses, déployant pour apporter la preuve de ses droits et privilèges une activité juridique sans précédent.

Elle passa deux mois dans la capitale, le temps d'exhiber sa force et sa détermination, puis fit ostensiblement ses bagages, rassemblant meubles et bijoux, et parla de retourner chez elle, à Rennes. Cette menace arracha à Louis, sur qui elle avait rapidement acquis beaucoup d'emprise, une première mesure favorable. Il consentit à supprimer les garnisons françaises qui, depuis la défaite bretonne, étaient encore cantonnées dans les places fortes de la province. La France ne conserverait, à titre de garantie, que Nantes et Fougères.

Elle quitta alors Paris pour Étampes, où furent discutées, tandis que s'ouvrait le procès de Jeanne, les clauses du nouveau contrat. La confiance n'était pas au rendez-vous. Louis, prudent, n'avait pas encore transmis à ses officiers l'ordre de rendre les places aux Bretons : Brest, Conches, Saint-Malo restaient occupées. Anne s'en irrita. Dans le traité qui fut signé le 19, le roi dut jurer sur les saints Évangiles d'abandonner les forteresses contestées. Quant à Nantes et Fougères, il les gardera « pour sûreté et accomplissement du mariage qu'il déclare vouloir faire », mais elles seront restituées aux Bretons si, au bout d'un an, il n'a pas épousé leur duchesse, ou s'il vient à mourir d'ici là. Engagement pris conjointement par le roi et par Louis de La Trémoille, gouverneur des deux villes.

Anne, de son côté, jurait d'épouser le roi « incontinent que faire se pourra ». La promesse lui coûta peu : c'était son plus cher désir.

Louis se liait dangereusement en acceptant la date butoir d'un an, et l'on comprend qu'il se soit affolé devant les lenteurs d'un procès qui risquait, à terme, de consacrer l'indépendance de la Bretagne, grosse de conflits ultérieurs. Il eut la sagesse de donner à ses capitaines, malgré son serment, l'ordre formel de surseoir, pour l'instant, à la livraison des places.

Anne, cependant, s'en allait à petites étapes vers son duché, où l'attendait un accueil triomphal. Dans Nantes pavoisée de tapisseries somptueuses, elle fit son entrée solennelle en équipage de deuil, blanc et noir semé de larmes d'argent, pour assister à une grandiose messe de Requiem. Puis elle se rendit à Rennes présider les États de Bretagne. Elle fit frapper des écus d'or millésimés où trône son effigie : elle y apparaît couronnée, épée de justice et sceptre en mains, revêtue d'un manteau mêlant hermine et fleurs de lis, plus haute souveraine que le roi de France lui-même, puisque, à la différence de celui-ci, comme le précisait l'inscription – *Anna Dei Gratia Francorum Regina et Britonum Ducissa* –, elle possédait deux couronnes.

Et elle avait les moyens de ses ambitions puisque Louis, tenu de la mettre en possession de son douaire de veuve, avait cru devoir renchérir sur les promesses de Charles VIII. Elle percevait les revenus de La Rochelle, Saint-Jean-d'Angély, Rochefort, Loudun, de l'Aunis, d'une partie de la Saintonge et possédait en outre des domaines en Languedoc. Il était temps que le procès prît fin.

La sentence intervint le 17 décembre et, pour une fois, la chance sourit au roi. Le pape s'était montré prévoyant. Louis n'eut pas à réclamer à Rome les dispenses rendues nécessaires par son cousinage avec Anne : elles étaient là, dans la poche de César Borgia qui consentit, non sans mauvaise grâce, à les en sortir.

Le 7 janvier 1499, les deux futurs conjoints se retrouvèrent à Nantes pour signer un contrat de mariage beaucoup plus favorable à Anne que le précédent. Le gouvernement de son duché lui appartenait de plein droit et elle en touchait les revenus. Elle conservait le douaire accordé par Charles VIII, sans préjudice de celui qui y serait adjoint en cas de mort de Louis XII. Et surtout, l'autonomie de la Bretagne était préservée, ses libertés maintenues, sa transmission par héritage dissociée de celle du trône de France. La province échappait en effet à la loi salique. Le second enfant mâle du couple, « ou femelle à défaut de mâle », en serait héritier, afin que le peuple de ce duché « fût secouru et soulagé » ; s'il n'y avait qu'un fils, l'héritage passerait au second enfant de ce fils. Le roi de France n'avait donc plus rien à voir aux affaires de Bretagne. Tout au plus Louis s'en voyait-il accorder l'administration à titre viager s'il survivait à sa femme, mais après sa mort, elle reviendrait aux héritiers légitimes de celle-ci, « sans que les autres rois et successeurs de rois en pussent quereller ni demander autre chose ». Un bien beau travail, de la part des juristes bretons et de leur maîtresse !

C'est à Nantes, sur ses terres à elle, que Louis épousa la duchesse, le 8 janvier 1499, dans la chapelle du château, au milieu d'une allégresse aisément concevable. Il s'appliqua à se concilier les sujets de sa femme par des libéralités et des allégements fiscaux, misant sur le temps pour les accoutumer à une coexistence consentie. Et la générosité se révélera sagesse. Il comptait aussi sur le caprice de la fortune pour déjouer ces trop subtiles combinaisons : il ne se trompait pas.

Le meilleur des couples ?

La politique est une chose, la vie privée en est une autre. Le couple ainsi formé fut relativement uni, grâce à la débonnaireté de Louis XII et à la séduction déployée par Anne.

Le touchant roman d'amour contrarié rapporté par Brantôme n'a sans doute existé que dans l'imagination de quelques dames de la cour. Certes Louis avait demandé la fillette en mariage et lui avait fait envoyer en gage un anneau. Mais elle avait alors sept ans et il est peu probable qu'il ait conçu pour cette enfant un de ces « grands feux » dont on peut malaisément se défaire « quand une fois il a saisi l'âme ». Elle, de son côté, lorsqu'elle avait été en âge de dire son avis, lui avait préféré l'empereur Maximilien. Et plus tard, il n'avait pas pesé lourd en face de Charles VIII.

Mais il est vrai qu'il avait sollicité sa main à plusieurs reprises et qu'elle pouvait passer, dans son imagination, pour l'exacte antithèse de la pauvre Jeanne boiteuse et contrefaite. Il avait gardé, de ses tentatives manquées auprès d'elle, un vif sentiment de frustration. C'est avec un désir de revanche sur l'injustice du sort qu'il voulait l'avoir, en même temps que le trône de France dont elle lui paraissait indissociable.

Quant à elle, visiblement elle n'était pas amoureuse de lui et ne le fut jamais.

Point n'est besoin d'évoquer la joie de Louis à la mort du dauphin Charles-Orland. Il suffisait de le regarder. S'il avait été jadis « beau prince et fort aimable », il avait bien changé depuis. Le fringant duc d'Orléans est devenu, à trente-sept ans, un vieil homme, prématurément usé par les excès et les maladies. La figure maigre, anguleuse, au front étroit, aux yeux proéminents, aux narines béantes sous un nez pointant vers le haut, le buste étriqué, les bras trop minces, presque décharnés, composent un personnage peu attirant pour une jeune femme de vingt et un ans, raffinée et coquette. Mais elle est bien décidée à assurer sur lui son empire.

Lors de ses noces avec Charles VIII, elle était très jeune et étroitement surveillée par Anne de Beaujeu, qui ne lui concéda de prérogatives honorifiques que pour mieux l'exclure du pouvoir. Mais Louis est plus malléable que Charles. Et surtout, il est seul. À ses côtés, pas de mère – Marie de Clèves est morte en 1487 –, pas de sœurs ambitieuses. Aucune influence féminine ne viendra contrebalancer celle d'Anne, souveraine.

De maîtresses, elle veilla à ce qu'il n'en eût point. Elle savait comment fixer un mari et, plus expérimentée, elle y réussit mieux avec le second qu'avec le premier. Le terrain était plus favorable. Louis n'avait-il pas proclamé très haut que ses dévergondages étaient la rançon d'un mariage odieux ? Maintenant qu'il avait l'épouse de son choix, il se devait de lui être fidèle. L'âge et la maladie sont là également et des scrupules religieux peuvent l'aider à faire de nécessité vertu. Il veille, en tout cas, à sa réputation. Des chroniqueurs – complaisants ? – clament très haut qu'il résista, lors des campagnes d'Italie, aux avances des plus belles dames du cru. Et Jean d'Auton de raconter comment, à Gênes, il fut « prié d'amour » par une certaine Thomassine Spinola, la perle de la ville, avec qui il consentit seulement à nouer une « accointance honorable et aimable intelligence », en toute chasteté, dans la plus pure tradition courtoise. Le reste du temps, lorsqu'il est en France notamment, sa femme semble lui suffire et il l'honore d'autant plus volontiers de ses hommages virils qu'il souhaite ardemment en avoir un fils.

Hélas ! sur ce plan, elle le décevra. Elle est moins féconde qu'auparavant et sa santé est de plus en plus mauvaise. Elle n'aura en quinze ans que quatre grossesses. Deux filles vivront, non sans hériter de sa claudication et de ses autres faiblesses congénitales : Claude, née le 14 octobre 1499, après neuf mois de mariage, autorisant tous les espoirs, et Renée, le 25 octobre 1510. Mais les deux garçons, en 1503 et 1513, moururent aussitôt. Anne s'en console mal, continue d'espérer, tandis que Louis semble au fil des années se résigner à l'inévitable.

Le couple royal montre aux visiteurs l'image d'une vie conjugale sans nuages. Claude de Seyssel peut ainsi s'extasier sur leur amour mutuel. Anne faisait « tous les plaisirs et tous les délices » de Louis et jamais dame ne fut « mieux traitée ni plus aimée » de son mari. Il n'est pas d'autres époux qui sachent

« faire si bonne chère[1] l'un à l'autre qu'ils s'entrefont quand ils sont ensemble ».

Cette impression est d'autant plus forte chez les observateurs contemporains que Louis XII, contrairement aux souverains antérieurs, associe très largement son épouse à sa vie publique et qu'elle lui fait honneur.

Anne de Bretagne et sa cour

C'est à Anne de Bretagne que revient le mérite d'avoir créé la cour, au sens où on l'entendit par la suite.

À l'origine, l'entourage du roi de France était exclusivement masculin et le mot de cour, employé pour désigner ses conseillers et ses proches, n'avait de signification que politique et juridique. Sous Charles VII, au temps d'Agnès Sorel et sous l'influence du « bon roi René » d'Anjou, frotté de culture italienne, il y avait bien eu un embryon de vie mondaine agrémentée par la présence de femmes. Mais le souvenir en était presque perdu.

Louis XI avait coupé court à tout faste. Il avait des goûts simples, s'habillait comme un quelconque de ses sujets, de façon « fonctionnelle » dirions-nous, en drap grossier aux couleurs éteintes. Il aimait la vie au grand air – chevauchées, chasses, tournées d'inspection – ou la méditation dans son cabinet en compagnie de ses hommes de confiance. Il avait horreur des cérémonies et des divertissements collectifs. Pas de cour donc, autour de lui, ni autour de sa femme, confinée dans Amboise avec ses suivantes.

Son fils Charles, trop jeune et trop occupé par les campagnes militaires, n'en eut ni le temps ni, semble-t-il, le goût. Seule Anne de Beaujeu rassembla autour d'elle à Moulins quelque chose qui pouvait y ressembler. La jeune reine, presque toujours enceinte, et coiffée par sa belle-sœur, ne put prendre que peu d'initiatives en la matière. C'est surtout sous son second règne qu'elle s'attacha à créer autour du couple royal une véritable cour et à en fixer la physionomie. Après elle, tous

1. Si bon visage.

les souverains successifs en maintiendront, avec un bonheur inégal, la tradition.

« Une cour sans dames, c'est un jardin sans aucunes bonnes fleurs », dira plus tard François Ier – qui s'y connaissait en dames, sinon en fleurs –, une année sans printemps, un printemps sans roses. De ces femmes-fleurs qui font l'ornement de la cour, Anne de Bretagne est la première et la plus brillante.

Non qu'elle fût véritablement belle, on l'a dit. Mais au premier coup d'œil, on la sait princesse, tant elle respire la distinction et la majesté. Moins fréquemment alourdie de maternités, elle sait user de la mode pour mettre en valeur sa taille étroite et sa poitrine menue. Ses robes, qu'elle tient très longues, à ras de sol, pour dissimuler la semelle compensée qui rehausse sa jambe malade, allongent sa silhouette. Sachant qu'un détail propre – « personnalisé », comme nous dirions – fait plus pour une réputation d'élégance qu'un déploiement d'or et de broderies, elle choisit avec soin quelques ornements caractéristiques. Elle met à la mode la coiffe bretonne en velours noir brodé, qui rehausse discrètement la blancheur de son teint. Elle emprunte aux armoiries de Bretagne la fameuse cordelière, que le duc François y avait introduite en l'honneur de son saint patron François d'Assise, et elle la porte en guise de ceinture. Et c'est manière de marquer doublement son attachement à sa province natale. Elle a aussi ses parfums, la rose de Provins et la violette. Et ces deux fleurs, en ce siècle épris de symboles, viennent avec la cordelière, emblème de continence, et l'hermine ducale bretonne, image de pureté, placer sa cour sous le signe d'une vertu sévère.

Le luxe, il est autour d'elle, dans la vaisselle d'or et d'argent, les bijoux, les tapisseries armoriées, les livres rares, les écuries, le chenil, la volière, dans l'essaim de ses serviteurs à livrée de velours jaune et rouge garnie d'hermine – les couleurs bretonnes –, dans la garde d'archers qu'elle se fait attribuer privément – cent d'abord, puis cent autres –, qui l'attendent à la sortie de la messe ou au départ pour la promenade sur la petite terrasse du château de Blois qu'on nomma pour cette raison la Perche[1] aux Bretons : car ils étaient bretons, bien sûr...

1. Le perchoir.

Le luxe, il est aussi dans la corbeille de femmes de haut rang qui lui sert d'écrin. Certes, auparavant l'accès de la cour n'était pas interdit aux femmes. Mais elles n'y venaient qu'occasionnellement. Anne prit l'initiative d'en installer quelques-unes à demeure. C'est elle « qui commença à dresser la grande cour des dames [...] ; car elle en avait une très grande suite, et de dames et de filles, et n'en refusa jamais aucune ; tant s'en faut, qu'elle s'enquérait des gentilshommes leurs pères qui étaient à la cour, s'ils avaient des filles, et quelles elles étaient, et les leur demandait ». Honneur très recherché que cette « belle École pour les Dames », prometteuse de brillants établissements. Elle put réunir les plus nobles et les plus belles, « qui paraissaient comme déesses au ciel ».

« Elle les faisait très bien nourrir[1] et sagement ; et toutes, à son modèle, se faisaient et se façonnaient très sages et vertueuses. » Pour le cas où elles seraient tentées de s'oublier, Anne veillait, sourcilleuse, impitoyable aux moindres écarts. Les malheurs de la pauvre Anne de Rohan, surprise, alors qu'elle approchait de trente ans, en la galante compagnie d'un prétendant sans fortune, et exilée au fin fond d'un château de province sans être autorisée à l'épouser, fourniront à Marguerite de Navarre le thème d'une des nouvelles de l'*Heptaméron*.

Elle ne supporte pas la plaisanterie, il lui manque le sens de l'humour, que son mari semble avoir possédé. Il tolère sur son propre compte les facéties sans conséquence des clercs de la basoche dans leurs jeux estudiantins. « Mais surtout, qu'ils ne parlassent pas de la reine sa femme en façon quelconque ; autrement il les ferait tous pendre. » « Preuve qu'il l'honorait grandement », commente Brantôme ; signe, peut-être aussi, qu'il redoutait sa colère. On ne badinait pas avec Anne de Bretagne.

Tout ceci nous suggère une cour un peu compassée, mais brillante. La présence des femmes en modifie le climat, pousse les hommes à se mettre en valeur autrement que par les grands coups d'épée, elle les incite à l'élégance, leur impose plus de politesse et de courtoisie. Elle contribue à valoriser les lettres et les arts. Anne, sans être supérieurement intelligente, a le goût des choses de l'esprit. Outre les ouvrages de dame – broderie,

1. Élever.

tissage – et la musique, qui font partie de l'éducation féminine traditionnelle, elle a appris quelques rudiments de latin, un peu d'histoire. Elle aime la lecture – les romans de chevalerie surtout – et la conversation. Elle protégea et pensionna écrivains et artistes, Jehan Meschinot et Jehan Marot, le père de Clément, ainsi que l'admirable enlumineur Jean Bourdichon, qui illustra ses très fameuses *Heures*.

Le roi, comprenant que le rayonnement de cette cour contribuait à son prestige, ne manquait pas d'y inviter les hôtes étrangers, princes ou ambassadeurs : « Il connaissait en elle grande suffisance[1] pour entretenir et contenter tels grands personnages », « elle avait très bonne et belle grâce et majesté pour les recueillir[2] et belle éloquence pour les entretenir. » Parfois elle affectait de mêler à ses propos, par une délicate attention, quelques mots de leur propre langue, qu'elle se faisait souffler par ses chevaliers d'honneur, au risque de se faire piéger par quelque joyeux luron. Et les filles de sa suite, formées à son école, offraient aux visiteurs charmés un vivier où choisir une épouse. La cour, entre les mains habiles du couple royal, est en passe de devenir l'instrument politique qu'elle restera au fil des siècles.

Elle dérobait à son époux une partie de ses prérogatives. À la fois cupide et libérale – les deux qualificatifs lui furent appliqués –, elle lui extorque un nombre considérable de pensions, dotations, rentes et redevances diverses, qui lui permettent de multiplier à son tour les gratifications autour d'elle. « Il n'y avait grand capitaine de son royaume à qui elle ne donnât des pensions et fit des présents extraordinaires, ou d'argent ou de grosses chaînes d'or, quand ils allaient en voyage ou en retournaient ; et de même en faisait des petits[3], selon leur qualité ; aussi tous couraient à elle et peu en sortaient d'avec elle mal contents. » Cette pratique est conforme à l'usage aristocratique : le plus grand seigneur se reconnaît à sa plus grande libéralité. C'est ainsi que se constituent en tous temps les clientèles et que se consolident les fidélités. Le bon Louis XII, si ménager

1. Capacité.
2. Accueillir.
3. Elle en usait de même avec les petites gens.

des deniers de ses pauvres sujets, passait pour pingre et « elle suppléait à son défaut ». Mais elle en faisait trop. Bretons mis à part, les sujets en question ne s'y trompèrent pas et c'est au roi qu'ils décernèrent le beau surnom de *Père du Peuple*.

Celui-ci, tout bien pesé, s'en accommode. Il tient à « sa Bretonne », comme il l'appelle familièrement. Il lui pardonne son mauvais caractère, il lui passe une partie de ses caprices, il supporte son obstination à reconstituer autour d'elle, où qu'elle fût, une enclave de sa province chérie. Comme beaucoup d'hommes, il a horreur des criailleries, des larmes, des scènes et il est sensible aux sourires, aux caresses, aux chatteries. Dans les conflits qui les opposent, il cède le plus souvent, chaque fois que cela ne tire pas à conséquence. Et lorsque l'enjeu est grave, il louvoie, incapable de dire non en face, mais s'efforçant de prévenir, par des dispositions secrètes, les suites fâcheuses de ses faiblesses.

Deux épisodes les virent notamment s'affronter, avec des effets divers : le mariage de leur fille Claude et le conflit avec le Saint-Siège.

Un mari pour Claude

Anne prit pour le mariage de sa fille aînée, Claude, des initiatives qui auraient pu être lourdes de conséquences et que Louis XII eut peine à contrecarrer.

L'enfant était à peine née que, selon la coutume, on lui chercha un prétendant.

Les négociations qui s'ensuivirent étaient tributaires de deux inconnues. Il pouvait – et on l'espérait bien – naître à la petite Claude un frère, un dauphin, et tous les projets envisageaient l'hypothèse où une telle éventualité modifierait la répartition de l'héritage. D'autre part, Louis XII pouvait mourir : les maladies à répétition dont il souffre, surtout dans les premières années de son règne, obligent à se poser une question qu'il est d'ailleurs le premier à regarder en face, courageusement.

La Bretagne, exclue par contrat de mariage de l'héritage du futur roi de France, doit revenir à Claude – sauf cas improbable où la reine lui donnerait non pas un seul, mais deux frères. La petite fille l'apportera donc en dot à son futur conjoint. Enjeu crucial.

Anne, dans le double souci de soustraire sa province à l'emprise française et de procurer à sa fille bien-aimée le plus brillant établissement, a recensé tous les princes disponibles en Europe. La liste était courte. Elle a vite conclu que le meilleur était Charles de Gand, de quelques mois seulement le cadet de Claude[1], qui sera plus connu sous le nom de Charles Quint. Quel époux plus enviable en effet que cet enfant ? Le jeu conjugué des mariages intrafamiliaux et des morts prématurées avait fait confluer sur sa tête les héritages bourguignon, espagnol et autrichien.

Par son père, Philippe le Beau, il était le petit-fils de Maximilien de Habsbourg, le roi des Romains, dont Anne de Bretagne avait été un instant l'épouse de paille, et de Marie de Bourgogne, fille du Téméraire. Il tenait de sa grand-mère les dix-sept provinces flamandes des Pays-Bas, l'Artois, la Franche-Comté, et pouvait en son nom revendiquer la Bourgogne francisée de fraîche date, tandis que son ascendance paternelle lui donnait, outre la souveraineté sur l'Autriche et la Hongrie, les meilleures chances d'accéder à l'Empire, chasse gardée, malgré son caractère électif, de la maison de Habsbourg. Quant à sa mère, Jeanne, qui sera dite la Folle, elle était l'héritière des royaumes d'Aragon et de Castille. Au jeune Charles était promise la moitié de l'Europe au moins, avec, en prime, le Nouveau Monde et ses trésors, dont on ne soupçonnait pas encore toute l'ampleur. Beau parti, s'il en fut jamais, aux possessions propres duquel la main de Claude ajouterait encore la Bretagne !

Louis XII mesura aussitôt les dangers que présentait une telle union. La meilleure parade lui parut être de promettre la petite fille, préventivement, à un autre, en l'occurrence le plus propre à défendre les intérêts français : l'héritier présomptif du trône, en l'absence de dauphin, c'est-à-dire François d'Angoulême, duc de Valois.

1. Claude est née le 14 octobre 1499 et Charles le 24 février 1500. Pour la généalogie du futur Charles Quint, on peut se reporter au tableau figurant en appendice.

Il savait se heurter à l'hostilité irréductible de sa femme. Elle haïssait ce bel enfant de quatre ans, dont l'éclatante santé lui semblait une insulte à l'échec de ses propres maternités. Elle haïssait sa mère, l'orgueilleuse Louise de Savoie qui, veuve, reportait sur son fils toutes ses ambitions, qu'elle avait hautes : un horoscope ne lui promettait-il pas le trône ? Haine de femme, haine de mère : jamais Anne de Bretagne ne consentirait à un mariage qui comblerait les vœux de sa rivale. Elle rêva jusqu'à son dernier souffle de mettre au monde un fils pour régner sur la France et de placer sur la tête de sa fille la couronne impériale. En attendant l'improbable dauphin, elle se fit auprès du roi l'avocat obstiné du mariage autrichien.

Louis XII n'essaya pas de discuter. Plutôt que de la heurter de front, il préféra biaiser, fit semblant de céder, pour protéger la paix domestique. Il trouvait à cette solution divers autres avantages. Il avait besoin de l'appui de Maximilien pour ses entreprises italiennes. En lui donnant quelques gages, il ne courait pas grand risque, puisque les enfants étaient encore au berceau et qu'on pouvait compter sur le temps pour fournir des échappatoires. À condition qu'il fût là en personne pour y veiller. Si, en revanche, il venait à disparaître – et de 1500 à 1506, des maladies répétées font de lui un perpétuel moribond –, la reine parviendrait aussitôt à ses fins. Il tente donc de parer à ce danger par des dispositions testamentaires confidentielles, mais dûment enregistrées par des juristes. Il s'emploie, telle Pénélope, à défaire dans l'ombre les trames qu'il tisse au grand jour. Machiavélisme suprême. Effort maladroit pour concilier les inconciliables ? On ne sait. Pas plus qu'on ne connaît le rôle exact joué par ses conseillers, et notamment Pierre de Gié, gouverneur de François d'Angoulême et principal artisan du mariage franco-français. Ce qui en paraît aux yeux de l'historien, documents à l'appui, est un très étrange jeu de dupes.

Dès le 30 avril 1501, peu avant l'expédition de Naples, il signa et fit enregistrer à Lyon une déclaration secrète, mais scellée et paraphée en bonne et due forme[1], frappant à l'avance de nullité tout accord matrimonial qui accorderait sa fille à un

1. Elle semble avoir été longtemps ignorée des historiens.

autre que le petit duc de Valois-Angoulême. Moyennant quoi, il put manigancer à son aise d'autres combinaisons, proposant pour Charles de Gand, avec la main de la fillette, une corbeille de duchés et de comtés dignes de ses deux redoutables grands-pères. On célébra solennellement, en août de la même année, les fiançailles des deux enfants, au milieu de grandes réjouissances. Et en novembre, Philippe le Beau et Jeanne, pas encore veuve et pas encore folle, accompagnés de leur fils, accomplissent à travers la France un voyage triomphal. Le bambin arrache à Louis XII un cri d'admiration sincère ou feinte : « Que voilà un beau prince ! » Les parents sont ravis. Anne exulte. Et le roi d'inviter bourgeoisement le couple espagnol raide et guindé à des conversations détendues entre futurs co-beaux-parents. Il espérait bien obtenir en échange l'investiture impériale pour « son » duché de Milan.

Au fil des mois, les aléas de la campagne d'Italie modifièrent dans un sens ou dans l'autre le contenu de ces accords. Louis oscillait, tantôt prêt à faire confiance à ses partenaires de Habsbourg, tantôt préconisant à nouveau le mariage français, à la grande fureur de son épouse, dont les jérémiades donnent à leur vie conjugale des airs de comédie de boulevard. Il crut un jour s'en tirer par un apologue sur les biches qui, parce que Dieu leur avait donné des cornes comme aux cerfs, prétendaient faire la loi à ceux-ci : sur quoi le créateur les avait privées de cet ornement, « pour les punir de leur arrogance » et les rappeler à la modestie de leur rang. Anne se le tint pour dit, mais ne baissa pas les bras pour autant. On la voit spéculer ouvertement sur la mort du roi.

Au début de 1504 il est à Blois, au plus mal. On le croit perdu. Anne froidement prépara ses bagages, « fit trousser ses bagues[1], joyaux et meubles » et embarqua le tout sur la Loire à destination de Nantes. Elle projetait de se retirer en Bretagne dès l'annonce du décès, en y emmenant sa fille. C'est alors que le fidèle maréchal de Gié, que ses origines bretonnes n'empêchaient pas de travailler pour la France, prit une initiative qui lui coûta cher. Il fit demander au malade confirmation écrite de l'accord de 1501 promettant Claude à François. Puis il fit

1. Bagages.

contrôler la voie fluviale et les routes en direction de l'ouest, avec ordre d'intercepter le déménagement. Il projetait sans doute de s'assurer de la personne des deux enfants pour les arracher à leurs irascibles mères et d'envoyer des troupes en Bretagne. Il n'eut pas à aller jusque-là : le roi se rétablit. Mais la reine le poursuivit d'une haine féroce, parvint à susciter contre lui un procès de lèse-majesté et faillit le faire condamner à mort, en dépit des efforts de Louis XII. « Vindicative », Anne de Bretagne, selon Brantôme ? Certes oui, quand on l'atteint dans ses œuvres vives et qu'on met à nu la vérité de ses sentiments. À Pierre de Gié elle ne saurait pardonner ce qu'elle considère, de la part d'un Breton surtout, comme une trahison.

Avec la mise à l'écart du maréchal, elle crut avoir gagné la partie. Les traités de Blois, signés le 22 septembre 1504, comportent en effet une clause précisant les conditions du mariage entre Claude et Charles. La fillette – sous réserve, comme toujours, qu'il ne lui naisse pas de frère – aurait pour dot Milan, Gênes, Asti, la Bretagne, le comté de Blois, le duché de Bourgogne, Auxerre et l'Auxerrois, Mâcon et Bar-sur-Seine : rien de moins ! Autant installer un ennemi au cœur du royaume.

Anne, triomphante, pousse son avantage, se fait concéder par le pape la collation des bénéfices en Bretagne, envoie dans son duché ses biens les plus précieux, prépare ostensiblement une partition rendue probable par la mort annoncée de Louis XII. Mais comme elle tient au prestige attaché au titre de reine de France, elle demande à faire, ce qu'elle avait toujours retardé jusqu'alors, son entrée solennelle dans Paris. Cette consécration valut à Louis XII un geste de la part de Maximilien : on lui conférait enfin l'investiture de Milan. Cadeau illusoire. Car à défaut d'héritiers mâles, était-il spécifié, le Milanais reviendrait après sa mort à sa fille Claude et au mari de celle-ci, le jeune Charles de Gand, pour être transmis à leurs descendants.

Louis XII eut peur, craignit soudain d'être pris au piège. Se croyant à nouveau mourant, il convoqua le cardinal Georges d'Amboise et le secrétaire d'État Robertet. Il leur confia sa volonté de voir Claude épouser François d'Angoulême dès qu'ils seraient en âge de le faire, il interdit qu'on laissât la fillette quitter le royaume avant son mariage et il nomma un conseil de régence à sa convenance. Mais la mort ne voulut pas encore de lui. Et guéri, contre toute attente, il eut cette fois l'énergie de mettre noir sur blanc sa décision, sous forme de lettres patentes, le 31 mai 1505.

La reine le menaça de s'en retourner chez sa mère, nous voulons dire dans sa chère Bretagne. Il la laissa faire, donnant à ce voyage, aux yeux du public, l'aspect d'un pèlerinage d'actions de grâces pour sa guérison. Quand elle fut lasse des acclamations, des louanges et des entrées triomphales, elle ne sut que faire. Elle hésitait, à l'affût des nouvelles, « bien résolue à ne remettre les pieds en France s'il fût mort ». Mais il se portait bien, ne bronchait pas. En juillet 1505, il rendit publique sa décision sur les noces de Claude et fit jurer à tous les gouverneurs militaires de respecter sa volonté, c'est-à-dire, en clair, d'empêcher Anne d'enlever sa fille. La reine sentit que sa crise de bouderie avait fait long feu et qu'elle ne gagnerait, à la prolonger, que du ridicule, comme le lui avait écrit non sans humour son mari. Elle revint, beaucoup moins arrogante, juste à temps pour apprendre la sentence, bien trop légère à son gré – amende et exil –, qui frappait le maréchal de Gié, dont Louis XII appliquait résolument la politique.

Elle n'y pouvait plus grand-chose. Louis, pour mettre fin à ses manigances et aussi pour se couvrir à l'égard de Maximilien, a trouvé le moyen de se faire lier les mains publiquement, grâce à une étonnante manipulation de l'opinion populaire. Des rumeurs hostiles à Charles de Gand, un inconnu, un étranger, commencent à circuler. Dans les marchés, les maisons, les églises, on entend des hommes « de tous les états » exprimer leur perplexité, leur réprobation, leurs souhaits. Ces braves gens pensent ce qu'ils disent, on peut en être sûr. Mais l'ampleur même du mouvement, au demeurant fort insolite, prouve qu'il a été organisé et orchestré, fort habilement. Lorsque Louis invite ses fidèles sujets à lui envoyer des délégués porteurs de leurs vœux, la cause est entendue : ces notables sollicitent de lui d'une seule voix, en une « libre démarche », le mariage de Madame Claude avec son cousin François, « qui est tout françois ». Ils vont au-devant de ses désirs, lui fournissent le meilleur appui qu'il pût trouver, celui de la France tout entière. De belles cérémonies, des flots d'éloquence enrobent leur demande, à laquelle le roi se fait un plaisir de satisfaire, pour complaire à son peuple, nonobstant l'engagement pris envers les Habsbourg, qui après tout ne consistait « qu'en paroles ». Et, *last, but not least*, la France tout entière, en cas de mort du roi, promettait, par la bouche de ses représentants, de faire respecter sa volonté : des millions d'yeux veilleraient à ne pas laisser enlever la petite fille.

Anne eut le déplaisir de voir les représentants bretons y souscrire comme les autres. Elle dut, le 21 du mois de mai 1506, participer aux côtés de toute la cour à la cérémonie des fiançailles, célébrées très officiellement par le légat pontifical, en attendant que les deux enfants aient l'âge de consommer leur union. Et le roi, aux joutes et tournois qui parachevèrent la fête, caracolait tout joyeux sur un puissant coursier. Il semblait sortir d'un bain de jouvence.

La comédie était finie.

La reine dut renoncer à remettre en cause une décision entourée de pareilles garanties légales. Tout au plus tenta-t-elle, lorsque lui naquit en 1510 une seconde fille, Renée, de reprendre pour celle-ci le projet qui avait échoué pour l'aînée. À défaut de Charles, le frère puîné de celui-ci, Ferdinand, pourrait peut-être s'accommoder de la cadette des filles de France. En vain. C'est au duc de Ferrare, Hippolyte d'Este, que sera finalement mariée, bien plus tard, Renée de France, qu'on retrouvera plus loin comme protectrice de la Réforme.

Louis XII contre Jules II

La lutte pour le mariage de Claude n'avait pas épuisé la combativité d'Anne de Bretagne, ni son désir de mener une politique autonome. Elle n'attendait qu'une occasion. Un conflit avec le Saint-Siège la lui fournit.

Elle était pieuse, d'une piété rigide, étroite, rigoriste, mais très vive. Elle approuva d'abord les ambitions italiennes de son époux qui, encouragé comme son prédécesseur par l'inévitable ermite calabrais François de Paule, faisait de l'implantation française dans la péninsule le premier pas vers la libération de la Terre Sainte. Bien que Milan, prise, perdue, reprise, fût un acquis fragile appelant consolidation, elle s'enthousiasma d'emblée pour une expédition en Méditerranée orientale, ouvrit ses coffres et fit armer, de ses deniers, une grosse caraque qu'elle fit nommer *La Cordelière*. L'ingouvernable bâtiment, trop lourd, mal construit, fut mis à mal par la tempête en mer Ionienne et eut la plus grande peine à regagner sa base de Brest ; il devait sombrer corps et biens dix ans plus tard sous les coups des Anglais, « ce dont la reine fut très marrie ».

Tout comme Charles VIII, Louis XII, après Milan, avait tourné les yeux vers Naples. La conquête, en 1501, par lieutenants interposés, se révéla d'une déconcertante facilité, mais engendra de multiples conflits, locaux puis généralisés, d'une extrême confusion, jusqu'au jour où surgit, élu en 1503, le pape Jules II, qui n'était pas un contemplatif. Aussi doué pour les affaires temporelles que pour les spirituelles, il entreprit, botté, casqué, à la tête des armées pontificales, de chasser d'Italie tous les trublions étrangers – il disait « les Barbares » – qui s'y égaillaient depuis des années et, au premier chef, le plus encombrant d'entre eux, son ancien protecteur le roi de France.

Les péripéties d'une lutte impitoyable qui, de renversements d'alliances en défections et en trahisons, mit à mal presque toute l'Italie, furent effroyables : ravage des campagnes, selon la tactique de la terre brûlée, massacre des défenseurs dans les villes qui ne se rendaient pas à la première sommation, batailles en forme de boucherie, où l'on ne faisait pas de quartier, pillages, violences, exactions de toutes sortes. Ce fut une guerre horrible, où les plus paisibles cédaient soudain à une ivresse sanguinaire, et dont le génie militaire et la mort héroïque de Gaston de Foix ne parviennent pas à masquer la désespérante inutilité.

Nul ne sait ce qu'en pensa Anne, dont la piété formaliste n'impliquait pas la charité envers l'ennemi, chose si rare. Mais elle prit très mal l'initiative de son époux lorsqu'il tenta, en 1510, d'attaquer sur son propre terrain le pape, âme de la Ligue antifrançaise.

Depuis toujours, le clergé français se montrait rétif à l'autorité pontificale, à laquelle il opposait celle des prélats de toute la chrétienté réunis en concile, seuls habilités à déterminer la politique de l'Église. Louis convoqua donc à Tours l'épiscopat du royaume et confia au cardinal de Saint-Malo le soin de dénoncer les « crimes » de Jules II. L'assemblée récusa à l'avance les sanctions que pourrait prendre contre elle ce pontife condottiere outrepassant ses attributions. Elle proposa, s'il refusait de transiger, la réunion d'un concile général. C'était là de la part de Louis XII une initiative inouïe, comme on n'en avait pas vu depuis Philippe le Bel ; imprudente aussi, car il n'avait derrière lui que son propre clergé. Il fut tiré de cette affaire mal engagée, en 1513, par la mort de Jules II et par la perte de toutes ses possessions en Italie. Le concile était privé de toute raison d'être.

Or dans ce conflit, il faut savoir qu'Anne de Bretagne ne l'avait pas suivi, avait tenté de faire cavalier seul. Elle pouvait certes invoquer ses scrupules de conscience, son effroi devant la perspective redoutable d'un schisme. Et elle avait bien le droit, en privé, de rappeler son époux à la sagesse. Mais elle ne s'en tint pas là et prit position publiquement contre lui. Elle interdit au clergé breton de s'associer à la démarche de l'Église gallicane. En marge de celle du roi, elle menait sa politique personnelle, entretenait une correspondance avec l'Espagne, un des belligérants adverses, contrariait la diplomatie française auprès du Saint-Siège, en faisant porter par un Savoyard, son dévoué Claude de Seyssel, évêque de Marseille, des offres de réconciliation. Qu'elle ait eu tort ou raison sur le fond, il était grave pour le prestige du royaume qu'elle fît entendre à côté de son mari une voix discordante. Elle se donnait des airs de souveraineté peu compatibles avec la fonction traditionnellement dévolue aux reines de France. Elle sera la dernière à le faire ouvertement.

La fin

Elle était plus jeune que son mari, elle semblait devoir lui survivre. Ce fut elle qui partit la première.

En janvier 1513, son dernier accouchement – encore un fils mort-né – l'avait laissée très affaiblie, rongée par une infection urinaire, minée d'une fièvre persistante. La gravelle, ou la pierre, comme on disait alors, avait pris chez elle un tour aigu. Elle souffrait beaucoup. Elle traîna douloureusement pendant toute l'année, se coucha au lendemain de Noël pour ne plus se relever. Elle se confessa, pardonna à ses ennemis, et fit même le sacrifice plus méritoire de confier ses filles à Louise de Savoie, la mère de François d'Angoulême, qu'elle acceptait ainsi pour gendre. Elle mourut à Blois le 9 janvier 1514, âgée de trente-huit ans seulement.

Louis la pleura abondamment, « si affligé que huit jours durant ne faisait que larmoyer », et il parlait d'aller la rejoindre au plus vite : « Devant que l'an soit passé, je serai avec elle et lui tiendrai compagnie. » Il lui fit faire des funérailles somptueuses dont le compte rendu, imprimé et largement diffusé, inspire à Brantôme tant d'admiration qu'il le reproduit in extenso dans son recueil des *Dames* : nous y renvoyons le lecteur amateur de pompes funéraires. Son corps rejoignit à Saint-Denis la sépulture préparée, qui sera violée à la Révolution. Son cœur en fut dissocié selon l'usage et on le déposa auprès du tombeau de son père, dans l'église des Carmes de Nantes. Ainsi ses restes furent-ils partagés, par-delà la mort, entre France et Bretagne.

Sur elle les historiens ont porté des jugements souvent sévères, parce que émis d'un point de vue national – « bonne Bretonne et mauvaise Française » – ou étroitement moral – cœur sec, dure, égoïste, intéressée. Mais les contemporains raisonnaient autrement et la comprenaient, à défaut de l'aimer toujours. Ni Charles VIII, ni Louis XII, à qui elle donna parfois bien du fil à retordre, ne lui en ont voulu et leur attachement pour elle n'en a pas souffert gravement.

Elle est restée, au fond, l'héritière farouche conquise à la force des armes dans le pillage de son duché. Elle a poursuivi, à travers deux mariages successifs, tous deux imposés par le vainqueur, deux objectifs parfois contradictoires, mais conformes à l'esprit féodal dont sa fierté était nourrie.

D'une part, elle aspire à s'élever par le mariage : seuls un empereur ou à défaut un roi lui semblent dignes de sa main. Mais d'autre part, et face aux maris qui l'avaient faite reine, elle garde la nostalgie de sa souveraineté perdue. Avec le second, se sentant plus forte, elle tente d'instaurer une sorte de dyarchie, un gouvernement à deux, dans lequel France et Bretagne agiraient de conserve, tout en préservant leur autonomie. De ce type d'association, l'Europe offrait alors un exemple illustre, celui des « Rois Catholiques », Ferdinand d'Aragon et Isabelle de Castille, partenaires équivalents menant en commun une politique harmonieuse dont leurs royaumes respectifs sortirent grandis. Hélas pour Anne, l'attelage France-Bretagne était trop inégal pour que ses velléités d'indépendance fussent autre chose que des barouds d'honneur. Louis XII le savait et s'en accommodait. La Bretagne était appelée à devenir française, de même d'ailleurs qu'Aragon et Castille allaient se fondre sous une autorité unique.

Anne est dans l'histoire de France la dernière de ces fiancées dont la main vaut une province : le royaume s'agrandira désormais par la conquête et les mariages seront prometteurs d'alliances plutôt que d'annexions territoriales. Une page est tournée, avec elle, dans la politique matrimoniale de la monarchie française.

CHAPITRE V

Une étoile filante venue d'Angleterre : Marie

Qu'attend donc Louis XII pour marier sa fille Claude avec François de Valois-Angoulême ? Depuis le temps qu'on retarde la cérémonie par égard pour Anne de Bretagne, ils ont grandi, sont largement nubiles selon la nature et selon la loi canonique : il a plus de dix-neuf ans, elle en a bientôt quinze. Qu'attend-il maintenant que rien ne le retient ?

La forte personnalité de la reine, son opposition vigoureuse à ce projet avaient peut-être, par réaction, renforcé la détermination de Louis XII. Plus d'obstacle, plus de volonté. Soudain, un grand vide. Il tergiverse.

Se défie-t-il du jeune François, impétueux, avide de plaisirs, dépensier, peu curieux des affaires de l'État ? Il lui fait la morale, au travers d'une anecdote en forme d'apologue : le clocher qu'un voyageur croit apercevoir tout proche, derrière la colline avoisinante, peut se révéler à l'expérience beaucoup plus éloigné que prévu. La marche vers le trône risque d'être longue. Mais des conseillers avisés, bien au fait de l'état de santé du roi et prévoyant une succession imminente, se chargent de chapitrer l'étourdi et de lui apprendre les rudiments du métier.

Au début de mai, Louis, ménageant ses effets, part pour Saint-Germain en se disant tout ragaillardi. Mais il douche les espoirs de ceux qui concluent que les noces de Claude et de François sont imminentes, en laissant courir des bruits alarmants sur une reprise des négociations avec les Habsbourg : ce n'est plus un, mais trois mariages, qui uniraient les deux filles de France avec les deux infants de Flandre, tandis que lui-même, leur propre père, veuf, épouserait la sœur de ces derniers. À tenir ainsi en suspens le destin de son gendre désigné, le roi éprouve à l'évidence un agréable sentiment de puissance.

Il se décida pourtant, avec brusquerie. La chancellerie annonça le 13 mai que la cérémonie aurait lieu le 18. Presque à la sauvette, quoi qu'ait pu en dire le mémorialiste Fleuranges, pour qui le faste est inséparable de la royauté. La cour portait encore le deuil d'Anne de Bretagne : un bon motif, avec la brièveté des délais, pour réduire le nombre des invitations. La famille royale était en noir, ainsi que tous les assistants, bien que les usages permissent qu'on fît exceptionnellement, pour la circonstance, usage de couleurs. « Pas l'ombre de drap d'or ou de soie, de satin, ni de velours. » Pas de musique, pas de tournoi. Après la messe, un simple dîner et ce fut tout. En somme, un mariage qui ne tirait pas à conséquence et ne méritait pas qu'on fît jouer les grandes orgues. Louis XII, qui savait être fastueux à l'occasion, marquait ainsi qu'il était encore solide sur son trône. Et il ne renonçait à aucune de ses prérogatives : lorsque François lui réclama, conformément au fameux contrat signé en 1506, l'administration de la Bretagne, il se fit vertement rabrouer.

C'est que Louis songeait à se remarier. Deux sortes de raisons l'y poussaient, les unes d'ordre privé, les autres d'ordre politique.

Une nouvelle épouse pour Louis XII

Les torrents de larmes versés sur le cercueil d'Anne de Bretagne n'avaient pas empêché l'idée de faire son chemin dans l'esprit du roi : et s'il se remariait ? Avec une jeune et saine princesse en état de procréer de beaux enfants ? Il avait eu Anne en second lieu, déjà usée par six maternités à demi ratées. Lui, toujours fringant, s'était montré capable de la féconder tout récemment encore. La responsable de leurs déceptions, c'était elle, sa santé fragile, son âge relativement avancé pour être mère. Mais les années ne comptent point en ce domaine pour un homme : témoin son propre père, Charles d'Orléans, qui avait entre soixante-trois et soixante-dix ans lors de la naissance de ses trois enfants.

La situation politique l'y incitait également. Les membres de la Sainte Ligue, unis contre lui, n'avaient pas tardé, après l'avoir chassé d'Italie, à tirer à hue et à dia au gré de leurs intérêts propres. La main du roi de France constituait une offre flatteuse, à mettre en balance dans le traité qu'on pourrait signer avec l'un des ennemis de la veille.

Ils étaient deux, ces ennemis – du moins deux principaux –, Espagne et Angleterre. Et ils avaient chacun, par un heureux hasard, deux princesses à marier. Des jouvencelles et des moins jeunes, des pucelles et des veuves. Les plus âgées n'avaient aucune chance. Ni Marguerite, sœur aînée du roi d'Angleterre, veuve de Jacques IV d'Écosse, ni l'autre Marguerite, d'Autriche celle-là, l'ancienne « petite reine » de Charles VIII, qui avait perdu tour à tour depuis un époux espagnol et un savoyard, ne convenaient au roi convoiteux de chair fraîche, dans son grand désir d'enfant. Restaient sur les rangs l'archiduchesse Éléonore et la princesse Marie, la jeune sœur du souverain anglais. Entre elles deux, les aléas de la politique firent la décision.

L'alliance entre l'Angleterre et l'Autriche avait été sanctionnée, en décembre 1508, par un projet d'union entre la petite Marie et l'inévitable Charles de Gand, celui même que convoitait Anne de Bretagne pour l'une de ses filles. Mariage par procuration, dûment validé par un engagement officiel, mais qui ne devait prendre effet, selon l'usage, que lorsque les époux atteindraient l'âge requis. Rien ne pressait : si elle avait treize ans, lui n'en avait que huit.

Mais avec le temps, les relations entre les deux pays s'envenimaient. Les Anglais, appuyés sur leur tête de pont de Calais, se mirent en campagne en Artois et en Picardie au cours de l'été de 1513 et y remportèrent des succès, s'emparant notamment, à la bataille de Guinegatte, de quelques prisonniers français de grand prix. Ils furent donc très mécontents d'apprendre que les Austro-Espagnols avaient traité séparément avec la France, moyennant l'abandon implicite de l'Italie. N'était-ce pas le moment de les faire basculer de notre côté ? Et dans ce cas, il fallait souffler la princesse à son fiancé flamand.

À Londres, les prisonniers de haut lignage furent admis dans la familiarité de Henri VIII. Dunois, duc de Longueville, fit sa conquête. On festoyait. On jouait gros jeu, au point que le prisonnier ne désespérait pas d'y faire des gains suffisants pour payer sa rançon. Des ambassadeurs français allaient et venaient. Officiellement chargés de négocier la libération des captifs, ils traitaient en secret du renversement des alliances, réglant l'un après l'autre les points en litige. Sans aller jusqu'à voir en Louis XII, comme l'auteur de la *Vie de Bayard*, un « pélican » qui se sacrifiait pour mettre fin à une guerre « qu'il n'eût pu soutenir sans fouler grandement son peuple », on peut penser que la perspective d'une réconciliation franco-britannique pesa lourd dans sa résolution.

Le 30 juillet 1514, au château royal de Wansthead, Henri VIII dénonçait officiellement l'engagement liant sa sœur à Charles de Gand et, le 7 août, il signait avec Dunois le contrat qui l'accordait à Louis XII. La paix fut proclamée discrètement à Londres le 11 et le mariage par procuration eut lieu à Greenwich le 13. Le duc de Longueville y représentait le roi. On relut le contrat, Marie le signa, elle reçut un anneau qu'elle plaça au quatrième doigt de sa main droite. Après la messe, le cortège chamarré d'or se rendit dans la chambre nuptiale. Selon une procédure que nous connaissons, Marie fut mise dans un lit où Longueville, au nom de son maître, la toucha de sa jambe dénudée. Elle était reine de France.

Les marchandages précédant les noces avaient été laborieux. Henri VIII avait un talent très particulier pour faire argent de tout. Faute d'obtenir en échange de la paix, comme il le demandait d'abord, un million et demi de ducats, plus Thérouanne, Boulogne et Saint-Quentin, il avait proposé son autre sœur, la veuve de Jacques IV d'Écosse, et n'avait consenti à lâcher Marie qu'au prix d'arrangements financiers avantageux. En digne précurseur d'Harpagon, il la livra sans dot, bien que le testament de leur père en eût prévu expressément une pour elle, et il se débrouilla pour que le trousseau et les meubles qu'il ne pouvait pas se dispenser de lui donner, pour des raisons de prestige, fussent considérés comme tels, et donc récupérables au besoin.

En envoyant sa sœur à Louis XII, il savait qu'il lui faisait un très périlleux cadeau.

« Plus folle que reine »

« Plus folle que reine », telle est la devise qui accompagne son portrait dans le *Recueil* de Mme de Boisy. Non qu'elle fût mauvaise femme. Mais, comme son frère Henri VIII, elle était sans défense contre ses passions.

Tous deux sont issus de parents au destin shakespearien, qui seront les protagonistes de la plus noire des tragédies du peu tendre dramaturge : celle de l'abominable et grandiose *Richard III*. Leur mère, Élisabeth d'York, fille d'Édouard IV, sœur des deux malheureux enfants mis à mort dans la Tour de Londres, promise à Richard dans des circonstances dramatiques, avait finalement épousé son vainqueur, le comte de Richmond devenu Henri VII. Des hommes féroces, en face d'eux des femmes passives, terrorisées et parfois fascinées : telle est la famille dont sort Marie.

Elle n'était qu'une enfant délicate et fragile quand on la fiança à Charles de Gand. Elle se laissa faire avec complaisance, fut ravie de montrer ses talents de société lorsque le père du promis vint à Londres en 1505, se raconta tout un roman autour d'un portrait de l'infant. Dix fois par jour, elle l'invoquait, dit-on, en lui reprochant son absence : quand son prince charmant viendrait-il enfin la chercher ? Sa vie n'en fut pas changée pour autant. Elle grandissait, forcissait, embellissait à vue d'œil.

Elle était peu intelligente et avait été mal élevée. Bien sûr, on lui avait appris à chanter, à danser, à jouer du luth et du clavecin et à soutenir une conversation. Et dans ces domaines frivoles, elle fut une assez bonne élève. Mais son instruction ne fut pas poussée davantage et, bien qu'on parlât usuellement le français à la cour de Henri VIII, elle n'apprit pas notre langue avant que la nécessité ne s'en fît sentir. Et surtout, on ne l'avait nullement préparée à ses devoirs de reine. Une piété toute de convenance ne contrariait en rien ses penchants naturels.

Elle avait perdu père et mère très tôt. Son frère, Henri VIII, était monté sur le trône à dix-huit ans, en 1509. Dans une cour fort dissolue qui suivait allégrement l'exemple donné par le souverain, elle montra vite des dispositions pour tous les plaisirs, qu'aucun effort éducatif ne vint contrarier. Sa gouvernante française, Jane Popincourt, maîtresse du duc de Longueville, avait une réputation si détestable que Louis XII refusa de la laisser rentrer en France : c'est un bûcher de sorcière qu'il lui faudrait, s'écria-t-il. Née le 18 mars 1495, Marie avait trois ans de moins que Henri. Séduisante, enjouée, coquette, « rien mélancolique, toute récréative », elle n'était pas la dernière à rire et déjà on la devinait de « si amoureuse nature » que certains jugeaient imprudent de l'unir à Charles de Gand, bien trop jeune et qui avait plus besoin, dans l'immédiat, « d'une mère que d'une femme ». Le prétendant qu'on préféra risquait, pour des raisons similaires, d'être bien trop vieux.

Chose plus grave encore, le cœur de Marie était pris.

Elle s'était amourachée d'un sulfureux don Juan qui jouissait de la faveur de son frère. Charles Brandon, alias de Lisle, que le roi fit duc de Suffolk lorsque le titre en fut retiré au précédent détenteur, coupable de trahison, était issu de moyenne noblesse. Fils d'un gentilhomme qui avait payé de sa vie sa fidélité à celui qui devint Henri VII, il fut élevé aux côtés du futur Henri VIII. Les fonctions qu'il occupa à la tête de la vénerie l'aidèrent à se hisser au premier rang. De sombres histoires de femmes l'auréolaient d'une aura romanesque. Il avait fait un enfant à l'une et en avait épousé une autre, dont il avait dû divorcer pour revenir à la première. Celle-ci était encore en vie lorsqu'il s'était permis, lors d'une ambassade à Malines, de courtiser la duchesse de Savoie, Marguerite d'Autriche, qui l'avait vertement remis à sa place. Ambitieux et retors, il n'avait pas tardé à s'apercevoir qu'il plaisait à la jeune princesse et il conçut l'audacieux projet de l'épouser.

Quand lui tomba-t-elle dans les bras ? Elle tenait assez à lui, en tout cas, pour en avoir fait part à son frère qui, afin de la convaincre d'accepter Louis XII, dut négocier avec elle. L'âge du royal prétendant lui promettait un veuvage rapide : après un bref purgatoire, elle serait libre de convoler avec son bien-aimé. Elle aurait entre-temps tiré plaisir et profit d'un séjour à la cour de France que Henri VIII lui dépeignit comme un lieu de délices, auprès d'un roi certes âgé et malade, mais d'une somptueuse libéralité, qui la couvrirait de cadeaux si elle savait s'y prendre. La réception d'un trousseau à la mode française accompagné d'un merveilleux diamant acheva de convaincre la coquette Marie, qui eut le bon esprit cependant de trouver le mot qu'il fallait : « La volonté de Dieu me suffit », déclara-t-elle en s'inclinant.

Elle avait fait assez de progrès en français – ou se procura l'aide requise – pour adresser à son fiancé une petite lettre bien tournée, où elle lui disait sa joie et l'invitait à lui « mander et commander [ses] bons et agréables plaisirs, pour [lui] obéir et complaire ». Elle signait : « Votre bien humble compagne, Marie. »

Mais, incapable de se séparer de son cher Suffolk, elle avait ménagé sa venue en France. Il était désormais trop grand personnage pour faire partie de l'escorte qui la cornaquerait jusqu'au bout. Il fut entendu qu'il la rejoindrait peu après, avec mission d'ambassadeur, pour mettre au point les détails de la nouvelle alliance franco-anglaise.

Les « amoureuses noces »

Le voyage vers la France fut mouvementé.

Elle quitta Londres pour Douvres en grand équipage, accompagnée par le roi, suivi de quatre des principaux lords, de cent barons et chevaliers et de deux cents gentilshommes. Le temps était déjà gros lorsqu'elle s'embarqua. Une violente tempête d'équinoxe se déchaîna, dispersant la flotte, envoyant par le fond quelques vaisseaux. Les rescapés abordèrent où ils purent. Le bâtiment qui la portait parvint à gagner Boulogne, non sans peine, et il fallut pour amener Marie sur la terre ferme qu'un gentilhomme entrât dans l'eau jusqu'à mi-cuisses et la portât dans ses bras. Débarquement romanesque, mais éprouvant. Elle était trempée, ses vêtements éclaboussés d'écume et d'embruns. Et bien sûr, son mari n'était pas au rendez-vous. On était le 2 octobre.

Elle arriva le 8 à Abbeville, où l'attendait Louis XII. Les intempéries étaient si fortes qu'il ne put aller à sa rencontre plus avant que dans les faubourgs. Aussitôt qu'il l'aperçut, il s'avança vers la jeune femme, jeta un bras autour de son cou et l'embrassa aussi bonnement que s'il avait eu vingt-cinq ans. Ils échangèrent quelques mots et la cavalcade repartit en direction de la ville, les nouveaux époux chevauchant de conserve, sous la pluie, au milieu des acclamations et des cris. Dans le sillage de la nouvelle reine, on pouvait voir l'héritier désigné, François, partagé entre la mauvaise humeur et l'admiration.

Elle était fort belle en effet, malgré sa pâleur et sa fatigue. Petite pour une Tudor, mais bien proportionnée, blonde à la peau translucide, à la chair pleine mais point encore enflée de graisse, elle rayonnait de l'éclat de ses dix-neuf ans, souriante, épanouie. La vue de Louis XII ne réussit pas à éteindre sa gaieté naturelle. Il lui parut pire même que ce qu'elle supposait – « antique et débile » –, mais cela n'était peut-être pas pour lui déplaire, à plus longue échéance. Elle lui fit bonne figure, en tout cas, et lors du souper égayé de danses et de musique, l'ambassadeur vénitien, conquis, s'exclama : « *She is a paradise.* »

De l'autre côté de la rivière, les feux de joie allumés en son honneur s'étaient étendus aux maisons de bois. Tout un quartier d'Abbeville brûlait. Mais ni le bruit, ni l'odeur ne dérangèrent la belle ordonnance du festin.

C'est par les jardins que la procession nuptiale quitta la demeure de la future reine au matin du lundi 9 octobre. Des chevaliers, des trompettes, des musiciens de toutes sortes précédaient Marie, coiffée à l'anglaise, en robe de brocart ourlée d'hermine. Elle était suivie de ses gentilshommes en grand apparat : une traînée d'or mouvant. « Elle ne venait point en dame de petite étoffe », la sœur du roi d'Angleterre ! Le cortège défila entre les Scots Guards et les archers royaux et pénétra dans la grande nef qu'éclairaient des vitraux représentant la vie de saint Vulfran, patron du lieu. Le roi attendait, assis sur une chaise près de l'autel : or et hermine, lui aussi.

Il enleva son bonnet, elle s'inclina, ils s'embrassèrent. Il lui mit au cou une chaîne ornée d'un gros diamant en pointe et d'un rubis de deux pouces de long, sans un seul défaut. Le dauphin assistait le roi, Madame Claude assistait Marie, dolente, avec « un merveilleusement grand regret, car il n'y avait guères que la reine sa mère était morte, et fallait à cette heure qu'elle servît celle-ci », selon la coutume. Le cardinal de Bayeux officiait. Il les maria, puis il dit la messe, partagea une hostie en deux, pour la communion, et en donna à chacun une moitié. Le roi baisa la sienne avant de l'avaler, puis embrassa sa femme une fois de plus : il y prenait goût, visiblement.

Marie regagna ensuite ses appartements pour dîner avec les princesses françaises. Au grand bal du soir, tous rivalisaient de splendeur. On reconnaissait les Anglais à leur chaîne d'or. La reine avait fait arranger ses cheveux à la française, cette fois, et l'on discuta pour savoir quelle coiffure lui seyait le mieux. Louis XII la serrait de près. Il lui promit qu'ils iraient ensemble à Venise. À vrai dire, il s'agissait plutôt d'expédition militaire que de voyage de noces. Henri VIII avait un vieux compte à régler avec la République Sérénissime et il est possible que Marie ait suggéré cette destination sur son ordre.

La nuit venue, ils se couchèrent et, le lendemain 10 octobre, le roi éclatait d'un contentement jovial, se vantant d'avoir « fait merveilles ». Mais chez un homme âgé et malade, les exploits amoureux se paient : il eut aussitôt une crise de goutte. Quant à l'opinion de Marie sur sa nuit de noces, elle resta, comme il se doit, enveloppée de silence.

On n'attendait plus que le départ des Anglais, dont l'entretien coûtait cher. Ils furent congédiés par le Conseil avec tous les honneurs dus à leur rang et la suite de la reine fut réduite, comme prévu par le contrat, à deux douzaines de personnes, hommes et femmes, y compris le médecin et l'aumônier.

Le renvoi de la gouvernante qui dirigeait la maison de Marie, lady Guildford, donna lieu à un échange de lettres vaudevillesques entre les deux rois. Marie pleura, réclama celle qu'elle nommait familièrement « maman Guildford », écrivit à son frère pour se plaindre. Le ministre britannique, Wolsey, se chargea de répondre pour son maître : « Marie sait mal le français, que Guildford parle à la perfection. Elle est jeune et elle a besoin de conseils. Si elle n'a quelqu'un à qui se confier, elle risque de tomber malade. » Suivaient un éloge enthousiaste de la dame et des menaces voilées. Louis XII prit très mal cette intrusion dans sa vie conjugale, qui avait un fâcheux parfum d'espionnage : la gouvernante ne lâchait pas sa pupille d'une semelle, écoutait en tiers toutes les conversations et commençait à commérer parmi les dames de la cour. Il répliqua, furieux, qu'ils étaient, sa femme et lui, en âge de se conduire et n'avaient pas besoin de domestiques pour les guider : s'il lui fallait des conseils, il était bien capable de les lui donner. Et, maladroitement, il montre où le bât le blesse. La présence de la duègne chaperon le paralyse. Il va jusqu'à dire qu'il préférerait se séparer de Marie plutôt que de la supporter. Assurément nul n'aime mieux sa femme que lui, mais il est malade et il lui faut, pour se montrer « joyeux compagnon » avec elle, un climat d'intimité complice. On imagine l'hilarité que provoqua chez le truculent Henri VIII la lecture de cette piteuse épître !

Marie fit-elle en français des progrès miraculeux ? Au bout de trois semaines, ragaillardie plutôt par l'éclat des fêtes, danses et momeries dont elle est l'ornement ou assurée désormais que l'épreuve serait de courte durée, elle écrivit à Wolsey qu'elle pouvait se passer des services de la bonne dame. Celle-ci, qui, à Boulogne, attendait impatiemment son rappel, dut regagner Londres l'oreille basse.

Un nouvel échange de lettres nous montre Louis XII confiant dans ses espoirs de paternité, tandis que Henri VIII, prévoyant des incidents, émet le vœu que l'humeur folâtre de sa sœur ne l'empêche pas d'être telle que son époux peut la souhaiter et de « faire toutes choses qui [lui] peuvent venir à gré, plaisir ou contentement ».

Les fêtes avaient recommencé lors du retour de la cour à Paris. Le 5 novembre, Marie fut couronnée à Saint-Denis, avec toute la pompe requise. Ce fut au dauphin François qu'incomba le soin de soutenir sur sa tête la trop pesante couronne. Puis elle fit à Paris sa grande entrée solennelle, en litière, parée comme une châsse, ruisselante de joyaux. Et tandis que la fontaine du Ponceau déversait son eau d'un côté sur un lis, de l'autre sur une rose, les chansonniers affidés célébraient la nouvelle reine, messagère de paix :

Notre Dame bien soit venue en France :
Par toi vivons en plaisir et en joie,
François, Anglois vivent en leur plaisance :
Louange à Dieu du bien qu'il nous envoie.

Comme la paix entre Dieu et les hommes
Par le moyen de la Vierge Marie
Fut jadis faite, ainsi à présent sommes,
Bourgeois françois, déchargés de nos sommes[1],

Car Marie avec nous se marie.

1. Charges, soucis.

La cérémonie de l'après-midi à Notre-Dame fut suivie d'un souper où les cuisiniers se surpassèrent. On y servit un phénix qui battit des ailes jusqu'à ce que le feu l'eût consumé, le combat d'un coq et d'un lièvre et autres chefs-d'œuvre d'architecture gastronomique. Et les portes se refermèrent – à moitié seulement – sur les secrets de l'alcôve royale.

Un couple très surveillé

Louis XII dépérissait à vue d'œil. Non seulement il forçait la nature dans l'espoir d'avoir un fils, mais ses habitudes de vie se trouvaient bouleversées. « Où il soûlait[1] dîner à huit heures convenait qu'il dînât à midi, où il soûlait se coucher à six heures du soir souvent se couchait à minuit. » À ce régime, il tombe rapidement malade. Marie reste à son chevet, chante et joue du luth pour le distraire. Il déverse sur elle des flots de bijoux. Aux ambassadeurs anglais, inquiets, elle affirme qu'il en use avec elle autant qu'il est possible à un homme d'en user avec une femme. Mais on commence à s'interroger et les clercs de la basoche disent tout haut ce que les autres pensent tout bas : « Que le roi d'Angleterre lui avait envoyé une haquenée[2] pour le porter bientôt et plus doucement en enfer ou en paradis. »

Or il y avait dans l'entourage des gens directement concernés par l'état de santé du roi. Au premier chef, François d'Angoulême, héritier présomptif du trône, menacé de se voir écarté par la naissance d'un fils. D'un naturel optimiste, il tente de prendre les choses du bon côté. Au premier bruit d'un remariage possible de Louis XII, il avait dit avec philosophie : « Après tout, j'admets que le roi fasse la folie de se remarier, mais il vivra peu. Qu'il ait un fils, ce fils sera un enfant, il faudra un régent et, d'après l'ordre du royaume, le régent, c'est moi. » Désormais, devant l'état du malheureux, l'éventualité d'une naissance lui paraît de plus en plus improbable : « Je suis plus

1. Avait l'habitude de…
2. Jument de selle, pour le voyage.

joyeux et plus aise que je ne fus passé[1] vingt ans ; car je suis sûr (ou on m'a bien fort menti) qu'il est impossible que le roi et la reine puissent avoir enfants. »

La vue de la charmante Marie contribuait visiblement à cette bonne humeur. Elle a dix-neuf ans, il en a vingt. Elle fait « très bonne chère »[2] à ce « jeune prince beau et agréable » qu'elle se plaît à appeler « Monsieur mon beau-fils », comme époux de sa belle-fille Claude. Lui, ravi, papillonne autour d'elle, tant et si bien qu'un gentilhomme de sa suite crut devoir lui faire la morale :

« Comment, Pâque-Dieu ! (car tel était son jurement) que voulez-vous faire ? Ne voyez-vous pas que cette femme, qui est fine et caute[3], vous veut attirer à elle afin que vous l'engrossiez ? Et, si elle vient à avoir un fils, vous voilà encore comte simple d'Angoulême et jamais roi de France, comme vous espérez. Le roi son mari est vieux et meshuy[4] ne lui peut faire enfants. Vous l'irez toucher, et vous vous approcherez si bien d'elle, que vous qui êtes jeune et chaud, elle de même, Pâque-Dieu ! elle prendra comme à glu ; elle fera un enfant, et vous voilà bien ! Après vous pourrez bien dire : "Adieu ma part du royaume de France." Par quoi, songez-y. »

Devant les réticences de l'intéressé, le fidèle serviteur, craignant de manquer d'autorité, avertit sa mère, la redoutable Louise de Savoie, « qui l'en réprimanda et tança si bien qu'il n'y retourna plus ». Et pour plus de sûreté, elle fit surveiller étroitement la reine par une escouade de princesses et de filles d'honneur, qui avaient ordre de ne la quitter de l'œil ni jour ni nuit, sauf lorsqu'elle était en compagnie du roi.

Car elle avait découvert, entre-temps, un autre danger.

Le duc de Suffolk avait débarqué à Boulogne dès le 20 octobre et il avait rejoint le cortège royal à Beauvais le 25. Dans un grand assaut de courbettes et de compliments, il remit à la jeune femme un message de son frère. Elle fut parfaite de dignité. « Il n'y eut jamais reine de France pour se conduire de façon si

1. Depuis.
2. Très bon visage.
3. Rusée.
4. Désormais.

honorable et si sage », put-il écrire dans sa première dépêche. « Le roi est très attentionné » et elle est si complaisante avec lui que Henri VIII a tout lieu d'être rassuré.

On s'aperçut vite, cependant, que l'ambassadeur britannique « ne voulait point de mal à la sœur de son maître » – c'est une litote. Devant elle il tint à briller dans les joutes et tournois qui, à partir du lundi 13 novembre, animèrent jusqu'à la fin de la semaine l'arène édifiée rue Saint-Antoine. Sous les yeux du roi malade, qu'on dut amener en litière, et de Marie resplendissante, Français et Anglais s'affrontèrent en une compétition où l'orgueil national se doublait, chez le dauphin d'Angoulême et chez Suffolk, d'une secrète rivalité de mâles. Le sort des armes fut divers, mais Louis, par égard pour ses hôtes ou pour faire plaisir à sa femme, dit que les Anglais avaient été meilleurs et François, boudeur, alla se consoler auprès d'une de ses nombreuses maîtresses. Ce fut la fin des festivités. Mais l'Anglais resta, pour traiter de politique.

« Jamais femme habile ne mourut sans héritiers », dit un proverbe que rapporte Brantôme. Faut-il prêter à Marie, comme on le fit du côté français, le dessein très concerté de se faire faire un enfant par un tiers, à défaut du roi, pour s'assurer après la mort de celui-ci l'enviable statut de reine mère et de régente ? Il semble bien, d'après la correspondance conservée en Angleterre, que ce soit lui supposer un machiavélisme très étranger à sa nature et à ses capacités. Elle n'avait ni assez d'ambition pour concevoir un tel projet, ni assez de cervelle pour en peser les tenants et aboutissants. Elle n'avait qu'une idée en tête : épouser son cher Suffolk. Et celui-ci était bien capable de comprendre qu'une naissance compromettrait à jamais ses chances. Les craintes de Louise de Savoie étaient vaines.

Lorsque Suffolk repartit à la mi-décembre, porteur d'un projet d'alliance contre l'Espagne, on savait l'échéance proche. Le roi ne quittait pas le lit, brûlé de fièvre, amaigri par la dysenterie. La dernière lettre que le malheureux écrivit à Henri VIII est un hymne aux vertus de Marie. Elle n'était pourtant pas à ses côtés quand il mourut : elle était allée se coucher, comme de coutume. Tout au long de la journée du 1er janvier, dans le château des Tournelles où il s'était fait transporter pour fuir le Louvre glacial, il lutta contre la mort, « faisant force mines » et s'agitant beaucoup. Il expira le soir, vers minuit. « Dehors il faisait le plus horrible temps que jamais on vit. »

Il avait été bon prophète. Moins d'un an plus tard, à quelques jours près, il rejoignait l'épouse qu'il avait tant pleurée et si vite remplacée. C'est aux côtés d'Anne de Bretagne, celle qui avait porté ses enfants, qu'il fut enterré à Saint-Denis, selon ses volontés. Le monument qu'il avait commandé à Jean Juste ne sera installé sur leurs tombes qu'en 1531 et il sera violé, comme les autres sépultures royales, à la Révolution. Mais pour la postérité, Louis XII désormais resterait l'époux, *in aeternum*, d'Anne de Bretagne. L'intermède anglais était clos.

Le sort de Marie

Est-il exact que le moribond ait murmuré à l'oreille de Marie : « Mignonne, je vous donne ma mort pour vos étrennes » ? Et si oui, comment l'entendait-il ? On ne sait. Les chroniqueurs eux, saluèrent la « belle étrenne » échue à François d'Angoulême et les esprits superstitieux épris de coïncidences notèrent qu'il avait perdu son père un 1er janvier et devenait roi un 1er janvier : rencontres de bon augure, disait-on, pour un règne qui s'annonçait brillant.

Roi, c'était vite dit. Encore fallait-il être certain que Marie n'était pas enceinte d'un fils posthume, à qui reviendrait la couronne.

Elle s'était évanouie quand on lui avait annoncé la mort, pourtant prévisible, de son époux. Chagrin ou joie, affolement devant les difficultés qui l'attendaient, ou plus simplement réaction nerveuse ? Elle fut condamnée, comme toutes les veuves royales, à une claustration de six semaines dans sa chambre à la seule lueur des chandelles et la supporta très mal. Elle avait horreur du silence, de la solitude et l'obscurité lui faisait peur. L'avenir lui semblait gros de menaces. Elle broyait du noir. Suffolk était reparti, en quête de nouvelles instructions. Elle se sentait abandonnée.

Dans ces conditions, il est peu vraisemblable, en dépit du récit de Brantôme, qu'elle ait cherché à se faire passer pour grosse en se rembourrant la taille avec des coussins : une supercherie qu'aurait découverte et dénoncée Louise de Savoie. Car d'autres témoignages la montrent au contraire rassurant très vite François Ier, qui venait aux nouvelles sous prétexte de la distraire : « Elle ne savait autre roi que lui, car elle ne pensait avoir fruit au ventre qui l'en pût empêcher. » Et l'intéressé poussa un grand soupir de soulagement.

Restait à régler l'avenir de la jeune femme.

À dix-neuf ans, sœur du roi d'Angleterre et veuve de celui de France, elle était monnayable à haut prix sur le marché du mariage. Mais qui, des deux pays, en aurait l'initiative et en tirerait le bénéfice ? François Ier voudrait la garder, le temps de négocier lui-même son avenir. Henri VIII la réclame, mais des considérations financières viennent interférer : il ne veut pas la voir rentrer sans l'or et les bijoux dont Louis XII l'a couverte. Il l'invite donc à temporiser. Lorsqu'elle lui écrit, dès le lendemain de son veuvage, en lui rappelant sa promesse de la laisser épouser Suffolk, il lui fait donner par Wolsey des conseils de patience et de prudence : attendre, ne rien faire, ne rien dire sans son assentiment et surtout refuser toute proposition de mariage. Elle était autorisée seulement à faire du charme auprès du nouveau roi pour se concilier ses bonnes grâces : mais l'arme se révélera à double tranchant.

L'aristocratie anglaise n'était pas unanimement ravie à l'idée de voir ce parvenu de Suffolk devenir le beau-frère du souverain. On tenta de détourner de lui Marie. Elle vit débarquer un moine, frère Langley, qui la mit en garde contre le duc trop fraîchement promu, accusé de pactiser avec le diable. Elle était trop amoureuse pour croire à ces racontars. Elle ne fit qu'en rire et y vit la confirmation qu'à Londres le roi avait parlé de ce mariage puisqu'on tentait d'y faire obstacle. Elle en conçut bon espoir, reprit confiance. Lorsque François Ier lui proposa de rester en France, avec un douaire très confortable – Blois – ou d'épouser à son choix le duc de Savoie ou le duc de Lorraine, elle refusa donc.

Mais un autre moine vint appuyer les dires du premier. Les jours passaient. Les négociations franco-anglaises traînaient. La malheureuse, enfermée dans ses appartements tendus de noir, s'exaspérait d'attendre, sans rien savoir, d'autant plus découragée qu'elle avait vu l'issue toute proche. Si l'on en croit la correspondance qu'elle et Suffolk échangèrent plus tard avec Wolsey et qui est conservée à Londres, François Ier se fit un malin plaisir de lui communiquer le bruit qui courait : mécontent de ses pourparlers avec la France, son frère envisageait de l'offrir à nouveau à Charles de Gand, dont l'alliance lui apparaissait plus prometteuse ; il n'attendait que son retour en Angleterre pour la lui donner. Elle sanglotait, suppliait son frère dans des lettres éplorées, lui rappelait le marché conclu : « Sire, Votre Grâce sait bien que je me suis mariée selon votre bon plaisir cette fois-ci, mais maintenant je compte bien que vous me laisserez me marier comme il me plaît. » Et elle disait – fallait-il qu'elle fût désespérée ! – qu'elle préférait un couvent à toute autre union.

François venait la voir souvent, il lui montrait de la sympathie. Affolée, implorant son aide, elle finit par se livrer entièrement à lui, lui raconta l'histoire de ses amours, lui parla des promesses de son frère, alla même jusqu'à lui confier la clef du code épistolaire secret. Il vit aussitôt le parti qu'il pouvait tirer de cette affaire. L'aider à épouser un simple gentilhomme anglais, c'était pour la France la solution idéale. Elle ne risquerait pas de se faire auprès d'un puissant époux étranger le porte-parole des intérêts britanniques. Il promit de bonne grâce un secours qu'il était très disposé à lui fournir. Et d'autre part, les confidences de Marie lui donnaient barre sur Suffolk, qu'on attendait d'un instant à l'autre pour parler politique.

Précisément, l'ambassadeur, tout juste débarqué, se portait à la rencontre de François Ier, en route pour se faire sacrer à Reims. Il n'avait pas encore revu Marie, ignorait qu'elle avait parlé. Il fut pris de court. L'entrevue très conventionnelle où il remercia officiellement le roi de France de ce qu'il faisait pour la veuve de son prédécesseur fut suivie d'un entretien privé d'une tout autre teneur. François, très direct, révèle à l'Anglais qu'il sait tout, même la clef du chiffre, et promet aux amoureux une aide inespérée. La contrepartie – car il y en avait une, bien sûr –, c'était sa complaisance dans les négociations qui allaient s'ouvrir.

Le dimanche suivant Suffolk arriva à Paris et Marie se jeta dans ses bras, en larmes : « Jamais je ne vis femme pleurer autant », écrira-t-il à Londres pour se disculper. Car, persuadée que son frère la destine à Charles de Gand, elle exige de son amant qu'il l'épouse « tout de suite ». S'il parle d'attendre le consentement de son maître, elle se fâche, tempête, menace de ne plus le revoir. Il lui promet qu'ils se marieront avant de rentrer en Angleterre, mais essaie de gagner du temps. Elle lui accorde en tout et pour tout un délai de quatre jours !

Cependant François Ier, de retour de Reims où il vient d'être sacré, fait son entrée à Paris le 13 février. Marie y assiste. Le roi redouble d'attentions pour elle. Louise de Savoie flatte et cajole Suffolk, tandis que François met les points sur les *i* avec lui : « Je ne voudrais point que quelque chose se fît là où je pusse avoir honte, ni le roi d'Angleterre mon frère, avec lequel je veux garder [...] alliance et amitié. [...] Et pour ce je vous prie que ne fassiez chose qui ne soit à mon honneur ; et s'il y avait quelques promesses entre vous et la reine, faites tant que votre maître, duquel vous êtes bien aimé, m'en écrive, et en serai fort bien content. Mais autrement, gardez-vous sur votre vie que ne fassiez chose qui ne soit à faire : car si j'en fusse averti, je vous ferais le plus marri homme du monde. » Pas de mariage donc, sans l'aveu de Henri VIII. Les apparences sont sauves.

Que se passa-t-il au juste pendant le mois qui suivit ? François Ier l'ignora-t-il ou choisit-il de fermer les yeux ? Marie tourmentait sans relâche son amant : « Puisque les deux rois sont d'accord, pourquoi attendre ? » Le carême approchait, pendant lequel on s'abstenait de célébrer des mariages. Le leur eut lieu secrètement, dit-on, sans doute dans la chapelle de l'Hôtel de Cluny, mais on n'en connaît pas la date exacte – seconde semaine de février ? –, pas plus que le nom du prêtre qui les unit. Y eut-il vraiment mariage, d'ailleurs, ou cette prétendue cérémonie fut-elle invoquée après coup pour dissimuler qu'ils avaient pris les devants ?

En mars Marie est mal portante, nerveuse, inquiète – enceinte ? Elle le croit, mais ce n'est que fausse alerte. Suffolk reste serein. Pour peu de temps. Les deux rois, pour des raisons différentes, sont tous deux très mécontents. Henri VIII a découvert non seulement que sa sœur s'est mariée sans son consentement, mais que son ambassadeur soutient les revendications de la France sur Tournai. François, lui, serait prêt à pardonner un mariage clandestin ou même une liaison. Il est plein d'indulgence pour les péchés d'amour et, au fond, la chose l'arrange. Mais il vient de s'apercevoir que le plus beau des diamants de la reine, le Miroir de Naples, a pris le chemin de l'Angleterre, en même temps que d'autres cadeaux faits par Louis XII. Et il en est furieux.

Du coup, les amants prennent peur. De lettres d'explications en lettres d'excuses, ils finissent par avouer toute l'affaire au ministre Wolsey, puis à Henri VIII. Marie, qui risque moins, prend courageusement le blâme sur elle, se dit seule responsable et demande humblement pardon. Mais elle connaissait bien son frère, savait qu'il n'était pas homme à se payer de mots. En lui faisant don de tous les objets précieux reçus de Louis XII, elle était sûre de le toucher au point sensible. Oui, mais ces objets, dont beaucoup avaient déjà traversé la Manche, lui appartenaient-ils en propre ?

François arguait, très légitimement, que les reines de France ne sont que dépositaires des bijoux de la couronne, qui doivent se transmettre de l'une à l'autre. Une veuve peut à la rigueur les conserver jusqu'à sa mort, à titre de douaire, si elle reste en France. Mais elle ne saurait les emporter à l'étranger, ni en disposer à sa guise. Les Anglais l'entendaient autrement et voyaient dans les joyaux offerts à Marie des cadeaux personnels.

Pas question pour la France de la laisser partir sans avoir obtenu satisfaction. Les fauteurs de scandale, dont nul ne se soucie plus de savoir s'ils sont vraiment mariés, servent alors d'otages dans une discussion de marchands de tapis entre les deux chancelleries. On ergota. On transigea, bien sûr. *Fifty, fifty*, à l'anglaise. La moitié de la vaisselle et la moitié des bijoux – autour de cinquante mille couronnes – pour chacun. L'arrangement faillit achopper sur le fameux Miroir de Naples, que la reine Claude réclamait à cor et à cri et que Henri VIII ne voulait pas lâcher. Il fut finalement inclus dans son lot.

Il ne restait plus à François Ier qu'à se débarrasser d'un couple encombrant. On les maria sans éclat, mais officiellement, en plein carême, le 30 mars, et les deux pays en avisèrent les autres cours d'Europe. Des difficultés entre l'Angleterre et l'Écosse, alliée traditionnelle de la France, faillirent retarder encore leur départ. Mais le roi était trop désireux d'assurer ses arrières avant d'entreprendre sa grande expédition d'Italie. Il les lâcha, non sans avoir fait signer à Marie une confirmation de l'accord financier intervenu, une sorte de décharge pour solde de tout compte. En digne sœur de son frère, elle trouva le moyen, à propos des joyaux restitués à la France, de remplacer le mot *dû* par le mot *don* ! Mais cela ne tirait pas à conséquence.

Le chancelier, faisant le bilan de l'opération, jeta les hauts cris devant le prix qu'avait coûté au trésor cette reine éphémère. Le nouvel ambassadeur envoyé par Venise, qui avait perdu du temps en chemin, remballa le cadeau qu'il devait lui remettre pour ses noces avec Louis XII. Elle eut l'audace de le réclamer, mais le Vénitien ne céda pas.

Marie et Suffolk quittèrent donc Paris le 16 avril, sans y laisser de regrets, gagnèrent Calais, ville anglaise, où ils se firent huer, s'embarquèrent non pour Londres, mais pour un château discret où ils attendirent le verdict royal. Dernier marchandage : Marie rendit à son frère la totalité du trousseau – vêtements et meubles – qu'il lui avait accordé à son départ. Enfin, le 13 mai, ils purent paraître en public et ils furent à nouveau mariés, en présence de toute la cour, à Greenwich. C'était la seconde ou la troisième fois, ce fut la bonne. Puis on récrivit l'histoire de cette demi-année, pour satisfaire aux convenances. En vain : le récit de leurs aventures avait fait le tour de l'Europe.

Un séjour à la campagne, le temps de laisser s'apaiser les rumeurs, et le couple reprit sa place dans l'entourage du souverain. On revit Marie en France lors de l'entrevue du Camp du Drap d'Or. Mais elle n'y figurait qu'à titre privé, à l'arrière-plan. Elle avait quitté la scène de l'histoire. Elle était restée la même, impulsive, chaleureuse, étourdie, impatiente, avec un petit grain de folie. Son mari, arrivé au faîte de ses ambitions, s'était assagi. Il s'accommoda de ses sautes d'humeur et de ses caprices. Elle lui donna trois enfants et l'une de leurs petites-filles, Jane Grey, disputant le trône d'Angleterre à Mary Tudor, la Sanglante, régnera neuf jours, du 10 au 19 juillet 1553, avant de périr sur l'échafaud.

À cette date, Marie était morte depuis vingt ans, oubliée de tous.

Un portrait nous reste d'elle, et une devise :

Cloth of gold do not despise,
Though thou be matched with cloth of frize :
Cloth of frize be not too bold,
Though thou be matched with cloth of gold[1].

Telle fut la fin de Marie d'Angleterre, qui, après avoir été reine de France pendant trois mois, s'en retourna partager la vie d'un seigneur de son pays. Seule entre les princesses royales de ce temps, à la gloire elle préféra son plaisir : une fois n'est pas coutume. Et ce choix lui réussit : c'est chose encore plus rare.

Honni soit qui mal y pense !

1. « Habit d'or, ne sois point dédaigneux, / Bien que tu sois marié à habit de frise. / Habit de frise, ne sois point présomptueux, / Bien que tu sois marié à habit d'or. » – La frise était une étoffe de grosse laine.

CHAPITRE VI
Claude de France

Sur Claude de France, qui partagea dix ans durant la vie de François Ier, les chroniqueurs ne tarissent pas de louanges. Elle fut « très bonne et très charitable, et fort douce à tout le monde, et ne fit jamais déplaisir ni mal à aucun de sa cour ni de son royaume ». Sa devise était une pleine lune accompagnée des mots *Candida candidis* : blanche pour ceux qui sont blancs, et le riche symbolisme de la blancheur peut évoquer ici conjointement pureté, innocence, voire candeur et simplicité de cœur. Autant de traits qui nous font deviner en elle une victime, à qui vertus et malheurs sont promesse de salut.

Et il est exact que, après une enfance exceptionnellement heureuse, elle fut écrasée par une condition trop lourde pour ses forces.

Une enfance heureuse

Son enfance commença sous les plus heureux auspices. Elle était née dans la joie, enfant d'une double victoire, juridique et militaire.

À peine Louis XII, enfin sorti du procès qui l'opposait à Jeanne, avait-il épousé Anne de Bretagne, le 8 janvier 1499, que ses espérances de paternité se trouvaient comblées. Et le succès de l'expédition d'Italie, aussitôt lancée, dépassait les prévisions les plus optimistes. Il avait quitté le Val de Loire pour se diriger vers Lyon, base de départ des campagnes vers la péninsule, en compagnie de la reine, et il s'attardait auprès d'elle lorsque lui parvint à la fin d'août la merveilleuse nouvelle : le duché de Milan était conquis, la ville allait tomber comme un fruit mûr. Laissant Anne à Romorantin où la petite Claude vint au monde le 13 octobre, il alla cueillir ses lauriers italiens. Une entrée solennelle dans Milan, trois mois de séjour pour mettre au point l'administration de son beau duché tout neuf, et il revient bien vite en France se pencher sur le berceau de l'enfant et assister à son baptême.

Bien sûr, ce n'était pas un garçon. Mais le moyen de faire grise mine quand tout lui souriait ? La fécondité immédiate d'Anne laissait bien augurer de l'avenir : « C'est bon espoir d'avoir des fils, depuis qu'on a eu des filles », déclara-t-il très sagement.

Un bref soulèvement milanais, vite réprimé, mit entre ses mains « l'usurpateur », Ludovic Sforza, qui fut amené en France et incarcéré finalement à Loches où il terminera ses jours : la conquête semblait devoir être durable. Roi de France, duc de Milan, père comblé, l'ancien duc d'Orléans rayonnait. Il tint à associer à son triomphe sa fille nouveau-née en la faisant proclamer par le parlement de Paris, « à huis ouverts », c'est-à-dire publiquement, « duchesse des deux plus belles [*sic*] duchés de la chrétienté, qu'étaient Milan et Bretagne, l'une venant du père et l'autre de la mère ». Et il entreprit avec sa femme une vaste tournée dans les provinces de l'Ouest, avant de regagner le château de Blois où les attendait la fillette.

Les promesses de l'aube, on le sait, ne furent pas tenues. Claude demeura l'unique enfant vivante du couple royal pendant dix ans et, en 1510, c'est une sœur qui lui naquit. Quant au duché de Milan, il fut très vite reperdu. La petite Claude resta cependant pour ses parents l'enfant dont l'existence même était un éclatant défi au malheur. Ils déversèrent sur elle le trop-plein d'affection dont ils regorgeaient. « Elle était leur bonne fille et la bien aimée, comme ils le lui montraient bien. »

Elle fut choyée comme le sont rarement les rejetons des rois. Louis XII et Anne de Bretagne – effet de l'âge ou de la fatigue ? – sont, pour des souverains de l'époque, relativement sédentaires. Leur point d'attache est Blois, où réside la fillette. Ils s'occupent d'elle personnellement le plus qu'ils peuvent et cette intimité se reflète jusque dans le langage quotidien : « Ma fille Claude », dit familièrement Anne de Bretagne, en parlant d'elle sans cérémonie. La petite princesse a sa « maison », à côté de celle de sa mère – entendez ses appartements et tout le personnel afférent –, presque sa cour, et le roi, lorsqu'il sort de la visite quotidienne qu'il fait à l'une, ne manque jamais de se rendre chez l'autre quêter un sourire ou un baiser. Et l'on sait qu'en 1505, par exemple, les fêtes de Pâques furent au château l'occasion de réjouissances familiales, dont l'enfant était le centre.

Inspira-t-on à la petite Claude l'orgueil de sa naissance et de son rang ? C'est probable. Mais jamais elle ne manifesta, comme sa sœur Renée[1], la moindre rancœur contre la loi salique l'excluant du pouvoir qui, dans un pays voisin, lui fût revenu. Ses parents, on l'a dit, se querellèrent au sujet de son mariage. Partagea-t-elle les hautes ambitions de sa mère ? regretta-t-elle qu'ait été écarté Charles de Gand, à qui elle fut un temps promise et qui aurait fait d'elle une impératrice ? On ne sait. Quel souvenir garda-t-elle de ses fiançailles avec François d'Angoulême, le 21 mai 1506 ? Elle n'avait pas six ans, il fallut la porter tant elle était engoncée dans son harnachement de brocart et d'or. Le choix finalement retenu, en tout cas, lui évitait une des épreuves généralement dévolues aux princesses, les affres du déracinement, de l'arrachement au pays natal et le contact brutal avec un mari jamais vu, le plus souvent vieux et laid. François, lui, avait été appelé à la cour dès 1508 et lorsqu'elle l'épousa, elle avait eu le loisir de le bien connaître, sans pour autant quitter père et mère. De cinq ans plus âgé, il avait tout pour plaire à une adolescente : grand et fort, gai, brillant, enjôleur, il était le plus attirant de tous, sans conteste, dans le cercle étroit des princes à marier. L'aima-t-elle ? Il est permis de le supposer, mais la vérité est qu'on n'en sait rien.

Anne de Bretagne, elle, ne l'aimait pas. Devant tant d'attraits, elle était inquiète. Son antipathie pour cette ambitieuse famille d'Angoulême aiguisait sa lucidité. Elle se défiait de la légèreté

1. Aux intendants italiens de son mari, qui lui reprochaient ses libéralités à l'égard des exilés français, Renée répondait : « Que voulez-vous ? ce sont pauvres Français de ma nation, et lesquels, si Dieu m'eût donné barbe au menton et que je fusse homme, seraient maintenant tous mes sujets ; voire me seraient-ils tels, si cette méchante loi salique ne me tenait trop de rigueur. »

de François, de sa superbe d'enfant gâté, de son goût très affirmé pour les femmes et le plaisir. Elle invoquait, contre la décision de Louis XII, le futur bonheur de sa fille : préoccupation très insolite, chez une mère royale. « La vertu de notre fille touchera le comte[1] », répliquait le roi, « il ne pourra s'empêcher de lui rendre justice. » Mais Anne savait trop bien que la vertu ne suffit pas à assurer l'emprise d'une femme sur son mari.

Si douce, bonne et pieuse que fût Claude, elle était dépourvue de toute beauté. Elle ressemblait un peu à sa mère, le charme en moins. Affligée de la même claudication, elle était plus petite encore, tenait de son père un nez plus accusé, et son regard terne manquait de vie. Elle ne paraissait pas sotte, cependant, et elle aurait pu avoir l'air avenant si elle avait hérité de la sveltesse maternelle. Mais l'« étrange corpulence » notée chez elle par tous les observateurs devint au fil des grossesses une désastreuse obésité, qui lui rendait la marche difficile et mettait sa vie en danger à chaque naissance. Cet embonpoint était-il congénital ? et les diplomates étrangers qui la dépeignent presque monstrueuse l'ont-ils vue autrement qu'enceinte ? On ne sait. Ce qui est sûr, c'est qu'elle n'eut jamais de quoi retenir son très volage époux.

À quinze ans, lorsqu'elle aborde la vie conjugale, elle est encore une enfant fragile, vulnérable. Trop protégée, elle n'a pas appris, comme autrefois sa mère, à affronter l'adversité ni à prendre en charge son destin. Le bonheur qui entoura ses jeunes années se transforme soudain en handicap lorsqu'elle perd coup sur coup, en l'espace de moins d'un an, ses deux parents. Aux tristes noces où les mariés étaient en noir, juste après la mort d'Anne de Bretagne, avait succédé le remariage de son père. On la vit très abattue lors du couronnement de Marie, qu'elle dut « servir ». Partageait-elle les inquiétudes de François à l'idée de voir le trône leur échapper ? Brantôme, si mauvaise langue pourtant, impute sa tristesse au seul souvenir du temps si proche où, lors des cérémonies, elle assistait sa mère. Le sentiment chez elle prévaut sur l'ambition.

Trois mois plus tard, Louis XII disparaît à son tour. Elle n'a désormais d'autre appui que son souverain et époux, d'autre

1. François était comte d'Angoulême.

famille que celle de celui-ci. La rupture, pour n'être pas accompagnée d'exil, n'en est pas moins radicale.

Car la constellation familiale féminine, autour du nouveau roi, est redoutable : si forte et si exclusive qu'elle ne laisse à la nouvelle venue qu'une place chichement mesurée.

« Mon roi, mon seigneur, mon César, mon fils »

Tel est François pour sa mère, Louise de Savoie : porteur de toutes ses espérances, unique objet de son amour, idole à laquelle elle est prête à se sacrifier elle-même et, à plus forte raison, à sacrifier le monde entier. Cette passion maternelle dévorante, moins exceptionnelle au demeurant qu'il n'y paraît, avait été fortifiée par les circonstances.

Louise avait des ascendances prestigieuses, mais de fortune point. Issue de la prolifique et pauvre maison de Savoie, ruinée par des conflits récents, elle était née le 11 septembre 1476, fille du duc Philippe, dit « Sans Terre » parce qu'il s'était fait arracher à la guerre ses possessions de Bresse, et de sa femme Marguerite de Bourbon, sœur de Pierre de Beaujeu, apparentée au roi de France. En 1488, à douze ans, on l'avait mariée avec un cousin germain du futur Louis XII, Charles de Valois, lui aussi prince du sang. Union honorable, entre partenaires d'égale extraction. Mais le mari en question n'était pas bien en cour, il avait trempé dans la « Guerre Folle », s'était fait battre à plates coutures sous les murs de Cognac, avait dû capituler. Le mariage proposé était un moyen de le fixer : il n'irait pas chercher ailleurs une épouse et des appuis. On s'arrangea pour qu'il restât besogneux. De maigres dotations – quelques milliers de livres pour elle, la seigneurie de Melle pour lui – ajoutées à Angoulême, Cognac et Romorantin : le couple n'aurait pas de quoi mener grande vie. Il était voué à une modeste existence provinciale.

Ils avaient eu en 1492 une fille, Marguerite, puis un fils, François, deux ans plus tard, sans que ces naissances aient créé entre eux l'ombre d'un attachement. La jeune femme, d'une rare et précoce force de caractère, s'accommoda avec philosophie des frasques d'un époux auquel elle ne tenait guère. Elle ne le pleura pas quand il mourut prématurément, le 1er ou le 2 janvier 1496, et resta en bons termes avec sa maîtresse attitrée dont on élevait les enfants avec les siens – solution simple qui avait le double mérite d'être franche et peu dispendieuse.

Elle supportait moins bien, en revanche, la médiocrité de sa situation et enrageait de végéter à Cognac dans une relative pauvreté. Le « petit paradis », que Marguerite évoquera plus tard avec la nostalgie qui nimbe les souvenirs d'enfance, n'était pour elle qu'un purgatoire dont elle était bien décidée à sortir au plus tôt, par la grande porte, grâce à son fils. À dix-neuf ans, elle était veuve, elle était libre. Elle refusa de se remarier, même avec le roi d'Angleterre Henri VII. La destinée lui promettait autre chose.

Comme beaucoup de ses contemporains, elle était férue d'astrologie, d'horoscopes, de prédictions. Or l'ermite du Plessis-lès-Tours, le fameux François de Paule – encore lui ! –, avait affirmé que son fils serait roi. Une telle promotion n'allait pas de soi. Entre le jeune comte d'Angoulême et le trône de France, il y avait Charles VIII, puis Louis d'Orléans, futur Louis XII et leurs éventuels descendants : sa route vers le pouvoir serait en effet jalonnée de cadavres d'enfants. Sans qu'il y soit pour rien, bien sûr. Mais Louise, confiante dans les astres et dans la providence, habitée par son idée fixe, vécut dès lors dans l'attente du miraculeux avènement de celui qu'elle n'appelle plus, par anticipation, que son « César ». Et de dénombrer férocement les disparitions propices, de se réjouir, implacable, devant les berceaux vides, préparés en vain pour des fils mort-nés.

« Patience ne m'a jamais abandonnée », a-t-elle dit. Mais elle a tremblé bien souvent, et continué de trembler toute sa vie au moindre accident, à la moindre égratignure. Apprend-elle que François est tombé de cheval ? elle en frémit rétrospectivement : « J'étais femme perdue s'il en fût mort. » Toute souffrance se répercute de lui à elle, amplifiée, et vient irradier sa chair même. Bien avant Mme de Sévigné écrivant à sa fille : « J'ai mal à votre poitrine », Louise note dans son *Journal* : « Le 5e jour de juin 1515, mon fils, venant de Chaumont à Amboise, se mit une épine en la jambe, dont il eut moult douleur, et moi aussi ; car vrai amour me contraignait de souffrir semblable peine. » Attachement viscéral, qui inclut l'ambition mais la transcende, sorte de symbiose comme d'avant la naissance, lorsque le cordon ombilical réunissait la mère et l'enfant dans les battements solidaires de leur sang.

« Un seul cœur en trois corps »

Une telle mère n'est généralement pas un don du ciel pour ses enfants : ni pour l'intéressé, accablé sous le poids d'une sollicitude intempérante, ni à plus forte raison pour ses frères et sœurs moins aimés. On en verra plus loin un exemple avec Catherine de Médicis.

Or ce ne fut pas le cas pour François et Marguerite, qui eurent l'un et l'autre, chacun suivant sa voie, une vie parfaitement accomplie. Et ce succès est à inscrire au crédit de Louise autant qu'à la forte personnalité des deux enfants. D'abord elle sut communiquer à la fillette son amour passionné pour le petit garçon. Jamais Marguerite n'eut l'ombre d'une jalousie à l'égard de son frère. Elle communia au contraire dans une même adoration, prête à jouer auprès du bambin, de deux ans son cadet, le rôle d'une seconde mère, s'associant ou se substituant au besoin à la première. Les années passant et la différence d'âge cessant de jouer, c'est alors à François, homme et roi, de protéger celle qu'il n'appelle que sa « mignonne ». Entre eux subsista un attachement réciproque que les inévitables tensions ne parviendront pas à entamer, même lorsque les intérêts familiaux ou les sympathies religieuses de Marguerite divergeront de ceux de son frère. Ils se comprenaient à demi-mot, lisaient dans la pensée l'un de l'autre, jumeaux sinon par les gènes, du moins par une éducation vécue en commun sous la direction effective de leur mère.

Isolée à Cognac ou, plus tard, confinée à Amboise par les soins de Louis XII, Louise de Savoie, à qui les satisfactions sociales étaient mesurées, se voue tout entière à cette éducation, dans un climat de chaleur, de confiance peu commun. Marguerite et François eurent des précepteurs certes, mais leur mère omniprésente veillait à tout. Elle avait choisi pour devise : *Libris et Liberis* – « Pour mes livres et pour mes enfants ». Le goût pour les jeux de sonorités faciles ne suffit pas à expliquer cette association singulière, qui témoigne chez elle d'un goût vrai pour les choses de l'esprit. Intelligente, cultivée, elle aima les beaux volumes dont la bibliothèque familiale était bien pourvue : deux cents, à Cognac, c'était considérable pour l'époque. Voilà bien un des seuls domaines où elle ait apprécié l'héritage conjugal. On lisait et on écrivait volontiers, dans la famille. Son beau-père, Jean d'Orléans, avait versifié aimablement, avec une propension au mysticisme qu'on retrouvera chez sa petite-fille. Et il avait pour frère le fameux Charles, père de Louis XII, poète de la douce France entr'aperçue, par temps clair, du haut des falaises de Douvres.

Les disciplines intellectuelles et artistiques équilibraient donc, chez les deux enfants, l'entraînement du corps. Sous l'œil attentif de leur mère, on les éleva ensemble et chacun bénéficia du programme de l'autre, en dépit de quelques activités spécifiques, armes pour le garçon, broderie pour la fille. L'œuvre littéraire de Marguerite ne doit pas faire oublier qu'elle était une cavalière accomplie. Et l'image guerrière du roi chevalier ne doit pas occulter celle du protecteur des arts et des lettres, qui fonda le Collège de France, fit édifier Chambord et réaménager Fontainebleau.

Éducation humaniste, ouverte, où les langues modernes – italien, espagnol – voisinaient avec les anciennes – latin, et même une teinture de grec –, et où le souci de former des têtes bien faites prévalait sur celui de les remplir. Éducation réaliste aussi, tournée vers l'exercice futur d'une royauté que Louise veut prestigieuse et dans laquelle une place est prévue pour elle et pour Marguerite. Rien ne pouvait cimenter davantage l'union entre ces trois êtres, tendus dans une volonté commune.

Les deux enfants regorgeaient de dons, la santé, l'intelligence, l'énergie. Aucun des deux ne se fût laissé tyranniser. Ils admiraient leur mère sans la craindre, ne se sentaient pas inférieurs à elle, ni inférieurs l'un à l'autre, chacun dans son ordre. Ils avaient tous trois leur personnalité, leur place, leur rôle à tenir. Et ces rôles étaient complémentaires. Cette large autonomie n'excluait pas le dévouement, au contraire, elle lui permettait de s'affirmer en pleine liberté. Que François doive à l'adoration que lui vouaient sa mère et sa sœur son égocentrisme ingénu d'enfant gâté accoutumé à voir les autres céder à toutes ses volontés, c'est certain. « François Ier naquit entre deux femmes prosternées [...] et telles elles restèrent, dans cette extase de culte et de dévotion. » Mais cette célèbre formule de Michelet ne prend en compte que les effets néfastes d'un climat familial auquel le jeune homme doit aussi sa joie de vivre, sa confiance en soi, son équilibre. Quant à l'autoritarisme, point n'est besoin d'une enfance trop choyée pour le développer chez les souverains : l'exercice du pouvoir s'en charge.

François Ier doit encore bien davantage à sa mère et sa sœur. Il sait pouvoir compter sans réserve sur deux femmes intelligentes et énergiques, d'un dévouement absolu, qu'aucun serviteur, si fidèle soit-il, ne saurait remplacer. C'est grâce à elles deux qu'il sortira un jour des prisons espagnoles sans trop de dommages. Plus encore : il a auprès de lui, en permanence, deux êtres dont les efforts convergent avec les siens, pour une action menée de conserve. Ils se partagent les tâches, ils se renvoient la balle, ils jouent de leur partition en trois personnes dans les négociations.

Avec François Ier accède au pouvoir un triumvirat, ou plutôt une sorte de trinité politique, bloc compact cimenté par dix-huit ans de symbiose, sans fissures, sans aucune brèche par où pût s'exercer, si tant est qu'elle le voulût, l'influence d'une épouse. Au sein de ce bloc, la petite Claude, avec ses quinze ans, sa douceur, sa fragilité, ne peut être qu'un corps étranger, toléré à condition qu'elle veuille bien participer au culte commun et pourvu que sa sphère d'activité reste circonscrite. L'accueil qu'on lui réserva manquait singulièrement de chaleur.

Un accueil mitigé

Contre toute attente, Louise de Savoie avait d'abord envisagé sans enthousiasme le projet de mariage entre son fils et l'aînée des filles de France. Au point d'en vouloir férocement au maréchal de Gié, principal artisan de cette combinaison matrimoniale.

À vrai dire, on ne sait si elle fut hostile au projet par haine du maréchal, ou l'inverse. Lorsqu'il avait succédé à Charles VIII, Louis XII, prenant très au sérieux son rôle de tuteur légal de son jeune cousin, l'avait soustrait à l'autorité exclusive de sa mère et avait installé la jeune femme et ses deux enfants à Amboise, où Pierre de Gié était chargé de veiller sur eux. Les protéger ? les surveiller ? Les deux à la fois. Et la très susceptible Louise avait souvent trouvé sa sollicitude indiscrète.

Elle n'avait pas, sur l'avenir de son fils, exactement les mêmes vues que lui. Gié, convaincu que les intérêts de sa province natale coïncidaient avec ceux de la France, pensait surtout à rattacher la Bretagne au royaume, peu lui importait comment. Il lui était bien égal, si Louis XII avait un fils, que François d'Angoulême fût confiné dans la condition de vassal. Louise, elle, poursuivait ses rêves ambitieux. Pourquoi hypothéquer l'avenir par des fiançailles prématurées ? Si le trône de France lui échappait, son fils pourrait trouver ailleurs plus prestigieuse épouse. Et s'il succédait à Louis XII, point n'était besoin pour lui d'épouser sa fille : il serait libre de son choix. Elle n'éprouva donc nulle reconnaissance pour le roi lorsque celui-ci, en célébrant officiellement les fiançailles des deux enfants, désigna publiquement François comme son héritier probable. Car cet héritage restait soumis à trop d'aléas.

Le sentiment que ses enfants étaient des pions sur l'échiquier politique fut renforcé par le mariage de Marguerite. On avait envisagé pour la jeune fille divers partis étrangers. Le duc de Montferrat parut de trop petite volée. Le duc de Calabre aurait fait d'elle, après la mort de son père, une reine de Naples, mais Louis XII ne voulait pas renoncer à ses droits prétendus sur le royaume. On parla du prince de Galles, Arthur, puis, lorsqu'il fut mort, de son frère, le futur Henri VIII, voire du roi Henri VII en personne ou du très vieux Christian de Danemark. Propositions en l'air, auxquelles elle avait beau jeu de répondre, aiguillonnée par sa mère, qu'elle attendait mieux : le jour où son frère serait roi, elle trouverait meilleur parti en France, sans qu'il lui faille traverser la mer.

Mais il n'avait que quinze ans et elle, à dix-sept ans, était déjà grandette, lorsque Louis XII décida de la donner, pour régler à l'amiable un litige successoral, au duc Charles d'Alençon, de sang royal certes – il descendait d'un frère cadet de Philippe le Bel –, mais occupant sur les marches du trône une place plus que modeste. Le souverain dora généreusement la pilule. Les noces, célébrées le 2 décembre 1509 furent fastueuses et de larges dotations mirent les époux à l'abri du besoin. Marguerite quitte alors les siens pour rejoindre dans le triste château médiéval d'Alençon une belle-mère confite en dévotion, dont la piété – ô surprise – rencontra ses propres inquiétudes religieuses et avec qui elle sympathisa : première étape de l'itinéraire intérieur qui fera d'elle une ardente adepte d'un renouveau de la spiritualité. Quant à Louise de Savoie, elle continue d'attendre l'avènement de son « César », l'œil rivé sur le tour de taille d'Anne de Bretagne et guettant sur le visage de Louis XII les signes de décrépitude.

Elle voyait grandir sans plaisir sa future belle-fille, chétive, si peu attrayante avec sa jambe et son œil battant la campagne. Une telle épouse ferait peu d'honneur au jeune François, qui passait pour le plus bel homme de France, malgré son front trop bas et son nez trop long. Serait-elle propre, au moins, à lui donner des enfants ? L'exemple maternel était de mauvais augure. D'ailleurs, belle ou pas, comment la malheureuse aurait-elle trouvé grâce auprès de cette mère possessive, pour qui nulle bru n'était digne de son incomparable fils ?

Le temps passait cependant, et François faisait de plus en plus figure d'héritier. Louise se réconciliait avec l'idée d'un mariage dont elle voyait désormais les avantages. Claude, à qui Anne de Bretagne avait transmis sa boiterie, n'avait hérité d'elle ni la force de caractère, ni la séduction. À la réflexion, son insignifiance même plaidait en sa faveur. Douce, docile, aimante, pieuse, elle ne compterait guère, ne ferait ombrage à personne, ne disputerait pas à sa mère le cœur du roi. Elle serait la plus inoffensive des brus.

François, lui, dès qu'il fut en âge d'avoir un avis, se montra très désireux de ce mariage. Pour des raisons fort étrangères à l'amour.

Il y a du parvenu en lui, a noté Lucien Febvre, du « nouveau roi » – comme chez Henri IV. Ce n'est pas un hasard si tous deux, des collatéraux héritiers potentiels du trône, épousent des filles de France. Certes, cela ne leur donne aucun droit légal sur la couronne, à laquelle ils ne sont promis que par filiation masculine. Mais cela les arrime malgré tout à la branche régnante et leur confère une sorte de légitimité symbolique, à leurs propres yeux et à ceux des Français, attachés à la dynastie : le sang des rois précédents coulera dans les veines de leurs enfants. Dans le cas de François, ce mariage est aussi, malgré les réserves que comporte le contrat en cas de naissance d'un dauphin, une sorte d'adoption, le signe que Louis XII le désigne publiquement, dans l'immédiat, comme son successeur.

C'est d'autre part contracter une union prestigieuse. Seuls les plus grands souverains d'Europe pouvaient prétendre à la fille aînée du roi de France. François devient, avant même d'accéder au trône, leur égal. Eut-il un obscur pressentiment de la longue rivalité qui l'opposera à Charles Quint ? C'est autour de la main de Claude que les deux hommes s'affrontèrent pour la première fois, par parents interposés. On peut être sûr, en tout cas, que l'insistance mise par Anne de Bretagne à la lui refuser et à préférer pour elle son rival, ne fit qu'exacerber son désir de l'obtenir : ce qui est promis à un autre brille d'un éclat redoublé.

Voilà pour les motivations obscures, semi-conscientes. Il s'y ajoute des motifs directement intéressés. Claude possède des biens propres, notamment la Bretagne, qu'il est souhaitable de conserver. Elle détient surtout – ou plutôt détiendra à la mort de son père – les droits de celui-ci sur le duché de Milan, comme héritier de Valentine Visconti. Or François, comme ses prédécesseurs, est hanté par le rêve italien : pour lui, l'enjeu est capital.

Il l'épousera donc, bien décidé à ne pas lui sacrifier ses plaisirs. Eut-il vraiment le mot qu'on lui prête parfois : « Je la veux, cette enfant. Question d'État. Pour l'amour, il est d'autres prés où, sans presque me baisser, j'aurai tout loisir de cueillir à foison les plus capiteuses corolles » ? La formulation est sans doute apocryphe, mais elle traduit à coup sûr le fond de sa pensée.

Tel était le mari, telle était la belle-mère entre les mains de qui Anne de Bretagne, sur son lit de mort, se résigna à remettre sa fille, in extremis. Quant à Marguerite, elle était trop chrétienne pour accueillir sa belle-sœur autrement qu'avec charité. Mais il apparut vite qu'elles avaient trop peu en commun pour parvenir à une amitié véritable. C'est aux enfants du couple royal que la princesse prodiguera son affection.

La répartition des tâches

Il y a deux fonctions dans lesquelles la reine, on l'a dit, est irremplaçable : la maternité, et le spectacle donné au bon peuple du couple royal, vivante incarnation de la France. Claude y fut étroitement cantonnée, tant par la volonté de Louise que par sa propre faiblesse.

Elle est si discrète que les chroniques omettent parfois de mentionner sa présence, lors des grandes cérémonies qui ouvrent le règne. Elle accompagna pourtant son époux à Reims, en janvier, pour le sacre. Le 15 février, lorsqu'il fait son entrée solennelle dans la capitale, on put l'apercevoir dans une tribune, encadrée de ses belle-sœur et belle-mère, à qui elle doit d'avoir été remarquée. Il est probable qu'elle prit part au banquet qui suivit la grand-messe à Notre-Dame. Mais pour son propre couronnement, à Saint-Denis, et pour son entrée solennelle, il lui faudra attendre le mois de mai 1517. Car pour l'instant, elle est handicapée par une première maternité. Elle a tout juste le temps de céder officiellement à son mari, le 26 juin, tous ses droits sur le duché de Milan. L'armée piaffe déjà, prête à fondre sur l'Italie. Elle s'enferme pour ses couches dans ses appartements d'Amboise, tandis que François, laissant à Lyon sa mère chargée de gouverner le royaume, prend la tête de l'expédition. Leur première fille, Louise, vient au monde le 15 août, le jour même où les troupes françaises, infanterie, chevaux et canons, franchissent le col de Larche. Le 13 septembre, le roi remporte sur les Suisses massés devant Marignan l'éclatante victoire que l'on sait.

Six mois après l'avènement, la mise à l'écart de Claude est acquise. Les fatigues de la grossesse ont achevé ce qu'avaient commencé les premières mesures prises par Louise de Savoie. En 1515, la mère du roi n'a que trente-huit ans. La joie lui est un bain de jouvence : elle paraît « beaucoup plus fraîche et beaucoup plus jeune qu'elle n'était quatre ans passés ». La vie ne l'a pas usée. Ses forces sont intactes. Marguerite, de son côté, n'a pas d'enfants du duc d'Alençon : elle reste disponible. Il est naturel qu'elles occupent, à elles deux, l'espace laissé libre par l'effacement de la reine. De façon définitive.

François s'emploie, comme tout nouveau souverain, à greffer son propre lignage sur la branche de la dynastie qui s'est éteinte. Il ne peut, rétroactivement, faire des deux femmes qui l'entourent une reine mère et une fille de France ; mais à défaut du titre, elles en reçoivent les prérogatives. La prééminence de Louise apparaît dans la dénomination qui prévaut pour elle : elle est « Madame », Madame « sans queue », c'est-à-dire tout court, sans qu'il soit besoin de spécifier. C'est dire à quel point elle l'emporte sur toutes les princesses ayant droit à cette appellation, suivie de leur prénom. En son genre, elle est la seule, l'unique.

Il les dote richement toutes deux. À l'une il accorde les duchés d'Angoulême et d'Anjou, à l'autre il confirme la succession d'Armagnac et il donne le Berry, tandis que son mari, le duc d'Alençon, promu « seconde personne du royaume », devient gouverneur de Normandie. Claude détient, il est vrai, les pleins pouvoirs en Bretagne. Mais elle se sent moins bretonne que sa mère et n'inspire pas à ses sujets le même attachement. Et surtout, est-elle en mesure d'exercer cette autorité ? En est-elle capable ?

C'est Louise qui a la haute main sur les instances de décision. Elle est entrée au Conseil privé, où elle occupe, immédiatement après le roi, le premier rang. Elle a placé dans les postes clefs des hommes à elle, comme le chancelier Antoine Duprat à la tête de la justice, et ses financiers personnels deviennent ceux du royaume. Rien ne se fait, en politique intérieure ou extérieure, sans son aveu.

Elle aime le pouvoir, avec l'âpreté de ceux qui ont été longtemps tenus pour négligeables. Elle aime l'argent, avec l'avidité de ceux à qui les ressources ont été mesurées. Elle thésaurise, accumule fiefs, rentes, prébendes. Pas seulement pour elle, mais pour son fils, puisque les biens réunis sur sa tête reviendront, après sa mort, à la couronne. Elle est toujours prête à puiser dans ses coffres pour le cas, trop fréquent, où ceux du trésor royal sont vides. Les réserves qu'elle a constituées remédient alors à la prodigalité de ce fils aux mains percées. Elle joue aussi, auprès des financiers, de la distinction des deux comptes. Lorsque le surintendant Semblançay, à qui le roi devait un million de livres, mais qui en devait sept cent mille à Louise, proposa de faire apurer l'une des dettes par l'autre, il signa sa disgrâce et peut-être son arrêt de mort. Dans ces périlleux exercices de voltige financière, elle n'est pas au-dessus de tout reproche. Mais grâce à elle le royaume ne fit jamais banqueroute. Elle tient d'une main ferme le nerf de la guerre : la trésorerie.

En politique extérieure, elle s'appuie sur Marguerite, qui n'a pas sa pareille pour présider aux cérémonies, pour recevoir les ambassadeurs, qu'elle éblouit par son élégance et son esprit, pour donner à une négociation ce ton d'aimable urbanité qui influe tant sur l'humeur des participants. « Corps féminin, cœur d'homme et tête d'ange », elle est l'ornement d'une cour où la reine ne peut faire, à côté d'elle, que piètre figure. Les gouvernements étrangers ne s'y trompent pas, qui recommandent à leurs envoyés de prendre contact avec elle et de se la concilier.

Assez vite, elle se voit réserver deux domaines. D'abord la littérature, où sa culture et ses propres essais poétiques lui assurent une compétence vite reconnue. Son « valet de chambre », Clément Marot, un poète de premier ordre, célèbre à l'envi ses mérites. Dédicataire obligée des écrivains, dispensatrice de faveurs et de pensions, elle deviendra pour eux une sorte de mécène officiel.

Son frère d'autre part prend ses avis, au début du règne du moins, sur les affaires religieuses, choix des dignitaires ecclésiastiques, remise en ordre des couvents. Sous l'influence de l'évêque de Meaux, Briçonnet, elle rêvera longtemps d'une réforme opérée en son sein par l'Église elle-même et qui eût permis d'éviter les déchirements. Elle protégera ceux qu'on nomme les Évangélistes, jusqu'au jour où les imprudences des uns et l'intransigeance des autres conduiront le roi à sévir. Elle assistera, navrée, aux premiers affrontements, aux premiers bûchers, poursuivant en silence une quête spirituelle intérieure que nous révèlent d'admirables poèmes religieux.

Que peut Claude, face à ces deux personnalités d'exception vouées à l'écraser, qu'elles le veuillent ou non ? Elle n'a ni éclat, ni esprit, ni conversation, et nul ne l'encourage à en avoir. Visiblement dépourvue de pouvoir, elle n'a ni courtisans, ni clientèle. Elle ne peut que suivre, toujours à la traîne, ou se réfugier dans la compagnie de ses femmes qui, du moins, lui épargnent les comparaisons défavorables.

Les historiens lui prêtent un rôle dans les aménagements qui firent du vieux château de Blois, qu'elle aimait, une admirable demeure à l'italienne, avec l'escalier d'honneur dans sa tour octogonale ajourée, les galeries aériennes appuyées sur l'antique mur médiéval, les loges étagées en promenoir à colonnes. C'est pour elle et pour ses enfants, pour leur faciliter l'accès aux jardins de la reine Anne, qu'on jeta un pont sur le ravin de l'Arcou. Hélas, les témoignages ne permettent pas de savoir si elle se contenta d'émettre des souhaits d'ordre pratique ou si elle eut son mot à dire sur la conception artistique et sur la décoration des nouveaux appartements, et si donc quelque chose de la splendeur de Blois lui est dû.

Sa belle-mère la rudoyait, nous dit Brantôme. Le reproche est peut-être excessif. Mais, sous couleur de la protéger, elle la traitait en mineure, lui déniait toute initiative, prenait les décisions à sa place. Rude sollicitude, dans laquelle n'entrait pas d'animosité, mais qui témoignait d'un singulier mépris de sa personne : la reine n'existe que comme réceptacle – tout provisoire – du précieux fardeau qui assurera la survie de la dynastie. La direction même de sa maison échappe à la jeune femme, dont le rôle se borne à mettre les enfants au monde. Aussitôt nés, ils sont confiés à des nourrices et elle est prête pour recevoir une fécondation nouvelle. La nursery, c'est Louise qui la prend en main, y détermine les responsabilités et les règles, en fixe le rythme de vie : hivers à Amboise, étés à Blois. Grand-mère autant que mère possessive, elle se les approprie, note avec soin l'heure de la naissance de chacun et cherche à tirer des conjonctions astrales le secret de leur destinée future. C'est elle, ou à défaut Marguerite, qui veille sur leur santé, les soigne, les pleure et prend soin de les faire ensevelir lorsqu'une mort prématurée les enlève.

C'est dans le secret du Conseil royal que s'élaborent les projets de mariage pour les nourrissons encore au maillot. Le traité de Noyon (13 août 1516) promet la petite Louise, âgée d'un an à peine, à l'inévitable Charles de Gand, ou d'Autriche, comme on voudra, à qui elle devait apporter les hypothétiques droits de la France sur le royaume de Naples. En 1518, on prévoit d'unir le dauphin à peine né à la fille aînée de Henri VIII d'Angleterre, Mary Tudor, âgée de deux ans. Claude fut consultée, nous assure-t-on, et elle approuva. On ne risquait pas grand-chose à lui demander son avis, sûr qu'on était de son assentiment. Comme nous aimerions, pourtant, découvrir qu'elle disait non, quelquefois ! Elle prendrait ainsi quelque consistance à nos yeux. Mais les documents du temps ne rapportent rien de tel.

Avec son mari en revanche, ses relations ne furent pas mauvaises.

Contrairement à d'autres souverains, à qui pèse le devoir conjugal, il n'éprouve pour elle aucune répugnance, au contraire. Il a le tempérament assez généreux pour que ses nombreuses conquêtes féminines ne l'empêchent pas de partager assidûment le lit de son épouse, et leurs retrouvailles après séparation sont presque toujours fécondes. Il fut fier des enfants qu'elle lui donna, beaux, sains, viables, preuve tangible que la malédiction qui avait frappé la branche aînée des Valois était écartée. Il se penche sur les berceaux en père attendri, s'extasie devant le dauphin, « le plus beau et le plus puissant enfant que l'on saurait voir », procure à tous des parrains prestigieux – le pape pour l'aîné des garçons, le roi d'Angleterre pour le second. Les baptêmes offrent à la reine – une fois n'est pas coutume – la joie d'être au centre de la fête, chancelante héroïne d'un triomphe à la mise en scène éblouissante.

Ému par sa douceur, sa vulnérabilité, son silence, il eut toujours pour elle des égards et la traita avec bonté. Il tenait à l'avoir près de lui, figure familière et rassurante, discrète partie prenante de lui-même. Ce qui ne l'empêchait pas, bien sûr, de la tromper abondamment. Mais il la ménagea, évita de lui imposer le spectacle affiché d'insolentes maîtresses. Il en avait une attitrée, la brune comtesse de Châteaubriant, et beaucoup d'occasionnelles. Cela se savait. Mais il garda toujours une relative discrétion.

Il est vrai que sa mère y était pour quelque chose. Comme Anne de Bretagne, elle veillait au respect des convenances et ne tolérait les écarts de conduite ni dans sa maison, ni dans celle de sa belle-fille : une suivante anglaise nommée Anne Boleyn l'apprit à ses dépens, bien avant d'aborder sa carrière glorieuse et tragique. De plus, Louise voyait d'un très mauvais œil quiconque risquait d'exercer sur son fils une influence qui diminuerait la sienne. Sa jalousie se joignit à la douceur de Claude pour inspirer au roi quelque retenue. La jeune femme se vit donc épargner une des épreuves souvent réservées aux épouses royales, l'intronisation à la cour d'une maîtresse lui disputant le premier rang.

Elle échappa aussi à une autre épreuve, celle de voir mourir ses enfants – à l'exception d'un seul. Tout simplement parce qu'elle les précéda dans la mort, vidée peu à peu par eux de sa substance, littéralement épuisée.

Maternités et voyages

Qu'on nous permette quelques calculs. La sécheresse des dates parle d'elle-même.

	18 mai 1514	Mariage
15 mois {	15 août 1515	Naissance de Louise.
14 mois {	23 octobre 1516	Naissance de Charlotte.
16 mois {	28 février 1518	Naissance de François.
13 mois {	31 mars 1519	Naissance de Henri.
16 mois {	10 août 1520	Naissance de Madeleine.
17 mois {	22 janvier 1522	Naissance de Charles.
16 mois {	5 juin 1523	Naissance de Marguerite.
13 mois {	20 juillet 1524	Mort de Claude.

Tableau éloquent. De quatorze à vingt-quatre ans, elle donne à son époux sept enfants. Entre les naissances, l'intervalle est de quinze mois en moyenne. En dix ans et deux mois de mariage, soit cent vingt-deux mois, elle est enceinte soixante-trois mois : la moitié du temps. Elle ne meurt pas en couches, à proprement parler. Mais de maternité en maternité, elle s'alourdit et s'affaiblit à la fois, réduite à une sorte d'existence végétative, animale, toutes ses forces absorbées par la gestation, quasi incapable de se mouvoir seule, exténuée. Une condition inhumaine, qui paraissait normale à l'époque. Il ne serait venu à l'idée de personne de l'en soulager un peu, de temps en temps, en écartant d'elle le roi. Elle est un cas limite, mais pas unique en son temps, de reine réduite à sa fonction première.

Elle n'était pas pour autant dispensée de suivre les pérégrinations de la cour.

Au XVIe siècle, tous les rois de France furent itinérants, pour des raisons essentiellement politiques. Les moyens de communication étaient lents et peu sûrs. La seule façon de se faire connaître de ses sujets et de les connaître était de se déplacer. Un habitant d'une ville très éloignée avait l'occasion de voir le souverain une fois dans sa vie, au mieux. La rencontre entre celui-ci et son peuple baignait alors dans un climat de fête, de réjouissance, qui avivait l'attachement à la monarchie. C'était une sorte de grand *show*, comme on dirait aujourd'hui, auquel les spectateurs étaient invités à participer : le roi faisait son « entrée » dans des villes pavoisées, à travers des rues transformées en un décor regorgeant d'allégories. La présence à ses côtés de la reine, indispensable, était un gage de paix et de prospérité : c'est en père de famille qu'il apparaissait, non en capitaine de guerre. Et si elle attendait un enfant, mieux encore : elle était incarnation de la fécondité du royaume et promesse d'avenir.

À cette raison première s'en ajoutaient d'autres, administratives – contrôler l'efficacité des officiers royaux et stimuler leur zèle – ou économiques – consommer sur place les produits des domaines, malaisément transportables. On pouvait au passage chasser dans les pays giboyeux ou quêter la protection de quelque saint dans les grands sanctuaires. Enfin, dans sa détresse financière chronique, le roi espérait arracher plus facilement des subsides aux contribuables flattés par l'honneur de sa visite.

François Ier, plus qu'aucun autre, aima ces voyages. Il est jeune, bien portant. Il a la bougeotte. Il ne se lasse pas d'arpenter les routes du beau royaume qui lui est tombé du ciel : prise de possession quasi physique. Il raffole des entrées solennelles, des acclamations, des arcs de triomphe bariolés, des joutes et des tournois. Et derrière lui se traînent cahin-caha la cour, les conseillers, les financiers, les ambassadeurs étrangers, et toute la valetaille, long cortège de près de quatre mille personnes dont on monte et démonte les lits au hasard des gîtes d'étape. On se déplace à cheval, à pied, en chariot ou en litière, dans un inconfort que nous avons peine à imaginer, au milieu de la poussière ou des fondrières, brûlé de soleil ou transpercé par la bise – même quand on est un membre éminent de la famille royale. Rien n'apaise l'incessante agitation du roi, et l'histoire de son règne prend à certains moments l'allure d'un itinéraire de guide touristique.

Claude, en dépit de ses grossesses, suit tant bien que mal la caravane. Tout au plus tient-on compte, dans l'établissement du calendrier, de la date probable de sa délivrance. Les chroniques et documents, qui mentionnent sa présence entre belle-mère et belle-sœur, permettent d'en connaître les principales étapes.

À peine remise de la naissance de Louise, elle rejoint la cour pour accueillir le héros de Marignan. Ils se retrouvent à Sisteron, en plein hiver, à la mi-janvier de 1516, s'en vont rendre grâce à sainte Marie-Madeleine dans la grotte de la Sainte-Baume, où s'acheva, selon la légende, la vie pénitente de la pécheresse, et de là se rendent à Marseille qui, pour la première fois depuis le rattachement du comté de Provence à la couronne, a la joie d'acclamer son roi et sa reine. Puis on remonte lentement la vallée du Rhône, on s'attarde à Lyon, tandis que déjà s'annonce un nouvel enfant. Retour en Val de Loire où s'arrête la reine, laissant François déposer seul à Saint-Denis les étendards de la victoire et remballer la châsse du saint dans sa crypte en signe de paix. Voici que naît Charlotte à Amboise le 23 octobre.

Au printemps de 1517, la caravane se remet en route – pour un an et demi ! Picardie, puis Normandie : toutes les provinces ont leur part des festivités. D'Écouen, on va à Compiègne, Amiens, Abbeville, Boulogne, Dieppe, Rouen, qui offre des entrées particulièrement brillantes, Gaillon, Évreux, Lisieux, Argentan, Blois, Moulins. Une pause à Amboise, à la mauvaise saison, le temps de laisser venir au monde le dauphin François, né le 28 février et baptisé le 25 avril, et l'on repart, en direction de l'ouest cette fois. La duchesse d'Anjou fait les honneurs de sa capitale, puis c'est au tour de Claude de jouer les hôtesses, dans la Bretagne qui est son fief : elle reçoit fastueusement la cour à Nantes. Le roi achèvera seul, ou plutôt en compagnie de la belle Françoise de Châteaubriant, le tour de Bretagne, par

Vannes, Auray, Quimper, Saint-Malo, Rennes. Claude se repose au château du Plessis-du-Vair. C'est là qu'elle apprend la mort de la petite Louise, leur fille aînée. Elle rejoint le roi à Baugé et ils pleurent ensemble l'enfant, tandis que sa grand-mère et marraine, Louise de Savoie, retourne à Amboise pour s'occuper des funérailles. Déjà la reine lui prépare un petit frère.

Remontant la Loire, ils gagnent l'Île-de-France, par Vendôme et Chartres. L'hiver se passe à Paris, où les exigences de la politique fixeront de plus en plus le centre de gravité du royaume. Le 31 mars 1519, c'est à Saint-Germain que naît Henri, de même que tous ceux qui le suivront. Le Val de Loire les attire malgré tout : le roi se passionne pour le chantier de Chambord. En plein hiver 1519-1520, il emmène la cour rendre visite au connétable de Bourbon, à Châtellerault, et à l'amiral Bonnivet dans son château familial. Puis Louise de Savoie offre en février, dans sa bonne ville de Cognac, trois semaines de festivités féeriques. La jeune reine se porte un peu mieux et semble heureuse. Hélas, la situation internationale se détériore rapidement.

François Ier, candidat malheureux à l'Empire contre Charles d'Autriche, devenu Charles Quint, sait l'affrontement inévitable. Il s'y prépare, tente de se ménager des alliances. Pour éblouir Henri VIII, il déploie près d'Ardres, à la limite de la Picardie et de l'enclave britannique de Calais, un faste qui attachera à l'entrevue le nom de Camp du Drap d'Or (7-23 juin 1520). La reine est, bien sûr, de la partie. Chargée d'étoffes somptueuses et de joyaux, elle assiste aux messes, aux joutes, aux tournois, aux banquets, au grand festival de chevalerie et de ripailles, aux côtés de ses inévitables belle-mère et belle-sœur. Sa corpulence stupéfie les ambassadeurs étrangers : elle est enceinte de sept mois. Madeleine va naître le 10 août.

Les années qui suivent sont assombries par la guerre, les défaites, l'agitation religieuse. Les voyages de pur prestige sont terminés. La santé du roi est moins bonne. Il est immobilisé en 1521 par un grave accident et la reine s'en va en pèlerinage à Notre-Dame de Cléry remercier la Vierge pour sa guérison. Elle pourrait souffler, grâce à des naissances qui s'espacent un peu – Charles en janvier 1522, puis Marguerite en juin 1523 –, si elle ne partageait les inquiétudes de Louise de Savoie devant les difficultés qui s'accumulent, et notamment le cruel manque d'argent, qui interdit toute opération militaire d'envergure. Tandis que les troupes ennemies pénètrent sur le territoire national dans les Pyrénées et à la frontière du nord, le roi, confronté à la trahison du connétable de Bourbon, tombe malade à Lyon en 1523. Un sursaut général permet d'éviter le pire – provisoirement. On prépare activement la campagne de 1524. Pendant ce temps, la reine se meurt.

La reine morte

Depuis longtemps la vie se retirait d'elle lentement. Elle ne quittait plus son lit. Son visage était rongé par une espèce de dartre tenace. Point n'est besoin d'invoquer une syphilis communiquée par son mari, dont on n'est d'ailleurs pas sûr, aujourd'hui, qu'il l'ait eue. Plutôt qu'une maladie bien déterminée, des symptômes d'épuisement, dans son pauvre corps exposé sans défense à toutes les agressions infectieuses. Lorsque François quitte le Val de Loire pour aller défendre la Provence envahie, les médecins lui donnent peu d'espoir. Elle vivra deux ou trois mois, jusqu'à la chute des feuilles, promet le moins pessimiste d'entre eux : le temps d'une campagne éclair pour le roi, qui embrasse sa joue exsangue et prend la route le 12 juillet, en compagnie de sa mère et de sa sœur. Elles seules rebroussent chemin, sur l'invite urgente d'un messager qui les rappelle : Claude est à toute extrémité. Elles arriveront trop tard : elles ne sont encore qu'aux alentours de Bourges lorsque les atteint la nouvelle. Claude est morte.

Elles la pleurèrent, et pas seulement par respect humain. Louise avait appris à l'apprécier, ne serait-ce que pour la discrétion avec laquelle elle avait tenu son rôle. Peut-être éprouve-t-elle à son égard une manière de remords. Les quelques lignes qu'elle lui consacre dans son *Journal* sonnent comme une réponse à des critiques prévisibles : « Ma fille Claude, je l'ai honorablement et aimablement conduite. Chacun le sait, vérité le connaît, expérience le démontre, ainsi fait publique renommée. » Elle l'avait « conduite » en effet. Tout est dit.

Marguerite montra un réel chagrin et rendit justice à ses mérites, évoqua dans une lettre à Briçonnet « les vertus, grâces et bonté dont Dieu l'avait douée ». Quant à François, passé les protestations conventionnelles qui lui font prononcer des formules emphatiques – « Si je pensais la racheter pour ma vie[1], je la lui baillerais de bon cœur » –, il découvre soudain, maintenant qu'elle n'est plus là, qu'il l'avait aimée à sa façon, d'un amour d'accoutumance où il entrait de la tendresse. Et il trouve pour le dire des mots émouvants : « Je n'eusse jamais pensé que le lien de mariage conjoint de Dieu fût si dur et difficile à rompre. »

La reine lui rendait par testament un ultime service politique. Elle léguait ses biens propres, c'est-à-dire pour l'essentiel la Bretagne, à son fils aîné le dauphin, en accordant à son époux l'usufruit. Décision sage qui, sans blesser dans l'immédiat les susceptibilités bretonnes, assurait à moyenne échéance et contrairement aux dispositions prévues par sa mère, le rattachement du duché à la France.

Elle laissait six jeunes enfants, qui furent pris en charge par leur grand-mère et leur tante, comme de son vivant, mais avec une tendresse redoublée. Marguerite s'attacha notamment à celle qui était désormais l'aînée, la petite Charlotte, qui semblait remarquablement douée. La fillette mourut bientôt de la rougeole le 8 septembre 1524. Inhumée provisoirement à Blois, elle fut transférée avec sa mère à Saint-Denis, dans le caveau royal, deux ans plus tard. Le souvenir de Charlotte inspira à Marguerite un beau poème, le *Dialogue en forme de vision nocturne*, méditation sur la mort et la vie éternelle, où l'âme de la petite fille lui apparaît en songe pour la conforter dans les vérités de la foi.

Claude fut très populaire en son temps : une reine simple et bonne, comme on les aimait, et une mère comblée. Les oraisons funèbres célébrèrent ses vertus : « C'était l'une des plus honnêtes princesses que la terre portît oncques et la plus aimée de tout le monde, des grands et petits, créant[2] que si celle-là n'est en Paradis, que peu de gens iront. » Et déjà on lui

1. En échange de ma vie.
2. Aussi l'on croit que…

prête le don de faire des miracles : « Décéda la perle des dames et clair miroir de bonté sans aucune tache, et pour le grand estime et sainteté que l'on avait d'elle, plusieurs lui portaient offrandes et chandelles. »

Puis l'histoire oublia la pauvre reine ou ne l'évoqua que pour la renvoyer à sa médiocrité. Mais nul ne sait qui elle était vraiment, ou qui elle aurait pu être si elle n'avait pas été broyée trop jeune par un fardeau trop lourd. Car si nous connaissons, en gros, ce que fut sa vie, rien ne nous révèle comment elle l'a vécue intérieurement, rien ne nous éclaire sur ses sentiments, ses désirs, ses espoirs. Pas un mot, pas un geste dont on puisse dire qu'ils lui sont propres et qu'ils trahissent sa personnalité ne figurent dans les chroniques ou les correspondances du temps. On décidait pour elle. Souscrivait-elle de bon cœur ? Se contentait-elle de subir ? Nul ne peut le dire. Exemplaire en cela de bien des destins féminins, en tous lieux et en tous temps.

Dépouillée par la mort de sa pesanteur corporelle, elle traverse l'histoire de France, ombre légère, sans y laisser d'autre trace que ses enfants. Connue de tous néanmoins, sans pour autant cesser d'être ignorée, elle survit dans la mémoire collective sous la forme d'un fruit, auquel un inventif arboriculteur des jardins royaux avait donné son nom : un fruit délicat, charnu, au parfum de sucre et de miel, la reine-claude, reine des prunes.

CHAPITRE VII

L'entre-deux-reines (1524-1530)

Durant près de six ans, après la mort de Claude, la France n'a pas de reine. A-t-elle un roi ? Il est à la tête des armées, en Provence, à l'automne de 1524, pour contenir l'offensive ennemie, puis à Milan, pendant l'hiver, et autour de Pavie qu'il assiège. Le 25 février, c'est le désastre, qui le conduit pour plus d'un an dans les prisons d'Espagne. Aux commandes du pays, Louise de Savoie le remplace. Elle n'a que le titre de régente, qui lui a été conféré par lettres officielles dès le 12 août 1523. Mais celui de reine surgit quelquefois spontanément sous la plume des mémorialistes et une gravure du temps la représente avec des ailes d'ange, tenant le gouvernail d'un navire symbolique où gît la France, épuisée. Elle est en effet l'artisan du redressement. Et c'est elle aussi qui, après le retour du roi, parvient à dénouer le conflit dans lequel il se trouve enlisé. Elle a bien mérité de l'histoire de France.

Pourtant, chroniqueurs et historiens lui prêtent, dans la défaite de nos armées, une lourde responsabilité initiale : ils attribuent à son insatiable cupidité la trahison du connétable de Bourbon.

Il vaut la peine de s'attarder ici sur une affaire où elle fut directement impliquée, qui eut des incidences politiques considérables et qui, en outre, éclaire les mentalités du temps.

« Vassal dépité change de maître »

Rarement proverbe s'appliqua mieux à quelqu'un que celui-là à Charles, connétable de Bourbon. Dépité, Dieu sait qu'il l'était, en cet été de 1523, où il se décida à faire le grand saut, en passant au service de Charles Quint.

Les Bourbons descendaient de Robert, comte de Clermont, le dernier fils de saint Louis. La famille était au début du XVe siècle divisée en deux branches. À la fin du même siècle, par le jeu des morts accumulées, les représentants de ces deux branches, cousins germains, Pierre de Beaujeu et Gilbert de Montpensier, n'avaient respectivement qu'une fille et qu'un fils : pour consolider la fortune familiale et couper court à un litige menaçant, on n'avait rien trouvé de mieux que de marier Suzanne à Charles, en février 1505.

La mieux dotée des deux était la jeune femme, dont le père, duc de Bourbon et ancien régent du royaume, avait hérité des biens de la branche aînée, et dont la mère n'était autre qu'Anne de France, fille de Louis XI. À eux deux, les nouveaux époux possédaient, dans le centre de la France, un domaine très étendu et très riche – duché d'Auvergne, comtés de Clermont et de Montpensier, duchés du Bourbonnais et de Châtellerault, comtés du Forez, du Beaujolais, de la Marche –, auquel venaient s'ajouter des possessions étrangères, à l'est de la Saône, comme les Dombes, qui faisaient de leur détenteur un vassal de l'Empereur. De plus, Anne de France leur avait par avance légué ses biens, pour le jour où elle viendrait à mourir. Pour couronner le tout, François Ier avait accordé à Charles, dans l'euphorie de son avènement, la charge de connétable, chef suprême des armées. Dans leur capitale de Moulins, le duc et la duchesse de Bourbon faisaient figure de souverains.

Ils n'avaient pas d'enfants. Leurs trois fils n'avaient vécu que quelques jours ou quelques mois, y compris le dernier, que le roi avait tenu sur les fonts baptismaux au printemps de 1518. Or Suzanne, malade depuis plusieurs années, mourut le 28 avril 1521. Leur acte de mariage comportait une donation réciproque. La succession paraissait simple. Mais elle se révéla vite hérissée de difficultés et riche en motifs à contestation.

Les biens du couple provenaient de sources diverses et relevaient de régimes juridiques différents, parfois contradictoires. C'étaient soit des apanages distraits du domaine royal pour doter des cadets et promis à y faire retour en cas d'extinction de la branche bénéficiaire, soit des biens que des conventions diverses enjoignaient de restituer au roi en cas d'absence d'héritier mâle, soit des possessions patrimoniales propres, transmissibles aux femmes comme aux hommes selon le droit commun.

Louis XII, soucieux de faire un geste envers les Beaujeu après la mort de Charles VIII, avait cassé les dispositions de Louis XI concernant la restitution éventuelle des apanages. Mais avait-il le droit de le faire ? La fille du vieux roi, Anne, très attachée à son gendre et plus soucieuse des intérêts familiaux que de ceux du royaume, en était convaincue, et elle confirma avant de mourir, dix-huit mois après Suzanne, toutes les donations antérieures. Mais était-ce légal ?

Tel n'était pas l'avis de François Ier et de Louise de Savoie, qui engagèrent contre cet héritier trop bien pourvu un double procès. Le roi réclamait les domaines primitivement destinés à lui revenir. Louise plaidait, elle, en tant que cousine germaine de Suzanne : sa mère, Marguerite de Bourbon, étant la sœur de Pierre de Beaujeu, elle se trouvait être plus proche parente de la défunte, par le sang, que son mari le connétable. Elle revendiquait l'ensemble de ses biens. Et si on lui opposait que ladite Marguerite avait renoncé, en épousant le duc de Savoie, à l'héritage familial, elle pouvait rétorquer qu'Anne de Beaujeu n'était pas davantage habilitée à disposer des dotations consenties à titre personnel par le souverain. Les prétentions de l'un et de l'autre plaignant se recouvraient en partie, concernant parfois les mêmes territoires ? ce n'était pas de leur part entrer en concurrence, mais mettre deux chances de leur côté au lieu d'une seule.

Il y avait là, on le voit, de quoi exercer la sagacité des spécialistes de la chicane. Les poursuites, engagées dans les délais légaux peu après la mort de Suzanne, traînèrent d'abord, du fait de la complexité des documents à examiner, des réticences de quelques magistrats et parce que le roi hésitait à pousser l'affaire. C'est seulement en juillet 1523 que la cour décida la mise sous séquestre de tous les biens en litige, autant dire la totalité des possessions de Bourbon. Celui-ci signa alors avec Charles Quint un traité d'alliance en bonne et due forme. Démasqué, il dut s'enfuir en toute hâte et gagna les terres d'Empire.

Dans cette affaire, Louise apparaît en première ligne, bien plus engagée que le roi. Ce sont ses conseillers qui mènent les opérations, notamment Duprat, excellent juriste, qui se trouve malheureusement juge et partie, puisque ses fonctions de chancelier lui donnent autorité sur les tribunaux. On cria, non sans quelque raison, au procès truqué, et la victime y gagna des sympathies. « Les féodaux opprimés injustement se peuvent défendre », rappelait l'aristocratie touchée au vif. Le malheureux connétable fut poussé au désespoir, « contraint de faire beaucoup de choses indignes », « obligé » à se jeter dans les bras de l'ennemi. Et les misogynes, aussi nombreux dans la noblesse de robe que dans celle d'épée, accablaient Louise : non contente des opulentes provinces que lui avait attribuées son fils – au grand mécontentement du parlement de Paris –, voici qu'elle prétendait dépouiller les plus grands seigneurs pour arrondir encore sa pelote. Décidément les femmes devaient être tenues en lisière…

À l'acharnement qu'elle déployait contre Bourbon, on chercha aussi d'autres raisons. Elle lui aurait proposé sa main, et aurait essuyé un refus. Ni l'ambassadeur de Charles Quint, ni le mémorialiste Gaspard de Saulx-Tavannes, qui font état de cette rumeur, ne vont jusqu'à bâtir, sur ces données, le roman d'amour qu'on crut pouvoir en tirer ensuite. Certes, à quarante-cinq ans, Louise, restée belle et coquette, ne détestait pas les hommages masculins. On la voit cependant mal se prendre pour l'austère et taciturne connétable d'une passion non partagée, et tournée en haine : elle avait trop de soucis en tête et aimait beaucoup trop son fils. Mais il n'est pas impossible qu'elle ait songé, hors de toute considération sentimentale, à une union qui eût réglé, selon les meilleures traditions familiales, l'épineuse question successorale. Comme elle n'était plus en âge de lui donner des enfants, les immenses biens en litige seraient revenus, au bout du compte, à la couronne. Il n'avait, lui, que trente et un ans, aucune envie d'épouser une douairière, si hautement apparentée et si bien conservée qu'elle fût, ni de voir s'éteindre sa lignée. Si l'offre lui fut faite, il est certain qu'il refusa. Et refuser pareille alliance était une offense grave.

Quittons le terrain périlleux des hypothèses. En tout état de cause, le conflit avait des racines plus anciennes et plus profondes. Charles de Bourbon, riche de fiefs bien groupés au cœur du royaume, auréolé du prestige de chef des armées, ne pouvait que porter ombrage à un souverain avec qui il traitait quasiment d'égal à égal. François avait regretté très vite de lui avoir donné le bâton de connétable et s'appliquait à l'affaiblir, en l'écartant de certaines entrevues diplomatiques ou en lui marchandant les responsabilités militaires. L'intéressé s'en montra ulcéré : raison de plus pour jouer les grands seigneurs autocrates. Au Camp du Drap d'Or, Henri VIII, le voyant parader au milieu d'une escouade de gentilshommes, avait coulé à l'oreille de son voisin : « Si j'avais un pareil sujet, je ne lui laisserais pas longtemps la tête sur les épaules. » Mais François n'avait pas besoin d'un tel avertissement pour mesurer le danger.

Était-il pour autant décidé à un coup de force, aux conséquences incalculables ? Ce qui l'y conduisit, ce fut la mort de Suzanne et les perspectives qu'elle ouvrait brutalement.

Pourquoi disputer soudain à Charles de Bourbon des possessions dont il jouissait paisiblement avec sa femme depuis quinze ans ? C'est que le veuvage, s'il héritait d'elle, le mettait en situation de décupler son pouvoir : il faisait de lui un parti royal. Charles Quint, bien informé, l'avait compris. Dès 1519, prenant l'occasion d'une indemnité à verser pour des territoires napolitains perdus, avait fait des ouvertures précises : en cas de veuvage probable – Suzanne était déjà malade –, pourquoi le connétable n'épouserait-il pas une princesse de Habsbourg ? L'intéressé, prudent, ne répondit pas. Il hésitait à couper les ponts avec le roi.

En 1521, nouvelle offre, de pleine actualité cette fois-ci : Suzanne est morte. François, averti, eut avec Bourbon une entrevue indécise dont ils sortirent mécontents l'un et l'autre. Le danger subsistait. Si ce dernier joignait à l'héritage de Suzanne la dot d'une épouse austro-espagnole, autant dire qu'il disposerait d'une souveraineté absolue sur un territoire s'enfonçant comme un coin dans le cœur du royaume. Avec, en prime, l'appui de l'Empereur.

François prit les devants et, au printemps de 1523, les lenteurs procédurières cessèrent, le procès languissant s'emballa, se transformant soudain, de simple moyen d'intimidation qu'il était, en machine de guerre contre le connétable. C'est très délibérément, et en plein accord avec sa mère, que le roi décida, pour d'impérieuses raisons politiques, de pousser à bout son puissant et ombrageux vassal. Il prenait là un risque calculé, sachant très bien que celui-ci serait incité à trahir. Mais le point d'application de l'attaque était bien choisi. L'atteindre dans ses biens, c'était le priver d'un des atouts faisant de lui un mari honorable pour une princesse : c'était un homme riche en terres et en fidèles que l'Empereur invitait à entrer dans sa famille, pas un proscrit en rupture de ban. En le privant de l'héritage de Suzanne, on limitait beaucoup les dangers.

Si cette interprétation des faits est correcte, elle autorise à penser qu'on lui a peut-être bien proposé la main de Louise de Savoie : princesse pour princesse, l'héritage restait français. Et il n'est pas exclu, alors, que son refus ait été déterminant : c'était la preuve qu'il poursuivait ses ambitions étrangères. Il signait sa condamnation.

Dans l'immédiat, la procédure adoptée présentait en outre divers avantages. Les caisses de l'État étaient vides, comme d'habitude, et le besoin d'argent plus cruel que jamais pour la guerre qui menaçait de s'intensifier. La mise sous séquestre des biens disputés permettait au trésor d'en percevoir provisoirement les revenus, à charge de rendre des comptes lors du jugement final. Un provisoire qui risquait de durer, en attendant un jugement sur lequel on aurait le temps de peser à loisir. D'ici là, une vraie manne, qui tombait du ciel.

Bien sûr, dans cette affaire, les souverains n'avaient apparemment pas le beau rôle. Faute de pouvoir invoquer les véritables griefs, on s'en prenait au connétable par la bande, on l'engluait dans la paperasse, la chicane, les arguties. Le procédé, on l'a dit, choqua. Mais le fait que les requérants fussent deux fut très habilement exploité. Louise, dont les revendications parurent abusives, focalisa toute l'attention, concentra sur elle les critiques, qui épargnèrent ainsi le roi. Nous dirions familièrement qu'elle « porta le chapeau », dans l'intérêt évident de son fils. Elle le porte encore, dans tous les livres d'histoire.

Ce n'est pas de gaieté de cœur pourtant, ni par rancune, ni par avarice, mais pour l'empêcher de se remarier dans l'Empire, que le roi et sa mère firent déshériter Bourbon. Le jeter dans les bras de Charles Quint au seuil d'une guerre cruciale était maladroit, mais le choix de la date ne relevait pas d'eux : la mort de Suzanne servit de détonateur. S'il y eut des fautes politiques de leur part, elles sont d'un autre ordre. Ils ne surent pas prévoir la rapidité de réaction du connétable, qui, dès l'annonce du séquestre, changea de camp : avant de partir en campagne, François s'apprêtait à lui rendre à Moulins une ultime visite, se mettant ainsi à sa merci, lorsque Louise le fit avertir in extremis. Ils eurent tort aussi de sous-estimer ses capacités militaires et de prêter aux favoris du roi, ses rivaux, des qualités équivalentes : ni Bonnivet, ni Lautrec ne le valaient. Erreurs modestes, comparées à celles, monumentales, qui lors de la campagne d'Italie, sont imputables à François seul. Sa mère avait tenté, en vain, de le retenir.

Pavie

Sur le plan militaire, la situation semblait critique, le royaume était attaqué au nord par les Britanniques, à l'est et au sud par les Impériaux. Le roi, toujours bercé par les mirages de l'Italie, lui réservait la plus puissante de ses armées. Les divers États de la péninsule, eux, s'apprêtaient comme à l'accoutumée à se ranger du côté du vainqueur : ils misaient alors sur l'Empereur. Mais dans un premier temps, la France s'en tira bien.

Charles de Bourbon, fugitif, débarquait auprès de Charles Quint les mains vides, sans troupes ni ressources, fort de son seul talent. Il fut invité à se tailler un royaume en Provence pour mériter la main de la princesse promise. On lui confia l'armée opérant dans la plaine du Pô. Il traversa le comté de Nice sans que le duc de Savoie, légitime possesseur, osât s'y opposer, franchit le Var, conquit presque sans coup férir les petites cités côtières, mais se cassa les dents sur Marseille, qui résista héroïquement. Mal soutenu par ses alliés, voyant ses soldats peu enthousiastes pour se lancer dans un assaut meurtrier, il tenta en vain de négocier. L'annonce que les troupes françaises approchaient le décida à lever le camp et à battre en retraite vers l'Italie.

Louise n'était pas d'avis de l'y poursuivre. Elle avait obtenu des Anglais, inquiets de la montée en puissance de Charles Quint, une pause dans les opérations militaires du nord. Elle conseillait à son fils de profiter de l'hiver pour panser les plaies et se refaire une santé. Hélas, ses missives et ses messagers se heurtaient à l'humeur combative du roi, grisé par son succès, avide de le parachever par la reconquête de Milan. Elle se méfiait des intermédiaires. Elle crut pouvoir le convaincre, si elle lui parlait de vive voix. Elle prit la route en toute hâte, tenta de le rejoindre. Mais lorsqu'elle parvint en Avignon, elle apprit qu'il venait de quitter Aix avec l'armée, en marche vers la frontière. Il était trop tard.

Elle retourna à Lyon, s'installa dans l'abbaye de Saint-Just, sur la colline dominant la Saône, et de là, appuyée par ceux de ses conseillers que leur âge empêchait de suivre le roi, elle entreprit, tout en restant en étroite liaison avec lui, de gouverner le royaume. Son rôle consistait à y maintenir l'ordre et à en tirer de l'argent. Elle se chargea aussi, par des manœuvres diplomatiques, de disloquer le camp adverse.

Elle y réussit assez bien. Et déjà les Italiens pariaient, à deux ou trois contre un, sur une victoire française. Mais sur le terrain, le roi et ses capitaines, trop confiants dans leur supériorité numérique, commirent l'erreur de négliger les ennemis dispersés, omirent de les poursuivre et leur laissèrent le temps de se réorganiser, tandis qu'ils consumaient eux-mêmes leurs énergies dans le siège hivernal de l'imprenable Pavie. Pis encore : ils dissocièrent leurs forces en tentant concurremment une expédition contre Naples qui, mal préparée, tourna à la catastrophe – et pas seulement parce que Louise, réticente, n'avait pas envoyé les subsides escomptés.

Dans la nuit du 24 au 25 février 1525, l'armée française, prise en tenailles entre les défenseurs de la place et les Impériaux venus du nord, subit sous les murs de Pavie une des plus cuisantes défaites de notre histoire. Le roi, démonté, encerclé, se bat au corps à corps. Identifié grâce à son armure, il échappe à la mort qui frappe la plupart de ses compagnons. À qui reviendront la gloire et les avantages substantiels de cette prise ?

Lui évitant de tomber aux mains du traître Bourbon, c'est un gentilhomme espagnol, le vice-roi de Naples, Lannoy, qui reçoit son épée et le met en sûreté dans l'abbaye voisine, la superbe chartreuse de Pavie tout récemment construite.

« Madame, pour vous avertir comme se porte le ressort de mon infortune, de toutes choses ne m'est demeuré que l'honneur et la vie sauve, et pour ce que mes nouvelles vous seront quelque peu de réconfort, j'ai prié qu'on me laissât vous écrire... » Ainsi commence la lettre par laquelle François informait sa mère du désastre, en lui recommandant ses enfants. À Lyon, on découvrait peu à peu l'ampleur des pertes subies : ceux qui n'avaient pas péri, comme Bonnivet, La Trémoille, les deux frères d'Amboise, le Grand Bâtard de Savoie, oncle du roi, et bien d'autres, avaient été pris. Son beau-frère le duc d'Alençon avait quitté le champ de bataille avec ses troupes, on ne sait au juste quand. Peut-être sa défection ne pesa-t-elle pas sur l'issue d'un combat d'ores et déjà perdu. Mais c'est une insulte aux héros morts ou captifs que de regagner sain et sauf ses pénates : à son retour en France, tous le lui firent sentir et sa belle-mère ne le lui envoya pas dire. Son épouse Marguerite se tut, par charité. Elle le veilla lorsqu'il dut s'aliter, atteint d'une pleurésie. Il mourut, quasiment déshonoré, deux mois plus tard, la laissant disponible pour seconder Louise de Savoie.

Le vaincu s'était vu proposer aussitôt des conditions de paix. Inacceptables, bien sûr. Charles Quint demandait le maximum. Élevé en Flandre et plus bourguignon qu'espagnol, il tenait à récupérer l'héritage de son aïeul le Téméraire, la Bourgogne, berceau de sa maison, avec sa capitale Dijon, où la chartreuse de Champmol abritait la nécropole ancestrale : exigence irréaliste, où il entrait plus de sentiment que de raison. Le roi ne pouvait consentir à abandonner une province maintenant francisée, sous peine de ramener le royaume à ses frontières d'avant Louis XI, d'y perdre une bonne part de son crédit et de soulever les revendications de ses voisins sur d'autres territoires.

Candeur, illusion chevaleresque, confiance excessive dans ses dons de charmeur ? François pensa qu'une conversation directe lui permettrait d'amadouer Charles. Il refusa de souscrire au projet d'enlèvement maritime mis au point par ses amis et se laissa embarquer sagement pour Barcelone, escorté par des navires des deux pays, qui portaient pavillon en berne pour le deuil encore récent de la reine Claude.

Il déchanta vite. L'impérial interlocuteur se dérobait, s'abritait derrière ministres, conseillers, intermédiaires de toutes sortes, pour maintenir les enchères très hautes. Étroitement gardé, le prisonnier, de nature vive et ardente, se rongeait d'inaction et d'impatience. Et comme aucun des deux n'envisageait de céder sur la Bourgogne, la captivité promettait d'être longue.

Le gouvernement de la France reposait désormais sur deux femmes : Louise de Savoie, investie des pleins pouvoirs de régente, et sa fille, expressément désignée pour la remplacer en cas de défaillance. C'est sur elles que Charles comptait faire pression. S'il pensait avoir affaire à deux faibles femmes, il se trompa. Elles étaient de celles qui ne sont jamais plus fortes que dans l'adversité. Elles se surpassèrent.

L'ambassade de Marguerite

Plus fermement encore que son fils, Louise de Savoie déclara d'emblée que l'abandon de la Bourgogne n'était pas envisageable. Elle donna à ses diplomates des instructions en ce sens, assorties de solides arguments juridiques. Hélas, elle n'avait pas affaire à un tribunal, mais à un ennemi qui détenait un otage majeur. Tout ce qu'elle obtint fut une trêve : car Charles Quint, manquant d'argent, harcelé par les Turcs sur les marches orientales de l'Empire, préoccupé des secousses déclenchées en Allemagne par les progrès de la Réforme, n'était pas en mesure de pousser militairement son avantage en envahissant la France.

À Madrid cependant, François Ier, étroitement surveillé, attend toujours en vain l'entrevue espérée avec le vainqueur. C'est alors que sa mère décide, à sa demande, de frapper un grand coup en envoyant comme ambassadrice sa propre fille Marguerite, dont le veuvage est encore tout récent.

Les correspondances diplomatiques fourmillent aussitôt d'hypothèses. À qui va-t-on proposer sa main ? À Charles Quint lui-même, encore célibataire ? Mais il n'a que vingt-cinq ans et elle trente-trois déjà. Il est en position de force : un tel mariage ne lui apporterait rien. De plus, il était sans doute déjà engagé, sans qu'on le sût, à Isabelle de Portugal, qu'il épousera quelques mois plus tard. Qui alors ? On parla du connétable de Bourbon, mais pour se récrier : la France ne s'abaisserait pas à un marché honteux, Marguerite se refuserait à être le prix de la trahison. Le pape aurait songé à proposer François Sforza, pour régler le problème du Milanais, mais la suggestion ne sortit pas de son cabinet.

Non, Louise n'envisageait pas de brader sur le marché du mariage sa fille aimée, dont elle avait le plus grand besoin auprès d'elle. Plus simplement, outre que la qualité de l'ambassadrice devait flatter l'Empereur, on comptait sur le charme et la séduction de Marguerite pour dégeler sa froideur.

La jeune femme se mit en route en grand équipage, toute de blanc vêtue dans son costume traditionnel de veuve, suivie de trois cents cavaliers. Il fallait faire bonne figure. À Aigues-Mortes, elle s'embarqua le 28 août sur la plus belle galère de la flotte, celle-là même qui avait amené son frère d'Italie en Espagne. Le temps, médiocre, tourna à la tempête et c'est assez éprouvée par la traversée qu'elle prit pied à Palamos, pour gagner Barcelone, où l'accueillirent les envoyés de l'Empereur.

Une très mauvaise nouvelle l'y attendait : le roi est très malade, il se meurt. Elle fausse compagnie à son escorte et galope vers Madrid, brûlant les étapes, forçant le calendrier. C'est avec un jour d'avance qu'elle parvient au but, le 19 septembre au soir. Charles Quint, comprenant que la mort de son prisonnier le priverait de sa victoire, s'était enfin dérangé, était venu lui prodiguer la veille de bonnes paroles qui ne l'engageaient pas. Il accompagna Marguerite dans la chambre où gisait François, brûlant de fièvre, à peine conscient. On avait diagnostiqué un abcès au cerveau.

Marguerite écrivit à sa mère pour la préparer au pire et s'installa au chevet du malade, dont l'état s'aggrava encore deux jours durant. Les médecins se déclarèrent impuissants : il entrait dans le coma. Au matin du 22 septembre, elle appela un prêtre et fit dire la messe dans sa chambre. Tandis que tous communiaient, on glissa un fragment d'hostie entre les lèvres du moribond. Presque aussitôt l'abcès, parvenu à maturité, creva, dans un flot de sang et de pus ruisselant du nez, qui lui souilla le visage. Le pouls se calma, François rouvrit les yeux, reconnut sa sœur et lui sourit.

Coïncidence ou intervention surnaturelle ? Pour eux le doute n'était pas permis. Et l'effet sur la santé et sur le moral du roi fut immédiat : la Providence ne pouvait l'avoir sauvé pour rien. En quelques jours, il était guéri. Marguerite écrivit à sa mère pour la rassurer et, la lenteur des courriers aidant, cette seconde lettre rattrapa la première en route, épargnant à Louise de Savoie des angoisses superflues : elle apprit ensemble, à Lyon, le grand danger couru par son fils et sa miraculeuse guérison. Charles Quint, soulagé, était reparti discrètement pour son quartier général de Tolède, peu désireux de voir Marguerite lui jouer le grand jeu de l'attendrissement.

Elle l'y rejoignit dans les premiers jours d'octobre, pour remplir sa mission diplomatique. Son état d'esprit avait changé : toute à la joie du grand malheur évité, elle se sentait plus forte, capable de faire face d'un meilleur cœur à une probable déception. Car sous les égards très appuyés qu'on lui prodigua perçait le souci évident de marquer les distances. L'Empereur, hautain et glacial, ne rabattit rien de ses exigences. Seule sa sœur Éléonore, veuve du roi de Portugal, montra quelque compassion, sans savoir encore, cependant, qu'elle serait le gage de réconciliation entre les deux souverains. Marguerite, ayant compris qu'elle n'obtiendra rien, n'insiste pas.

Elle retourne en faire part à son frère, qu'elle n'a pas de peine à convaincre de tenir bon, tant il se sent ragaillardi. Il prend la plume, écrit fièrement à Charles qu'il préfère passer sa vie en prison plutôt que de démembrer le royaume de France. Et sur sa lancée, il rédige un peu plus tard, au mois de novembre, un très étrange acte d'abdication : il y déclare céder son trône au dauphin, alors âgé de sept ans, sous la régence de Louise de Savoie, mais il spécifie qu'il reprendra sa couronne le jour où son emprisonnement cessera. Une abdication révocable : on n'avait jamais vu rien de tel. La ruse, un peu grosse, ne trompa personne. Mais s'il songeait à ruser, c'était la preuve qu'il avait renoncé à ses illusions chevaleresques et retrouvé sa combativité. Avec un adversaire de la taille de Charles Quint, on ne cherche pas une réconciliation fraternelle, on joue au plus fin. En l'occurrence, un coup pour rien, qui fait pressentir la suite.

Quant au retour de Marguerite, il faillit être compromis par un grave incident. On lui proposa de faire évader son frère, qui profiterait de son escorte pour gagner la frontière en sûreté, tandis qu'elle-même, prenant tous les risques, s'exposerait à la fureur des Espagnols. Une dénonciation lui épargna ce sacrifice. Charles faillit la faire arrêter, hésita, lui accorda un laissez-passer strictement limité dans le temps. Elle partit sans tambour ni trompette, eut bien du mal, par de mauvaises routes enneigées, à gagner le col du Perthus. Elle atteignit Salses de justesse, quelques jours avant Noël. La France l'accueillit comme une héroïne, avec des transports de joie, et sa courageuse équipée lui valut une lettre de félicitations du grand humaniste Érasme.

De cette entrevue, elle garda le souvenir d'un « revoir mêlé d'amertume et douceur » : la vie de son frère était sauve, mais elle n'avait pu le tirer de prison. Elle n'avait pas lieu de regretter sa peine, pourtant. L'influence bénéfique de sa visite sur le roi, la mesure qu'elle avait pu prendre, aussi, de l'opiniâtreté de Charles Quint pèseraient sur le choix ultérieur d'une tactique. Elles compensaient, et au-delà, l'échec de l'ambassade, qui promettait d'être réparable.

Car, de son côté, Louise de Savoie travaillait à rétablir la situation au plus vite.

La régente au pouvoir

En l'absence de son fils, elle avait, paradoxalement, plus et moins de pouvoir. Plus de responsabilités, moins de moyens de les exercer. Un régent n'est pas un roi. Une femme n'est pas un homme. Une régente cumule les deux handicaps, surtout en pays de loi salique. Louise le savait et en tint compte dans la manière dont elle gouverna.

En politique extérieure, heureusement, elle avait les mains assez libres. Les ambassadeurs étrangers, accoutumés à traiter avec elle, continuèrent de lui faire confiance. Pour parler affaires, peu leur importait le sexe de l'interlocuteur, s'il avait qualité pour le faire. C'était le cas.

Aux Anglais, peu désireux de voir Charles Quint dominer l'Europe, elle sut parler le langage de leur intérêt. Leur roi, certes, réaffirmait périodiquement ses prétentions à la couronne de France, qui dataient d'avant la guerre de Cent Ans. Mais sans illusions. Il avait renoncé à étendre ses possessions sur le continent : Calais, tête de pont menaçante, lui suffisait pour faire monter les enchères. Ce qu'il voulait, c'était de l'argent, de ce précieux argent que son Parlement, constitutionnellement habilité à voter les impôts, lui mesurait avec parcimonie. Louise s'entendit donc aisément avec lui, une « indemnité de guerre » de deux millions, contre l'abandon de toute revendication territoriale. Le tout assorti de multiples garanties, pour prémunir Henri VIII contre l'insolvabilité éventuelle du souverain ou la dévaluation de la monnaie française. Ce n'était pas trop cher payer la paix, qui fut signée le 9 septembre, au grand dépit de l'ambassadeur de Charles Quint à Lyon.

En Italie, Louise n'eut pas de peine à encourager les défections dans le camp impérial. La capitale rhodanienne, alors ville-frontière, grouillait de marchands, de banquiers, qui avaient un pied de part et d'autre des Alpes. On attisa le mécontentement des Milanais, à qui leurs nouveaux maîtres pesaient déjà. On prit langue avec le pape et la République Sérénissime. Rien de décisif pour l'instant. Assez cependant pour que Charles sût que la péninsule ne demandait qu'à lui échapper.

Les vraies difficultés, c'est en France que Louise les rencontra.

Au lendemain de la défaite, devant la menace d'invasion, tous se serrent les coudes. Elle a l'habileté d'associer au sursaut national quiconque exerce une responsabilité. Elle invite pathétiquement cours de justice et officiers municipaux à faire « tout ce qui est requis pour le bien, défense et conservation du royaume ». Partout, on pourchasse les pillards, on maintient l'ordre public. Certains renâclent, çà et là, devant les demandes de subsides. Mais les villes se résignent, ne fût-ce que dans leur propre intérêt, à consolider à leurs frais leurs remparts.

Les choses se gâtent quelques semaines plus tard, une fois le danger écarté, la peur surmontée, lorsqu'on se rend compte que l'absence du roi risque de durer. Bref, quand Louise doit s'installer au pouvoir pour de bon.

À quelque chose malheur est bon. Les révoltes nobiliaires, qui accompagnent toujours les éclipses de l'autorité royale, lui furent épargnées. Car Pavie a fait dans les rangs des grands féodaux des coupes sévères, dont ils auront du mal à se remettre. Pas de frère du roi, plus de beau-frère. Le seul grand personnage susceptible de prétendre à la régence, le connétable de Bourbon, est dans l'autre camp. Louise rassemble autour d'elle, dans son Conseil, les débris de la haute aristocratie. Elle n'aura pas à se plaindre d'eux.

Les ennuis lui viennent du parlement de Paris.

Il faut savoir que les parlements – il y en avait un dans chacune des grandes capitales provinciales – n'étaient pas des assemblées législatives élues, comme pourrait nous le faire croire leur nom, mais des cours de justice, qu'on disait souveraines parce qu'elles jugeaient en dernier ressort. Composés de magistrats nommés par le roi, mais propriétaires de leurs charges parce que François Ier avait trouvé fructueux de les leur vendre, ils avaient des attributions dépassant de beaucoup celles d'un tribunal actuel. Celui de Paris, doté d'un statut particulier, était chargé de vérifier les édits et ordonnances royaux, c'est-à-dire de s'assurer qu'ils n'entraient pas en contradiction avec la législation existante, et de les enregistrer : faute de quoi ils n'étaient pas exécutoires. Il était autorisé à donner son avis sous la forme de « très humbles remontrances », qui parfois n'avaient d'humble que la formulation. Certes le roi pouvait passer outre : il lui suffisait de paraître en personne à une séance dite « lit de justice » pour que l'enregistrement d'une loi contestée devînt automatique. Mais les magistrats, se sachant inamovibles, n'étaient pas en peine d'expédients pour bloquer les mesures qui leur déplaisaient. Le conflit avec l'autorité royale, latent quand celle-ci était forte, pouvait devenir aigu si elle s'affaiblissait.

Le Parlement, à qui François Ier avait montré sans ménagement qu'il entendait être le maître, releva la tête en son absence. N'était-il pas la lointaine émanation de la très ancienne *Cour-le-Roi*, jadis associée à la direction du royaume ? Il tenta de retrouver une partie de ses prérogatives perdues, critiqua les méthodes de gouvernement de la régente, prit des initiatives qui heurtaient de front sa politique, tant en matière financière qu'en matière religieuse. Il était soutenu par la municipalité de Paris.

Louise n'était pas en position de force. Elle temporisa. Elle souscrivit à des déclarations de principe peu compromettantes. On pouvait toujours s'engager à faire rendre gorge aux profiteurs et à améliorer le fonctionnement de la justice. Mais elle refusa tout net d'abroger le Concordat.

Le Parlement, fortement appuyé par la Faculté de théologie, y tenait pour de solides raisons. Par le Concordat de Bologne, signé au lendemain de Marignan, le pape avait concédé au roi le droit de choisir évêques et abbés des principales maisons religieuses, sous réserve de confirmation par le Saint-Siège. Auparavant, sous le régime de la Pragmatique Sanction, ces fonctions étaient électives : source de brigues scandaleuses, auxquelles on prétendait ainsi remédier. Le nouveau système n'avait pas vraiment moralisé les nominations : le favoritisme pouvait être aussi fâcheux que la cuisine électorale. Mais il avait bouleversé les rapports de force. En perdant le droit d'élire ses chefs, l'Église de France se voyait entièrement soumise à la monarchie. Elle ne s'en consolait pas.

Elle profita de la vacance de l'archevêché de Sens, le plus important du royaume, pour tenter un coup de force. Louise, y ayant nommé le chancelier Duprat, un de ses fidèles de longue date, se vit opposer le neveu du précédent titulaire, fort du choix de ses pairs. Le Parlement se prononça contre elle et poussa les choses si loin qu'il cita à comparaître devant lui, pour enquêter sur ses abus de pouvoir, le chancelier lui-même, c'est-à-dire son chef hiérarchique. Elle ne pouvait céder sans perdre la face. Elle tenta de détourner l'orage, en sacrifiant aux plus coriaces de ses détracteurs quelques victimes sur qui se faire les griffes. Ces victimes étaient malheureusement, pour une part, les amis de Marguerite, qu'elle savait blesser ainsi au vif.

L'Église catholique, devenue au fil des siècles une énorme machine, riche, puissante, engluée dans les ambitions et les compromissions terrestres, était un objet de scandale pour beaucoup d'âmes éprises de pureté. Depuis quelques années la Réforme de Luther, passée d'Allemagne en France, gagnait du terrain. Or la Sorbonne, gardienne de l'orthodoxie, reprochait au Concordat de favoriser, par l'entremise de la sœur du roi, la diffusion de l'hérésie.

Marguerite était en relation avec un groupe de novateurs qui rêvaient de réformer l'Église de l'intérieur, sans se séparer de Rome. Les plus connus : Lefèvre d'Étaples, Gérard Roussel, Guillaume Farel, Guillaume Briçonnet. Beaucoup d'entre eux étaient prêtres. En leur procurant des sièges épiscopaux, elle pensait travailler au renouveau qu'elle appelait de ses vœux. Autour de Briçonnet, évêque de Meaux, qui dirigeait sa conscience, se forma un foyer de réflexion théologique et de prédication. On y préconisait un retour aux sources vives de la foi, à l'Évangile – d'où le nom d'Évangélistes qu'on leur donna –, tout en hésitant, dans l'immédiat, à suivre Luther dans sa dérive dogmatique. Ils se partagèrent par la suite entre les deux confessions. Marguerite est de ceux qui refusèrent le schisme. Son *Miroir de l'âme pécheresse*, recueil de poésies religieuses, comporte cependant des hardiesses de pensée telles qu'elle encourut un peu plus tard, elle, sœur du roi, une condamnation sorbonique. Elle choisit de rester dans l'Église. Mais elle comprenait ceux qui décidèrent d'en sortir. Elle leur garda son amitié, les protégea et, horrifiée par les persécutions, tenta de les soustraire au bourreau.

Elle était en Espagne quand sa mère laissa le Parlement engager une série de poursuites. Au lendemain de Pavie, on cherche des responsables, des pécheurs ayant attiré sur le pays les foudres de la colère divine : les hérétiques, les « mal sentants », tous les déviants de la stricte orthodoxie font des victimes toutes désignées. Les condamnations pleuvent alors sur les plus humbles, les processions expiatoires fleurissent, quelques bûchers flambent. Avec les plus haut placés, on garde quelque mesure. Mais Lefèvre et Roussel, doutant de la protection royale, se réfugient à Strasbourg. Berquin, emprisonné, sauve cette fois-ci sa tête.

Maigres concessions, insuffisantes pour faire passer l'amère pilule fiscale. Henri VIII avait exigé que, pour le versement de l'indemnité promise, les provinces et les villes les plus riches, ainsi que huit des plus grands seigneurs, s'engagent solidairement avec le roi. Appuyés par le Parlement, les uns et les autres renâclaient. Il fallut cinq mois d'épineuses et humiliantes discussions pour aboutir à un compromis. Mais la Ville de Paris n'avait rien voulu entendre.

Louise de Savoie a pu mesurer les limites de son pouvoir. Elle sentit monter l'agitation lorsque le bruit courut que François était mort. Il se porte bien, grâce à Dieu, elle le fait proclamer à son de trompe. Mais elle garde sous le coude son acte d'abdication, qui ne ferait que l'affaiblir : la perspective d'une régence prolongée semble sourire à certains, prêts à abandonner le malheureux à son sort.

Sa décision est prise : il faut, d'urgence, faire rentrer le roi. À n'importe quel prix. « Pour cuider[1] sauver un duché, le royaume serait en grand danger d'être perdu » : elle trouva le moyen d'en convaincre son fils. On peut être sûr qu'elle eut part, également, à la mise au point du marché de dupes que fut le traité de Madrid.

Un marché de dupes

Les représentants français à Madrid tombèrent des nues en recevant soudain des instructions rigoureusement contraires aux précédentes. À Charles Quint, on accorde tout. On cède sur toute la ligne.

Tout. François renonce à tous ses droits sur l'Italie, dégage l'Empereur de sa vassalité pour la Flandre et l'Artois et restitue les places conquises dans cette dernière province. Il abandonne ses derniers alliés restés fidèles. Il réhabilite Bourbon et lui rend ses biens, se contentant de lui voler la fiancée promise : c'est pour lui-même qu'il demande la main d'Éléonore, solution élégante, camouflet au connétable félon et promesse d'amitié entre les deux adversaires appelés à devenir beaux-frères. Et surtout, improbable, inestimable concession : il lâche la Bourgogne.

C'était trop beau. Gattinara, qui menait les discussions du côté espagnol, trouva le revirement suspect. Il n'avait pas tort. Le 14 janvier 1526, dans sa prison, devant ses mandataires qui s'étaient fait accompagner de deux notaires, François rédigea et fit enregistrer une protestation en bonne et due forme : tout ce qu'il signerait sous la contrainte serait nul et non avenu. Quelques heures plus tard, il apposait son nom au bas du

1. En croyant sauver... – Le duché en question est la Bourgogne.

traité, jurait sur l'Évangile de le respecter, promettait de revenir prendre sa place de captif s'il n'en avait, dans un délai de quatre mois, exécuté toutes les clauses. L'ordre respectif dans lequel furent passés les deux actes est essentiel : la protestation ne peut annuler le serment que si elle intervient avant lui. Un tel mélange, très irrationnel, de formalisme juridique et de duplicité relève de mentalités qui ne sont plus les nôtres. Mais dès le XVIe siècle, il fut apprécié diversement. Aussi laissera-t-on à chaque lecteur le soin de porter sur lui un jugement moral.

Ne quittons pas le plan politique. L'Espagne avait tout de même cédé sur un point, essentiel : elle rendait au roi la liberté *avant*, et non après la restitution de la Bourgogne, comme elle l'exigeait d'abord. Ni l'Empereur, ni ses conseillers n'étaient des naïfs, bien qu'ils aient crié ensuite à la trahison et à la perfidie. Ils avaient mesuré le risque. Mais le temps jouait contre eux, sur le plan international. Leurs propres difficultés intérieures et extérieures s'aggravaient. La France, tant bien que mal, faisait front. Ils avaient vu le roi dangereusement malade : qu'il vînt à mourir, et ils restaient les mains vides. Mieux valait pour eux consentir à ces ouvertures inespérées, même si elles étaient trompeuses.

Exiger des serments, c'était bien. Des otages, c'était mieux. Avant de nous indigner, rappelons-nous qu'au Moyen Âge et à la Renaissance la pratique était courante, lors d'une négociation, de laisser derrière soi, pour preuve de sa bonne foi, des garants de haut lignage sur qui pût s'exercer la rétorsion en cas de rupture unilatérale du contrat. Ces otages étaient honorablement traités et vite relâchés, quand tout se passait selon les règles. Charles mit la libération de son prisonnier au plus haut prix. Il réclama, au choix, dix des plus grands personnages du royaume ou les deux fils aînés du roi. Après la saignée de Pavie, le pays ne pouvait se priver des quelques hommes capables qui lui restaient. La mort dans l'âme, la grand-mère se résigna à sacrifier ses petits-enfants. Sacrifier est le mot qui convient, puisque, François n'ayant pas l'intention de tenir ses engagements, ils étaient voués à une captivité longue et pénible. Ils avaient respectivement huit et sept ans. Restait en France le petit Charles, que les Espagnols n'avaient pas osé inclure dans le traité : il atteignait tout juste ses quatre ans.

L'on prépara aussitôt le retour du roi. Charles Quint vient le voir dans ce qui est encore sa prison. Il lui fait rencontrer sa future épouse Éléonore, qui restera en Espagne, bien sûr, comme les petits princes, jusqu'à ce que la France ait rempli son contrat. Mais nul n'avait d'illusions sur la garantie que pouvait représenter sa personne.

Engagements, promesses solennelles, embrassades, on ne lésine pas sur les bonnes paroles et sur les démonstrations extérieures. Enfin, tandis que Charles prend la route du sud pour aller à Séville convoler avec Isabelle de Portugal, François quitte Madrid le 19 février, il est à Saint-Sébastien le 12 mars, et le 17 à Fontarabie, où tout est prêt pour l'échange des prisonniers, minutieusement organisé comme dans un de nos films d'espionnage. Au milieu de la Bidassoa, qui sert de frontière, est amarré un ponton, terrain neutre sur lequel se croisent le roi et ses enfants, sous l'œil vigilant des gardes restés sur la rive. Il a tout juste le temps de les serrer sur son cœur en pleurant. Il est libre, il foule le sol français. Une brève chevauchée et le voici à Saint-Jean-de-Luz, puis à Bayonne, dans les bras chaleureux de Louise de Savoie.

Cette excellente mère a pensé à tout. Elle a profité de la captivité de son fils pour écarter la maîtresse de la veille, Françoise de Châteaubriant, qu'elle n'aime pas. Le captif trouve autour d'elle une pléiade de filles d'honneur très propres à lui faire reprendre goût à la vie. Son choix se porte sur la blonde et rieuse Anne de Pisseleu, qu'il fera duchesse d'Étampes et qui occupera jusqu'à la fin du règne la place enviée de favorite officielle.

Redevenu roi de France, il ressaisit les rênes d'un pays grandement soulagé par son retour. Il prend pour rentrer dans sa capitale le chemin des écoliers, s'attarde en route, de fêtes en festins et en parties de chasse. Un mois par-ci, quinze jours par-là : il réussit à mettre une bonne année pour atteindre Paris. Tandis qu'il semble s'abandonner aux délices des plaisirs retrouvés, au grand dam de la politique, ses conseillers cherchent une parade au traité de Madrid.

Il ne put bercer longtemps de propos évasifs les ambassadeurs espagnols. À Lannoy, qui le rejoint à Cognac, il fait déclarer par la voix autorisée du chancelier qu'il n'est pas libre de disposer de la Bourgogne : il y faut le consentement des États de cette province, voire des États généraux du royaume. Quant aux autres clauses du traité, ajoute-t-il aimablement lui-même, il est tout prêt à y satisfaire sur-le-champ.

Le recours aux États promet d'interminables délais, assortis d'un refus prévisible : Charles comprend qu'il a été berné. Toutes les cours d'Europe retentissent de sa colère contre le vil parjure, qui a trahi sa parole de chevalier. Et les petits princes, en Espagne, se voient privés de leur gouverneur et de leurs serviteurs français, séquestrés dans des châteaux de plus en plus inhospitaliers, coupés de tout contact avec l'extérieur, mal vêtus, mal nourris : si indignement traités, pour des fils de roi, que l'on s'en scandalisa. La France exigea une visite. La jeune reine Isabelle, soucieuse de la réputation de son époux, eut beau s'efforcer de les rendre présentables, l'effet produit par le spectacle de ces enfants renfermés, farouches, ensauvagés, impressionna. Charles, en passant sa colère sur des innocents, perdait le bénéfice moral que lui avait d'abord valu la mauvaise foi de leur père.

La Ligue dite de Cognac, formée à l'initiative de Louise et qui se renforçait de jour en jour – France, Saint-Siège, Venise, Florence, Milan, avec l'amicale neutralité de l'Angleterre –, affichait des objectifs on ne peut plus honorables : rétablir la paix en Italie pour mener ensuite une campagne contre les Turcs. Le projet tombait à pic : leurs armées venaient de battre et de tuer dans les plaines danubiennes le propre beau-frère de l'Empereur, le roi de Hongrie. On proposa sans rire à Charles de s'y associer, s'il garantissait l'indépendance de l'Italie et relâchait les petits princes contre rançon. On l'invitait à faire partie d'une coalition dirigée en réalité contre lui. Sa fureur ne connut plus de bornes.

La guerre, qui a repris dans la péninsule, n'aboutit à aucun résultat décisif. Mais elle fait à tous deux un cadeau. Elle les débarrasse de l'encombrant connétable de Bourbon. François Ier ne lui a pas pardonné. Quant à Charles, il n'a plus grand-chose à faire de ce soldat perdu qui, faute d'avoir su se tailler un royaume en France, est en passe de devenir un de ces aventuriers entrepreneurs de guerre au service du plus offrant comme l'Italie et l'Allemagne en verront tant. En 1527, à la tête d'une armée de mercenaires mal payés, avides de pillages, il se lance à l'assaut de Rome, qui a eu le tort de prendre parti pour la France. Il est tué sur le rempart, le premier jour. La nouvelle de sa mort n'affligea personne. Et les horreurs du sac de la ville, auxquelles put assister le pape enfermé dans l'inexpugnable château Saint-Ange, vinrent s'ajouter à sa trahison pour entacher à jamais sa mémoire.

Cependant le roi et l'Empereur campent toujours sur leurs positions. L'un, dûment soutenu par les États de Bourgogne, refuse de céder la province ; l'autre s'obstine d'autant plus dans ses exigences qu'il a l'impression – pas fausse – qu'on s'est moqué et qu'on se moque encore de lui. L'escalade verbale entre eux va très loin, jusqu'à l'échange d'un cartel en vue d'un duel où ils s'affronteraient tous deux en personne, l'épée à la main, comme au bon vieux temps des chevaliers de la Table ronde. Suggestion irréaliste, bien sûr, mais qui permet à chacun d'accuser l'autre de lâcheté, de dérobade déshonorante. Les paroles, même prononcées en l'air, ne s'envolent pas toujours. Le flot d'insultes proférées leur interdit de faire marche arrière, d'esquisser le moindre pas l'un vers l'autre, il les paralyse, les emprisonne dans une situation sans issue.

C'est alors que Louise de Savoie entre de nouveau en scène, à la recherche d'une solution. Elle trouve en face d'elle, pour amorcer la négociation, une interlocutrice de choix, une autre femme, en tous points son égale par l'intelligence et l'énergie, et qui joue auprès de son neveu Charles Quint un rôle similaire à celui qu'elle tient elle-même auprès de François. Une vieille connaissance, pour elle et pour nous : l'ex- « petite reine » de Charles VIII, Marguerite d'Autriche.

Où l'on retrouve Marguerite d'Autriche

À cette femme exceptionnelle était échue une destinée hors du commun.

À titre personnel d'abord.

Dans sa romanesque adolescence, aux côtés de Charles VIII, elle avait rêvé d'amour. Du grand amour. Très imprudent de la part d'une princesse. Or, contre toute attente, elle le rencontra. Pas tout de suite, et pas pour longtemps. Mais assez pour emplir durablement son cœur.

Nous l'avons laissée sur le navire qui l'amenait en Espagne, vers son époux, l'infant héritier d'Aragon. Mariage brillant, sur lequel nous ne savons pas grand-chose, sinon que don Juan tomba de cheval et se tua, le 7 octobre 1497, la laissant enceinte. L'enfant qu'elle mit au monde peu de temps après était mort. Et Commynes de se demander si le ciel ne punissait pas, dans sa progéniture comme dans celle de Charles VIII, la rupture de l'engagement premier.

Son père la donna ensuite, en 1501, au duc de Savoie, Philibert le Beau, le bien nommé, car ce fut l'éblouissement. Nés tous deux en 1480, ils avaient pour eux la jeunesse et l'ardeur. Elle aussi était fort belle. Ils formèrent un couple superbe. L'éclatante supériorité de la jeune femme ne nuisit pas à leur entente. Il se laissa aimer et, d'humeur facile, indolent, lui abandonna volontiers les rênes du gouvernement. Elle découvrit à ses côtés les souriantes ou âpres terres de la Bresse, du Bugey, de la Savoie, du Genevois, qui avaient fait partie, très longtemps auparavant, du royaume de Lotharingie, noyau du puissant duché de Bourgogne. Ce retour aux sources, aux racines de sa maison, l'attachait encore davantage à son nouvel et séduisant époux. Le Piémont, alors possession des ducs de Savoie, l'attirait moins : c'était déjà un autre monde. Jamais l'Italie ne fascina cette Flamande, admiratrice de l'art et de la civilisation de son pays. Son patriotisme ne franchissait pas les grands cols des Alpes : toute son action politique ultérieure s'en ressentit.

Comment le sentiment passionné qu'elle vouait à son mari aurait-il traversé l'épreuve du temps ? On n'eut pas l'occasion de le savoir. En 1504, Philibert, dans l'échauffement d'une partie de chasse, but de l'eau glacée, dut s'aliter, en mourut très vite. Pour éterniser son amour défunt, fixé à jamais tel qu'en lui-même par la magie du souvenir, Marguerite, inconsolable, fit bâtir aux portes de Bourg-en-Bresse un mausolée, un reliquaire de marbre, de pierre, d'or et de boiseries sculptées. Le monastère de Brou, chef-d'œuvre du gothique flamboyant à son déclin, coûta près de vingt ans d'efforts à ses architectes et décorateurs successifs, dont le maître maçon Van Boghem mandé de Flandre tout exprès. Dans l'ornementation exubérante de l'église, les souvenirs d'amour voisinent avec l'iconographie religieuse, dans un grand déploiement d'allégories et de symboles, comme on les aimait alors : des marguerites emblématiques, des initiales entrelacées, les armoiries de Savoie et celles de Bourgogne, une devise sibylline – *Fortune Infortune Fors Une* – qu'on interprète diversement[1]. Le couple ducal se glisse sur la façade et dans les vitraux, aux pieds du Christ ou de la Vierge, sous la forme des traditionnels donateurs. Leurs deux tombeaux nous offrent d'eux, selon l'usage, une double image, les orants richement vêtus, figés dans l'attitude de la prière, et les gisants au linceul, dans l'atroce dépouillement de la mort. L'église n'était pas tout à fait terminée, mais presque, lorsque Marguerite vint y rejoindre en 1531 sa belle-mère homonyme, Marguerite de Bourbon, ainsi que l'époux tant aimé.

En attendant, tout au long de son veuvage, son cœur rebelle à toute nouvelle union lui laisse un esprit libre et du temps disponible pour ce qui sera – mais elle ne le sait pas encore – la seconde de ses passions : la politique.

En 1506, son frère Philippe, également dit le Beau, meurt brusquement, laissant cinq enfants en bas âge, un sixième attendu. Deux, nés en Espagne, y resteront auprès de leur mère Jeanne, qui, elle aussi amoureuse de son mari, devient folle de chagrin. Les autres, nés et élevés en Flandre, sont confiés à Marguerite, en même temps que l'administration des Pays-Bas[2] : charge écrasante, dont elle se tire avec maestria.

Auprès de son neveu Charles, elle remplace la mère qu'il a à peine connue. Les deux grands-pères, Ferdinand d'Aragon et Maximilien d'Autriche, qui pourraient se disputer la tutelle

1. On la présente quelquefois aujourd'hui sous la forme *Fortune infortune fort une* et on traduit : « La fortune [le destin] infortune [accable, persécute] fort [durement] une [sous-entendu : femme]. » Mais il n'existe pas de verbe *infortuner* et l'adverbe, orthographié *fors* dans tous les livres anciens, signifie : sauf. Le sens probable est que sa vie a vu le malheur succéder au bonheur, mais qu'une infortune au moins lui a été épargnée : allusion à l'amour conjugal intact d'un époux à qui la mort la réunira. Une autre variante – *Fortune, infortune, fortune* – offre une signification plus pauvre.

2. On n'oubliera pas que ce terme désigne, à cette époque, non seulement les provinces qui portent aujourd'hui ce nom, mais l'actuelle Belgique, où se situe le centre de gravité de l'ensemble.

des Pays-Bas, sont loin, ils ont de quoi s'occuper chez eux, ils lui laissent carte blanche. Elle est pendant quinze ans le maître d'œuvre incontesté de la politique austro-espagnole dans les provinces flamandes.

Pas de négociation où elle n'intervienne, prudente, opiniâtre, charmeuse aussi et sachant user de sa douceur féminine auprès des hommes de tout âge et de tout rang. Combative quand il le faut, prête à « se prendre au poil » – nous dirions « se crêper le chignon » – avec un adversaire un peu vif, quitte à en rire ensuite de bon cœur avec lui et à revenir bonnement à ses offres premières, auxquelles le contraste de ton donne soudain un air inoffensif. Intuitive, jaugeant vite les êtres et pressentant leurs réactions, lisant entre les lignes des documents diplomatiques, saisissant à demi-mot invites et menaces, elle est le plus redoutable des négociateurs.

Elle haïssait la France, dit-on, ne lui pardonnait pas la répudiation de jadis. C'est trop vite dit. Elle est femme d'amour, pas de haine, et l'obsession de la vengeance n'est pas son fait. La clef de son comportement est ailleurs. Elle aime sa famille, le neveu qui lui sert de fils ; elle aime son pays, la Flandre, ou plutôt la Bourgogne, dont les frontières à ses yeux dépassent largement le cadre étriqué des Pays-Bas. Elle ne se console pas qu'ait été démembré l'héritage du Téméraire. Elle poursuit deux objectifs : l'élévation de son neveu et la récupération de la province mère, la Bourgogne proprement dite. Deux objectifs directement opposés aux intérêts français. On reconnaît donc sa main, pendant une quinzaine d'années, dans toutes les entreprises menées, avec des succès divers, contre notre pays.

En 1508, elle réussit à convaincre le cardinal d'Amboise, envoyé de Louis XII, de rompre l'alliance franco-vénitienne, qui nous eût donné le champ libre en Italie du Nord. En 1513, elle encourage une agression des Suisses contre Dijon. En 1514, elle cherche à obtenir pour son neveu la main de Marie d'Angleterre, qui échoit à Louis XII : pas de regrets, c'était un mauvais cheval. En 1516, elle tente d'empêcher la signature du traité de Noyon qui consacre implicitement, par omission, la renonciation du jeune Charles à la Bourgogne. L'année 1519 est celle de son triomphe : c'est grâce à elle et à son entregent, à ses démarches auprès des grands banquiers Fugger, qu'il emporte à prix d'or son élection à l'Empire. Elle est partout et, à partir de 1521, la mort du vieux conseiller Guillaume de Chièvres, partisan d'une réconciliation avec la France, laisse le champ libre à son influence.

Palmarès impressionnant, non exhaustif cependant. Aucune femme de ce temps ne peut se vanter de posséder une expérience politique aussi riche. Sauf peut-être Louise de Savoie, qui décide, pour sortir de l'impasse où se sont enfermés les deux souverains, de lui faire des ouvertures.

La Paix des Dames (Cambrai, 1529)

Ce n'était pas une mauvaise idée. Marguerite était peu accommodante, mais on ne pouvait la tenir à l'écart de la négociation. Autant aller droit à elle : elle apprécierait. Et personne n'était plus qualifié que Louise pour le faire.

Les deux femmes se connaissent depuis toujours. Mieux, elles sont belles-sœurs : Philibert de Savoie, l'époux tant pleuré de Marguerite, était le propre frère de Louise. Elles sont de la même génération, avec quatre ans seulement de différence. Veuves toutes deux, vouées au service d'un fils ou d'un neveu dont elles protègent jalousement la fortune, elles sont capables, bien que liées à deux camps opposés, de se comprendre et de s'estimer. Ce qui ne veut pas dire qu'elles sont prêtes à se faire des cadeaux.

Mais déjà, une même horreur de la guerre et de ses ravages les a rapprochées. Les Pays-Bas sont en première ligne dans un conflit où les places d'Artois et de Flandre suscitent les convoitises françaises, espagnoles, voire britanniques. Et Dieu sait que ce plat pays sans frontières naturelles est exposé aux invasions ! La Comté – la future Franche-Comté – est également très menacée. Le principal souci de la gouvernante est d'en éloigner les armées, d'exporter la guerre le plus loin possible, en Italie par exemple, où les belligérants peuvent se massacrer à loisir, pour le plus grand profit de la prospérité flamande. Louise de Savoie, de son côté, redoute une invasion de la Bourgogne, si vulnérable aux incursions venant de l'est. Elles ont donc signé à plusieurs reprises des trêves locales, sortes de pactes de non-agression, stipulant qu'on se battrait ailleurs que dans ces secteurs. En mai 1528, au plus fort du concours d'insultes entre leurs deux champions respectifs, elles trouvent le moyen de renouveler l'accord préservant ces provinces.

S'il n'y avait que ces deux dames, la paix serait bientôt faite. D'autant plus qu'elles sont, l'une et l'autre, aussi réalistes que sages. Marguerite est disposée à mettre le prix aux choses à condition qu'elles soient possibles. Ainsi avait-elle persuadé son neveu, horrifié par les sommes dépensées pour l'Empire, que l'opération en valait la peine : « Le seigneur roi, mon maître », lui expliqua-t-elle en termes imagés, « nous a écrit que le cheval sur lequel il voulait nous venir voir était bien cher. Nous savons bien qu'il est cher. Mais toutefois, il est tel que s'il ne le veut avoir, y a marchand prêt pour le prendre. » Inversement, elle connaît les limites à ne pas dépasser et – la chose est bien plus difficile – sait renoncer à ce qu'elle voit hors de portée. En 1529, elle comprend que la récupération de la Bourgogne exigerait une guerre totale, aux conséquences catastrophiques, sans garantie de résultat. Le pillage de la Flandre est un prix qu'elle ne veut pas mettre à une hypothétique victoire. Celui de la Bourgogne non plus, très probablement. Évidence douloureuse, qu'elle ne dut pas accepter sans déchirement. Et c'est grande vertu que d'avoir su sacrifier à l'intérêt de ses peuples un rêve aussi profondément ancré dans son cœur.

Elle prêta favorablement l'oreille aux ouvertures officieuses que Louise lui fit faire en octobre 1528. Pourquoi n'engageraient-elles pas, à titre privé, des négociations discrètes ? Elles déblaieraient le terrain, sans engager les souverains, qui resteraient libres de les désavouer. Prudentes, elles ne promettent rien : l'essentiel est de ne pas rompre ce fragile contact. Mais elles commencent à sonder leurs maîtres respectifs. Elles reçoivent le feu vert, pourvu que le secret soit bien gardé.

Six mois durant, on discute, on parlemente, on oppose projets et contre-projets, avançant d'un pas, reculant de deux. Non qu'elles se défient l'une de l'autre. Elles sont trop fines, elles s'estiment trop : inutile de bluffer ni de ruser. Ces interminables manœuvres d'approche ont pour but d'apprivoiser les deux rois, de les habituer à la perspective d'un accord. Il y faut du temps. D'autant plus de temps que leurs armées continuent de se battre en Italie. Chaque succès réveille alternativement chez l'un et chez l'autre l'espoir de l'emporter sur le terrain, ou du moins de traiter en position de force. Il n'est pas facile de leur faire accepter l'idée d'un retour au point de départ : pas d'Italie pour l'un, pas de Bourgogne pour l'autre.

Il faut aussi leur sauver la face, à tous deux, maintenir entre les deux pays la balance strictement égale, lors d'une éventuelle rencontre. Et les questions protocolaires sont pesées à la balance d'orfèvre. Aucun des deux négociateurs ne peut se rendre chez l'autre : ce serait faire le premier pas. Il faut donc que chacun fasse la moitié du chemin. On convient de Cambrai, ville libre d'Empire, qui fera office de terrain neutre. Laissant son fils à Compiègne, où il est censé se livrer aux joies de la chasse, Louise s'achemine vers la frontière. Marguerite, de son côté, a quitté Malines. Elles entrent dans Cambrai en même temps, le même jour, 5 juillet, à quelques heures de distance, l'une par la porte de France, l'autre par celle de Flandre. Les voici enfin face à face.

Avances, reculs, fausses sorties, menaces de rupture : il leur faudra encore près d'un mois de discussions et quelques mauvaises nouvelles – en provenance d'Italie pour François, d'Europe centrale pour Charles – avant de mettre sur pied un texte acceptable. Le 29 juillet c'est chose faite. Le 3 août la paix est signée, la cathédrale retentit d'un *Te Deum*. Le traité de Cambrai reçoit aussitôt le surnom, bien mérité, de *Paix des Dames*.

Les clauses en parurent malgré tout défavorables à la France. François conserve la Bourgogne et les villes de la Somme, mais rend à Charles quelques places sur la frontière du nord et le délie du serment de vassalité exigible pour la Flandre et l'Artois, qui n'était plus qu'une survivance vaine. Il renonce, du bout des lèvres, à ses prétentions italiennes. Ses fils seront libérés en échange de la rançon due pour sa capture à Pavie. Il restituera leurs biens aux héritiers de Charles de Bourbon. Et il épousera Éléonore, sa fiancée, qui l'attend en Espagne depuis quatre ans.

La somme demandée est colossale. Comme toujours lorsqu'on parle finances, le roi d'Angleterre s'en mêle, prétend se faire rembourser par François une créance qu'il a sur l'Empereur. Marchandages, maigres concessions. On finit par convenir de deux millions de livres. Il ne reste plus pour la France qu'à les trouver. Plus facile à dire qu'à faire. La réputation de rapacité de Louise s'accrut encore, bien que la chose parût impossible. On pressura, non sans grincements de dents, toutes les catégories sociales du royaume : mais le moyen de refuser, quand il s'agit de récupérer les petits princes ? On mit plus de dix mois à percevoir, rassembler, acheminer vers la frontière les sept tonnes d'or libératrices. L'échange se fait enfin le 1er juillet 1530. L'Europe est en paix, les deux Dames ont bien travaillé.

Cette tâche accomplie, elles disparurent très vite, comme si la mort avait pris soin de souligner le parallélisme de leurs deux destins.

Marguerite se blessa au pied et dans la plaie infectée s'installa la gangrène. Elle mourut de septicémie le 30 novembre 1530. Partageant le goût de son temps pour le réalisme macabre, l'artiste qui sculpta à Brou son corps de gisante fit dépasser du linceul un pied nu, marqué d'une profonde entaille. Son testament politique tient dans les lignes qu'elle écrivit à son neveu juste avant de mourir :

« Je vous laisse derrière moi comme mon unique héritier, avec les territoires que vous m'avez confiés, qui sont restés intacts, bien plus, considérablement agrandis. [...] Avant tout je vous recommande la paix, en particulier avec les rois de France et d'Angleterre. »

Quant à Louise, elle souffrait depuis des années de la goutte et de la gravelle – la « pierre », comme on disait alors. Après avoir longtemps craint la mort, elle la sentait venir et se soumettait. Dans l'été de 1531, on lui fit quitter Fontainebleau menacée par la peste pour son château de Romorantin, où elle se plaisait. Elle ne put l'atteindre, dut s'arrêter en chemin, dans le petit village de Gretz, en Gâtinais. Elle s'alita, reçut l'extrême-onction et mourut, dans les bras de sa fille déchirée de douleur, le 22 septembre. « Lieu rempli de regrets », chantera celle-ci plus tard, dans son poème des *Prisons*. Sa mère lui léguait l'impossible mission de freiner l'appétit de revanche du roi.

Une comète avait embrasé les nuits d'Île-de-France dans les jours précédents et, si l'on en croit Brantôme, Louise y aurait lu l'annonce de sa mort. Le peuple, en tout cas, associa les deux événements. Elle n'était pas aimée de tous, mais tous reconnaissaient en elle un de ces grands personnages dont le ciel prend la peine de marquer la disparition.

Les deux Dames ne sont plus. Leur pauvre paix, orpheline, ne leur survivra guère. Les deux souverains ne se sont pas rencontrés.

Laissons aux spécialistes le soin d'apprécier à l'aune de l'histoire les initiatives de ces deux femmes et de juger leur action politique. C'est sur leur destinée qu'on voudrait conclure.

Elles n'étaient reines ni l'une ni l'autre. Elles ont exercé cependant sur les affaires de leur temps une influence que n'ont pas eue la plupart de celles qui ont porté ce titre. C'est pourquoi il leur a été accordé ici une si grande place.

Dans un État tenu par un homme, elles conservèrent jusqu'à leur mort un poids que justifiaient leur compétence, leur énergie, leur dévouement. Détentrices d'un pouvoir délégué, elles ne décidaient pas seules, devaient rendre des comptes à leur fils ou neveu, le consulter, le convaincre : une limite à leur action, handicap qui se transformait en atout, leur donnant dans la négociation une marge de manœuvre supplémentaire, les protégeant aussi des tentations et des vertiges du pouvoir absolu. Lorsque l'âge et l'expérience les eurent mûries, elles jouèrent auprès des deux souverains un rôle modérateur. Exemple remarquable de répartition des tâches réussie, modèle de pouvoir féminin efficace, dont Catherine de Médicis se souviendra peut-être lorsque le pouvoir s'offrira à elle. Mais il y faut, aussi, des rois dignes de ce nom.

CHAPITRE VIII
Éléonore d'Autriche

La Paix des Dames donnait enfin à la France la nouvelle reine promise par le traité de Madrid, une reine que tous s'accordent à trouver sympathique, bien qu'elle soit la sœur de l'ennemi. Débordante de bonne volonté, Éléonore arrive, décidée à remplir honnêtement la fonction que les caprices de la politique lui ont assignée. Et l'opinion lui fait volontiers crédit.

Mais sa situation ne peut être qu'inconfortable. Car elle est le gage, non d'un accord vrai, mais d'une artificieuse réconciliation, d'une « amitié » menteuse. Guerre ouverte et paix fourrée alternent, entre François Ier et Charles Quint, la contraignant au silence ou la projetant au premier plan – en porte-à-faux dans chaque cas. Instrument docile des volontés d'un frère qu'elle aimait et d'un mari à qui elle se voulut dévouée, elle se fit de cette docilité vertu, non sans déchirement. Elle se plia, adolescente, elle souscrivit, adulte, au destin qu'on lui imposait. Elle fit mieux : elle s'y investit pleinement.

Une sœur obéissante

Éléonore, née le 15 novembre 1498 à Louvain, était la première des enfants de Philippe le Beau et de Jeanne la Folle. Elle n'a d'autrichien que le patronyme et ne mettra jamais les pieds en Autriche. Elle vient au monde en pays « bourguignon » – c'est-à-dire, à l'époque, flamand – et vivra longtemps en pays flamand, avant de se muer en Espagnole.

Sa naissance fut accueillie avec joie. À Bruxelles, dans Sainte-Gudule illuminée par le flamboiement des torches, on la baptisa à la nuit tombante en grande cérémonie. Les parrainages qui lui furent donnés la plaçaient sous un patronage antifrançais. Son grand-père et parrain, Maximilien d'Autriche, lui donna le prénom de sa propre mère, une princesse portugaise. Quant à sa marraine, c'était une Anglaise, la fameuse Marguerite d'York, dite « Madame la Grande », la veuve de Charles le Téméraire, qui en défendait âprement la mémoire et l'héritage[1].

Dix-huit mois plus tard naissait à Gand son frère, le futur Charles Quint. Elle parut à son baptême le 7 mars 1500 et les Gantois « lui firent grande fête, car ils ne l'avaient jamais vue dans leur ville ». Elle resta depuis, et toujours, étroitement associée à son frère. Après la mort de leur père, les deux enfants furent laissés aux Pays-Bas, ainsi que leurs jeunes sœurs, et confiés à leur tante Marguerite d'Autriche, qui les éleva.

Éléonore grandit heureuse, protégée, dans cette opulente Flandre où l'on savait vivre, et bien vivre. Moins jolie que sa cadette Isabelle, moins énergique que son autre sœur Marie, elle fut une jeune fille souriante et gaie, bien portante quoique un peu trop maigre, au jugement de sa tante, qui se faisait l'écho du goût régnant. Elle fut bien formée. On fit d'elle une bonne cavalière, experte à la chasse et aux jeux de plein air. On lui apprit la musique, la peinture, et beaucoup plus de lettres qu'on n'en enseignait d'ordinaire aux princesses. De la piété, sans excès ni ostentation. Du solide. On la dit parfois un peu sotte. Mais c'est plutôt le caractère qui est en cause dans son absence d'ambition, la simplicité de ses goûts, sa modestie. Chez elle le sentiment prime l'intelligence, elle est aisée à émouvoir, elle n'a pas la tête politique. Douceur et bonté ? Indolence et passivité ? Chacun jugera selon son humeur cette personnalité malléable, faite pour l'obéissance.

Elle tenta pourtant, un jour, de faire preuve de volonté. À dix-huit ans, elle se crut maîtresse de son avenir. Le climat dans lequel on vivait à la cour de Flandre était assez libéral pour que pût s'ébaucher une idylle entre elle et le prince Palatin

---

1. Marguerite d'York, troisième épouse du Téméraire, n'était pas l'arrière-grand-mère d'Éléonore, qui descendait de sa seconde épouse.

Frédéric, quatrième fils de l'Électeur Philippe de Bavière. Elle s'éprit de ce cadet sans fortune, entré au service de son père Philippe le Beau, et qui continuait, après la mort de celui-ci, de représenter Maximilien aux Pays-Bas. Il faut dire qu'il faisait presque partie de la famille : seul, il était parvenu à faire manger le petit Charles qui s'y refusait, et cet exploit lui avait valu le surnom de « père nourricier de l'archiduc ». L'enfant, devenu roi, lui maintint sa pension et lui conféra la Toison d'Or.

Étaient-ce des titres suffisants pour prétendre à la main d'Éléonore ? Elle se plut à le croire, se prit à espérer. L'été, avec ses parties de campagne, était favorable aux rencontres discrètes. Les deux amoureux se virent dans l'île de Walcheren, parlèrent longuement, firent des projets, qui ne restèrent pas longtemps secrets. Charles, prévenu, convoqua sa sœur, la regarda avec attention : « Il me semble que vous avez la gorge plus enflée que de coutume. » Et il plongea dans son corsage à la recherche d'un billet, qu'il savait y trouver.

Le contenu s'en révéla moins compromettant qu'on ne pouvait le craindre. Rien d'irréparable ne s'était produit. Le prétendant se contentait d'encourager la jeune fille à repousser toute autre proposition. Mais c'était assez pour justifier une contre-offensive en règle. Éléonore était d'un rang trop haut pour qu'on la bradât. On feignit de craindre un enlèvement, on organisa une rupture publique, on prit soin de se prémunir contre toute contestation ultérieure. Les deux malheureux durent jurer que leurs projets étaient subordonnés, dans leur esprit, à l'assentiment royal et qu'ils n'avaient échangé ni promesses, ni gages formels de mariage. Ils se déclarèrent solennellement quittes l'un envers l'autre et promirent de ne jamais invoquer un quelconque engagement.

Le prince Palatin fut renvoyé en Allemagne, mais ne renia pas pour autant ses alliances : il resta le fidèle allié de la maison de Habsbourg. Éléonore s'inclina. Histoire banale. Mais elle donnait beaucoup à penser sur le caractère impérieux du jeune Charles : lorsqu'il rappelait aussi sévèrement sa sœur aînée à ses devoirs de princesse, il n'avait que dix-sept ans. Il promettait.

À une princesse il faut un roi

Pour couper court à tout incident, la meilleure parade était de la marier. Certes, on n'avait pas attendu qu'elle eût cet âge avancé pour y songer. Mais son grand-père Maximilien avait bien spécifié à sa tutrice Marguerite que seuls trois partis étaient envisageables : les rois de France, d'Angleterre ou de Pologne. Et comme aucun n'était libre, il fallait attendre que l'une des trois reines allât « de vie à trépas ». Louis XII, rendu disponible par la mort d'Anne de Bretagne, avait préféré la jeune Anglaise, puis il était mort, laissant le trône à François Ier, déjà marié. Les autres reines tenaient bon. On refusa successivement pour Éléonore le duc de Lorraine et même le roi de Danemark, tout juste acceptable pour sa cadette Isabelle, que ce prince cruel et débauché, surnommé le Tyran et bientôt détrôné par ses sujets, conduisit à une fin tragique. On refusa aussi le roi de Navarre : non seulement il n'était qu'un roitelet indigne d'une telle union, mais il avait l'audace de réclamer que lui fût rendue, sous forme de dot, la partie méridionale de son royaume – la quasi-totalité –, que lui avait arrachée Ferdinand II d'Espagne.

On continuait donc de chercher pour elle l'oiseau rare, lorsque la crainte de la voir disposer d'elle-même amena la famille à rabattre de ses prétentions. On tomba d'accord sur le roi de Portugal. Depuis longtemps l'Espagne, faute de pouvoir conquérir par les armes cette enclave étrangère dans une péninsule qu'elle voulait sienne, tentait de se l'attacher par une longue chaîne de liens matrimoniaux. Manuel Ier, dit le Grand ou le Fortuné, né en 1469, n'était plus un jeune homme. Il était laid, bossu, à demi infirme. Il avait déjà épousé tour à tour deux infantes d'Espagne, qui lui avaient donné des enfants. Tandis qu'on songeait, faute de mieux, à promettre Éléonore à son fils aîné, non encore nubile, il devint veuf à point nommé. C'est à lui qu'elle fut offerte en 1517.

Elle y consentit. Elle n'en voulait pas à son frère. Son chagrin d'amour n'avait pas entamé l'attachement très vif qu'elle lui vouait. Au contraire, il semble même qu'elle ait reporté sur lui toutes ses ressources affectives. Il se préparait à partir pour l'Espagne, afin de prendre possession d'un royaume encore inconnu. Elle tint à l'accompagner. Elle avait pris en horreur les Pays-Bas, pleins de souvenirs douloureux. Et sur le contraste de leurs deux destins, elle rimait mélancoliquement : « Si contraires sont nos fortunes / Qui donnent au roi tant d'éclat / Et qui me plongent dans ces ténèbres / En causant la solitude / Où je vais vivre si triste. » Les vers, si vers il y a, ne sont pas fameux. Mais le sentiment est d'acceptation résignée.

Ils s'embarquèrent à Flessingues le 8 septembre 1517, affrontèrent ensemble les périls alors inséparables des voyages maritimes, incendie d'un navire, tempête, débarquement précipité. Des Asturies, ils s'acheminèrent vers Madrid, à travers un pays qui, à côté de la grasse Flandre, leur parut aride et désolé. À Tordesillas, en novembre, ils revirent leur mère presque oubliée, Jeanne, que sa démence intermittente n'empêchait pas de rester, en titre, souveraine de Castille : il fallait obtenir d'elle une délégation de pouvoir. Entrevue douloureuse, bien que la Folle fût dans un de ses bons jours : elle les embrassa, les trouva grandis – elle ne les avait pas vus depuis leur enfance. Mais le château où elle résidait ne leur en parut pas moins sinistre. Éléonore, toujours charitable, tenta d'en arracher leur plus jeune sœur Catherine, que leur mère y retenait auprès d'elle, cloîtrée. Elle ne réussit qu'à provoquer un esclandre : il fallut rendre l'enfant, qui y gagna cependant quelques serviteurs et un peu de liberté. Elle rencontra aussi son cadet, Ferdinand[1], élevé en Espagne et qu'elle ne connaissait pas.

Sur son passage, les chroniqueurs élèvent, comme toujours, un concert de louanges : « À la vérité, c'est un chef-d'œuvre, tant est sage, joyeuse, honnête et gentille en toutes choses. » Et, pour une fois, ils ne fardaient pas trop la réalité.

Elle épousa par procuration, le 13 juillet 1518, Emmanuel le Fortuné, sans l'avoir jamais vu. Son escorte hispano-bourguignonne la conduisit à la frontière, que marquait sur la route un tout petit affluent du Tage, le Sevor. Elle passa le

1. Ce frère de Charles Quint, beaucoup plus espagnol que lui, mais que le droit d'aînesse excluait du trône en Espagne, trouva une compensation en Europe centrale grâce à son grand-père Maximilien d'Autriche, qui lui ménagea la double succession de Bohême et de Hongrie. Il fut empereur à la suite de son frère. Avec leurs fils respectifs, les deux branches, autrichienne et espagnole, de la maison de Habsbourg suivirent des voies distinctes.

pont, fut prise en charge par ses nouveaux serviteurs. À Lisbonne, ultime cérémonie, mariage religieux. Elle était reine de Portugal.

Elle le resta trois ans, supporta patiemment son vieux mari, s'entendit bien avec les enfants des premiers lits, à peine plus jeunes qu'elle, dont Isabelle, qui épousera son frère, et l'héritier Jean III, qui épousera sa plus jeune sœur, la recluse de Tordesillas. On restait décidément en famille. Elle-même n'était pas stérile, contrairement à ce qu'on dit trop souvent. Elle eut un fils, qu'elle perdit très jeune, et une fille Maria, dont elle fut séparée dès son veuvage : les Portugais tenaient à la marier à leur gré.

Lorsque mourut Manuel Ier, en 1521, elle dut partir en effet, rejoignit son frère en Espagne, libre à nouveau pour de nouvelles combinaisons matrimoniales. Son ancien amoureux Frédéric, dit-on, se présenta une seconde fois, fut repoussé : Charles Quint avait d'autres projets, auxquels elle se plia sans qu'on ne sût rien de ses sentiments intimes.

Elle fut d'abord promise à Charles de Bourbon, pour prix de sa trahison. Après les prétentions initialement affichées, c'était tout de même tomber de très haut. D'où l'hypothèse de certains historiens, qui ne voient dans ce projet qu'un leurre destiné à appâter l'orgueilleux connétable. Quoi qu'il en soit, l'Empereur ne la lui aurait donnée que s'il avait réussi à se tailler un royaume en Provence ou en Italie : et il apparut vite qu'il n'y parviendrait pas.

Que sut Éléonore des intentions réelles de son frère ? On l'ignore. Que pensa-t-elle de l'union proposée avec Bourbon ? Les chroniqueurs affirment qu'elle y répugnait. Elle n'en a rien dit, mais c'est probable : une vive réprobation entourait alors les traîtres, même chez ceux qui bénéficiaient de leurs services. Et dès qu'il fut question de François Ier, entre le roi de France et un aventurier, l'hésitation n'était plus permise. Marguerite de Navarre, qui la rencontra lors de son ambassade, trouva en elle un écho favorable lorsqu'elle lui fit « le portrait le plus noir du connétable, le traitant d'assassin, tandis qu'elle lui montrait le paradis ouvert par son mariage avec le roi de France ». Au point que Charles Quint, craignant de voir sa sœur s'engager trop loin, se hâta de séparer les deux jeunes femmes : le temps n'était point venu de parler de noces. Mais on peut être sûr qu'elle fut heureuse d'apprendre, quelques mois plus tard, que le traité de Madrid la donnait à François Ier. Mieux encore, on envisageait de fiancer au dauphin la petite Maria de Portugal, sa fille, qu'elle eût ainsi retrouvée.

C'est donc dans un climat d'euphorie que se déroula leur rencontre.

Après une promesse de mariage signée par procuration, le 19 janvier 1526, les futurs époux avaient été autorisés à échanger une brève correspondance, toute conventionnelle. Une fois le traité de Madrid dûment paraphé, dans les conditions que l'on sait, elle vint à Illescas pour faire connaissance avec lui. François n'avait pas à se forcer pour montrer de la joie : il rayonnait à la seule idée de sa liberté retrouvée. D'abord dissimulée derrière une jalousie à claire-voie, selon l'usage espagnol, elle put l'apercevoir à son arrivée, en costume d'apparat, « tant bien doré » pour la circonstance. À l'aveuglette, il fit une révérence en direction de la fenêtre où on lui avait dit que se cachait sa promise, comme dans une comédie romanesque du Siècle d'Or. Ils purent se voir pour de bon, au cours des réceptions qui suivirent. Placés face à face lors du repas, mais trop éloignés pour se parler, « ils ne se pouvaient soûler de regarder l'un l'autre ». Ils purent converser ensuite, assis côte à côte. Dix jours de festivités, où les entretiens politiques alternaient avec les entrevues sentimentales : Charles comptait bien sur les unes pour faciliter les autres. François, prudent, jouait soigneusement son rôle de fiancé empressé. De part et d'autre, on se surveillait. Seule, la pauvre Éléonore semble avoir été sincère. Lors de leur séparation, qui devait en principe être courte, elle versait de grosses larmes, nous raconte-t-on, et conjurait le roi de lui donner souvent de ses nouvelles ; il promettait, souriant. Et les peuples de s'attendrir sur l'émouvante romance diffusée par les chroniqueurs de tous bords.

Il est très peu probable, pourtant, qu'Éléonore fût tombée amoureuse de François au premier coup d'œil. Du moins au sens où nous l'entendons aujourd'hui. À vingt-huit ans, ce n'était plus une enfant. Échaudée depuis longtemps, elle a appris à ses dépens que la sentimentalité n'est pas de mise chez une princesse. Mais ce mariage lui convient. Il lui suffit de songer aux autres partis possibles pour en mesurer les avantages. Il ne lui déplaît pas, cet époux de son âge, grand, fort, gai, séduisant, qui sera plus agréable à recevoir dans son lit que le vieux Manuel de Portugal, et qui fera d'elle la reine d'un des plus grands pays d'Europe, un pays où, dit-on, il fait presque aussi bon vivre que dans sa Flandre natale. Elle ne demande qu'à lui être agréable et lui voue d'emblée une très réelle affection.

On connaît la suite. Une fois libre, le roi refuse de renoncer à la Bourgogne. Mais il ne dénonce pas sa promesse de mariage. Et voici Éléonore retenue en Espagne, légalement engagée envers François, mais solidaire de Charles Quint furieux, se sentant des devoirs envers l'un et l'autre. Elle porte sur les fonts baptismaux le fils de son frère, le futur Philippe II. Elle tente parallèlement d'adoucir la captivité de ses futurs beaux-fils, les enfants de France gardés en otages. Une situation fausse, mais que rendaient plus facile à assumer les idées traditionnelles sur le rôle dévolu aux femmes. Leurs vertus d'élection, pitié, charité, ignorent les frontières. Il incombe tout naturellement à Éléonore de se pencher sur des enfants malheureux, fussent-ils ennemis et maltraités sur ordre du roi son frère. On sait qu'elle plaida pour eux, et on se plaît à la reconnaître sous les traits d'une mystérieuse grande dame, non nommée, qui alla les visiter. Sans grandes illusions. Ce n'est pas à ses prières, mais aux marchandages serrés de sa tante Marguerite qu'est dû l'accord qui lui permit, en 1530, au bout de quatre ans, de ramener en France les petits otages et de passer dans son nouveau royaume pour une triomphante messagère de paix.

Le retour des otages

Lors de son entrée en France, pourtant, tout n'était pas de bon augure.

Pour la seconde fois de sa vie, elle allait franchir une rivière-frontière afin de rejoindre un époux. Mais cette fois-ci, elle n'est pas l'héroïne du jour. Donnant, donnant. Otages contre rançon, les fils de François Ier contre des tonnes d'or. Elle ? L'Espagne la livre à la France en même temps que les enfants, en prime, si l'on ose dire. Elle est la cinquième roue du carrosse, un élément négligeable, une comparse. Oh ! les apparences sont préservées ! Elle a une dot, modeste en comparaison de la rançon. Du côté français, il a été prévu un accueil imposant, une suite nombreuse. Mais on voit bien, dans le récit qu'en fait Martin Du Bellay, que sa présence vient rompre la rigoureuse symétrie qui préside à l'organisation de l'échange.

Car la méfiance règne à Fontarabie, au moment de lâcher les derniers gages qui donnent encore à Charles Quint barre sur la France. Il redoute la mauvaise foi du roi. Il craint un coup de main pour délivrer les enfants gratis. À Hendaye, les Français sont un peu moins inquiets : l'or de la rançon, lui, ne risquait guère d'être enlevé de force, il pesait trop lourd. Mais on n'est jamais trop prudent.

Depuis quatre mois confluaient sur les bords de la Bidassoa les convois d'écus, en provenance de toutes les provinces. L'Espagne avait fini par consentir un aménagement de la dette : sur deux millions, elle n'exigeait qu'un million deux cent mille comptant – le reste à terme –, plus des pièces de joaillerie, dont une certaine *Fleur de Lys*, un joyau de six kilos, enrichi de pierres précieuses et servant de reliquaire à un fragment de la vraie Croix, auquel Charles tenait beaucoup, sans doute en raison du symbole attaché à son nom[1]. On rassemblait, on comptait, on pesait les pièces, on les mettait en sacs et en caisses, on fondait les monnaies disparates pour en faire des lingots, sous le regard soupçonneux d'une escouade de financiers des deux bords et la protection d'une puissante garde. Une contestation s'éleva sur le titre de certaines d'entre elles, qui ne comportaient pas la proportion d'or fin requise, et il fallut fournir de quoi compléter la somme. Vers la mi-juin, on en vit enfin le bout. Éléonore et les enfants, qui avaient été acheminés vers le nord séparément, quittèrent, elle Vitoria, eux La Puebla, où ils se rongeaient d'impatience, pour gagner les rives de la Bidassoa.

1. Ce joyau, cependant, n'était pas français. Il appartenait à Maximilien d'Autriche, qui l'avait donné à Henri VIII d'Angleterre comme gage d'un emprunt. Le traité imposa à François Ier de le racheter à l'Angleterre pour le rendre à l'Autriche. Mais Henri VIII – une fois n'est pas coutume – l'avait rendu pour rien, contre promesse que la France l'aiderait à obtenir du Saint-Siège l'annulation de son mariage avec Catherine d'Aragon, une tante de Charles Quint.

Comme quatre ans plus tôt, mais avec un luxe de précautions supplémentaires, on installa au milieu de l'eau un même ponton flottant, solidement arrimé à la rive par des chaînes. Au centre, une barrière de bois matérialisait la frontière. Il fallait attendre la marée haute pour procéder à l'échange, car la marée basse, qui rendait le fleuve presque guéable, pouvait faciliter les agressions. De part et d'autre, les deux places d'Hendaye et de Fontarabie étaient placées sous haute surveillance. En amont et en aval du fleuve, des bateaux français et espagnols, de gabarit équivalent, pour en interdire l'accès. En mer, deux galions de chaque pays, respectivement placés près des côtes adverses, pour déceler tout mouvement de troupes terrestres ou maritimes. Le connétable de Castille, d'une part, le grand maître de Montmorency, d'autre part, supervisaient l'opération.

Au matin du 1er juillet, tout est prêt pour huit heures, au plein de la marée haute. Montmorency et le cardinal de Tournon sont à pied d'œuvre, entourés de gentilshommes chamarrés de velours et d'or. Du côté espagnol, déjà les enfants approchent lorsqu'on leur fait faire demi-tour, suspendant le compte à rebours : un rapport d'espion a signalé des troupes suspectes du côté de Saint-Jean-de-Luz. Il fallut parlementer longuement et la future reine dut intervenir, menaçant le connétable de Castille de faire de lui, s'il ne s'exécutait pas, « le plus petit gentilhomme de toutes les Espagnes ». À trois heures de l'après-midi, les petits princes arrivèrent sur la grève, à six heures, l'échange commença, tel un ballet bien réglé. Les deux bateaux, équipés du même nombre de bateliers et chargés du même nombre de gentilshommes, voguèrent à la même allure vers le ponton, où ils accostèrent de part et d'autre. On se fit quelques politesses, puis Espagnols et Français, à la suite de leurs chefs respectifs, changèrent de bateau un par un. Et lorsque tous les Français furent passés dans celui qui portait les princes et tous les Espagnols dans celui qui portait la rançon, les participants soulagés firent force de rames vers les rives.

Éléonore, elle, avait traversé le fleuve sans formalités particulières sur une autre embarcation, où monta la prendre en charge le cardinal de Tournon, tandis que ses dames de compagnie la rejoignaient plus discrètement encore.

On avait pris du retard. C'est à la nuit tombée que le cortège arriva à Saint-Jean-de-Luz où on l'accueillit à la lueur des torches, dans de grandes clameurs de joie. Oubliés les mois d'attente et de suspens. Oubliés les marchandages et les soupçons qui ont marqué cette journée exténuante. Éléonore est reine de France. Elle aborde dans son pays d'adoption en menant par la main, « fleurons de France », les deux petits princes retrouvés. Elle put croire, l'espace de quelques semaines, à un avenir de paix.

La messagère de paix

Le roi, prudent, s'était tenu en retrait. Il attendait à Bordeaux qu'on lui confirmât l'heureuse issue de l'échange. Il quitta la ville le 4 juillet, pour aller à la rencontre de sa future femme et de ses enfants. Ceux-ci avaient été installés ensemble, à Hendaye, dans une litière découverte richement tendue d'or et leur cortège, flanqué de dames à cheval, selon l'usage portugais, remontait lentement vers le nord, par Bayonne, Saint-Vincent-de-Tyrosse, Dax. Au long des routes se pressaient des foules en liesse venues s'attendrir sur les petits princes et contempler la nouvelle reine.

« C'était la plus joyeuse dame que jamais on vit. » Une Flamande en effet, qui « n'avait rien de la morgue espagnole », nota l'ambassadeur vénitien. Une blonde aux yeux foncés, à la carnation blanche et rose, encore fraîche malgré ses trente-deux ans. D'abord vêtue à la mode de son pays, d'un velours sombre mettant en valeur l'or et les pierres précieuses qui la paraient, elle en changea bientôt pour une robe blanche, à la française, plus seyante à son teint. Sur sa gorge s'étalait un triple collier de perles, de rubis et de diamants, présent du roi.

On la trouva fort belle. Mais quelle reine ne l'est pas, sous la plume des chroniqueurs ? Des défauts, elle en avait certes, notamment la lèvre inférieure un peu trop forte qu'elle tenait des Habsbourg, ou plutôt de ses ancêtres bourguignons, comme elle le découvrit un jour avec satisfaction en visitant leurs tombeaux à la chartreuse de Champmol. Et si l'on en croit les indiscrétions de chambrières colportées par Brantôme, les vêtements dissimulaient adroitement chez elle une grave disproportion entre le buste et les jambes : sous un corps de « géante », « tirant en bas, elle paraissait une naine, tant elle avait les cuisses et les jambes courtes ».

Imperfections mineures, pour une chevauchée triomphale où le bon peuple voyait le signe annonciateur de longues années de paix. Partout la berçaient des paroles de miel. « Le roi, comme Mars, abandonnait les armes pour Vénus. » À Bayonne le prédicateur trouva des accents lyriques pour évoquer en chaire son futur bonheur conjugal, paraphrasa, en les prêtant à François, les paroles du *Cantique des Cantiques* : « Lève-toi, dame à qui j'ai donné mon amour, dame de pureté et simplicité colombine, viens à moi et je te couronnerai reine de France. »

Le 6 juillet au soir, elle est au rendez-vous fixé par le roi, dans une petite abbaye de clarisses, à Saint-Laurent-de-Beyrie, près de Villeneuve-de-Marsan. Il y arrive à minuit, se précipite au chevet de ses fils endormis, qu'il couvre de baisers et presse de questions. Il les trouve grandis, mûris par l'épreuve, mais bien portants. Il s'en va saluer la reine d'une révérence qu'elle lui rend aussitôt, « en grand honneur et joie ». Il la remercie d'avoir hâté la délivrance de ses enfants, lui promet de la traiter comme une reine de France et « comme un homme de bien doit traiter sa femme ». Il est temps d'aller dormir : le lendemain à l'aube, l'évêque de Lisieux les attend pour les marier. Une rapide messe basse, dans l'intimité, dirions-nous, presque à la sauvette. Puis l'échange des consentements : les voici liés par le sacrement. Ils quittent l'église pour la chambre nuptiale où la consommation charnelle ne tarde pas à sceller leur union.

Ils reprennent la route, en un voyage jalonné de fêtes, de feux de joie, d'entrées solennelles. À l'imagination des artistes locaux s'offre un inépuisable thème d'inspiration : la paix, avec ses compagnes, prospérité et abondance. De quoi pourvoir en attributs divers d'innombrables allégories. Un roi, une reine, des enfants qui ne sont pas siens, mais qu'elle a protégés, adoptés : la France peut à nouveau se reconnaître dans ce couple parental souverain.

D'étape en étape, ils traversent Thouars, où Louise de Savoie, malade, a la joie de revoir les petits-enfants qu'elle n'avait pas livrés sans remords, Angoulême, Cognac, Chenonceaux,

Amboise, où Éléonore fait la connaissance du dernier fils et des deux filles de son mari. À Saint-Denis, elle est couronnée et sacrée le 5 mars, avec onction sur « chef et poitrine ». Paris enfin. Le mauvais temps fit retarder jusqu'au 16 mars son entrée : il ne fallait pas que la pluie vînt gâter les tapisseries tendues, délayer les peintures, distendre les guirlandes, effacer les emblèmes. La ville lui offrit une paire de chandeliers surmontés d'un phénix avec sa devise – *Unica semper avis*[1] –, oiseau qui renaît de ses cendres, symbole de sa double royauté et de son amour fidèle. De leur côté, les poètes aiguisaient leur plume, Marot y allait d'une *Épître*, l'austère Théodore de Bèze célébrait en un distique latin sa supériorité sur la très fameuse Hélène de Troie :

Utraque formosa est, sed re tamen altera major :
Illa serit lites, Helionora fugat[2].

Et sous son portrait, on gravait un quatrain de la même veine :

Ainsi que le soleil vient à chasser l'orage,
Dont le pays d'autour est presque submergé,
Cet astre ainsi voyant ce royaume affligé,
Vint d'Espagne, et le mit hors de peine et servage.

Une courte année d'un triomphe de façade. Mais, si elle avait cru pouvoir peser en faveur de la paix, la nouvelle reine dut déchanter. Sa mise à l'écart intervint très vite.

La reine délaissée

Elle se doutait bien qu'une fois passée l'euphorie première, sa situation serait difficile. Sa tante Marguerite d'Autriche, orfèvre en la matière, l'avait fait avertir et lui avait prodigué des conseils de prudence et de diplomatie :

1. Un seul et même oiseau, toujours.
2. *L'une et l'autre sont belles, mais la seconde l'emporte. / Hélène semait les discordes, Éléonore les fait disparaître.*

« Il est nécessaire sur toutes choses qu'elle se conduise par la volonté du Roi et par la main de Madame sa mère et qu'elle fasse selon leur désir et vouloir en toutes choses, captivant la bénévolence et grâce d'eux, le plus qu'elle pourra, sans les arguer[1] en manière quelconque, car je les cuide[2] bien connaître, et elle aura plus par la douceur que par les trop presser. [...] Et, mêmement, doit gagner l'amour de la sœur du Roi, car elle a bon et gros crédit avec son frère. »

De la douceur encore et toujours. De la docilité. Auprès de Louise de Savoie, la seule personne prête à l'accueillir sans arrière-pensées, car elle voulait sincèrement la paix, Éléonore n'eut pas le loisir d'en user. « Madame », très malade, ne tarda pas à mourir. La reine perdait en elle son plus solide appui.

Car sur le roi, douceur et docilité se révélèrent parfaitement inefficaces.

Elle était bien trop raisonnable pour attendre d'un séducteur patenté comme François Ier la moindre fidélité. Mais elle pouvait en espérer des égards. Aussi ne fut-elle pas surprise, mais blessée de voir se pavaner à un balcon de la rue Saint-Antoine, lors des joutes et tournois qui marquèrent son entrée à Paris, la radieuse Anne de Pisseleu, bientôt duchesse d'Étampes, dans tout l'éclat de sa blondeur. Le roi a une maîtresse en titre, il ne cherche pas à s'en cacher. Il entretient avec elle une liaison orageuse, mais solide, qui, en dépit de nombreuses passades de part et d'autre, durera jusqu'à la fin du règne. Et la duchesse, insolente, capricieuse, fait en sorte que nul n'ignore le pouvoir qu'elle exerce sur lui. Au chagrin de se voir délaissée s'ajoute donc pour Éléonore l'humiliation publique qui avait été épargnée naguère à la petite Claude. Elle n'aura pas droit non plus à l'affection protectrice et possessive que le roi au cœur innombrable avait pourtant prodiguée à sa fragile femme enfant.

Car il éprouve à son égard bien des réticences. Il est déjà très bien pourvu en héritiers. Il ne tient pas à adjoindre à ses trois fils un demi-frère aux ascendances étrangères, source de troubles possibles dans le royaume. Aucune préoccupation d'ordre dynastique ne le pousse vers son épouse, qu'il peut

1. Contredire.
2. Je les crois...

négliger sans scrupules, après avoir satisfait peut-être auprès d'elle, tout au début, un obscur besoin de revanche.

Le traité de Cambrai n'a pas suscité en lui une joie sans mélange. C'est un pis-aller. Assurément les pires effets du désastre de Pavie sont conjurés. Il en est quitte pour un monceau d'écus, mais conserve la Bourgogne. Plaie d'argent n'est pas mortelle : la France s'en remettra. Oui, mais voilà : il tenait au Milanais et a dû y renoncer. Aux yeux de l'Europe d'alors, qui connaît ses ambitions italiennes, le traité passe pour une capitulation. Intolérable blessure d'amour-propre, qui s'ajoute à une rancune instinctive, profonde contre Charles Quint. Il est certes banal que des adversaires de la veille scellent une réconciliation par un mariage. Mais Charles n'est pas un adversaire comme les autres, un de ceux qu'on affronte sur le terrain, dans l'espoir que le meilleur gagne, et avec qui l'on peut ensuite festoyer, en bonne tradition chevaleresque. Il a retenu François dans ses geôles, sans daigner le voir pendant plusieurs mois, il a traité en prisonniers vulgaires les fils de France livrés en gages. Ces vexations ont marqué le roi au fer rouge. Il ne peut ni pardonner, ni oublier. C'est en vain qu'on lui rappellerait ses propres torts à lui : la raison n'a pas de prise sur cette animosité viscérale, cette répulsion secrète pour tout ce qui vient d'Espagne et lui rappelle les longs mois de captivité pendant lesquels il a cru mourir.

Éléonore est la sœur de l'ennemi et il lui en fait inconsciemment grief. Elle a été, par la force des choses, un des éléments du marchandage, une monnaie d'échange offerte. Fut-il tenté de la traiter en prise de guerre ? Ainsi pourrait s'expliquer la hâte, l'ostentation qu'il mit à la conduire dans son lit et la désinvolture cynique avec laquelle il la rejeta. On sait combien la littérature se plaisait alors à assimiler conquêtes militaires et conquêtes amoureuses. Eut-il le sentiment de triompher de son rival en possédant sa sœur ? c'est ainsi en tout cas que le comprit le bon peuple, qui plaisanta gaillardement, avec l'absence de pudibonderie propre à l'époque, sur les joutes conjugales du souverain, considérées comme autant de victoires sur son impérial ennemi.

Son attitude peut aussi s'expliquer plus simplement. Pour un homme comme lui, toute femme nouvelle est bonne à prendre, si elle est d'apparence avenante. Au jour du mariage, il ne bouda pas le devoir conjugal. Mais celle-ci est timide, réservée, prude. Muette le jour, passive la nuit. Elle l'ennuya. Et comme il estimait n'avoir pas de gants à prendre avec elle, il ne se gêna pas pour faire savoir qu'il n'en voulait plus. « Bien que la reine se montre très éprise de son époux » – entendez par là qu'elle fait tout pour lui être agréable –, « aucun homme ne se plaît moins avec sa femme », écrit l'ambassadeur d'Angleterre, « depuis sept mois il ne la voit plus guère. » Il demanda pourquoi. « Parce qu'il ne la trouve plaisante à son appétit », lui fut-il répondu. Sans commentaire.

À défaut de l'affection du roi, ce qui attache d'ordinaire à son pays d'adoption une reine étrangère, ce sont ses enfants, appelés à en occuper le trône et dont elle tient à préserver l'avenir. Éléonore n'en eut pas. Une maternité aurait aidé la malheureuse à se tailler une petite place au soleil dans cette cour hostile. Elle se crut enceinte, dans les premiers mois. Faux espoir. Elle n'eut plus, par la suite, l'occasion de le devenir. Elle fit comme si de rien n'était, espérant peut-être un miracle, entourant le roi des attentions dues par une épouse aimante. Et elle s'attacha à sauver les apparences. À son frère, ému des rumeurs offensantes qui couraient, elle fit répondre que tout allait bien, qu'elle était satisfaite de son sort. Elle ne voulait pas ajouter un grief de plus à ceux qu'il nourrissait et qui étaient en passe de compromettre la paix. Une protestation de l'Empereur n'eût fait qu'envenimer les choses. Elle se tut.

Débordante d'amour maternel inemployé, pleurant sa fille laissée en Portugal, elle ouvrit les bras à ses beaux-enfants, se comportant avec eux « comme si elle les eût portés dedans son ventre ». En 1530, ils restaient cinq, trois garçons et deux filles, dont les âges s'échelonnaient de douze à sept ans. Ils étaient déjà grands, et prévenus contre l'Espagne.

Les deux aînés demeuraient très marqués par leur captivité. Le dauphin François lui manifesta cependant un peu de gentillesse. D'un naturel aimable, spontané et gai, expansif, il était capable, dans la joie de l'instant, d'oublier ses rancœurs. Elle trouva en lui quelque réconfort. Mais le second, Henri, lui montra toujours visage de bois. Têtu, renfermé, sombre, il se murait dans une haine farouche que le vernis de l'éducation était impuissant à lui faire dissimuler. Sur le radeau de la Bidassoa, il avait craché[1] à la figure du connétable de Castille en prenant congé de lui et refusé de le remercier d'un superbe cheval offert comme cadeau d'adieu. Face à Éléonore, il ne désarma jamais. Les trois autres, bien que très jeunes, avaient trop entendu leur entourage honnir l'Espagne qui retenait prisonniers leur père, puis leurs frères. Et les récits de ces derniers, à leur retour, n'avaient pu que les indigner.

Ces enfants n'avaient nul besoin d'elle. Leur vie était organisée depuis longtemps. Leur tante supervisait leur éducation, remplaçait auprès d'eux la mère morte. Ils avaient leur « maison », leurs serviteurs, leurs compagnons de jeux, leurs gouverneurs et leurs pédagogues. Éléonore n'était pour eux qu'une étrangère. Ni affection, ni même confiance : elle ne pouvait en espérer, au mieux, que de l'indifférence.

Restait sa belle-sœur, Marguerite. Même génération, même âge, à six ans près : elles auraient pu s'entendre. Mais elles étaient très dissemblables et, dès le départ, les circonstances les séparèrent.

Marguerite a épousé, en 1527, un rescapé de Pavie, le roi de Navarre Henri d'Albret, qui a réussi à s'évader des prisons espagnoles. Il a huit ans de moins qu'elle, une solide réputation de viveur, mais il lui apporte, grâce au minuscule territoire navarrais qu'il a pu conserver en deçà des Pyrénées[2], le titre de reine. Il possède en outre dans le Sud-Ouest de vastes fiefs dépendant de la couronne de France. Il a une idée fixe, récupérer la Navarre espagnole, et il compte sur la guerre pour y parvenir. La mésentente conjugale qui s'installa vite entre eux n'empêcha pas Marguerite de soutenir, ne serait-ce que pour préserver les droits de leurs enfants nés ou à naître, ses revendications politiques. Les intérêts du couple d'Albret étaient donc diamétralement opposés à ceux d'Éléonore.

1. Plus exactement, il avait gonflé les joues et émis dans sa direction un bruit sonore en forme de pet !

2. Un royaume grand comme un mouchoir de poche, coincé entre des vallées pyrénéennes, avec pour capitale Saint-Jean-Pied-de-Port. La Navarre espagnole, beaucoup plus vaste, avec pour capitale Pampelune, avait été conquise par les Espagnols sous le règne de Ferdinand Ier.

Leurs attitudes religieuses diffèrent également. Éléonore, bonne catholique mais pas mystique pour deux sous, ne s'interroge pas sur l'opportunité d'une réforme de l'Église. Les préoccupations spirituelles de sa belle-sœur lui sont étrangères. Elle pense comme son frère que les sujets doivent suivre la religion de leur prince et que les nouveautés introduites par Luther sont de fâcheux ferments de désordre. Marguerite, elle, protège les novateurs, elle prend des risques, elle est la cible d'une attaque en règle de la Sorbonne, son œcuménisme, son irénisme, de plus en plus inopérants à mesure que montent les passions, la désignent aux coups de tous les partis. Éléonore s'abstient de blâmer, mais ne comprend visiblement pas et se tient à l'écart.

Comment auraient-elles pu sympathiser, d'ailleurs ? Il y a en France deux reines, le pluriel constamment employé par les chroniqueurs l'atteste, et la plus reine des deux n'est pas celle de France. Marguerite continue de jouer à la cour, au moins dans les années 1530, son rôle d'hôtesse, de maîtresse de maison ; elle continue d'être associée à la réception des ambassadeurs, de s'occuper des œuvres de charité ; elle est plus que jamais l'inspiratrice, la dédicataire obligée de tout ce qui s'écrit à l'époque. Elle surclasse Éléonore non seulement par son charme, mais par la puissance de son intelligence. Un signe qui ne trompe pas : dans le petit cercle où sont censées avoir été racontées les histoires qui formeront l'*Heptaméron*, on trouve le roi, son fils Henri, sa fille Marguerite et sa bru Catherine, mais pas la reine. La reine ne s'intéresse pas à la littérature, ou en tout cas personne ne se demande si elle s'y intéresse. À l'évidence, et même si l'on exclut tout sentiment mesquin de jalousie, un fossé intellectuel et moral sépare les deux femmes, un fossé que seul le cœur aurait pu les aider à franchir. Mais visiblement, le cœur n'y était pas.

Les liens de Marguerite avec le roi y sont pour beaucoup. Ils ont l'un pour l'autre depuis l'enfance une affection extrême, tyranniquement possessive chez le frère, éperdue d'adoration chez la sœur. Mais après la mort de leur mère, leurs itinéraires ont cessé de se confondre. Sur les affaires religieuses surtout ou sur celles de Navarre, le roi est en désaccord avec elle. Il n'a aucune envie de disputer à Charles Quint la Navarre, alors que seul lui importe le Milanais. Devant l'aggravation des troubles, il est de plus en plus résolu à pourchasser les hérétiques et autres novateurs. Et Marguerite, si elle est prête à lui sacrifier, à la rigueur, ses intérêts familiaux, refuse de s'incliner lorsque sa foi est en cause : plus fort que l'amour fraternel brûle en elle l'amour de Dieu. Il en résulte des tensions, des séparations douloureuses certes, mais n'affectant pas le lien quasi organique qui les unit.

Entre deux êtres liés par une relation aussi profonde, Éléonore eut la sagesse de ne pas s'interposer. Elle évita de prendre parti, ne s'y résigna jamais qu'à regret. Lorsque le roi décida de marier sa nièce, la petite Jeanne d'Albret, au duc de Clèves, elle fut sollicitée par Marguerite, refusa d'intervenir, blessant ainsi l'un sans que l'autre lui en sût aucun gré. En revanche, tout rapprochement entre eux contribuait à l'exclure. Elle ne pouvait participer en tiers ni à leur entente, ni à leurs dissensions.

Elle se fit une raison. À la cour, que Louise de Savoie n'est plus là pour tenir de sa main de fer, des clans se forment, fluctuants, autour de la maîtresse du roi, de sa sœur, de ses fils, des grands personnages du royaume. Des redistributions s'opèrent, précipitées par la mort subite du dauphin François, puis de son dernier frère, Charles. Éléonore n'eut pas de peine à garder ses distances : nul ne souhaitait s'attacher à une reine sans pouvoir. Elle accueillit avec reconnaissance ceux qui, comme le grand maître Montmorency, bientôt nommé connétable, puis disgracié comme partisan de la paix, lui témoignèrent de la sympathie. Elle s'enferma dans son rôle de reine en perpétuelle représentation. Son excellente santé lui permet de suivre sans fatigue la caravane royale, qui arpente à nouveau les routes de 1532 à 1534. Elle participe aux cortèges, aux entrées, aux défilés, aux feux de joie, aux festins. Elle tient sa place dans les cérémonies et les réceptions. L'iconographie d'apparat nous a laissé le souvenir de ces parades à grand spectacle : une fresque de Vasari, au Palazzo Vecchio de Florence, nous la montre entourée de toute la cour, au mariage de Henri et de Catherine de Médicis. Et l'on crut longtemps la reconnaître dans l'une des princesses de soie et d'or attablées aux *Noces de Cana* de Véronèse, entre deux personnages qu'on identifiait à tort comme son époux et son frère.

Erreur aisément explicable : c'est en tant que sœur de Charles Quint qu'elle est invitée, au hasard des vicissitudes politiques, à tenter entre les deux belligérants une impossible médiation.

Intercessions illusoires

Au XVIe siècle, les liens familiaux n'empêchent pas les guerres, mais ils facilitent les négociations.

Les armes ne sont pas parvenues à départager François Ier et Charles Quint et elles n'y parviendront pas : telle avait été la conclusion de Louise de Savoie et de Marguerite d'Autriche. Les deux rois pourtant, après leur disparition, ne perdent pas l'espoir d'une victoire militaire. Il leur arrive de se réconcilier, lors d'une trêve, sur le dos de leurs alliés ou de leurs sujets révoltés, le temps de préparer la campagne suivante et de se chercher de nouveaux appuis. En attendant de conquérir un territoire par les armes, chacun s'applique aussi à y glisser, par le biais d'un mariage, l'un des siens – fils, fille ou neveu – qui y fera souche, avec l'espoir que ses descendants feront basculer la province convoitée dans sa propre mouvance, ou pour le moins que les rivalités fraternelles y entraîneront la formation d'un État indépendant : une Bourgogne détachée de la France, un Milanais autonome… Sur un échiquier matrimonial imaginaire, on élabore donc des combinaisons, on avance, on recule, on déplace princes et princesses comme des pions, chaque joueur pesant les avantages escomptés de telle ou telle union, cherchant une parade aux propositions adverses, achoppant finalement sur l'évidente mauvaise foi de l'autre et son refus de toute concession.

On n'évoquera pas ici le détail de ces projets mort-nés, pas plus qu'on ne racontera les péripéties de la lutte – « guerre froide » ou conflit aigu – qui ne se termina qu'à leur mort. Seuls nous intéressent les efforts dérisoires de la bonne Éléonore pour y mettre fin.

Qui eut l'idée de lui faire jouer le rôle d'intermédiaire entre les deux souverains ? Si l'initiative vint d'elle, à coup sûr elle préjugea de ses forces.

À sa décharge, une similitude de situations. À Marguerite d'Autriche a succédé, comme gouvernante des Pays-Bas, la propre sœur d'Éléonore et de Charles, Marie, veuve du roi de Hongrie. Devant la tension croissante, pourquoi ne pas renouveler la démarche qui avait si bien réussi aux Dames à Cambrai ? Hélas, les nouvelles venues ne valent pas leurs aînées. Elles n'ont ni leur envergure, ni leur expérience. Et au fond, elles ne sont pas d'accord. Marie, vindicative, pousse à la guerre, elle veut venger son époux tué par les Turcs, à qui François Ier a eu l'impudence de s'allier. Les seuls arguments d'Éléonore sont sentimentaux, et le sentiment n'est pas ici de mise. Pour amener les deux adversaires à la réconciliation qu'elle espère, il lui faudrait une solide capacité de raisonnement, de l'autorité, du sens politique : toutes choses dont elle est cruellement dépourvue. Marie n'a sur Charles qu'une influence limitée, qui joue quand elle va dans le sens de ses désirs. Éléonore n'en a aucune, ni sur lui, ni sur son époux.

On assiste donc à de vaines tentatives pour rééditer la Paix des Dames, pitoyables simulacres à l'abri desquels les deux rois préparent la guerre. En 1532, Éléonore sollicite de sa sœur une entrevue privée, avec le secret espoir de consolider la paix. Enthousiasme mitigé de François Ier, veto de Charles Quint, qui n'y voit que des inconvénients. La rencontre n'aura pas lieu. En 1535, nouvelle tentative, peut-être suggérée par François, qui, depuis quelque temps, « fait meilleure chère[1] à sa femme, parce que les affaires de l'Empereur vont bien ». Cette fois son frère, que des difficultés avec l'Angleterre et avec Milan incitent à temporiser, y trouve des avantages et Marie de Hongrie est d'avis qu'il « vaut mieux faire que laisser ». « Une aimable visitation » est donc organisée en août entre les deux reines, sous le seul prétexte officiel de retrouvailles familiales. Marie proposait qu'elle se fît au Cateau-Cambrésis, Éléonore tenait à Cambrai et eut gain de cause. Mais les souvenirs et les symboles n'y firent rien. Éléonore a beau invoquer « l'envie qu'elle a de voir venir les choses en bien et non à pis, pour le mal qu'elle sentirait des deux côtés », comme elle est chargée de réclamer pour le fils cadet du roi le Milanais et que l'Empereur, qui vient de battre

1. Meilleur visage.

les Turcs à Tunis, est moins que jamais disposé à le céder, les entretiens tournent court.

Il ne pouvait en être autrement. Charles ne se fiait pas à sa trop débonnaire sœur aînée, il craignait qu'elle ne fût manipulée par François Ier. Et réciproquement. Ils n'avaient pas tort : tous deux en effet la manipulaient, ils étaient bien placés pour le savoir.

La reprise de la guerre l'année suivante est ressentie par elle comme un échec et le chagrin qu'elle en éprouve est aggravé par un épisode douloureux qui la place, une fois de plus, en porte-à-faux.

Sous le soleil brûlant de cet été de 1536, les troupes impériales fondent à vue d'œil dans une Provence délibérément vidée de toutes ressources, selon la cruelle mais efficace technique de la terre brûlée. Charles Quint se heurte à nouveau à la résistance de Marseille et doit battre en retraite. Mais dans le camp du roi, qui s'apprête à rejoindre pour le poursuivre le gros de son armée massée dans la vallée du Rhône, soleil et chaleur frappent aussi. Le dauphin François, tout en nage au sortir d'une partie de paume trop animée, boit de l'eau glacée, est pris de faiblesse, secoué de frissons, puis dévoré par la fièvre. Il s'obstine à accompagner son père, à cheval jusqu'à Vienne, en bateau jusqu'à Tournon où il doit être débarqué d'urgence : il y meurt dans la nuit du 9 au 10 août, sans doute d'une pneumonie aiguë.

Mais on pensa, comme devant toute mort trop rapide, au poison. Le verre d'eau fatal lui avait été apporté par un gentilhomme italien, le comte de Montecucculi, qui, comme beaucoup de ses compatriotes, avait cherché fortune à l'étranger et, pour son malheur, avant de suivre en France Catherine de Médicis, avait passé quelque temps au service de Charles Quint. Soumis à la torture, il avoua tout ce qu'on voulut : il aurait versé de l'arsenic dans le verre sur ordre de l'Empereur. Aveu qui ne l'empêcha pas d'être écartelé à Lyon sous les yeux du roi, de la reine et de toute la cour. Rien ne transpira des sentiments d'Éléonore. Mais la riposte de son frère ne contribua pas à assainir le climat dans la famille royale : il imputa le prétendu empoisonnement à ceux qui profitaient de cette mort, le fils puîné du roi, Henri, et la jeune épouse florentine de celui-ci.

Nul ne le crut sérieusement. Mais la nouvelle répartition des rôles aviva les dissensions déjà perceptibles entre le roi et son second fils, entre ce dernier et son frère. Éléonore perdait beaucoup au changement de dauphin. Elle préférait François à Henri, dont elle n'avait rien de bon à attendre. Et les tensions domestiques, dans lesquelles elle ne pouvait intervenir, renforçaient son exclusion.

Tristesses, tristesses. Dans la nombreuse progéniture royale, les rangs s'éclaircissent. La douce Madeleine, seize ans et demi, épouse le 1er janvier 1537 Jacques V d'Écosse. L'éclat de la cérémonie ne peut dissimuler la pâleur de la mariée. Elle s'en va le cœur gros. « Hélas, j'ai voulu être reine », confiera-t-elle peu après son arrivée à un jeune gentilhomme de sa suite nommé Pierre de Ronsard, qui le racontera à Brantôme. Depuis longtemps rongée par la tuberculose, elle ne survit pas six mois aux brumes et à la froidure d'Édimbourg.

Mais l'horizon politique s'éclaircit soudain. Nécessité oblige : les caisses des deux souverains sont vides. Oubliées, les accusations réciproques d'assassinat. Marie de Hongrie, réaliste, négocie en 1537 à Monzon une trêve que le pape Paul III s'efforce de consolider, pour soustraire l'Italie aux horreurs des combats. Qui mieux qu'Éléonore pourrait servir d'intermédiaire ? En France, « personne ne connaît l'Empereur mieux qu'elle ». Certes, mais que peut-elle sur lui ? Elle espère, et s'engage dans l'entreprise de tout son cœur. Elle est en 1538-1539 l'agent d'une série de négociations aussi spectaculaires qu'illusoires.

Première étape : Nice, mai-juin 1538. Ou plutôt les environs de Nice, car le duc de Savoie, dont François Ier vient de conquérir et d'annexer tout le territoire, a refusé d'ouvrir la seule ville qui lui reste. Le Saint-Père est là, les deux souverains aussi, mais ces derniers refusent de se voir. François est au château de Villeneuve. Charles à bord de sa galère en rade de Villefranche. Chacun chez soi. Entre les deux, la reine fait la navette. Sa première visite faillit être la dernière : la passerelle de bois reliant la galère impériale à la rive céda sous le poids de sa suite et tous se retrouvèrent à l'eau, où on les repêcha sans autre dommage que ce bain intempestif. Émotion, embrassades, supplications : la trêve est prolongée pour dix ans, mais les deux adversaires continuent de se regarder en chiens de faïence, à bonne distance.

Il fallut, pour décider Charles Quint à une rencontre, les très mauvaises nouvelles venues des Pays-Bas : les grandes cités commerçantes flamandes s'agitaient, supportant de plus en plus mal les exigences fiscales d'un souverain désormais plus lointain, qui a choisi de résider en Espagne. Nouveau rendez-vous est pris, à Aigues-Mortes, les 15 et 16 juillet, et ce fut cette fois un festival de baisers Lamourette. Devant Éléonore rayonnante, les deux beaux-frères s'ouvrent les bras, se congratulent, y vont chacun de leur larme. Charles, au grand ébahissement des témoins, qui crurent rêver, se serait même exclamé : « Ce fut un grand malheur pour nous et nos sujets que plus tôt ne nous soyons connus, car la guerre n'eût pas tant duré. » Oubliait-il que le vainqueur de Pavie et son prisonnier s'étaient vus naguère à Madrid ? Passons.

Leur nouvelle rencontre prétend donc se placer sous le signe du bonheur. Pas pour les Gantois révoltés en tout cas. Face aux sujets indociles, les rois se sentent solidaires. Le plus court chemin d'un point à un autre étant la ligne droite, Charles obtient de son compère le droit de traverser la France pour aller châtier les rebelles. Dans l'hiver de 1539-1540, la France a la stupéfaction de voir l'Empereur et une cinquantaine de ses plus brillants gentilshommes traverser le royaume en grande pompe, cornaqués par le dauphin et son frère. Charles tout en deuil – il vient de perdre son épouse Isabelle de Portugal –, vêtu d'un drap noir sur lequel étincelle le collier de la Toison d'Or, s'avance sous un dais constellé d'armoiries, ayant non plus en main « le glaive, mais l'olive ». Et Marot de célébrer en vers la réconciliation tant attendue :

Approche-toi, Charles, tant loin tu sois,
Du magnanime et prudent roi François,
Approche-toi, François, tant loin sois-tu,
De Charles plein de louable vertu.

Ce n'est pas là ce que le charmant poète a écrit de mieux. Manquait-il de conviction ?

Parades, festins et cavalcades, fontaines de vin coulant sur les places publiques et, en privé, échange de cadeaux et de promesses. Mais aussitôt les Gantois écrasés, Charles fait marche arrière et François voit s'évanouir l'espoir d'installer dans le Milanais son dernier fils. Quant à Éléonore, elle doit renoncer à marier en France sa fille, la petite princesse de Portugal, qu'elle n'a pas revue depuis des années. Et en 1542, elle a la tristesse de voir renaître la guerre. Sur son rôle dans l'accord manqué, l'ambassadeur anglais porte un jugement somme toute élogieux : « Aucune femme n'aurait pu faire mieux, avec un meilleur esprit. » La reine était sotte, mais la mission, à coup sûr, impossible.

Eut-elle la candeur d'y croire lorsque, en 1544, elle fut de nouveau mise à contribution pour reprendre contact avec sa sœur ? La France a eu chaud. Tandis qu'elle remportait en Italie la victoire de Cérisoles, les troupes impériales ont porté la guerre sur le territoire national, pris Saint-Dizier, brûlé Château-Thierry, menacé Paris. Mais elles se débandent, faute d'être payées. Le moment est bien choisi pour faire prévaloir la raison. La signature du traité de Crépy-en-Laonnois est suivie aux Pays-Bas de festivités auxquelles sont conviés les Français. La reine y conduit une importante délégation. À ses côtés, à cheval, le jeune duc d'Orléans, dernier fils, et préféré, du roi. Dans sa propre litière, la toute-puissante duchesse d'Étampes. Charles Quint prodigue à la favorite des égards suspects : une bague fut glissée à son doigt pour récompenser les efforts déployés en faveur de la paix. Certes Éléonore était prête à avaler toutes les couleuvres, quand c'était pour la bonne cause. Mais celle-ci dut être dure à digérer.

Détails triviaux : le frère et les deux sœurs ne sont plus très jeunes, ils ont passé l'âge des ripailles, ils supportent mal les festins à la mode flamande. Charles eut une crise de goutte, Marie une indigestion et Éléonore dut s'aliter en chemin. Elle voulut rester quelques jours à Mons, le temps de se remettre, elle se querella avec la duchesse d'Étampes pressée de rentrer pour tenir à l'œil son royal amant. Une lettre de son époux la rappela.

Les ennemis de la veille se sont retournés contre l'Angleterre, qui n'a cessé de jouer entre eux de sa politique de bascule.

À la cour déchirée par la rivalité entre les deux fils du roi, le climat s'assombrit. La mort brutale du second y met fin, mais François Ier est malade. À une probable syphilis s'ajoute une infection urinaire chronique. Au printemps de 1547 il ne quitte plus son lit, où les médecins se relaient pour le torturer. Il meurt le 31 mars 1547, dûment confessé, sa maîtresse renvoyée, en paix avec l'Église.

Éléonore montra un réel chagrin, qui parut excessif à l'ambassadeur de son frère : « Elle n'a grande occasion[1] de si fort sentir le trépas dudit feu roi, selon[2] le peu d'amour qu'il lui portait et mauvais traitements qu'elle en recevait. » Il est probable que ses larmes ne furent pas de pure convention. Elle était bonne, elle était pieuse. Elle avait tout de même été pendant dix-sept ans son épouse devant Dieu et devant les hommes. Mais la plus affectée est sa belle-sœur Marguerite, qui n'aspire plus qu'à le rejoindre dans la mort, « afin qu'un seul soulas[3] / Donne à tous deux réjouissance ».

Le rejet

Une fois accompli le rituel traditionnel du deuil, Éléonore n'avait plus rien à faire en France. Certes, elle était autorisée à y rester, mais elle se savait indésirable aux yeux du nouveau roi.

Elle se conduisit bien. Elle restitua ponctuellement les bijoux de la couronne, dont elle n'était que dépositaire. De son côté Henri II, respectueux des conventions, lui offrit d'abord les compensations financières équivalant aux revenus de sa dot et à son douaire. Ce n'est qu'un peu plus tard qu'il lui en disputera le règlement, en raison de dissentiments politiques.

Mais leurs adieux furent plus que froids. Elle n'eut droit ni à une cérémonie, ni même à une escorte officielle. Et, bien que son contrat de mariage stipulât qu'en cas de veuvage « elle pût librement [s'en aller] avec ses serviteurs, bagues[4] et joyaux

1. Grand motif.
2. En raison de.
3. Consolation.
4. Bagages.

sans empêchement quelconque », il semble que son équipage fut fouillé à la frontière.

Avant son départ elle avait assisté, non sans satisfaction, au grand coup de balai qui avait suivi le changement de règne, sous prétexte de rendre à la cour plus de tenue. La disgrâce de la duchesse d'Étampes la remplit d'aise. Elle s'offrit même le plaisir de faire chasser une maîtresse occasionnelle du défunt roi, Mme de Canaples, qui avait pourtant des appuis. Tiens donc : elle est capable de rancune, sous le couvert de la morale. À sa bénignité tant célébrée contribuait peut-être en quelque mesure la lucide conscience de son impuissance. Ne soyons pas méchants : ce qu'elle y perd en pure bonté, elle le regagne en force de caractère.

Elle arriva à Bruxelles le 5 décembre 1548 et passa aux Pays-Bas, parmi ses proches, les huit années qui suivirent.

Son âge la mettait à l'abri des marieurs. Elle put mener la vie d'une paisible douairière. En compagnie de sa sœur, elle revit avec joie les lieux de son enfance. Elle fit à son neveu Philippe les honneurs des provinces flamandes. Dans sa bonne ville de Bains (Binche), Marie leur offrit à tous une réception mémorable où l'on mima le siège d'un château et où les pâtés et venaisons furent présentés aux dîneurs par une Diane chasseresse et six nymphes des montagnes, « vêtues d'un voile d'argent et vert, et un croissant au front tout couvert de diamants » ; après quoi, une Pomone de neuf ans présida au service des fruits. Éléonore fut aussi des grandes fêtes données à Bruxelles en l'honneur de Maximilien II et de sa femme Marie, respectivement fille et fils de Charles Quint et de son frère ; et dans la forêt de Groenendaal, un vieux et gros chêne garda longtemps le souvenir des « sept têtes couronnées » qui festoyèrent sous son feuillage.

Années fastes pour Éléonore, bien que la guerre ait repris, parce que son cœur n'est plus partagé. Mais Charles est devenu un vieillard, « blanchi avant l'âge, la figure maigre et contractée, goutteux des mains et des pieds, la parole si débile et cassée qu'il semblait ne lui rester plus que l'esprit ». On connaît sa décision fameuse : il ménage à son frère Ferdinand la succession à l'Empire et cède le trône d'Espagne à son fils. Après son abdication solennelle, le 25 octobre 1556, à Bruxelles, il quitte les Pays-Bas pour la retraite qu'il s'est choisie, le monastère de Yuste, dans les montagnes de l'Estrémadure.

Ses deux sœurs ont résolu de l'accompagner. Elles s'embarquent avec lui à Flessingue et pour Éléonore, cette ultime traversée répète la première, lorsqu'elle partit avec lui pour découvrir l'Espagne et épouser le roi de Portugal. Tous trois portent cette fois-ci le deuil de Jeanne la Folle, qui a fini par mourir. Les deux femmes s'installent à Jarandilla, tout près de Yuste, où elles iront souvent en visite.

Éléonore souhaitait revoir sa fille. Elle l'attendit près d'un mois à Badajoz, où avait été fixé le rendez-vous. La rencontre fut douloureuse et décevante : Maria refusa de quitter le Portugal pour s'installer auprès d'une mère qui n'était rien pour elle. Sur le chemin du retour, Éléonore, prise d'une violente crise d'asthme, dut s'arrêter à Talavera. Elle y mourut le 13 février 1558, pour le plus grand chagrin de son frère, qui ne lui survécut que quelques mois.

Jamais elle ne s'était sentie totalement chez elle en France. Elle souffrit cruellement du conflit qui opposait son pays d'origine et son pays d'adoption. Un siècle plus tard une autre Espagnole vivra dans des conditions également difficiles un déchirement analogue. Mais la maternité, puis le veuvage et la nécessité de préserver l'héritage de son fils feront d'Anne d'Autriche une Française à part entière. Éléonore n'eut pas cette chance. Elle se refusa à choisir entre ses deux patries, qu'elle s'efforça en vain de réconcilier, ballottée d'espoirs en déceptions. Le sort, finalement, choisit pour elle : ce fut le rejet, le retour à ses origines, à ce frère qui, bien plus que son réticent époux, répondait à son affection. La Flandre, puis l'Espagne la reprirent.

Les monuments funéraires consacrent cette répudiation posthume. C'est à l'Escurial que Charles Quint la fit inhumer et le tombeau édifié par les soins de Philippe II rassemble autour de l'Empereur non seulement son épouse Isabelle et sa fille Maria, mais, au second rang à droite, comme lui caparaçonnées d'or, ses deux sœurs Marie et Éléonore, ses féales pour l'éternité. Et à Saint-Denis, c'est sa première épouse Claude, la mère de ses sept enfants, que va rejoindre François, gommant de la mémoire collective des Français l'intruse qui l'avait côtoyé, solitaire, pendant dix-sept ans. À leurs statues agenouillées, Henri II ordonna d'ajouter les effigies de sa mère Louise de Savoie, de ses deux fillettes et de ses deux fils défunts[1].

Chacun retrouvait les siens.

Sur la scène des vivants, depuis longtemps déjà Catherine de Médicis a fait son entrée, une entrée fort modeste. Elle se tient, discrète, dans le coin d'ombre où elle s'est tapie. Tout semble la vouer à un destin plus obscur encore que celui de Claude ou d'Éléonore.

1. La mort des sculpteurs, puis celle de Henri II lui-même suspendirent l'exécution complète du tombeau.

CHAPITRE IX

Une héritière sans héritage

L'entrée de Catherine de Médicis dans le cercle très fermé des familles régnantes fut une surprise et, pour beaucoup, un scandale. Une telle union était pour un fils de France, même un cadet non destiné à régner, une mésalliance. Et si l'on avait pu prévoir que la mort du dauphin appellerait Henri au trône, à coup sûr celui-ci n'aurait pas épousé la petite Florentine.

C'est aux ambitions italiennes de François Ier qu'elle est doublement redevable, de sa naissance d'abord, puisqu'il parraina les noces de ses parents, puis de son propre mariage. L'opération politique se révéla, dans les deux cas, illusoire. Mais Catherine était la femme de Henri : elle le resta et traîna longtemps comme un boulet le poids de ses origines.

La fortune des Médicis

Nobles, les Médicis ne l'étaient assurément pas, selon les critères qui prévalaient en France : ils n'avaient jamais porté l'épée, c'étaient de vulgaires marchands enrichis. Et à Florence, ils n'appartenaient même pas à l'aristocratie locale, qui voyait en eux des parvenus, hissés au premier rang par la faveur populaire.

Catherine venait « de très bas lieu », d'une maison longtemps cachée « sous la lie du peuple, en petites mettes[1] », aura beau

1. Ruelles. Les palais des grandes familles florentines étaient situés dans les rues importantes.

jeu de dire un féroce pamphlet, le *Discours merveilleux*. Et l'archevêque de Bourges, qui prononça son oraison funèbre, eut besoin de beaucoup d'imagination pour lui inventer des ancêtres prestigieux, compagnons d'armes du mythique héros gaulois Brennus, puis du preux Charlemagne en personne, et pour expliquer leur nom par une hypothétique expédition de l'un d'entre eux contre la Médie[1]. En vain. Car leur patronyme[2] les désigne clairement comme les descendants de médecins-apothicaires, non point domestiques comme beaucoup de leurs homologues français chargés de veiller à la santé d'un grand seigneur, mais boutiquiers susceptibles d'étendre leur commerce à bien d'autres marchandises que les onguents, thériaques et orviétans. Ce qu'ils firent. Devenus négociants de grande envergure et banquiers, immensément riches, ils rougissaient si peu de leurs origines qu'ils arboraient des armoiries comportant des pilules[3] – *palle* en italien –, que leur forme ronde permit de faire passer chez nous pour des besants ou tourteaux, pièces héraldiques plus flatteuses. Mais personne ne s'y trompait.

Florence était depuis le Moyen Âge, comme beaucoup d'autres cités italiennes, une république oligarchique où le pouvoir appartenait à quelques grandes familles, très jalouses de leurs privilèges : une aristocratie mercantile, fondée non sur la possession de la terre et le métier des armes, comme en France, mais sur l'exercice de quelques professions solidement protégées par une organisation corporative très fermée : les membres de l'*Art de la Laine* ou *de la Soie* détenaient avec quelques autres toutes les fonctions importantes de la cité, non sans provoquer périodiquement, de la part des exclus, des explosions de violence.

---

1. Il aurait été surnommé *Medicus*, comme Paul-Émile, vainqueur de la Macédoine, fut dit *Macedonius*, et Scipion, *Africanus*.

2. *Medici* est en italien le pluriel de *medico*, qui signifie « médecine ». Dans le nom *Lorenzo dei Medici*, le mot *dei* n'est pas particule nobiliaire, mais article partitif, marquant la provenance : « issu des…, faisant partie des… ».

3. Sur leur nombre – six ou sept – et leur couleur, les informations ne concordent pas. Mais les armoiries de Catherine en comportent six, dont quatre disposées en carré, et deux centrales, à chaque extrémité du carré, en haut et en bas.

Or les Médicis ne faisaient pas partie de cette aristocratie et lorsque, avec la fortune, leur fut venu le désir du pouvoir, ils s'appuyèrent sur le peuple – en fait les classes moyennes plutôt que les plus pauvres – pour acquérir une prééminence de fait qui les rendit maîtres de la ville pour un demi-siècle. Le plus remarquable d'entre eux, Côme l'Ancien, était à la tête d'un empire commercial couvrant l'Europe entière et l'argent qu'il prêtait aux rois et aux princes, toujours besogneux, lui permettait de traiter d'égal à égal avec eux. Mais il prenait grand soin de respecter les apparences républicaines et jamais il ne voulut passer pour autre chose qu'un citoyen parmi les autres, à qui le libre choix de ses compatriotes avait confié le gouvernement de la cité. Un pouvoir personnel donc, dont la transmission héréditaire n'est pas de droit, et qui repose sur la valeur des hommes.

Le plus brillant de ses descendants, son petit-fils Laurent, dit le Magnifique, avait pour les lettres et les arts des dons exceptionnels, qui dissimulent encore pour nous ses médiocres talents d'homme d'affaires. L'éclat de son règne en masque le déclin. Échappant de peu à la conspiration aristocratique des Pazzi, au cours de laquelle son frère trouva la mort, il laisse à son fils Pierre, dit l'Infortuné ou le Malchanceux, une situation catastrophique. Florence est agitée de soubresauts que viennent amplifier les guerres d'Italie, les Médicis sont tour à tour chassés et rappelés jusqu'au jour où l'un d'entre eux, le pape Clément VII, parviendra en 1531 à y remplacer la république par un duché, au profit de son fils ou neveu bâtard Alexandre. Pouvoir héréditaire cette fois, dans lequel la dynastie s'installera pour deux siècles.

« Nos parents, amis et alliés »

Des roturiers, des banquiers – et l'on se rappellera que l'Église condamnait alors le commerce de l'argent et le prêt à intérêt, même modéré. Des agitateurs, sortes de tribuns de la plèbe, portés au pouvoir par un soulèvement populaire. Voilà ce qu'étaient les Médicis vers 1470 lorsque Louis XI prit contact avec le fils de Côme l'Ancien, Pierre, dit le Goutteux. Leur réputation n'était pas pour effrayer le très perspicace monarque, au contraire.

Louis XI, qui s'était donné la peine, chose peu courante chez nos rois, d'apprendre l'italien, suivait de très près les affaires de la péninsule. Non qu'il souhaitât la conquérir. Il voulait seulement empêcher les autres de le faire et y arbitrer les conflits : la tenir par alliés interposés. Et il avait parfaitement mesuré le pouvoir des grands manieurs d'argent. Ce n'est pas un geste de sympathie désintéressée qui lui fit accorder à Pierre le droit d'adjoindre aux pilules familiales, sur son blason, trois fleurs de lis venues tout droit de France. Il récompensait, par une satisfaction d'amour-propre, le service que le Florentin venait de lui rendre en coupant les crédits à son ennemi Charles le Téméraire. Pour un Médicis, l'honneur était de taille. Il présentait pour Louis XI l'avantage supplémentaire de concrétiser les liens qui inféodaient à la France les maîtres de la grande cité toscane, « nos parents, amis et alliés », se plaisait-il à dire.

Parents ? pas encore. Les Médicis se contentent longtemps de prendre leurs conjoints parmi les grandes familles italiennes, à Florence, chez les Salviati, les Soderini et les Strozzi, ou à Rome, chez les Orsini, afin de se fondre peu à peu dans l'aristocratie locale. Amis et alliés : sûrement. C'est Louis XI qui, en 1478-1479, par d'habiles négociations avec le roi de Naples, sauva la mise à Laurent le Magnifique, dont le pape Sixte IV avait juré la perte. Il fit ensuite savoir aux Milanais qu'il « ne tolérerait pas qu'on touchât aux Florentins ni à la personne de Laurent » et « mettrait tout en œuvre pour les aider ». En échange de quoi celui-ci, reconnaissant, fit prêter au vieux roi égrotant, qui se croyait atteint de la lèpre, l'anneau miraculeux de l'évêque Zénobius, souverain contre ce mal. Ce qui n'empêcha pas Louis XI de mourir bientôt – pas de la lèpre, il est vrai.

Les campagnes italiennes de Charles VIII avaient été fatales au fils de Laurent, Pierre le Malchanceux, chassé en 1494 par le moine fanatique Savonarole. La cité s'offrit alors quatre années d'une dictature théocratique qui dégoûta pour longtemps ses habitants des sermons, de l'austérité et de la vertu et leur fit regretter les fastes du Magnifique. Le moine fut pendu puis brûlé sur la place de la Signoria et l'on revint au bon vieux régime oligarchique, jusqu'à ce que les campagnes de Louis XII provoquent des troubles qui permirent le retour des Médicis : non point Pierre, qui était mort, mais son frère Julien et son fils Laurent, deuxième du nom. Ils ne seraient rien sans l'Église. La source véritable de leur pouvoir est à Rome, où le Sacré Collège compte en permanence dans son sein un ou plusieurs d'entre eux, légitimes ou bâtards, candidats bien placés à la tiare.

Jean, le frère de Pierre, élevé au pontificat en 1513 sous le nom de Léon X, prend en main les destinées de la famille. Il marie son frère Julien avec Philiberte de Savoie, la propre sœur du duc régnant et de Louise, mère du roi de France. Promotion illusoire : Julien meurt un an plus tard. Reste leur jeune neveu, Laurent, seul descendant légitime de la branche aînée et porteur de tous les espoirs de la maison. Léon X le fait reconnaître par le peuple comme chef de la République et, pour le doter d'un titre de noblesse, lui octroie le duché d'Urbino, arraché pour la circonstance à François-Marie della Rovere, neveu du défunt pape : un duché à conquérir les armes à la main, car le précédent détenteur le défend avec vigueur. Et il lui cherche une épouse de haut rang.

François Ier, couvert des lauriers de Marignan, en possession du Milanais, apparaît à cette date comme le maître du jeu. Le pape, tenu de le ménager, vient de signer avec lui le Concordat de Bologne. Le moment est bien choisi pour revivifier la vieille amitié franco-florentine et la consolider par un mariage qui ferait du roi de France le protecteur du pouvoir encore chancelant des Médicis. De son côté François est demandeur : l'appui du souverain pontife, qui dispense l'investiture du royaume de Naples, lui est indispensable pour la poursuite de ses projets en Italie du Sud. Affaire conclue : Léon X parrainera le dauphin et Laurent de Médicis épousera une princesse française.

Cette nouvelle amitié présente, comparée à celle qu'avait conclue Louis XI, une différence notable : c'est avec le Saint-Siège, et non avec une riche et puissante famille florentine, que François Ier passe contrat. Si le pouvoir dans la vieille cité républicaine n'est pas héréditaire, la tiare, elle, l'est encore moins. Le clan des Médicis et apparentés est certes puissant dans le Sacré Collège, mais il ne contrôle pas nécessairement les élections. Les papes qui se suivent peuvent ne pas se ressembler. Et d'autre part, un pape, quels que soient ses engagements familiaux, jouit en tant que chef de la chrétienté d'une puissance que n'avait pas Laurent le Magnifique et il peut ou croit pouvoir se permettre de pratiquer entre le roi de France et l'Empereur une politique indépendante. François Ier s'expose donc à des déceptions.

Pour le meilleur et pour le pire

Tout commença très bien, pour les uns et pour les autres. Le meilleur d'abord.

Le parti proposé à Laurent était éblouissant. La jeune et belle Madeleine de La Tour, seize ans, tenait de sa mère défunte, Jeanne de Bourbon-Vendôme, quelques gouttes du sang de saint Louis. Son père, Jean, comte d'Auvergne et de Boulogne, qui possédait d'immenses fiefs dans le centre de la France[1], était mort prématurément lui aussi. Madeleine et sa sœur Anne, mariée à un noble écossais, se trouvaient très riches et, de surcroît, disposaient déjà des biens parentaux. On ne pouvait rêver mieux.

À vingt-six ans, Laurent n'était plus un tout jeune homme et on le disait plutôt laid. Mais, au printemps de 1518, il arriva à Amboise en fastueux équipage, les bras chargés de cadeaux, notamment un étonnant bois de lit incrusté d'écaillé et de perles et, pour le couple royal, deux tableaux tout fraîchement peints par Raphaël, d'une facture superbe et dont les sujets – un *Saint Georges terrassant le dragon* et une *Sainte Famille* – étaient symboliquement appropriés aux fonctions respectives de leurs destinataires.

On procéda à la double cérémonie : le 25 avril, baptême du dauphin ; le 28, mariage. Dans la cour intérieure du château était dressée une vaste tente – ce que nous appellerions un chapiteau –, toute revêtue à l'intérieur de tapisseries armoriées. Spectacle de ballets, festin ordonnancé à son de trompettes, qui se prolongea très avant dans la nuit au flamboiement des

1. L'Auvergne était dans sa famille depuis longtemps. Il avait dû céder au roi le comté de Boulogne, en échange de compensations substantielles dans le centre de la France, mais il en avait conservé le titre.

torches : on n'en aurait pas fait davantage pour un mariage royal et la reine Claude en personne fit à Madeleine l'honneur de la conduire jusqu'à la chambre nuptiale.

Dans les joutes qui suivirent, où l'on mima en grandeur nature la prise d'un château fort de bois, avec des canons de bois qui lançaient en guise de boulets de gros ballons gonflés d'air, les participants mirent tant de fougue qu'il y eut des blessés et même des morts. Et l'un d'eux nota ironiquement que le jeune marié faisait « le mieux qu'il pouvait devant sa mie » : visiblement il se ménageait. On le savait mal remis d'une arquebusade reçue à la tête lors de la reconquête de « son » duché d'Urbino. On apprit plus tard qu'il avait aussi « une grosse vérole », mais on ignorait qu'il était également tuberculeux, à un stade avancé. La jolie Madeleine épousa le tout.

Avant de regagner l'Italie, le couple se rendit en Auvergne prendre la mesure des propriétés familiales et en achever le partage avec la sœur de la jeune femme. Les voici à Florence, où ils font le 7 septembre une entrée solennelle très applaudie. Madeleine, « une gentille dame, belle et sage, et gracieuse et très vertueuse », plut à ses nouveaux concitoyens, qui lui firent fête. Laurent l'installa dans le vieux palais aux allures de forteresse qui porte aujourd'hui le nom de Médicis, mais s'appelait alors Riccardi. Déjà elle attendait un enfant.

Léon X en fit part aux ambassadeurs étrangers avec une fierté de grand-père. Autour de Florence et d'Urbino, il voyait prendre forme au centre de l'Italie un État tampon qui, protégerait Rome contre les incursions extérieures, un État où il comptait rendre héréditaire la dynastie des Médicis. Espéra-t-il davantage ? Rêva-t-il pour l'un des siens à l'impossible mission unificatrice : fédérer contre les « Barbares » toutes les forces italiennes ? D'autres y songeaient en tout cas, et quelques-uns le disaient, parmi lesquels Machiavel, dans le dernier chapitre de son traité du *Prince*, qu'il venait de dédier au nouveau maître de la cité.

Le pire vint très vite. En l'espace de quelques mois, tout s'effondra. Au début de l'hiver Laurent, amaigri, fiévreux, dut aller chercher dans les collines d'alentour un air plus salubre. Mais il n'allait pas mieux lorsqu'il revint au printemps pour les couches de son épouse. Le 13 avril, celle-ci donna naissance à une fille qu'on baptisa aussitôt Catherine, Marie, Romola[1]. Ce sont des notables locaux qui la tinrent sur les fonts. On avait d'autres soucis que de lui chercher des parrains prestigieux. La mère se remettait mal. Atteinte de fièvre puerpérale, elle mourut le 28 avril, quinze jours exactement après la naissance. Le père la suivit le 4 mai. C'est lui que nous voyons, pensif, un doigt sur ses lèvres de marbre, immortalisé par Michel-Ange dans la chapelle funéraire des Médicis, entre une *Aurore* en pleurs et un *Crépuscule* alangui.

À trois semaines, la petite Catherine était orpheline. À trois mois, dans la chaleur moite de l'été toscan, elle faillit mourir. À six mois, le pape la faisait amener à Rome, et il la trouva « belle et grassouillette ». À l'évidence elle s'accrochait à la vie. Elle s'y accrochera très longtemps.

Dans l'immédiat, la mort du jeune couple rendait caducs les accords fondés sur leur mariage. Léon X n'avait plus rien à attendre de François Ier, qui eut du mal à l'admettre, s'obstina à réclamer les dividendes de l'alliance. Le pape, agacé, feignit de soutenir sa candidature à l'Empire, comprit vite dans quel sens soufflait le vent, tourna court. Et lorsque éclata la guerre entre François Ier et Charles Quint, il applaudit à la reprise de Milan par les troupes impériales : il en serait, si l'on en croit les *Mémoires* de Du Bellay, « mort de joie ». Mais il est probable que le « catarrhe » et la fièvre qui eurent raison de lui, à quarante-six ans, provenaient de la malaria, alors endémique dans la plaine marécageuse entourant Rome.

Au terme de cette affaire, le roi de France se retrouvait les mains vides. Pas tout à fait cependant : il lui restait les deux chefs-d'œuvre de Raphaël, que nous admirons aujourd'hui au Louvre. Pas assez pour le consoler de la perte du Milanais.

1. Les deux premiers prénoms avaient été portés par des femmes de sa maison, le troisième, traditionnel, dit-on, dans les grandes familles florentines, rappelait le souvenir de Romulus, fondateur de Fiesole, le berceau de la cité.

Le « rameau vert » dans l'orage

Catherine, dit poétiquement l'Arioste, était de sa famille « l'unique rameau vert » qui subsistât. Ce rameau franchirait-il victorieusement les intempéries ?

Ne versons pas trop de larmes sur la petite orpheline. Les candidats se disputaient pour l'élever. Le pape la refusa à François Ier, qui la réclamait en raison de ses ascendances françaises. Seule héritière légitime de la branche aînée des Médicis, elle en détenait, en principe, les biens, et surtout elle pouvait en incarner, aux yeux des Florentins, la continuité. Certes, dans la vieille cité républicaine, les fonctions municipales n'étaient pas héréditaires et les femmes n'y avaient pas accès. Mais cela ne lui donnait que plus de prix. Un étranger pourrait, en épousant la dernière des Médicis, arguer de leur notoriété passée pour se concilier la faveur populaire et se hisser au premier rang.

Aussi la garda-t-on à Rome, où grand-mère, grand-tante et tante se relayèrent pour la choyer. La disparition de Léon X et le bref passage sur le trône de saint Pierre d'un Flamand inféodé à Charles Quint ne changèrent rien, au contraire, à son existence paisible. Elle y perdit le duché d'Urbino, qui fut rendu au précédent titulaire. Mais elle cessa pour un temps d'être un atout politique. Elle grandissait en compagnie de deux garçons bâtards, son cousin Hippolyte, et Alexandre, qu'on disait son demi-frère, de quelques années plus âgés.

Elle retrouva tout son prix très vite, lorsqu'en 1523 le cardinal Jules de Médicis[1] fut élu pape sous le nom de Clément VII. Il s'intéressa aussitôt à celle qu'il nommait, selon l'usage et compte tenu de la différence d'âge, sa « nièce », bien qu'il ne fût en réalité que le cousin germain de son grand-père. Il songea d'abord, semble-t-il, à mettre à la tête de Florence le jeune Hippolyte, qu'il envoya sur place en 1524. Et l'année suivante, il y expédia les deux autres enfants, à tout hasard, afin de faire nombre : la jeune génération ne pouvait s'attirer que des sympathies.

1. Fils bâtard de Julien, le frère du Magnifique, il était donc le cousin germain du défunt Léon X.

Or, en appliquant la fameuse politique de bascule chère à ses prédécesseurs, il fit d'abord un choix malheureux : il misa sur François Ier. Du désastre de Pavie, il conclut qu'il était plus urgent que jamais de s'opposer à la puissance montante de Charles Quint. La Ligue qu'il organisa à cet effet lui valut l'animosité de l'Empereur, qui l'abandonna à la fureur des lansquenets menés par le connétable de Bourbon : on connaît l'épisode sanglant du sac de Rome en 1527.

À Florence, la nouvelle redonna espoir aux ennemis des Médicis, qui s'emparèrent du pouvoir. Cédant à leur premier mouvement, ils chassèrent les deux garçons, mais pour Catherine, ils se ravisèrent, trouvant plus judicieux de la garder comme otage.

Les nouveaux maîtres de la ville furent d'abord des gens relativement paisibles et la captivité de la fillette fut douce. Des couvents successifs lui servirent de gîte avant qu'on ne l'installât, sur intervention de l'ambassadeur de France, chez les *Murate*, des Bénédictines qui n'avaient d'emmurées que le nom. Leur maison offrait une retraite à des grandes dames vieillissantes et accueillait pour les élever des jeunes filles de bonne famille. Savonarole avait naguère stigmatisé leurs occupations frivoles, fabrication de confitures ou de menus objets en fil d'or et d'argent ouvragé, et dénoncé comme un piège tendu par Satan leur goût prononcé pour la belle musique. Deux ans durant les bonnes religieuses, même celles qui étaient du parti adverse, dorlotèrent « la petite mignonnette de huit ans », douce, affable, souriante – et qui avait eu de si grands malheurs. Et Catherine y fut très heureuse.

Jusqu'au jour où l'aristocratie modérée fut renversée par des extrémistes méritant bien leur surnom d'Enragés. Le pape, prudent, s'était rapproché de Charles Quint, à qui la Paix des Dames laissait les mains libres en Italie. Tous deux décidèrent alors de recourir à la force contre les trublions et, en octobre 1529, les troupes impériales et pontificales investirent la ville. Clément VII fit passer la politique avant le sentiment familial : il abandonnait sa nièce aux représailles.

Dans Florence assiégée, la haine contre les Médicis flamba. On proposa de livrer Catherine à la prostitution ou de l'exposer nue sur les remparts aux boulets des canons de son oncle. Les avis étant partagés, on décida, en attendant, de la transférer au centre de la ville, dans un couvent mieux protégé des coups de main.

Lorsqu'elle sut qu'un émissaire de la Seigneurie viendrait l'arracher aux *Murate*, la fillette – elle avait onze ans – se crut condamnée à la mort, ou à pire. Avec courage, et bien conseillée, elle se fit couper les cheveux et revêtit un habit de nonne, dans l'espoir qu'on reculerait devant un sacrilège de nature à scandaliser le peuple. Elle se préparait à pousser des cris et à se débattre. Mais le chancelier Aldobrandini, qui la trouva dressée toutes griffes dehors, la rassura : on se contentait de l'enfermer à Sainte-Lucie, où elle ne passerait que peu de temps. Florence en effet, à bout de résistance, se rendit quinze jours plus tard. Le fragile rameau vert avait résisté à l'orage.

Catherine n'oublia rien : ni les menaces, ni les insultes, ni la peur, ni non plus – et c'est à son honneur – les services rendus. Elle sauva la vie au chancelier qui avait eu pitié de son angoisse et garda des *Murate* un souvenir attendri.

Quant à Clément VII, il récupérait sa nièce indemne. Il la reçut « les bras tendus, les larmes aux yeux, mêmement[1] par la grande joie et plaisir de la ouïr parler tant sagement et la voir en si prudente contenance ». En possession des trois enfants, il pouvait se livrer à des nouveaux projets.

Le pape case neveux et nièce

Pour assurer la survie de la branche aînée des Médicis, Clément VII disposait de trois éléments : une fille légitime et deux garçons bâtards, Hippolyte et Alexandre, qui ont en 1530 respectivement dix-neuf et vingt ans. Trois pions, à utiliser au mieux.

Il avait envisagé, beaucoup plus tôt, une première solution, consistant à légitimer un des bâtards en lui faisant épouser Catherine. Hippolyte, le plus brillant des deux, beau, intelligent, cultivé, fastueux, un rien provocateur, faisait figure de favori et il est possible que les huit ans de la fillette aient été sensibles à son charme. La perspective de régner sur Florence

1. Surtout.

en compagnie de sa cousine ne déplaisait pas non plus au jeune homme lorsque Clément VII lui conféra soudain la pourpre. Il avait vingt ans, aucune envie d'être cardinal, il protesta vigoureusement. En vain.

L'explication habituellement retenue est que Clément VII avait voulu l'écarter au profit de son cousin Alexandre. Surprenante préférence, à laquelle on ne voit qu'un motif plausible : ce dernier serait son propre fils. La chose est tout à fait possible. Mais dans ce cas, pourquoi aurait-il envoyé Hippolyte à Florence, en 1524, se faire recevoir comme héritier des Médicis et déclarer éligible à toutes les fonctions municipales ? pourquoi lui mettre ainsi le pied à l'étrier, pour l'évincer ensuite ? Le plus vraisemblable est que Clément VII avait réfléchi, et trouvé mieux.

D'abord, il y avait un double héritage à recueillir : Florence, mais aussi le pontificat, que deux Médicis avaient détenu presque successivement. À mesure que grandissaient les deux garçons, il devint évident qu'ils étaient très inégalement doués. Alexandre, beaucoup moins intelligent, ne ferait jamais qu'un piètre cardinal, sûrement pas un pape. Seul Hippolyte était capable de conquérir la tiare. D'où une répartition des tâches conforme aux capacités de chacun, sinon à leurs goûts. Elle avait l'inconvénient de déplaire très fortement à celui qu'on vouait à l'Église sans lui demander son avis. Mais on n'avait pas coutume, à l'époque, de prendre en compte ce genre d'objections.

D'autre part, n'était-ce pas du gaspillage de marier Catherine à l'un des garçons, associant ainsi deux pions qui pourraient être plus utiles séparément ? L'Italie était aux prises avec deux redoutables souverains étrangers, qu'il fallait bien, malgré leur rivalité, se concilier tous deux. Clément VII conçut l'audacieux projet, pour se ménager un appui dans les deux camps, d'unir en même temps Catherine à un prince français et Alexandre à une archiduchesse. Et le plus étonnant est qu'il y réussit.

Seule la mort vint ensuite déjouer ses plans. Hippolyte, couvert de dignités et de bénéfices ecclésiastiques, mais mal résigné, mourut jeune, peut-être empoisonné par son cousin qu'il ne désespérait pas de détrôner. Ce dernier, Alexandre, périt sous le poignard d'un autre Médicis, dont l'histoire inspira à Marguerite de Navarre une nouvelle et, à Musset, le drame célèbre de *Lorenzaccio*. La peine que se donna Clément VII ne fut cependant pas perdue : il travailla pour la branche cadette de sa famille. Mais il n'était plus là pour la voir en recueillir les fruits.

Revenons à la double négociation matrimoniale. Elle fut menée avec une prudence exemplaire.

Rentré à Florence dans les bagages de l'armée impériale, Alexandre fut rétabli dans ses droits par l'entremise de Charles Quint, avec, en prime, la main de sa fille Marguerite – une bâtarde, il est vrai, mais le nouveau duc aurait été malvenu à chipoter sur ce point. Hippolyte, envoyé en Hongrie comme légat, se tenait tranquille. Clément VII prêta alors l'oreille aux propositions venues de France. Certes, les prétendants à la main de Catherine ne manquaient pas : le duc de Milan, le roi d'Écosse et quelques autres de moindre envergure. Un fils cadet du roi de France, c'était infiniment plus prometteur. Les pourparlers, engagés dès 1530, se soldèrent en 1531 par un accord que l'on convint de garder secret, en attendant que les enfants fussent nubiles. Prétexte peu solide. En fait, le pape tenait à ne pas ébruiter la chose tant que l'autre mariage ne serait pas accompli. En attendant, on parla gros sous, on fit le compte des rentes et revenus cumulés, qui mettraient le couple à l'abri du besoin, et Clément VII promit son aide pour la reconquête du Milanais et de Gênes : l'échéance prévue – dix-huit mois – lui donnait le temps de trouver des échappatoires. Mais il refusa de laisser Catherine partir pour la France, selon l'usage, dès les fiançailles : il ne la lâcherait qu'à coup sûr. François ne savait rien de ce qui se tramait avec l'Empereur. De son côté celui-ci, informé des tractations avec la cour de France, les jugea sans fondement, tant l'union en question lui parut disproportionnée.

Au printemps de 1533, lorsque les résultats de la stratégie pontificale apparurent au grand jour, il était trop tard pour reculer. Charles Quint se contenta d'une protestation verbale et sa colère donna à François l'illusion d'avoir fait une excellente affaire. Il ne restait plus qu'à fixer un lieu – faute de Nice, dont le duc de Savoie refusa l'accès, ce fut la fidèle Marseille – et une date : la santé du roi fit remettre à octobre la célébration des noces.

Un bien beau mariage

On nous pardonnera de ne pas reproduire ici les termes du contrat, ni énumérer les éléments de la dot ou les cadeaux échangés. Le pape avait bien fait les choses et puisé dans les coffres de l'Église pour vêtir sa pupille de soie et d'or et lui fournir des joyaux à répandre à pleines mains : perles, diamants, rubis, émeraudes, dont la liste fait encore rêver les historiens[1], bloc de cristal de roche taillé en forme de cassette et orné de scènes gravées tirées de la vie du Christ, et nous en passons.

Catherine quitta Florence le 1er septembre 1533, gagna la côte, s'embarqua sur une flotte de dix-huit galères et s'en alla à Villefranche attendre l'arrivée de son oncle, qui venait de Rome. Le souverain pontife – fait exceptionnel – se dérangeait en personne. Une garde chamarrée l'escortait, autour de lui tourbillonnait un essaim de robes ecclésiastiques noires et rouges. Le cardinal neveu Hippolyte avait pour une fois revêtu la pourpre, mais les pages de sa suite étaient habillés à la turque, avec aigrettes et turbans. La première galère portait le Saint Sacrement, la seconde le Saint-Père. Il y en avait dix-huit en tout. Les deux escadres firent leur jonction à Villefranche et, le 11 octobre, elles arrivaient en vue de Marseille, où cloches et canons conjuguèrent leur vacarme pour les accueillir.

François Ier avait fait édifier pour la circonstance sur la place Neuve non une tente, mais un château de bois qu'un vaste pont couvert, pouvant faire office de salle de réception, reliait à l'étage au palais des comtes de Provence où lui-même résidait. D'abord, les choses sérieuses : signature d'un traité d'alliance. Signature du contrat de mariage ensuite. Puis échange des consentements, suivi d'un bal, le 27 octobre. Le lendemain 28, messe solennelle avec bénédiction des anneaux. Enfin banquet

1. Le pape aurait offert à la France, dit-on, à l'occasion des noces de Catherine, trois joyaux de grand prix, l'*Œuf de Naples*, la *Pointe de Milan* et la *Table de Gênes*, qui figurent en effet dans les inventaires des bijoux de la couronne au XVIe siècle. Mais, comme la description qu'en donnent ces inventaires ne correspond pas à celle que fournit la liste des cadeaux de noces de Catherine, on a pensé qu'il pouvait s'agir de métaphores utilisées par le pape pour désigner les territoires dont il s'engageait à appuyer la conquête.

gargantuesque. À minuit, on conduisit en grande pompe les deux intéressés à leur chambre, où les attendait un lit somptueusement paré.

Non sans quelque inquiétude : ils avaient tout juste quatorze ans et manquaient grandement d'expérience. Le roi, paraît-il, tint à encourager leurs efforts, assista à leurs premières joutes. L'histoire ne dit pas si sa présence leur fut d'un grand secours. Le pape, lui, se leva à l'aube pour aller les surprendre, afin de s'assurer qu'ils avaient bien rempli leurs devoirs. Il les trouva « contents l'un de l'autre » et se retira rassuré. Le mariage dûment consommé, sa nièce n'était plus répudiable. En principe du moins. La promesse d'une naissance l'aurait comblé. Mais il eut beau s'attarder pour célébrer les fêtes de la Toussaint, remettre son départ, après le dernier échange de cadeaux, pour cause de mauvais temps, il lui fallut quitter Marseille sans que Catherine lui eût donné cette satisfaction. Il nomma quatre cardinaux français d'un seul coup, mais refusa de consentir au divorce du roi d'Angleterre, en faveur de qui François le sollicitait : ce qui priva celui-ci d'un des moyens de se concilier son puissant voisin britannique.

Il finit par s'embarquer vers le 20 novembre et, à peine rentré à Rome, s'empressa de faire savoir à l'Empereur que les promesses faites au roi de France n'étaient que paroles en l'air, qu'il se garderait bien de tenir.

Catherine et Henri, eux, étaient liés pour la vie.

La Duchessina

La *Duchessina*, la petite duchesse d'Urbino, comme on la nommait faute d'un titre plus prestigieux, n'était pas une beauté.

Qu'elles fussent coupées à la mode florentine ou française, les robes de soie, d'or et d'hermine dont on la para ne pouvaient modifier sa silhouette. Petite et, en ce temps-là du moins, maigrichonne, elle manque de prestance. La mode est aux blondes, elle est brune. Colliers de perles et pendentifs ne rendent pas plus lumineuse sa peau blanche, mais terne. Elle a les traits épais, les joues un peu lourdes et le menton fuyant. Ses yeux sombres sont globuleux et proéminents, sans doute par suite d'une myopie.

Henri ne fut pas surpris, il savait à quoi s'attendre, même si le portrait fait à son intention par Vasari la flattait. Ce qui nous frappe surtout, nous, dans celui que fit d'elle Corneille de Lyon peu après son arrivée en France, c'est quelque chose de flou, d'inachevé, d'encore poupin dans le visage, et en même temps une sorte de profondeur, de gravité pensive et triste, où flotte comme le reflet d'une crainte.

Elle passait pourtant à Florence pour vive, gracieuse et souriante, dans sa gaieté juvénile. Une anecdote nous la montre primesautière, barbouillant de toutes les couleurs de sa palette l'artiste occupé à la peindre. Et l'intelligence illuminait son visage ingrat. En France, visiblement, elle est sur ses gardes, contrainte, elle se compose, non sans quelque maladresse, un personnage. Elle va faire en ce domaine de très rapides progrès. Elle est douée, et les épreuves traversées l'ont rendue, à quatorze ans, plus mûre que bien des adultes.

Elle a été remarquablement bien élevée. Nous ignorons tout de ses maîtres et des enseignements qu'elle put recevoir. Mais les résultats en sont bien visibles. Elle savait du latin, un peu de grec, semble-t-il, mais elle impressionna les contemporains par l'étendue de ses connaissances dans ce qu'ils appelaient mathématique au singulier, c'est-à-dire un mélange de physique, de sciences naturelles, mais surtout d'astronomie, alors inséparable de l'astrologie. Elle a appris sur le tas la géographie et l'histoire, à force de voir défiler auprès de son oncle les ambassadeurs de toute la chrétienté, elle a assisté aux incessantes redistributions de provinces en Italie et aux efforts pour ranimer l'ancien esprit de croisade face au danger turc menaçant : premiers contacts avec la politique.

Dès qu'il fut question de ce mariage, son oncle lui fit donner des leçons de français. Elle eut le temps de l'apprendre : les négociations durèrent trois ans. Elle le parle très bien, avec une pointe d'accent qui trahit ses origines et dont elle ne se défera jamais. Et si la lecture de ses lettres n'était rendue insupportable par une orthographe phonétique d'une fantaisie décourageante, on s'apercevrait qu'elle l'écrit sans recherche, mais très fermement.

Sa sensibilité artistique a été aiguisée dès l'enfance par le spectacle de la Renaissance italienne triomphante, à Florence que peuple de marbre et de bronze le ciseau des sculpteurs, tandis que les murs des palais se rehaussent de fresques où les personnages de la Bible ressemblent à s'y méprendre à ses parents ; à Rome, meurtrie par le pillage de 1527, qui panse somptueusement ses plaies et renaît de ses cendres plus belle encore. Elle en gardera l'amour des amples bâtiments aux proportions équilibrées et le goût de vivre dans un décor qui soit une joie pour l'œil comme pour l'esprit. Plus que la littérature, elle apprécie la musique et la poésie, quand celle-ci s'accompagne, comme c'est souvent le cas à l'époque, du chant.

À Rome, puis à Florence, elle a participé aux réceptions, a joué les hôtesses auprès d'Alexandre lors de la visite de sa future femme, la petite archiduchesse. Elle a compris quel prestige exercent sur l'imagination populaire les exhibitions à grand spectacle et ne conçoit pas l'exercice de l'autorité sans ces célébrations publiques où maîtres et sujets communient, l'espace d'une journée, dans une allégresse partagée. C'est par le luxe et la prodigalité de leurs fêtes que les Médicis ont conquis la faveur des Florentins : elle ne l'oubliera pas. Fastes de l'Église, fastes de l'État : le pouvoir est spectacle.

La religion avait alors bien des visages. Il est absurde de voir en elle une mécréante. Certes, aucune exigence de spiritualité ne l'habitait, les aspirations mystiques lui étaient étrangères et, dans l'action, les scrupules ne l'étouffaient pas : semblable en cela à des milliers d'hommes et de femmes de son temps, installés dans un univers dont la doctrine chrétienne fournissait une explication satisfaisante à leurs yeux. On croyait aux astres, à l'influence que la conjonction des planètes exerçait sur nos destinées. Mais astres et planètes étaient mus par Dieu. Entre religion et superstition, bien floue était la frontière. Nièce d'un pape, élevée au cœur de cette Église que Luther et Calvin accusent de corruption, mais certainement pas d'incroyance, et qui s'enlise dans les marécages politiques où l'entraîne son statut de puissance temporelle, Catherine est et restera de sensibilité catholique, mais, réaliste et libre de préjugés, elle a pour principal souci d'assurer sa survie ici et maintenant. Ce sont là des dispositions qui la préparent très mal à comprendre les passions religieuses qui commencent tout juste de se déchaîner en France.

Son réalisme, elle le doit essentiellement à l'expérience. La vie s'est chargée de lui apprendre ce qu'aucune éducation n'enseigne jamais. À l'âge où l'on s'efforce d'inculquer aux enfants une morale claire, elle a découvert que le bien et le mal s'interpénètrent et qu'il est peu d'actions humaines qui ne participent à la fois de l'un et de l'autre. Des illusions, elle n'en a plus guère. Elle observe, enregistre, se tait. Elle a pris conscience de sa faiblesse, mais s'est aperçue qu'on pouvait en faire un atout. Elle sait à merveille se maîtriser. Son orgueil, elle le cache ; son intelligence, elle la masque ; sa violence, elle la réprime, sous les apparences de la plus séduisante douceur. De son enfance ballottée entre Rome et Florence, otage que se disputent les partis, à moins qu'ils ne la sacrifient, victime de marchandages matrimoniaux et politiques dans une Italie déchirée, elle se méfie de tout et de tous, elle est habitée par une crainte, une peur diffuses, d'autant plus inquiétantes qu'elles n'ont pas d'objet défini. En elle s'insinue un désir obscur, mal formulé peut-être, mais aigu : acquérir son indépendance, la maîtrise de son propre sort, et peut-être devenir celle qui mène les autres, au lieu d'être menée par eux.

Ce n'est pas pour demain. Elle le sait quand elle débarque à Marseille en cet automne de 1533. D'instinct, elle dissimule son exceptionnelle maturité, se plie à tout ce qu'on lui demande, se conforme à l'image conventionnelle qu'on se fait d'elle. Nul ne soupçonne l'étendue de son esprit et de sa volonté. On ne voit en elle que la *Duchessina*, la petite duchesse insignifiante que le caprice du roi a hissée bien au-dessus de sa condition, Cendrillon fragile, dont le carrosse doré va soudain redevenir citrouille.

Car moins d'un an après son mariage, le 25 septembre 1534, son oncle Clément VII, âgé seulement de cinquante-six ans, meurt subitement.

Cette mort évita sans doute à François Ier les déconvenues que lui aurait à coup sûr réservées ce très fuyant allié. Mais sur le moment, sa déception fut rude. Plus de Médicis sur le trône de saint Pierre, plus d'appui pontifical pour ses entreprises italiennes. Henri a épousé Catherine pour rien. En se mariant, elle a dû renoncer à ses droits sur Florence en faveur de son cousin Alexandre. Elle conserve son titre de duchesse d'Urbino, mais son duché est entre les mains d'un autre, qui le tient bien. L'héritière nominale des Médicis est sans héritage.

Sans héritage, vraiment ? De même qu'on oublie toujours qu'il coule dans ses veines une moitié de sang français, on néglige de se souvenir qu'elle tient de sa mère et de sa tante morte sans enfants de fort grands biens en Auvergne, beaucoup de bonnes terres avec bois, fermes, châteaux et revenus à l'avenant. Mais c'est en Italie que François veut des châteaux, et qu'il en bâtit d'imaginaires. L'effondrement des espoirs fondés sur ce mariage lui arrache une exclamation cruelle : « J'ai eu la fille toute nue ! »

Pour lui, marché de dupes. Pour elle, solitude.

À cette toute jeune femme de quatorze ans, vraiment orpheline cette fois, le dos au mur, sans famille pour assurer ses arrières, il appartient de remonter lentement la pente. Il lui faudra plus de vingt-cinq ans.

CHAPITRE X

La longue marche

La lente, très lente ascension de Catherine de Médicis se déploie sur toute la durée de sa vie conjugale : vingt-six ans d'aménité souriante, d'empressement, de patience, de soumission, qui, si elle avait accompagné son mari dans la mort, lui auraient valu dans la mémoire collective une réputation d'aimable insignifiance. Vingt-six années en dents de scie, jalonnées d'épreuves et d'accidents, rythmées par des morts qui tour à tour modifient sa condition, sans la rendre plus solide : la disparition de l'héritier du trône qui fait d'elle, en 1536, une reine dauphine, celle de François Ier, en 1547, qui la fait reine, celle de son mari enfin, qui la voue brutalement au rôle mal défini de reine mère.

À chacune de ces étapes, sa position reste fragile et menacée. Rien n'est jamais acquis pour elle. Mais il n'est pas dans son caractère de s'avouer vaincue ni de baisser les bras. Pour se maintenir, puis pour s'affirmer, elle déploie une ténacité, une persévérance qui éclatent au regard rétrospectif de l'historien, mais restèrent inaperçues de presque tous les contemporains, tant elle sut voiler de douceur l'énergie qui la soutenait. Seul un ambassadeur vénitien très perspicace comprit ce qui se cachait sous cette douceur érigée en règle de conduite : « Elle est très obéissante ; c'est sa force. » C'est par sa docilité qu'elle parvint en effet, dans une cour déchirée d'antagonismes et d'intrigues, à se faire accepter, puis à se faire aimer de tous.

Se faire aimer

Pour s'implanter dans sa nouvelle famille, Catherine, à défaut de l'appui pontifical défaillant, tire avantage de son éducation italienne. La France rêve d'Italie. Elle s'est mise à son école. Elle imite ses architectes, ses peintres, ses sculpteurs, ses poètes, ou les invite à venir en personne construire et décorer de merveilleux châteaux. La Renaissance y bat son plein. Catherine s'acclimate donc aisément. Pas de fautes de goût, pas de fausses notes : elle est, d'emblée, à l'unisson.

Mais il en faut davantage pour se faire adopter dans une cour si différente de celle, tout ecclésiastique, qu'elle a connue à Rome auprès de son oncle. Les femmes y figurent en nombre, condamnées à vivre ensemble et à s'entendre ou à se supporter, dans un climat de galanterie – au double sens d'élégance et de séduction – traversé d'intrigues, de rivalités, de tensions. Comment plaire aux uns sans éveiller la jalousie des autres ? Comment éviter de se laisser confiner sans retour dans la compagnie des dames vouées aux ouvrages de tapisserie et aux bonnes œuvres ?

Catherine dispose de deux atouts. Elle n'est pas jolie, et elle est intelligente. Son physique ingrat rassure. Elle bénéficie d'un préjugé favorable auprès de toutes : les délaissées, qui la croient promise à un sort semblable, et les belles coquettes, favorites en exercice ou en espérance, pour qui elle ne saurait être une rivale. La bonne reine Éléonore lui ouvre les bras. Pour cette belle-mère qui n'en est pas une, puisque Henri n'est pas son fils, elle a tous les égards requis. Sans illusions, car elle comprend vite qu'il y a peu à en attendre. Quant à la maîtresse du roi, Anne de Pisseleu, c'est à contrecœur qu'elle lui fait des avances, si l'on en croit une lettre adressée beaucoup plus tard à l'une de ses filles : « [Il] me fallait obéir et hanter tout ce qu'il avait agréable[1]. » Sans doute se fait-elle, dans le rôle de mère grondeuse, plus sourcilleuse sur la morale qu'elle ne le fut à l'époque. Elle n'avait pas besoin d'ordres pour savoir qu'il était vital d'amadouer la redoutable duchesse d'Étampes,

1. Il me fallait fréquenter toutes les personnes qu'il souhaitait.

qui pouvait lui rendre la vie impossible. Son absence de charme fut auprès de celle-ci sa meilleure recommandation.

C'est son intelligence et sa culture, en revanche, qui séduisirent les deux Marguerite, la tante et la nièce, sœur et fille de François Ier, deux femmes remarquables à la personnalité vigoureuse. Elle eut avec la première des relations aussi confiantes que le permettait leur différence d'âge et de statut. Avec la seconde, de quatre ans sa cadette, elle se lia d'une amitié profonde qui survécut à toutes les vicissitudes.

On dira ici un mot de cette Marguerite de France. Moins connue que celle de Navarre, parce qu'elle n'a pas laissé d'œuvre littéraire, elle aimait également les écrivains et les savants et passait en son temps pour aussi instruite que sage : son âme, « hôtelière des Muses », selon le joli mot de Ronsard, ne l'empêchait pas d'égaler en vertus Minerve ou Pallas, comme on voudra l'appeler. Toute jeune, elle s'était prise de passion pour l'étude du grec, à laquelle Catherine se remit pour l'aider, et elle lisait, dit-on, Platon dans le texte. À elles deux, elles envisagèrent de composer, à la manière de Boccace, un recueil de nouvelles qui auraient sur leur modèle la supériorité d'être véridiques. Ce projet, auquel elles associèrent le futur Henri II, dépassait sans doute leurs capacités. Nous en ignorerions tout si leur tante, qui le mena à bien dans l'*Heptaméron*, n'avait tenu à leur rendre hommage en les associant à la genèse de son livre. Farouchement indépendante et un peu fantasque, la jeune Marguerite réussit, peut-être parce qu'elle était la petite dernière de la famille, à échapper aux projets de mariage élaborés pour elle. Elle voulait un souverain, pas un sujet de son père, et, qui plus est, un souverain qui lui agrée. Après bien des refus, au risque de rester vieille fille, elle vit son obstination récompensée : elle épousa, à trente-six ans, le duc de Savoie tout fraîchement sorti d'une longue guerre contre la France, qui l'estima et l'aima, et elle lui donna, en dépit de son âge, un fils, Charles-Emmanuel, qui mérita d'être surnommé le Grand.

Amitiés vraies, amitiés diplomatiques. La bonne entente prévaut chez les dames de la cour – en apparence du moins. Après la prise d'Hesdin en 1537, épouse, sœur, fille, bru et maîtresse s'associent dans une commune action de grâces et les quatre dernières cosignent une lettre de félicitations au vainqueur. Catherine a trouvé sans peine sa place dans ce concert.

Mais elle veut davantage. Elle tient à approcher le roi. De son enfance passée avec des garçons, ses cousins, elle a gardé le goût du grand air, des activités physiques, l'équitation surtout et la chasse, où elle excelle. Or François Ier, puissamment charpenté, athlétique, avait besoin de se dépenser en exercices violents. Il avait l'habitude, lorsqu'il s'échappait pour « courre le cerf », d'emmener quelques dames « belles et gentilles », qu'il appelait « la petite bande ». Catherine s'arma d'audace, demanda à en faire partie, sollicita même l'honneur de l'accompagner partout et de « ne bouger jamais d'avec lui ».

Les femmes allaient à cheval, selon l'usage, en s'asseyant perpendiculairement à l'animal, les pieds posés sur une planchette, la « sambue », qui leur interdisait le galop. Catherine monta en amazone, le pied gauche à l'étrier et le genou droit replié sur la corne de l'arçon[1]. Elle y gagna de pouvoir suivre aisément le train des hommes et, accessoirement, de laisser apercevoir un peu de sa jambe, qu'elle savait belle. Elle s'attira les louanges de Ronsard, dont l'imagination intempérante la montre « portant au bois la sagette[2] », aller dès l'aube tendre des rets, suivre le gibier à la trace, presser les cerfs ou même assaillir « les ours et les sangliers aux dents croches ». Elle entra, surtout, dans la familiarité du roi qui, attendri et flatté de son admiration extasiée, découvrit en elle mille mérites insoupçonnés et l'en aima chaque jour davantage.

Exceptionnelle réussite, dans un rôle de composition qui exigeait une maîtrise de soi, une vigilance sans faille. Autant qu'à ses qualités naturelles, elle la doit à la force de sa volonté. D'une santé à toute épreuve et d'une endurance rare, elle se plie à tout ce qu'on exige d'elle. Elle est toujours prête, disponible pour chevaucher, converser, danser, tenir sa place dans les cérémonies, entrées solennelles, mariages, messes et banquets, tout sourire et toute grâce sous son caparaçon de brocart. Elle observe,

1. Elle n'a pas inventé cette façon de monter, importée de son Danemark natal par Christine, duchesse de Lorraine. Mais c'est elle qui l'a introduite à la cour de France.

2. Flèche.

elle écoute. Attentive à autrui, prévenante, elle trouve le mot qui plaît à chacun, simple avec les plus simples, ne dévoilant l'étendue de sa culture et la vigueur de son jugement qu'auprès de ceux qu'elle sait ses égaux. Gaie, spirituelle à l'occasion, tout en évitant de blesser. Discrète, modeste, dépourvue d'arrogance, se gardant d'afficher une quelconque supériorité, elle ne portait ombrage à personne, n'éclipsait personne, donnait au contraire à chacun la flatteuse impression qu'il avait pour elle un prix infini. Hypocrite ? Assurément. Avec pour circonstance atténuante la légitime défense : sa survie était en jeu.

À la cour de France, comme naguère à Florence chez les *Murate*, on en raffola. Douce, si douce Catherine... Le roi se fit l'interprète de tous lorsqu'il lui suggéra de prendre pour emblème l'écharpe d'Iris, accompagnée d'une devise grecque faisant de l'arc-en-ciel le symbole du retour au calme après la tempête. Ce choix la désignait comme porteuse d'espérance et de joie, « de clarté, sérénité et tranquillité de paix ».

À la liste de ses conquêtes, cependant, il manque un nom, le plus important : celui de son mari. Sur celui-ci, ses efforts étaient inopérants et ses grâces vaines. Elle s'aperçut vite, avec dépit, qu'une autre occupait toutes ses pensées. Diane de Poitiers, épouse de Louis de Brézé, sénéchal de Normandie, était déjà et restera jusqu'au bout le seul grand amour de Henri II.

La Grande Sénéchale

Rien, sinon une très remarquable beauté, ne prédisposait Diane aux fonctions de maîtresse royale. En tout état de cause, son âge – elle était née en 1499 – l'eût destinée à François Ier. Mais de plus jeunes qu'elle se disputaient la place et il n'était pas dans son caractère de se lancer dans une compétition humiliante. Reste l'épisode mélodramatique brodé dans les marges des *Dames galantes* de Brantôme par l'auteur du *Roi s'amuse*. Il ne résiste pas à l'examen : qu'on en juge.

Le père de Diane, Jean de Poitiers Saint-Vallier, était un des féaux du connétable de Bourbon. Gravement compromis dans la trahison de son seigneur, il ne put s'échapper à temps, fut arrêté et condamné à mort. Déjà, sur la place de Grève noire de spectateurs partagés entre la pitié et la curiosité gourmande, il montait les marches de l'échafaud, lorsqu'on lui signifia qu'il était gracié, sur les instances de sa fille notamment, qui était allée à Blois se jeter aux pieds du roi. De là à penser qu'elle avait payé cette grâce de sa vertu, voire de sa virginité, il n'y avait que deux pas, allégrement franchis, le premier par Brantôme, à la suite d'un pamphlétaire huguenot, le second par Victor Hugo. Le gaillard chroniqueur en profita pour prêter au père arraché à la mort une formule de gratitude grivoise. Le dramaturge romantique y vit l'occasion de stigmatiser la débauche cynique du souverain et de verser quelques larmes sur la femme éternelle victime. Et l'on apprécia au passage l'exploit de Diane, capable de séduire tour à tour le père et le fils. Il n'y a pas un mot de vrai dans tout cela. Lors du procès, l'héroïne de cette anecdote était mariée depuis huit ans à Louis de Brézé, qui s'associa à ses prières. Si son père avait trahi, c'est son époux qui avait révélé au roi le complot. De quoi justifier une mesure de clémence d'ailleurs espérée par une bonne partie de l'opinion, qui trouvait au coupable quelques excuses. Les larmes de la belle, si larmes il y eut, pesèrent moins sur la décision de François Ier que le sens bien compris de l'opportunité politique.

Diane menait une vie irréprochable auprès du sénéchal, à qui elle avait donné deux filles. Elle avait rang à la cour, dans la maison de Louise de Savoie. Elle cultivait avec soin sa réputation. S'identifiant peut-être déjà à la farouche déesse dont elle portait le nom, elle exhibait une beauté altère, propre à glacer les admirateurs trop entreprenants. Et si sévère qu'on soit pour sa carrière ultérieure, on doit reconnaître qu'il n'y eut aucun calcul à l'origine de ses relations avec le futur Henri II : un geste spontané, un baiser maternel dont le souvenir, magnifié par un enfant, orienta toute une vie.

On se souvient du traité de Madrid, qui exigeait, en garantie des engagements du roi libéré, la livraison à l'Espagne de ses deux fils aînés. Louise de Savoie a accompagné les jeunes otages jusqu'à Bayonne, où doivent se faire les adieux. Devant les petits princes, qui ne comprennent pas encore très bien ce qui leur arrive, les dames de la cour ont peine à cacher leurs larmes. Ils sont deux, très proches par le sang et par l'âge : huit et sept ans. Mais cette proximité ne rend que plus profond le fossé qui les sépare. L'un est destiné à être roi de France, l'autre sera le plus grand de ses sujets certes, mais un sujet tout de même. L'un est rendu sacré, d'avance, par l'onction à venir ; l'autre n'est qu'un enfant ordinaire. Cette différence, si difficile à accepter pour les cadets, Henri l'a toujours perçue d'autant plus vivement que le roi se reconnaît davantage dans l'aîné, gai, aimable, exubérant, qui lui ressemble et à qui il porte une visible préférence. Le plus jeune, naturellement timide et renfermé, en devient plus sombre, se replie davantage sur lui-même et décourage les marques d'affection dont il a pourtant un si urgent besoin. Il est jaloux. Se sentant mal aimé, il est peu aimable. Cercle vicieux.

À Bayonne, la prédilection pour le dauphin perce sous la sollicitude dispensée à tous deux. L'otage de grand prix, pour lequel on tremble, c'est l'aîné, dont les circonstances font comme l'*alter ego* de son père : celui-ci n'a-t-il pas prétendu abdiquer en sa faveur ? Henri n'est qu'un comparse. Il se sent plus seul que jamais. Mme de Brézé posa les yeux sur lui. Saisit-elle dans son regard une angoisse, un appel ? Elle s'approcha et déposa sur son front un baiser, dont il faut croire que son frère ne reçut pas l'équivalent, puisque le petit garçon l'emporta en Espagne comme un viatique et berça sa longue captivité de ce souvenir. Quelqu'un l'avait distingué, choisi, élu. Une femme, la plus belle. Ce baiser à l'enfant orphelin a comme un goût de conte de fées. Mais pour une fois, le conte est vrai.

Baiser magique, philtre d'amour : il eut quatre ans pour y rêver, quatre ans d'isolement dans les prisons d'Espagne, auprès d'un frère qui ne partage qu'à demi sa révolte, quatre ans à vivre dans l'imaginaire pour échapper à l'insupportable réalité. Son livre de chevet est l'*Amadis de Gaule,* vaste roman inspiré des chansons de geste et des récits du cycle arthurien, compendium de tous les thèmes obligés de la littérature chevaleresque et courtoise, qu'il est capable de lire dans la langue originale. Il ne manque pas de s'identifier au « damoisel de la mer », vaillant champion des meilleures causes poursuivi par l'injustice du sort, « Beau Ténébreux » bourreau des cœurs, qui réserve le sien à une certaine Oriane admirée dès l'enfance. Et il n'eut sans doute pas besoin d'être encouragé par la consonance de leurs deux noms pour prêter à cette Oriane le visage enchanteur, inoubliable, de Diane de Poitiers-Brézé, sa *dame* à lui.

À son retour, il la retrouve. Il a onze ans, mais il en paraît davantage, tant il est grand et fort. Elle en a tout de même vingt de plus. Il la rencontre tous les jours, dans cette cour où elle est affectée à la suite de la nouvelle reine. Plus belle encore que dans son souvenir, elle lui apparaît dans tout l'éclat de la pompe liturgique lors du couronnement d'Éléonore, où elle officie avec Mesdames de Brion et de Montmorency, portant le pain, le vin et la cire des offrandes, recueillant sur sa robe étincelante quelques rayons réfractés venus des cieux. La cérémonie est suivie du traditionnel tournoi où chaque champion doit suivant la coutume placer ses exploits sous un patronage féminin. Coup de théâtre : tandis que le dauphin, en garçon bien élevé, vient s'incliner devant la reine, Henri offre à la Grande Sénéchale l'hommage de son premier combat public, à la grande fureur de la favorite, Anne d'Étampes, dont l'éclatante jeunesse n'affiche que mépris pour une « vieille » de trente ans.

Diane, si flattée qu'elle fût par un aussi spectaculaire geste d'allégeance, était beaucoup trop intelligente pour voir dans cette passion autre chose qu'un enfantillage. Elle ne se souciait pas de déniaiser un gamin à peine pubère. Il y avait pour cela assez de chambrières. Mais le rôle de « dame », tel que l'avaient fixé deux siècles de littérature courtoise, lui convenait à merveille : reines ou fées, les Guenièvre, les Morgane, les Oriane et les Urgande prodiguaient au jeune page ou bachelier dont elles agréaient le « service » protection et conseils, en échange d'une parfaite soumission ; elles exigeaient de lui des exploits, l'encourageaient à un perpétuel dépassement ; d'elles il tirait vertu et force ; au plein sens du terme, il était leur créature. De quoi séduire l'orgueilleuse Sénéchale.

En 1531, la mort de Louis de Brézé la délie de tout lien. Elle s'installe dans un veuvage hautain, proclame par le choix de ses couleurs – le noir et le blanc du demi-deuil – son intention de ne pas se remarier. Elle est libre pour exercer auprès de Henri un rôle d'éducatrice que le roi en personne lui demande d'assumer. François trouve en effet son fils cadet, au sortir des prisons d'Espagne, insuffisamment policé. Elle le dégrossira, le polira, le formera à la vie de cour, c'est promis : « Fiez-vous à moi, Sire, j'en fais mon galant », plaisanta-t-elle. Elle aussi connaît par cœur le code de la courtoisie. Cette mission situe leurs relations sur un plan où la différence d'âge, loin de lui être un handicap, joue en sa faveur. Elle sera une sorte de marraine, remplaçant la mère absente, de sœur aînée, de mentor, pour lui apprendre le monde. D'amour charnel, il ne saurait être question. Ne se soucie-t-elle pas, en tout premier lieu, de le marier ?

Elle prit feu et flamme pour l'alliance Médicis. C'est dans son château d'Anet que furent débattues, en avril 1531, les conditions du contrat. Outre que ce mariage est censé procurer à son protégé un duché italien, elle y voit pour elle-même de multiples avantages. Sa grand-mère était une La Tour, la propre sœur du grand-père maternel de Catherine : elles sont cousines issues de germains. L'honneur fait à l'ascendance française de la petite Florentine rejaillira en partie sur elle, qui se trouvera entrer, par alliance, dans la parentèle royale. De plus, ce cousinage l'autorisera à prendre sous son aile la future mariée et, sous prétexte de la protéger, il l'aidera à renforcer, par personne interposée, l'influence exercée sur son mari. Elle aura ainsi le couple à sa dévotion.

La pauvre Catherine se voyait épargner l'épreuve d'une belle-mère possessive, à la manière de Louise de Savoie, mais ce fut pour tomber de Charybde en Scylla. Il lui échoit bien pire. Diane se comporte comme la plus impérieuse des belles-mères, elle la chaperonne, la coiffe, la surveille, tente de régenter son ménage, l'entoure de sa sollicitude indiscrète. Et elle est en même temps sa rivale comme femme, une rivale ostensiblement préférée, dont Henri porte les couleurs, à qui il consacre le plus clair de son temps, la dévorant des yeux et buvant ses paroles, prenant chacun à témoin de son incomparable beauté. Que cet amour soit resté assez longtemps platonique n'arrange rien, au contraire. Le partage des rôles entre la « dame » qui possède le cœur d'un homme – la meilleure part – et l'épouse vouée à la perpétuation de la race ou les courtisanes vouées au plaisir, est si profondément ancré dans les mentalités du temps que nulle n'oserait s'en plaindre, par crainte du ridicule. L'amour ainsi épuré est vertu. Et lorsque l'inévitable arriva, le scénario courtois était si parfaitement au point, si bien rodé, qu'il continua de fonctionner, quoique peu de gens fussent véritablement dupes.

Car Henri n'était pas d'humeur à jouer indéfiniment les amoureux transis. Il avait le sang chaud, réclamait ardemment sa récompense. Diane le laissa languir, se fit longtemps désirer, soupesant en femme avertie les avantages et les risques d'une liaison. Elle attendit d'avoir pleinement assuré sur lui une emprise intellectuelle et morale que lui promettaient un âge, une énergie, une connaissance de la vie infiniment supérieurs. Elle attendit qu'il fût adulte et que sa personnalité fût formée, stabilisée : il continuait de tenir à elle, c'était bon signe. Elle attendit qu'il eût acquis quelque expérience, au cours de cinq années de vie conjugale entrecoupée de nombreuses passades : il aurait désormais assez d'éléments de comparaison pour apprécier le prix de ce qu'elle offrait. Mais ce qui la décida – et l'on peut s'étonner que le fait n'ait pas été souligné –, ce fut la mort du dauphin François en 1536, qui fit de Henri l'héritier du trône. Il ne valait pas la peine de descendre de son piédestal pour être la maîtresse du duc d'Orléans, mais la perspective d'être celle du roi de France lui ouvrait d'immenses espérances. Diane aimait sans doute à sa façon ce jeune amoureux maladroit et fougueux. Mais elle aimait l'argent et les agréments qu'il procure. Elle aimait le pouvoir pour lui-même, passionnément. Voici qu'elle entrevoit le moyen de s'en saisir.

Elle dispose de la complicité d'Anne de Montmorency, qui vient de recevoir l'épée de connétable. Il a la confiance du jeune prince, qu'il est chargé d'instruire dans un domaine qui échappe à Diane, celui de la guerre. Une commune campagne en Piémont, riche en exploits militaires et amoureux, a soudé leur amitié. Il prête son château d'Écouen pour une rencontre discrète, au printemps de 1538. Diane s'abandonne, avec des minauderies de vierge effarouchée, et versifie à l'intention de son amant un récit de sa lutte et de sa défaite :

Voici vraiment qu'Amour un beau matin
S'en vint m'offrir fleurette très gentille [...]
Car, voyez-vous, fleurette si gentille

Était garçon, frais, dispos et jeunet.
Ains[1]*, tremblotante et détournant les yeux,*
« Nenni », disais-je. « Ah ! ne soyez déçue ! »
Reprit l'Amour et soudain à ma vue
Va présentant un laurier merveilleux.
« Mieux vaut », lui dis-je, « être sage que reine. »
Ains me sentis et frémir et trembler.
Diane faillit[2] *et comprenez sans peine*
Duquel matin je prétends reparler...

Et Henri, éperdu, se proclame à jamais son esclave :

Combien de fois je me suis souhaité
Avoir Diane pour ma seule maîtresse,
Mais je craignais qu'elle, qui est déesse,
Ne se voulût abaisser jusque-là
De faire cas de moi qui, sans cela,
N'avais plaisir, joie ni contentement
Jusques à l'heure que se délibéra[3]
Que j'obéisse à son commandement.

Toute question de sentiment mise à part, on accordera à Diane qu'elle savait trousser les vers avec infiniment plus d'élégance que son soupirant.

Henri blâmait le dévergondage de la cour paternelle, était choqué par l'impudeur et l'impudence de la duchesse d'Étampes. Diane tenait à sa réputation. Ils dissimulèrent leur liaison. Le bric-à-brac romanesque leur servit de paravent, au point d'avoir trompé quelques historiens prêts à gober cette histoire de chevalerie platonique, dupes des poètes pensionnés – c'étaient souvent les plus grands – qui s'employaient à diffuser l'édifiante fable. Les contemporains, eux, avaient compris, mais ils se taisaient ou entraient dans le jeu, par courtisanerie. Les apparences étaient sauves.

Catherine, elle aussi, avait compris.

---

1. Mais.
2. Fauta.
3. Décida.

Hélas, elle n'était pas en état de protester, ni de formuler la moindre exigence. Sa propre situation était plus précaire que jamais, car les années passaient et aucune maternité n'était en vue.

À future reine il faut un fils

Deux événements attirèrent cruellement l'attention sur cette défaillance.

Le premier est la mort du dauphin François, en août 1536. Jusqu'alors, Catherine n'était que duchesse d'Orléans. Le fait qu'elle n'eût pas d'enfant ne tirait pas à conséquence, au contraire. Moins il y a de princes collatéraux, mieux se porte la monarchie. Pas d'apanages à distribuer, pas de révoltes nobiliaires à craindre, sous le couvert des frères ou des cousins du roi. Rien ne pressait. Du jour où elle devient reine dauphine, son éventuelle stérilité apparaît catastrophique : on n'avait que trop vu, tout récemment, les problèmes posés par l'absence d'un héritier mâle au foyer du roi. Il lui faut un fils, de toute urgence. Ou au moins une fille, pour dissiper les craintes. Mais rien ne s'annonce. Pas d'accidents, pas d'espoirs déçus. Rien.

Le second coup porté à Catherine est la naissance d'une bâtarde de son mari.

Il faut dire que Henri était affligé d'une anomalie sexuelle bénigne assez banale, connue aujourd'hui sous le nom d'hypospadias. Tout le monde le savait, on en plaisantait à l'occasion. Elle ne l'empêchait pas de se livrer aux jeux de l'amour, mais on pouvait penser qu'elle diminuait son aptitude à procréer. Dans la stérilité du couple, on n'osait donc pas incriminer exclusivement l'épouse, comme on avait tendance à le faire dans presque tous les cas analogues, prééminence masculine oblige. Après tout, Catherine n'était peut-être pas seule responsable et nul ne se serait aventuré à jeter la suspicion sur la virilité du futur roi de France.

Or à l'automne de 1537, au cours de la campagne d'Italie, les troupes françaises s'emparent de la petite place fortifiée de Moncalieri en Piémont. Les guerriers se dédommagent de leurs peines, comme d'habitude, auprès des femmes et des filles de la cité conquise. Un écuyer piémontais dont la famille en était originaire prend sur lui d'inviter Henri dans sa demeure et de lui présenter sa sœur : perdue pour perdue, autant qu'elle le fût dans les bras les plus prestigieux. La rencontre fut brève, mais on apprit peu de temps après que Filippa Duci attendait un enfant. La fierté du père n'eut d'égale que la sollicitude de la maîtresse en titre. Celle-ci s'occupa de tout. On procura à Filippa un « établissement »[1] et on lui retira la petite fille : elle appartenait à son père, de plein droit. Diane lui donna son prénom, lui servit de marraine et se chargea de la faire élever. Les langues malveillantes qui tentèrent de lui attribuer l'enfant en furent pour leurs frais : les circonstances entourant cette naissance étaient trop connues pour que les soupçons pussent avoir prise.

L'affaire, qui se terminait bien pour la mère et l'enfant, fit une victime de marque : Catherine, à qui seule était désormais imputable le fait que son mariage restait stérile.

Si elle n'était même pas bonne à faire des enfants, la nièce du défunt pape achevait de tromper les espoirs imprudemment placés en elle. Comme aucune famille puissante ne l'appuyait, il y eut des voix, dans le Conseil, pour proposer une répudiation et Brantôme se trompe lorsqu'il affirme que son beau-père et son mari se refusèrent à l'envisager, « tant ils l'aimaient ». L'ambassadeur vénitien en poste à l'époque les dit tous deux décidés à l'éliminer. Et déjà l'on murmure le nom des candidates propres à la remplacer, par exemple la très belle Louise, fille cadette du duc Claude de Guise, d'une famille notoirement prolifique. Pour la petite Catherine, si gaie, si douce, si docile, on avait certes, à la cour et dans le peuple, beaucoup de sympathie : « Il ne se trouverait personne qui ne se laissât tirer du sang pour lui faire avoir un fils », écrit en 1542 un autre Vénitien. On la plaignait de tout cœur. Mais la pitié, à elle seule, aurait été impuissante à la sauver.

Quand elle alla se jeter aux pieds de François Ier, battit sa coulpe, pleura beaucoup et parla de se sacrifier à l'avenir de

1. L'entrée de Filippa Duci au couvent, longtemps donnée comme assurée, a été remise en cause récemment. La jeune femme aurait été installée en Touraine et un de ses frères serait entré au service du roi.

la dynastie, savait-elle que la décision de la garder était quasiment acquise ? Le roi la releva en l'embrassant, lui déclara qu'il n'irait pas contre la volonté de Dieu qui l'avait faite sa bru. En réalité, lui et son fils cédaient aux pressions conjuguées de leurs favorites respectives, peu désireuses – Diane surtout – de voir succéder à l'humble Italienne solitaire une orgueilleuse Lorraine belle et féconde, flanquée d'une ambitieuse parentèle. Discrètement sollicité par Catherine, le connétable de Montmorency, ami de Diane et pressentant dans les Guises des rivaux, avait également plaidé en sa faveur.

C'est donc grâce à la maîtresse de son mari que la jeune femme échappait à la répudiation. Sauvetage précaire. Pour être vraiment reine, il lui fallait être mère.

A figlia d'inganno, non manca mai la figliolanza[1], dit un proverbe italien qu'à défaut de son père son bon oncle le pape lui avait peut-être murmuré à l'oreille en la quittant. Il est hélas inapproprié aux cas de stérilité féminine. Catherine fit tout ce qu'il était humainement possible de faire pour conjurer le mauvais sort. Elle s'adressa à Dieu et à ses saints, sans grande conviction semble-t-il. Lors d'une soirée où l'on chantait des psaumes – ce n'était pas encore un signe de profession de foi huguenote –, elle avait déclaré, en choisissant le cent quarante et unième, se mettre sous la protection de « l'Éternel, des oppressés[2] le Père ». Mais elle croyait surtout aux guérisseurs, alchimistes, sorciers et aux remèdes de bonne femme. Elle interrogea une de ses compatriotes, Marie-Catherine de Gondi, mère de dix enfants, qui passe pour lui avoir donné des recettes efficaces. Elle lut ou essaya de lire de rébarbatifs traités anciens. Elle porta des talismans, évita de monter sur des mules, animaux inféconds, but des philtres, s'appliqua sur le ventre d'étranges cataplasmes, absorba d'immondes mixtures. Elle consulta aussi des médecins. L'illustre Fernel examina les deux époux, émit diverses prescriptions, dont beaucoup feraient sourire un actuel gynécologue, suggéra de multiplier les rapports et de modifier les positions. Est-ce lui ou simplement la nature qui déclencha le miracle ? Après dix ans de mariage,

1. Fille avisée ne manque jamais de descendance.
2. Opprimés.

enfin, Catherine se trouva enceinte et, pour comble de bonheur, c'est un garçon qu'elle mit au monde, le 19 janvier 1544, au château de Fontainebleau.

Les reines accouchaient en public, pour prévenir toute substitution. Le roi voulut assister à toutes les phases de l'événement. Il ne se tenait pas de joie devant ce premier petit-fils, qui porterait son nom. Examinant « tout ce qui sortait » avec le bébé, il s'essaya à jouer les haruspices, avec l'aide des astrologues attentifs à la position des planètes. L'enfant serait sain et vigoureux et il aurait beaucoup de frères et sœurs. Le premier point du pronostic se révélera erroné. Mais le second fut confirmé très vite. Quinze mois plus tard naissait une fille, Élisabeth. Une fois le mécanisme en marche, il ne s'arrêta plus.

Dix ans de stérilité, un peu davantage de fécondité. En douze années, Catherine mit au monde dix enfants au total, sans qu'il en découle pour elle d'atteinte grave. L'épreuve initiale lui fut sans doute une chance. Elle aborda cette succession de maternités redoutablement rapprochées non pas au sortir de l'enfance, comme beaucoup de ses consœurs, mais à un âge où son corps était mieux en mesure de le supporter, dans l'épanouissement de sa maturité. Sa santé n'en souffrit pas : il est vrai qu'elle était bâtie de fer. Leur santé à eux, c'est une autre histoire. Mais il est injuste d'imputer, comme on l'a fait, à l'hérédité dont on la prétend porteuse tous les maux qui les frappèrent. Il y avait chez son mari comme chez elle des antécédents suspects. La syphilis sévissait de part et d'autre des Alpes et la tuberculose qui avait emporté ses parents prospérait aussi dans les appartements royaux de France, mal diagnostiquée, soignée plus mal encore. Ses enfants, du moins, étaient viables et c'était déjà beaucoup.

Leurs baptêmes furent pour leur mère des jours de gloire. Le premier eut pour parrains[1] son grand-père et son oncle, le jeune Charles d'Orléans, pour marraine sa tante Marguerite de France, la grande amie de Catherine. Le roi d'Angleterre Henri VIII accepta de parrainer la seconde par ambassadeur interposé, et les marraines furent la reine Éléonore et Jeanne

1. L'usage était de donner aux garçons deux parrains et une marraine et aux filles deux marraines et un parrain.

d'Albret, nièce du roi et héritière de Navarre. Pour l'essentiel, on s'en tenait à la parenté proche.

Il en aurait fallu davantage pour resserrer les liens familiaux. Sur la cour du roi vieillissant, qu'on sait malade, plane une atmosphère de fin de règne. Des clans s'affrontent férocement, attachés à préserver un avenir compromis ou à conquérir les places qu'on sait devoir se libérer sous peu. Le père ne s'entend pas avec son fils aîné, qu'il comprend mal et à qui il préfère le cadet, Charles, plus séduisant et plus ouvert. La conduite des campagnes contre l'Espagne crée entre les deux frères une compétition permanente, que Henri estime biaisée sous prétexte qu'on ne lui confie pas les opérations les plus prestigieuses. La signature du traité de Crépy-en-Laonnois le met en rage, parce qu'elle le prive d'une victoire qu'il croyait à portée de main et vaut à son cadet des privilèges jugés exorbitants. Jalousies, récriminations, commérages sont amplifiés par les deux favorites qui se haïssent et s'insultent par l'intermédiaire de plumitifs peu soucieux de délicatesse. Les questions religieuses enveniment encore les relations entre les clans. François Ier souhaite l'apaisement, mais depuis qu'on a affiché dans toute la France et jusque sur la porte de sa propre chambre des placards injurieux contre la messe[1], il tient les réformés pour des trublions propres à troubler la paix du royaume et les fait surveiller de près. Avec l'appui de sa sœur Marguerite de Navarre, sa maîtresse, Anne d'Étampes tente de les protéger. Diane de Poitiers en revanche professe un catholicisme intransigeant et regroupe autour d'elle les partisans de la répression. « Les femmes de la cour », comme le dira Balzac, « jouent avec le feu de l'hérésie. » Les haines couvent et de temps en temps explosent. François Ier et Henri ne s'adressent quasiment plus la parole. Ce dernier enjoint à sa femme de rompre toute relation avec la duchesse d'Étampes, que l'étiquette l'oblige à côtoyer chaque jour.

Heureusement pour Catherine, ses maternités ont modifié du tout au tout sa situation. Soudain elle compte et on compte avec elle. Forte de sa position nouvelle, elle navigue au plus près entre les antagonistes, met de l'huile dans les rouages, use

---

1. L'affaire dite des Placards date de 1534. Elle a beaucoup pesé sur la politique religieuse de François Ier.

de son entremise pour transmettre des informations ou faciliter les reprises de contact. C'est là une tâche où elle excelle et elle y prend goût. Elle parvient même à rester en bons termes avec tout le monde.

Après la mort du prince Charles, brutalement victime d'une maladie infectieuse, le roi renoue avec le seul fils qui lui reste. Mais il décline à vue d'œil. Catherine est auprès de lui à Rambouillet lorsqu'il s'alite pour ne plus se relever. Henri, lui, exaspéré d'être tenu à distance par la favorite, est allé se réfugier à Anet auprès de Diane. Il reviendra en hâte pour assister à l'agonie de son père. Le 31 mars 1547, dans l'odeur des remèdes et de l'encens et le chuchotis des prières, à la lueur tremblotante des cierges, Henri, agenouillé au chevet du mourant, se relève roi, et la petite parvenue italienne, en larmes, se trouve reine de France.

L'apothéose de Diane

Le changement de règne prit des allures de révolution de palais, avec redistribution générale des places. Catherine n'y gagne rien, au contraire. Elle ne dispose plus désormais de la protection paternelle que lui accordait François Ier. Elle est reine. Mais Diane règne.

Dans l'histoire des maîtresses royales, Diane de Poitiers, bientôt duchesse de Valentinois avec rang de princesse, constitue à la fois un archétype et un cas exceptionnel. Elle est le modèle dont toutes rêveront après elle et qu'aucune ne parviendra à égaler. Certes, la plupart d'entre elles monnaient leurs complaisances, font leur fortune et celle de leur famille et quelques-unes se mêlent de politique. Mais jamais, au cours de toute l'histoire de France, une favorite n'exerça pareille influence sur les affaires de l'État, n'installa autant de ses créatures dans les postes clefs, ne contrôla si étroitement les finances, n'accumula tant de châteaux, de terres, de rentes et de prébendes, ne disposa d'une pareille cohorte de thuriféraires appointés – excellents poètes de surcroît. Aucune n'asservit si totalement un roi.

Comment expliquer la puissance et surtout la durée de l'emprise qu'elle exerça sur Henri II ? Qu'un adolescent de quinze ans s'enflamme pour une femme de trente-cinq était déjà surprenant, compte tenu du vieillissement féminin précoce. Mais que, vingt ans plus tard, un homme dans la force de l'âge à qui l'énergie ne faisait pas défaut au besoin, un homme vigoureux, un guerrier endurci, pas un gringalet, un roi séduisant à qui les femmes s'offraient en foule, pût persévérer dans son adoration soumise aux pieds d'une maîtresse plus que mûre, voilà qui stupéfia les contemporains et qui nous étonne encore. À l'époque on parla de sortilèges. Entre ses mains il n'était « plus que cire » : expression métaphorique, mais peut-être aussi allusion indirecte aux figurines magiques qu'on modelait à l'image de ceux qu'on voulait réduire à merci. Comme nous ne croyons plus guère aux envoûtements, il nous faut chercher ailleurs une explication.

Assurément Diane était très belle, grande, blonde, blanche de peau, avec une carnation transparente prête à s'animer d'un éclat de rose, un décolleté somptueux. Ne jugeons pas de sa nudité d'après les innombrables chasseresses longilignes au corps étroit, aux seins menus, sous les traits de qui peintres et sculpteurs la représentèrent. C'est là l'image idéalisée, épurée. La vraie Diane était plus solidement charpentée et la maturité, épanouissant ses formes, l'avait dotée d'une opulence accueillante et chaleureuse, comme on les aimait alors. Une femme de chair et de sang, dont l'évidente sensualité était domptée par une volonté puissante, qu'on pouvait lire dans les traits fermes du visage, dans la bouche aux lèvres minces, dans le regard aigu, intelligent et froid.

Elle était belle, elle le savait. Elle savait aussi cultiver et entretenir cette beauté. Elle avait découvert, avec quatre siècles d'avance, les vertus de l'hygiène et du sport. Elle menait une vie saine, évitait les excès, se levait très tôt, se couchait de même, sauf les jours où des festivités la retenaient à la cour. Elle mangeait modérément, faisait éventuellement la sieste, prenait des bains froids, évitait les fards, poudres et onguents qui gâtent la peau et tous les jours, quel que fût le temps, elle consacrait l'essentiel de la matinée à faire de l'exercice au grand air, à chevaucher à travers prés et bois. Ce régime naturel, suivi assidûment par une femme saine et bien portante, lui permit de conserver très longtemps la pureté de son teint et la souplesse de sa démarche. Un « miracle » que nous sommes mieux à même de comprendre aujourd'hui.

À cinquante ans, elle était donc « aussi belle de face[1], aussi fraîche et aimable qu'en l'âge de trente », écrit bien plus tard Brantôme, sur la foi d'une tradition insistante : « ne sache cœur[2] qui ne s'en fût ému ». Mais la beauté suffit-elle à retenir un amant, surtout lorsqu'il est roi, exposé à toutes les tentations ? La différence d'âge, qui l'avait d'abord aidée à subjuguer l'adolescent, risquait plus tard de se retourner contre elle. Pour prévenir la satiété, elle mit en œuvre une stratégie d'une extrême habileté.

Diane n'est pas jalouse, en apparence du moins. Elle ne prétend pas à l'exclusivité, n'exige pas que son amant lui soit fidèle, elle mise sur la qualité, pas sur la quantité. Elle l'envoie ponctuellement chez sa femme. Quant aux passades, elle les tolère si elle est sûre qu'elles n'auront pas de lendemain, lors des campagnes militaires par exemple. Elle le tient bien, mais la laisse est longue et elle évite de lui en faire sentir le poids. Il participe donc joyeusement, comme tous ses compagnons d'armes ou de fêtes, aux grandes joutes de la virilité conquérante. Mais elle lui dispense, lorsqu'il lui revient, des plaisirs sans commune mesure avec les grossières satisfactions offertes par les autres.

Sans avoir eu besoin de lire l'Arétin – mais qu'en sait-on, peut-être l'avait-elle lu –, Diane pratique une science érotique subtile, où la familiarité et l'accoutumance réciproques permettent de moduler, sur une donnée première identique, d'inépuisables variations. Catherine, dit-on, en soupçonna quelque chose, tint à s'informer. Cachée dans une pièce qui surplombait leur chambre, elle put observer par un trou du plancher le « jeu » que menaient les amants, « caresses et folâtreries bien grandes », qui les jetaient parfois du lit sur le tapis. Elle comprit alors qu'elle n'était pas de taille à rivaliser. À défaut d'être avérée, l'anecdote a pour elle la vraisemblance. Henri est lié à Diane par les complicités de la sensualité comblée.

1. De visage.
2. Je ne connais pas de cœur…

Elle eut d'autre part l'idée de génie d'entourer cet amour d'une aura mythologique faisant d'une banale liaison la conjonction de deux divinités au rôle cosmique complémentaire. Commencée sous les auspices de la chevalerie, leur aventure se poursuit dans les bosquets sacrés de la Grèce antique. Jouant de son prénom, elle endosse les visages divers que revêt la déesse homonyme, tantôt courant les bois en quête de gibier, tantôt divinité lunaire qui, sous les traits de Séléné, reçoit de l'astre du jour une lumière qu'elle renvoie sur la terre, magnifiée. Phoebus et Diane, soleil et lune, feu et eau, inséparables jumeaux : le rôle apparemment subalterne qu'elle s'assigne, celui de reflet, flatte l'orgueil de Henri, identifié au plus brillant des dieux. Mais le miracle n'est possible que grâce à Diane, agent de sa transmutation, dont l'intercession l'arrache à la terre pour le projeter dans les hauteurs de l'empyrée. Un perpétuel renversement des rôles fait de la femme la maîtresse dans les deux sens du terme, conquérante et conquise, indissociable de son partenaire. Cette dépendance réciproque éclate dans le célèbre groupe du château d'Anet[1] : une Diane voluptueusement étendue sur le flanc du grand cerf qu'elle a forcé, chasseresse chassée, semble près de défaillir ; dans le splendide animal on devine un dieu, et c'est à Zeus multiforme, taureau, cygne ou nuage d'or, qu'est identifié implicitement son royal amant.

Dans le château d'Anet, qu'il n'a pas donné à Diane mais dont il a dispendieusement financé la transformation en chef-d'œuvre de la Renaissance, tout est fait pour lui donner le sentiment de pénétrer dans un monde enchanté. Emblèmes, chiffres, symboles, allégories, scènes peintes et groupes sculptés, jardins et fontaines peuplés de nymphes, tout y est signe. Tout sacralise l'accomplissement du rituel qui les conduit au lit, pour y goûter des voluptés inconnues à la terre. Dans ce temple élevé à leur amour, la fête de la chair devient cérémonie initiatique d'où il resurgit régénéré, métamorphosé en dieu.

À la divinisation du couple royal, toute la France collabora. Le goût du temps y poussait, l'intérêt des écrivains aussi, qui tiraient de leurs vers de commande de substantielles rémunérations. La facilité y inclinait également : point n'était besoin

1. Son attribution à Jean Goujon, longtemps admise, est aujourd'hui contestée.

de beaucoup d'imagination pour broder sur le thème de Diane lors des entrées solennelles dans les villes. Dupe ou pas dupe ? L'un et l'autre. Et si l'on n'y croyait pas, on fit semblant.

Les coucheries royales n'indignaient guère. Le bon peuple gaulois y voit un signe de saine virilité. On blâme parfois le souverain, quand ses plaisirs coûtent trop cher, tout en l'enviant secrètement. Mais on appelle un chat un chat et la favorite une putain. La transfiguration mythologique permit à l'orgueilleuse Diane de jeter sur sa liaison le voile chatoyant des souvenirs littéraires et artistiques. Dans les cérémonies publiques, elle parvient à s'imposer aux côtés du roi comme une figure tutélaire – protectrice, initiatrice, égérie – étrangère aux séductions de la chair. Jouant de son âge, de son passé irréprochable, de la réputation de chasteté attachée à la déesse homonyme, elle réussit à accréditer l'idée d'une liaison platonique, de type chevaleresque, entre la dame et son féal, ou d'une collaboration fraternelle entre les deux enfants de Léto, soleil et lune, unis pour dispenser à la terre leurs bienfaits conjugués. Les apparences étaient sauves.

Elle y gagna d'occuper dans les tribunes officielles une place respectable, symétrique de celle de la reine mais en fait supérieure, épouse divine contre épouse humaine. Leur contiguïté soulignait la double nature du roi, homme et dieu : surnaturelle bigamie, qu'autorisait la distinction radicale des deux univers.

Catherine était censée ne pas s'offusquer de voir fleurir sur les murs et les tentures un bien curieux monogramme, dans lequel les jambages de deux D majuscules entrecroisés venaient se fondre de part et d'autre dans ceux d'un H, ce qui permettait de voir également en eux des C : hommage commun à la maîtresse et à l'épouse. À Lyon, nul ne croyait la blesser lors de l'entrée solennelle de septembre 1548, où une longue suite de tableaux vivants chantait la gloire du souverain. Au pied d'un obélisque constellé de chiffres et d'armoiries et surmonté d'un croissant de lune en argent, figurait notamment un petit bois, où Diane et ses nymphes menaient des chiens au bout de laisses noires et blanches. D'un bosquet sortit un lion mécanique, emblème de la ville, que la déesse offrit au roi. Le lendemain, dans le même décor, la même chasseresse offrit à la reine le même lion qui « se ouvrit la poitrine, montrant les armes d'elle au milieu de son cœur ». Diane faisait don à Catherine des bonnes villes de son royaume. Quel titre avait-elle pour ce faire ? nul ne songea à se poser la question.

Sans cesse réitérée par les poètes, les peintres, les sculpteurs, les décorateurs, l'intronisation officielle de la maîtresse comme divinité bienveillante neutralise la reine, en la confinant dans le rôle d'humble figurante humaine que lui assigne la mise en scène. Elle affermit définitivement le pouvoir de Diane sur Henri, dont l'être se fond et se perd dans tout ce paraître et qui ne peut se libérer de l'image que lui renvoient de lui-même ces miroirs multipliés à l'infini. Et elle détourne l'attention du rôle réel joué par l'ambitieuse et cupide favorite.

Cette mystification géniale n'aurait pas pu opérer sans le secours d'une culture nourrie de mythologie, éprise de symboles, où l'ancienne vision du monde terrestre comme reflet des cieux tirait du néoplatonisme un regain d'actualité. Avec les dieux antiques on pouvait jouer, sans crainte de sacrilège : on s'en donna à cœur joie. Née de la rencontre entre l'imagination d'une femme de grand talent et les fantasmes d'une époque, elle trompa largement et durablement les observateurs peu attentifs. Elle tient encore sous le charme, par la grâce du ciseau d'un sculpteur, ceux qui se laissent aller à contempler trop longtemps l'ensorcelante chasseresse de la fontaine d'Anet.

Ménage à trois

La fiction mise au point par Diane obligeait les amants à faire à leurs côtés une place à la reine. La favorite a besoin, pour accréditer la fable d'une liaison platonique, que Henri II remplisse ponctuellement son devoir conjugal. Catherine y gagne de n'être pas mise au rancart, comme Éléonore dont elle a pu observer le triste sort. Elle est un élément indispensable, quoique subalterne, de cet étrange trio. Par un singulier renversement des emplois, elle tient la place de ces concubines que les épouses bibliques vieillissantes mettaient dans la couche des patriarches, humbles « servantes heureuses d'être autorisées à recevoir les caresses du maître et à lui donner des enfants ». Diane peut tout, Catherine rien, sinon subir. Après quelques remous s'établit entre les deux femmes un pacte de non-agression, un modus vivendi, à la grande satisfaction de Henri II, qui apprécie chez l'une et l'autre une reposante égalité d'humeur. Et les observateurs habitués aux éclats de la duchesse d'Étampes et au mépris qu'elle prodiguait à Éléonore, s'extasient devant la belle harmonie de ce ménage à trois idyllique :

« La reine ne pouvait souffrir, dans le commencement de son règne, un tel amour et une telle faveur de la part du roi pour la duchesse, mais depuis, sur les prières instantes du roi, elle s'est résignée et elle supporte avec patience. La reine fréquente continuellement la duchesse qui, de son côté, lui rend les meilleurs offices dans l'esprit du roi, et souvent c'est elle qui l'exhorte à dormir avec la reine », écrit l'ambassadeur vénitien Contarini.

Résignée ? Catherine ne le fut jamais. Elle n'est pas de la race des épouses qui abdiquent sans avoir combattu et demandent à la religion de donner un sens à leur vie gâchée. C'est une lutteuse, une femme d'action lucide, réaliste, d'une intelligence et d'une force de caractère au moins égales à celles de sa rivale. Personne encore ne s'en doute. Elle se tait. Mais elle s'accroche, refuse d'abandonner la partie, cherche des parades, ne perd jamais espoir. Compte tenu de l'âge de Diane, le temps devrait jouer en sa faveur. L'essentiel est de tenir bon.

Elle avala de très indigestes couleuvres, dont certaines lui restèrent sur l'estomac. La voici, bien des années plus tard, en 1584, dégorgeant sa rancœur dans une lettre à sa fille Marguerite : « Si je faisais bonne chère[1] à Madame de Valentinois, c'était le Roi[2] et encore je lui faisais toujours connaître que c'était à mon très grand regret ; car jamais femme qui aimait son mari n'aima sa putain, car on ne le peut appeler autrement, encore que le mot soit vilain à dire à nous autres. » Et d'ajouter que seule la modestie de ses origines explique sa complaisance : si elle avait été fille de roi, elle n'aurait pas supporté le partage. Pas un instant, on le voit, la haine qu'elle vouait à Diane ne s'est relâchée.

1. Bon visage.
2. Sous-entendu : qui l'exigeait.

Fut-elle amoureuse de son mari, comme se plaisent à le dire des historiens aussi confiants dans la puissance de la séduction masculine que dans la vulnérabilité du cœur féminin ? Balzac, grand psychologue, n'en croyait rien.

Par suite de sa stérilité temporaire et grâce aux injonctions de Diane, Henri passa auprès d'elle beaucoup plus de nuits que la plupart des rois auprès de leurs épouses, et il est possible que ses assiduités ne lui aient pas été désagréables, si l'on en croit l'indiscret témoignage qu'il aurait un jour porté[1]. Mais il est peu probable qu'elle ait voué un amour profond et durable à un homme entièrement asservi à une autre et dont elle avait mesuré les faiblesses. Certes, pour parler de lui elle conjugue inlassablement le verbe aimer, se plaint dans ses lettres d'avoir été mal payée de retour[2], multiplie à son égard les manifestations publiques d'un attachement qui survivra à la mort. On sent cependant quelque chose de théâtral, qui sonne faux, dans le deuil ostentatoire qu'elle prend et fait prendre à la cour lorsqu'il est à la guerre, passant le jour en oraisons et fatiguant le ciel de ses prières. Elle en fait trop. À l'évidence elle joue sa partie dans la pièce conçue par Diane à l'intention du public, et elle cherche à en tirer le meilleur parti.

Bien sûr, elle tient à son mari. Quoique dépourvue de sentimentalité, elle est possessive, répugne à céder quoi que ce soit de ce qui lui appartient. Elle sait surtout qu'elle n'est rien que par lui, son maître et seigneur. C'est son existence qu'elle défend, sa place à la cour et dans le royaume. En lui vouant un amour spectaculaire, elle affirme doublement ses droits sur lui, en public et en privé.

Elle est assez intelligente pour comprendre qu'elle a tout intérêt à endosser le personnage que lui a taillé la favorite. Et elle renchérit même sur le scénario prévu. L'épouse humaine se montre aussi aimante et dévouée que la divine âme sœur.

---

1. Selon Brantôme, « lui, qui était d'amoureuse complexion, et aimait fort faire l'amour et aller au change, il disait souvent que, sur toutes les femmes du monde, il n'y avait que la reine sa femme en cela, et n'en savait aucune qui la valût ». Mais cette déclaration visait peut-être à dissimuler ses relations avec Diane.

2. Elle écrit par exemple à sa fille Élisabeth : « Je n'avais autre tribulation que de n'être assez aimée à mon gré du roi votre père, qui m'honorait plus que je ne méritais, mais je l'aimais tant que j'avais toujours peur. »

Irréprochable, parfaite. La distribution des rôles implique que Henri lui manifeste des égards : Diane n'est-elle pas la « grande amie » qui la lui a donnée en mariage et la couvre de son aile protectrice ? Catherine exige ces égards, qui lui permettent de préserver sa dignité, de sauver la face, de paraître aimée. Ainsi verra-t-on mari et maîtresse aux petits soins se relayer à son chevet lorsqu'elle souffre d'une « esquinancie » – entendez une angine – ou de la « maladie pourpre » – peut-être la scarlatine –, dont ils bravent pour elle les miasmes contagieux. Sa complaisance et sa docilité lui assurent, à défaut d'amour, l'affection et la confiance d'un mari, ému par tant d'abnégation, se sentant vaguement coupable, prêt à lui prodiguer, à titre de compensation, tout ce qu'il a à lui offrir : des honneurs, et une maigre participation aux affaires.

Si elle eut parfois des moments d'humeur, elle sut vite les maîtriser. Elle se garda d'attaquer Diane de front. Des ennemis de la favorite lui proposèrent, non sans quelque naïveté, de tuer l'amour qu'elle inspirait en portant atteinte à son ensorcelante beauté, source présumée de son pouvoir. Le duc de Nemours parla de la vitrioler. Le maréchal de Tavannes offrit de lui couper le nez. Et l'on se prend à rêver : le nez de Diane, s'il eût été coupé, aurait-il changé toute la face du royaume ? Catherine, fort sagement, refusa.

La favorite veillait sur son amant comme une tigresse et l'épouse y trouvait son compte. On le vit bien lors de la tentative que fit le connétable de Montmorency, mécontent de Diane, pour procurer au roi une nouvelle maîtresse. La déesse s'était cassé une jambe en tombant de cheval et Montmorency, profitant de son immobilisation forcée et de la claustration dans laquelle elle cachait sa disgrâce, avait jeté dans les bras du souverain la capiteuse lady Fleming, fraîchement débarquée d'Angleterre comme suivante de Marie Stuart. Diane épargna à Catherine la peine de faire au coupable la scène de ménage appropriée : ce fut elle qui s'en chargea, avec cris et grincements de dents. La nouvelle venue crut assurer sa fortune en proclamant sa grossesse. Elle se trompa. Le roi avait horreur du scandale. Selon l'usage on la renvoya chez elle et l'on garda son enfant. L'oreille basse, Henri regagna son double foyer et si, par la suite, il lui arriva souvent « d'aller au change », il le fit avec discrétion et sans jamais laisser une autre femme entrer pour de bon dans sa vie.

L'épouse et la favorite se connaissaient et se comprenaient. Elles savaient ce qu'elles pouvaient attendre ou redouter l'une de l'autre. Catherine n'avait aucune envie d'échanger la maîtresse vieillissante contre une rivale plus jeune qui n'aurait pas pour elle les mêmes ménagements : elles firent bloc contre toute incursion étrangère. La paix armée leur convenait à toutes deux.

Sous le couvert de cette amitié ambiguë, confiante dans l'avenir, la reine avançait ses pions et occupait méthodiquement tout l'espace disponible.

La mère des enfants de France

S'il est un domaine dans lequel Diane lui laissait le champ libre, c'est bien la maternité.

La favorite n'avait pas cherché à renforcer son emprise sur Henri en lui donnant des enfants. Elle n'en avait pas besoin pour le tenir. La naissance de bâtards aurait terni son image. Elle préférait échapper quant à elle aux servitudes de l'humaine nature. Elle laisserait à l'épouse le soin de procréer, évitant pour sa part les inconvénients d'un état qui enfle le ventre, épaissit la taille, gâte le teint, tue le désir. Entre la petite laideronne traînant pesamment son fardeau et l'élégante silhouette à la sveltesse intacte, l'issue de la comparaison ne faisait pas de doute.

Elle avait aussi, en poussant assidûment Henri dans le lit de sa femme, une autre arrière-pensée. Les maternités répétées useraient la reine, la détruiraient peut-être et, en tout cas, l'occuperaient à plein temps. Une façon comme une autre de la neutraliser, de décourager chez elle des velléités d'action qu'elle commençait à pressentir.

Or Catherine trouva le moyen de combler ses vœux et de les décevoir.

Entre 1544 et 1556, elle mit au monde dix enfants. À François et Élisabeth, nés au temps où elle était dauphine, vinrent s'ajouter Claude, le 12 novembre 1547, Louis, le 3 février 1549, Charles-Maximilien, le 27 juin 1550, Alexandre-Édouard, le

20 septembre 1551, Marguerite, le 14 mai 1553, Hercule, le 18 mars 1555, enfin des jumelles, Victoire et Jeanne, le 24 juin 1556. Autant dire qu'elle fut enceinte presque continuellement.

Mais elle supportait admirablement ses grossesses, qui ne l'empêchaient pas de participer à toutes les fêtes de la cour, de se déplacer de château en château, voire de suivre son mari sur le front de l'est. Elle se portait comme un charme et ses enfants survivaient, sauf Louis qui mourut en bas âge. Elle se tira même de l'ultime épreuve, effroyable, où d'autres auraient laissé leur vie : la naissance des jumelles fut un cauchemar. Victoire, sauvée de justesse, ne vécut que quelques mois. Sa sœur était morte avant de voir le jour et l'illustre Fernel, appelé à la rescousse, dut la démembrer dans le corps de sa mère et l'en extraire par morceaux pour préserver la vie de celle-ci. Après quoi Catherine estima qu'elle avait suffisamment travaillé pour l'avenir de la dynastie et s'arrêta.

Ces maternités répétées réjouissent le pays. « Plus que Rhéa[1] notre reine est féconde / En beaux enfants… », chante Ronsard. Henri, comme tous les rois de France, est bon père. Il sait gré à sa femme d'une prolificité qui est signe d'élection divine et leur vaut à tous deux un regain de popularité. Catherine sait que chaque naissance la rapproche de lui et crée entre eux un lien mystérieux, très fort : elle ne sera jamais son égale, mais il vénère en elle la mère de ses fils.

Diane le sait aussi et tente de s'immiscer dans le cercle de famille en jouant auprès des berceaux le rôle de la bonne fée bienveillante. Elle s'arroge le soin de veiller sur eux, régente la nursery de Blois, prend en main le personnel voué à leur service. Elle confie à l'un de ses fidèles, Jean d'Humières, et à sa femme la haute main sur leur éducation : excellent choix d'ailleurs, le couple étant compétent et dévoué.

Ils n'ont d'autre tort, aux yeux de Catherine, que d'être aux ordres de sa rivale. Elle accepte très mal d'être dépossédée de ses droits de mère. Passe encore qu'on lui prenne son époux, mais ses enfants, jamais. Elle intervient sans cesse, multiplie les lettres, demande des nouvelles, accable Mme d'Humières de recommandations sur la manière de les soigner, de les vêtir

1. Mère de Zeus et d'un bon nombre d'autres dieux.

à la saison chaude ou froide. Et en 1551 elle profite du veuvage récent de la bonne dame pour la faire exclure. Elle installe à sa place une créature à elle, une Piémontaise de Lyon, Marie-Catherine de Pierrevive, épouse d'un Florentin, Antoine de Gondi, qu'elle avait connue et appréciée lors d'un séjour dans la capitale rhodanienne : une femme remarquable, qui fera la fortune de sa famille rapidement francisée. Un échange épistolaire régulier la tient au courant de leur santé. Elle se méfie avec raison de la nourriture trop riche – « Ils sont plutôt malades d'être trop gros que maigres » – et elle a grand peur des épidémies : dès que sévit le mauvais air, il faut les enfermer à Amboise, où l'épaisseur des murs est censée les protéger.

Faute de les voir grandir et changer sous ses yeux, elle se fait envoyer leurs portraits, peints « au vif », tant fils que filles, « sans rien oublier de leurs visages ». Et son impatience est si grande qu'elle se contentera d'un crayon, plus rapidement exécuté, moins apprêté.

Elle convoque pour tirer leur horoscope le plus célèbre « pronostiqueur » du temps, Michel de Notre-Dame, plus connu sous son nom latin de Nostradamus. C'est lui qui aurait prédit en 1553 que ses fils porteraient couronne « tous quatre », sans spécifier où ni dans quelles conditions, bien sûr.

Dès qu'ils atteignaient dix ans, elle les faisait venir tour à tour auprès d'elle. En 1553, le dauphin eut ainsi sa « maison » à Saint-Germain et des compagnons de son âge. À tous elle fait donner des précepteurs éminents, entre autres l'humaniste napolitain Pierre Danès et le célèbre Jacques Amyot, qui, après avoir révélé au public français les romans grecs alexandrins, travaillait déjà à sa traduction des *Vies parallèles* de Plutarque. En 1558, tous se retrouvent à Paris dans un hôtel voisin du sien.

Les enfants sont l'avenir. Faute d'avoir réussi à se substituer à la reine pour les élever, Diane s'occupa de les établir. Elle est l'artisan du mariage des trois aînés : unions brillantes, auxquelles Catherine semble avoir souscrit de bon cœur. Mais pour la favorite, le combat est perdu. C'est à Catherine que ses enfants appartiennent corps et âme. Sauf la dernière, sans doute parce qu'elle lui ressemble trop.

Premiers pas en politique

La cour de Henri II brilla d'un tel éclat que le souvenir en perdure jusque sous le règne de Louis XIV et que Mme de Lafayette, qui en fait le cadre de *La Princesse de Clèves*, laisse entendre que ses fastes l'emportaient sur les splendeurs de Versailles.

Catherine, dûment installée dans ses fonctions de reine en juin 1549 par l'onction sacrée de Saint-Denis, y occupe la première place. La tenue y est plus grande que du temps de François Ier, un peu compassée, presque rigide. Henri II, naturellement réservé et secret, veut se démarquer de son père, et le respect des convenances convient aussi bien à la favorite qu'à l'épouse. Les apparences y sont donc sauves. Mais Catherine sait qu'elle n'en est pas véritablement le centre. Les hommages se partagent entre les plus belles et les plus influentes, dont elle n'est pas. Elle aime la poésie, la musique, le théâtre, la danse, encourage au besoin les artistes qu'elle apprécie, mais elle n'est ni le maître d'œuvre ni la vedette de ces fêtes dans lesquelles elle tient bravement sa partie de figurante.

Elle n'est pas non plus maîtresse chez elle. Diane a placé à la tête de sa « maison » sa propre fille, Françoise de Brézé, la privant ainsi d'une des prérogatives majeures des épouses, celle de présider à l'économie domestique. Il lui faudra reconquérir patiemment le terrain, avec l'aide de la fidèle Marion de Gondi. Elle ne peut pas davantage donner libre cours à son goût pour les bâtiments : c'est Henri qui décide des constructions, laissant tout au plus à son initiative l'aménagement par Philibert Delorme du château de Montceaux, près de Meaux, dont il lui a fait don. Maigre compensation alors qu'il offre à Diane, déjà propriétaire d'Anet, la pure merveille que promet d'être Chenonceaux.

Quant à la politique, c'est la chasse gardée de Diane. Elle « éloigne la reine des affaires de son mari ». Certes, il se rend ponctuellement après le dîner[1] chez celle-ci pour y présider la cour. Mais le plus clair de son temps, il le passe en compagnie

1. Le déjeuner pour nous.

de son égérie : un tiers du jour, nous dit-on, soit environ huit heures, qui ne sont pas toutes consacrées à l'amour. Plus librement que dans le cadre officiel du Conseil, il la tient au courant de tout, débat avec elle de tout. Elle a fait alliance avec les responsables de l'armée, le vieux connétable de Montmorency et les jeunes loups de la maison de Guise qui, pour l'instant, marchent ensemble – en attendant les affrontements à venir. Elle dispose, grâce à eux et aux créatures dont elle a truffé les rouages de l'administration, de toutes les sources d'information et de tous les leviers du pouvoir. Et comme le roi ne sait rien lui refuser, c'est elle qui gouverne le royaume. Le fait est si patent que les souverains étrangers envoient leurs ambassadeurs lui prodiguer des hommages et que le pape lui écrit personnellement, comme à sa « chère fille », pour lui demander de défendre l'Église menacée.

C'est dire que lorsque Catherine tente de s'aventurer sur ce terrain, elle se heurte à forte partie. Les rares occasions qu'elle eut de se mêler de politique lui firent surtout prendre la mesure de son impuissance.

Elle eut dans les affaires italiennes un semblant d'influence, qui lui donna beaucoup d'espoirs. Contrairement à une idée reçue, elle avait trouvé en France, à son arrivée, bien plus d'Italiens qu'elle n'y en amena jamais : commerçants et banquiers à la tête de florissantes succursales, artistes, mais aussi exilés de toute sorte, chassés de leurs patries respectives par les vicissitudes d'incessantes guerres civiles. Parmi ces *fuoriusciti*, candidats à l'asile politique mais surtout désireux d'entraîner la France dans la reconquête de leur cité d'origine, figuraient beaucoup de Florentins, membres du parti dit républicain, qui voulaient renverser le duc Alexandre mis en place par Charles Quint. Des cousins de Catherine notamment, très proches et très aimés, fils de son oncle Philippe Strozzi, dont la femme, Clarisse, née Médicis, l'avait élevée après la mort de ses parents. Ils étaient quatre : Robert, le moins dangereux, qui resta banquier et procura à la France, en les offrant au connétable de Montmorency, les *Esclaves* de Michel-Ange ; Laurent, dont Catherine fit un évêque et le pape un cardinal ; et les deux turbulents aventuriers, Pierre et Léon, qui ne rêvaient que d'en découdre et à qui elle fit confier une partie des armées et de la flotte françaises.

Elle s'enflamma pour leur cause, avec l'espoir de récupérer ses biens perdus. Son enthousiasme tombait à point : il entrait dans les projets du roi d'intervenir dans la péninsule. Les droits réels ou supposés de la reine sur Florence et sur Urbino pouvaient justifier des entreprises qu'appuierait le réseau de sa parentèle. Elle offrait en outre d'engager une grosse part de ses biens propres auvergnats, qu'elle tenait de sa mère, pour financer l'expédition. Henri la laissa donc déployer une activité dont elle se grisa quelques années.

On nous pardonnera de ne pas entrer ici dans le détail des affaires italiennes, extraordinaire imbroglio où interfèrent le pape et l'Empereur, les cités rivales et, à l'intérieur des cités, les partis et les clans rivaux, où le moindre succès est aussitôt compromis par des renversements d'alliances et où les individus gâchent à plaisir leurs chances en s'abandonnant à la violence brutale ou aux rêveries chimériques. Léon Strozzi tua de sa main un serviteur qu'il jugeait infidèle et fut poursuivi pour assassinat. La tête de Pierre fourmillait de projets grandioses, mais il mena à leur perte les troupes ou les navires qu'il dirigea. Hommes brillants, cultivés, séduisants, d'une témérité folle, mais peu sûrs. Catherine a pour eux toutes les indulgences, plaide leur cause même et surtout quand elle est mauvaise, accable son époux de prières en leur faveur. Elle versa des torrents de larmes lorsque Pierre se fit tuer devant Thionville, au service de la France à qui il devait bien cela, pour tout ce qu'il lui avait coûté.

L'appui apporté aux exilés napolitains, qui lui tenaient moins à cœur et dont elle s'occupa moins, ne fut pas plus heureux. Tout cet argent fut dépensé, tout ce sang fut versé en pure perte. La victoire, entrevue en 1556 et dont on s'inspira imprudemment pour baptiser l'une des jumelles de la reine, ne survécut que peu à la petite fille homonyme. Et l'Italie fut perdue pour la France, au grand désespoir de sa mère.

C'est sur place, chez nous, que Catherine trouva l'occasion de faire ses véritables premiers pas dans l'action politique. Des pas timides, mais résolus, où elle dévoila un aspect méconnu de sa personnalité.

Quand les rois quittent leur capitale pour une campagne pouvant être longue et dangereuse, la coutume veut qu'ils confient la régence à un des premiers personnages du royaume, homme ou femme. Et comme ils se méfient presque toujours de leurs cousins les princes du sang, c'est sur leur épouse ou leur mère que se porte leur choix. En 1552, Henri, au plus mal avec Antoine de Bourbon, nomma donc Catherine régente. Pure façade. Sous le couvert de sa docilité et de son incapacité supposée, la favorite gouvernerait.

Or la reine prit très au sérieux ce rôle inespéré. Elle s'informa sur l'étendue de ses attributions. On lui avait caché, dans la pensée qu'elle n'en saurait jamais rien, qu'on lui avait adjoint un collègue – un simple magistrat, pas un prince –, le garde des Sceaux Bertrandi, tout dévoué à Diane. Percevant des réticences, elle exigea de voir le texte original lui attribuant la régence. Il fallut bien le lui montrer. Elle s'opposa à ce qu'il fût enregistré par le Parlement, comme non conforme aux usages. Ravalant sa colère, elle se contenta de déclarer ironiquement que ce document lui donnait à la fois beaucoup et très peu d'autorité et ajouta, en forme de cinglante leçon, que « quand[1] ledit pouvoir eût été selon la forme si ample qu'il avait plu au Roi de lui dire qu'il était » – tiens donc : il lui a menti ! –, « elle se fût toutefois bien gardée d'en user autrement que sobrement » et selon ses instructions, « car elle ne veut penser qu'à lui obéir ». Elle savait son histoire de France sur le bout du doigt et invoqua le précédent de Louise de Savoie. Elle connaissait aussi le droit et avança des arguments juridiques. Montmorency insistait pour que le texte fût publié tel quel. Elle tint bon, en appela au roi qui sut l'apaiser sans trancher vraiment. Elle s'en autorisa pour tenter d'arbitrer un différend entre le chef des armées et celui de la flotte et se dépensa pour améliorer l'approvisionnement des troupes. Mais Montmorency la rabroua, Henri fit gentiment savoir à la munitionnaire improvisée que ses armées ne manquaient de rien, et son retour mit un terme aux tensions qu'avaient engendrées les initiatives imprévisibles de sa femme.

1. Même s'il avait été.

Elle n'intervint à nouveau que plus tard et nul ne songea alors à blâmer son action. La lutte entre Henri II et Charles Quint, puis son fils Philippe II se déroulait sur deux fronts, l'Italie et la frontière nord-est de la France, très vulnérable et trop proche de la capitale. Charles fut d'abord arrêté devant Metz, tenue par François de Guise, qui y gagna ses galons de grand capitaine et le vaincu s'exclama spirituellement : « La fortune est femme, elle préfère un jeune roi à un vieil empereur. » Mais peu après, en 1557, Montmorency subit un désastre devant Saint-Quentin et y fut fait prisonnier. Les troupes espagnoles menaçaient Paris, auraient pu l'atteindre en quelques jours si elles avaient montré plus d'audace. Philippe II tergiversa, la France se reprit et put réunir rapidement une armée que l'adversaire renonça à affronter. C'était en grande partie l'œuvre de Catherine, qui avait réuni en un temps record les fonds nécessaires.

Elle se rendit à l'Hôtel de Ville de Paris, accompagnée de sa belle-sœur Marguerite et de quelques grandes dames, toutes en grand deuil, et devant les responsables municipaux elle tint un langage sans arrogance, mais ferme et digne. Jouant tour à tour de la corde sensible et de la raison, elle émut ces bourgeois si peu enclins à ouvrir leur bourse, elle versa des larmes et leur en tira quelques-unes, elle les convainquit que tous étaient solidaires et condamnés au pire si les Espagnols prenaient Paris. Elle obtint d'eux la subvention substantielle qu'elle espérait.

L'armée levée avec ces fonds évita de se heurter aux troupes adverses mais s'empara par un audacieux coup de main de Calais, réputée imprenable, privant l'Empereur de son allié britannique sur le continent en même temps qu'elle faisait la démonstration de sa force et confirmait le génie militaire de François de Guise. La prise de Thionville, opérée sur la lancée, porta la gloire de celui-ci à son comble. Il arborait comme un trophée la balafre qui lui zébrait le visage. Or brusquement Henri II, loin de pousser son avantage, conclut la paix.

Le traité du Cateau-Cambrésis fut une surprise, voire une cuisante déception. Dans le camp même de Diane, les Guises enragent de se voir privés des bénéfices que leur eût apportés une victoire sur l'Espagne. Catherine en pleura lorsqu'elle connut les clauses consacrant l'abandon par la France de la cause italienne. Elle supplia son époux de ne pas conclure cette paix. Les Trois-Evêchés enfin acquis ne compensaient pas à ses yeux la perte du Milanais, de Naples et surtout de Florence. On attribua cette reculade à une trahison du connétable de Montmorency, prêt à tout pour recouvrer sa liberté, et de Diane, ralliée au point de vue du Saint-Siège par la flatterie et par des arguments sonnants. Cette paix chèrement achetée – elle restituait même à Emmanuel-Philibert la Savoie, administrée par la France depuis trente ans – passa à l'époque pour une honteuse capitulation et le resta pour beaucoup d'historiens, avant que quelques auteurs ne s'avisent que la France y échangeait des chimères contre trois précieuses places fortes sur son flanc oriental. Ce n'est pas le lieu d'en discuter ici. Seules importent les raisons qui déterminèrent Henri II. Elles dépassent évidemment le cadre des influences courtisanes.

La France et l'Espagne, épuisées par une interminable lutte, se réconcilient pour faire face à une autre menace : la Réforme gagne partout du terrain. En France, les huguenots s'organisent, en Allemagne les principautés luthériennes rejettent l'autorité impériale et le calvinisme s'implante aux Pays-Bas. La mort de Marie Tudor en 1558 a amené sur le trône d'Angleterre Élisabeth, de confession protestante. Henri II pressent les affrontements religieux qui se préparent, en entrevoit les conséquences politiques, veut tenter de rétablir en France l'unité de la foi. Dans un article figurant en tête du traité, les deux souverains s'engagent à extirper de leurs États l'hérésie et à patronner la réunion d'un concile universel réconciliateur. Sa signature coïncide avec l'ordre donné à toutes les juridictions de poursuivre les hérétiques et la condamnation au bûcher d'Anne Du Bourg, conseiller au parlement de Paris, acquis à la nouvelle doctrine. Ce n'est pas là un hasard.

Catherine comprend mal. Elle est peu curieuse de dogme, naturellement tolérante, sans doute par indifférence. Elle a sur le conflit religieux un point de vue étroit, lié aux rivalités intérieures de la cour, où les options religieuses lui semblent subordonnées aux antagonismes personnels. Contre la duchesse d'Étampes qui penchait pour la Réforme, Diane de Poitiers s'est déclarée ultra-catholique. Contre Diane, Catherine n'est pas loin d'éprouver des sympathies pour la confession adverse. C'est voir les choses par le petit bout de la lorgnette. Trop longtemps tenue à l'écart, elle n'a pas d'expérience politique véritable. Elle sait manœuvrer entre les clans, mais non juger à l'échelle du pays ou de l'Europe, avec le recul nécessaire. Il n'est pas certain que le choix fait par Henri II eût été capable d'éviter le drame des guerres de Religion. Mais il est assurément regrettable – et la faute en incombe à Diane – qu'il n'ait pas pris la peine d'initier sérieusement sa femme à la conduite de l'État, lui permettant, lorsqu'elle serait au pouvoir, de décider en pleine connaissance de cause.

Il n'avait jamais envisagé, il est vrai, qu'elle pût avoir un jour à exercer le pouvoir.

Un traité, deux mariages et un enterrement

La signature d'une paix s'accompagnait toujours, au XVIe siècle, de mariages censés la consolider. De quoi mettre un peu de baume sur le cœur de Catherine. Elle raffolait des mariages. Le sien ne lui avait-il pas apporté une grandeur inespérée ? Ceux qui se préparaient n'étaient pas dus à son initiative. Comme celui du dauphin avec Marie Stuart et de sa sœur Claude avec le duc de Lorraine, ils sont l'œuvre de Diane de Poitiers. Mais ils sont brillants et la reine y souscrit bien volontiers. Voici que sa fille aînée Élisabeth s'apprête à devenir reine d'Espagne : un veuvage opportun a permis de substituer à l'infant don Carlos son propre père, Philippe II en personne, qui, bien qu'ayant déjà enterré deux femmes, n'a encore que trente-deux ans. Sa fiancée, elle, en a treize. Et une cérémonie parallèle doit unir le duc de Savoie, brillant lieutenant de Charles Quint et de son fils, à Marguerite, la belle-sœur et amie de Catherine, qui lui apporte dans sa corbeille la restitution de ses États, occupés par la France depuis trente ans.

L'étiquette interdisait au souverain espagnol de se déplacer pour se marier : on lui amenait son épouse. Le duc d'Albe, le prince d'Orange et le comte d'Egmont vinrent donc la chercher à Paris. Emmanuel-Philibert, souverain de plus modeste volée, fit le voyage. Il arriva le 21 juin et dès le lendemain on entama les cérémonies. On maria la petite Élisabeth par procuration, le 22 juin, on signa le 28 le contrat du duc de Savoie et les festivités purent commencer.

Pas de mariages sans tournois. La rue Saint-Antoine s'élargissait aux approches de la Bastille en une sorte d'esplanade qui se prêtait aux joutes et aux spectacles, les maisons adjacentes offrant une vue plongeante de leurs fenêtres. On y installa des tribunes pour la famille royale et une lice, en vue d'un tournoi dit « à la barrière », où une séparation de bois longitudinale empêchait les chocs frontaux et évitait en principe les accidents. Le roi tenait à y faire brillante figure. Sur son armure resplendissante dont le heaume était rehaussé d'or, il portait les couleurs de Diane, le noir et le blanc.

Pendant la nuit du 29 au 30 juin, la reine eut un cauchemar : elle aperçut son mari la tête ensanglantée. Ce rêve venait confirmer les craintes qu'inspirait un quatrain des *Centuries* de Nostradamus, qui, malgré quelques obscurités, pouvait s'appliquer à Henri II :

Le lion jeune le vieux surmontera
En champ bellique, par singulier duelle,
Dans cage d'or les yeux lui crèvera,
Deux classes une, puis mourir, mort cruelle,

et un autre astrologue lui avait conseillé d'éviter tout combat aux alentours de la quarantaine : un mauvais coup devait le rendre aveugle ou le faire mourir. Ses quarante ans, il les avait atteints quatre mois plus tôt. Catherine, bouleversée, le conjura de ne pas combattre. Il se moqua de ses craintes.

Après plusieurs victoires, il insista pour affronter une dernière fois son capitaine des gardes, l'Écossais Montgomery. Dans sa précipitation, il s'était contenté d'abaisser la visière de son casque, omettant de l'assujettir au moyen du crochet de fermeture. Le choc de la rencontre fut violent, la lance de Montgomery l'atteignit à la tête et se brisa en soulevant la visière. Deux longs éclats de bois acérés pénétrèrent l'un dans l'œil gauche, l'autre dans le front au-dessus de l'œil droit. Son visage ruisselait de sang, mais il avait repris connaissance lorsqu'on le transporta au palais des Tournelles, tout proche. Il eut la force de monter les marches avant de s'effondrer sur un lit. Son fils aîné, évanoui, fut ramené sur une civière.

Ses chirurgiens arrachèrent les morceaux de bois en le faisant hurler et, après avoir nettoyé la plaie au blanc d'œuf, ils déclarèrent forfait. On convoqua les sommités de leur corporation, le Parisien Ambroise Paré et Vésale, que le duc de Savoie fit quérir à Bruxelles. Tous deux furent impuissants devant l'abcès qui envahissait peu à peu le cerveau. Des expériences qu'il fit sur des cadavres chez qui il cherchait à provoquer des blessures identiques convainquirent Paré que le mal était sans remède. Après une brève rémission, le blessé fut saisi de fièvre et de douleurs violentes et entra en agonie. En hâte, on expédia, de nuit, en toute simplicité, le mariage savoyard, pour n'avoir pas à le retarder jusqu'à la fin du deuil.

Henri expira dans les bras de sa femme le 10 juillet 1559 à une heure de l'après-midi. Elle l'avait veillé sans relâche, priant et pleurant, et Diane n'avait pas osé s'aventurer dans une chambre où elle se savait de trop. Nul ne sait s'il la réclama.

Le chagrin de Catherine fut réel et profond. La vie commune l'avait au fil du temps rapprochée du roi. Elle lui était attachée. Avec sa mort elle perdait tout. Il disparaissait au moment où l'âge allait enfin, elle l'espérait, la débarrasser de l'encombrante favorite. Elle avait, par sa longue patience et par ses maternités, conquis sa confiance, son estime, voire sa tendresse. Elle serait en mesure de le soumettre à son emprise intellectuelle et morale. Elle pouvait être, après la disparition de Diane, associée à la conduite de l'État, même s'il prenait, pour ses plaisirs, une jeune maîtresse. Il lui fallait désormais renoncer à tout cela.

Elle se glissa dans son personnage de veuve avec d'autant plus de facilité qu'il était dans le droit fil de celui d'épouse aimante. Elle s'installa ostensiblement dans son état, refusa le deuil blanc, symbole de viduité, porte ouverte à un remariage, et s'enveloppa de voiles noirs qu'elle n'acceptera de quitter que pour les noces de ses enfants. Elle changea d'emblème, en choisit deux : l'un une lance brisée, en souvenir du drame, accompagnée des mots : « *Lacrymae hinc, hinc dolor* », « Voici la source de mes larmes, de ma douleur » ; l'autre une montagne de chaux vive, signifiant que, comme la chaux vive « arrosée d'eau brûle étrangement, encore qu'elle ne fasse point apparoir[1] de flamme », ainsi l'invisible ardeur de son amour survivait à la disparition de l'homme aimé. Elle trouva dans l'Antiquité un modèle auquel s'identifier, la veuve du roi Mausole, qui fit édifier pour lui un tombeau magique, l'une des sept merveilles du monde : elle serait la nouvelle Artémise.

Diane comprit que son temps était fini. Elle se fit humble. Dès qu'on les lui réclama, elle restitua docilement ceux des bijoux de la couronne qu'elle détenait. Catherine ne s'abaissa pas à la dépouiller, elle lui laissa ses biens, sauf l'admirable Chenonceaux qu'elle échangea contre Chaumont-sur-Loire, de bien moindre valeur. Mais elle commenta sa libéralité d'un mot féroce : « Je ne puis oublier qu'elle faisait les délices de mon cher Henri » – entendez : les services des domestiques méritent salaire. C'est là vengeance de très grand seigneur. Et en usant à son tour des monogrammes ambigus où les D pouvaient passer pour des C, elle dépossédera rétroactivement sa rivale des monuments où ils figuraient déjà : subtile façon de récrire l'histoire. Six ans plus tard, la mort de la favorite, confinée à Anet, passa presque inaperçue.

Si affligée qu'elle fût, Catherine n'avait pas cependant perdu sa présence d'esprit. Elle se refusa, contre tous les usages, à se claquemurer quarante jours aux Tournelles dans l'obscurité. Elle avait bien trop à faire ailleurs. Elle suivit au Louvre le dauphin François et la seule concession qu'elle fit à l'étiquette fut d'y transposer la rituelle mise en scène funèbre dans sa chambre tendue de noir, aux fenêtres voilées de noir, où brûlaient deux bougies sur un autel drapé de noir. Mais sa porte était ouverte aux nombreux visiteurs. Elle était sur place, à même de suivre de près l'installation du nouveau règne.

Son fils aîné, désormais François II, a quinze ans, il est majeur, marié et sa femme est entourée d'une vaste et puissante famille. Officiellement, Catherine n'est plus rien. Aurait-elle tendance à l'oublier ? Elle s'en souvint, in extremis, au moment de monter dans le carrosse qui devait les emmener des Tournelles au Louvre. Elle faillit passer la première, emportée par l'habitude. Mais après une seconde d'hésitation, elle s'effaça devant la

1. Apparaître.

nouvelle reine, sa bru, Marie Stuart, qui, sans un mot, accepta la préséance.

La longue marche de Catherine de Médicis aboutissait à un cul-de-sac. Elle se heurtait à un mur. Toute sa stratégie se révélait vaine.

Depuis vingt-cinq ans, elle travaillait à apprivoiser son mari, à conquérir sa confiance, à se faire accepter de lui comme partenaire, dans le cadre des fonctions normalement dévolues à une reine. Elle avait misé sur la venue de l'âge mûr pour occuper auprès de lui une place croissante.

La disparition prématurée de Henri sonne le glas de ses espérances. Certes, nul ne saurait la priver de son titre de reine mère. Mais elle n'a pu bénéficier, par exemple, d'une période transitoire pendant laquelle elle aurait fait figure, au moins dans les fonctions parentales, d'alter ego du roi malade. Il est mort trop vite, sans lui déléguer aucune responsabilité. Rien ne la désigne pour un rôle politique que le défunt lui a toujours refusé. Chacun se souvient surtout du mépris dans lequel il la tenait, du soin qu'il mit, sur les instances de sa maîtresse, à l'écarter du pouvoir. Personne n'a pris l'habitude de compter avec elle. Elle se retrouve seule, une fois de plus. Ce n'est pas pour lui faire peur, elle en a l'habitude. Elle repart de zéro, se remet à la tâche, entreprend de s'imposer dans un milieu hostile, très peu disposé à l'accueillir.

Amour maternel ou appétit de pouvoir ? Les deux sont sans doute indissociables dans les motivations, avouées ou inconscientes, qui lui font prendre en hâte, avant même que le corps de son mari ne soit refroidi, la direction du Louvre où risque de s'instaurer un ordre qui l'exclura.

Son meilleur atout : on se méfie peu d'elle. Nul n'a pris la mesure de ses capacités, de son ambition moins encore. Pour nous qui connaissons la suite de l'histoire, il était facile de faire apparaître ici, dans le récit de ses vingt-cinq années de vie conjugale obscure, les signes prémonitoires de la transformation à venir. Mais pour les contemporains, la surprise fut considérable.

Catherine n'est plus reine régnante : ils croient son heure passée. En réalité, son règne commence.

Sa montée en puissance, elle la doit assurément à ses éminentes qualités politiques. Mais elle n'aurait pu faire usage de ces qualités sans un concours de circonstances qui fragilisa pendant une bonne quarantaine d'années la monarchie française.

ÉPILOGUE

Vers une éclipse des rois

La mort brutale de Henri II en pleine force de l'âge suscita dans le pays un concert de lamentations, qui n'étaient pas toutes de commande :

Hélas, il fut occis de l'éclat d'une lance,
Lui qui en guerre était d'indomptable vaillance.
Mais, devant que mourir, il avait si bien fait
Qu'il avait de son temps le siècle d'or refait,

s'écria Du Bellay dans un *Tombeau* poétique du défunt. La banalité de l'image n'en traduit pas moins un regret réel, accompagné d'un vif sentiment d'appréhension. Car cette mort rouvrait la porte aux ambitions jusqu'alors contenues et risquait de remettre en cause un certain nombre d'acquis. À la France qui s'enorgueillissait d'une monarchie chaque jour plus forte, elle rappelait combien cette monarchie restait encore entachée de fragilité.

Une monarchie qui se veut forte

Henri II, en cette fin de règne, n'avait assurément pas ramené sur terre l'âge d'or, mais il venait de rétablir la paix. Il avait hérité de son père une autorité renforcée sur les grands féodaux et sur l'Église gallicane. Il lui restait à tirer en politique extérieure les leçons du combat sans issue mené contre les Habsbourg par ses trois prédécesseurs. Il le fit avec un réalisme qui surprit.

Fini l'esprit de croisade, qui animait encore Charles VIII et Louis XII. Avec le succès grandissant de la Réforme, c'est à l'intérieur et non plus sur les marches du Levant que se situe l'adversaire. Et contre l'hérésie, la France et l'Espagne se trouvent dans le même camp. Finis le mirage italien, les projets d'implantation à Milan ou à Naples. Trop loin. L'avenir est de ce côté-ci des Alpes. Adieu l'aventure : le modèle chevaleresque ne survit plus que dans les simulacres que sont les tournois. Plutôt que de chercher fortune ailleurs, mieux vaut faire fructifier ce que l'on possède. Place à la paix. C'est aussi l'avis de Philippe II d'Espagne. L'heure est à la réconciliation, assortie d'alliances scellées comme de coutume par des mariages. Dans une Europe désormais dominée par les rivalités entre grands États et coupée en deux sur le plan confessionnel, il importe de fixer la place de la France, au premier rang si possible. La création d'un nouvel ordre européen vaut bien aux yeux du roi les sacrifices consentis au Cateau-Cambrésis. Il en profitera pour rétablir dans le royaume l'unité de la foi et parachever la mise en place d'une monarchie forte, obéie de tous.

La condition des reines, dans les premières décennies du XVIe siècle, s'est ressentie de cette évolution amorcée longtemps auparavant.

À mesure que se renforçait leur pouvoir, les rois tendaient à tenir plus fermement en tutelle leurs épouses. Le double processus d'accroissement des uns, d'abaissement des autres se poursuivait depuis Philippe Auguste, avec des hauts et des bas, en même temps que la monarchie se dégageait peu à peu du cadre féodal.

Dans la société féodale la femme, apte à recueillir et à transmettre l'héritage familial, occupait aux côtés et éventuellement à la place de son mari une fonction éminente. Lorsque le roi de France, dont les domaines propres n'égalaient pas toujours ceux de ses vassaux, tentait de s'agrandir par des mariages fructueux, les héritières de fiefs apportaient dans leur corbeille, en même temps que des provinces, l'habitude de l'indépendance et le goût de l'autorité. Pour peu qu'elles eussent de la personnalité, il trouvait en elles des partenaires difficiles à manier, susceptibles de devenir des ennemies, prêtes en cas de veuvage à récupérer leurs biens pour les proposer à d'autres. Dangereuses épouses, dont Aliénor d'Aquitaine fournit l'exemple le plus connu.

C'est à ce type, en voie de disparition, qu'appartient encore Anne de Bretagne. Elle réussit à se faire restituer, en épousant Louis XII, ses droits sur sa province natale. Elle en usa sans scrupules pour tenter d'imposer ses vues à son mari et de mener une politique propre. Elle fut la dernière à s'y essayer.

Les successeurs de Louis XII n'ont guère de peine à étouffer chez leurs épouses toute velléité d'indépendance. Très fréquentes au début du siècle, les annexions par voie matrimoniale se font rares. Les grands États modernes, en train de se constituer, modifient les règles du jeu. Il n'y a plus guère d'héritières disponibles, ou bien alors – par exemple outre-Manche – elles détiennent des royaumes trop gros pour être absorbés. Et quand il y en a, leurs puissants voisins veillent à ne pas les laisser passer avec armes et bagages dans le camp ennemi : le Portugal est chasse gardée espagnole et la France tient en étroite lisière le minuscule royaume de Navarre. Les souverains s'évertuent, à travers des remariages successifs, à avoir des fils, et ils préfèrent doter leurs filles en argent ou en promesses d'amitié plutôt qu'en terres.

Sur quoi les reines de France s'appuieraient-elles pour revendiquer une part de pouvoir ? Elles ne possèdent en fait d'héritage que des provinces déjà francisées, comme la Bretagne dont Claude demeure la souveraine nominale, ou des droits tout théoriques sur des duchés tenus par d'autres : Milan, Naples, Florence, Urbino. Éléonore ou Catherine, gages d'alliances précaires, otages bien vite démonétisés, n'ont d'autre ressource que de se plier à la situation qui leur est faite. Elles n'interviennent que par d'humbles prières, qui n'ont de chance d'être entendues que lorsqu'elles coïncident avec la politique du moment. François Ier ou Henri II consentent alors à voir en elles l'agent d'un rapprochement tout provisoire avec la maison de Habsbourg ou les principautés italiennes. Mais en réalité, elles ne peuvent rien. Elles le constatent avec résignation ou amertume selon les cas.

Les femmes réellement associées au pouvoir sont celles qu'attachent au roi les liens du sang ou de l'élection : mères ou maîtresses pèsent infiniment plus que les épouses. La personnalité de celles-ci n'y change pas grand-chose. À preuve : rien dans leurs comportements, ou presque, ne distingue d'abord Éléonore et Catherine, également dociles, également effacées. Rien ne permet de soupçonner chez cette dernière, même lorsque la maternité a raffermi sa position, l'étoffe d'un homme d'État. Et il est probable qu'elle-même, si réaliste, si pragmatique, accoutumée à coller au plus près à l'événement, n'a pas une vision claire de ce qui l'attend. Il faut que le destin s'en mêle, qu'éclate soudain la fragilité de la monarchie et qu'à la faveur d'un deuil et d'une crise, l'épouse se métamorphose en mère, pour que se dessine son nouveau visage.

Une monarchie fragile

La monarchie, qui incarne la pérennité du royaume, est par essence continuité. Les peuples ont horreur du vide et l'incertitude les angoisse. Certes, les règles de transmission héréditaire de la couronne, précisées par la loi salique, mettent en principe la France à l'abri des aléas. Le roi est mort, vive le roi. Il n'empêche : le passage de l'un à l'autre se fait plus naturellement de père en fils qu'entre collatéraux. Toute rupture dans le renouvellement normal des générations est grosse de troubles civils, tout changement de branche dans l'arbre généalogique apparaît chargé de menaces. La France n'est tranquille et le roi solide sur son trône que lorsque la succession en ligne directe est assurée. Ainsi Charles VIII s'est-il trouvé affaibli, après la mort du dauphin, et contraint de ne pas exposer sa vie sur un champ de bataille tant que ne lui serait pas né un nouveau fils. Ainsi Louis XII a-t-il tenu à donner au jeune François d'Angoulême un surcroît de légitimité en l'adoptant comme gendre, tout en caressant l'espoir de procréer à nouveau. Un roi sans fils n'est pas un vrai roi.

En vertu d'une logique inverse, François Ier puis Henri II virent leur autorité consolidée par la venue d'une abondante progéniture. Respectivement riches de trois et de quatre fils, ils pouvaient croire la relève assurée.

Encore faut-il que les fils survivent à leurs pères. Le taux de mortalité parmi les enfants et les adolescents est tel qu'on doit en avoir au moins deux ou trois pour en conserver un. Et il est préférable que le père vive assez longtemps pour qu'ils soient sortis de l'enfance et en âge de le remplacer. Une disparition précoce, des héritiers mineurs : c'est pour les féodaux indociles la promesse d'une monarchie faible, autorisant tous les manquements, c'est pour les ambitieux le signal de la course au pouvoir.

Sous François Ier, on avait échappé de peu à ce double danger. Lorsque courut le bruit qu'il se mourait dans sa prison de Madrid, Louise de Savoie, pourtant officiellement investie par lui de la régence, sentit soudain qu'on ne lui obéissait plus : fausse alerte significative. Il guérit, rentra en France, ses fils grandirent. Mais, nouvelle épreuve, il vit disparaître deux d'entre eux, l'aîné et le troisième. À son lit de mort, il ne restait plus, pour lui succéder, que le second. Il avait cinquante-trois ans, Henri vingt-huit : la transition fut aisée.

Mais après la mort de Henri II, victime prématurée d'un accident imprévu, les deux causes de fragilité se conjuguent pour engendrer une interminable crise à rebondissements, qui va durer trente ans. Trente années durant lesquelles se succèdent sur le trône ses trois fils aînés, devenus certes majeurs avec le temps, mais dépourvus eux-mêmes de descendance. Terrifiante image des ravages causés par la mortalité dans les rangs d'une famille prolifique : si on regarde le tableau de la postérité de François Ier, on s'aperçoit que celui-ci, avec trois fils et quatre petits-fils, ne possède plus, à la génération suivante, aucun descendant mâle de lignée masculine. La force d'une dynastie est dans ses fils. Celle des Valois touche à sa fin.

Or par malheur cette crise dynastique se double d'une crise religieuse très grave, l'une nourrissant l'autre. Les chefs des grandes familles, candidats à la direction des affaires, se partagent entre les deux confessions antagonistes et sont tentés de couvrir du drapeau de la foi leurs ambitions politiques personnelles. Ils trouvent parmi les croyants des deux bords des combattants prêts au sacrifice et des bailleurs de fonds généreux. De quoi entretenir durablement une guerre civile que les puissances étrangères ont intérêt à attiser. L'anarchie menace.

Au « beau » XVIe siècle, ainsi nommé par contraste avec les horreurs qui suivirent, vont succéder des années sanglantes : une longue suite de conflits, de rébellions, de violences exacerbées qui mirent en péril la monarchie et menacèrent l'unité du pays.

Des hommes qui s'entre-tuent, des héritiers trop jeunes : les temps troublés sont l'âge d'or des douairières. À la tête du royaume, à la tête des grandes maisons aristocratiques, ce sont les femmes qui prennent en main les destinées familiales. L'éclipse des rois entraîne, presque mécaniquement, la réapparition des reines. Le processus qui tendait à mettre celles-ci à l'écart est alors suspendu pour un temps. Catherine de Médicis, veuve, se dresse pour défendre ses enfants. Elle se considère, non sans quelque raison, comme la plus dévouée à leurs intérêts. Elle aura de la peine à se faire attribuer le pouvoir. Mais une fois qu'elle le tiendra, elle le gardera. La guerre civile fera d'elle, pour trente ans, le véritable maître de la France.

La suite de cette histoire montrera comment la petite Italienne dont l'obéissance fit longtemps la force exerça sur ses fils, sur ses brus, sur sa dernière fille une emprise impérieuse ; comment elle rassembla entre ses mains et tenta de conserver les leviers du pouvoir ; comment elle assista, désespérée, au dépérissement de la lignée des Valois, à laquelle elle avait voué sa vie, et comment elle prépara, sans l'avoir voulu, l'avènement de celui qui allait réconcilier pour un temps les Français et fonder une nouvelle dynastie : Henri IV.

Et ce sera encore, plus que jamais peut-être, une histoire de famille.

SECONDE PARTIE

LES ANNÉES SANGLANTES

PROLOGUE

Le tournant du siècle

Le 10 juillet 1559, Henri II, blessé à mort dans une des joutes organisées pour célébrer le traité du Cateau-Cambrésis, rend le dernier soupir. Il n'a que quarante ans. Catherine de Médicis se retrouve veuve, avant d'avoir pu conquérir à ses côtés la place qu'elle espérait.

Douze ans de règne, dix jours d'agonie. La disparition du roi est à la fois trop précoce et trop brutale. Certes il a un héritier en la personne de son fils aîné François, âgé de quinze ans et donc pleinement majeur, selon les lois du royaume. Mais il n'a pas eu le loisir de toucher les dividendes de la paix qu'il vient de signer et qui fait bien des mécontents, quoiqu'elle mette fin à des décennies d'affrontements franco-espagnols. Aurait-il dû prolonger les hostilités jusqu'à une très hypothétique victoire finale ? Il a choisi d'arrêter les frais, pour tenter de remettre de l'ordre chez lui, notamment en matière religieuse. Car les progrès incessants de la Réforme lui paraissaient menacer les fondements mêmes de son pouvoir.

Aurait-il réussi, lui un monarque solide, en pleine force de l'âge, à ramener au catholicisme les « mal sentants » de la foi ? On ne le saura jamais. Il léguait en tout cas à un successeur dépourvu d'expérience une véritable bombe à retardement dont les déflagrations successives se poursuivront pendant un grand tiers de siècle. Rétrospectivement, dans la mémoire collective, les ravages opérés par les guerres de Religion teintèrent les règnes antérieurs d'une coloration idyllique. Les années sanglantes donnent ainsi à ce qu'on surnomma le « beau XVIe siècle » l'aspect d'un paradis perdu. Et nous sommes tentés, avec le recul, de déchiffrer le pronostic le plus noir dans l'héritage que laissait Henri II à ses fils.

Mais les contemporains purent croire, sur le moment, la continuité assurée.

Passation de pouvoir

Les funérailles du défunt se prolongèrent plus d'un mois. Jamais, sauf peut-être pour François Ier, on n'avait déployé pareille pompe pour associer le royaume tout entier à la déploration d'un roi disparu et à l'intronisation de son successeur.

Du 10 juillet, date de sa mort, au 13 août, lorsque la crypte de Saint-Denis se referme sur son cercueil, se déroule un rituel minutieusement réglé dans un cadre fastueux. La personne du roi est pour ainsi dire démultipliée. On prélève sur son cadavre le cœur et les entrailles, qui reçoivent une sépulture à part, puis on l'embaume avant de le mettre en bière. Dans les vapeurs de l'encens et à la lueur des cierges, prêtres et moines de haut rang se relaient pour prier et célébrer les six messes quotidiennes requises, imités en écho par la France entière. Un masque funèbre moulé en creux sur son visage a permis d'obtenir une effigie en cire, une tête à sa ressemblance qu'on a coiffée de sa couronne et placée sur une carcasse de bois habillée comme lui, en chemise de toile fine, tunique de satin fleurdelisé et manteau d'hermine. Une semaine durant, on installe ce simulacre dans une salle d'apparat ouverte au public et on lui sert à dîner et à souper comme de son vivant. Le cercueil et le lit de parade où repose ce mannequin sont ensuite transportés à Notre-Dame, d'où, après deux jours de cérémonies, on les convoie vers la nécropole de Saint-Denis. L'effigie est alors détruite et le cercueil prend dans la tombe sa place définitive.

« Le roi est mort. Vive le roi François, deuxième de ce nom, par la grâce de Dieu Roi de France Très Chrétien ! » Le connétable de Montmorency, grand maître de la maison royale, prononce la formule consacrée. Il a brisé le bâton que lui avait confié Henri II comme insigne de ses fonctions. C'est au successeur qu'il appartient de nommer de nouveaux dignitaires.

Le souverain peut mourir, la monarchie est immortelle, elle renaît de ses cendres à chaque transmission de pouvoirs. Tel est le sens d'un rituel destiné à mettre en évidence cette continuité, d'essence surnaturelle. Le nouveau roi est venu une seule fois, tout de noir vêtu, saluer le corps de son père et l'asperger d'eau bénite. Il lui faut se tenir à l'écart des rites mortuaires, puisqu'il incarne la vie. C'est à son frère cadet qu'incombe la tâche de mener le deuil. Quant à Catherine de Médicis, la veuve, elle devrait observer une réclusion de quarante jours dans l'obscurité de ses appartements bien clos, au fond du palais des Tournelles, à proximité du corps de son époux. Mais elle a préféré se transporter au Louvre, à la suite de son fils et de sa bru, pour surveiller la mise en place du nouveau gouvernement. Seule concession à l'usage : elle a drapé sa chambre de noir et y a regroupé divers objets symboliques évocateurs de son chagrin. Les fenêtres, selon la tradition, ne laissent pas passer la moindre lueur, mais la porte est largement ouverte aux visiteurs et aux échos du monde extérieur.

Que peut-elle craindre ? La France a un roi et une reine. Une reine prestigieuse : Marie Stuart apporte dans sa corbeille la couronne d'Écosse. Ils sont jeunes. Ils n'ont pas d'enfants, pas encore, ils ne sont unis que depuis quinze mois. Tous les espoirs leur sont permis. Et même, à supposer qu'il leur arrive malheur, la dynastie n'est pas en danger. Trois frères puînés sont là pour assurer la relève. Rarement souverain put se flatter de laisser en mourant une progéniture aussi abondante. Six ans après le nouveau roi est né Charles, suivi à un an de distance par Alexandre-Édouard, qu'on rebaptisera Henri, et enfin quatre ans plus tard, par Hercule, qui reprendra le prénom de François. Les deux filles aînées, Élisabeth et Claude, sont déjà mariées, l'une très brillamment, avec le roi d'Espagne, l'autre avec le duc de Lorraine. Reste la petite dernière, Marguerite, familièrement appelée Margot, qui n'a pas encore six ans.

Les seules tâches de la reine mère devraient être de diriger l'éducation de sa fille et de veiller à l'édification de monuments commémoratifs. Elle s'y attelle avec un succès inégal. Avec Marguerite, elle connaîtra bien des déboires. Lorsqu'il s'agit de célébrer le roi défunt, en revanche, elle allie au sens de la grandeur un goût artistique très sûr. Pour recevoir l'urne contenant son cœur, elle commanda à Germain Pilon l'admirable groupe des *Trois Grâces* destiné à l'église des Célestins et qu'on peut voir maintenant au Louvre. Et elle fit appel, pour la vaste rotonde destinée à abriter les tombes royales de Saint-Denis, aux plus grands architectes du temps, le Primatice, Pierre Lescot, Bullant et Androuet du Cerceau. L'édifice est aujourd'hui détruit, mais on peut encore admirer le monument funéraire de marbre qui l'associe à Henri II sous la double forme d'un couple de gisants et d'orants, dans la nudité dépouillée de la mort ou dans l'agenouillement de la prière, mains tendues, regard clair.

L'Antiquité était à la mode. Catherine se plaça sous le patronage de l'illustre Artémise, veuve du roi Mausole, qui fit bâtir à sa mémoire une des sept merveilles du monde – à la suite de quoi le terme de *mausolée* devint un nom commun. L'histoire de cette reine de Carie, thème de soixante-quatorze cartons de tapisseries commandés à Niccolo dell'Abbate et à Antoine Caron[1], se voulait une métaphore transparente de la sienne.

La piété conjugale n'est pas seule à inspirer le culte rendu à son époux dans un grand déploiement de faste. En grandissant Henri, elle se grandit, elle s'approprie une part du prestige qui s'attachait à lui et accroît sa propre légitimité. Elle sait qu'elle en aura grand besoin. Car elle est trop avertie pour ne pas mesurer que l'avenir est lourd de menaces.

Des ombres au tableau

Tous ceux qui ont approché François II le savent incapable de gouverner, pour le moment du moins. Le pouvoir appartiendra à celui qui exercera sur lui la plus forte emprise. La mieux placée n'est pas sa mère, mais sa femme, Marie Stuart, elle-même manœuvrée par ses oncles de Guise. La chose ne plaît pas à tout le monde. Les autres grandes familles acceptent mal cette prééminence. On peut donc craindre le retour des

1. Seuls quelques tissages, aujourd'hui perdus, furent exécutés du temps de Catherine. Mais certains dessins furent réutilisés sous Henri IV et Marie de Médicis.

révoltes nobiliaires telles qu'en ont connu les siècles précédents, chaque fois que fléchissait l'autorité royale.

Il y a plus redoutable encore.

Tandis que serpente longuement à travers Paris le cortège accompagnant le cercueil royal, au fond d'une prison Anne Du Bourg, conseiller au parlement de Paris – le plus haut tribunal du royaume –, attend de savoir s'il sera brûlé vif. Son crime ? Non seulement il s'est refusé à poursuivre les « hérétiques », mais il a osé, en présence du roi, déclarer qu'il partageait leur croyance. Celui-ci a vu rouge : où irait-on si les magistrats refusaient d'appliquer ses édits ? Il a fait rendre sa sentence : le bûcher. Mais sa mort a suspendu l'exécution.

Le cas d'Anne Du Bourg avait pour Henri II valeur d'exemple. Pour son successeur, il fait figure de test. Diverses interventions – notamment celle de Catherine de Médicis – sauveront d'autres coupables moins voyants. Mais le sort du magistrat parisien, chacun le sait, signifiera la paix ou la guerre avec les réformés.

De son grand-père et de son père, François II a hérité tout un arsenal de mesures répressives contre les tenants de la foi nouvelle. Ni François Ier, ni Henri II n'étaient pourtant des fanatiques. Ils ne souhaitaient pas a priori sévir contre des hommes et des femmes habités par d'indiscutables exigences spirituelles et morales. Mais les progrès de la Réforme s'accompagnèrent de provocations malencontreuses. Des statues de la Vierge et des saints brisées, des insultes proférées à l'adresse des catholiques, des placards grossièrement injurieux contre la messe affichés un peu partout, jusque dans les appartements du roi, avaient décidé François Ier à sévir, pour rétablir l'ordre public.

De plus, à partir des années 1540, le luthéranisme fut supplanté en France par le calvinisme, plus radical encore dans sa rupture avec le dogme romain, et qui refusait aux souverains toute autorité sur l'organisation ecclésiale. C'est par elle-même, de façon démocratique, que la communauté des fidèles prétendait s'administrer : la fondation à Genève d'une république théocratique vint renforcer les appréhensions du roi. La république en question se montrait d'ailleurs aussi intolérante que les pires autocrates. Ni le catholicisme ni les diverses déviations doctrinales n'avaient droit de cité à Genève : le médecin philosophe et théologien Michel Servet y fut brûlé en 1553 pour thèses subversives et son sort découragea les dissidents de s'y aventurer.

Il y avait trop de réformés en France pour que les persécutions pussent en venir à bout. Le courage des martyrs était contagieux, les supplices inopérants pour enrayer le flot des conversions. Sous chacun des deux règnes précédents, une centaine d'exécutions avaient ensanglanté le pays sans résultat. L'adhésion d'un certain nombre de grands seigneurs, dont quelques-uns de très haut rang, laissait présager que la rébellion nobiliaire allait puiser dans les conflits religieux une force neuve. Toutes les conditions étaient réunies pour une guerre civile d'une violence sans précédent.

Le nouveau visage de Catherine de Médicis

Les guerres de Religion ne font pas exception à la règle qui veut que les temps de troubles offrent aux femmes un champ d'action élargi.

Ce sont elles qui, les premières, ont été séduites par les doctrines nouvelles, entraînant à leur suite un époux et des fils que retenait parfois le souci de leur carrière. Les réformées sont nombreuses dans l'entourage des souverains, parmi les plus grandes dames, les filles d'honneur, les suivantes. Marguerite de Navarre, sœur de François Ier, avait protégé les novateurs. Renée de France, fille de Louis XII, s'était convertie. Et Catherine de Médicis elle-même, pour des motifs politiques, semble avoir songé un instant à virer de bord.

Dans une société où dominent les hommes, les femmes se comprennent, se sentent souvent solidaires, les divergences confessionnelles ne font pas chez elles obstacle à l'amitié et il arrive qu'elles maintiennent un contact utile entre des familles dont les représentants masculins s'affrontent sur le champ de bataille. Elles peuvent aussi, inversement, jouer le rôle de pasionarias.

Mais leur influence ne va pas de soi. Elle est conquête sans cesse renouvelée. Et on ne leur pardonne rien. Il ne faut pas l'oublier quand on évoque la figure très controversée de Catherine de Médicis, qui domine l'histoire de cette période. Parce

Une représentation de reine au xve siècle.
Enluminure du manuscrit *Le Chevalier errant*, Thomas de Saluces (1356-1416), Maître de la Cité des dames (xve siècle), manuscrit français 12559, fol. 16r, Paris, Bibliothèque nationale de France.

Portrait d'Anne de Bretagne (1491-1498 et 1499-1514).
Détail d'une enluminure des *Grandes Heures d'Anne de Bretagne*, Jean Bourdichon, manuscrit latin 9474, fol. 3r, Paris, Bibliothèque nationale de France.

Portrait de Jeanne de France (1498).
Détail du panneau gauche du diptyque de Jeanne de France, huile sur bois attribuée à Hans Memling. Chantilly, musée Condé.

Portrait de Marie Tudor (1514-1515).
Huile sur toile, anonyme du XVIe siècle.
Paris, musée des Arts décoratifs.

Portrait de Claude de France (1515-1524).
Huile sur toile du XVIe siècle. Chantilly, musée Condé.

Portrait d'Éléonore de Habsbourg (1530-1547).
Huile sur toile, école espagnole, XVIe siècle.
Chantilly, musée Condé.
© Photo Josse/Bridgeman Images

Portrait de Catherine de Médicis (1547-1559).
Huile sur bois de l'atelier de François Clouet.
Versailles, châteaux de Versailles et de Trianon.

Portrait de Marie Stuart (1559-1560).
Huile sur bois, école franco-écossaise, XVIe siècle.
Kent, Hever Castle.

Portrait d'Élisabeth d'Autriche (1570-1574).
Huile sur bois de François Clouet. Paris, musée du Louvre.

Portrait de Louise de Lorraine (1575-1589).
Huile sur bois du XVIe siècle. Paris, musée du Louvre.

Portrait de Marguerite de Valois (1589-1599).
Huile sur bois de l'atelier de François Clouet, XVIe siècle.
Chantilly, musée Condé.

Bal donné au Louvre pour le mariage du duc de Joyeuse et de Marguerite de Lorraine-Vaudémont, sœur de la reine Louise, le 24 septembre 1581, détail.
Huile sur toile du XVIe siècle. Versailles, châteaux de Versailles et de Trianon.

qu'elle a vécu très longtemps, qu'elle a pesé de tout son poids sur les trente dernières années du règne des Valois, nous avons tendance à penser que le pouvoir lui échut tout naturellement, alors que son ascension fut lente et difficile. Rien ne semblait la destiner à un rôle politique prééminent. Elle n'était à la mort de Henri II, on ne le répétera jamais assez, que la descendante de banquiers florentins jadis épousée par un cadet non destiné au trône et qui ne devint reine que par hasard. Une reine ostensiblement tenue à l'écart des affaires par son époux qu'accaparait la trop belle Diane de Poitiers. Une femme certes pas sotte, mais sans éclat, faite pour l'obéissance et l'obscurité, qui, si elle était morte avant son veuvage, aurait laissé à peine une ride à la surface de l'histoire de France.

Sa montée aux affaires est un miracle de volonté, d'intelligence, de persévérance. Mais à la différence d'un roi, elle n'y est pas libre de son action. Rien n'est jamais acquis, tout est toujours à refaire. Ce n'est pas à elle qu'appartient le pouvoir, mais à ses fils. Elle n'en détient que la délégation, la plupart du temps sans mandat officiel. Elle se trouve au centre d'une vaste constellation familiale – fils, fille, brus – traversée de tensions ou même de violences. Elle doit compter avec eux tous, autant qu'avec les princes du sang et les grands seigneurs du royaume.

Dans la première moitié du XVIe siècle, l'histoire privée de la famille royale restait distincte de l'histoire tout court. Seul le mariage des reines avait d'importantes incidences politiques. Elles menaient ensuite une vie à part, rythmée presque uniquement par les maternités et les entrées solennelles dans les bonnes villes du royaume. Dans la seconde moitié au contraire, les deux domaines se confondent. Conflits familiaux et conflits politiques s'y enchevêtrent tragiquement, autour de la figure centrale de Catherine de Médicis.

La place écrasante qu'elle occupe durant cette période complique la tâche de l'historien, qui se heurte notamment à deux difficultés.

La première concerne l'organisation de la matière. Pas question de consacrer ici un ou même deux chapitres à chaque reine. Il serait absurde de refaire une biographie de Catherine – une de plus – en lui adjoignant une sorte d'appendice sur chacune des autres. Les épouses de ses fils, Marie Stuart, Élisabeth d'Autriche et Louise de Lorraine, ainsi que sa fille Marguerite, première femme de Henri IV, sont indissociables d'elle, avec qui elles ont coexisté, cohabité. Aucune ne conquit sa pleine autonomie face à cette *materfamilias* impérieuse. Elle fut en conflit avec la première de ses trois brus, domina complètement la seconde et trouva dans la troisième une alliée inattendue. Et elle eut avec sa fille des relations en dents de scie, où l'affection le dispute à l'incompréhension. En tout état de cause, elle est omniprésente. La solution retenue est donc de proposer un récit continu, épousant en gros la chronologie, une sorte de trame de fond organisée autour de Catherine, dans laquelle viennent s'inscrire, le moment venu, les chapitres consacrés aux quatre autres.

La seconde difficulté tient à la surabondance des matériaux concernant Catherine et à leur caractère controversé. Sur certaines reines, nous en savons trop peu. Sur elle, trop. Trop de choses contradictoires surtout. Car elle est à la fois un personnage historique et un mythe. Elle a concentré sur sa personne l'essentiel de l'horreur qu'inspirent les conflits qui ensanglantèrent le pays à la fin du XVIe siècle.

À son nom est attaché dans l'histoire, comme une tache indélébile, le souvenir de la Saint-Barthélemy. Avec raison : le massacre est impardonnable. Mais la tache, de proche en proche, s'est étendue comme par capillarité, et même rétroactivement, à l'ensemble de son image et a fini par la recouvrir tout entière d'une coloration uniformément sinistre. Elle est devenue la « reine noire », entourée de sa cohorte d'astrologues experts en sorcellerie et de parfumeurs empoisonneurs, vivante incarnation du mal, émanation femelle du démon.

Le parti protestant avait à son service d'excellentes plumes et l'indignation vengeresse est plus propre que l'éloge à stimuler la fureur poétique. Les louanges de Ronsard ne pèsent pas lourd face aux invectives de d'Aubigné et Brantôme a bien de la peine à répondre aux griefs entassés pêle-mêle dans l'anonyme *Discours merveilleux de la vie, actions et déportements de Catherine de Médicis*. On la charge de tous les péchés, même les moins vraisemblables, comme d'avoir collectionné les amants et donné au cardinal de Bourbon cinq ou six bâtards bien qu'elle eût largement dépassé la quarantaine. Duplicité, machiavélisme

– n'est-elle pas florentine[1] ? –, cruauté, cynisme, au service d'une ambition démesurée, d'une inextinguible volonté de puissance à laquelle elle aurait tout sacrifié, même ses enfants : une athée, croyant au diable mais pas à Dieu, une semeuse de discorde, une « salamandre » ne se plaisant qu'au cœur des flammes et de l'incendie, un sphinx au regard impénétrable et glacé, avide de voluptés et de mort. Pas une guerre qui ne soit née de sa volonté perverse, pas une mort subite qui ne fût son œuvre, par le poison ou par la magie.

Historiens et romanciers du XIXe siècle ont puisé à pleines mains dans cette littérature polémique pour dresser d'elle un portrait haut en couleur, fortement gauchi par leurs propres convictions ou par leurs fantasmes. À l'apologie passionnée de Balzac répond le réquisitoire au vitriol de Michelet. Elle devient sous la plume d'Alexandre Dumas une héroïne de mélodrame. Le XXe siècle, fort d'une érudition maîtrisée, attentif à l'évolution des mentalités, a peu à peu démantelé cette légende noire et rendu à Catherine figure plus humaine. Mais il n'est pas toujours facile d'y voir clair et de parler avec sérénité de son rôle dans une des époques les plus brûlantes de notre histoire.

Ce n'est pas sans appréhension que le narrateur s'aventure ici sur le terrain miné des guerres de Religion. Il s'y résout avec crainte et tremblement, armé de sa seule bonne foi et de sa volonté de comprendre. Au nom de quoi il espère qu'il lui sera beaucoup pardonné.

1. Les historiens ultérieurs, tout autant que ses contemporains, ont tendance à oublier que sa mère, Madeleine de la Tour d'Auvergne, était française.

CHAPITRE I

Les trois couronnes de Marie Stuart

La mort de Henri II, reléguant sa veuve au second plan, projeta d'abord en pleine lumière Marie Stuart, reine de France aux côtés du falot François II.

Jamais aucune femme ne se sentit plus qu'elle vocation royale. Vivante antithèse de sa belle-mère, qui la détesta, elle est reine jusqu'au bout des ongles par la naissance, par la fierté, par la beauté. Deux couronnes lui furent acquises de très bonne heure. L'une lui échut dans son berceau, celle d'Écosse. L'autre, celle de France, lui fut promise par mariage quand elle avait cinq ans et lui vint en effet à l'âge de dix-sept à peine. Elle prétendit à une troisième, celle d'Angleterre[1], et cette revendication causa sa perte. Elle ne régna effectivement que très peu de temps – dix-huit mois en France, six ans en Écosse – et ne parvint jamais à se faire reconnaître comme successeur par sa cousine Élisabeth.

Elle est en grande partie responsable de ses malheurs. Les circonstances le sont aussi. Tout au long de sa destinée agitée, elle subit, directement ou indirectement, le contrecoup de ses origines françaises. Son sort fut tributaire des péripéties qui rapprochèrent ou opposèrent la France et l'Angleterre et des conflits religieux qui déchirèrent alors toute l'Europe. Sa fin tragique, faisant oublier les désordres de sa vie, lui conféra fina-

1. Ne parlons que pour mémoire d'une quatrième couronne, celle d'Irlande, qui figure aussi dans les armoiries de Marie Stuart. Car, bien que l'Irlande ait été rattachée à l'Angleterre depuis longtemps, l'autorité des Anglais y restait très contestée.

lement l'auréole du martyre chez les catholiques et un énorme capital de sympathie chez les romanciers, les dramaturges et les historiens épris de romanesque.

Entre l'histoire et la légende, on tentera ici de se frayer un chemin.

Les Guises et l'alliance franco-écossaise

Depuis toujours l'Angleterre convoitait l'Écosse, prolongement naturel de son territoire vers le nord, et se heurtait à la résistance farouche des seigneurs locaux, très jaloux de leur indépendance. Ceux-ci cherchèrent un appui du côté de la France, engagée aux XIVe et XVe siècles dans l'interminable guerre de Cent Ans. Des traités, régulièrement renouvelés, consacrèrent une alliance qui avait pour nous l'avantage d'immobiliser sur un second front, à l'arrière, une partie des troupes adverses. Cette alliance survécut aux vicissitudes des combats : les défaites françaises, rendant l'Angleterre plus redoutable encore, en démontraient l'impérieuse nécessité. Sans se borner à se battre chez eux, les Écossais avaient envoyé des contingents sur le continent, des liens s'étaient tissés entre les hommes, entre les familles, les enfants de l'aristocratie venaient achever leur éducation en France. Pour tous, l'amitié des deux pays allait de soi.

Mais à certaines conditions.

Anglais et Écossais se posaient depuis des siècles en frères ennemis, dressés les uns contre les autres dans de féroces affrontements, plus ou moins conscients cependant que leur intérêt commun les invitait à s'entendre. Entre les deux pays, la partie n'est pas égale : l'Angleterre est plus vaste, infiniment plus riche et plus peuplée que sa voisine, qui ne dépasse guère au début du XVIe siècle le demi-million d'habitants. Lorsqu'elle est puissante et dirigée par des souverains agressifs, elle tente par la force la conquête pure et simple, rejetant aussitôt l'Écosse dans les bras de l'allié français. Elle ne parvient qu'à ravager les plaines très vulnérables qui jouxtent la frontière, mais le reste du pays, coupé de montagnes, de cours d'eau, de lacs, de fjords, offre aux combattants un refuge inexpugnable et ses nombreuses victoires militaires sont sans lendemain. Lorsqu'elle est faible, l'Écosse moins menacée s'écarte de la France, elle prête l'oreille aux offres anglaises de non-agression : la diplomatie matrimoniale prend alors le pas sur les armes, avec l'espoir secret que l'union dynastique pourra garantir la paix tout en préservant l'autonomie des deux royaumes. Dans les deux cas, l'Angleterre, à toutes fins utiles, encourage chez ses turbulents voisins les divisions entre clans rivaux.

La fin du XVe siècle avait vu se distendre l'alliance franco-écossaise. Les Anglais avaient perdu la guerre de Cent Ans. Ils émergeaient à peine de la guerre civile meurtrière dite des Deux Roses. Bien que leur souverain se prétendît encore roi de France, personne, pas même eux, ne prenait au sérieux cette revendication anachronique. La possession de Calais, qu'ils avaient réussi à conserver, mettait un peu de baume sur leur orgueil national, mais ils ne tarderaient pas à en mesurer la fragilité. Affaiblis, ils ne constituaient un danger ni pour la France, ni pour l'Écosse. Charles VIII et Louis XII, tournés vers l'Italie, n'avaient aucun besoin de leur partenaire septentrional. De son côté le roi d'Écosse, Jacques IV, rassuré, put traiter d'égal à égal avec les Anglais et épousa en gage de paix une Tudor, Marguerite, la sœur aînée du futur Henri VIII.

Puis au fil des années, le jeu politique européen se modifia, désormais dominé par la rivalité entre la France et la monarchie austro-espagnole, dans laquelle intervient en position d'arbitre une Angleterre de nouveau forte, dont on se dispute les princesses. Henri VIII, grand bénéficiaire du conflit, opte provisoirement pour Charles Quint, redevient une menace pour l'Écosse comme pour la France, avec pour effet immédiat de resserrer les liens entre les deux pays : Jacques V cherche une épouse à Paris.

François Ier hésitait à lui accorder la main de sa fille Madeleine, dont l'état de santé inquiétait. On lui proposa Marie de Bourbon-Vendôme, sœur du premier prince du sang, Antoine de Bourbon. Mais Jacques V, ayant vu la jeune Madeleine, s'éprit de sa grâce fragile et insista : devenue reine d'Écosse le 1er janvier 1537, elle partit pour Édimbourg moribonde et y expira quelques mois plus tard. Lorsqu'il voulut la remplacer, la candidate précédente était également malade, au bord de la mort. Il se rabattit alors sur une autre Française, une jeune veuve de vingt-deux ans, de moins haute naissance, mais fort bien portante, et qui avait déjà prouvé qu'elle était apte à la maternité : Marie de Guise.

Ce mariage était pour l'ambitieuse maison de Guise un pas de plus vers la conquête pacifique du pouvoir, bien avant que le plus illustre de ses membres ne le dispute à Henri III les armes à la main.

Le fondateur de cette maison, Claude, un fils puîné du duc René II de Lorraine, quitta le duché paternel pour aller chercher fortune en France, où il possédait divers fiefs. Il sollicita et obtint en 1506 la nationalité française, se conduisit héroïquement à Marignan où François Ier le distingua et il participa à toutes les campagnes qui suivirent. En 1527, sa terre de Guise fut érigée en duché-pairie et il en prit le nom. Il coulait dans ses veines quelques gouttes, à vrai dire fort diluées, du sang de Charlemagne. Il tenta de se rapprocher de la dynastie régnante par des mariages judicieux. Il épousa en 1513 une princesse, Antoinette de Bourbon-Vendôme, qui lui donna douze enfants. Le fait n'est pas exceptionnel pour l'époque. Ce qui l'est en revanche, c'est leur taux de survie : deux moururent en bas âge, mais les dix autres vécurent en moyenne près d'une cinquantaine d'années. La moitié – trois garçons sur six et deux filles sur quatre – entrèrent dans l'Église. Les autres se marièrent. L'aîné, François, obtint la main de la très belle Anne d'Este, petite-fille de Louis XII par sa mère Renée de France, qui fit preuve d'une fécondité comparable. Leur nombre faisait leur force, leurs remarquables qualités aussi.

Ils étaient beaux, sains, vigoureux, intelligents, énergiques – et arrogants à proportion. Dépourvus de tares congénitales, ils échappaient comme par miracle aux infections et se remettaient de blessures qui en auraient conduit d'autres au tombeau : cruel repoussoir pour les enfants royaux rongés de maux variés. Longtemps favorisés par François Ier et Henri II pour les services rendus sur les champs de bataille, ils apparurent ensuite comme des sujets trop grands pour ne pas porter ombrage à leur souverain, et d'autant plus redoutables qu'une solidarité sans faille les unissait et qu'ils se partageaient habilement le terrain, aux aînés les responsabilités militaires, aux cadets, hauts dignitaires de l'Église, les finances et la diplomatie. La duchesse

Antoinette, veuve en 1550, continua jusqu'à sa mort en 1583 de régenter tout son clan avec intelligence, fermeté, réalisme : un esprit libre, dont l'orgueil était tempéré d'humour, une de ces remarquables douairières qui sont le ciment des familles.

Les Guises jouaient adroitement de leur double appartenance, un pied en Lorraine, un pied en France, pour joindre aux prérogatives de princes étrangers celles que leur valait leur rang à la cour. Non sans éveiller de nombreuses jalousies. Catholiques convaincus, ils prirent discrètement d'abord, puis ouvertement sous Henri II, le parti de Diane de Poitiers, dont ils se disputaient la confiance avec le connétable de Montmorency.

À la date ici concernée, leur fortune à venir commence tout juste à se dessiner. Le duc Claude et la duchesse Antoinette – le couple fondateur – sont en quête de mariages brillants pour leurs enfants. Ils avaient pu espérer un instant substituer la seconde de leurs filles, la très belle Louise, à Catherine de Médicis menacée de répudiation. Le mariage de Marie avec le roi d'Écosse, sans être aussi prometteur, était tout de même très honorable. Certes la jeune femme aurait pu avoir mieux : elle avait, dit-on, attiré par sa prestance l'attention de Henri VIII, veuf de sa troisième épouse ; mais, redoutant le sort d'Anne Boleyn, elle avait décliné ses offres, murmurant que, bien qu'elle fût de grande taille, elle avait le cou trop court. Le Barbe-Bleue couronné n'était pas un prétendant enviable. Mieux valait Jacques V, qu'elle accepta de bonne grâce : contrat signé en janvier 1538, mariage célébré par procuration le 18 mai. Elle partit aussitôt pour Édimbourg, où l'accueil empressé de son époux lui donna quelque courage pour affronter les épreuves qui l'attendaient dans son lointain royaume.

Ingouvernable Écosse

En demandant sa main, Jacques V n'avait pas cherché à la leurrer. Ce qui l'attendait n'était pas une partie de plaisir.

Les voyageurs venus du sud faisaient de l'Écosse des descriptions terrifiantes. Un pays triste, humide et venteux, fait de vastes landes si dénudées que Judas n'y aurait pas trouvé un seul arbre pour s'y pendre, de montagnes tourmentées, de lacs mélancoliques emprisonnant dans leurs roseaux des écharpes de brouillard. Un pays de sauvages, secoué de surcroît par une crise intérieure aiguë. Les brumes et les froidures tant redoutées par les poètes du Val de Loire n'étaient rien en effet à côté du climat qui régnait à l'intérieur du palais de Holyrood. Jacques avoua à sa future femme que sa situation était quasi désespérée.

Face aux familles dominantes, la dynastie des Stuarts était fragile. Pas de droit divin, comme en France. Pas de légitimité bien établie. Leur nom disait clairement leurs origines : les Stewart[1] étaient intendants des rois d'Écosse avant que l'un d'entre eux ne fonde une nouvelle lignée en épousant l'héritière du trône. Jamais les grands barons n'avaient vraiment accepté l'autorité de ces parvenus, souvent moins bien pourvus qu'eux-mêmes en clientèle, et qu'avait affaiblis une longue suite de minorités accompagnées de régences. Barricadés dans leurs châteaux suspendus comme des nids d'aigle au sommet d'un rocher ou baignés de tous côtés par les flots d'un lac ou d'un fleuve, ils jouissaient d'une très large autonomie. Ceux des Lowlands, la fertile plaine du sud, consentaient parfois à tenir compte du roi ; ceux des Highlands, les zones montagneuses du nord et de l'est, étaient entièrement maîtres chez eux. Les uns et les autres condescendaient à prendre les armes, par haine des Anglais et par goût de la guerre. Imprévisibles, ils étaient capables de déployer une folle bravoure, mais de quitter le champ de bataille sur un coup de tête pour peu qu'un ordre leur ait déplu. Orgueilleux, primitifs et cruels, minés par d'éternelles discordes, toujours à court d'argent et toujours disposés à se vendre au plus offrant, ils constituaient une proie facile pour les agents provocateurs.

Le roi ne pouvait compter sur aucun d'eux. Les mariages consanguins avaient créé entre eux de complexes cousinages qui, loin de renforcer la solidarité familiale, engendraient à l'infini rivalités et revendications. La moitié de la noblesse écossaise était apparentée aux Stuarts. Elle s'en autorisait pour réclamer des avantages que le roi eût été bien en peine de donner. Le

1. *Stewart* est la forme primitive de leur nom. Ce sont les membres de la famille installés en Angleterre qui ont adopté la graphie *Stuart*, également passée dans l'usage français, et que nous utiliserons désormais.

malheureux gouvernait tant bien que mal en louvoyant entre les clans. Il tirait le plus clair de ses revenus de son clergé et des subsides français.

L'Angleterre ne cessait de lui compliquer la tâche en fomentant des troubles, elle versait à pleines mains gratifications et pensions. Elle disposait en outre, depuis quelque temps, d'un nouveau moyen d'attiser le désordre : les querelles religieuses venaient désormais interférer avec les antagonismes traditionnels. Henri VIII, qui avait rompu avec Rome et instauré en Angleterre une Église à sa convenance, prit des contacts avec les tenants écossais de la Réforme, dont le nombre croissait rapidement, et les utilisa contre le roi, resté catholique. Jacques V, voyant se liguer contre lui noblesse et clergé, se demandait combien de temps il pourrait tenir.

Tel était l'avenir bien sombre qu'il avait laissé prévoir à celle qui devait partager son sort. Encore ne lui avait-il pas tout dit. Il avait longtemps mené une vie fort dissolue. Il avait eu d'une femme de grande famille toute une nichée de bâtards qui réclameraient plus tard leur place au soleil. Il continuait d'entretenir une maîtresse. Mais à côté du reste, ces désagréments inséparables de la condition de reine étaient somme toute un moindre mal. Bref, Marie de Guise comprit vite que son mariage avait eu pour seul but d'amener la France à prendre en charge et à dénouer l'inextricable imbroglio écossais : tâche surhumaine.

Elle fit front, assuma ses fonctions de reine, apprit à connaître et à comprendre sa nouvelle patrie, choisit de ne s'étonner de rien, de ne se choquer de rien, tenta de se concilier la sympathie de ses sujets à force d'égards et de flatteries : elle y réussit assez bien et apporta à son mari un soutien efficace. Hélas, ce que lui préparait le sort fut pire que tout ce qu'elle avait pu craindre.

Après deux ans d'impatience, elle mit au monde un fils, bientôt suivi d'un second. Joie éphémère. Le nouveau-né mourut au bout de deux jours, et son aîné ne tarda pas à succomber. Tandis que courait le bruit d'un empoisonnement, les prédicateurs calvinistes, à grand renfort de citations bibliques, rendaient grâces à la fureur vengeresse de Dieu qui punissait les péchés du père à travers sa descendance. La guerre éclata avec l'Angleterre alors qu'elle attendait un troisième enfant. Le 24 novembre 1542, les troupes écossaises subirent à Solway

Moss une écrasante défaite. Le roi eut alors un comportement étrange. À ceux qui voulaient le réconforter, il soutint qu'il mourrait dans la quinzaine. Ses serviteurs lui demandèrent où il désirait passer Noël, il répondit : « Je n'en sais rien ; c'est à vous d'en choisir le lieu. Mais tout ce que je peux vous dire c'est que, le jour de Noël, vous n'aurez plus de maître et que le royaume n'aura plus de roi. »

Il s'en alla à Linlithgow rendre visite à sa femme, qui approchait du terme de sa grossesse. Nul ne sait ce qu'il put lui dire. Mais au lieu de rester à ses côtés, il se retira dans son palais de Falkland, où il s'alita, dans un état de prostration presque complète. Il accueillit avec une sombre ironie l'annonce qu'une fille lui était née : « Adieu, *fare well* », la dynastie, qui avait commencé par une fille, finirait par une fille[1]. Puis il se replia sur lui-même et attendit la mort. Respectant à quelques jours près les délais qu'il avait fixés, il expira le 14 décembre. La petite Marie, née le 8, avait exactement six jours. Elle était reine d'Écosse. Reine de plein droit, puisque les femmes n'y sont pas exclues du pouvoir.

On songea aussitôt à la marier. Non, ce n'est pas une plaisanterie, mais le fruit d'un calcul politique.

La mort de son père et sa naissance eurent pour effet premier d'arrêter net les opérations militaires. Apparemment par décence : l'Angleterre se donnait le beau rôle. En réalité la guerre ne lui était plus nécessaire. Elle comptait installer au pouvoir un homme à sa dévotion. Et puisque Henri VIII avait un fils âgé de cinq ans, le jeune Édouard, il suffirait de marier les deux enfants pour assurer pacifiquement l'union des deux couronnes. La faction proanglaise prit le dessus à Édimbourg, un protégé de l'Angleterre, dépourvu d'intelligence et de caractère, fut nommé régent et la petite Marie fut promise à Édouard par un traité en bonne et due forme.

Les relations se gâtèrent lorsque Henri VIII réclama la fillette pour la faire élever à Londres avec son fiancé. Les Écossais ne voulurent pas la lâcher. Une clause annexe prévoyait que leur pays serait rattaché à la couronne d'Angleterre au cas où elle

1. Allusion au mariage de l'intendant fondateur de la dynastie avec la fille de son maître.

mourrait prématurément. Les plus solides partisans de l'alliance anglaise furent pour une fois d'accord avec le parti profrançais : il ne fallait pas tenter le diable. On la garda donc jalousement.

On confirma ses droits au trône d'Écosse en la couronnant solennellement, le 9 septembre 1543, dans la chapelle du château de Stirling. Elle avait neuf mois, il n'était pas question de placer sur sa tête le pesant symbole de son pouvoir. C'est son cousin le régent qui le porta à sa place, tandis que deux autres grands seigneurs tenaient en main le sceptre et l'épée. Fâcheux augures.

Les quatre premières années de sa vie furent marquées par le déchaînement des luttes religieuses et politiques, accompagnées de violences et de renversements de pouvoir. L'impérieux souverain anglais, irrité des tergiversations de ses nouveaux alliés, reprit l'offensive, décidé à s'emparer par la force de la petite reine. L'enfant fut donc séparée de sa mère et déplacée de château en château pour parer à un enlèvement éventuel. Son itinéraire est aujourd'hui pèlerinage touristique et le souvenir des quelques semaines qu'elle passa à Inchmahone, sur le lac de Menteith, auréole encore de légende l'île voilée de brume tapie au ras des eaux.

Henri VIII faisait alors à la fiancée de son fils une « cour brutale ». Les ravages qu'il opéra sur la frontière, puis la sanglante victoire qu'il remporta à Pinkie Cleugh, conduisirent les vaincus à implorer le secours de la France. Entre-temps, Henri II et Catherine de Médicis avaient eu un fils : une chance. On proposa la main de Marie au petit François et en juin 1548, un contingent français débarqua sous le commandement d'un capitaine bien aguerri. Deux conditions : les garnisons françaises occuperaient, pour mieux les défendre, les forteresses stratégiques et la petite fille se rendrait en France immédiatement. Les Écossais n'étaient pas en état de discuter. On prépara donc son transfert.

On redoutait une attaque de la flotte anglaise. Aussi décida-t-on d'éviter la mer du Nord et le Pas-de-Calais, où celle-ci régnait sans partage. Des bâtiments français vinrent chercher l'enfant à Dumbarton, sur la côte ouest de l'Écosse. Henri II avait envoyé, pour honorer sa future bru, la galère réale qui lui était d'ordinaire réservée. À sa suite partaient les quatre

Marie, quatre demoiselles d'honneur de son âge, portant le même prénom et appelées à partager sa destinée, ainsi que sa gouvernante, la fameuse lady Fleming, qui tournera la tête au roi de France pendant quelques semaines. L'embarquement eut lieu le 29 juillet, dans l'estuaire de la Clyde, mais le mauvais temps empêcha la flottille d'appareiller avant le 7 août. Pas d'Anglais en vue, mais une mer agitée, qui permit à Marie de montrer qu'elle avait le pied marin. Après avoir contourné Irlande et Cornouailles, elle débarqua sur la côte bretonne, dans le petit port de Roscoff, où une chapelle prétend marquer l'emplacement de ses premiers pas sur la terre de France.

Sa mère était restée sur le rivage, dévorée de chagrin, avec pour seule consolation de savoir l'enfant en sécurité. Elle n'avait pas le choix. Sa fille, elle le savait bien, n'avait de prix sur le marché du mariage que parce qu'elle détenait la couronne d'Écosse. Qu'elle vînt à la perdre et la France aurait tôt fait de dénoncer ses engagements pour procurer au dauphin une union plus profitable. Elle resta sur place pour lui garder son royaume.

La tâche n'était pas facile pour une femme, une étrangère, une catholique : triple handicap qu'elle surmonta difficilement. D'abord mise à l'écart par les seigneurs protestants proanglais, elle parvint à peser sur les conflits ultérieurs et réussit à se faire attribuer la régence après l'intervention française. À l'énergie elle alliait un sens très sûr de la diplomatie. Ses qualités lui valurent l'admiration de ses adversaires, les Anglais, qui craignaient son habileté et sa « royale intelligence » et qui la créditaient d'un « courage de guerrier ». Elle se voulait aussi écossaise que française et rêvait d'inculquer peu à peu à son pays d'adoption l'esprit d'ordre, de justice, de tolérance. Mais elle se heurta à l'égoïsme des grands barons et au fanatisme haineux du prédicateur John Knox. Elle dut, pour leur faire pièce, renforcer le rôle des Français dans l'administration et l'armée, sans parvenir à tempérer chez ses compatriotes le mépris que leur inspiraient les autochtones. L'aide se transformait en un protectorat qui paraissait d'autant plus insupportable que l'intendance suivait mal : Henri II, en proie à des difficultés financières chroniques, faisait la sourde oreille aux demandes de subsides. En 1550-1551, Marie de Guise fit en France un long séjour, qui lui valut la joie de retrouver sa fille : mais elle importuna de ses plaintes le Conseil royal et on la vit repartir avec soulagement.

Elle tint bon et conserva la régence assez longtemps pour voir sa fille épouser le dauphin, puis monter sur le trône de France. Mission accomplie. En 1559 elle dut, pour faire face à une insurrection, recourir à l'aide de troupes fournies par son gendre. Mais elle savait le remède pire que le mal. Elle ne tarda pas à mourir, en 1560, désespérée. Elle laissait l'Écosse au bord de l'anarchie. Il n'y avait guère qu'un sentiment capable d'unir les clans qui s'entre-déchiraient : la haine du catholicisme et des Français.

Le vert paradis...

Un accueil enthousiaste attendait la fillette arrachée aux griffes de ses méchants sujets et expédiée en France à la barbe des Anglais. On la traita en héroïne de roman.

Tout au long du trajet qui la mena de Roscoff à Saint-Germain et qui dura deux mois, ce ne furent que fêtes, cérémonies, acclamations. À son entrée les villes lui offraient des spectacles sur mesure, une féerie en miniature où les oripeaux mythologiques et allégoriques revêtaient non pas des adultes mais des enfants de son âge.

Antoinette de Guise, venue à sa rencontre à mi-parcours, acheva de la rassurer, si tant est qu'elle en eût besoin. Marie marchait d'enchantement en enchantement. Ballottée entre les partis écossais dont elle était l'otage, elle avait peu connu sa mère. Cette grand-mère qui lui tombait du ciel eut la sagesse de lui parler d'elle et de la lui faire aimer. Elle lui raconta sa famille, lui vanta ses oncles, ses cousins, lui donna pour la première fois le sentiment d'appartenir à un groupe uni, solide. Ce mariage marquait une nouvelle étape dans l'ascension des Guise. Ils étaient bien décidés à faire de la future reine de France une des leurs.

Ils se gardèrent cependant de se l'approprier. Rien ne pouvait mieux servir leurs ambitions que le projet de Henri II, qui avait prévu pour elle une place dans la nursery royale. À Saint-Germain elle rejoignit donc son futur mari, le petit dauphin, et ses futures belles-sœurs. Elle fut intégrée à la joyeuse troupe de bambins qui s'accroissait à chaque naissance. Elle partagea la chambre de l'aînée des filles, Élisabeth, de quatre ans sa cadette, qui lui voua admiration et affection.

Elle fit au premier coup d'œil la conquête du roi : « La petite reine d'Écosse est l'enfant le plus accompli que j'aie jamais vu », s'exclama-t-il, ravi. Elle était charmante en effet, avec ses cheveux blonds, ses yeux couleur de châtaigne dorée, son vaste front bombé, son teint éclatant, sa démarche souple et gracieuse. Grande pour son âge et d'une intelligence précoce, elle apparaissait vive, enjouée, coquette, déjà experte en l'art de séduire. Elle fut la coqueluche de toute la France.

Elle reçut une éducation excellente et néanmoins désastreuse. On fit d'elle une parfaite petite poupée de la Renaissance, ornement d'une cour raffinée. Elle avait de la facilité, du goût, se montrait réceptive et docile. Elle abandonna son écossais[1] rocailleux pour le français, qu'elle maîtrisa sans peine. Le latin, un peu de grec, l'italien, l'espagnol : elle assimilait les langues avec aisance. Elle apprit à chanter, à jouer du luth, à danser, à faire des vers, à dessiner, à peindre, à broder. Bientôt elle monta à cheval, suivit la chasse où son endurance étonna. On l'admirait, on s'enchantait de son babil, de ses dons pour la conversation, de sa précoce aisance d'épistolière dans ses lettres à sa mère, qu'elle signait Marie[2], à la française, en fermes caractères majuscules tous d'égale hauteur. À treize ans, elle débita devant la cour un discours latin de son cru, sans doute revu et corrigé par son oncle le cardinal de Lorraine : et l'on s'extasia un peu vite de cet exploit de bonne élève, haussée au rang de petit prodige. Sa vie se déroulait de château en château, de fête en fête, de jeux en jeux, au gré des déplacements royaux, et les échos des troubles extérieurs ne franchissaient pas l'enclos du cocon où elle s'épanouissait dans un climat d'irréelle euphorie, tout bruissant de murmures flatteurs.

1. On parlait alors dans les basses terres d'Écosse un dialecte cousin de l'anglais, mais sensiblement différent. Dans les Highlands, on parlait le gaélique, que Marie ne savait pas.

2. Elle conserva cette graphie toute sa vie, même après son retour en Écosse.

Elle passait pour fragile. On lui donna les meilleurs médecins et Fernel lui évita d'être défigurée par la petite vérole. Mais elle restait sujette, comme son père, à des malaises inexplicables d'origine nerveuse : on la ménagea. La moindre contrariété la mettait hors d'elle : on s'appliqua à les lui épargner. Quelques heurts domestiques n'eurent qu'à peine le temps de révéler son caractère impérieux et la rapidité avec laquelle elle passait des éclats de violence à la prostration : déjà l'on cédait et sa vie redevenait un conte de fées.

Rien dans cette éducation d'enfant gâtée ne la préparait donc à affronter difficultés et épreuves. Conformément aux vœux de sa mère, elle pratiquait un strict catholicisme, mettant à suivre la messe quotidienne la même application sage qu'on lui voyait dans ses études. Les fruits n'en apparaîtront que plus tard. Pour l'instant, l'enseignement reçu à l'église ne vient nullement contrecarrer son orgueil, encouragé par les honneurs que lui prodigue le roi. Lorsqu'il fut question du rang qu'elle occuperait à la cour, Henri II avait tranché : « sa fille la reine d'Écosse » aurait la préséance sur les princesses royales elles-mêmes. Ne détenait-elle pas la couronne d'un pays indépendant, en attendant de recevoir celle de France ? « Je veux qu'elle soit honorée et servie en reine », avait-il ajouté. À cinq ans, on avait déjà pour elle les égards dus à une souveraine. À treize ans, elle eut sa propre maison, une nuée de serviteurs à ses ordres, une garde-robe somptueuse, une petite cour où l'on venait lui rendre hommage. De quoi tourner les têtes les plus solides. Celle de la petite fille y résista mal.

On eut d'autre part le tort, dans cette double royauté, de tenir l'Écosse pour quantité négligeable – la vraie Écosse, avec ses habitants, ses coutumes, ses problèmes. Tout contribua à déraciner la fillette, à couper les liens qui l'unissaient à une patrie où l'on pensait, il est vrai, qu'elle ne remettrait jamais les pieds. Lorsque ses oncles, alertés par leur sœur, commencèrent à l'instruire des affaires de son royaume, il était un peu tard. À demi française par le sang, toute française par l'éducation, Marie ne tenait plus à la lointaine Écosse que par un titre fragile. On avait oublié, en la francisant à outrance, combien la mort pouvait frapper tôt et vite.

Amours enfantines

On comptait sur cette vivante merveille pour dégourdir le dauphin.

Il n'avait que treize mois de moins que Marie, mais la différence d'âge semblait bien plus grande, tant le contraste entre eux était flagrant. Se ressentait-il des drogues hétéroclites ingurgitées par sa mère pour lutter contre la stérilité ? Il était malingre, rachitique, une probable malformation du pharynx entravait sa croissance : il ne pouvait respirer que la bouche ouverte et éprouvait les plus grandes difficultés à se moucher. Exposé à toutes les infections, il était souvent malade et son caractère s'en ressentait. On s'aperçut vite que son intelligence n'était guère plus brillante : aucune curiosité, aucun goût pour les études ou les arts. Replié sur lui-même, il s'enfermait dans un égocentrisme buté.

L'arrivée de sa petite fiancée fut pour lui un rayon de soleil. On la lui jeta littéralement dans les bras et, autour de leurs amours enfantines, on créa un climat d'affectueuse complicité. La correspondance familiale des Guise est pleine d'allusions aux sentiments supposés des deux enfants, dûment entretenus par leur entourage. Avec le mimétisme propre à leur âge, ils entrèrent dans le jeu, endossèrent les rôles de soupirant et de *mie* dont on leur soufflait les répliques. On leur ménagea de touchants entretiens et l'on couvait du regard, à distance, leurs chuchotements et leurs baisers maladroits. Au mariage de François de Guise, en 1548, on les fit danser ensemble et l'on désigna le beau couple qu'ils formaient à l'ambassadeur d'Angleterre, sarcastique : elle avait déjà près d'une tête de plus que lui – avance qu'elle conservera. À six ans, le jeune François parlait d'affronter sur la lice son oncle de Guise pour les beaux yeux d'une *dame belle et honnête*, qui n'était autre que Marie. À treize ans, il était surnommé *l'amoureux*. Il y a dans cette obstination à leur faire jouer cette comédie d'amour quelque chose de malsain, de malhonnête, qui nous met mal à l'aise, tant la démarche nous paraît lourde d'arrière-pensées.

Les effets thérapeutiques de cette idylle précoce sur le dauphin furent contradictoires. Il s'éprit passionnément de Marie et s'efforça, pour lui plaire, de sortir de sa réserve. Il resta pâle et bouffi, mais finit par grandir et par s'adonner à des activités conformes à son rang. Mais il abusa des sports et de la chasse, seuls domaines où il pouvait espérer la suivre, voire la dépasser. Et il s'y épuisa dangereusement. Sur le plan intellectuel en revanche, elle l'éclipsait si fort qu'il en conçut des complexes, choisit de se taire et resta donc bilieux et taciturne, confit dans le sentiment de sa propre importance. Il serait roi : nul autre mérite ne lui était nécessaire pour se faire aimer de celle qui lui était promise.

Marie se complaisait dans cette adoration si évidemment sincère. L'habitude aidant, et les jeux partagés, elle s'attacha à ce gentil compagnon, instrument désigné de sa grandeur future. Et les sourires encourageants qui saluaient ses démonstrations d'affection envers lui la poussèrent dans le sens de ce qu'on attendait d'elle. Ils s'aimèrent donc à leur manière, d'un amour fabriqué, artificiellement cultivé, plante de serre chaude dont on ne savait comment elle supporterait le grand air.

Les années passaient. Marie était largement nubile. François, majeur, atteignait ses quatorze ans. Qu'attendait-on pour les marier ?

L'engagement jadis souscrit pouvait à chaque instant être dénoncé, tant qu'il ne s'était pas transformé en union solennellement consacrée par l'Église. Or les ennemis des Guise, et notamment le connétable de Montmorency, faisaient tout pour rompre une alliance qui consacrerait leur triomphe. Henri VIII n'avait pas renoncé à solliciter pour son fils la main de Marie. On avançait d'autres noms. Henri II refusait sans ménagement, il tenait la fillette et ne risquait rien à attendre. Mais il se demandait parfois si une infante ne constituerait pas pour le dauphin un parti plus avantageux. Il gardait deux fers au feu.

Cependant les raisons politiques n'étaient pas seules à expliquer qu'on hésitât. Si le père, à quatorze ans, avait été capable de faire de Catherine de Médicis sa femme, il n'en était pas de même du fils. Un mariage prématuré risquait d'attirer fâcheusement l'attention sur le retard qui affectait son développement physiologique. Le jeune François, apparemment, n'était pas encore un homme.

À la fin de 1557, on changea d'avis. À ce revirement, plusieurs causes. La mort de Henri VIII, puis celle de son fils et successeur Édouard, a amené sur le trône sa fille aînée, Marie Tudor, qui épouse l'infant d'Espagne, futur Philippe II : en 1557, elle déclare la guerre à la France, rendant ainsi tout son prix à l'alliance écossaise. Sur le plan intérieur, d'autre part, le roi n'a plus grand-chose à refuser aux Guise, après l'héroïque défense de Metz et la prise de Calais et de Thionville. Enfin, la santé du dauphin commence à donner des inquiétudes. Plutôt que d'attendre une croissance problématique, ne vaut-il pas mieux lui lier au plus vite Marie Stuart, en ménageant par un contrat approprié les intérêts futurs de la France en Écosse ?

On engagea donc les pourparlers. Le parlement d'Édimbourg accorda son consentement. On fiança officiellement les jeunes gens le 19 avril 1558. Le dimanche suivant, 24 avril, on les maria, dans le grand déploiement de faste qui convenait à leur très haute fortune.

La cérémonie nuptiale fut, selon le titre du compte rendu qu'on en publia, un *Grand et magnifique Triomphe*, celui de Marie Stuart.

Dans Notre-Dame constellée de fleurs de lis, son oncle François de Guise faisait office de grand ordonnateur. Elle y entra au son des trompettes, conduite par le roi Henri II et par son cousin le duc de Lorraine. Elle avait choisi, contrairement à la tradition[1], une robe immaculée dont la blancheur faisait ressortir la limpidité de son teint de neige. « Plus belle qu'une déesse au ciel », elle s'avançait majestueuse, s'élevant par sa haute stature au-dessus de la commune humanité. Sur sa tête étincelait une couronne rehaussée de perles et de pierres précieuses. Deux petites filles portaient son interminable traîne. On s'écrasait dans la nef, on se battit sur le parvis, pour tenter d'attraper quelques-unes des pièces d'or que sa famille faisait jeter à la volée. « Mgr de Guise avait veillé à tout », rivalisant en magnificence avec le roi de France.

Bal, festin, procession à travers la ville pour le plaisir du bon peuple, puis bal à nouveau. On ne savait plus qu'inventer pour renchérir sur les précédentes fêtes. Le clou du dernier

1. Le blanc, rappelons-le, était pour les reines de France la couleur du deuil.

spectacle fut une flottille de bateaux aux voiles d'argent, munis d'invisibles roues, où les danseurs purent faire monter pour un tour de piste une cavalière de leur choix. Et chacun choisit sa chacune, en prenant grand soin de respecter les hiérarchies imposées par l'étiquette.

Jamais Marie Stuart n'avait été aussi belle. Les éloges dont sont prodigues les thuriféraires patentés ne nous permettent guère de nous en faire une idée : qu'elle ressemble à Vénus sortant de l'onde, à l'Aurore ou à l'étoile de l'Amour ne nous renseigne que sur l'enthousiasme de ses adorateurs. Auprès de pareilles comparaisons, ses portraits, même flattés, nous déçoivent un peu. Ce n'est pas une beauté régulière, au sens classique. Son visage d'un ovale assez pur est maintenant gâté par un nez trop long, que la venue de l'âge rendra aquilin. La bouche, étroite, est boudeuse. Mais elle avait de beaux yeux lumineux, en harmonie avec ses cheveux devenus auburn. Elle était anormalement grande – plus d'un mètre soixante-quinze –, mais sa tête petite, son cou long et gracile, sa silhouette élancée la faisaient ressembler aux modèles proposés par les peintres et les sculpteurs. On reconnaissait en elle la grâce des nymphes de Jean Goujon.

Elle avait surtout du charme, un sourire ensorcelant, une voix harmonieuse aux sonorités profondes, une présence, une vie jaillissante, et sur le tout, une fragilité profonde affleurant sous la gaieté, qui donnait aux hommes l'irrésistible envie de la prendre dans leurs bras, de la protéger, de la sauver du monde extérieur et de ses propres hantises. Une arme redoutable, dont elle ne soupçonnait pas encore, au jour radieux de ses noces, le pouvoir ravageur. Elle dansait, insouciante, heureuse, et toute la cour dansait avec elle.

Sur un volcan. Le trésor était vide, Paris avait failli, quelques mois plus tôt, être la proie des troupes espagnoles, et la guerre religieuse couvait.

Dans la coulisse, les négociateurs s'étaient efforcés d'assurer à la France les dividendes de ce mariage. On flatta beaucoup les envoyés écossais, on prit grand soin de les traiter sur un pied d'égalité avec les Français. Le jeune marié fut gratifié de la « couronne matrimoniale » d'Écosse, qui lui permettait de partager le pouvoir avec son épouse. En échange de quoi, les deux pays s'accordaient réciproquement la double nationalité, chacun de leurs ressortissants pouvant se déclarer à leur gré français et écossais. On est allié ou on ne l'est pas.

Mais au traité officiel était joint un avenant secret, qu'on se garda de montrer aux représentants du parlement d'Édimbourg. Dans le cas où elle mourrait sans enfant, Marie Stuart y léguait à la France – et non pas à François, dont le sort était ainsi dissocié de ce contrat – son royaume d'Écosse, ainsi que ses droits éventuels sur l'Angleterre et l'Irlande. Comme si elle possédait ces biens à titre personnel et non dynastique. De plus une clause financière ordonnait la cession à la France de tous les revenus du royaume tant que les sommes dépensées pour sa défense n'auraient pas été remboursées : ce qui n'était pas pour demain. Enfin une disposition particulière stipulait que, par anticipation, Marie s'interdisait de prendre la moindre mesure susceptible de remettre en cause l'accord en question : toute tentative pour se libérer serait donc frappée de nullité. Du beau travail de juristes. Pas très honnête : face à eux, nul n'était là pour conseiller la jeune femme. Elle signa les yeux fermés. Et le destin se chargea de rendre vaines ces tortueuses précautions.

Une couronne de trop

Quelques mois plus tard intervenait sur l'échiquier européen un événement grave, qui devait peser très lourd dans la destinée de Marie Stuart. Le 17 novembre 1558, Marie Tudor mourait sans postérité. La succession d'Angleterre s'ouvrait. Le trône ne resta pas longtemps vacant. Sa sœur cadette, Élisabeth, s'y installa aussitôt. Mais cet avènement prêtait à des contestations, dans lesquelles s'engagèrent aussitôt les diverses forces en présence.

Henri VIII ne laissait derrière lui que trois enfants survivants, deux filles et un fils. La dévolution du trône était en principe réglée par l'usage : le fils d'abord, puis les filles, par ordre de primogéniture. Mais le roi s'était ingénié à compliquer ces données d'apparence si simple.

Lorsqu'il voulait changer d'épouse, Henri VIII, affichant un louable souci de légalité, sollicitait l'annulation de son mariage antérieur. Le refus opposé par le pape à la répudiation de Catherine d'Aragon, qui avait partagé sa vie pendant seize ans[1], entraîna l'Angleterre dans un schisme : le roi, se décrétant « chef suprême » de l'Église nationale, fit trancher le cas par des évêques locaux et rompit avec Rome. Sa fille aînée, Marie, se trouvait donc, rétroactivement, bâtarde ; mais elle restait légitime aux yeux des catholiques, et le second mariage du roi nul et non avenu. Tout à la joie de ses amours avec Anne Boleyn, Henri fit d'abord de la fille que celle-ci lui donna, Élisabeth, la seule héritière du trône au détriment de sa sœur. Puis, lorsqu'il se lassa de la mère et s'en débarrassa en l'envoyant à l'échafaud, il déchut l'enfant de ses droits à la couronne. Mais il ne réhabilita pas pour autant Marie.

Seul le fils né de son épouse suivante jouissait d'une légitimité incontestable. Catherine d'Aragon étant morte avant ce troisième mariage, le veuf pouvait convoler derechef. De plus la nouvelle élue, Jeanne Seymour, mourut en couches, épargnant au jeune Édouard les contrecoups toujours à craindre de la vie conjugale paternelle.

Les trois autres mariages de Henri VIII restèrent stériles. À la veille de sa mort, il se décida à régler par testament le problème de sa succession. Après Édouard, et dans le cas où celui-ci n'aurait pas d'enfants, le trône irait à Marie, puis à Élisabeth. Mais comme le décret déclarant ses deux filles bâtardes n'avait pas été annulé, il y avait matière à d'autres revendications de la part des descendantes de ses deux sœurs, parfaitement légitimes celles-là[2].

En fait, l'opinion n'avait jamais admis la bâtardise rétroactive de Marie, qui eut peu de peine, lorsque mourut son frère à peine sorti de l'enfance, à évincer Jeanne Grey. Mais lorsqu'elle disparut à son tour prématurément, les droits d'Élisabeth paraissaient plus fragiles : conçue dans la bigamie, doublement bâtarde comme fruit d'un mariage illégal d'abord, annulé ensuite, née d'une mère condamnée à mort pour adultère peu après, elle ne dut de succéder à sa sœur qu'aux enjeux politiques et religieux attachés à la succession.

---

1. Elle lui avait donné cinq enfants, dont seule survivait une fille, Marie.
2. Voir le tableau généalogique placé à la fin du volume.

Les fluctuations de Henri VIII, puis les changements de règne trop rapprochés avaient soumis l'Angleterre à des revirements brutaux en matière confessionnelle. Henri, féru de théologie mais rebelle à l'autorité pontificale, avait, par le schisme, ouvert la porte à la Réforme. Édouard, sous l'influence de son entourage, y inclinait fortement. En revanche Marie Tudor, qui professait comme sa mère et comme son époux Philippe II d'Espagne un catholicisme intransigeant, essaya de ramener le pays à la foi romaine avec des méthodes dont la cruauté lui valut son surnom de Marie la Sanglante. Élisabeth au contraire choisit de s'appuyer sur les protestants, pour qui elle élabora une religion d'État originale, l'anglicanisme. Car les catholiques se refusaient à la reconnaître.

Or il se trouve que Marie Stuart, si l'on prenait en compte les seuls liens de parenté, figurait immédiatement après Élisabeth dans l'ordre de succession. Sa grand-mère Marguerite Tudor était la sœur aînée de Henri VIII, père d'Élisabeth. Les deux reines étaient cousines avec une génération de décalage.

Marie avait la sympathie de tous les adversaires de la Réforme. Sa légitimité était indiscutable. Un obstacle lui fermait pourtant l'accès au trône : le testament de Henri VIII spécifiait qu'aucun étranger ne pouvait y accéder. Mais on n'en était pas dans cette affaire à une annulation près[1] et il y avait toujours moyen d'ergoter sur la notion d'étranger. Marie Stuart se trouvait donc en mesure de disputer à Élisabeth le trône d'Angleterre.

Devant cet imbroglio successoral gros de conflits à venir, des juristes anglais rêvaient mélancoliquement à ce qui aurait pu être si la nature s'était montrée prévoyante en donnant à la dynastie deux descendants de sexe opposé : il aurait suffi de les marier. Hélas, elles étaient femmes toutes deux, aussi différentes que possible de corps, de cœur, d'esprit et de religion. Il y aurait bien eu une solution, dont on entendra beaucoup reparler. Élisabeth n'était plus toute jeune, on commençait à soupçonner qu'elle ne se marierait pas et, en tout cas, n'aurait pas d'enfants. Marie, de neuf ans sa cadette, aurait pu s'effacer devant elle en obtenant l'assurance de lui succéder. Mais cette

1. Le jeune Édouard VI, notamment, avait à sa mort légué le trône à sa cousine Jeanne Grey, mais sa décision avait été cassée en faveur de Marie Tudor.

façon élégante de résoudre la difficulté ne lui vint à l'esprit que trop tard, à une date où ses prétentions immédiates au trône d'Angleterre avaient déjà exaspéré sa cousine, qui voyait en elle une menace insupportable, à éliminer à tout prix.

Car la France, à la mort de Marie Tudor, fit aussitôt valoir les droits de la dauphine. Tandis qu'Élisabeth montait effectivement sur le trône à Londres, à Paris on proclamait Marie Stuart reine d'Angleterre et d'Irlande et elle ajoutait à ses propres armoiries les armes de ces deux royaumes. L'Angleterre échappant à l'emprise espagnole et formant avec la France une entité politique puissante : il y avait de quoi enthousiasmer Henri II et inspirer les poètes de cour. « Sans meurtre et sans guerre, la France et l'Écosse seront unies à l'Angleterre », chantait Baïf. Ronsard voyait déjà Marie partageant l'année, telle Proserpine, entre ses trois royaumes : celui de France aurait la plus belle part, six mois, les deux autres se contentant d'un trimestre chacun. Et un émule de la Pléiade se livrait sur l'union du lis de France et de la rose anglaise à de brillantes compositions florales.

L'Angleterre ne courait dans l'immédiat aucun risque réel. Cette belle fédération n'existait que sur le papier, sur les écussons armoriés, sur les couverts d'argent, sur les dais et bannières déployés en grand apparat. Élisabeth commençait à gouverner, avec une intelligence, un sang-froid, un discernement politique qui perçaient sous les caprices et la coquetterie affectée. Mais à Londres on se sentit insulté. Et le nationalisme anglais, toutes confessions religieuses confondues, se hérissait de colère devant cette volonté d'annexion étrangère. La France continuait de prendre ses désirs pour des réalités, claironnait imprudemment dans le vide une revendication qu'elle n'avait pas les moyens de soutenir par les armes, pour le plus grand malheur à venir de la petite reine d'Écosse qui en était le prétexte et l'instrument.

L'inanité de ces prétentions éclata au grand jour, tragiquement, à la mort de Henri II. La couronne de France était trop lourde pour son fils aîné, un adolescent immature, pris de terreur à la seule idée des responsabilités qui l'attendaient. On eut beau frapper un grand sceau à l'effigie du jeune couple, entouré de l'inscription : « François et Marie, roi et reine des Français, des Écossais, des Anglais et des Irlandais », il apparut, à l'évidence, que le nouveau souverain était incapable de gouverner qui que ce fût.

À quinze ans et demi, il était légalement majeur. Il n'y avait donc pas lieu, en principe, d'instaurer une régence. Mais dans la pratique, il fallait bien que quelqu'un dirige le pays. Le pouvoir réel appartiendrait à celui qui dominerait l'esprit malléable de ce roi débile ou qui parviendrait à faire proclamer officiellement son incapacité. Une âpre lutte se déchaîna aussitôt.

La lutte pour le pouvoir

La faiblesse d'un roi de France, qu'elle soit due à son âge ou à sa personnalité, ou aux deux comme c'est alors le cas, éveille aussitôt les ambitions des grands, qui tentent de reconquérir l'indépendance dont ils jouissaient au temps de la féodalité ou de se tailler une place de choix dans le nouveau règne. Mais à l'avènement de François II, le danger est beaucoup plus grave, car les habituelles rivalités aristocratiques se doublent, on l'a dit, d'antagonismes religieux. Les grandes familles tirent de leur fidélité au catholicisme ou de leur adhésion à la Réforme des appuis nouveaux, de l'argent, des troupes, des alliances étrangères. Dans chaque camp, les chefs de file sont les champions de la cause de Dieu. Le fanatisme aidant, leur lutte pour le pouvoir se transformera en une ravageuse guerre civile généralisée.

Certains des acteurs du drame occupent depuis longtemps le devant de la scène, où nous les avons rencontrés au passage. D'autres y font maintenant leur apparition. Avant qu'ils ne s'affrontent, faisons le point.

La compétition la plus vive oppose Anne de Montmorency et les Guise. Ils étaient amis autrefois, ils sont maintenant rivaux. L'étoile de l'un descend, celle des autres monte. Entre eux, une génération de différence : Montmorency est un compagnon d'enfance de François Ier, que celui-ci combla de faveurs avant de le sacrifier à l'animosité de la duchesse d'Étampes. Il s'attacha alors à son fils, dont il devint le mentor. Dans son sillage et par la grâce de Diane de Poitiers se glissent François et Charles de Guise qui, eux, sont de l'âge de Henri II. Tous se posent en défenseurs du catholicisme, mais divergent sur l'attitude à adopter à l'égard de l'Espagne : Montmorency préconise la paix, les Guises veulent poursuivre la guerre. Bien que le connétable ait convaincu le roi de signer le traité du Cateau-Cambrésis, il est personnellement discrédité, à la fin du règne, par sa défaite militaire à Saint-Quentin, suivie de sa captivité. La gloire et la popularité vont aux Guise.

En face d'eux, qui, appuyés sur un vaste réseau de fidélités, dans l'armée comme dans l'Église, régentent, par leurs fiefs familiaux dans le Nord-Est et par le gouvernement de Normandie, une grande part du royaume, Montmorency, bien qu'il soit grand maître de la maison du roi, connétable, c'est-à-dire chef suprême des armées, et gouverneur du Languedoc, ne fait pas le poids. Il est trop vieux et ses quatre fils sont trop jeunes. Pour lui la partie semble perdue d'avance.

Mais il a des neveux, les fils de sa sœur veuve, Louise de Châtillon-Coligny, dame d'honneur de la reine Éléonore. Ils sont trois, Odet, Gaspard et François, unis par une affection puissante. Nés en 1517, 1519 et 1521, ils ont à peu de chose près l'âge de Henri II et de Catherine de Médicis, et celui de François de Guise[1], avec qui ils ont fait les quatre cents coups, lors de leur turbulente adolescence, en compagnie de Pierre Strozzi et du futur maréchal de Tavannes. Leur mère, à la fois libérale et ferme, confia leur éducation à un humaniste pénétré des idées nouvelles, Bérault, proche de l'évangélisme du groupe de Meaux. Elle et son frère eurent l'esprit assez large pour tenir compte de leurs goûts quand il fallut leur donner un emploi. En dépit de l'usage, c'est l'aîné, Odet, « d'un naturel paresseux et grand ami de son repos », peu porté vers « les fatigues de la guerre », qu'on fit entrer dans l'Église : en 1533, il reçut à seize ans l'un des chapeaux cardinalices offerts par le pape Clément VII en l'honneur du mariage de sa nièce Catherine. Il est connu sous le nom de cardinal de Châtillon. Le second, Gaspard, rebelle à l'état ecclésiastique, choisit les armes et les hautes fonctions de l'État : il est colonel, puis, en charge de la marine, il entrera dans l'histoire sous le nom d'amiral de

1. Henri II, Catherine de Médicis et François de Guise sont tous trois de 1519. Charles de Guise, cardinal de Lorraine, né en 1524, est un peu plus jeune.

Coligny. Le plus jeune, François d'Andelot, l'imita, sans jamais l'égaler en prestige ni en influence.

Louise de Montmorency-Châtillon avait à son lit de mort manifesté quelques réserves face au catholicisme. Le premier de ses fils à passer à la Réforme fut d'Andelot. L'inaction est pour les hommes de guerre une épreuve qui entraîne parfois des remises en question. Fait prisonnier à Milan en 1551 par les troupes impériales et tenu éloigné de France pendant cinq ans, d'Andelot entra en relations avec les calvinistes genevois. En rentrant à Paris, il était converti. Il se joignit aux réformés réunis dans le Pré-aux-Clercs pour chanter des psaumes, fut arrêté en 1558 et ne s'en tira que de justesse. Lorsque Coligny dut à son tour subir la captivité, après Saint-Quentin, il reçut de son jeune frère une bible, « ouvrage plein de consolation », et de Calvin une lettre qui disait : « Dieu, en vous envoyant cette affliction, vous a voulu retirer à l'écart pour être mieux écouté de lui. » Deux ans plus tard, Coligny était publiquement rallié à la Réforme, dont il allait être un des plus ardents défenseurs. Quant au cardinal de Châtillon, archevêque de Toulouse, évêque et comte de Beauvais et titulaire d'un nombre considérable d'abbayes, il se trouva en situation très inconfortable, louvoya longtemps, sans doute dans l'espoir de voir basculer la France entière avec tout son clergé dans la nouvelle confession, avant de rompre, de se marier et de s'enfuir en Angleterre où il mourra.

Derrière eux, un tissu familial compact, sans cesse resserré par des mariages intraconfessionnels, renforce l'adhésion collective au protestantisme. Et dans la défense de leur foi, les femmes ne sont pas les moins ardentes, au contraire.

En 1559 cependant, si bien pourvus qu'ils soient en charges, fiefs et dignités, les Coligny ne sauraient disputer seuls la prééminence aux Guise. Leur fortune est liée à celle du vieux Montmorency, mal en cour, et d'autant moins à l'aise pour défendre ses neveux qu'il est resté un catholique convaincu.

Mais il existe une autre famille qui n'est pas disposée à laisser les Lorrains coloniser à leur gré l'État, ce sont les Bourbons. Depuis la trahison du connétable de ce nom, ils ont cessé d'être persona grata dans le royaume. Mais la branche aînée est morte avec l'illustre félon. Les survivants restés étrangers à l'affaire ne peuvent être indéfiniment tenus en suspicion à l'écart. Ils sont tout de même des princes du sang, descendants de saint Louis. C'est à l'aîné d'entre eux que la tradition accorde, en cas de minorité royale, la régence ou au moins la lieutenance générale du royaume – autrement dit la maîtrise du pouvoir. Ils voient dans la faiblesse de François II une occasion de réclamer leur retour au premier plan.

Or les Bourbons[1] sont réformés. Les convictions de l'aîné, Antoine, roi de Navarre par son mariage, sont floues. Mais son frère cadet Louis, prince de Condé, a l'âme aussi énergique que le corps malingre. Il est petit, rabougri, bossu, mais l'intelligence et l'intrépidité font de lui un personnage redoutable. Fervent huguenot, comme sa femme, il peut, s'il se joint aux Coligny, apporter au parti l'appui d'un prince à qui sa haute naissance assurerait une manière de légitimité.

Et Catherine de Médicis dans tout cela ? L'aurions-nous oubliée ? Non, bien sûr. Mais on s'expose aux plus lourdes erreurs si on la crédite dès 1559 du pouvoir qu'elle eut ensuite. La mort brutale de son mari l'a prise de court. Elle ne peut rien. Autour d'elle, pas de famille puissante. Elle ne dispose que d'un petit noyau de serviteurs italiens, d'extraction modeste. Il lui faudrait des alliés, une clientèle : elle n'en a pas. Pour en avoir, il lui faudrait avoir fait ses preuves, mais on ne lui en a jamais donné les moyens. Qui songerait à attacher son char à la fortune d'une reine mère qu'on suppose effacée, dépourvue de goût pour la politique ? Qui serait assez fou pour miser sur elle ? Elle ne peut espérer avoir accès aux affaires que par son fils. Hélas, son influence sur François II est contrebalancée par celle de Marie Stuart.

Catherine, Marie Stuart et les Guises

Les historiens se sont appesantis sur les relations des deux femmes, soit pour expliquer leur antipathie réciproque, soit

1. Du moins les chefs de ceux qui forment désormais la branche aînée. Leur plus jeune frère, le cardinal de Bourbon, est resté catholique, comme les membres de la branche dite de Bourbon-Montpensier.

pour tenter d'y apporter des correctifs. Pour les contemporains, aucun doute, elles se détestaient. Pour de multiples raisons.

L'animosité naturelle d'une belle-mère possessive pour une belle-fille brillante et volontaire, qui lui prend son fils, fut renforcée par les circonstances. Si fort qu'il respecte et aime sa mère, l'adolescent mal grandi qu'est François II se sent rattaché par elle à l'enfance dont il voudrait tant sortir. Ses efforts pour s'affirmer, pour se montrer un homme le poussent vers l'épouse dont il est éperdument amoureux, et qui se montre avec lui douce, patiente, compréhensive. Entre les deux, il penche vers celle-ci. Marie Stuart a-t-elle aggravé son cas par des paroles imprudentes ? A-t-elle vraiment traité Catherine de « fille de marchands » en face, ou assez haut pour qu'elle pût entendre ? On ne sait. Il est certain en tout cas que son comportement respire le mépris pour quiconque n'est pas né, comme elle, avec une couronne sur la tête.

Mais il y a beaucoup plus grave. Marie Stuart est auprès du roi l'agent docile de ses oncles, la courroie de transmission de leurs volontés. Dans le vide créé par la disparition brutale de Henri II, François et Charles de Guise se sont engouffrés. Dès le dernier soupir de son père, ils ont pris en main le jeune roi, l'ont soutenu, entouré, choyé, chambré, isolé, écartant de son entourage tous ceux qui n'étaient pas leurs créatures. Sans soupçonner l'ampleur des ambitions de Catherine – qui le pourrait alors ? –, ils n'ont pas manqué de remarquer qu'elle avait choisi de suivre au Louvre son fils vivant plutôt que de veiller aux Tournelles son mari mort. Il leur faudra la surveiller.

Qui peut le faire mieux que sa bru, constamment associée à elle par les usages de la vie de cour ? De son côté Catherine s'attache aux pas de Marie Stuart, car c'est pour elle la meilleure source d'informations : la reine d'Écosse sait mal mentir et cacher ses sentiments. On les voit donc sans cesse ensemble et leur apparente familiarité peut faire illusion. Il n'est pas faux que Catherine épaule Marie dans l'accomplissement de ses devoirs d'apparat. Mais elles se « marquent » l'une l'autre, comme on dirait aujourd'hui en parlant d'une compétition sportive. Marie reste aux aguets, épiant les relations de sa belle-mère avec les uns ou les autres, prêtant l'oreille aux conversations, lisant les lettres par-dessus son épaule. Catherine, exaspérée par ce regard inquisiteur, se tait, observe, écoute, enregistre. Elle attend son heure, tout en remâchant sa colère contre cette bru qui l'empêche d'être la conseillère naturelle de son fils. En une phrase, le mémorialiste Tavannes résume la situation : « Elle haïssait la reine sa fille, qui l'éloignait des affaires et portait l'amitié du roi son fils à MM. de Guise, lesquels ne lui départaient du gouvernement qu'en ce qu'ils connaissaient qu'elle ne pouvait nuire[1], lui donnant crédit en apparence sans effet. »

Les Guise furent effectivement assez habiles pour ne pas lui infliger une mise à l'écart brutale, qui aurait indigné son fils. Elle siège donc au Conseil, tout comme Marie Stuart, mais perdue dans le nombre : la même faveur, purement honorifique, a été accordée à une trentaine de personnes. Les vraies décisions se prennent ailleurs, en petit comité, et elle y est rarement associée. Elle laisse faire, mi par impuissance, mi par stratégie. Les oncles de la reine manipulent le petit roi comme une marionnette dont ils tirent les ficelles et à qui ils dictent chaque mot. Ils font le ménage, organisent la distribution des responsabilités, la grande valse des faveurs et des places, mais avec un souci d'économie où se reconnaît la main du cardinal de Lorraine. Ils remettent de l'ordre dans les finances, négligées par Henri II, coupent des crédits, suppriment des pensions. Travail utile, mais dont l'impopularité retombe sur eux.

Ils ont congédié Diane, leur ancienne alliée, la sacrifiant d'autant plus volontiers à la rancune de Catherine qu'ils savent éliminer en elle le meilleur soutien d'Anne de Montmorency. Celui-ci est convoqué à la cour pour s'entendre dire, de la bouche même du jeune monarque, qu'il a l'âge de se reposer. On lui laisse la connétablie et le gouvernement du lointain Languedoc, mais il doit céder à François de Guise les fonctions de grand maître de la maison du roi et lui remettre les clefs qui en ouvrent toutes les portes. Il se retire la rage au cœur. Catherine jubile. Elle n'a digéré ni le compliment maladroit fait devant elle sur la fille naturelle de Henri II, ressemblant plus à son père que les enfants légitimes, ni surtout la brutalité avec laquelle il l'a renvoyée à ses tâches féminines lorsqu'elle

1. Ils ne lui donnaient part au gouvernement que dans les domaines où ils savaient qu'elle ne pouvait pas leur nuire.

tentait d'exercer la régence que lui avait confiée son époux. Quant à Antoine de Bourbon, on s'est débarrassé de lui en le chargeant de convoyer jusqu'en Espagne la petite Élisabeth, que vient d'épouser par procuration Philippe II : de quoi le bercer de l'espoir qu'il pourrait un jour négocier à l'amiable avec le souverain voisin la restitution de la partie espagnole de son royaume. Il n'est pas interdit de rêver.

Catherine laissa également se poursuivre les persécutions décrétées contre les « hérétiques ». Elle se contenta d'en protéger individuellement quelques-uns, mais ne fit rien pour sauver du bûcher le fameux magistrat Anne Du Bourg, condamné par Henri II, qui fut exécuté au début du règne de son fils : un martyr dont le souvenir galvanisera les énergies contre ses bourreaux.

Les Guise gagnent la première manche. On dit, par manière de plaisanterie, que la mort de Henri II a été « la vigile de la fête des trois rois, un roi qui n'a de roi que le nom et deux rois de Lorraine ». Ils disposent entièrement des affaires du royaume, par « la volonté et consentement du roi ». Lorsque les députés du parlement de Paris vinrent féliciter celui-ci de son heureux avènement et lui demandèrent, selon la coutume, « à qui il lui plaisait que dès lors en avant l'on s'adressât pour savoir sa volonté, et recevoir ses commandements », il répondit qu'il « avait donné la charge entière de toutes choses au cardinal de Lorraine et au duc de Guise, ses oncles ».

Catherine, qui a pris à leurs côtés le train – ou plutôt le carrosse – en marche, feint de posséder une influence qu'elle n'a pas. Auprès d'eux, elle adopte une politique de présence, tout en marquant ses distances, pour éviter d'être entraînée dans l'affrontement qu'elle pressent. Elle affiche une modération, un esprit conciliant, contrastant avec leur autoritarisme brutal, qui leur aliène des mécontents de tous bords. En sous-main, elle établit des contacts discrets avec leurs adversaires, dont elle écoute complaisamment les doléances. Elle espère s'assurer ainsi l'enviable position d'arbitre et de recours.

La colère qui couvait contre les nouveaux maîtres de l'État éclate brusquement lors de la conjuration d'Amboise. Catherine y assiste en spectatrice, impassible, elle compte les coups et tente au dénouement de marquer des points.

Le « tumulte » d'Amboise

L'histoire de ce que les contemporains nommèrent le « tumulte »[1] d'Amboise est bien connue. Au départ, une tentative de coup d'État militaire. Au dénouement, une abominable boucherie. L'échec de l'entreprise ne doit pas faire oublier cependant qu'elle marque l'entrée de la Réforme sur le terrain de la lutte armée : religion et politique sont désormais inséparables.

Pour détourner les menaces qui s'amoncelaient sur eux, les réformés décidèrent de lancer une grande offensive, avant qu'il fût trop tard, non pas contre le roi, mais contre ceux qui s'appropriaient son autorité : ils sauveraient en même temps l'État et la Réforme. On reconnaît là un argument qui a beaucoup servi, et servira beaucoup par la suite. La France n'était pas encore en guerre civile et les conjurés, bien qu'ils eussent fait appel à l'aide étrangère, répugnaient à s'avouer à eux-mêmes qu'ils préparaient un coup de force militaire. Férus de légalité, ils affichaient un but honorable : soustraire le roi aux griffes des Guise, accusés de vouloir le détrôner, et le placer sous la tutelle de ses protecteurs naturels, les princes du sang ses cousins – huguenots comme par hasard. Surtout pas d'effusion de sang : ils se saisiraient de la personne des Lorrains pour les traduire en justice et les faire condamner dans les formes.

Mais le projet paraissait si aventureux que les candidats ne se bousculaient pas pour « attacher la sonnette », c'est-à-dire prendre le risque initial. Tous étaient d'accord sur un point : il n'était pas question de hasarder dans l'affaire les principaux chefs du parti, qu'on ne devait compromettre à aucun prix. Ce fut donc un comparse qui se chargea de monter l'opération : un gentilhomme périgourdin du nom de La Renaudie, protestant convaincu mais tête folle, manquant à la fois de prudence et de sens de l'organisation.

Trop de monde dans le secret, des délais trop longs, des reports de date, il n'en fallait pas plus pour que le projet fût éventé. Les Guise en furent avertis de divers côtés et transpor-

1. De *tumultus* en latin, qui veut dire *levée en armes*.

tèrent la cour de Blois, très vulnérable, à Amboise, dont le site était aisé à défendre. Inquiets, ils recherchèrent le soutien de Catherine, qui fut chargée de convoquer les trois frères Châtillon. Coligny, informé du complot et le désapprouvant, suggéra des mesures de tolérance propres à désamorcer le conflit. La reine mère l'appuya. Mais l'édit qu'elle fit élaborer et qui fut promulgué précipitamment n'était pas de nature à satisfaire les réformés. D'ailleurs, la machine était en marche, nul ne pouvait plus l'arrêter. Dans la ville en état de siège, les Châtillon faisaient figure d'otages. Quant à Condé, commanditaire supposé de l'entreprise, on l'avait paralysé en le chargeant de la garde du roi. Les Guise ne souhaitaient pas prendre en flagrant délit d'aussi puissants seigneurs : ils voulaient les intimider en sévissant contre les comparses.

À Amboise, on attendait de pied ferme les conjurés, dont on connaissait le plan dans les moindres détails. Les gens du peuple, paysans et artisans, qu'on trouva sur les routes, ne furent pas inquiétés : on les renvoya chez eux. Mais contre la gentilhommerie en armes, les cavaliers royaux chargèrent, se livrant à une chasse à l'homme meurtrière. Ceux qui échappèrent à la mort furent traînés au château, torturés, suppliciés, leur exécution offerte en pâture à toute la cour assemblée aux fenêtres pour les voir décapiter et pendre. Les rues de la ville ruisselaient de sang, aux arbres et aux créneaux des remparts se balançaient des grappes de cadavres. Les têtes coupées servaient d'enseignes aux carrefours, dans une puanteur irrespirable. Une répression aussi féroce manqua son but, souleva même l'indignation de beaucoup de catholiques. Et les vers d'Agrippa d'Aubigné en ont immortalisé à jamais l'horreur.

Parmi les spectateurs installés aux premières loges figuraient côte à côte Catherine de Médicis et Marie Stuart. La vieille reine se domina, dissimula son dégoût, plaida sans succès la cause de quelques-uns des malheureux. Marie Stuart, confrontée pour une fois avec la réalité de la politique dont elle était l'instrument, se débattait contre la nausée, blême, au bord de l'évanouissement. Et sa belle-mère constatait sans déplaisir que son arrogante bru n'avait pas dans l'épreuve les nerfs assez solides. Louis de Condé regarda mourir les siens, qui, dit-on, vinrent tour à tour s'incliner devant lui avant d'offrir leur tête au bourreau. Il était de cœur avec eux. Cependant on ne sut jamais quel rôle exact il avait joué et les Guise, incapables de prouver quoi que ce fût contre lui, durent le laisser s'en aller, libre. Mais il y avait de la vengeance dans l'air et le parti des réformés était désormais doté d'un chef.

Le rôle ambigu de Catherine de Médicis dans l'affaire a donné lieu à bien des suppositions. Parmi les contemporains, seul Tavannes affirme qu'elle fut de mèche avec les conjurés et les encouragea, mais la chose est peu probable. Elle réprouve toute forme de rébellion, quelle qu'elle soit. D'autre part, si elle éprouve de la sympathie pour certains adeptes de la nouvelle foi, elle s'indigne que des prédicants réformés voient dans la mort de Henri II le juste châtiment de leur persécuteur et jettent l'anathème sur toute sa descendance. Les princes du sang ne lui plaisent pas davantage. Pour remédier à l'incapacité du roi, ils revendiquent la totalité du pouvoir, en oubliant les droits traditionnels des reines mères en matière de régence. Pas plus que les Guise, les Bourbons n'envisagent de lui faire une place à leurs côtés.

Cette place, elle comprend qu'elle ne l'obtiendra que le jour où les uns et les autres, usés par des combats épuisants, se trouveront en position de faiblesse. Plus les Guises seront haïs, plus ils seront prêts à lui faire des concessions. Plus les Bourbons seront compromis, plus ils auront besoin d'elle. Politique à courte vue et périlleuse, que celle qui consiste à naviguer à vue au milieu des écueils. Mais elle n'a de choix qu'entre s'effacer et diviser pour régner. Et son effacement risquerait de coûter son trône au malheureux François II et de compromettre à jamais l'avenir de ses quatre autres enfants. Le jeu de bascule qu'elle commence à pratiquer entre les deux partis est un pis-aller, auquel elle n'aurait pas besoin de recourir si elle était dotée, légalement, d'une autorité véritable. Encore n'est-il pas certain, dans ce cas, qu'elle s'en tirerait. Gouverner un État en proie aux haines religieuses est une tâche quasi insurmontable.

La fin de François II

Le reste de l'année 1560 fut sinistre pour tout le monde. Entre les deux partis, Catherine est devenue l'indispensable médiatrice. Elle est désormais associée aux décisions et ses appartements fournissent un terrain neutre aux entrevues entre les antagonistes. Coligny revendique pour les réformés non seulement la liberté de conscience, mais celle de culte, d'enseignement, de prédication ; le cardinal de Lorraine rétorque qu'accorder une pareille concession serait pour un catholique concourir à la diffusion de l'hérésie, autant dire se damner. L'édit de Romorantin, un de ces innombrables textes qui ne satisfont ni les uns ni les autres et restent lettre morte, n'apaise pas l'agitation, qui se répand dans les provinces. Heurts, pillages d'églises, coups de main sur des villes : les réformés essaient d'obtenir par la force ce qu'on refuse à leurs sollicitations. Ils faillirent même s'implanter à Lyon, mais l'énormité des risques fit reculer leurs chefs.

Catherine, par son attitude conciliante, s'est rendue suspecte aux Guise. Ils ont besoin d'elle, mais s'en méfient. La surveillance exercée par Marie Stuart se fait donc plus étroite. Au mois de mai, celle-ci la surprend en train de lire un document que vient de lui remettre le fils de son pelletier attitré. Ce n'est pas une facture de fournisseur, mais un long mémoire justificatif rédigé par un ministre réformé pour la défense de la nouvelle Église. Catherine ne peut que laisser arrêter sous ses yeux le messager, qui sera incarcéré à Loches. Un peu plus tard, autre incident humiliant : elle est contrainte de se prêter à une pénible comédie où sa conversation avec un envoyé huguenot est écoutée par le cardinal de Guise caché derrière une tenture. Elle veille, bien sûr, à ce que rien de compromettant ne soit dit et son interlocuteur pourra quitter la cour, libre, au bout de quatre jours. Mais elle enrage d'être réduite à ces bassesses, en veut à sa bru et aux Guise, qui les lui imposent. Lâcheté, certes, mais que faire d'autre ?

Les nouvelles qui arrivent alors d'Écosse la réjouiraient si Marie Stuart était seule en cause. Elles sont hélas très mauvaises aussi pour la France. Marie de Guise à peine enterrée, le parlement écossais, où domine le parti favorable à l'Angleterre, signe avec celle-ci le traité d'Édimbourg qui met fin à la guerre, reconnaît la légitimité de la reine Élisabeth et stipule le départ de toutes les troupes étrangères. Les Anglais n'ont que quelques miles à parcourir pour être chez eux, à l'affût de la suite des événements, prêts à repasser le fleuve frontalier. Les Français, dont la mission n'a plus d'objet, se rembarquent : c'est la fin d'une alliance séculaire.

Le parlement écossais prend d'autre part une décision très grave. La religion officielle du pays sera désormais le protestantisme. La célébration du culte catholique est interdite. La démonstration est faite que la nouvelle religion, dès qu'elle est la plus forte, tend, non point à coexister avec sa rivale, mais à la supplanter.

De quoi durcir en France la position des uns et des autres. Tandis que montent les tensions, que chaque parti se compte et espère que la réunion des États généraux, prévue pour la mi-décembre, lui permettra de prendre le dessus, que les Guises attirent dans un piège le prince de Condé, le font arrêter et condamner à mort, tout est soudain suspendu par l'aggravation de l'état de santé du roi.

L'accession aux responsabilités n'a fait qu'accroître son mal-être, ses inhibitions, ses angoisses. Sujet à de brusques sautes d'humeur, il passe d'une violente agitation à un abattement profond. Il a des colères inexplicables, un besoin frénétique de se dépenser physiquement, d'outrepasser ses forces. Marie Stuart se montra parfaite de bonté, de patience, d'affection pour cet époux qui n'en était pas un, mais bien plutôt un grand enfant à apaiser, à rassurer, à materner. Elle était plus âgée, plus intelligente, beaucoup plus mûre : elle s'accommoda de ce rôle qui lui donnait barre sur lui. On est d'accord aujourd'hui pour penser qu'il n'avait pas achevé sa puberté et ne put consommer qu'imparfaitement son mariage.

Le 16 novembre, il alla à la chasse malgré un froid très vif. Au retour il se plaignit de violentes douleurs à l'oreille et le lendemain, à l'église, au cours des vêpres, il s'évanouit. Son haleine se fit plus fétide encore que d'habitude et l'on vit s'aviver sur ses joues livides les taches rouges qui depuis longtemps alimentaient des rumeurs macabres : on disait dans les campagnes qu'il avait la lèpre et devait pour guérir se baigner dans le sang de jeunes enfants. Il s'agissait sans doute d'un eczéma, consécutif à l'infection chronique des voies respiratoires. Au soir du dimanche 17 novembre, une très forte enflure apparut derrière l'oreille gauche, terrifiant sa mère et sa femme, pour une fois rapprochées par un même sentiment vrai. Aux étrangers on tenta de dissimuler son état.

C'est alors que Catherine eut recours aux sciences occultes, si l'on en croit une légende controversée. Elle alla rejoindre au château de Chaumont Nostradamus qui, devant un miroir magique, prononça des incantations. Peu à peu des figures indécises s'y dessinèrent. Soudain, la reine reconnut son fils François, qui se mit en marche et fit un tour[1], signe qu'il régnerait un an : or c'était chose accomplie. Puis vint son frère Charles, qui fit quatorze tours. Le troisième fils de Catherine, Henri, eut droit à quinze tours. Quant au dernier, qu'elle attendait, il n'apparut pas. À sa place surgit Henri de Navarre, gratifié de vingt-deux tours. Effondrée, horrifiée à l'idée que la dynastie des Valois céderait la place à celle des Bourbons, elle interrogea le miroir sur sa propre fin, mais il resta muet, et l'astrologue se contenta de lui dire qu'elle ait à se méfier de *Saint-Germain* : un lieu ? un homme ? à l'avenir de le dire. En ce qui concerne le règne de ses fils, la prédiction est certainement apocryphe : une telle précision n'est possible qu'après coup. Mais il n'est pas exclu que la reine ait consulté quelque mage lors de la maladie de François II et le moins expert d'entre eux pouvait alors pronostiquer une mort prochaine.

Des bruits contradictoires couraient à Paris. Tantôt l'on chuchotait que le roi était empoisonné, tantôt l'on parlait de maladie diplomatique, prétexte pour écarter les interventions en faveur de Condé. Il fallut donc donner sur la santé du malheureux des détails circonstanciés, que nous ont transmis les ambassadeurs vénitiens. Les Guise ne savaient à quel saint se vouer, menaçaient de faire pendre les médecins, envoyaient des serviteurs en quête de la pierre philosophale. Marie et Catherine ne quittaient pas le chevet du moribond, sinon pour s'associer

1. La présence, dans l'image du miroir, d'un rouet marquant les années par autant de tours a été introduite plus tard dans le récit de cet épisode.

aux processions faites pour son salut. La jeune femme acceptait vaillamment d'être enfermée avec lui dans cette chambre nauséabonde, aux rideaux fermés parce qu'il ne supportait plus la lumière. Purgations et saignées ne venaient pas à bout de la fièvre tenace ni des maux de tête qui le tourmentaient. Parti de l'oreille, l'abcès gonflait, envahissait le cerveau ; il perça, s'écoula en partie par le nez et la bouche, amenant une brève rémission, annonciatrice de la fin. François perdit connaissance et expira le 5 décembre, à un mois de son dix-septième anniversaire.

Et, de Genève, Calvin écrivit triomphalement à un coreligionnaire : « Avez-vous jamais lu quelque chose, ou avez-vous jamais entendu parler d'un événement arrivant plus à propos que la mort du petit roi ? Les pires maux restaient sans remède – allusion à l'arrestation et à la condamnation de Condé –, c'est alors que Dieu se révéla brusquement du ciel, et Lui qui avait transpercé l'œil du père trancha l'oreille du fils. » Décidément, en ce terrible XVIe siècle, on n'était pas tendre pour ses ennemis, et on n'avait pas de scrupule à embrigader dans ses troupes le Seigneur en personne.

Condé était sauvé, en effet, la prééminence des Guise compromise, Catherine accédait enfin au pouvoir.

Marie, à bout de forces et de nerfs, pleura beaucoup et rien ne permet de penser que ses larmes ne furent pas sincères. Avec le pauvre petit roi, c'est toute son enfance insouciante et heureuse qui s'en allait. Veuve à dix-huit ans, elle n'était plus reine régnante de France, mais reine douairière : un titre affreux, pour vieille dame. Il lui restait la couronne d'Écosse, garnie de plus d'épines que de pierres précieuses. Elle avait peur de l'avenir.

« Adieu, France !... »

Elle ne pouvait, à son âge, s'ensevelir à jamais dans les voiles de veuve. Elle chercha très vite à se remarier. Ne nous indignons pas, c'était dans l'ordre. Et si elle n'y avait pas pensé, d'autres y auraient pensé pour elle : ses oncles, frustrés du pouvoir et du prestige liés à leur parenté avec le roi de France, s'occupaient de la recaser le plus brillamment possible.

Le meilleur candidat était alors l'infant don Carlos, fils de Philippe II. Le meilleur du point de vue politique, s'entend. Car, pour ce qui est de l'homme, la pauvre Marie serait avec lui tombée de Charybde en Scylla. Celui dont Schiller, puis Verdi ont fait un beau héros romantique généreux et libéral, victime d'un père odieux, était un garçon mal grandi et chétif, épileptique et psychopathe, affecté d'un bégaiement très marqué, et qui était sujet, depuis une trépanation malencontreuse, à des accès de violence meurtrière. L'Espagne dissimulait son état, espérant encore le voir s'améliorer. Marie ne savait donc pas tout, ses oncles non plus. Mais la perspective du trône d'Espagne les aurait fait passer sur beaucoup de tares. À la fin de janvier, un envoyé de Madrid eut avec elle, en présence des deux frères de Guise, des conversations confidentielles et l'ambassadeur d'Angleterre en conclut qu'il « avait pleins pouvoirs pour traiter un mariage entre Sa Majesté et le prince d'Espagne ».

Aussitôt terminés les quarante jours de claustration rituelle, elle avait quitté Paris pour rejoindre sa grand-mère à Orléans, d'où elle entreprit ensuite une tournée de visites à sa famille, qui la conduisit jusqu'à Nancy, chez le duc de Lorraine. Elle se trouvait mal à l'aise dans une cour dont elle n'était plus le centre. Catherine de Médicis, quoi qu'on en ait dit, ne la força pas à s'en éloigner, mais elle la traita en quantité négligeable et lui fit sentir que désormais la reine, c'était elle. De plus, Marie, occupée à négocier le mariage espagnol, préférait soustraire ses démarches à l'attention de sa belle-mère, qu'elle supposait à juste titre y être hostile.

Celle-ci, en effet, peu désireuse de voir les Guises acquérir auprès de Philippe II l'influence qu'ils perdaient en France, avait mis discrètement son veto. Les lettres qu'elle écrit alors à sa fille la reine d'Espagne fourmillent d'instructions précises sur la nécessité de torpiller ce projet et sur les moyens pour ce faire. Une solution toute trouvée : si don Carlos épousait Marguerite, la plus jeune des princesses de France, la jeune femme aurait pour bru sa propre sœur, au lieu de l'orgueilleuse Écossaise. Rien n'aboutit. Philippe II restait réticent.

De son côté Marie Stuart, déçue, répugnait à accepter la main d'un des innombrables prétendants qu'on envisageait pour elle, pratiquement tous les hommes d'âge et de situation appropriés : un archiduc d'Autriche, les rois de Suède et de Danemark, divers grands seigneurs écossais, ou même son petit beau-frère, le nouveau roi de France, Charles IX, qui n'avait que onze ans – on imagine aisément le point de vue de la reine mère sur cette dernière suggestion ! Ces noms jetés en l'air dans les correspondances diplomatiques ne recouvraient que du vide.

Marie Stuart, mûrie par l'épreuve, témoigna « d'une grande sagesse pour son âge et [...] d'un grand jugement ». Elle regarda la situation en face. Son principal atout, aux yeux des éventuels conjoints princiers, était le trône d'Écosse. Mais à Édimbourg, depuis la mort de la régente Marie de Guise, elle n'était plus reine que de nom. Partie à l'âge de cinq ans, élevée en France dans la religion catholique, elle n'était plus pour ses sujets qu'une étrangère présumée hostile, dont ils ne souhaitaient pas le retour. La première démarche qui s'imposerait à son futur époux serait la reconquête militaire d'un pays devenu chasse gardée de l'Angleterre. C'est ce qui avait fait hésiter Philippe II, jugeant que le jeu n'en valait pas la chandelle. Marie se voyait prise dans un cercle vicieux. Pour trouver un mari de haut rang, il lui fallait rétablir son autorité en Écosse, mais pour rétablir son autorité en Écosse, elle avait besoin d'un mari de haut rang. En somme, et du fait même de cette couronne qui faisait d'elle, parmi les princesses à marier, le plus précieux des partis, elle n'était pas mariable – sauf à choisir un grand seigneur quelconque et à renoncer au trône. Mais elle tenait à ce trône auquel elle s'identifiait depuis toujours.

Elle prit elle-même une décision hardie, que personne ne pouvait prendre à sa place, tant elle était périlleuse. Elle choisit de rentrer en Écosse, seule, et de reconquérir seule son royaume, par la douceur. Elle ne renonçait pas pour autant à un remariage. Au contraire. Si elle réussissait, elle n'en aurait que plus de prix et peut-être l'Espagne se laisserait-elle tenter par la perspective de s'implanter dans une Écosse fermement gouvernée : à l'évidence elle continuait de songer à don Carlos.

Elle ne se lança pas à l'aveuglette, elle prit des contacts. Les catholiques écossais lui envoyèrent un émissaire, et d'autre part son demi-frère bâtard, lord James Stuart, comte de Moray, qui tenait la régence au nom du parti protestant, vint la voir. Elle se refusait à entériner le traité d'Édimbourg, ne voulant pas renoncer sans compensation à ses droits sur la couronne d'Angleterre. Mais elle garantit à tous ses sujets la liberté de conscience et de culte et promit de respecter leurs lois et leurs coutumes. Elle désirait « que tous les hommes vivent comme ils l'entendent ». Accord conclu, elle fixa la date de son départ.

Une maladie l'empêcha d'assister au couronnement de Charles IX, mais elle se rendit à la cour aussitôt après pour prendre congé. Du moment qu'elle allait partir, elle y fut bien accueillie : Catherine ne souhaitait que cela. Il est faux que sa belle-mère l'ait chassée de France, ou même qu'elle l'ait indirectement poussée au départ par sa froideur et ses mépris. Même entourée d'une affection chaleureuse, Marie n'était pas femme à se laisser aller à la douceur de vivre dans un riche douaire du Val de Loire. Elle s'en alla de son plein gré. Ce qui est vrai en revanche, c'est que Catherine ne fit rien, par la suite, pour l'aider à sortir du piège dans lequel elle s'enferma. Chaque chose en son temps : on y reviendra.

Un incident grave faillit compromettre le voyage. Elle avait fait demander à Élisabeth un sauf-conduit lui permettant de passer par l'Angleterre, où elle envisageait de la rencontrer. Or la reine, furieuse qu'elle s'obstine à ne pas ratifier le traité d'Édimbourg, le lui refusa. Marie accusa durement le coup, eut un accès de fièvre, puis se reprit et fit face crânement. On pouvait gagner l'Écosse en bateau sans mettre le pied sur le territoire anglais. N'était-elle pas venue par mer jadis, en dépit du roi Henri VIII ? « Si mes préparatifs n'étaient pas aussi avancés qu'ils le sont, dit-elle à l'ambassadeur de sa cousine, il se pourrait que l'incivilité de la reine votre maîtresse ajourne mon voyage, mais je suis maintenant décidée à risquer la chose, quoi qu'il puisse en advenir. J'espère que le vent me sera favorable et que je n'aurai pas besoin d'aborder sur les côtes d'Angleterre ; si cela m'arrive, la reine, votre maîtresse, me tiendra entre ses mains et pourra faire de moi ce qu'elle voudra. Et si elle est aussi cruelle que de vouloir ma mort, ajouta-t-elle d'un ton mélodramatique, qu'elle fasse ce qui lui plaira et qu'elle me sacrifie. Une telle éventualité serait peut-être préférable pour moi à la vie. » Paroles prophétiques, auxquelles l'avenir se chargera de donner tout leur sens.

Il n'était question pour l'instant que de franchir la mer du Nord en échappant aux navires anglais. On les craignait si peu qu'on ne prit pas la peine de faire, comme à l'aller, le grand tour par l'ouest. Élisabeth, purgée de sa mauvaise humeur, avait d'ailleurs donné, mais trop tard, l'autorisation demandée et elle ne fit pas obstacle à la traversée.

Après quatre jours de festivités à Saint-Germain, Marie quitta la cour et les plus grands seigneurs l'accompagnèrent cérémonieusement jusqu'à Marly. À son oncle le cardinal de Lorraine, qui lui conseillait de laisser ses bijoux en France par prudence, elle avait répondu spirituellement que si l'on ne craignait pas la traversée pour sa personne, il n'y avait pas de raison de la craindre pour ses joyaux. Elle prit la route de Calais, accompagnée de quelques-uns de ses parents, de ses quatre suivantes Marie, du poète Châtelard, qui lui vouait une admiration passionnée, et du reste de sa suite.

Elle s'embarqua le 14 août, par un temps triste et brumeux, au moment même où un bateau de pêche faisait naufrage près du port, et l'on vit là un mauvais présage. En regardant s'éloigner le rivage de son pays d'adoption, où elle avait été si heureuse, Marie sentit son courage l'abandonner. Elle resta accoudée au bastingage arrière de la galère royale aussi longtemps qu'elle put apercevoir la côte et on l'entendait murmurer entre ses larmes : « Adieu France ! Adieu donc, ma chère France ! Je pense ne vous revoir jamais plus. »

De leur côté les poètes, par la bouche de Ronsard, pleuraient le départ de celle qui avait été leur inspiratrice :

Le jour que votre voile aux zéphyrs se courba,
Et de nos yeux pleurants les vôtres déroba,
Ce jour, la même voile emporta loin de France
Les Muses, qui soulaient[1] *y faire demeurance [...]*
Comment pourraient chanter les bouches des poètes,
Quand par votre départ les Muses sont muettes ?

1. Avaient coutume de...

Sur le navire qui l'emportait en Écosse, une autre Marie Stuart était en train de naître : l'émouvante petite princesse de contes de fées se muait en héroïne de roman, avant de devenir enfin une reine de tragédie.

CHAPITRE II

Catherine au pouvoir

Une femme – Catherine de Médicis – fut portée à la tête de l'État pendant une des périodes les plus tragiques de notre histoire. Coïncidence ou lien de cause à effet ? Ils sont nombreux, ceux qui croient que l'accès des femmes au pouvoir, contraire à l'ordre de la nature, ne peut qu'être source de calamités sans nombre. Mais cette conviction peut, à elle seule, créer ces calamités. Et elle contribue assurément à compliquer la tâche de celle à qui les responsabilités sont si chichement mesurées. La marge de manœuvre de Catherine fut presque toujours très étroite. Quant aux moyens, il lui fut rarement permis de les choisir.

Elle en fit l'expérience dès son entrée en politique.

Un pouvoir précaire

La prise en main du gouvernement par Catherine de Médicis fut un extraordinaire tour de passe-passe politique.

Personne, absolument personne, n'envisageait de lui confier le pouvoir, au cas où la disparition de François II amènerait sur le trône un roi mineur. Certes il y avait, pour l'attribution de la régence à une reine mère, divers précédents, notamment celui de Blanche de Castille. Mais ils étaient anciens. Et les prétentions d'une Italienne de naissance médiocre étaient peu de chose en face de celles des princes du sang, dans un royaume qu'opposait depuis un demi-siècle un conflit ouvert ou larvé contre la maison de Habsbourg et que menaçait la guerre civile :

à la tête du pays, on préférait un homme, un soldat, un Français, un descendant de saint Louis.

Bien qu'elle se fût ménagé des atouts longtemps à l'avance, Catherine dut s'y reprendre à trois fois avant de parvenir à ses fins. Encore n'eut-elle jamais qu'un pouvoir précaire.

Lorsque l'évidente incapacité de François II avait mis à l'ordre du jour l'éventualité d'une régence, Catherine avait manœuvré sous main. Lorsqu'on le sut condamné, elle n'eut pas de peine à recueillir le fruit de ses travaux. Contre les Guise, oncles de la jeune reine, dont seule la force fondait l'autorité, elle avait joué les princes du sang, à qui la tradition accordait aux côtés d'un roi frappé d'incapacité une fonction légitime : c'est une des raisons de ses complaisances secrètes pour le parti protestant, à la tête duquel avait été propulsé l'aîné d'entre eux, Antoine de Bourbon. Cependant, elle avait vu sans déplaisir les Guises convaincre de menées subversives le frère de celui-ci : Louis de Condé, incarcéré, hâtivement jugé, avait été condamné à mort. Catherine incita les magistrats les plus modérés à retarder son exécution et profita de cette épée de Damoclès suspendue sur sa tête. Tandis que le roi agonisait, elle mit en main le marché à Antoine : la vie de son frère contre sa renonciation à la régence.

L'un et l'autre tinrent parole : Condé fut sauvé et Catherine momentanément débarrassée de son principal compétiteur. À peine François II avait-il expiré qu'elle se voyait confier la direction des affaires. De fait, pas de droit. Sur l'attribution officielle de la régence, les États généraux, qui venaient tout juste de se réunir, avaient leur mot à dire.

Les députés, désignés du vivant du feu roi, commençaient de murmurer que leur mandat était caduc et qu'il leur fallait retourner devant leurs électeurs. Catherine examina la composition de l'assemblée, conclut que de nouvelles élections risquaient d'amplifier le nombre des réformés et de leurs amis, entraînant un vote favorable aux princes du sang. Elle réussit à convaincre les élus de la validité de leur mandat. Mais désespérant d'obtenir directement d'eux sa désignation, elle fit régler par le Conseil privé un partage des responsabilités qui lui assurait toute la substance du pouvoir : présidence des conseils, haute main sur la politique intérieure et extérieure, nominations à tous les offices et bénéfices. À Antoine de Bourbon, réduit à lui servir de second, n'étaient accordées que des prérogatives honorifiques. « Il est très obéissant, [...] il n'a nul commandement que celui que je lui permets », écrit-elle à sa fille la reine d'Espagne.

Les États, mis devant le fait accompli, entérinèrent avant de se séparer la décision du Conseil. Nulle part, cependant, on ne se risque à la qualifier du nom controversé de *régente*. On la nomme *gouvernante de France*. Signe de fragilité. Elle fait fonction de régente – pleinement –, mais elle n'en porte pas le titre[1]. Le lui donner, comme le font souvent les historiens, c'est négliger le fait qu'il manque à son pouvoir l'assentiment de tous ceux qui comptent dans le royaume. Son autorité est mal acceptée, mal assurée.

Les catholiques se consolent difficilement de la mise à l'écart des Guise et des faveurs accordées aux protestants. Les plus radicaux de ceux-ci, de leur côté, reprochent amèrement à Antoine de Bourbon de s'être laissé souffler un pouvoir qui lui revenait. Le malheureux découvrait chaque jour, à l'usage, l'étroitesse du champ d'action qui lui était imparti et ne décolérait pas. Il faillit quitter la cour en claquant la porte. C'eût été donner à la rébellion un prétexte légal en même temps qu'un chef. Catherine prit les devants, le fit cajoler par le petit roi et parvint à le retenir, moyennant le retour en grâce de Condé, jusque-là assigné à résidence. Ils eurent un entretien orageux. Comme elle lui faisait de la morale, il contre-attaqua : si l'on s'agitait un peu partout en sa faveur, n'était-ce pas la preuve que le droit était de son côté ? Et de faire sonner très haut le sacrifice qu'il lui avait fait en s'effaçant à son profit. Elle répliqua qu'elle « ne lui avait nulle obligation d'un pouvoir qu'elle pensait lui appartenir ». Il était faible, elle était diplomate : ils transigèrent. Elle lui concéda la lieutenance générale du royaume, impliquant le commandement des forces armées, et il renonça à revendiquer la régence. Catherine triomphante

1. Au cours de ses vingt-huit ans de vie politique, elle ne portera officiellement le titre de régente que pendant trois mois (31 mai-6 septembre 1574), entre la mort de Charles IX et le retour en France de Henri III qui dut abandonner le trône de Pologne.

put écrire à sa fille : « Le principal est que, Dieu merci, j'ai tout le commandement. »

Mais elle sait ce que valent les promesses d'Antoine de Bourbon, si maléable, ce que peuvent l'influence conjuguée de son frère et des huguenots, la fièvre des mouvements populaires. Elle ne se sent pas tranquille tant que la minorité de son fils autorise les princes du sang et les délégués des États à se mêler du gouvernement. Aussi s'emploie-t-elle à faire interpréter à sa convenance l'ordonnance de Charles V fixant à quatorze ans la majorité des rois. En faisant proclamer celle de Charles IX lors de son entrée dans sa quatorzième année, c'est-à-dire à treize ans tout juste révolus, c'est son propre pouvoir qu'elle consolide et soustrait à tout contrôle extérieur. Lors de la cérémonie, le chancelier se fit le porte-parole du jeune roi : « Je ne craindrai point à dire en la présence de Sa Majesté (car il le nous a dit ainsi) qu'il veut être réputé majeur en tout et partout, et à l'endroit de tous, fors et excepté vers la reine sa mère, à laquelle il réserve la puissance de commander. » Et l'enfant, descendant de son trône et ôtant son bonnet en signe de respect, fit une révérence à celle-ci et lui donna un baiser, en lui confirmant « qu'elle gouvernera[it] et commandera[it] autant ou plus que jamais ». On ne saurait être plus clair.

Catherine est aux commandes. Elle y restera jusqu'à la mort de Charles IX et elle partagera ensuite le pouvoir avec Henri III. Peu de femmes, dans l'histoire de France, ont eu sur les destinées de notre pays une action aussi forte et aussi longue. Mais jamais elle n'eut la plénitude du pouvoir royal, fondé sur le droit dynastique et l'onction sacrée. C'est au nom de ses fils et par leur intermédiaire qu'elle exerce une autorité qu'ils peuvent à tout instant remettre en question. La relation passionnelle qui l'unit à eux est donc une donnée essentielle de l'histoire du temps.

Catherine et ses enfants

Lorsque Catherine se hisse au pouvoir, « elle n'est plus mère », a dit Balzac, « elle est toute reine ». Une telle opposition aurait indigné l'intéressée. Être reine et être mère sont pour elle une seule et même chose. Au tout début du règne de Charles IX, elle se fit graver un grand sceau. Le revers regorge d'armoiries attestant de ses ascendances françaises et florentines. À l'avers, sous un arc triomphal rehaussé de symboles, s'inscrit son image, en costume de veuve, sceptre en main, un doigt impérieux dressé pour le commandement. Sur le pourtour, une inscription sans précédent dans les annales la désigne comme « Catherine par la grâce de Dieu, Royne de France, Mère du Roy ». Non pas « Gouvernante », titre octroyé, mais « Mère du Roi », titre non révocable, qui lui appartient en propre, à jamais.

Pourquoi lui refuser ce mérite, si mérite il y a ? Catherine est profondément, viscéralement, mère. Tigresse. Une longue et angoissante stérilité, une vie conjugale difficile ont exacerbé en elle l'amour maternel. L'instinct de possession, si puissant chez elle et toujours contrarié, a trouvé dans ses enfants un objet privilégié.

Du sang-froid qu'elle montra à la mort de François II, on a conclu un peu vite qu'elle souhaitait cette mort, qu'elle l'avait provoquée même, directement, en le faisant empoisonner, ou indirectement, en interdisant à Ambroise Paré une trépanation salvatrice. Hypothèses toutes gratuites inspirées par la haine ou l'admiration mal placée. Le pauvre enfant n'avait pas besoin qu'on l'aide à mourir : il n'eut jamais qu'un souffle de vie. Il est certain, en revanche, que Catherine a accepté aisément l'idée de le voir disparaître et s'est consolée très vite. On était moins attaché aux enfants qu'aujourd'hui, en ces temps cruels où il était normal d'en perdre un sur deux. Et peut-être aimait-elle un peu moins que les autres cet aîné qui ne lui avait jamais appartenu pleinement. Très tôt, il lui avait été volé : par Diane de Poitiers, qui régenta sa petite enfance et décida de son mariage, par Marie Stuart surtout, qui accapara son cœur. Entre la mère et le fils, le courant, dévié par la bru, n'est jamais très bien passé. Catherine a-t-elle pris, d'autre part, la mesure de ses déficiences physiques et intellectuelles ? Le contraire eût été difficile, tant elles étaient évidentes.

Tout cela a dû jouer, mais l'essentiel est plus simple. Dès qu'elle le sent, le sait condamné, elle se détourne de lui pour s'occuper des autres : ils sont, eux, l'avenir. Ainsi font les femelles d'animaux face à un de leurs petits qui se meurt. Pour Catherine, comme pour elles, seule compte la survie de l'espèce, en l'occurrence la dynastie, la race des Valois. La preuve ? Nul n'a jamais mis en doute l'attachement qui la lie à ses deux filles mariées : leur mort prématurée est un déchirement. Lorsque disparaissent tour à tour Élisabeth, puis Claude, toutes deux victimes de maternités trop précoces et trop rapprochées, son entourage hésite à lui annoncer la nouvelle, la diffère d'un jour, choisit son moment, tant on redoute la violence de son chagrin. Elle ne profère pas une plainte, s'isole dans son oratoire pour que nul ne la voie pleurer, puis elle reparaît, glacée, et reprend d'une main qui ne tremble pas la conduite de l'État. Son affection se reporte sur leurs enfants : ses deux petites-filles espagnoles qu'elle se plaint de ne pas connaître – elle ne les connaîtra jamais –, son petit-fils lorrain, le marquis de Pont-à-Mousson, qu'elle verrait bien, à défaut des fils de ses fils, occuper le trône de France, et la jeune Christine, qui, élevée auprès d'elle, sera la joie de ses vieux jours, et qui, mariée par ses soins au grand-duc de Florence, fera souche chez les Médicis. La continuité est assurée. Au XVIe siècle plus encore qu'au temps de Lamartine, la famille est « collective immortalité ».

C'est dans cette perspective qu'il faut placer l'acharnement de Catherine à procurer à tous les établissements les plus prestigieux – des trônes si possible, pour ne pas faire mentir les horoscopes. Elle connaît sur le bout du doigt les partis disponibles dans toutes les cours d'Europe, tisse inlassablement sa toile, jamais à court d'un projet de rechange, tenant en même temps sur le métier deux ou trois négociations distinctes. Chasse aux couronnes presque indécente, entêtement de vieille marieuse prête à associer, pour peu que miroite l'or d'un sceptre, un gamin de seize ans et une vieille fille défraîchie frisant la quarantaine, tirant de son sac, à la moindre entrevue politique, des propositions plus mirobolantes les unes que les autres : il est facile de se gausser, tant il est vrai qu'elle surclasse en ce domaine tous ses contemporains, pourtant bien entraînés au petit jeu des mariages politiques. Elle serait tout à fait ridicule, si elle n'était émouvante. On sent chez cette fille de négociants florentins comme un souci bourgeois de « caser » au mieux ses enfants, et en même temps un obscur sentiment d'indignité qui fait qu'elle vénère en eux le sang royal, sacré, dont ses veines à elle sont dépourvues. Rien ne peut être trop beau pour les héritiers de la maison de France.

Cette perception collective de l'entité familiale a pour corollaire une indispensable solidarité. Avant de dénoncer en Catherine une *mamma* méditerranéenne, impérieuse, dominatrice, imposant à son clan subjugué une autorité tyrannique, on se souviendra que cette solidarité est un trait d'époque. La famille est alors une unité organique, un corps dont les membres, regroupés autour d'une figure paternelle ou maternelle selon les cas, participent à une destinée commune. Qu'elle retienne auprès d'elle sa fille Claude, qui passe plus de temps à Paris qu'à Nancy, qu'elle tente de faire de son autre fille Élisabeth, reine d'Espagne, l'auxiliaire – hélas ! inefficace – de sa politique auprès de Philippe II, il n'y a là rien que de très naturel pour les contemporains. Et l'attitude de Catherine n'entraîne chez ses filles adultes aucune perturbation. Les vrais problèmes se posent avec les autres, lorsqu'ils atteignent l'adolescence, aggravés chez les garçons par la fascination du trône. Catherine n'était peut-être pas une *mamma* au départ : elle le devient, sous la pression des circonstances.

Laissons de côté la dernière fille, Marguerite, dont il sera question plus loin. En 1560, il reste à Catherine trois fils. Ils ont entre dix et six ans. À elle de les protéger. La mise en tutelle de François II par les Guises lui a montré ce qui attend son frêle successeur, si elle ne s'interpose. Elle se sait capable de gouverner et elle pense que personne ne défendra mieux qu'elle les intérêts de ses enfants, « n'y ayant un seul homme à qui [elle se] puisse du tout fier, qui n'ait quelque passion particulière ». Sur ces deux points, on ne saurait lui donner tort. « Mon principal but, écrit-elle à Élisabeth, est d'avoir l'honneur de Dieu en tout devant les yeux et conserver mon autorité non pour moi, mais pour servir à la conservation de ce royaume et pour le bien de vos frères. » Elle gouvernera en leur nom, en attendant qu'ils grandissent, dira-t-elle aussi.

L'ennui, c'est qu'ils ne grandiront jamais. Ils vieilliront parfois, mais sans atteindre à la pleine autonomie psychologique qui ferait d'eux des adultes. L'âge ne change rien à la relation de dépendance qui les lie à leur mère, dans une soumission aveugle ou une révolte irraisonnée, tandis qu'en elle s'accroissent le goût de l'autorité et la capacité à l'exercer, au point qu'elle est de moins en moins disposée à y renoncer. La passation de pouvoirs n'aura jamais lieu.

Quelle est la part de responsabilité de Catherine ? La question a été cent fois posée. Après avoir voulu le pouvoir pour servir ses fils, s'est-elle servie d'eux pour le garder ? les a-t-elle sciemment sacrifiés à sa volonté de puissance ? a-t-elle encouragé chez eux cette sujétion qui les lui asservissait ?

Reconnaissons-lui au moins des circonstances atténuantes. La personnalité de ses fils est ingrate. Elle est plus intelligente qu'eux – Henri III excepté –, elle a un caractère mieux trempé et, nécessairement, beaucoup plus d'expérience. Tous sont instables, de santé fragile, minés de tuberculose, sujets à des accès de fièvre, à des explosions de violence. Ils restent pour elle des enfants à protéger, contre les autres et aussi contre eux-mêmes. Les former ? Elle n'en a pas le loisir. Il faudrait leur permettre de tâtonner, prendre le risque de quelques sottises. Mais l'état du royaume, déchiré par l'agitation nobiliaire et les conflits religieux, exige une main ferme : ce n'est pas le moment de laisser un jeune roi apprendre son métier sur le tas. Elle court au plus pressé, décide à leur place, leur prépare leurs discours, leur souffle leurs répliques, se substitue à eux en tout et partout. Elle fait d'eux des cires molles entre ses mains.

« Ils sont si obéissants qu'on ne leur dit rien qu'ils ne [me] redisent », déclare-t-elle en 1561. C'est prendre ses désirs pour des réalités, tenter de conjurer des velléités d'insubordination qu'elle pressent. Dominés par l'écrasante personnalité de leur mère d'un côté, effrayés par la difficulté de la tâche qui les attend de l'autre, convaincus de leur incapacité mais accoutumés à un état de dépendance, ils sont prêts à subir l'influence de quiconque offrira de les servir, tout en leur donnant le sentiment d'exister par eux-mêmes. Plus elle sent son autorité menacée, plus elle les tient en lisière, plus ils donnent de saccades, par à-coups, sans parvenir à se soustraire à une tutelle sous laquelle chaque rébellion manquée les fait retomber davantage. Cercle vicieux.

De cette relation névrotique qui se répète, moyennant quelques variantes, avec Charles IX, Henri III et le jeune François d'Alençon, on n'ose guère incriminer Catherine. Elle ne pouvait pas leur donner la santé, l'intelligence, l'énergie, l'équilibre. Leur abandonner le pouvoir ? l'eût-elle voulu qu'elle n'aurait pu le faire sans mettre le trône en danger, elle avait les meilleures raisons de le croire. Comme ce trône fut toujours menacé, on ne peut savoir si elle aurait consenti, au moment opportun, à le laisser à son détenteur légitime. Car ce moment n'est jamais venu.

Sa responsabilité la plus lourde est ailleurs. Elle n'a pas su arbitrer les inévitables tensions qu'introduit entre un roi et ses frères la disparité de condition. Elle a fait pis : elle les a envenimées. Très vite en effet, elle marque une prédilection évidente pour Henri, plus beau, plus intelligent, plus vif que ses deux autres fils. Elle retrouve en lui son propre goût pour les arts, la musique, la décoration, les fêtes. Elle n'est pas la seule à succomber à la séduction de cet enjôleur : tous l'admirent, les ambassadeurs ne tarissent pas d'éloges sur cet enfant charmant qui éclipse le roi. Contre le préféré, les deux frères et leur plus jeune sœur éprouvent une de ces jalousies violentes dont l'histoire et la légende sont pleines. Les Valois ne sont pas les fils d'Atrée ou d'Œdipe : les frères ennemis n'iront pas jusqu'au meurtre. Mais leur rivalité contribuera à empoisonner encore davantage le climat du royaume, qui n'avait vraiment pas besoin de cela. Et la faute en incombe, pleine et entière, à Catherine.

Avoir trop de fils n'est pas nécessairement, pour une reine, une bénédiction du ciel.

La quadrature du cercle

« Les régences sont toujours et partout fécondes en troubles et désastres », dira le chancelier Michel de l'Hôpital pour justifier qu'on avançât la majorité de Charles IX. Il n'a pas tort. Mais le tour de prestidigitation qui donne à celui-ci une autorité toute théorique ne change rien aux faits, ni aux mentalités. C'est sa mère qui régnera. On s'attend à des désastres, ce qui est le meilleur moyen de les susciter. La méfiance est générale. Tous les traîneurs d'épée ruminent leurs griefs contre le gouvernement des femmes : « Leurs entreprises sont presque toujours défectueuses, pour être[1] vindicatives, craintives, de légère créance, irrésolues, soudaines, indiscrètes, glorieuses, ambitieuses, plus que les hommes : à peine se résolvent-elles, si elles ne sont assistées, à la continuation des entreprises hasardeuses, auxquelles n'étant tenues de près, elles en sortent, s'en échappent et se ravisent en un instant. » Aux préventions de Tavannes, catholique convaincu, font écho celles des ministres protestants, toujours prêtes à resurgir du fond des temps bibliques : « C'est le dernier des malheurs que celui d'un peuple soumis à l'empire d'une femme. » « Et d'une femme de cette sorte », ajoutera Théodore de Bèze, lorsqu'elle l'aura cruellement déçu.

Catherine s'irrite de ces procès d'intention, se rebiffe : « Si l'on ne m'empêche encore[2], l'on connaîtra que les femmes ont meilleure volonté de conserver le royaume que ceux qui l'ont mis en l'état en quoi il est. [...] C'est la vérité dite par la mère du roi qui n'aime que lui et la conservation du royaume et de ses sujets » (19 avril 1563).

Car elle sait parfaitement ce qu'elle veut et son objectif restera le même jusqu'à son dernier souffle : préserver l'héritage de ses fils et maintenir intacte l'autorité royale. Ne prononçons pas le mot trop moderne de territoire national, ne parlons pas de patriotisme. Elle défend le patrimoine familial. Mais dans la pratique, cela revient au même, puisque ce patrimoine, c'est la France.

Et elle veut la paix, la paix civile d'abord, parce que la survie du royaume en dépend. Elle veut aussi, chose plus insolite à l'époque, la paix étrangère. Mais les raisons qui l'y conduisent ne recoupent que partiellement les motivations de ce que nous appelons le pacifisme.

Elle n'aime pas la guerre, en tant que femme si l'on y tient, parce que la brutalité lui répugne, qu'elle n'a aucun goût pour le sang, que l'ivresse des assauts meurtriers lui est inconnue. Et puis, la guerre est ruineuse à tous égards et le trésor toujours

---

1. Parce qu'elles sont...
2. Si l'on n'entrave plus mon action...

vide. Plus encore que la guerre étrangère, la guerre civile, qui cause aux villes et aux campagnes des dommages irréparables, lui paraît une horreur. Mais elle n'hésite pas à faire l'une et l'autre quand il le faut. Elle ne manque personnellement ni d'endurance, ni d'intrépidité. Au siège de Rouen, en 1562, elle tint à inspecter les premières lignes, montrant qu'elle avait « le courage aussi bon que les hommes », car « les canonnades et arquebusades pleuvaient autour d'elle qu'elle s'en souciait autant que rien ». Elle n'était pas mécontente de donner une leçon à tous les contempteurs de sa féminité. Mais elle sait bien que, si elle peut présider chaque jour le Conseil, elle ne saurait prétendre à la conduite d'une armée. Elle redoute l'orgueil et l'arrogance des militaires, tous ces grands seigneurs qui la tiennent pour quantité négligeable et rêvent de l'écarter. En temps de paix, ils ne peuvent se prétendre indispensables et ils n'ont pas de troupes à leurs ordres – en principe du moins.

Elle connaît assurément la règle d'or qui conseille de détourner vers des cibles plus lointaines l'agressivité endémique, quasi professionnelle, de la noblesse. « Les Français ont tant accoutumé, s'il n'est guerre, de s'exercer[1], que si on ne le leur fait faire, ils s'emploient à d'autres choses plus dangereuses. » Une bonne guerre étrangère comme antidote aux désordres intérieurs : le remède était bien connu. Hélas, la situation ne s'y prête pas. Il y a deux ennemis potentiels contre lesquels envoyer la noblesse française user ses griffes : l'Espagne et l'Angleterre, l'une catholique, l'autre protestante. Un conflit avec l'une ou avec l'autre aurait pour résultat immédiat – sauf miracle[2] – de renforcer en France les antagonismes confessionnels et d'attiser la discorde.

Sans compter que combattre l'une, ce serait attirer aussitôt les offres amicalement intéressées de l'autre, avec toutes les ingérences que cela implique dans la politique intérieure française. Or Catherine tient très fort à l'indépendance nationale, élément essentiel des prérogatives du roi : celui-ci doit rester maître chez lui. Les pressions insistantes de Philippe II, les

1. C'est-à-dire de pratiquer le métier des armes, de se battre.

2. Un miracle de ce genre aura lieu, en 1563, avec la reprise du Havre aux Anglais. Mais il ne se reproduira pas. Voir plus loin, page 374.

admonestations du pape, les suggestions mielleuses de l'ambassadeur d'Angleterre ne font que l'exaspérer. À l'envoyé madrilène qui, en 1562, la pressait d'expulser les ministres[1] huguenots et lui offrait pour ce faire l'aide de son maître, elle répondit « qu'elle ne voulait point voir d'étrangers dans ce royaume ni aussi pas allumer une guerre qui la contraignît de les y appeler ». La convoitise de ses puissants voisins, tout autant que celle des grands féodaux, a tout à gagner à la guerre, civile ou étrangère. Catherine veut donc la paix, à tout prix, pour préserver l'intégrité du royaume.

En politique, le plus court chemin d'un point à un autre n'est pas forcément la ligne droite. Au service de ces objectifs très clairs, elle dut mettre des moyens détournés, tortueux. Elle ne le fit pas de gaieté de cœur.

« Vouloir maintenir la paix par la division, gronde Tavannes, c'est vouloir faire du blanc avec du noir. » Certes. Mais la division est là, ce n'est pas Catherine qui l'a créée. Elle ne peut envisager de réduire les partis à l'obéissance par une guerre sans merci : où prendrait-elle les capitaines ? ils sont aussi chefs de parti. La légalité a beau être de son côté, elle n'a pas besoin d'avoir lu Machiavel pour savoir que les lois sans les armes sont impuissantes. On ne lui obéit pas. Des parlements refusent d'enregistrer ses édits. Les plus fidèles serviteurs du royaume – ou qui se croient tels – discutent ses ordres, les jugent à leur aune, les contrecarrent ou s'y soustraient. En 1568 par exemple, elle ordonnera au dévoué Tavannes d'arrêter Condé chez lui, à Noyers. Mais il juge qu'elle « s'embarque sans biscuit », voit là une « entreprise mal dressée de quenouille et de plume » ; il envoie donc un écuyer traîner ostensiblement sous les remparts du château avec mission de se faire prendre, porteur d'un billet révélateur – « Le cerf est aux toiles, la chasse est préparée » – : voici Condé opportunément envolé et le maréchal se félicite d'être ainsi dispensé d'une tâche qui lui déplaisait. Partout et en tout, princes du sang, grands officiers de la couronne, gouverneurs de province et autres détenteurs d'une autorité déléguée, trouvent excusable et même normal de n'en faire qu'à leur tête.

1. On se souviendra que les *ministres* réformés, au XVIe siècle, sont les pasteurs.

Dans les premières années de son gouvernement pourtant, elle pense pouvoir rester au-dessus de la mêlée, en position d'arbitre et de recours. Aussi s'applique-t-elle à maintenir l'équilibre entre les adversaires pour les contraindre à accepter un modus vivendi. D'où l'octroi de faveurs et de concessions mesurées, qui s'annulent les unes les autres. Elle ne réussit qu'à exaspérer à la fois les bénéficiaires et leurs rivaux : pour ceux-ci elle donne trop, pour ceux-là, pas assez. On l'accuse de ne pas savoir ce qu'elle veut d'une part, de tromper tout le monde d'autre part.

Versatile, Catherine ? sûrement pas. Elle tend par ces chemins sinueux à un seul et même but. Mais sa duplicité est certaine. Nul ne peut compter sur son appui. Toutes ses concessions sont tactiques, ses affirmations révisables, les édits qu'elle promulgue s'accompagnent, au coup par coup, de recommandations laxistes ou rigoureuses. Elle ment, elle biaise, elle endort les gens de bonnes paroles creuses et de promesses ambiguës : armes de faible, armes de femme, dit-on. Mais sa faiblesse ne tient-elle pas davantage aux circonstances qu'à son propre tempérament ? Elle fait ce qu'elle peut.

Elle joue de son âge, qu'elle se garde de dissimuler, de ses voiles de veuve, de son embonpoint, de ses rondeurs rassurantes. Elle cultive son personnage de matrone expérimentée et sage, de mère tutélaire du royaume en même temps que du roi. Respectable, imposante, intimidante, elle rayonne d'un prestige qui impressionne les plus hardis. Elle parvient à faire accepter ses leçons de morale, à arracher des engagements pacifiques à des fauves prêts à s'entre-égorger. Inégalable organisatrice de rapprochements forcés, elle leur impose des accolades illusoires.

Est-elle dupe ? Pas totalement, sans doute. Mais elle a besoin, pour tenir, de ne pas désespérer. La méthode Coué a du bon, même si l'on est conscient de ses limites. Et puis, ces réconciliations menteuses, précaires, ont au moins un mérite : elles permettent de reculer les échéances les plus inquiétantes, « d'échapper le temps », comme elle dit, d'en gagner. Ne jamais rompre, « ne rien laisser gâter irrémédiablement ». En attendant quoi ? Tout d'abord que ses fils la relaient, usent de la plénitude de leur pouvoir pour rétablir la paix. Et puis, plus modestement, comme tous les condamnés à vivre au jour le jour, elle finit par penser qu'un an, qu'un mois sans affrontements sont bons à prendre, que le moindre sursis est précieux, que demain peut apporter le salut. Et le temps, à défaut de miracle, lui fait quelques menus cadeaux. Au printemps de 1563, deux des chefs de parti sont prisonniers de leurs ennemis respectifs, trois autres sont morts. Cela lui vaut quatre longues années de paix, pendant lesquelles elle a cru la partie gagnée. Hélas ! le temps travaille aussi contre elle : les fils des disparus grandissent, prêts à assurer la relève. Les affrontements majeurs n'ont été que différés.

Très vite, il devient difficile de faire la part, dans l'action de Catherine, entre l'art de brouiller les cartes et l'improvisation hâtive. La sage politique de bascule se mue souvent en navigation à vue au milieu des écueils, à la godille, un coup à droite, un coup à gauche, pour parer au plus pressé. Elle multiplie entrevues, démarches, négociations, rencontres, paie de sa personne, s'humilie et se cabre tour à tour. On la voit frapper un jour et pardonner le lendemain, rendre charges et faveurs au condamné de la veille, faire à l'un des concessions forcées aussitôt compensées par des avances à l'autre, plus que jamais attentive à ne laisser succomber aucun des deux partis. Car ce serait se mettre à la merci de l'autre, pieds et poings liés.

Ce n'est pas là une formule de style. La menace pèse sur elle, très concrète, terrifiante : la reine mère et ses fils sont des proies à saisir. Qui tient le roi tient le pouvoir, tous les grands féodaux le savent. Et à défaut du roi, il est précieux de détenir l'un de ses frères. Catherine découvre par hasard, à l'automne de 1561, que le parti de Guise échafaude, avec le petit Henri consentant, un projet d'enlèvement : il vivrait libre et heureux en Lorraine ou en Savoie et le plus brillant avenir s'ouvrirait devant lui. Qui sait ? un roi de rechange ? L'affaire s'ébruita et l'enfant avoua tout à sa mère en pleurant. On ne l'y prendra plus. Mais un peu plus tard, le dernier frère, François d'Alençon, devancera les désirs des comploteurs.

Des risques encore plus sérieux menacent la personne même du roi. Deux coups de force faillirent réussir, l'un à Fontainebleau en 1562, l'autre à Meaux en 1567 : on en reparlera. À deux reprises Catherine fut à deux doigts de se voir prisonnière, écartée du pouvoir, mise à mort peut-être, en tout cas séparée de Charles IX devenu le jouet d'un clan. Elle en trembla rétrospectivement et cette peur, qui lui reste chevillée au corps, est une des clefs de son comportement ultérieur.

Il est aussi d'autres moyens que la force brutale pour éloigner d'elle le roi : gagner la confiance de l'adolescent, flatter son désir d'indépendance, le circonvenir. Pour la mère, contrainte de ne pas lui faire sentir trop lourdement son joug, la parade est encore plus difficile : elle ne peut le couper du monde. Alors, elle veille, attentive, soupçonneuse, jalouse, prête à tout pour empêcher l'inacceptable. Plus grave que les avanies, les refus d'obéissance, les prises d'armes, la rébellion ouverte, le crime auquel elle est prête à répondre par un crime, c'est qu'on lui aliène son fils.

Tels sont en gros les buts, les ressources, les règles d'action, les craintes de Catherine. Il reste à la voir à l'œuvre, sur le terrain. En 1560, l'Europe retient son souffle. Le conflit religieux est crucial. Il n'est pas indifférent, pour l'Angleterre protestante, ni pour la très catholique Espagne, dont les provinces flamandes commencent à s'agiter, que la France choisisse l'un ou l'autre camp. Or la situation à laquelle doit faire face la reine mère aurait de quoi terrifier l'homme politique le plus chevronné.

Le printemps des huguenots

« Le printemps de l'Église[1] et l'été sont passés », gémira, beaucoup plus tard, Agrippa d'Aubigné. Ils ont duré une année environ, l'année cruciale de 1561, pendant laquelle on a pu croire que la Réforme allait triompher en France.

Catherine n'aurait jamais accédé au pouvoir sans l'appui du parti protestant, qui, de son côté, avait besoin d'elle pour écarter les Guise. Mais cette alliance de nature politique est confortée par ce qu'on peut prendre pour des sympathies. La reine mère n'a pas à se forcer pour se montrer aimable envers

1. L'Église réformée, bien sûr. C'est dans ce passage des *Tragiques* (IV, *Feux*, 1227-1234) que se trouve également le vers célèbre : « Une rose d'automne est plus qu'une autre exquise », souvent séparé du suivant, qui s'adresse aux derniers martyrs : « Vous avez éjoui l'automne de l'Église. »

les réformés. Elle n'a jamais partagé à leur égard la sévérité de son défunt époux. Au contraire elle se sentait d'autant plus portée vers eux que Diane de Poitiers leur était plus hostile. Elle les connaît bien, il y en a partout, jusque dans son entourage le plus proche : ce sont souvent des serviteurs, des amies qu'elle estime et qu'elle aime. Assurément croyante, d'une foi superstitieuse en un Dieu dont elle implore la protection, elle est fermée aux subtilités théologiques, elle ne voit pas pourquoi des hommes et des femmes si proches, si semblables, qui se côtoient dans la vie, souvent à l'intérieur d'une même famille, ne pourraient pas, pour peu qu'on écarte les extrémistes, pratiquer leurs deux cultes en paix dans un royaume réconcilié.

Mais sa politique de tolérance, faite pour une part d'indifférence au dogme, ignore les motivations éthiques indissociables pour nous de ce terme : respect de la personne d'autrui, de la liberté individuelle. Elle est d'inspiration réaliste, pratique : on tolère ce qu'on n'a pas les moyens d'empêcher, on agit au mieux de l'intérêt du moment. Comme toute politique, elle est provisoire, révisable. L'acceptation du pluralisme religieux est avant tout destinée, dans son esprit, à rétablir l'ordre public et l'autorité royale.

Depuis le règne de Henri II, des édits sont toujours en vigueur, qui frappent impitoyablement les hérétiques, les vouant à la prison et au bûcher. Persécutions inefficaces : les martyrs font de nouveaux convertis. Le « cautère » est impuissant à enrayer l'hérésie, explique la reine à son gendre Philippe d'Espagne, « le couteau vaut peu contre l'esprit », proclame son porte-parole, le chancelier Michel de l'Hôpital, à l'ouverture des États, et il invite les frères séparés à renoncer à la haine : « Ôtons ces mots diaboliques, noms de partis, factions et séditions, luthériens, huguenots, papistes ; ne changeons le nom de chrétien ! » En suspendant les mesures qui frappaient les réformés pour simple délit de croyance, en libérant les prisonniers, en invitant les tribunaux à faire preuve d'indulgence, c'est la liberté de conscience qu'elle leur accordait. Une véritable révolution, eu égard aux idées régnantes. Elle ne pouvait qu'être mal comprise.

Tout en prônant la tolérance, Catherine tentait de distinguer les simples fidèles qui ne demandent qu'à pratiquer leur religion paisiblement, en silence, des séditieux pour qui elle est un prétexte à rébellion. Elle s'aperçut vite que cette distinction était illusoire. Les réformés ne veulent pas se contenter de prier en silence. La liberté de conscience ne leur suffit pas, ils réclament celle de culte. Ils comptent sur les prêches, notamment, pour opérer des conversions. Leur but ultime est d'éliminer de France le catholicisme – Calvin et Bèze disent *L'Antéchrist*, en toute simplicité.

Personne à l'époque ne croit possible une coexistence pacifique, le partage entre les deux confessions paraît inimaginable. Si l'une est vraie, l'autre est fausse, et d'autant plus diabolique qu'elle se pare des apparences d'un christianisme authentique : au catholicisme, fort de la tradition ininterrompue qui le rattache à saint Pierre, s'oppose le protestantisme, qui accuse son rival d'avoir trahi le message de l'Évangile et se propose d'y revenir. Dans leurs croyances, leurs cultes respectifs, les frères ennemis aperçoivent l'action du démon. La messe ou la cène sont tour à tour traitées de cérémonies sacrilèges. Or un État laïc est alors inconcevable. La religion est partie intégrante des institutions, elle rythme la vie quotidienne des hommes, elle imprègne leurs façons de penser et de sentir. Elle a part au pouvoir, elle est le fondement de la légitimité monarchique en même temps que de l'ordre social. À l'arrière-plan du conflit se profilent les biens du clergé, richesse colossale présumée mal employée, que les députés de la noblesse et du tiers-état proposent de confisquer pour régler les problèmes financiers. Une rupture avec Rome permettrait de s'approprier le trésor, pour créer en France un État théocratique, terrestre réalisation de la Jérusalem nouvelle. On voit l'importance et l'ambiguïté des enjeux.

Chez les réformés, la mise à l'écart des Guise, les mesures indulgentes de Catherine ont donné le signal d'un grand déploiement de prosélytisme. Le mot d'ordre est alors à la conquête pacifique. Ils comptent sur l'éminente qualité de leurs prédicants, formés à Genève, pour séduire les hésitants. La famille royale est l'objet d'attentions particulières : sa conversion faciliterait grandement la prise en main du royaume. À Saint-Germain, où la cour passe l'été, on chante des psaumes chez les grands seigneurs réformés, on prononce des prêches, en oubliant souvent, malgré les édits, de fermer la porte. Le bruit en arrive jusqu'à la reine mère, qui les écoute avec plaisir – les psaumes, pas les prêches ! –, en connaisseuse éclairée et grande amatrice de poésie chantée. Jusqu'au début de 1562 règne autour d'elle un laisser-aller que blâme avec virulence l'ambassadeur d'Espagne. Elle ne rougit pas de posséder une bible en français, ses fils aussi en ont une et en font leur lecture favorite. Le jeune Henri, dix ans, se targue d'être « bon huguenot », à la grande indignation de sa sœur, huit ans, qui défend l'orthodoxie romaine. Devant une mascarade costumée où ses quatre bambins parodient le rituel sacré de l'Église, la mère indulgente sourit, répond aux bonnes âmes scandalisées qu'il faut bien que les enfants s'amusent et que jeunesse se passe.

Sur ses intentions profondes pendant cette période de flottement, on en est réduit aux conjectures. Les réformés furent persuadés par la suite qu'elle leur avait menti de bout en bout, délibérément. Et ils lui en tinrent d'autant plus rigueur qu'ils avaient mis davantage d'espoirs en elle. Le plus probable est qu'elle a hésité. Cette année-là, la Réforme a le vent en poupe : ne vaut-il pas mieux se laisser porter par la vague, plutôt que d'être englouti ? Si, après tout, la France s'y ralliait, comme bon nombre de principautés allemandes, serait-ce un désastre ? la tutelle du pape y a toujours paru pesante et, en cas de rupture, les biens de l'Église viendraient très opportunément, comme ce fut le cas en Angleterre, renflouer les finances royales. Catherine s'est sans doute posé la question, mais elle ne veut s'engager qu'à coup sûr. Elle est bien décidée à être du côté des vainqueurs. Depuis plusieurs années elle s'est informée, dès le règne de François II elle a noué des contacts, tenté d'apprécier l'ampleur du mouvement et ses chances de succès. Ses mesures d'indulgence, menées à petits pas, au coup par coup, lui permettent d'évaluer les exigences des réformés et en même temps de tester l'éventuelle résistance des catholiques. À l'automne de 1561, elle est prête à miser sur les premiers. Elle aura changé d'avis, et donc de politique, dès le printemps de 1562.

Mais aux mutations aventureuses, elle préférerait encore le statu quo. Avant de choisir son camp, elle tente désespérément de concilier les inconciliables. Sa foi dans les vertus de la négociation est telle qu'elle croit les théologiens des deux bords tout disposés, pour peu qu'ils puissent débattre sereinement, à tomber d'accord sur des croyances communes.

Le colloque de Poissy

Depuis 1545, les plus hauts dignitaires de l'Église réunis à Trente cherchaient, sans parvenir à s'entendre, les moyens de remédier aux abus qui avaient suscité la révolte des réformés. Il fallut à Catherine une bonne dose d'optimisme, ou plutôt d'inconscience, pour oser convoquer et présider une rencontre interconfessionnelle, avec l'espoir de réussir là où ils avaient échoué. Il est vrai que la France, traditionnellement, conservait par rapport aux décisions doctrinales de Rome une certaine autonomie. Une solution proprement française, rétablissant la paix religieuse dans le royaume, pourrait être proposée ensuite au pape comme un exemple à suivre.

La reine n'était pas seule à croire un accord possible. La Réforme, en France, n'avait pas été importée de l'extérieur, elle avait germé et grandi sur le vieux terreau catholique. C'est presque par hasard que Calvin, originaire de Picardie, s'est fixé à Genève, cité francophone : il garde les yeux tournés vers son pays natal. Mais il paraît à certains trop radical. On n'a pas oublié qu'il y a eu, au temps des Évangélistes et du groupe de Meaux, des positions intermédiaires : continuité implique compatibilité. Ainsi pensaient les modérés attachés à la tradition catholique, mais passionnément désireux que l'Église fût capable de se réformer elle-même, de l'intérieur.

On évita les termes dangereux de concile national ou de synode. C'est le nom de colloque de Poissy qui est resté à l'assemblée de la Chambre ecclésiastique réunie en cette ville, du 9 septembre au 9 octobre 1561. Mais il s'agissait bien d'y débattre des divergences doctrinales entre les deux confessions.

Les réformés français ont dissuadé Calvin de venir en personne : sa raideur, sa pugnacité abrupte feraient peur. Il délégua son bras droit, Théodore de Bèze. Issu d'une famille noble de Vézelay, celui-ci n'a rien d'un prédicant rébarbatif. Élégant, séduisant, il connaît le monde, il est à la cour comme chez lui. Au château de Saint-Germain, où ses coreligionnaires l'accueillent chaleureusement, il a en présence de la reine une discussion théologique courtoise avec le cardinal de Lorraine. Et Catherine de se réjouir : au fond, les prétendus adversaires sont très proches ; qu'ils fassent chacun un pas et leur différend sera réglé.

Hélas ! le lendemain elle dut en rabattre. La session s'ouvrit dans le grand réfectoire du couvent des Dominicaines. La disposition de la salle en disait long sur les intentions de chacun. Aux côtés du roi et de la reine, le ban et l'arrière-ban de la noblesse huguenote, venue soutenir les siens. Mais les hauts dignitaires catholiques, groupés sur des sièges latéraux autour des cardinaux de Tournon et de Lorraine, comptaient bien se poser en grands inquisiteurs. Les ministres protestants comparurent debout, derrière une barre, en posture d'accusés. Ils y virent un affront, tandis que leurs adversaires trouvaient scandaleux le simple fait de donner la parole à des hérétiques. Bèze était accompagné du plus subtil théologien de Genève, Pierre Vermigli, dit Pierre Martyr, et d'un groupe de ministres en robe noire et rabat blanc, dont l'austérité tranchait avec l'or et la pourpre catholiques. Deux conceptions du monde s'affrontaient.

L'exposé de Théodore de Bèze, très brillant orateur, parut d'autant plus dangereux qu'il était plus séduisant. On l'attendait sur trois points litigieux, le culte des saints, l'importance respective de la foi et des œuvres, et surtout la présence réelle du Christ dans l'Eucharistie. Ce dernier point était le plus sensible : le refus de la messe avait pris chez les calvinistes français une forme violente, souvent agressive[1]. Lorsqu'il soutint que le salut, subordonné à la volonté de Dieu seul, ne devait rien aux bonnes œuvres, on gronda. Lorsqu'il nia la présence réelle du Christ dans l'hostie, on cria au blasphème et les correctifs qu'il tenta d'apporter n'arrangèrent rien. Il fallut recourir au huis clos pour la suite des débats.

1. Les théologiens étaient en principe plus modérés : ils niaient la transsubstantiation, mais admettaient une forme de présence du Christ dans l'hostie, la consubstantiation. Mais beaucoup de leurs disciples étaient très radicaux. La haine de la messe était d'autant plus vive chez les huguenots français que l'on voulait les contraindre à y assister.

Elle ne fit que confirmer l'incompatibilité des points de vue. On avait invité des luthériens allemands, moins éloignés de l'orthodoxie romaine, soit pour aider à prouver que des solutions moyennes étaient possibles, soit pour déconsidérer les réformés dans leur ensemble en soulignant leurs divisions. Mais il parut inutile de les attendre, tant l'échec était patent. Lorsque le colloque se sépara, Catherine dut se rendre à l'évidence : on ne discute pas des points de dogme comme des clauses d'un traité. Elle fit un dernier effort quelques mois plus tard sur le culte des saints, parce que les réformés, en brisant leurs images dans les églises, provoquaient la colère du menu peuple catholique. Sans plus de résultat.

Le colloque de Poissy marque la fin des chimères œcuméniques. Loin d'amorcer une réconciliation, il a même envenimé les choses. Car il a raidi les positions de part et d'autre. Les réformés en apparaissent comme les grands gagnants : en leur offrant une occasion officielle de se faire entendre, la reine leur a octroyé un statut légal, qui fait d'eux les compétiteurs autorisés du catholicisme. Mais la vague de conversions se ralentit, beaucoup de leurs sympathisants hésitant désormais à faire le grand saut. Et les catholiques, eux, ont pris conscience du danger, ils se préparent à résister. Les jésuites, que la France vient tout juste d'accueillir, savent répondre aux aspirations d'un peuple chrétien avide d'enseignements, que l'incompétence du bas clergé traditionnel rejetait vers les prédicants. Ils s'appliquent non sans succès à le reconquérir.

D'autres découvrent qu'à la différence du luthéranisme, qui s'accommode du pouvoir des princes, le calvinisme contient pour la monarchie une menace mortelle. Le vieux connétable de Montmorency n'a pas attendu, pour le comprendre, de voir s'organiser dans Lyon tenue par les huguenots une république théocratique autogérée, à la mode genevoise. À Pâques 1561, dès avant le colloque de Poissy, il s'était résigné, la mort dans l'âme, à faire les premiers pas vers son vieil ennemi le duc de Guise. Avec un comparse, le maréchal de Saint-André, ils formèrent ce qu'on appela le *Triumvirat*. À son fils qui s'étonnait d'une pareille alliance, Montmorency, répondit qu'il ne pouvait se faire « mutation de religion sans changement d'État et qu'il était bon serviteur du roi et de ses petits-maîtres » : entendez du roi légitime et de ses frères, héritiers potentiels du royaume – pas de la reine mère. Il est fidèle à un principe. Dans les affrontements qu'il pressent, c'est le loyalisme monarchique qui le guidera. La leçon, pour ses fils, ne sera pas perdue.

Le massacre de Vassy et ses suites

En déchaînant chez les réformés des espérances déraisonnables, Catherine a joué les apprentis sorciers. Dans le climat d'impossible neutralité qui prévalait alors, quiconque n'était pas contre eux passait pour leur être favorable. Ils crurent qu'elle leur était acquise et saluèrent en elle la « nouvelle Esther », qui n'attendait pour se déclarer que d'avoir désarmé l'opposition catholique.

Qui sont-ils et combien, ces huguenots trop confiants qui prétendent entraîner à leur suite tout le royaume ? Quelques paysans, dans des régions bien délimitées comme les vallées alpines ou les Cévennes, des artisans, des commerçants, des gens de loi, des clercs, beaucoup de nobles, surtout dans les provinces pauvres où ils se sentent mal aimés du pouvoir, ruinés par la crise économique. Une minorité à coup sûr[1], mais une minorité instruite, énergique, organisée, soulevée d'une foi ardente, prête au martyre. Dans le conflit, ils pèsent donc d'un poids sans commune mesure avec leur nombre, face aux masses populaires, habitants illettrés des villes et des campagnes, très attachés aux croyances ancestrales, mais pris de court par des attaques dont ils ne comprennent pas le sens. « Un dixième des Français, mais cinquante pour cent de la noblesse, écrit P. Chaunu, contrôlent pendant plus d'un quart de siècle près de la moitié du royaume. »

Au lieu de patienter, de laisser le temps travailler pour eux, les tenants de la nouvelle foi montraient après des années

1. Il est très difficile de connaître leur nombre, qui a varié selon les dates et sur lequel divergent les informations. Les chiffres extrêmes cités par les historiens sont respectivement de cinq et trente pour cent ! La vérité se situe entre les deux, probablement autour de dix à douze pour cent, quinze au maximum, selon des sources protestantes.

d'exclusion une hâte bien compréhensible, mais maladroite ; ils exigeaient des temples, réclamaient haut et fort l'égalité de traitement avec les catholiques, sûrs qu'ils étaient de les supplanter sans tarder. Dans la maison de Coligny, le perroquet familier lui-même avait été dressé à chanter : « Vie, vie, la messe est abolie. » Or la reine, même si elle l'avait voulu, ne pouvait pas les satisfaire sans danger. Car les premières mesures de tolérance avaient entraîné aussitôt, un peu partout, des incidents très graves.

La pratique du culte réformé, autorisée ou « sauvage », comme nous dirions aujourd'hui, était perçue par les catholiques comme une agression et ils attaquaient parfois les premiers, exaspérés par le ton de défi qui résonnait dans le chant public des psaumes, par les paroles outrageuses que proféraient certains prédicants contre les prêtres, les moines, les saints, la messe. D'où des injures, des affrontements, des bagarres, qui firent parfois des blessés et des morts des deux côtés. D'où le processus infernal des représailles et des vengeances. Dans le Sud-Ouest notamment, forts de l'appui de leurs seigneurs, les huguenots tentaient, comme l'avaient fait leurs frères à Genève ou à Édimbourg, d'éliminer la religion traditionnelle. Ailleurs, c'étaient les catholiques qui se livraient férocement à la chasse aux hérétiques.

La reine essaya, avant tout, de supprimer les occasions de heurts. Elle promulgua une série d'édits qui limitaient l'exercice du culte réformé, le cantonnant hors des villes, à deux cents pas des murailles, ou dans les maisons de quelques grands seigneurs. On n'entrera pas ici dans le détail de ces édits, qui se suivent et se ressemblent, malgré quelques variantes liées à la position de force ou de faiblesse relative des intéressés. Car tous sont aussitôt dénoncés par les deux partis, comme insuffisamment ou comme trop libéraux, et aucun n'est appliqué, Catherine elle-même donnant à cet égard des consignes contradictoires, selon qu'elle s'adresse aux uns ou aux autres. Ils jalonnent de leurs transactions boiteuses les points marqués dans une impitoyable guerre civile.

Les guerres de Religion ont commencé, sous forme sporadique, bien avant le massacre de Vassy, que les historiens leur assignent comme point de départ. Mais il est vrai que ce massacre marque la naissance d'un parti catholique décidé à s'opposer par la force aux innovations hardies de Catherine.

Ce jour-là, dimanche 1er mars 1562, le duc de Guise, fortement accompagné, venait de quitter son château de Joinville, entre Chaumont et Saint-Dizier. Il s'arrêta à une dizaine de lieues de là pour entendre la messe dans le village de Vassy[1]. Des huguenots s'y trouvaient réunis, nombreux, pour célébrer la cène dans une grange. On ne sait si la grange était à l'intérieur ou au-dehors de l'enceinte, ni qui eut l'initiative de la bagarre. Mais il est certain que le duc vit un défi dans ce rassemblement sur ses terres[2]. Il voulut l'interdire, se porta lui-même sur les lieux. Lorsqu'un coup de pierre l'atteignit, le blessant légèrement, ses hommes se déchaînèrent. Bilan, cinquante à soixante morts dans la grange, dont des femmes et des enfants. Guise a-t-il cherché délibérément l'incident grave pour torpiller la politique de tolérance ? a-t-il simplement cédé à la colère ? Il put se griser, en arrivant à Paris, des acclamations de la foule, mais la nouvelle de la tuerie donna chez les protestants le signal de la levée en armes. De part et d'autre, on se préparait à la guerre.

Catherine fut consternée. Ses efforts d'apaisement étaient réduits à néant, au moment même où se rompait l'équilibre entre les deux camps. Car le roi de Navarre Antoine de Bourbon, premier prince du sang, loin de partager la ferveur huguenote de son épouse Jeanne d'Albret, s'était laissé prendre aux charmes d'une dame de la cour et enjôler par le roi d'Espagne qui lui promettait la Sardaigne en échange de sa Navarre perdue : il était tenu à sa foi première et marchait la main dans la main avec les Guises et Montmorency. Le parti catholique se renforçait dangereusement.

Catherine s'inquiéta. De Montceaux-en-Brie, elle se rendit non pas à Paris, que tenait le Triumvirat, mais à Fontainebleau. Et là, elle fit une démarche singulière, qui fut diversement interprétée. Elle écrivit à Condé, chef du parti réformé, pour solliciter son appui et le prier de la rejoindre au plus vite : « Je vois tant de choses qui me déplaisent, que si ce n'était la

1. Aujourd'hui Wassy-sur-Blaise (Haute-Marne).
2. Plus exactement, Wassy faisait partie du douaire de sa nièce, Marie Stuart.

fiance que j'ai en Dieu et assurance en vous que m'aiderez à conserver ce royaume et le service du Roi mon fils, en dépit de ceux qui veulent tout perdre, je serais encore plus fâchée ; mais j'espère que nous remédierons bien à tout avec votre bon conseil et aide... » Après coup, les protestants voulurent voir là un pressant appel au secours, qui justifiait leur prise d'armes ultérieure. Mais le plus probable est que Catherine souhaite seulement la présence de Condé auprès d'elle à titre dissuasif : s'il est là, les Guises n'oseront pas s'emparer du roi. C'est bien ainsi que Coligny, sur le moment, comprit son message. Il conseilla au prince de n'y pas répondre et mit la reine au pied du mur, l'invitant, puisqu'elle se sentait menacée par les catholiques, à se réfugier dans Orléans, ville solidement fortifiée où les siens faisaient la loi. C'était lui demander de passer ouvertement à la Réforme : ce à quoi elle ne songeait nullement. Envisagea-t-il de l'y forcer ? Il battit en tout cas le rappel de ses soldats, ce dont elle lui fit de très vifs reproches.

Entre-temps les triumvirs, avertis des mouvements de troupes adverses, prirent la menace au sérieux. Ils accoururent à Fontainebleau et contraignirent la cour à regagner Paris, malgré les protestations de Catherine, qui en pleurait de colère, tant elle redoutait qu'on ne la sépare de son fils. « Un bien », qu'il vienne d'amour ou de force, « ne laisse pas d'être toujours un bien », répliqua Guise. Les protestants crièrent à l'enlèvement, déclarèrent se soulever pour délivrer le roi, « détenu captif » avec sa mère et ses frères. Mais à Paris, on traitait la reine avec égards, on ne faisait pas mine de l'écarter du pouvoir. Les protestants l'avaient déçue par leurs exigences. Si elle avait fait appel à eux, c'était précisément pour se dispenser de choisir son camp. Puisqu'on l'y obligeait, elle opta pour le parti dominant. Dès janvier déjà, elle avait ramené ses enfants et ses dames d'honneur au strict respect des pratiques religieuses catholiques. Elle sentait refluer la vague réformée. La France profonde restait attachée à la religion de ses pères, les grands corps et les principaux personnages du royaume également. Si guerre il y avait, il fallait tenter de la gagner, pour imposer aux protestants le statut de dissidents minoritaires. Catherine n'avait pas d'états d'âme quand la survie de l'autorité royale était en jeu. Elle proclama qu'elle n'était nullement captive et elle le prouva en quittant Paris pour regagner son château de Monceaux. Mais la leçon ne fut pas perdue : elle se promit, dès qu'elle le pourrait et quel qu'en fût le coût, d'entretenir auprès du roi une garde permanente.

Entre elle et ses protégés d'hier, le malentendu est complet. Elle les trouve ingrats et arrogants. Eux, qui la voyaient déjà convertie, s'estiment trahis : Esther est devenue Jézabel.

Une guerre affreuse, qui finit bien

Catherine fit à deux reprises d'ultimes tentatives de conciliation, acceptant de se déplacer elle-même pour aller rencontrer sur leur terrain les chefs huguenots armés jusqu'aux dents. Mais comme elle s'obstinait, malgré leur colère, à réglementer plus strictement l'exercice de leur culte – moins par brimade que pour éviter les heurts avec les catholiques –, elle n'avait aucune chance d'être entendue.

La coexistence paraît impossible. Un peu partout, des massacres. Prêtres, moines et religieuses d'un côté, pasteurs de l'autre sont des cibles privilégiées. La grande fureur iconoclaste qui a ravagé l'Allemagne s'empare de la France. Plus encore qu'aux personnes, les réformés s'en prennent aux symboles visibles de la religion rivale : ils brisent les statues des saints, déclarées « idoles », souillent les églises en y logeant leurs chevaux, piétinent des hosties consacrées, dérobent pour les fondre ciboires, calices et reliquaires, violent les tombes, avec une prédilection marquée pour celles des rois et des princes. À Orléans, le cœur de François II, à Bourges le corps de Jeanne de France partent en fumée, le tombeau de Louis XI est saccagé à Cléry et Jeanne d'Albret ne fait pas un geste pour sauver celui des Bourbons, à Vendôme : il est vrai qu'ils ne sont que ses beaux-parents et que leur fils Antoine vient de retomber dans l'erreur papiste.

Pour les contemporains, ces profanations sont infiniment plus graves que le meurtre de simples particuliers. Elles ébranlent l'ordre du monde. Un village privé de la statue familière de son saint patron se sent livré aux forces du mal. Laisser outrager le Christ dans l'hostie, c'est se faire complice d'un crime qui attirera sur le pays la vengeance divine. Dans les viols de sépultures, c'est le lien sacré avec les ancêtres qui est brisé. Derrière la violence huguenote, le peuple aperçoit l'ombre noire, menaçante de Satan. Ainsi s'explique l'horreur des représailles. Non contents de tuer hommes, femmes et enfants, les catholiques s'acharnent sur les cadavres, auxquels ils font subir des traitements ignominieux. C'est leur manière à eux de rendre sacrilège pour sacrilège.

Calvin, prévoyant le désastre, avait tenté de retenir les siens. En vain. La colère des prédicants contre Ronsard après la publication, en 1562, de ses deux *Discours sur les misères de ce temps* prouve que le poète a frappé juste : un « Christ empistolé tout noirci de fumée » rebute plus qu'il n'attire. Le déchaînement de la violence a mis fin aux conversions et il a exaspéré les masses populaires catéchisées par des prédicateurs catholiques parfois exaltés.

Il est trop tard pour ramener les uns et les autres à la raison. Catherine se résigne donc à l'épreuve de force. Comme elle sait que les ressources ordinaires ne suffiront pas à financer la guerre, elle se livre à un étonnant exercice de prestidigitation financière, elle parvient à tirer de l'argent des grands dignitaires de la cour, du clergé, du pape, du duc de Savoie, du roi d'Espagne. Ces deux derniers promettent aussi d'envoyer des troupes qui se joindront aux mercenaires levés à prix d'or en Allemagne. Elle ne souhaitait pas en venir là, on l'a dit. Mais les réformés se sont assuré, eux, le soutien de la reine Élisabeth.

On ne reproduira pas ici la liste de toutes les villes prises et reprises par les uns et les autres. Les royaux se sont emparés de Poitiers et de Bourges. Mais les huguenots, avec pour capitale Orléans, tiennent toute la moyenne vallée de la Loire. Et ils occupent Rouen, qu'il est urgent de leur enlever pour couper la route aux Anglais débarqués au Havre. Catherine tint à surveiller elle-même le siège de la ville, qui se termina heureusement le 26 octobre 1562. Antoine de Bourbon y fut blessé accidentellement et en mourut peu après.

Mais l'armée protestante, sortie d'Orléans, se regroupait sous les murs de la capitale. Faute de pouvoir payer leurs reîtres, les généraux les laissèrent « vivre sur les papistes », leur promirent même « le sac de Paris ». Quand ils se rendirent compte qu'ils n'étaient pas en mesure de prendre la ville, ils tentèrent de rejoindre les Anglais en Normandie. Le connétable de Montmorency leur barra la route à Dreux. Il aurait perdu cette bataille décisive, le 19 décembre, sans l'habileté tactique du duc de Guise, qui avait su garder en réserve des troupes fraîches. Et Catherine put se frotter les mains : à l'issue du combat, les deux généraux en chef, Condé d'un côté, Montmorency de l'autre, étaient respectivement prisonniers du camp ennemi.

Guise mit aussitôt le cap sur Orléans. Dans la cité qui se préparait à soutenir un siège, la haine pour le vainqueur de Dreux faisait rage. Un espion huguenot se mêla à ses troupes, un petit homme basané d'extraction modeste, dont nul ne se méfiait, Poltrot de Méré. La veille de l'assaut, il s'embusqua dans un buisson et tira dans le dos de François de Guise une arquebusade presque à bout portant. Le duc, pour cette tournée d'inspection, avait omis de revêtir sa cotte de mailles. Grièvement atteint, il mourut au bout d'une semaine. L'assassin, arrêté, fit sous la torture des aveux contradictoires, accusant et innocentant tour à tour Coligny d'avoir commandité l'attentat. L'amiral reconnut lui avoir fourni vingt écus pour espionner Guise et cent pour acheter le cheval qu'il montait ce jour-là. Mais il nia avoir donné l'ordre fatal : il avait tenu « pour chose toute frivole » les vantardises de Poltrot projetant de tuer le duc et il n'y avait pas prêté attention. Et il ajouta, avec une franchise arrogante : « Ne pensez pas que ce que j'en dis soit pour regret que j'aie à la mort de M. de Guise ; car j'estime que ce soit le plus grand bien qui pouvait advenir au Royaume et à l'Église, et particulièrement à moi et à toute ma Maison. »

On comprend que cette casuistique n'ait pas convaincu la famille de la victime, qui cria vengeance. Mais la reine mère se satisfit d'une réponse qui lui permettait de ne pas poursuivre Coligny : évitant de pousser trop loin l'enquête, elle hâta la conclusion du procès et le supplice de l'assassin. Elle avait toujours redouté François de Guise. Pas assez certes pour avoir trempé secrètement dans l'attentat, comme tentèrent de le faire croire ses adversaires. Mais puisque d'autres avaient fait la sale besogne, elle n'en était pas mécontente. Du côté catholique, il n'y avait plus personne pour mener la guerre. L'autre parti était militairement en médiocre posture et Coligny suspect. Elle allait pouvoir traiter.

Les deux généraux captifs s'en chargèrent. Le vieux connétable eut à cœur de compenser sa défaillance sur le terrain par son talent de négociateur. Condé, plus jeune, supportait impatiemment sa captivité. Il consentit pour en sortir à signer le 19 mars l'édit d'Amboise, qui dissociait les très grands seigneurs, autorisés à pratiquer leur religion chez eux, des simples fidèles, à qui les lieux de culte étaient chichement mesurés, limités à une seule ville par bailliage, hors des remparts. Rien dans la capitale, farouchement catholique il est vrai. Cette discrimination sociale fut désastreuse pour l'avenir de la religion réformée, qui passa pour un privilège de la noblesse. Calvin traita le prince de « misérable qui avait trahi Dieu en sa vanité ». Catherine, elle, avait atteint son but.

La fin du conflit lui offrit soudain une chance dont elle sut aussitôt tirer profit.

Les réformés, on l'a dit, avaient bénéficié de secours anglais. Ils se sentirent très gênés lorsqu'on sut de quel prix ils les avaient payés. L'Angleterre avait été longtemps chez nous l'ennemi héréditaire. Le souvenir restait vif du temps où ses troupes déferlaient sur notre territoire et la place forte de Calais, dernier vestige de cette invasion, faisait figure de symbole tant pour les Anglais que pour les Français. François de Guise l'avait conquise peu avant le traité du Cateau-Cambrésis. Une des clauses de ce traité stipulait que la France paierait une indemnité de 500 000 couronnes si elle ne la restituait pas au bout de huit ans : moyen élégant de déguiser une cession définitive. Il était également précisé que si Londres reprenait les hostilités, la ville nous serait acquise gratuitement. Or Élisabeth, misant sur nos luttes intérieures, avait cru pouvoir récupérer « sa » ville. En échange de ses secours, les chefs huguenots s'étaient engagés secrètement, par le traité d'Hampton-Court le 20 septembre 1562, à la lui faire restituer. Et en attendant, ils lui abandonnaient à titre de garantie le port du Havre.

La paix civile était revenue, les Anglais occupaient toujours Le Havre, qu'Élisabeth ne voulait lâcher que contre Calais. Coligny et Condé n'avaient pas de quoi être fiers. De quel droit avaient-ils négocié ce qui ne leur appartenait pas et à quoi la

France tenait très fort ? Catherine les laissa discuter en vain avec leur encombrante alliée, puis elle expédia à Londres un envoyé chargé de parler haut et fort. Élisabeth se fâcha et dit imprudemment qu'elle s'était emparée du Havre « non pour le motif de la religion », mais pour se venger des torts que lui avait faits la France et compenser la perte de Calais, « qui était son droit ». On imagine sans peine la fureur des huguenots français qu'elle avait pris pour dupes.

Catherine eut alors la joie de réunir sous les mêmes drapeaux les adversaires de la veille[1], qui s'en allèrent ensemble reconquérir Le Havre. Victoire facile : la place capitula aussitôt. Pendant ce temps, le chancelier proclamait que, l'agression injustifiée des Anglais rendant caduques leurs prétentions sur Calais, ils ne pouvaient prétendre à aucune indemnité. Après quelques semaines d'âpres marchandages, la France offrit à Élisabeth 120 000 couronnes, « à titre d'honnêteté et de courtoisie » et non comme un dû, prit-on bien soin de préciser. Calais était définitivement française.

Du bien beau travail, à porter au crédit de Catherine.

À la proclamation solennelle de la majorité de Charles IX, à Rouen, le 17 août 1563, fut jointe une confirmation de l'édit d'Amboise. Nouveauté inouïe : monarchie et pluralisme religieux se trouvaient officiellement liés. Le jeune roi ordonna aux habitants des villes et des campagnes qui détenaient des armes de les déposer. Il ne pouvait en priver les grands seigneurs, mais il leur interdisait de se faire accompagner par des serviteurs armés. Seul désormais il aurait le droit d'avoir des troupes à son service. Défense était faite à tous ses sujets de faire des collectes d'argent et de nouer intelligence avec des souverains étrangers. L'autorité royale, en théorie du moins, était rétablie.

Quelques mois plus tard, il évoqua devant son Conseil la plainte déposée par les Guises contre Coligny pour l'assassinat du duc et arrêta que le jugement de cette affaire serait remis à trois ans, sans que les parties pussent d'ici là recourir ni à la

1. Sauf Coligny, qui se retira chez lui, à Châtillon.

justice ni aux armes. C'était au moins suspendre la vendetta, à défaut d'y couper court. La reine mère avait de quoi être satisfaite. Tout cela était son œuvre, et Ronsard croyait pouvoir s'exclamer, en style bucolique :

Si nous voyons le siècle d'or refait,
C'est du bienfait
De la Bergère Catherine.

Le siècle d'or ? On en était encore loin. La « bergère » ronsardienne savait que la paix ne se décrète pas d'un coup de baguette magique, cette baguette fût-elle un sceptre royal. Il lui fallait maintenant la faire passer dans les faits.

CHAPITRE III
La pacification manquée

Charles IX est majeur, les armes se sont tues, officiellement du moins. Sa mère a les mains libres enfin. Il faut recoller les morceaux d'un royaume éclaté. La condition : faire cohabiter sans trop de heurts catholiques et huguenots. Elle croit la chose possible, elle y travaille de toutes ses forces et, durant quatre ans, elle y réussit.

Sous prétexte qu'ensuite la guerre a repris, plus féroce que jamais, les historiens dénoncent parfois la duplicité de Catherine, dont la politique de tolérance ne serait qu'un leurre avant l'hallali. Mais la modération avec laquelle elle exploite sa victoire sur le terrain, les efforts qu'elle déploie pour désamorcer les vengeances privées montrent qu'elle ne cherche pas à éliminer les réformés, mais seulement à contenir leur expansion, qui lui paraît une menace pour le royaume. Devant la portion congrue qu'elle leur offre, proportionnée à leur nombre réel, on se demande parfois s'ils ne regrettent pas le temps de la persécution, plus gratifiante et génératrice d'enthousiasme contagieux. Ils ont cru, l'espace d'une année, que leur foi triompherait en France. Un grand espoir déçu, une profonde rancœur les animent contre la reine mère, qu'ils rendent seule responsable de ce désastre. Les plus résolus guettent l'occasion de reprendre leur marche conquérante. Mais ils ont maintenant face à eux un parti catholique organisé.

Faut-il donc avoir, avec d'autres historiens, un sourire de pitié pour la suffisance ou la naïveté de Catherine, qui croit amadouer les grands fauves avec des sourires et prend ses désirs pour des réalités, la pauvre ? Ils se trompent. Elle est trop intelligente, trop bien informée aussi. Il ne suffit pas, en ce monde, de dire « *Fiat pax* » pour que la paix soit : elle ne se prend pas pour Dieu le père. L'autosatisfaction qu'elle affiche dans ses lettres à sa fille Élisabeth est à usage externe ; il lui faut rassurer Philippe II qui ne cesse de la harceler, l'invitant à mettre les réformés hors la loi. Elle n'est pas dupe de sa propre rhétorique. Elle sait bien que les combattants ont consenti seulement à une pause, dont ils profiteront pour se refaire une santé. Non, elle n'a pas d'illusions. Mais elle a beaucoup de courage. Elle en aura grand besoin.

Supposer le problème résolu aide parfois à le résoudre. En feignant de prendre pour une vraie paix ce qui n'est qu'une trêve, elle impose à ses partenaires un comportement pacifique. En traitant les belligérants comme si elle les croyait réconciliés, elle les oblige eux aussi à faire semblant de le croire. Et c'est déjà quelque chose qu'ils consentent à se rencontrer, à se parler, à s'embrasser, même s'ils sont pleins d'arrière-pensées. Ils s'accoutument à vivre ensemble et c'est énorme. Elle compte sur le temps pour les réapprivoiser à une vie normale. Elle compte aussi sur les liens familiaux ou féodaux qui interfèrent avec les antagonismes religieux. N'a-t-elle pas vu de ses yeux, lors de ses essais de conciliation, fraterniser sa suite avec celle de Coligny ? Parents, amis s'émouvaient de ces retrouvailles avant le combat. Elle espère les faire se retrouver à nouveau sur un terrain moins dangereux.

A-t-elle pleinement partagé, en son for intérieur, le rêve humaniste d'une monarchie d'inspiration néoplatonicienne, faisant du roi un thaumaturge participant à l'harmonie universelle et chargé de réaliser ici-bas, dans le microcosme qu'est son royaume, la mystérieuse union des contraires qui régit le macrocosme ? A-t-elle vraiment cru que catholiques et huguenots consentiraient à être, comme l'eau et le feu, le chaud et le froid, les composantes d'une France pacifiée ? C'est possible. Le réalisme n'exclut pas chez elle, au contraire, la foi dans les influences surnaturelles. Qu'elle ait mesuré l'impact que pouvaient avoir sur les esprits de pareils thèmes, magnifiés par la littérature et les arts, est certain.

C'est pourquoi, tout en prenant une série de mesures administratives destinées à remettre de l'ordre dans le royaume, elle s'efforça aussi, par la magie des fêtes et célébrations collectives, de rendre à la monarchie cohésion et rayonnement et d'en inscrire la légitimité dans l'ordre même du monde.

Catherine fait le ménage

Elle commence par réorganiser le Conseil. Un Conseil élargi, représentatif de l'ordre nouveau, où elle fait entrer, aux côtés d'une douzaine de catholiques purs et durs, les six plus notables réformés, dont Coligny, ce même Coligny que le parlement de Paris avait déclaré rebelle et condamné à mort par contumace quelques mois plus tôt. Elle le peuple surtout d'un bon nombre de modérés, qui, nettement majoritaires, y soutiendront sa politique de tolérance – le plus illustre d'entre eux étant le chancelier Michel de L'Hôpital.

À l'égard de Rome, elle met les points sur les *i*. Elle avait renvoyé à Trente les cardinaux français munis de propositions conformes aux vœux d'une partie de l'opinion catholique : chants liturgiques en français et communion sous les deux espèces. Moyennant quoi elle s'engageait à lutter contre les superstitions liées au culte des saints et à l'usage des indulgences. Ils lui revinrent avec l'injonction impérative de faire appliquer en toute rigueur les décisions du concile. Pie IV la rappelait à l'ordre en proposant, au lieu d'une réforme de l'Église, la « réformation des princes », un ensemble de mesures soumettant étroitement ceux-ci à son autorité. Il menaçait de faire déposer la reine de Navarre pour hérésie. Solidarité monarchique oblige : Catherine vola au secours de sa cousine en répliquant vertement au pape qu'il « n'avait nulle autorité et juridiction sur ceux qui portent le titre de roi ou de reine ». En la remerciant, Jeanne d'Albret, qui ne manquait pas d'esprit, se déclara impatiente d'aller « lui baiser les pieds de meilleure affection qu'au pape ». L'Église gallicane, solide appui du trône, restait fidèle à ses traditions d'indépendance.

Pour lutter contre la désobéissance généralisée, la montée de l'anarchie, Catherine entreprend de faire respecter les édits. Si imparfaits qu'ils soient, ils proposent des règles précises, délimitent un cadre dans lequel doit s'exercer la légalité. Il est bien fini le temps où elle engageait les magistrats à ne pas les appliquer. Tous sont invités à s'y plier, les catholiques comme les protestants, les juges comme leurs justiciables. Le roi est prêt à accueillir les plaintes de part et d'autre et promet de sévir équitablement contre tous les coupables. Dans la pratique, la chose n'est pas toujours facile et l'on citera sans peine des cas concrets où la réalité ne répond pas aux intentions proclamées. Mais il est capital que le désir d'impartialité existe et qu'il s'affirme dans la loi. Très sagement, Catherine donne l'exemple, commence par mettre chez elle l'ordre qu'elle prétend imposer aux autres. Les grands seigneurs huguenots sont priés de s'abstenir de psaumes et de prêches dans l'entourage immédiat du roi. Renée de France elle-même, la fille de Louis XII, dut obtempérer. Au laxisme d'antan fait place une tolérance soigneusement réglementée.

La reine tente de s'attaquer également aux racines du mal. Ses juristes élaborent toute une série de réformes destinées à réduire les divers abus qui entretiennent le mécontentement. Travail de longue haleine, dans le détail duquel on n'entrera pas ici, mais qui fait apercevoir en elle de remarquables qualités d'administratrice. Elle eût été fort bonne « ménagère » comme on disait alors, si le temps et les moyens ne lui avaient manqué.

Et elle réorganise la cour.

La cour, « vrai Paradis » ou « nouvelle Babylone » ?

Avouons-le, la cour de Catherine de Médicis a très mauvaise réputation. Ce ne fut pourtant pas le lieu de perdition évoqué avec une indignation scandalisée ou une complaisance gourmande, où dames et demoiselles composant le trop fameux « escadron volant » payaient gaillardement de leur personne pour détourner du devoir les gentilshommes des deux camps : entreprise de proxénétisme officiel placée sous le patronage cynique de la reine mère. La vérité est beaucoup plus nuancée.

Catherine a gardé de la cour sous François Ier et Henri II un souvenir ébloui, en même temps que la conviction qu'elle constitue pour la royauté un incomparable instrument de prestige et de pouvoir. Dès que les circonstances le lui permettent, elle renoue avec la tradition. La cour, ce sont d'abord des femmes, un essaim de dames et de demoiselles de qualité qu'elle a choisies pour leur beauté, leur charme, leur talent à deviser, à chanter, à danser. Un honneur pour les familles des élues, qu'elle nourrit, habille, dont elle assure l'entretien et souvent l'avenir. Un ornement pour la cour qu'elles égaient de leur élégance et de leur grâce. Incarnant la féminité à laquelle elle-même a renoncé, elles soulignent par contraste la singularité de cette reine à l'austère tenue de veuve. Écrin de soie et d'or pour une pierre noire, elles font de Catherine un être à part, quasi sacré, beaucoup plus reine que si elle prétendait rivaliser avec elles en essayant de réparer des ans et de la nature l'irréparable outrage. De ses handicaps – sa laideur, son âge –, Catherine est experte à faire des atouts.

Qu'elle ait vu dans la séduction exercée par les dames de sa suite sur les gentilshommes un moyen d'action politique est évident. Le repos du guerrier invite au divertissement. Dans les cités et les châteaux régis à la genevoise sous la rude férule des ministres réformés, le climat est à l'austérité. Lorsque les armes sont au râtelier et qu'ils n'ont plus que psaumes et prêches pour agrémenter le quotidien, certains s'ennuient. Ils n'ont pas tous pour la culture de leurs vignes les mêmes penchants que Coligny. La cour reconstituée exerce sur eux un attrait puissant, qui fait tempêter Calvin et trembler pour son fils la reine de Navarre. Mais les admonestations sont sans prise sur un Louis de Condé, « Ce petit homme tant joli, / Qui toujours chante, toujours rit / Et toujours baise sa mignonne… », comme dit une chanson. Pendant qu'il lui « fait l'amour », il ne fait pas la guerre, et c'est tant mieux pour le royaume.

Attention, « baiser » signifie alors embrasser et « faire l'amour » veut dire courtiser, rien de plus – du moins en principe. Loin de jeter ses filles d'honneur, comme on l'a dit, dans le lit des grands seigneurs, elle veille strictement à la bonne tenue générale, limite l'accès à la chambre des dames, interdit les conversations en tête-à-tête sans chaperon, réglemente les privautés permises avec une parcimonie qui ferait sourire une gamine d'aujourd'hui : « Assises sur une chaise, elles peuvent, sans choquer la décence, inviter leurs compagnons à s'asseoir à leurs côtés. Assises au sol, elles acceptent qu'ils posent un genou en terre. Mais s'allonger auprès d'elles, comme cela était naguère la mode, est réprouvé. » On est loin de ce que se permettait en public Henri II avec sa belle favorite.

Sur les faiblesses de celles qui avaient l'imprudence de s'abandonner, on fermait les yeux : elles étaient libres « d'être religieuses aussi bien de Vénus que de Diane », mais il leur fallait se garder de « l'enflure du ventre ». Malheur à celles dont le déshonneur éclatait. Elles étaient bonnes pour le couvent, comme Isabelle de Limeuil qui cacha sa grossesse jusqu'au bout, accoucha en catastrophe dans l'antichambre de la reine et expédia à Condé dans un panier le fils qu'elle avait eu de lui. Brantôme s'est complu à relater des scandales dont il reconnaît qu'ils furent peu nombreux. Il qualifie lui-même la cour de Catherine d'école de vertu et bonnes mœurs et de « vrai Paradis » sur terre.

Le souci tout extérieur des convenances n'est pas seul en cause dans le soin mis par la reine à faire régner la décence autour d'elle. Il y a un vieux fond de moralisme chez celle qui fut toujours la victime des écarts amoureux masculins : pour ce qui lui fut refusé, elle éprouve peu d'indulgence. Il y a aussi un sens psychologique et politique très sûr.

Catherine veut fixer durablement les guerriers à la cour. Ce n'est pas en laissant ses filles succomber trop vite qu'elle y parviendra : désirables et longuement désirées, elles seront beaucoup plus efficaces. Elle tente de rétablir, comme au bon vieux temps, le « service de courtoisie », qui astreint l'amoureux à d'interminables épreuves probatoires. Elle sait pour l'avoir vu à travers son mari ce que peuvent auprès d'un jeune homme les faveurs savamment distillées d'une femme plus expérimentée, qui le dégrossira, le formera, le polira, et le tiendra longtemps sous sa coupe. Jeanne d'Albret n'a pas tout à fait tort quand elle signale que l'initiative vient souvent des femmes : ce sont elles « qui prient les hommes », et non l'inverse. La chose n'a rien d'une invitation à la débauche, au contraire. Le duc de Bouillon, un huguenot lui aussi, évoque avec nostalgie dans ses *Mémoires* son entrée à la cour en 1568 – il avait treize ans –, lorsque son oncle lui donna pour maîtresse Mlle de Châteauneuf : « laquelle je servais fort soigneusement autant que ma liberté et mon âge me le pouvaient permettre. [...] Elle se rendit très soigneuse de moi, me reprenant de tout ce qui lui semblait que je faisais de malséant, d'indiscret ou d'incivil. [...] Je ne saurais désapprouver cette coutume d'autant qu'il ne s'y voyait, oyait, ni faisait que choses honnêtes... » Et de blâmer l'immodestie et la vulgarité des mœurs sous le règne de Henri IV. Ce satisfecit rétrospectif est la preuve du succès de Catherine.

Mais le rétablissement de la cour avait bien d'autres buts que de retenir auprès du roi les gentilshommes indisciplinés. Il prétendait marquer un retour au passé, au temps où toute la noblesse communiait dans un même amour de la monarchie, de ses pompes, de son faste. Un retour à un avant-guerre qui faisait figure d'âge d'or. C'était signifier au pays tout entier ainsi qu'aux souverains étrangers que la France redevenait elle-même.

Une initiative audacieuse : le grand tour de France

C'est une signification analogue que revêt le grand tour du royaume, organisé par Catherine, qui jeta le roi, sa famille, ses serviteurs et sa cour sur les routes pendant plus de deux ans, du 24 janvier 1564 au 1er mai 1566.

Ce voyage s'inscrit dans la tradition des grandes parades itinérantes que François Ier avait naguère érigées en moyen de gouvernement. Le roi rend visite à « ses peuples » – le pluriel respectant ici la diversité du tissu provincial –, à ses grands vassaux, à ses bonnes villes : occasion de festins, de fêtes, de tournois, d'entrées solennelles qui rendent sensible à tous leur appartenance à une même communauté. Il s'y ajoute, dans le cas de Catherine, un programme de visites familiales et diplomatiques à la fois : en allant voir sa fille Claude en Lorraine, sa belle-sœur Marguerite à Lyon[1], sa fille Élisabeth à Bayonne, elle cherche des appuis pour sa politique. C'est aussi, pour le jeune roi et ses frères, le moyen de découvrir le royaume, dans la diversité de ses paysages et de ses hommes.

Mais dans les circonstances où il intervient, ce voyage si conforme à la tradition est une démarche politique d'une

1. Lyon était alors ville frontalière de la Savoie, dont Marguerite était duchesse.

extraordinaire audace, un acte de foi dans le loyalisme monarchique d'un pays déchiré, encore secoué de violences.

À Paris, cité très catholique, Catherine a failli déclencher une émeute en se montrant dans les rues aux côtés du prince de Condé. Un garde de la princesse a été tué à la portière même du carrosse où se trouvait celle-ci, terrifiée. Peu après Charry, mestre de camp des troupes royales et homme lige de la reine mère, est attaqué et abattu en pleine rue. Accidents, provocations, vendettas ? comment savoir ? Le « motif de religion » couvre bien d'autres crimes. En province, les villes abritées de remparts sont autant de petites places fortes que l'on se dispute et où se retranchent les vainqueurs, qui les administrent en toute indépendance. Les désordres ont renforcé sur place le rôle des nobles, dont la population recherche comme jadis la protection : multiplication des potentats locaux, retour à la féodalité. À tous ceux-là, qui bafouent l'autorité du roi ou ont tout simplement cessé de croire en elle et choisi de l'ignorer, il faut montrer qu'elle existe et qu'elle est porteuse de paix. C'est un pari hasardeux. Il faut feindre de croire la pacification acquise si l'on veut la faire progresser, faire confiance à ceux dont on a toutes raisons de se défier, pour les contraindre à y répondre par la confiance.

Le seul fait d'entreprendre ce voyage comporte un message très clair et très fort. Le roi existe, on peut le voir, lui parler. Il est là, auréolé de la pompe qui convient à sa personne sacrée. Le roi n'a pas peur de ses peuples, il les aime, il va vers eux, il les associe comme autrefois à la célébration de sa grandeur.

À cette restauration des fastes monarchiques participe toute la haute noblesse : et c'est là encore un trait traditionnel. Mais la nouveauté est qu'on montre au peuple une cour où se côtoient des gentilshommes des deux religions, membres dirigeants des factions rivales, et où les liens du sang prévalent sur les antagonismes confessionnels. Le prince de Condé et le duc de Nemours se mesurent à la paume, dansent et coquettent de conserve, se jurant mutuellement « d'être toujours joyeux et bons amis et de ne pas chercher à troubler la conscience de l'autre » : vivante image de la pacification et de la réconciliation tant désirées.

Catherine compte sur le voyage pour faire de cette image une réalité. Après la victoire du Havre, il ne faut pas laisser se défaire la fraternité un instant renouée entre les grands par la guerre étrangère en les renvoyant chez eux, libres pour l'agitation subversive. Le grand tour de France sera pour eux un substitut d'expédition militaire. À la guerre, on ne se bat pas toujours. Il y a d'agréables à-côtés, qu'un voyage pacifique peut également fournir. Tout est affaire d'intendance. Catherine s'y entend.

Un programme bien conçu

À quarante-cinq ans, elle est dans la pleine force de l'âge. Elle porte allégrement un embonpoint « très riche », qui inquiète ses médecins et lui joue parfois des tours imprévus, comme le jour où l'escalier se révéla trop étroit pour la laisser accéder à l'étage de la maison qui devait l'héberger. Mais elle marche « si lestement que personne de la cour ne la saurait suivre ». Elle a toujours aimé chasser, accompagnant son fils à la poursuite des cerfs jusque dans les fourrés les plus épais, « esquivant les taillis et les rameaux des arbres » comme un cavalier émérite. Une grave chute de cheval qui, à la fin de l'été 1563, entraîna une trépanation, ne l'a pas découragée : tout au plus apporte-t-elle davantage de soin au choix de ses montures, de fortes et placides haquenées. Elle joue au palet, tire à l'arbalète, pratique tous les « honnêtes exercices », même les plus masculins. L'activité physique aiguise son appétit, qu'elle a naturellement énorme : elle faillit crever d'indigestion, dit-on, pour « avoir trop mangé de culs d'artichauts et de crêtes [et] de rognons de coq ». Le soir, parmi les dames de la cour, la voici redevenue femme, occupée à des travaux d'aiguille où « elle était toute parfaite », si réputée qu'un dessinateur vénitien lui dédia son recueil de motifs pour broderies. Elle aime la conversation, les bons mots, même gaillards, le théâtre, les joyeuses facéties de la comédie italienne. Elle n'est pas « mélancolique » : c'est à ses yeux une force. Malgré des rhumatismes, des « catarrhes » et divers maux qui l'obligent parfois à s'aliter, elle déborde de vie et de vitalité. Elle veut tout savoir, tout voir, tout diriger.

Le grand tour de France est son œuvre, jusque dans les moindres détails. À peine réglée la question de Calais, elle met sur pied son projet de voyage. Il faut faire vite. La saison est déjà avancée ? qu'importe ? On quitte Paris en plein mois de janvier. Brève halte à Saint-Maur, un château encore rustique, qu'elle fera trois ans plus tard transformer et décorer par Bullant. Le 31 janvier, la cour est à Fontainebleau, où est fixé le rendez-vous général. Une halte de six semaines donne aux participants un avant-goût des plaisirs qui les attendent, s'ils acceptent de jouer le jeu : une sorte de banc d'essai, destiné à tester la viabilité de l'entreprise. Résultat concluant : comédies, joutes, bals, festins ont rapproché les ennemis de la veille. Ronsard avait écrit pour les enfants princiers une *Bergerie* où Orléantin et Navarrin – entendez le futur Henri III et le futur Henri IV – papillonnent autour de la séduisante Margot, sœur du roi. On lui préfère une tragédie qu'un adaptateur anonyme a tirée de l'Arioste, *La Belle Genièvre :* les acteurs en sont également, non des professionnels, mais les plus grands personnages de la cour. Puis, lors d'un tournoi de fantaisie, des chevaliers prennent d'assaut un château fort de carton-pâte et enlèvent à ses défenseurs six belles dames en costumes de nymphes. On est en période de carnaval : il est permis de s'amuser.

Le 13 mars, le lourd cortège se met en route. Pour le roi et pour sa mère, d'énormes coches traînés par six chevaux, qui amplifient le moindre cahot, et des litières de voyage portées par des mules, dont le balancement donne le mal de mer. Il est prévu aussi des litières de parade découvertes, pour les entrées dans les villes. Les écuries regorgent de montures splendides, dont une haquenée blanche destinée à la reine d'Espagne. Le personnel domestique suit, médecins, cuisiniers, musiciens, poètes, parmi lesquels Ronsard. Et les fous et les nains, qui ont leur propre « maison » en miniature autour de la naine préférée de Catherine, nommée Folle-en-pied. Et la ménagerie : on a laissé à Amboise les lions offerts par Côme de Médicis, mais les ours sont là, tenus en laisse par un anneau qui leur traverse le nez. Il y a également une guenon, un perroquet, des faucons, une nuée de chiens de toutes races. Une longue théorie de chariots et de bêtes de somme transporte les vêtements d'apparat, la literie, la vaisselle, plus les costumes et accessoires nécessaires aux ballets et aux comédies. Dans cette « capitale ambulante », la présence de quelques soldats se fait discrète. Ce n'est pas une expédition militaire : le grand cirque royal apporte la paix.

Dans ses bagages, Catherine traîne le Conseil, les secrétaires, les juristes, les ambassadeurs étrangers, tout ce qui est nécessaire à l'exercice du gouvernement. Jamais sa capacité de travail n'a été aussi grande, elle ne cessera, pendant les deux ans que dure le voyage, de suivre par elle-même, de très près, l'administration du royaume et de diriger l'activité diplomatique. Elle continue d'écrire chaque jour des dizaines de lettres, de lire toutes celles qu'on lui envoie, de recueillir les informations, d'écouter les doléances. Infatigable, elle veille à tout. Si elle est parfois tendue, aux aguets, inquiète, c'est qu'elle est consciente des risques courus. Elle sait que ses fils sont prompts à faire des sottises, que les grands féodaux ne sont pas sûrs, que la haine religieuse couve et que le moindre incident peut mettre le feu aux poudres. Les divertissements qu'elle organise ne la divertissent pas toujours : elle est bien trop occupée à en supputer l'efficacité. La fête est pour les autres.

Elle est très réussie.

Le voyage est par lui-même distraction. Il occupe le corps et l'esprit. Il rapproche les hommes, surtout les plus jeunes, dans les péripéties de la route, la promiscuité des gîtes de fortune, les intempéries, les accidents. Ils chevauchent, festoient, dansent, dorment ensemble. Les adolescents, moins surveillés qu'à l'ordinaire, complètent leur éducation sexuelle. Dans les villes, tous défilent aux côtés du souverain, prennent leur part des honneurs qui lui sont prodigués, s'éblouissent des spectacles offerts. Les joutes amicales, remplaçant les affrontements sanglants, proposent à leur agressivité un exutoire inoffensif. Ils miment sur scène « le théâtre commun du monde », où les hommes sont les acteurs, et la fortune toujours maîtresse : invitation à se soumettre à ses décrets, qui sont ceux de la providence.

On ne s'en va pas au hasard. L'itinéraire a été très étudié. Inutile de retourner en Normandie : la province vient d'être pacifiée et honorée de la présence du roi, pour la proclamation de sa majorité. On choisit d'aller d'abord vers l'Est, une région où dominent les catholiques, qu'il faut ramener à la modération. Un détour par Sens, qui a égorgé deux ans plus tôt ses huguenots et se confond en louanges, puis l'on s'en va passer à Troyes les fêtes de Pâques. Le roi y touche les écrouelles, il lave les pieds à treize pauvres et sa mère en fait autant à treize jeunes filles méritantes, tandis que les membres réformés de la cour s'en vont célébrer la cène sans encombre à quatre milles des remparts. C'est dans cette ville que Catherine a choisi, symboliquement, de signer avec l'Angleterre le traité qui consacre la récupération de Calais, effaçant celui qui, cent quarante ans plus tôt, au même endroit, avait livré la France aux Anglais. À Bar-le-Duc, Catherine est la marraine de son premier petit-fils, l'enfant de sa fille Claude et du duc de Lorraine, qu'on baptise en grande pompe. Et Ronsard, dans la mascarade qui suit, prête sa voix aux quatre éléments et à quatre des planètes pour célébrer la gloire du « plus grand roi du monde ».

De là, on met le cap sur la Bourgogne, où le gouverneur, Tavannes, fait régner l'ordre sans ménagements excessifs. Les réjouissances organisées par le vieux soldat sont brutales et l'assaut fictif d'un fort artificiel, accompagné de vraies canonnades, jette la terreur parmi les femmes de l'assistance. À Chalon, on prend le bateau pour descendre la Saône jusqu'à Mâcon. On entre alors, non sans quelque appréhension, dans les provinces à forte concentration huguenote. Est-ce un hasard ? c'est là que la reine de Navarre a choisi de se porter à la rencontre du cortège. Le moment est venu de présenter un portrait de cette femme hors du commun, que nous n'avons fait jusqu'ici qu'entrevoir de profil.

Jeanne d'Albret

Née en 1528, elle est la seule survivante des enfants de Henri d'Albret et de Marguerite d'Angoulême, sœur de François Ier. La loi salique n'a pas cours dans la petite Navarre française, dont elle est l'héritière de plein droit. Elle est reine.

Elle tient de ses parents une énergie peu commune, ainsi qu'une haute conscience de son rang et de ses droits. Elle partageait les brillantes espérances matrimoniales qu'ils nourrissaient pour elle : son père songeait à la donner au fils de Charles Quint, sa mère souhaitait au moins un parti de sang royal.

Mais François Ier, se réservant de la faire servir à ses desseins politiques, la leur retira, la séquestra quasiment et la proposa au duc de Clèves pour prix de son alliance. Elle avait treize ans, une volonté bien arrêtée et le sentiment d'être trahie par sa mère. Elle osa, elle, dire en face au roi qu'elle ne voulait pas d'un tel époux. Cette rébellion aggrava son cas : il n'était pas admis que les enfants de son âge désobéissent. On recourut à la force : une bonne fessée lui fut administrée par sa gouvernante. Il fallut la porter jusqu'à l'autel, engoncée dans une robe alourdie d'or sous laquelle elle se débattit en vain, et on dut faire semblant de prendre pour consentement les protestations qu'elle marmonnait.

Par bonheur, le marié n'était pas là en personne, il chargea son ambassadeur d'un simulacre de consommation – une jambe nue dans la couche nuptiale –, et il eut la bonne idée de se faire battre à plate couture par l'empereur. Du coup, François Ier, qui n'a plus besoin de lui, consent à une annulation. C'est chose facile : la fameuse fessée, dont Marguerite assume la responsabilité pour les besoins de la cause, est là pour faire la preuve du défaut de consentement. Mais, pas découragé pour autant, le roi lui impose un autre mari et les plaintes de sa sœur sont impuissantes à le fléchir. Pas de souverain étranger, qui risquerait d'intriguer en Navarre. On songea un instant – ironie du sort – à François de Guise en qui elle verra plus tard son pire ennemi. Elle est finalement donnée au premier prince du sang, Antoine de Bourbon : un parti honorable certes, mais que sa famille juge indigne d'elle.

Est-ce l'épithalame de Ronsard qui lui a porté bonheur ? À la stupéfaction générale, l'intraitable fillette tombe éperdument amoureuse de lui. « Je ne vis jamais mariée plus joyeuse que celle-ci ; et ne fit jamais que rire », s'exclama Henri II, aussi satisfait que surpris. On avait tort de s'étonner : pour un caractère entier comme celui de Jeanne, c'est toujours tout ou rien. Avec Antoine, la lune de miel va durer quelques années, comme en témoigne une tendre correspondance qui est parvenue jusqu'à nous : « Ma mie [...], je n'eusse jamais pensé vous aimer tant que je fais. Je délibère[1] bien, une autre fois,

1. J'ai bien l'intention...

quand je ferai long voyage, de vous avoir toujours avec moi, car tout seul je m'ennuie », lui écrit son très charmant époux, qui se plaint, dans une autre lettre, de « cette nuit passée au lit sans [elle] ». Lorsque la guerre les sépare, Jeanne le rejoint en cachette, à l'arrière du front, le temps de quelques rencontres, d'où naîtront leurs premiers enfants. En 1552, il attend la prise d'Hesdin, où il vient de s'illustrer, pour aller la retrouver, « avec aussi bonne dévotion de faire bonne chère, lui dit-il, que j'eus jamais en ma vie... »

Hélas, les épreuves surviennent, et les affectent différemment. La mort accidentelle de leur premier-né, étouffé dit-on par des langes trop serrés, marque beaucoup Jeanne, qui se sent obscurément coupable. Antoine tente de la consoler : ils sont jeunes, Dieu peut leur en donner une douzaine d'autres. Et déjà il lui reproche son tempérament inquiet, qui la conduit à tracasser ceux qu'elle aime. Dès avant son mariage se sont manifestés chez elle les premiers signes d'une tuberculose qui couve lentement : les écrouelles ont laissé des marques sur son cou. Elle se fatigue vite et sa gaieté de jeune mariée n'est plus qu'un lointain souvenir.

On ne sait quand la désunion s'est glissée dans le couple : il n'était pas d'usage, chez les maris de ce temps, de garder longtemps fidélité à leur femme. Les séparations étaient trop fréquentes, les tentations trop nombreuses et le très séduisant Antoine trop léger pour résister aux plaisirs qui s'offraient. La déconvenue fut d'autant plus rude pour Jeanne qu'elle l'avait davantage aimé.

On ignore aussi quel chemin les conduisit tous deux à la Réforme. L'adhésion d'Antoine, qui se déclara le premier, fut peu solide et la politique y eut autant de part que la religion. Jeanne, au contraire, attendit la Noël de 1560, à Pau, pour abjurer solennellement et définitivement le catholicisme, au terme d'une maturation profonde. Plus intellectuelle que son mari, dotée par sa mère d'une forte culture humaniste et initiée très tôt par elle à l'Évangélisme, elle a une exigence de spiritualité que renforcent les épreuves – déceptions conjugales, mort accidentelle d'un autre fils, puis d'une fille à la naissance –, elle se tourne vers Dieu avec l'appétit d'absolu qui l'habite et trouve dans le calvinisme, en même temps que des certitudes rassurantes, la confirmation de son propre pessimisme : le monde corrompu, miné par les forces du mal, est haïssable, mais la foi sauve les justes et leur promet le ciel.

Le conflit entre les époux prend un tour aigu lorsque Antoine, fidèle au catholicisme, presse sa femme d'en faire autant : « Plutôt que d'aller à la messe, si elle avait son royaume et son fils en la main, elle les jetterait tous deux au fond de la mer. » Au printemps de 1562, après le massacre de Vassy, elle quitte Paris : sa fille l'accompagne, mais elle doit laisser Henri, huit ans, aux côtés de son père, qui s'applique à le ramener à la foi romaine.

L'abjuration, puis la mort d'Antoine renforcent ses convictions. Sa qualité de reine la désigne comme porte-parole des réformés, lorsqu'il s'agit d'exiger la liberté de culte : « Nous mourrons tous plutôt que de quitter Dieu et notre religion, laquelle nous ne pouvons tenir sans exercice, non plus qu'un corps ne saurait vivre sans boire et manger. » Formule superbe, dont on regrette qu'elle soit à sens unique : Jeanne omet de prêter à ses sujets catholiques les mêmes besoins et leur refuse la messe. Intolérante, comme tous les intégristes, elle n'hésite pas à imposer par la force à ses Béarnais rétifs une existence tout entière régie par des prescriptions religieuses rigides. Plus de cérémonies fastueuses, plus de fêtes, plus d'images ni de statues, plus de théâtre, l'austérité dans le costume, le langage, les occupations, les mœurs : tout le contraire de ce qu'offre Catherine à la cour reconstituée. Deux veuves, toutes deux drapées de noir – Catherine laisse le luxe aux autres –, toutes deux intelligentes et volontaires, qui se font toutes deux la plus haute idée de la fonction de roi, sont la vivante incarnation de deux civilisations incompatibles.

Que faisait donc Jeanne à Mâcon, à attendre la cour ? Cette forte femme a un seul faible : son ambition maternelle. La place du jeune Henri, premier prince du sang depuis la mort de son père, est à la cour : elle ne peut l'en arracher sans déclarer la guerre au roi, et donc compromettre l'avenir de l'enfant. Dans un esprit de conciliation, Catherine lui a rendu la haute main sur l'éducation du garçon, qui a vu ses maîtres catholiques remplacés par des huguenots et qui a repris le chemin de la cène, aux lieu et place de la messe. Mais Jeanne craint la contagion d'une société dissolue. En venant remercier la reine de son soutien contre les anathèmes pontificaux, elle s'assurera de la bonne santé spirituelle de son fils.

À Mâcon, son arrivée n'est pas passée inaperçue, c'est le moins qu'on puisse dire. Et Catherine en profite pour marquer clairement, face aux protestants, les limites à ne pas dépasser.

Voyage en pays huguenot

Jeanne entra dans Mâcon flanquée de huit ministres tout de noir vêtus, escortée d'une troupe de trois cents cavaliers : on n'est jamais trop prudent. Dans les rues déjà décorées en vue de la Fête-Dieu, ces funèbres figures avaient l'air très incongru. Plus on les regardait de travers, plus elle était satisfaite : elle aimait assez la provocation, quand c'était pour la bonne cause.

Le lendemain, tandis que la procession conduite par son beau-frère, le cardinal de Bourbon, serpentait dans les rues de la ville en liesse, elle laissa ses serviteurs, le chapeau vissé sur la tête, proférer des insultes à l'adresse du Saint Sacrement. Le scandale n'était pas encore apaisé lorsque Catherine débarqua à Mâcon deux jours plus tard. Réplique immédiate : la reine organisa une nouvelle procession et Jeanne, sommée d'y assister respectueusement avec tous ses Béarnais la tête dûment découverte, obtempéra.

Pas d'incident, Catherine en était quitte pour cette fois. Mais le voyage à travers les provinces qui avaient vécu un temps sous la loi huguenote ne s'annonçait pas de tout repos. Elle décida de prendre les devants.

Le culte réformé fut interdit dans les villes traversées par le roi, pour la durée de son séjour. Par elle-même, la mesure est de peu de conséquence tant ses visites sont rares ; mais elle suscite l'indignation des réformés parce qu'ils en perçoivent la forte signification symbolique. Depuis saint Louis, le roi de France s'engageait, par le serment du sacre, à défendre le catholicisme et à chasser de ses terres les hérétiques. Et le petit Charles IX n'avait pu retenir ses larmes lorsque le cardinal de Lorraine lui avait dit en recevant sa parole : « Quiconque conseillerait à Votre Majesté de changer de religion lui arracherait en même temps la couronne de la tête. » L'interdiction récente lève toute ambiguïté sur la foi du souverain : il restera fidèle à la religion de ses ancêtres.

Mais il ne fera pas sienne la seconde partie du programme. Pas question de persécuter les « hérétiques », au contraire. Il a promis à tous bonne justice. Son voyage le rapproche des plaignants, catholiques et réformés, encouragés à lui faire part directement de leurs doléances. En invitant son fils à remplir cette fonction de roi justicier intervenant en personne pour régler les litiges, Catherine se place dans le droit fil de la tradition. Elle, une femme, une étrangère, a compris que la monarchie française repose sur un lien personnel, organique, vital entre le roi et ses sujets. Et elle a tout mis en œuvre pour revivifier ce lien.

À Lyon, l'église des Cordeliers, transformée en temple, vient d'être rendue au culte catholique. Mais le climat est tendu : le terrible baron des Adrets, de sanglante réputation, se fait le porte-parole des réformés spoliés. L'éclat des fêtes cependant couvre les rumeurs. Le roi a été accueilli par un cortège où marchaient deux par deux, côte à côte, des enfants des deux religions, aisément identifiables à leurs insignes. Les défilés des communautés étrangères, Florentins, Milanais, Allemands, en costume national ont presque éclipsé les allégories et les divinités mythologiques. Lyon, ville cosmopolite qui vit du grand commerce et de la banque, ne peut se permettre d'être intolérante : en dépit de la proximité de Genève, le calvinisme, quoique très puissant, n'y fera pas la loi. Dans ses riches boutiques, Catherine fait des achats. Elle revoit un portrait qu'avait fait d'elle en 1548 le peintre Corneille de Lyon et la robe qu'elle portait alors, « à grandes manches de taille d'argent fourrée de loups-cerviers », lui arrache un sourire.

Une épidémie de peste se déclare, la cour s'enfuit, descendant la vallée du Rhône. Une halte à Roussillon, le temps de légiférer. Non content de spécifier les modalités d'application des édits, le roi prend une mesure d'ordre général, fort sage : l'année débutera non plus à Pâques, fête mobile, mais à date fixe, le 1er janvier. C'est à Catherine que nous sommes redevables de cette simplification.

La suite du voyage promène la caravane en Provence, puis en Languedoc. Le cortège aborde des villes à majorité réformée, qui, il y a peu de mois encore, menaçaient de « faire voir aux envoyés du roi les clous de leurs portes ». Elles les entrouvrent et c'est déjà un succès que de les traverser sans encombre, au milieu de quelques maigres acclamations. Orange, « mère de l'hérésie », a fait les frais d'une entrée et le roi l'en récompense en réglant le différend qui l'oppose à la cité pontificale d'Avignon, sa voisine. À la trop catholique ville d'Aix, dont les magistrats se sont tristement illustrés en massacrant les Vaudois du Lubéron quelques années plus tôt, Catherine donne une leçon de tolérance : elle fait abattre le fameux pin d'Éguilles, qui servit de potence à tant de victimes, et promet que des juges parisiens viendront punir les exactions de leurs collègues à l'égard des protestants.

Entre-temps, elle avait poussé une pointe à Salon, pour rendre visite à Nostradamus. Le vieux mage perclus de rhumatismes lui fit quelques prédictions rassurantes : son fils Charles vivrait aussi vieux que le connétable de Montmorency. En quoi il se trompa : l'un mourut à soixante-quinze ans et l'autre trois fois plus jeune. Il ne connaissait pas Henri de Navarre, il voulut le voir. Il demanda à être introduit dans la chambre de l'enfant à son lever, le contempla longuement, tout nu, et dit à son gouverneur qu'il aurait « tout l'héritage » : « Si Dieu vous fait grâce de vivre jusque-là, vous aurez pour maître un roi de France et de Navarre. » Mais cette prédiction-là, il se garda bien de la communiquer à Catherine…

Par petites étapes et sauts de puce, on atteignit la côte à Hyères. Ce fut un enchantement. Les jeunes princes voient pour la première fois la Méditerranée, découvrent une végétation inconnue, orangers, oliviers, poivriers, palmiers. Dans la fidèle Marseille, Catherine se sent enfin en sécurité et peut se livrer au plaisir teinté de mélancolie des souvenirs : elle s'y est mariée, trente et un ans plus tôt. Sur une galère dont elle est la marraine, la cour s'embarque pour le château d'If. Mais on est en novembre : la mer trop forte empêche d'aborder. Tous se consolent avec un combat naval simulé, auquel l'ambassadeur d'Espagne s'indigne de voir participer des Français déguisés en Turcs. Près d'Arles, où une crue du Rhône les retient trois semaines, ils découvrent la Camargue, les taureaux sauvages que les hommes combattent à mains nues. On remonte le long du fleuve pour le passer à Tarascon, sur un pont de bateaux, on hâte le pas dans Beaucaire, toute huguenote, en feignant de ne pas entendre les injures. Nîmes, également huguenote, réserve à la cour un accueil d'une chaleur inattendue. La ville a fait un effort d'imagination : les flancs d'une montagne vomissent un énorme crocodile, tandis qu'éclatent les feux d'artifice et que coulent les fontaines de vin. La reine promet, c'est bien le moins, d'examiner favorablement les requêtes des habitants, qui se plaignent de leur gouverneur. Climat médiocre à Montpellier, brutalement rendue à la pluralité religieuse après une période toute réformée. Tensions à Béziers. De Narbonne la catholique, Catherine pousse une pointe à Salses, en territoire espagnol, chez sa fille Élisabeth, se plaît-elle à dire. À Carcassonne, qui fut un peu plus tôt le théâtre d'affreux massacres, la neige se charge de faire diversion : sous les arcs de triomphe déliquescents, les festivités d'usage sont remplacées par des batailles de boules de neige.

Long arrêt à Toulouse. Catherine prépare l'entrevue qu'elle espère avoir à Bayonne avec son gendre Philippe II. La politique extérieure prend le pas sur les démonstrations à usage interne. Et les huguenots ont l'impression, pas fausse, qu'on fait la sourde oreille à leurs doléances. Il est vrai qu'ils ont beaucoup perdu à la pacification dans cette région où ils avaient beaucoup conquis : il n'est pas facile de leur faire restituer les biens dont ils se sont emparés. Pour apaiser les rancœurs, les Toulousains furent gratifiés d'une cérémonie de choix : c'est dans la cathédrale Saint-Sernin que le troisième fils de Catherine reçut la confirmation, ainsi que sa sœur Marguerite, et qu'il échangea son prénom d'Alexandre-Édouard contre celui de son père, Henri, sous lequel il devint roi. Son plus jeune frère, lui, sera débarrassé quelques mois plus tard, à Moulins, de son ridicule prénom d'Hercule : il se nommera désormais François.

Au sortir de Toulouse, le cortège descendit la Garonne. À Montauban, on frôla le drame : la cité, toute huguenote, avait chassé son évêque et transformé les églises en temples. Il fallut la menacer d'une intervention du terrible Monluc et de ses soudards pour la décider à ouvrir ses portes et à détruire ses défenses. À Bordeaux, l'accueil fut meilleur, bien qu'une pluie torrentielle vînt détremper la décoration des bateaux convoyant la cour. Lors du « lit de justice » qui fut tenu au parlement, le chancelier Michel de L'Hôpital morigéna les magistrats tant pour les fautes commises contre les édits que pour le relâchement des mœurs, et le jeune roi leur recommanda de ménager les réformés. Dans la suite du roi figurait Ronsard. Dans la salle, parmi ses collègues en robe rouge, se tenait probablement Montaigne, que cette mercuriale dut réjouir.

Au début de mai, tout est prêt pour la rencontre de Bayonne, dont Catherine espère beaucoup.

L'entrevue de Bayonne

Cette entrevue si désirée, préparée avec tant de soin, est d'abord une opération de prestige destinée à impressionner l'Espagne : en somme l'équivalent, sur le plan extérieur, de ce qu'est le grand tour sur le plan intérieur.

Oh, bien sûr, Catherine a dans sa besace, comme toujours, un lot de projets matrimoniaux. Pour la petite Marguerite – douze ans déjà –, les prétendants possibles sont rares : l'infant don Carlos, qui en a dix-sept, est une occasion à saisir. Quant à Henri, sa mère lui cherche un trône ou au moins une principauté. Elle songe à doña Juana, la sœur de Philippe II, veuve du roi de Portugal. Il a quatorze ans, elle en a le double, mais une dot appropriée pourrait faire oublier cette fâcheuse disparité.

Certes la réussite de ces projets comblerait d'aise Catherine, mais elle n'est pas prête, pour les faire aboutir, à toutes les concessions. Et ils ne sont pas, quoi qu'on en ait dit, son objectif exclusif. Elle veut d'abord démontrer à son gendre le bien-fondé de sa politique religieuse.

Depuis longtemps il l'agace, avec ses reproches et ses conseils qui ressemblent à des ordres. Ses ambassadeurs épient toutes ses démarches, recueillent les commérages et les amplifient, accréditant à Madrid l'idée que la France se compromet fâcheusement avec l'hérésie : Alava, le remplaçant du haineux Granvelle, est plus diplomate mais non moins malveillant que son collègue. Catherine voudrait à Bayonne montrer à son gendre une France riche et non pas au bord de la faillite, comme on le murmure, une France forte de la pacification en cours, indépendante, capable de parler d'égale à égale avec sa puissante voisine.

Elle craint Philippe II et ne souhaite pas un affrontement. Ni François Ier ni Henri II, avec toutes les forces du royaume, ne sont parvenus à vaincre l'Espagne, adossée à un empire colonial immense dont l'or débarque dans ses ports à pleins galions. Ce n'est pas un pays affaibli par la guerre civile qui pourra se mesurer à elle. Mais Catherine pense qu'on ne doit pas se laisser insulter et qu'il faut montrer les dents quand on le peut. Or son redoutable gendre a des ennuis, elle le sait. De graves ennuis. Son dévouement à la cause catholique n'est pas désintéressé. S'il insiste tant pour que Catherine expulse de France les prédicants genevois, c'est que ceux-ci, par la frontière du Nord, infiltrent les Pays-Bas. En se combinant avec le vif esprit d'indépendance qui a toujours animé les Flamands, le calvinisme risque de former un mélange explosif. Catherine n'arrive donc pas à la négociation sans aucun atout : il a besoin d'elle.

Mais dans son orgueil d'homme et d'Espagnol, il se refuse à en convenir. Il croit pouvoir tout exiger, sans contrepartie. Et il appréhende une entrevue où il craint d'être piégé. Accepter l'invitation de sa belle-mère, ce serait s'aventurer sur son terrain, consentir à voir en elle une partenaire de même rang. Ce serait lui laisser le choix des armes, s'exposer à ses cajoleries, à ses embrassades, à ses propos lénifiants, toutes choses qu'il a en horreur. Philippe « aux pieds de plomb » est aussi lent qu'elle est vive, aussi rigide qu'elle est souple, aussi réservé et glacial qu'elle sait, quand elle le veut, être chaleureuse. Les décisions, il aime les prendre sur pièces, dans la solitude de son cabinet. En l'occurrence, c'est tout vu : il ne fera aucune concession. Il consent à envoyer à Bayonne sa femme : c'est donner à la rencontre un caractère familial, privé, non officiel. Et pour plus de sûreté, Élisabeth, munie d'instructions très strictes, sera flanquée de l'intraitable duc d'Albe.

Catherine a laissé au vestiaire les plus voyants des huguenots de sa suite. Inutile d'agiter un chiffon rouge sous le nez des Espagnols. Ni Jeanne d'Albret, confinée depuis quelques semaines à Vendôme, ni Louis de Condé ne sont là. Mais le jeune Henri de Navarre est présent lors de l'entrée de sa cousine, il participe aux joutes à la tête d'une compagnie de chevaliers dont le costume de velours orange n'est rien moins que discret et il assiste, semble-t-il, à certaines conversations diplomatiques.

Les fêtes de Bayonne, du 15 juin au 2 juillet 1565, l'emportèrent en éclat, si la chose est possible, sur celles de Fontainebleau. On épargnera au lecteur le détail des entrées, tournois, courses de bague, carrousels, processions et divertissements champêtres. Le clou des réjouissances fut un festin, le 23 juin, dans l'île d'Aiguemeau au milieu de l'Adour. Montés sur des embarcations « somptueusement accoutrées » en forme de châteaux, les participants purent admirer une baleine artificielle que harponnèrent de vrais marins, une tortue géante montée par six musiciens costumés en tritons qui jouaient du cornet, ils virent passer Neptune et Arion sur leurs chars et trois sirènes les charmèrent de leurs chants. Dans l'île, des groupes de danseurs folkloriques attendaient les convives qu'égayèrent tout au long du repas des ballets de satyres et de nymphes. Le ciel se mit de la partie : un violent orage suivit le feu d'artifice et tous se dispersèrent à deux heures du matin sous des trombes d'eau qui ne réussirent pas à gâter pour eux le souvenir de cette mémorable journée.

Catherine est heureuse. Elle n'a pas vu depuis presque six ans sa fille aînée, la douce Élisabeth, pour qui elle nourrit une préférence secrète. Elle n'a cessé dans ses lettres de lui prodiguer des conseils de tous ordres, sur sa santé notamment. Les voici dans les bras l'une de l'autre. Si la mère s'attendrit beaucoup, la fille n'est pas à l'unisson. Elle a changé. Ce n'est plus l'enfant fragile qui contemplait interdite le visage de celui qui allait être son mari – « Vous regardez si j'ai des cheveux blancs ? » avait-il demandé – et qui s'évanouit en entendant l'évêque de Burgos prononcer en latin la formule rituelle l'invitant à « oublier son peuple et la maison de son père ». C'est une jeune femme brune aux yeux noirs, grande et mince encore, avant que le manque d'exercice et les maternités n'en fassent très vite une obèse incapable de se mouvoir. La petite vérole, soignée au moyen de « sueurs d'œufs frais », n'a pas marqué son teint. Elle relevait tout juste d'une maladie qui l'avait pâlie tout en affinant ses traits. Si l'on en croit Brantôme, qui a la louange facile, il est vrai, « elle était belle, sage, vertueuse, habile, spirituelle et bonne ».

Sa mort prématurée, des suites d'une fausse couche, donna lieu peu après à un roman, dont Saint-Réal et surtout Schiller et Verdi ont assuré la notoriété. On lui prêta pour son beau-fils don Carlos, à qui elle avait été d'abord promise, un amour coupable qu'aurait sanctionné férocement le mari jaloux, en la faisant empoisonner et en faisant périr en prison l'infant rebelle. Rien de tout cela ne semble vrai. Philippe II, sincèrement attaché à son épouse, la traitait bien et si elle force peut-être un peu la note, dans ses lettres à sa mère, lorsqu'elle se déclare extrêmement heureuse, elle lui fut en tout cas fidèle et se montra en tout solidaire de lui.

Catherine a en face d'elle une étrangère. C'est avec étonnement qu'elle l'entend soutenir les thèses politiques de son époux et appuyer les arguments du duc d'Albe. « Ma fille, comme vous êtes devenue espagnole ! » s'exclama-t-elle avec mélancolie.

Les entretiens tournaient mal en effet. Pour Philippe II, pas question de mariages : c'est non, Élisabeth est chargée de le dire très clairement. Le duc d'Albe, lui, présente à Catherine des exigences en forme d'ultimatum : va-t-elle se décider, oui ou non, à user de la force contre les hérétiques ? Il l'invite à supprimer toute liberté de culte, à donner un mois aux ministres pour quitter le pays, à casser tous les gouverneurs, officiers, magistrats convertis à la nouvelle foi, ce qui équivaut à les priver de leurs revenus en même temps que de leurs pouvoirs, et à se plier aux décrets du concile de Trente.

Catherine se cabra. Elle avait marqué son indépendance en laissant entendre que son fils Henri était également candidat à la main de la reine d'Angleterre et en recevant, aux portes de Bayonne, trois jours après l'ouverture des réjouissances, un envoyé du sultan Soliman le Magnifique, ennemi numéro un de l'Espagne, qui sollicitait l'accès d'un port provençal pour « rafraîchir ses soldats ». Elle n'était pas disposée à réveiller en France la guerre civile pour les beaux yeux de son gendre. Au duc d'Albe qui insistait, elle demanda ce qu'il ferait s'il était à sa place. – Il exterminerait les huguenots. – Ah, oui !

Et comment s'y prendrait-il, dans la pratique ? L'autre restant sans réponse, elle suggéra de créer, pour combattre l'hérésie, une ligue de toutes les puissances catholiques. Elle savait bien que l'empereur ne pouvait y adhérer sans compromettre la paix dans une Allemagne divisée entre plusieurs confessions. Albe le savait aussi et ne releva pas la proposition.

Certes, des catholiques zélés avaient murmuré qu'il suffisait, pour ruiner le parti réformé, de mettre hors de nuire ses principaux chefs, soit en les exilant, soit en « leur coupant la tête ». Si Albe risqua une allusion métaphorique à cette solution, parlant de « pêcher les gros poissons sans s'amuser aux grenouilles », Catherine fit celle qui n'entendit pas. Elle ne transigea pas, remit à plus tard l'examen de la question religieuse, se borna à des promesses en l'air, toujours subordonnées à l'acceptation des mariages.

Et Philippe II s'empressa de lui donner une sanglante leçon.

Dès la fin du règne de Henri II, des colons français avaient tenté de s'implanter dans le Nouveau Monde. L'initiative venait de Coligny, qui y voyait un moyen de sauver ses coreligionnaires persécutés et de propager sa foi. Des catholiques s'étaient d'ailleurs joints aux émigrants. L'Espagne, menacée dans sa chasse gardée d'Amérique du Sud, détruisit la fondation brésilienne en 1560. Deux ans plus tard, Coligny récidiva, encouragé par Catherine : c'est en Floride, cette fois, que les colons s'installèrent. Philippe II n'accepta pas davantage cette nouvelle implantation, pourtant éloignée de ses propres possessions. À l'automne de 1565, il fit massacrer tous les défenseurs de Fort-Caroline, comme hérétiques prit-il soin de préciser, et non comme Français. Les victimes ne seront vengées qu'en 1567, par les soins d'un gentilhomme catholique, Dominique de Gourgues. Si celui-ci ne reçut de Catherine, l'année suivante, qu'un accueil fort tiède, c'est qu'il s'était passé entre-temps des choses graves qui avaient réduit à néant sa politique de pacification, bien qu'elle ait cru la partie gagnée.

La fin du voyage

Catherine quitta Bayonne déçue, mais pas vraiment surprise de l'intransigeance de son gendre. Au moins les choses, entre eux, sont claires. À quelque chose malheur est bon. Elle ne lui doit rien et reste libre de poursuivre sa politique de réconciliation nationale, qu'elle voit sur le point de réussir.

Est-il possible que les réformés aient cru alors à un projet concerté entre elle et lui pour les détruire ? Qu'ils se soient inquiétés avant la rencontre, rien de plus normal : ils pouvaient redouter la conclusion d'une alliance scellée par des mariages. Mais après ? Ils ne manquaient pas d'informateurs, dans l'entourage du roi, pour savoir ce qu'il en était. Et ils ne purent pas ne pas voir que les relations franco-espagnoles ne cessèrent, dans les mois qui suivirent, de se détériorer. C'est la Saint-Barthélemy qui jettera rétrospectivement sur l'entrevue de Bayonne une lueur sinistre : l'on voudra voir dans les conversations de Catherine avec le duc d'Albe la preuve d'une préméditation supposée. À tort.

La reine mère maintient sa ligne de conduite. Rien n'est changé, lors du voyage de retour, dans le climat de la cour vagabonde. On rentre à Paris sans hâte, à petites étapes : il y faudra neuf mois. Lors d'une halte à Nérac, où la reine de Navarre remplit sans mauvaise grâce son rôle d'hôtesse, Catherine demanda à celle-ci d'autoriser le culte catholique dans ses États. En vain : l'intransigeante Jeanne ne voulut rien savoir. La traversée des pays de l'Ouest, Angoumois, Saintonge, à forte dominante réformée, se passa sans incidents. À Cognac a lieu un bal « où tout danse, huguenots et papistes ensemble », au grand scandale de Genève et de Rome, pour une fois d'accord. Et Catherine de pavoiser. Le roi se risque même dans La Rochelle, citadelle de la nouvelle religion, très jalouse aussi de ses anciens privilèges municipaux[1]. Montmorency fit sauter d'un coup d'épée le traditionnel cordon de soie que le souverain ne devait franchir qu'après avoir promis de respecter

1. Aucun souverain n'entrera plus dans la ville avant Louis XIII, à la fin du siège, en 1628.

les privilèges en question. Charles IX se contenta de déclarer aux Rochelais : « Soyez fidèles et loyaux serviteurs et je vous serai bon roi. » Il eut droit cependant à des festivités et put se payer le luxe de faire exiler, pour assurer le respect des édits, le lieutenant général, un ministre et six bourgeois particulièrement intolérants.

En Poitou, en Bretagne, en Val de Loire, même souci d'équité et de paix. Cinq jours de détente dans l'abbaye de Bourgueil, une visite à Ronsard, dans son prieuré de Saint-Côme, aux portes de Tours, puis l'on gagne Moulins, dernière étape de ce très long périple. Le roi y a convoqué une vaste assemblée de grands seigneurs et de notables, invités à approuver un ensemble de mesures administratives d'inspiration centralisatrice, connues sous le nom d'ordonnances de Moulins. On reconnaît la main de sa mère dans ce monument juridique considérable, à forte portée symbolique : c'est pour un royaume pacifié que le souverain légifère, régentant jusque dans le détail la vie quotidienne de ses sujets au travail. Catherine en a profité pour déclarer close l'action intentée contre Coligny à la suite du meurtre de François de Guise et pour obliger les Lorrains et les Châtillon à s'embrasser et à enterrer par serment la hache de guerre.

Il ne restait plus qu'à regagner Paris. La famille royale y fut reçue à dîner le 1er mai 1566 par Marie-Catherine de Gondi, dame Du Perron, trésorière de la reine et intendante de ses bâtiments. En l'absence de sa maîtresse, celle-ci a bien travaillé, mis en route notamment le chantier des Tuileries, vaste palais destiné à désengorger le vieux Louvre.

Catherine peut écrire à son ambassadeur à Madrid, en se moquant du duc d'Albe : « Quant à ce que vous me mandez du malheur qu'il nous prédit pour la diversité de religion qui est en ce royaume, je crois véritablement qu'il y en a qui sont bien marris d'y voir tant de pacification qu'il y a et de quoi nous avons été si sages de mettre fin aux troubles qui y avaient trop longuement duré ; mais, Dieu merci, l'union est telle et l'obéissance de tous les sujets du roi, mondit seigneur et fils, si assurée, et il la veut tant maintenir qu'il est mal aisé qu'elle puisse être troublée, ni que par persuasion ils puissent être induits à y vouloir rentrer. »

L'histoire allait très vite se charger de lui donner tort.

La « surprise de Meaux »

Ce n'est pas en France même, mais à l'étranger, qu'intervint l'événement qui servit de détonateur. Et Catherine n'y était pour rien. Certes, les réformés français s'indignaient d'une politique qui circonscrivait leur influence et bridait leur force d'expansion. Ils s'irritaient de trouver désormais en face d'eux des catholiques décidés. Le feu couvait sous la cendre. Il y eut des heurts, des incidents graves, mais sporadiques. La reine comptait sur le temps pour calmer les passions.

Hélas, peu après son retour à Paris, l'explosion tant redoutée par Philippe II se produisit aux Pays-Bas. Au mois d'août 1566, les haines accumulées se déchaînèrent, le peuple se rua dans les églises, dispersa les objets du culte, lacéra les tableaux et brisa les statues. Une grande vague iconoclaste déferla sur toutes les grandes villes de Flandres.

Catherine commence par triompher : les Espagnols vont être obligés à leur tour de composer. « [Je] suis merveilleusement aise, écrit-elle à son ambassadeur à Madrid, que maintenant ils louent et approuvent en leur fait ce que autrefois l'on a tant voulu blâmer au nôtre. » Et elle conseille à son gendre de « prendre exemple sur nous, qui avons à nos dépens assez montré aux autres comme se doivent gouverner ». Chacun son tour d'être en proie aux conflits religieux ! Bientôt pourtant, elle s'inquiète. Visiblement, Philippe II ne croit pas aux vertus de la modération, il met sur pied une expédition pour châtier les rebelles et demande même l'autorisation de la faire transiter par la vallée du Rhône. Inutile de dire que la reine refusa.

En France, chez les réformés bouleversés, la crainte le dispute à l'espoir. Émus par le sort qui attend leurs coreligionnaires, ils redoutent également que les plus radicaux des catholiques, inféodés à l'Espagne, n'en profitent pour tenter un coup de force contre eux. Aussi se réjouissent-ils lorsqu'ils voient Catherine prendre des mesures pour protéger la frontière du Nord. Ils la poussent à lever des soldats à cet effet, notamment 6 000 mercenaires suisses : au début de 1567, c'est chose faite. Ils caressent alors en secret un rêve plus ambitieux. La seule évocation des bataillons de *tercios* a ranimé chez nous des souvenirs. L'Espagne, c'est l'ennemi d'hier, celui contre lequel on s'est battu en vain durant un demi-siècle, c'est un trop puissant voisin qui tient notre pays en tenailles, c'est un souverain arrogant qui prétend nous dicter sa loi. Chez le très catholique Montmorency se réveille l'animosité ancestrale. Pourquoi ne pas renouveler contre l'Espagne l'opération qui a si bien réussi au Havre contre l'Angleterre : réconcilier les Français, toutes confessions confondues, contre l'ennemi commun ? Coligny se prend à espérer.

Mais Catherine ne veut pas d'une telle guerre. Ce serait, pense-t-elle, courir au désastre. Et une victoire ne vaudrait pas mieux, puisqu'elle assurerait le triomphe du calvinisme non seulement aux Pays-Bas, mais en France. Elle veille donc à se tenir en dehors du conflit. Elle va jusqu'à ravitailler l'armée espagnole en Savoie et en Franche-Comté, pour lui ôter tout prétexte à incursions sur notre territoire, et elle bloque les frontières dans les deux sens, interdisant aux huguenots français d'aller aider, même à titre privé, leurs frères néerlandais. Les rapides succès de la répression en Flandres, l'arrestation, bientôt suivie d'exécution, des comtes d'Egmont et de Horn, qui dirigeaient la révolte, vinrent renforcer, s'il en était besoin, sa décision de rester neutre.

Elle croyait en être quitte. Elle comptait sans la terrible déception des réformés français, sans leur méfiance, sans les faux bruits alarmistes qui couraient parmi eux. Une fois la menace espagnole passée, elle ne renvoya pas les Suisses. Condé et Coligny la harcelèrent : oubliant qu'ils en avaient eux-mêmes réclamé la levée, ils y voyaient maintenant une menace dirigée contre eux. Catherine répliqua, en bonne ménagère, qu'il fallait bien les employer, puisqu'ils avaient été payés d'avance, et elle les fit venir pour que le roi pût les voir « et que pour le moins il [eût] ce passe-temps-là pour son argent ». Mais les chefs huguenots n'avaient pas le sens de l'humour et ces considérations économiques incongrues ne firent que les inquiéter davantage.

La cour passait à la campagne, dans le château de Montceaux-en-Brie, la fin de l'été 1567. Elle se livrait aux joies de la promenade et de la chasse, jouissant sans souci des derniers beaux jours. Lorsque l'avis lui parvint qu'un vaste rassemblement de huguenots sur pied de guerre s'opérait dans les environs, la première réaction fut d'incrédulité. Montmorency affirma qu'aucun mouvement de troupes ne pouvait se faire sans qu'il le sût. Michel de L'Hôpital déclara que c'était un « crime capital » de donner ainsi de faux avis au roi pour le dresser contre ses sujets.

C'était pourtant la vérité : les réformés avaient monté, comme jadis à Amboise, un vaste complot pour s'emparer de la personne du roi. Ils avaient fait des progrès depuis. L'entreprise, mise au point par le frère de Coligny, d'Andelot, était beaucoup mieux conçue. Les diverses communautés avaient réuni l'argent, transmis les mots d'ordre en messages codés, prévu des relais, du ravitaillement, des gîtes. De toute la France convergeaient en ordre dispersé vers Rosoy-en-Brie, lieu du rendez-vous, de petits groupes de gentilshommes en armes qui marchaient de nuit et évitaient les grandes routes. Le secret fut bien gardé. Pour plus de précautions, Coligny était resté chez lui et l'émissaire envoyé par la reine à la première nouvelle alarmante le trouva benoîtement occupé à surveiller ses vendanges.

Pourtant, les informations se faisant plus précises, il fallut se rendre à l'évidence : l'encerclement du château, dépourvu de toute protection, était imminent. Le 26 septembre, la cour le quitta en hâte pour se réfugier derrière les remparts de Meaux. Catherine s'indigna de cette « infamie », « la plus grande méchanceté du monde », « une pure trahison ». Le jeune Charles IX, très irascible, était hors de lui. Heureusement, les fameux Suisses étaient cantonnés tout près, à Château-Thierry. On les manda et on décida, sans attendre que l'armée huguenote vînt bloquer Meaux, de rentrer à Paris.

Le 28 septembre, à trois heures du matin, toute la cour se mit en route. Au centre d'un carré compact de Suisses, le roi, la reine, les dames et les bagages. La plupart étaient à pied, on marchait au pas. Soudain apparut Condé, à la tête de six cents chevaux. Il s'approcha, demanda à parler au roi, qui refusa. Comme ses compagnons s'apprêtaient à charger, les Suisses leur firent face, piques baissées, et les assaillants, dépourvus d'artillerie, reculèrent devant ce hérisson compact, impénétrable. Les adversaires, marchant en parallèle, s'observèrent quelque temps, menaçants. La nuit promettait d'être dangereuse. On prit quelques risques. On mit le roi et la reine dans des voitures et ils devancèrent le gros de la troupe, protégés par un rideau de Suisses qui fit illusion : heureusement, car « si les ennemis l'avaient su, il leur aurait suffi d'envoyer en avant deux cents chevaux seulement et leurs majestés étaient perdues ». Au Bourget, les fugitifs respirèrent. À quatre heures du matin, ils faisaient leur entrée dans Paris, fourbus, au milieu des acclamations des habitants en larmes.

Catherine n'oublia jamais et ne pardonna pas. C'était la ruine de la politique qu'elle menait depuis quatre ans, seule contre tous. Ce qu'elle avait fait pour assurer aux réformés la sécurité ne leur suffisait pas. Ils voulaient le pouvoir. Elle aurait été la première victime de ce coup de force, elle le savait. Contre ceux qui avaient tenté de l'éliminer, elle mènerait désormais une lutte à outrance. La preuve ? Deux jours avant l'agression, elle recommandait au lieutenant du roi en Dauphiné de faire vivre ses sujets « en toute douceur et tranquillité », à l'abri des édits. Dix jours après, elle lui fait dire de tailler en pièces les huguenots à la moindre velléité de révolte, « car tant plus de morts, moins d'ennemis ».

Mais elle s'aperçoit rapidement qu'elle n'est pas en mesure d'imiter les méthodes énergiques de son gendre. Elle doit faire face à des adversaires nombreux, puissants, plus résolus que jamais. Depuis l'épisode de l'enfant expédié dans un panier par Isabelle de Limeuil, Condé se méfie des dames de la cour. Il a regagné le camp réformé, aux côtés des frères Châtillon.

La France à feu et à sang

Les trois années qui suivent, connues dans l'histoire sous le nom de seconde et troisième guerres de Religion, inspirent à qui les considère avec quelque recul une poignante impression d'absurdité : tant de ravages, de souffrances, de sang pour rien. Un sentiment d'horreur aussi devant un tel déferlement de haine.

Plus question d'aménager une coexistence plus ou moins conflictuelle. Le chancelier Michel de L'Hôpital, principal agent de la politique de tolérance, est écarté. La lutte se radicalise. Ce sera tout ou rien. On le croit, du moins.

Afin que le coup de force manqué ne parût pas inspiré par les seuls intérêts huguenots, Coligny, non content d'exiger pour eux la liberté de culte, crut bon de réclamer la réunion des États généraux afin d'en finir avec une politique ruineuse qui écrasait d'impôts le pauvre peuple. Quoique fondée, une telle revendication était une atteinte caractérisée au principe même de l'autorité monarchique, qu'il prétendait ainsi brider.

Catherine marqua un point. Elle prit soin, avant d'engager la guerre, de mettre les chefs adverses dans leur tort. Selon les rites de l'ancien droit féodal, un héraut vint de la part du roi les sommer un à un, nommément, de se rendre auprès de lui sans armes, sous peine d'être déclarés rebelles. Impressionnés, ils firent marche arrière pour les États généraux, mais s'obstinèrent à exiger que l'édit d'Amboise fût déclaré à jamais intangible. Et sur la réponse que le roi ne pouvait sans renoncer à une prérogative essentielle s'interdire de modifier ou d'annuler ses propres édits, ils rompirent les pourparlers. Le Rubicon était franchi. Ils entraient en rébellion.

Le premier affrontement leur fut défavorable. De Meaux, Condé a rejoint les alentours de Paris, il ravage les champs, les villages, les moulins, dans l'espoir d'affamer la capitale. L'armée royale, commandée par Montmorency, lui livre à Saint-Denis un combat victorieux, mais la blessure mortelle du vieux connétable interrompt les opérations et permet au prince de se retirer en bon ordre à Orléans. Catherine, toujours prête à négocier, signe avec lui à Longjumeau, le 23 mars 1568, un accord précaire. Les uns et les autres se préparent à un affrontement qui se voudrait décisif.

Il ne le sera pas, malgré les moyens mis en œuvre.

Le roi d'un côté, les huguenots de l'autre font appel au secours de leurs voisins, tout disposés à intervenir dans un conflit qui les concerne. La France devient un champ de bataille international. La Bavière calviniste envoie des reîtres et des lansquenets. Catherine sollicite Philippe II et le duc de Savoie, dont les contingents arriveront bien tard, mais elle obtient des subsides pontificaux pour lever des Suisses. Les deux camps parviennent à aligner plusieurs dizaines de milliers d'hommes.

Il en résulte pour eux d'insolubles difficultés financières. Ces hommes, il faut les nourrir, tous et si possible bien, si l'on veut qu'ils se battent. Et quand ce sont non pas des volontaires, mais des mercenaires venus de l'étranger, il faut les payer. Leurs habitudes, leurs exigences pèsent très lourd sur leurs commanditaires.

Les mercenaires sont des professionnels de la guerre. Ils en vivent et s'efforcent de ne pas en mourir. Et comme elle est leur gagne-pain, ils s'entendent à la faire durer. Ils préfèrent les longues marches ou les sièges aux combats – fâcheuse servitude du métier – auxquels ils savent à merveille se dérober. Leurs déplacements sont lents, ils traînent avec eux des chariots chargés de butin qu'ils ne veulent pas quitter de l'œil. Ils ne consentent à affronter l'ennemi que si leurs soldes sont réglées et leur ventre bien rempli. Leur client a droit à une seule charge offensive, à moins de leur verser un supplément. Ils restent ensuite en position de défense. Un peu de passion se mêle tout de même chez eux à la routine. Ils ont parfois de vieux comptes à régler avec leurs homologues d'en face : les Suisses détestent traditionnellement les Allemands. À cette animosité ancienne s'ajoutent depuis peu les antagonismes religieux : les uns sont catholiques, les autres protestants. Mais il en faudrait davantage pour les conduire à une lutte sans merci. Leurs victimes privilégiées, ce sont les civils, citadins ou paysans livrés à leur colère lorsque l'intendance se montre défaillante. « Picorage » au long des routes ou pillage autorisé, lors de la prise d'une ville, laissent partout où ils passent des « plaies purulentes ».

Entre les gentilshommes français qui s'affrontent, au contraire, la haine s'exacerbe à mesure qu'ils découvrent, de visu, les atrocités commises sur leurs fidèles respectifs. Balayées, les lois traditionnelles de la guerre. Finis, les prisonniers fraternisant avec leur vainqueur en attendant le paiement de leur rançon. On se bat pour tuer. À Saint-Denis, Montmorency lit son arrêt de mort dans les yeux de l'Écossais qui lui a tiré une balle dans le dos et à qui il a le temps de casser trois dents avant de s'effondrer. À Jarnac, Condé blessé, qui venait de se rendre, est abattu froidement et son cadavre juché sur un âne livré aux insultes des soldats. Partout on massacre des prisonniers. Tous succombent à la contagion de la férocité vengeresse.

Les campagnes militaires n'en sont pas plus efficaces, au contraire. Beaucoup de batailles sont si incertaines qu'on ne peut désigner ni vainqueur ni vaincu. Celui qui reste maître du terrain fanfaronne, mais n'est pas en mesure de poursuivre l'autre, qui va s'enfermer derrière les remparts de quelque ville forte dont il ne reste plus qu'à faire le siège, jusqu'à la prochaine fois. L'Ouest et le Midi de la France ressemblent alors à un échiquier où les pions changeraient de couleur au hasard des combats dans une partie sans fin. Il devient impossible de suivre sur la carte les itinéraires inextricables des diverses armées, auxquelles il arrive d'ailleurs de s'égarer. Les huguenots se sont regroupés à La Rochelle, en un exode qu'ils assimilent à la fuite des Hébreux hors d'Égypte. La grande cité portuaire offre une base logistique solide sur laquelle règne Jeanne d'Albret, qui veille fermement à l'intendance et au respect des prescriptions morales et religieuses. Chez les royaux, le désordre s'installe. Les chefs se jalousent, se disputent, se tirent dans les jambes depuis que Catherine, qui se méfie toujours des grands féodaux, a nommé comme lieutenant général son cadet, Henri, qui n'a que seize ans. Elle arpente le royaume en tous sens, vient en personne en Limousin discuter avec les mercenaires et examiner le terrain, qu'elle trouve détestable : « Vous ne sauriez mettre dix hommes en bataille en ce pays, qui ne fussent en pente. » Elle inspecte des troupes italiennes fraîchement débarquées. Son fils chéri, flanqué du très expérimenté Tavannes, remporte à Jarnac et à Moncontour deux victoires qu'elle fait sonner très haut. Avantage précaire qui ne saurait suffire. Mais elle dispose d'un atout non négligeable, elle sait à merveille se procurer de l'argent : Rome l'autorise libéralement à aliéner des biens du clergé.

Il faut porter à son crédit l'usage qu'elle en faisait.

Les mercenaires non payés étaient un terrible fléau. Aussi avait-elle grand soin de verser aux siens une solde régulière. Elle était même prête à payer ceux de l'adversaire, soit dès leur arrivée pour les débaucher – c'était de bonne guerre –, soit au moment de la paix, pour les défrayer de leur voyage de retour chez eux[1]. Mère du royaume, elle se sentait responsable de

1. Les arriérés de solde restèrent à la charge des huguenots et Coligny dut imposer une taxe aux siens pendant plusieurs années pour s'en acquitter.

ses sujets fidèles, maîtresse de la maison France, elle aimait les campagnes prospères, les troupeaux gras, les demeures solides. Le sens de la propriété l'emportait chez elle sur l'esprit humanitaire, tel que nous l'entendons. Peu importe : l'essentiel est qu'elle était sensible aux misères de son peuple.

Coligny le savait, et il n'avait pas toujours les mêmes scrupules : beaucoup de paysans étaient catholiques. Lorsque la bourse de ses fidèles fut vide, que les églises et couvents rencontrés n'eurent plus une pièce d'argenterie à fondre et que la reine d'Angleterre l'eut convaincu de sa pingrerie, il n'hésita pas à laisser ses soldats vivre sur l'habitant et à leur promettre quelque bonne ville à saccager – saccage si possible sélectif. La mort de Condé l'a indigné, celle de son frère d'Andelot, qu'on affirme due au poison, l'a soulevé de rage. Après la défaite de Moncontour, malade, aux abois, il devint féroce et misa sur la terreur pour sauver ce qui pouvait l'être. À la tête d'une troupe de reîtres appâtés par l'espoir de fructueuses prises, il remonta en une chevauchée effrénée la vallée de la Garonne, puis celle du Rhône. Ils allaient pillant, ravageant, détruisant pour l'exemple les récoltes sur pied, coupant à la racine les arbres fruitiers, brûlant les fermes, abattant le bétail, violant les femmes et massacrant les habitants qui n'avaient pu fuir. Ils n'avaient ni charrettes, ni bagages, ni artillerie. Ils faisaient dix lieues par jour, le double de l'armée royale. Ils se heurtèrent à celle-ci aux approches de La Charité-sur-Loire, la balayèrent, traversèrent la Beauce comme une trombe et se trouvèrent bientôt en vue de Paris. Les Rochelais, entre-temps, s'étaient rendus maîtres de tout le trafic maritime sur la côte atlantique.

D'un strict point de vue militaire, cette « anabase » de Coligny est un exploit aussi remarquable que celle qu'avait menée à bien Xénophon, des siècles plus tôt, et à laquelle on la compara. Du point de vue humain, c'est une autre affaire. Politiquement, elle paya : Catherine proposa aussitôt de traiter.

Les huguenots, malgré leurs défaites antérieures, se trouvent à nouveau en position de force. Le 8 août 1570, la paix de Saint-Germain leur accorde la liberté de culte dans tous les endroits où il était pratiqué avant la guerre, dans le logis des seigneurs hauts justiciers et dans les faubourgs de deux villes par gouvernement, Paris excepté. Retour à la case départ ? Pas tout à fait. Car pour la première fois on leur concède des « places de sûreté » : ils conserveront deux ans durant La Rochelle, Montauban, Cognac et La Charité, comme refuges provisoires contre les violences catholiques, en attendant les effets de la pacification promise. C'était jeter les bases d'un État huguenot semi-indépendant, à l'intérieur de l'État : il en sera beaucoup reparlé.

Cette paix paraissait lourde de menaces. Parce qu'un des négociateurs boitait et que l'autre était le seigneur de Malassis, on l'appela ironiquement la paix « boiteuse et malassise », la bien nommée. Les catholiques les plus résolus, comme Monluc, admettent mal d'être battus « sur le papier », après l'avoir emporté si souvent sur le terrain. La reine mère a cédé provisoirement, par nécessité, mais elle est décidée à en finir avec un parti qui menace ouvertement l'autorité royale et elle en veut personnellement à Coligny, responsable du naufrage de sa politique. Celui-ci, prisonnier de sa fuite en avant, est condamné à poursuivre la lutte. Pour l'instant, on se hâte de casser l'arrêt qui mettait sa tête à prix pour crime de lèse-majesté et de décrocher de la potence le mannequin sur lequel s'était exercée son exécution « en effigie » : ses fonctions lui seront rendues et il est invité à reprendre sa place au Conseil. Beaucoup n'en croient pas leurs oreilles. Pourtant, ce n'est pas une pure abdication de la part de Catherine : de près, il lui sera plus facile de le surveiller et, quand l'occasion s'en présentera, de l'abattre.

Tous les éléments sont en place pour le troisième acte de la tragédie, qui va maintenant s'ouvrir. Mais attention : la distribution a changé. Catherine s'est réjouie trop vite des cadeaux que lui faisait la mort : « Voyez, mon fils, comme Dieu vous aide plus que les hommes, il vous les fait mourir sans coup frapper », écrivait-elle à Charles IX après le coup de sang qui emporta le chef des huguenots bavarois à la suite d'un repas trop richement arrosé de vin d'Avallon. Disparus également Montmorency, Condé et d'Andelot. Des anciens protagonistes, il ne reste plus en face d'elle que Coligny. Mais déjà celui-ci forme et pousse en avant les héritiers, Henri de Navarre, dix-sept ans, et Henri de Condé, dix-huit. Dans l'autre camp, Henri de Guise, vingt ans, s'est montré digne de son père en défendant victorieusement Poitiers. Et les propres frères de Charles IX, sortant de l'adolescence, s'apprêtent à entrer en lice pour de bon. La guerre civile à venir ne manquera pas de champions.

Quant à Catherine, elle ne croit plus guère aux vertus de la méthode douce. Le drame que vient de vivre la reine d'Écosse a pu achever de la convaincre que les appétits des grands féodaux joints aux excès du fanatisme religieux font courir aux rois un danger mortel.

CHAPITRE IV

La chute de Marie Stuart ou comment on perd un trône

Après le départ de Marie Stuart, Paris avait suivi avec beaucoup d'attention ses efforts pour raffermir son pouvoir.

Une reine, même douairière, tient toujours par quelques fibres au pays sur lequel elle a régné. La France ne pouvait se désintéresser du sort de Marie, attachée par des liens d'intérêt et d'affection à sa famille lorraine et peut-être susceptible de défendre encore, malgré les obstacles, les intérêts français en Écosse. Catherine de Médicis la vit sombrer, avec un mélange de consternation et de lâche soulagement, et elle se promit de tirer de ses malheurs un enseignement.

Revenons ici de quelques années en arrière.

Retour au pays natal

Marie débarqua le 19 août 1561 dans le pays qu'elle avait quitté treize ans plus tôt et dont elle ne gardait aucun souvenir. Depuis la veille, la côte hérissée d'écueils était baignée d'un épais brouillard, dans lequel certains de ses compagnons voulurent voir, après coup, un fâcheux augure : « Elle prenait terre dans un royaume brouillé, brouillon et mal plaisant. »

Pour l'accueillir, personne : les vents favorables la conduisaient au port plus tôt qu'on ne s'y attendait. Aucun hébergement n'avait été prévu. Pas de chevaux non plus : la flotte anglaise avait intercepté le navire qui les transportait. La suite royale dut s'arrêter pour déjeuner dans la maison d'un simple bourgeois et se contenter pour gagner la capitale de « haquenées guilledires[1] » au harnachement sommaire. Marie en pleura de dépit, gémit qu'il lui fallait « changer son paradis en enfer ». Mais elle se reprit vite et, réflexion faite, elle résolut de faire contre mauvaise fortune bon cœur.

Peu à peu les choses s'arrangèrent. On remeubla rapidement pour la recevoir le château de Holyrood situé à deux pas d'Édimbourg, en pleine campagne, au pied d'un éperon rocheux. C'était certes le plus beau d'Écosse, très supérieur pour le confort aux nids d'aigle dont se contentaient les seigneurs locaux, mais il ne valait pas, et de très loin, le plus modeste de ses homologues français. La reine chassa de sa mémoire l'image enchanteresse de Fontainebleau et de Chambord et sourit aux feux de joie qui embrasaient l'esplanade. Le bruit de son arrivée s'était répandu, ses sujets manifestaient leur satisfaction à la manière traditionnelle. Fort avant dans la nuit, le silence fut troublé par une sérénade discordante qui écorcha les oreilles délicates de Brantôme : ils raclaient maladroitement leurs rebecs[2] pour accompagner les psaumes dont ils voulaient la régaler, et ils chantaient faux. Héroïquement, la destinataire de cet hommage intempestif les félicita et les invita à récidiver. Elle avait choisi de faire la conquête des Écossais par la douceur.

Ceux-ci, d'abord indifférents ou méfiants, furent très vite séduits – le menu peuple surtout. Celle qui leur tombait du ciel répondait à l'image qu'on se faisait alors d'une souveraine. Jeune, belle, imposante par sa haute taille, mais gracieuse et tout illuminée de sourires, la fille des Stuarts flattait l'orgueil national. « L'Écosse s'estimait heureuse d'avoir la présence de sa reine, qui était une des plus belles et plus parfaites entre les dames de son temps. » Chez les lords misogynes, le solide mépris qu'ils vouaient au pouvoir d'une femme était contrebalancé par la conviction qu'elle serait incapable de gouverner et les laisserait cultiver comme par le passé leurs ambitions

1. Juments d'une ancienne espèce anglaise.

2. Instrument à cordes voisin du violon. Ils chantaient des psaumes, seuls chants autorisés par l'Église presbytérienne.

et leurs querelles, arbitrées par son demi-frère bâtard, James Stuart, plus connu sous le nom de comte de Moray.

Elle bénéficia donc, à son arrivée, d'un « état de grâce » prometteur. « Comme on lui faisait tout l'honneur et le service qu'elle pouvait désirer, elle s'efforçait de se rendre agréable et de contenter [...] aussi bien les petits que les grands. » Ses accompagnateurs français, la voyant « en pleine et paisible possession » de son royaume, se crurent alors en droit de se retirer, ne laissant auprès d'elle que quelques serviteurs. Elle resta seule aux prises avec l'Écosse.

John Knox et l'Église presbytérienne

Bien que les catholiques y fussent restés nombreux, surtout dans les Highlands, l'Écosse adhérait en majorité à l'Église réformée. Un édit promulgué en août 1560 avait fait du presbytérianisme le culte officiel et mis le catholicisme hors la loi. La venue d'une reine catholique inquiétait les tenants de la nouvelle foi. Avant même de rentrer dans son pays, Marie avait fait rassurer ses sujets : elle ne ferait nulle pression sur leurs consciences. Mais elle n'avait pas contresigné l'édit de 1560 et se réservait le droit de pratiquer sa religion à titre privé. De quoi mettre en fureur les plus fanatiques sectateurs de la *Kirk*[1].

« Souffrirons-nous que l'idole revienne de nouveau prendre place dans ce royaume ? » s'exclamèrent-ils le dimanche qui suivit l'arrivée de Marie, en apprenant qu'on se préparait à dire la messe dans la chapelle royale du château de Holyrood. Ils hurlèrent à la mort contre le prêtre « idolâtre », arrachèrent des mains d'un servant terrorisé les cierges et les ornements sacerdotaux qu'ils piétinèrent. Mais sur le seuil de la chapelle, Lord James, fidèle à la parole donnée à sa sœur, les arrêta. La messe fut dite, dans un climat de tension telle que l'officiant tremblait et balbutiait en prononçant les paroles de la consécration.

Pourtant, Marie ne céda pas à la provocation, elle domina sa colère et maintint la ligne qu'elle s'était fixée : tolérance

1. *Kirk* signifie « église » en écossais. C'est le nom officiel donné à l'Église presbytérienne d'Écosse.

réciproque, sous peine de mort. Et elle décida d'affronter le prédicateur extrémiste John Knox, qu'elle convoqua à Holyrood pour une entrevue.

Issu du clergé catholique, Knox avait échappé à la « mare boueuse du papisme » une vingtaine d'années plus tôt, sous l'influence de George Wishart, que Marie de Guise avait fait brûler comme hérétique. Arrêté par les troupes françaises lors de la révolte contre la régente, il avait passé dix-huit mois aux galères, avant de se réfugier à Genève. De retour en Écosse, il y avait implanté le calvinisme, en lui donnant une coloration plus intransigeante encore. Des prophètes de l'Ancien Testament, il avait emprunté l'apparence physique, longue robe et longue barbe, et il puisait dans les textes sacrés de quoi nourrir en métaphores et en *exempla* une éloquence inspirée, violente, imprécatoire, grondant comme la parole de Jéhovah en personne contre les impies, blasphémateurs, fornicateurs et autres suppôts de Satan – bref, contre tous ceux qui pensaient et vivaient autrement que lui. C'était le plus redoutable des intégristes fanatiques, à côté de qui son maître Calvin faisait figure de modéré et de tiède.

L'ambition politique se mêlait chez lui à l'ardeur religieuse. Ses succès enflèrent son orgueil, il se rengorgea d'un pouvoir spirituel qui faisait de lui, un roturier, le rival victorieux des lords. Un souffle révolutionnaire passait dans ses invectives contre les grandeurs établies. Il rêvait d'une théocratie dont il serait le chef.

Il se cuirassa d'insolence pour se rendre à l'invitation de la reine. Tel un juste face à Jézabel, un roi hébreu face au pharaon ou à Nabuchodonosor, il se promit de la braver et de la dominer. Les préventions qu'il nourrissait contre les femmes, « créatures chétives, fragiles, faibles, impatientes et étourdies », lui promettaient un triomphe facile, il le croyait du moins. Mais il trouva en elle une fermeté et une fierté inattendues. Le dialogue tourna vite à l'affrontement, quitta le terrain religieux pour un débat de principe sur la source première de l'autorité politique. Elle exigeait de ses sujets une obéissance sans faille, tandis qu'il leur accordait le droit de se soulever contre un souverain injuste : interrogation brûlante qui accompagne, un peu partout en Europe, l'éclosion de la Réforme. Mais dans le cas particulier, le catholicisme de la reine est, par lui-même, un *casus belli*. « J'accepterai de vivre sous l'autorité de Votre Grâce, lui dit-il, comme Paul acceptait de vivre sous celle de Néron. » Cette arrogante façon de se soumettre ne promettait rien de bon. Marie mit le doigt sur la plaie : « Alors je vois que mes sujets ont à vous obéir, et non à moi ; et qu'ils feront ce qui leur plaît, et non ce que je leur commande de faire : et ainsi c'est à moi d'agir selon leur bon plaisir, et non à eux d'agir selon le mien. » Knox répliqua qu'il n'était que l'interprète de la volonté de Dieu, incarnée dans son Église. Mais elle protesta : « Vous n'êtes pas l'Église que je veux nourrir. Je veux défendre l'Église de Rome, car je la tiens pour la véritable Église de Dieu. » Et comme il discutait sa compétence en matière théologique, elle répliqua vivement : « Mais j'ai lu et écouté. »

Marie eut au sortir de l'entretien une de ces crises de larmes nerveuses dont elle était coutumière. Mais son attachement à la foi catholique en fut renforcé : son trône avait partie liée avec l'Église romaine, contre une Réforme qui, sous sa forme calviniste tout au moins, menaçait de creuser le tombeau des rois. Lorsqu'on lui conseilla de se convertir pour supprimer une des sources de troubles dans le royaume, elle ressentit les pressions subies comme autant d'atteintes à sa souveraineté : en cédant, elle en eût aliéné une part. Elle tenait au catholicisme par une foi sincère, par fidélité aussi à sa famille, à son éducation, à ses amitiés. Il fut désormais inséparable de son être, partie constituante de son identité.

De son côté, John Knox, tout habité qu'il était par l'esprit de Dieu, n'en avait pas moins été sensible au charme bien connu de Marie : une femme aussi intelligente et aussi séduisante n'en était que plus dangereuse. Il rendit hommage à sa fierté et à son habileté, déplora l'endurcissement de son cœur et se prépara à lui mener la vie dure. Mais son outrance même servit celle qu'il persécutait. Si sincèrement réformés qu'ils fussent, les Écossais n'approuvaient pas tous la violence injurieuse du prédicateur ni la guerre acharnée qu'il menait contre toute forme de divertissement. Il se trouva parmi les lords des modérés fort satisfaits du *modus vivendi* instauré par la reine, son demi-frère Moray, notamment, et le secrétaire d'État Maitland, qu'elle laissait gouverner comme par le passé. Sûrs désormais qu'elle ne tenterait pas de rétablir le catholicisme, ils firent cesser tous les obstacles apportés à l'exercice privé du culte pour elle et ses serviteurs. À la Toussaint, la célébration d'une messe chantée prit des allures de victoire. Le fanatisme était, provisoirement, désarmé.

Sur le plan international, hélas, les conflits religieux battaient leur plein et pesaient sur les relations délicates unissant Marie Stuart à sa puissante voisine, Élisabeth d'Angleterre.

« Ma très chère et excellente sœur... »

En Écosse, Élisabeth avait tout fait pour ruiner les efforts de Marie de Guise. Avec succès, on l'a dit. Elle s'accommodait très bien du gouvernement de Moray, dont elle soutenait par de larges subsides le dévouement intéressé. Elle vit d'un mauvais œil le retour de la jeune reine, qui pouvait être tentée de ramener le pays dans l'orbite française. Le refus d'un sauf-conduit trahissait sa mauvaise humeur. Elle tenta d'effacer cette maladresse en faisant savoir, un peu tard, qu'elle n'avait jamais eu l'intention de faire obstacle à son voyage. Les apparences sont sauves. Marie pourra feindre de prendre pour bonnes les amabilités prodiguées. Elle est elle-même trop intéressée à une entente pour faire la fine bouche.

Elle sait bien qu'Élisabeth supporte très mal ses prétentions au trône d'Angleterre. Les proclamer fut une erreur. Dès son veuvage, elle a fait disparaître de son blason les armoiries imprudemment affichées. Elle a trop de bon sens pour songer dans l'immédiat à évincer sa cousine. Mais elle ne renonce pas à ses droits. Elle consent seulement à en différer la prise d'effet. Le 8 juillet de l'année précédente, le parlement d'Écosse a reconnu, dans le traité d'Édimbourg, la légitimité de la fille d'Anne Boleyn. Marie, elle, se refuse à ratifier ce traité sans contrepartie. Donnant donnant, elle ne s'inclinera devant Élisabeth que si celle-ci, en l'absence d'héritier direct, fait d'elle officiellement son successeur.

Pour faire aboutir une négociation qui lui assurera à elle peut-être – elle a neuf ans de moins que sa rivale –, à ses descendants sûrement, la couronne d'Angleterre, elle est prête à refréner sa colère et à oublier sa fierté. À peine installée à Édimbourg, elle prend l'initiative, envoie en ambassade le plus retors de ses conseillers, Maitland. Élisabeth feint de s'étonner, puis, mise au pied du mur, semble accepter la discussion. Elle consent à dire qu'elle préfère Marie à tout autre prétendant et admet implicitement qu'on ne peut l'écarter comme « étrangère ». Mais c'est pour expliquer aussitôt que la seule idée de désigner son successeur lui est intolérable : « Il n'y a pas d'exemple qu'on ait jamais demandé à quelqu'un de déployer son linceul de son vivant. Croyez-vous vraiment que je puisse aimer mon linceul ? Les princes ne peuvent aimer leurs enfants, car ce sont eux qui sont appelés à leur succéder. [...] Croyez-vous donc que je puisse aimer ma cousine, après en avoir fait mon héritière présomptive ? » On ne sait ce qu'il faut admirer davantage : la profondeur de cette étonnante leçon de psychologie politique ou l'audacieuse hypocrisie consistant à en jouer pour justifier une dérobade.

En dehors de ses états d'âme, Élisabeth invoqua aussi une autre raison : ses sujets, inconstants et chagrins comme tous les sujets, pourraient se détourner de leur souverain au bénéfice de son successeur. Et, ajouta-t-elle en latin, « ils sont plus enclins à adorer le soleil levant que le soleil couchant ».

Ce qu'elle ne dit pas, c'est qu'elle avait deux sortes de sujets : des protestants, anglicans mais aussi puritains proches du calvinisme, et des catholiques, dont la persécution n'est pas venue à bout. En reconnaissant Marie pour son héritière, elle s'aliénerait les premiers – « les pierres dans les rues se dresseraient » à la perspective de voir introniser une papiste française –, sans se concilier pour autant les seconds, à qui elle fournirait un espoir les incitant peut-être à anticiper sur le calendrier. Elle choisit donc de temporiser, multipliant les manœuvres dilatoires, mettant en avant des exigences irrecevables : que Marie s'engage à la soutenir contre la France, qu'elle choisisse un mari conforme à ses vœux, enfin, *last but not least*, qu'elle se convertisse au protestantisme. Avec de pareilles conditions, elle ne risquait pas grand-chose.

Elle recula pourtant devant une entrevue. Marie au contraire souhaitait ardemment la rencontrer. Elle aimait les contacts directs. De sa personne émanait, elle le savait, une force d'attraction, une séduction à laquelle personne, homme ou femme, n'échappait tout à fait. Franche, vive, hardie, elle n'était jamais meilleure que dans ces affrontements où elle provoquait l'interlocuteur, le tâtait, le sentait venir, le débusquait dans ses retranchements, trouvait le mot à dire et le geste à faire et tranchait, souveraine. Elle avait réussi à en imposer à John Knox. Elle comptait bien faire tomber entre Élisabeth et elle ce qu'elle croyait être un mur de malentendus. Rendez-vous était presque pris, au printemps de 1562, lorsque le déchaînement de la guerre civile en France rendit tout rapprochement impossible : François de Guise venait de faire à Vassy un grand massacre de huguenots.

Jamais les deux reines ne se rencontreront. À l'entrevue sans cesse différée, Élisabeth préférera les lenteurs d'un échange épistolaire très dense, enrobé d'un miel d'autant plus chargé d'amertume que Marie, forte de son pouvoir rétabli, a négligé, pour se remarier, d'obtenir le consentement de sa « chère sœur » et cousine. Dans l'euphorie du succès, l'imprudente et impulsive reine d'Écosse n'a mesuré ni le danger qu'elle représentait pour sa rivale, ni l'intensité de l'animosité que celle-ci lui portait.

Une reine très convoitée

À une reine il faut un mari, tout le monde en convient, ne serait-ce que pour assurer l'avenir de la dynastie. Mais quel genre de mari, et pour quel rôle ? Un mari pour l'emmener au loin dans son propre royaume, ou pour partager avec elle le pouvoir sur place ? Un mari qui l'élèverait au-dessus de sa condition présente, ou un inférieur dont elle ferait la fortune ?

L'orgueil de Marie Stuart exclut toute hésitation. Après avoir été reine de France, elle ne peut se contenter de régner sur la seule Écosse. Son royaume retrouvé n'est qu'un tremplin pour un nouvel essor, une monnaie d'échange pour un autre trône. À Édimbourg, elle n'est que de passage, en transit. Lorsque l'ambassadeur de France, Castelnau, lui rend visite en 1564 pour lui proposer, à tout hasard, la main de Henri d'Anjou[1], elle lui fait part des « recherches » dont elle est l'objet : l'archiduc Charles, frère de l'empereur, des princes allemands, le duc de Ferrare, le prince de Condé, veuf pour lors, l'auraient pressentie. Mais elle avoue que ses préférences vont toujours à don Carlos : elle se voit déjà régnant avec lui sur les Pays-Bas, où Philippe II leur taillerait une principauté.

Son demi-frère, Moray, encourage ses projets de départ. Puisqu'il ne peut, hélas !, l'épouser lui-même, il souhaite l'éloigner pour continuer d'exercer sous sa lointaine tutelle, comme du temps de François II, le gouvernement de fait. Les grands lords écossais sont partagés. Tous la convoitent pour un de leurs fils : n'ont-ils pas presque tous quelques gouttes de sang Stuart dans les veines ? Mais ils se jalousent férocement et préféreraient la voir partir plutôt que tomber entre les mains d'un rival. Seule la question religieuse pourrait être pierre d'achoppement : l'Écosse tient à se prémunir contre toute offensive de reconquête catholique.

C'est de Londres que vint le veto. « Toutes ces alliances plaisaient aussi peu à la reine d'Angleterre les unes que les autres ; car elle ne pensait jamais avoir épine au pied qui lui fût plus poignante[2] qu'une grande alliance étrangère avec cette reine, craignant par ce moyen qu'elle ne lui mît un mauvais voisin en son pays. » Pas plus que Catherine de Médicis, Élisabeth ne souhaitait pour la reine d'Écosse un brillant remariage. Les prétendants, soudain refroidis par la perspective d'un conflit, se retirèrent. Marie ne put que s'incliner. Elle se mit en quête d'un époux forcément moins prestigieux pour régner avec elle à Édimbourg.

Le mariage d'une reine de plein exercice est affaire délicate. Que l'heureux élu soit cantonné au rôle de prince consort ou étroitement associé au gouvernement, sa présence aux côtés de la souveraine ne peut que modifier pour celle-ci les conditions d'exercice du pouvoir. C'est ce qu'a vite compris, en ce qui la

1. Le futur Henri III. En passant par Londres, il vient d'offrir cette même main à Élisabeth. Il faut montrer à toute l'Europe que les partis possibles pour le prince sont nombreux. Mais l'offre faite à Marie n'est pas sérieuse.

2. Piquante, acérée.

concerne, la très prudente Élisabeth. Elle n'écartait pas l'idée de convoler en justes noces, mais elle repoussait d'année en année l'échéance, berçait ses prétendants d'espoirs illusoires, tout en menant avec son favori Robert Dudley, qu'elle fera comte de Leicester, une idylle très poussée, sans jamais franchir le pas. « De son naturel elle avait peu d'inclination à se marier, expliqua-t-elle à l'ambassadeur français ; si le comte de Leicester était prince et issu de tige royale, elle consentirait volontiers à ce parti pour toute l'amitié que l'Angleterre lui portait » (hum ! hum !), mais « jamais elle n'épouserait son sujet, ni ne le ferait *son compagnon* ». Blocage psychologique, empêchement physiologique, on a tout invoqué pour expliquer le comportement ambigu devant la sexualité de celle qu'on surnomma la « reine vierge ». Mais dans son refus du mariage, l'instinct politique dut jouer un rôle majeur : elle redoutait de rompre l'équilibre délicat sur lequel reposait son autorité. Si coquette qu'elle fût, elle se savait « de celles dont on épouse le royaume et non pas la personne ». Sa personne, elle ne la livra qu'à demi. Son royaume, elle le garda pour elle toute seule.

Élisabeth est une reine des temps modernes – la première. Elle s'identifie à l'Angleterre, dont elle veut faire la grandeur. Elle règne, et elle gouverne. Marie Stuart est une reine du temps passé, tout droit sortie des récits de chevalerie et des romans courtois, revus et corrigés par la Renaissance française. Elle tient assurément à ses prérogatives de reine, ne supporte pas de voir ses volontés contrariées, ses désirs ignorés. Elle est capable d'user à l'occasion de fermeté ou de diplomatie. Mais elle n'a ni le goût ni le désir de diriger son royaume au quotidien. Elle n'y a été préparée ni par son éducation, ni par ses dix-huit mois de règne aux côtés de François II. L'administration l'ennuie, elle ne demande qu'à s'en décharger sur son demi-frère.

Aime-t-elle l'Écosse ? Ce n'est pas sûr. À cette date elle lui tient rigueur de l'avoir reprise de force, piégée. À Holyrood, dans ses appartements privés, elle a créé une cour en miniature, pâle reflet de ce qu'elle a connu en France, mais havre de raffinement au cœur de la sauvagerie ambiante. Sur les rayons de sa bibliothèque, Ronsard et Du Bellay voisinent avec Pétrarque et l'Arioste ou avec les légendes de la Table ronde. À leurs côtés, Cicéron, Suétone, Ovide, Plutarque et les grands classiques grecs, d'Homère à Platon en passant par les Tragiques. Dans le petit cercle des intimes que cimentait une communauté de culture et de goûts, on composait et on récitait des vers, on dansait, on chantait, on faisait de la musique et l'on jouait aux cartes, jusqu'à une heure avancée de la nuit. On s'évadait dans le monde de la fiction romanesque.

À cette reine éprise de grand air et rompue aux exercices du corps, la chasse et, éventuellement, la guerre offraient aussi une forme d'évasion plus concrète et plus en rapport avec les traditions locales. D'une intrépidité et d'une endurance extrêmes, elle en remontrait aux hommes expérimentés. Mais à les coudoyer dans ses chevauchées, à se mesurer à eux sur leur propre terrain, elle les provoquait ingénument, les invitait à la vaincre. Elle était belle : on conçoit qu'ils se fussent piqués au jeu. D'autant plus que la fragilité voisine en elle avec la force, des crises nerveuses ponctuées de larmes alternent avec les sursauts de témérité. Dans les défaillances de la fière et libre amazone s'inscrit déjà sa défaite à venir. Quel homme ne souhaiterait en être l'artisan comblé ?

Tous les efforts des historiens pour faire le départ, chez ceux qui la poursuivirent, entre l'ambition et l'amour restent vains. En même temps qu'à son trône, on en veut à sa personne : les deux sont indissociables. Car les risques pris pour elle dépassent de loin ceux qu'aurait accepté de courir le plus intrépide des aspirants au pouvoir. Pour s'emparer d'elle ou, plus tard, pour la tirer de prison, des hommes sacrifient allégrement leur fortune, leur honneur, leur vie. C'est qu'elle incarne l'archétype même de la princesse à conquérir, tel que l'a forgé dans les contes l'imaginaire de tous les peuples, sous ses deux formes complémentaires de guerrière à dompter ou de captive à délivrer : au vainqueur elle donne amour, richesse, pouvoir ; au vaincu la mort ; mais tous sont résolus à tenter l'épreuve. Éminemment désirable, semeuse de trouble et de discorde, prometteuse du meilleur et du pire, telle apparaît Marie, « dangereuse reine » s'il en fut jamais.

Dès 1562, elle a découvert avec effroi que tel ou tel de ses grands barons est prêt à l'enlever, à l'entraîner au fond d'un château perdu dans les Highlands et à l'y épouser de force. Le danger est partout autour d'elle. À vingt ans, elle est restée romanesque. Elle n'a pas la maturité affective requise pour faire face. Induite en erreur par l'attachement puéril de François II, bercée par l'encens et le miel des poésies de cour, elle rêve d'un amour dont elle ne sait rien, mais qu'elle redoute obscurément. Les folies qu'on fait pour elle la surprennent, la fascinent et la révoltent[1]. Elle tremble devant la convoitise qu'elle lit dans les yeux brutaux des lords écossais. Elle ne peut prolonger indéfiniment un célibat qui lui pèse. Il lui faut l'appui d'un homme pour la défendre des autres et l'aider à gouverner.

Son choix sera catastrophique.

Le prince charmant

Toujours soucieuse de se concilier Élisabeth, Marie l'avait fait consulter sur le meilleur parti envisageable. Le nom alors prononcé était si inattendu que l'on crut à une plaisanterie ou surtout à une provocation. Et c'en était une, peut-être. À sa cousine, Élisabeth proposait sans rire d'épouser son propre favori, Robert Dudley, déconsidéré par les familiarités et privautés qu'elle se permettait en public avec lui. La mort suspecte de sa femme, Amy Robsart, en un temps où il aspirait à la main de la reine, avait fait scandale. Cette dernière avait coupé court en déclarant qu'il n'était pas digne d'elle, n'étant pas de sang royal. Mais elle le trouvait assez bon pour Marie. L'ambassadeur de celle-ci eut une réponse adroite qui n'engageait à rien : c'était, dit-il, une grande preuve de l'amour qu'elle portait à la reine d'Écosse « que de vouloir lui donner un homme pour lequel

1. En témoigne l'affaire Châtelard. Ce gentilhomme huguenot français, un peu poète, lui vouait un amour si passionné qu'à deux reprises on le découvrit dissimulé dans sa chambre. La première fois, elle pardonna, la seconde, elle demanda, indignée, qu'on le poignarde sur-le-champ ; mais il fut finalement jugé et condamné. Il mourut en récitant *L'Hymne de la Mort* de Ronsard et en déplorant la « cruauté » de sa « Dame ». Ce dont John Knox crut pouvoir déduire qu'il était son amant : en quoi il montrait une grande méconnaissance des nuances de la langue française. Certains témoignages donnent Châtelard pour un agent provocateur, chargé par les protestants français de compromettre la reine, mais on n'en a jamais trouvé la preuve. En tout état de cause, ce qui importe ici est la réaction première de Marie.

elle avait elle-même tant d'affection ». L'intéressée maîtrisa son indignation, tant qu'elle conserva un espoir du côté espagnol. Elle fit savoir ensuite qu'elle ne tiendrait compte des volontés d'Élisabeth que si ses droits à la succession étaient officiellement reconnus. Et devant une nouvelle réponse dilatoire, elle décida de passer outre.

En s'attachant à Henri Darnley, elle ne croyait d'ailleurs pas déplaire à sa « chère sœur » : celle-ci avait intercédé pour obtenir au jeune homme l'autorisation de rentrer en Écosse, d'où lui et les siens avaient été exilés naguère à la suite d'un complot. Une double ascendance le rattachait aux Stuarts par son père, quatrième comte de Lennox, et aux Tudors par sa mère, Margaret Douglas, petite-fille de Henri VII. Il occupait parmi les prétendants à la succession d'Élisabeth une place honorable. Né et élevé en Angleterre, mais héritier d'un des grands noms d'Écosse, il apparaissait tout désigné pour opérer un rapprochement entre les deux royaumes. Il présentait l'avantage supplémentaire, aux yeux de Marie, d'être catholique. À défaut d'un souverain étranger, c'était pour elle, par la naissance, un époux tout à fait acceptable.

Sur ses capacités, en revanche, il y aurait eu beaucoup à redire. À dix-neuf ans, il était ce que nous appellerions un *play-boy*. Très grand, svelte mais bien bâti, il offrait un visage encore imberbe d'un bel ovale régulier. Avec ses yeux d'un brun chaud, ses cheveux blonds, ses lèvres rouges, sa jambe cambrée dans des bas bien tirés, sa démarche élégante, il se savait séduisant et jouait sans scrupules de son physique avantageux. Son ambitieuse mère l'avait formé pour la vie de cour : il savait rimer, danser, chanter, toucher d'un instrument de musique et lisait assez de latin pour en imposer aux demi-habiles. C'était un enfant gâté léger, capricieux et frivole, impétueux dans ses désirs, mais répugnant à l'effort. Sa fatuité n'avait d'égale que sa sottise et sa lâcheté était sans bornes.

Marie fut fascinée par ce « beau et joyeux jeune homme », « le plus joli et le mieux fait qu'elle eût jamais vu », qui dansait si bien et qui, à la différence de ses autres cavaliers, la dominait par la taille et la prestance. Sa petite cour extasiée voyait en eux le couple idéal, tel qu'à l'envi le décrivaient les romans. Cependant, rien ne transpira des sentiments qu'éprouvait la reine jusqu'au mois d'avril, où Darnley eut une dangereuse rougeole. Elle alla le voir, s'attarda à son chevet, s'improvisa son infirmière attendrie, d'autant moins capable de se défendre contre l'amour qui la submergeait qu'il était plus dépendant, désarmé par la fièvre et la maladie. Croyait-elle retrouver quelque chose de la tendresse qui l'avait liée à François II ? La différence d'âge – quatre ans – lui donnait sur Henri cet ascendant qui lui semblait inséparable du sentiment amoureux. Lorsque le jeune homme reparut à la cour, la « pauvre reine », oublieuse des affaires d'État, n'était plus qu'une amante éperdue, désireuse de l'épouser au plus vite : une métamorphose si soudaine qu'on ne manqua pas d'y voir sorcellerie. Elle couvrit l'heureux élu de titres et de dignités, décréta qu'il porterait le nom de roi d'Écosse, et elle l'épousa dans la chapelle royale de Holyrood le 29 juillet 1565.

Les réactions furent diverses. Catherine de Médicis applaudit : son ex-belle-fille était désormais inoffensive. Mais Élisabeth éclata : un tel mariage, réunissant deux prétendants au trône d'Angleterre, menaçait sa sécurité, prétendit-elle ; et ses sujets verraient d'un mauvais œil un souverain catholique régner à Édimbourg aux côtés d'une épouse de même confession. Cette colère parut suspecte : Élisabeth elle-même n'avait-elle pas expédié Darnley en Écosse à point nommé ? Le piège tendu à Marie lui permettait de gagner sur les deux tableaux : au fond, ce mariage médiocre lui convenait ; mais comme elle n'avait pas été consultée, elle pouvait en tirer argument pour enterrer définitivement l'épineuse question de sa succession.

Moray, lui, voyait le gouvernement lui échapper. Il fut ulcéré. Et avec lui ceux des lords dont ce choix anéantissait les espoirs. Knox tempêtait contre le « papiste » uni à la reine selon un rite sacrilège. Le 30 juillet, un lourd silence accueillit la proclamation officielle des nouveaux titres de Darnley. Dès le mois d'août, sous la conduite du demi-frère de la reine et avec l'appui secret de l'Angleterre, un certain nombre de grands féodaux s'engageaient dans une révolte armée.

La chance sourit aux amoureux. À la surprise générale, une campagne éclair, rondement menée – d'où son nom de *Chase-about Raid* ou Course-poursuite –, leur permit de battre les rebelles à plate couture. Les chefs vaincus se réfugièrent en

Angleterre où Élisabeth s'empressa de les désavouer publiquement, tout en leur donnant asile. À Édimbourg, les noms conjoints de Henri et de Marie s'étalaient sur les documents officiels et sur les pièces de monnaie récemment frappées. Et l'avenir semblait s'ouvrir sous les meilleurs auspices puisque déjà la reine attendait un enfant.

Mais en six mois, miné par la mésentente, le couple royal se défit.

Le baptême du sang

La jeune femme se déprit aussi vite qu'elle s'était enflammée. Ses yeux se dessillèrent. Elle découvrit soudain la médiocrité intellectuelle de son mari, son arrogance, sa vanité, sa veulerie. Elle lui en voulut de ce qu'elle l'avait aimé. Il avait cru être roi. Il s'aperçut que le titre accordé n'était qu'une coquille vide. Elle avait gardé le pouvoir. Il réclama à grands cris la « couronne matrimoniale » qu'elle avait jadis accordée à François II et qui aurait fait de lui son égal. Elle la lui refusa. Il se fâcha, devint grossier, insultant. Elle lui ferma la porte de sa chambre. Il se mit à courir les tavernes, à fréquenter les prostituées, à s'enivrer, à déverser ses rancœurs dans les oreilles compatissantes de quelques barons insatisfaits. Rien que d'assez banal entre époux qui se déchirent.

Mais il alla plus loin.

Elle se repliait sur l'étroite cour de fidèles qui partageaient sa vie quotidienne, une de ses demi-sœurs, quelques Françaises, un Italien engagé comme musicien et récemment promu au rang de secrétaire particulier. Ce noiraud de David Riccio, mal bâti, fort laid, mais intelligent et tout dévoué à celle qui avait fait sa fortune, était-il un espion au service de l'Espagne ? La chose est très vraisemblable. Ce qui est sûr, c'est qu'il était de petite extraction, étranger, catholique, et que les Écossais s'offusquèrent de sa promotion sociale insolente, qu'il afficha imprudemment.

Dans tous les pays du monde, les rois aiment s'entourer de serviteurs qui leur doivent tout et ceux qui croient avoir des droits au gouvernement s'irritent de rencontrer sur leur chemin ces parvenus surgis d'ailleurs : qu'on pense aux Italiens si vilipendés dans l'entourage de Catherine de Médicis. Une cabale se forma pour abattre Riccio, soupçonné de mille traîtrises. N'inspirait-il pas à la reine une politique procatholique ? N'allait-il pas l'inciter à rétablir le papisme en Écosse ? C'était lui qui rédigeait, chiffrait et déchiffrait toute sa correspondance, tandis que Darnley était tenu à l'écart. Que mijotaient-ils donc ensemble ? Leurs apartés, leurs entretiens tardifs et jusqu'à leurs divertissements littéraires et musicaux passèrent pour coupables. On persuada l'époux en disgrâce, ou il se persuada tout seul, que Riccio était l'amant de Marie. Et on le convainquit qu'il retrouverait auprès d'elle toutes ses prérogatives politiques et conjugales une fois éliminé ce mauvais génie.

Au soir du samedi 9 mars 1566, elle soupait avec quelques intimes, au second étage du palais de Holyrood, lorsque la tenture qui séparait la salle à manger de sa chambre se souleva, livrant passage à son mari. Il logeait au-dessous, dans des pièces agencées de même manière. Il avait accédé aux appartements de sa femme non par l'escalier principal, mais par un petit escalier dérobé. Le temps de surmonter sa surprise, elle lui fait place parmi les convives. Surgit alors, par le même chemin, armé et cuirassé, l'un des lords les plus redoutables, Ruthven. Il somme brutalement Riccio « de sortir de cette chambre où il n'a que faire ». Marie proteste. Darnley, sommé de prendre parti, bafouille et se dérobe. Comme elle fait mine d'appeler ses gardes, Ruthven prononce une phrase convenue. Aussitôt surgissent cinq autres conjurés. La table est renversée, les chandeliers s'éteignent. À la lueur de l'unique bougie, les intrus se ruent sur Riccio qui s'accroche désespérément à sa protectrice. L'un des agresseurs immobilise alors Marie de ses deux bras tandis qu'on dénoue l'étreinte du malheureux qui se débat en hurlant. Sa robe est éclaboussée de sang, sur sa tempe elle voit braquer un pistolet dont le coup est détourné de justesse. Tous s'acharnent maintenant sur l'Italien, qu'ils ont traîné dans l'antichambre. Chacun tient à participer par plusieurs coups portés de sa main à ce qui est – le lieu choisi et les circonstances le confirment – un meurtre propitiatoire, quasi rituel : en ce temps-là, au pays de Macbeth, on croyait très fort aux envoûtements, aux interventions sataniques et Ruthven lui-même passait pour sorcier. Dans le corps déchiqueté de la victime, qu'ils jetèrent finalement par la fenêtre, on compta plus de cinquante blessures, mais on trouva un poignard, un seul, celui de Darnley, ainsi désigné aux puissances occultes comme instigateur et bénéficiaire potentiel du crime : geste magique.

Marie était enceinte de six mois. Elle fut convaincue qu'elle aussi était visée, soit directement – dans le tumulte un coup « égaré » aurait pu l'atteindre –, soit indirectement – le choc aurait pu provoquer une fausse couche, très dangereuse à ce stade de la grossesse. Elle n'avait pas tout à fait tort. Un pacte avait été signé entre Darnley et ses complices. On n'y parlait qu'à mots couverts, il était seulement question de défendre « l'honneur » du roi. L'époux de Marie s'engageait à accorder aux lords rebelles protection et amnistie générale, à condition qu'ils lui fissent attribuer la fameuse « couronne matrimoniale » lui conférant la royauté en cas de mort prématurée de sa femme. En tout état de cause, elle serait écartée du pouvoir.

Le jeu de l'amour et de la mort

Quelques mois avaient suffi pour conduire la jeune femme de l'amour au mépris. En cette nuit sanglante, le mépris s'est mué en haine. L'époux indigne a voulu la tuer, elle et son enfant à naître, elle en est sûre. Elle n'oubliera jamais : on la comprend. Un jour elle osera lui en jeter le reproche au visage. Mais le moment n'est pas venu. Elle est seule, prisonnière dans Holyrood cerné par les soldats adverses. L'unique espoir d'en sortir, c'est de s'en prendre au maillon le plus faible de la chaîne d'ennemis qui l'entourent : son mari, sur lequel elle entreprend aussitôt de peser.

Marie n'est jamais si forte que dans le péril.

Elle dissimule ses sentiments, feint un malaise, s'alite et réclame d'urgence une sage-femme, qu'il eût été difficile de lui refuser, et qui confirme qu'elle est sur le point d'accoucher prématurément. Les geôliers desserrent une surveillance devenue superflue, et elle en profite pour communiquer avec l'extérieur. Le lamentable Darnley, très ébranlé par le meurtre commis sous ses yeux, se rend à son chevet, pas très fier de lui. Il la trouve dolente, affaiblie, brisée. Il croit l'avoir domptée, s'enchante de cette douceur inespérée, se convainc que le mal venait de Riccio, se déclare prêt à tout pour reconquérir son affection. À tout ? Mais oui. Même à organiser son évasion et à lui livrer le nom de ses complices. Ceux-ci, méfiants, le poussent à solliciter d'elle, pour eux, une promesse écrite d'impunité. Il s'engage à la leur apporter le lendemain. Mais le lendemain la prisonnière se sera envolée.

Le lundi à minuit, elle descend avec lui l'étroit escalier qui avait livré passage aux assassins deux jours plus tôt. Ils traversent les appartements des domestiques et les cuisines, puis longent le cimetière où ils aperçoivent une tombe fraîche qui inspire à Darnley des regrets hypocrites sur le pauvre Riccio, « bon et honnête serviteur » injustement décrié. Les voici au rendez-vous où les attendent quelques amis, avec de bons chevaux. Darnley file devant à bride abattue, terrorisé à l'idée d'être rattrapé. Entendant les cris de sa femme qui, en croupe derrière le fidèle Erskine, le supplie de ralentir par pitié pour son état, il lui crie que si elle perd cet enfant, ce n'est pas grave, il lui en fera d'autres.

Peu avant l'aube, ils arrivent au château de Dunbar après une épuisante chevauchée de cinq heures. Non seulement Marie n'est pas malade, mais elle est galvanisée par sa liberté reconquise. Elle reprend courage en voyant converger à son appel des fidèles de plus en plus nombreux. À Holyrood, en trouvant la chambre vide, les conjurés ont compris qu'ils ont été trahis. Lorsqu'ils apprennent que Darnley marche aux côtés de sa femme, en route pour regagner Édimbourg, ils savent qu'il ne leur reste plus qu'à prendre la fuite. À la tête d'une troupe de huit mille hommes, elle rentre dans sa capitale le 18 mars, neuf jours après le drame qui a failli lui coûter le trône et peut-être la vie. Si elle conserve quelques doutes sur la responsabilité de son mari, les complices de celui-ci, ulcérés, se chargent de les lui ôter en lui faisant parvenir le pacte paraphé de son nom.

Le temps est-il venu de régler ses comptes ? Pas encore. On se contente de pendre quelques comparses. Les principaux coupables sont hors d'atteinte. Darnley est provisoirement intouchable, car tout scandale risque de rejaillir sur l'enfant à naître : une séparation de ses parents peut raviver les calomnies au sujet de Riccio[1]. Elle fait donc tout pour calmer le jeu, elle rappelle les exilés du *Chaseabout Raid* et elle se réconcilie avec son demi-frère Moray, qui était absent au moment du drame et dont elle ignore qu'il a approuvé le fameux pacte. Elle supporte son époux d'autant plus facilement que l'approche du terme de sa grossesse lui permet de le tenir à l'écart.

Elle s'installa au début de juin dans le château d'Édimbourg, plus facile à défendre que Holyrood, elle fit son testament, qui montre quelle place la France tenait encore dans son cœur, et elle commanda un berceau tendu de dix aunes de toile de Hollande ainsi qu'une somptueuse layette. Lorsqu'elle commença de souffrir, on tenta au moyen de formules magiques de transmettre ses douleurs à la future nourrice, également en train d'accoucher. Mais ce soulagement supposé ne l'empêcha pas de gémir qu'elle eût voulu « ne s'être jamais mariée ». Le mercredi 19 juin, elle mit au monde un fils vigoureux et bien constitué, qu'on prénomma Jacques, comme tous les aînés des Stuarts. De surcroît, il était né « coiffé », la tête recouverte d'une membrane – un signe d'excellent augure. Les canons du château tirèrent les salves de circonstance, le peuple se rendit en foule à Saint-Gilles pour rendre grâces à Dieu et le soir la ville et les collines alentour resplendirent de l'éclat des feux de joie.

À l'égard de son mari, la reine usa d'une précaution qui pour être empruntée à la tradition n'en était pas moins, en l'occurrence, lourdement chargée de sens. Elle lui présenta publiquement l'enfant en lui disant : « Monseigneur, Dieu nous a donné un fils, que personne d'autre que vous n'a engendré. » Et en découvrant le visage du bébé, elle continua : « J'atteste ici devant Dieu, comme je lui répondrai au jour solennel du jugement, que c'est là votre fils, et non celui d'un autre. Je désire que toutes les femmes et tous les hommes ici présents soient témoins de ce que j'affirme. » Le silence de l'intéressé valait acquiescement. Alors elle ne put se retenir d'ajouter une

1. Certains textes d'époque nomment Jacques VI Stuart « le fils de David », par référence au prénom de Riccio. Mais le calendrier ne peut pas laisser le moindre doute sur la paternité de Darnley, car l'enfant fut conçu moins de deux mois après le mariage, alors que ses parents étaient encore en pleine lune de miel.

phrase où perçait son mépris : « Car c'est tellement votre fils, que je crains que cela ne lui cause plus tard le plus grand tort. »

Élisabeth, à qui un messager fut envoyé aussitôt, se montra très émue et eut, dit-on, un cri de femme blessée : « Hélas, la reine d'Écosse vient de donner le jour à un beau garçon et je ne suis qu'un tronc stérile. » Eut-elle le pressentiment qu'un jour cet enfant, tous liens rompus avec Marie, deviendrait son propre héritier ? Passé le premier mouvement de jalousie, elle dut vite se rendre compte que si elle parvenait à transmettre au fils les droits de sa mère, elle repousserait à beaucoup plus tard la déplaisante nécessité de « déployer son linceul » de son vivant.

En Écosse même, certains se livrent à des spéculations analogues. Certes, en un sens, la naissance d'un héritier mâle renforce la position de Marie : la continuité dynastique est assurée, le royaume ne sera pas exposé aux aléas d'un mariage avec un prince étranger. Mais en un autre sens, elle l'affaiblit. Car elle offre à tous ceux que contrarie l'autorité de sa mère une solution de rechange. Les grands barons ne tarderont pas à se dire qu'un enfant mineur serait plus facile à manœuvrer. Et l'on pourrait sans doute lui faire adopter la religion protestante. Quant à Darnley, il a pratiquement perdu toutes ses chances d'accéder au trône : on lui préférera évidemment son fils.

Marie est dépressive, malade, comme toujours après des moments d'extrême tension. Un jour même, visage exsangue, membres raidis, elle tombe dans une sorte de catalepsie, on la croit morte. Elle prend prétexte de sa santé pour fuir son mari, de château en château. Elle ne cache plus l'aversion qu'il lui inspire, leur dissentiment est public. Comme il parlait de quitter l'Écosse pour chercher fortune sur le continent, elle le somme un jour, devant témoins, de dire s'il a quelque chose à lui reprocher ; surpris, il murmure que non et elle, qui ne demande rien d'autre que ce satisfecit, le traite plus mal que jamais. Totalement écarté des affaires, il voit le vide se creuser autour de lui. Il n'a plus d'avenir, tous l'abandonnent. Il va, il vient, libre de ses mouvements, au milieu de l'indifférence générale, et il ressent vivement ce mépris insultant.

Le 17 décembre, le baptême du petit Jacques rassembla toute la noblesse. Ses parrains, le roi de France et le duc de

Savoie, sa marraine, la reine Élisabeth, s'étaient fait représenter et celle-ci, peu coutumière pourtant de prodigalité, avait offert de somptueux cadeaux. Pendant la cérémonie, célébrée selon le rite catholique, les lords protestants se tinrent à l'extérieur de la chapelle, mais ils participèrent de bonne grâce aux festivités générales. Un absent de marque : le père de l'enfant boudait. Lorsqu'il apprit quelques jours plus tard que les meurtriers de Riccio, graciés, allaient regagner la ville, il s'affola et s'enfuit à Glasgow chercher auprès de son père la considération et la sécurité qui lui étaient refusées à Édimbourg.

Il n'avait pas tort d'avoir peur. Le 10 février suivant, il était assassiné et trois mois après, sa veuve épousait un des organisateurs de l'attentat, Bothwell. Marie se voyait accusée d'adultère et de complicité de meurtre. Quelle était sa part de responsabilité ?

Disons-le d'emblée : à cette double question, il est impossible, en l'état actuel de nos connaissances, d'apporter une réponse indiscutable. Tous les récits, tous les témoignages contemporains sont entachés de partialité, pour ou contre elle. Les documents les plus accablants, les lettres et poèmes contenus dans une certaine cassette qui lui venait de François II et qu'elle avait donnée à Bothwell, ne nous sont parvenus que sous forme de copies ou de copies de copies, et souvent de traductions. Pas de date, pas de destinataire désigné, des contradictions et des incohérences. On s'accorde aujourd'hui pour penser que ces textes ont été manipulés, trafiqués, peut-être à partir d'originaux authentiques, afin de compromettre irrémédiablement la reine. Mais le fait qu'on ne puisse pas faire fond sur eux n'évacue pas pour autant le grave problème posé par son comportement en ce début de 1567. L'incertitude ouvre la porte aux hypothèses ou même aux interprétations romancées.

Nous ne croyons plus guère, avec Stefan Zweig, qu'elle fut la proie d'une grande flambée de passion folle, irrépressible, qui la consuma, la conduisit au crime et au désastre et s'épuisa d'elle-même en quelques mois, faute d'aliments, la laissant comme une morte vive. Mais on débat encore de son innocence ou de sa culpabilité. Et bien sûr, le jugement qu'on porte sur elle influe, qu'on le veuille ou non, sur la manière de raconter son drame. Fut-elle le jouet des circonstances, la victime d'une maladie nerveuse héréditaire qui altéra son jugement et sa volonté ? A-t-elle clairement compris ce qui se tramait ? A-t-elle approuvé, explicitement ou tacitement ? La place manque ici pour donner au lecteur tous les éléments du débat. Il nous pardonnera donc de nous limiter aux données essentielles du drame, en essayant de comprendre et de proposer, à l'écart de tout parti pris moralisant, une explication.

Chronique d'une mort annoncée

Dans le château de Craigmillar, aux portes d'Édimbourg, avait eu lieu à la fin de novembre, entre cinq ou six des principaux lords du royaume, un entretien sur les moyens d'éliminer Darnley. Ils proposèrent à la reine de la faire divorcer, si elle acceptait de pardonner aux assassins de Riccio. Le retour de ceux-ci, fin décembre, est la preuve de son accord. Ni dans la discussion, ni dans le pacte que signèrent ensuite les conjurés et auquel elle refusa d'ajouter son nom, on ne parlait de le tuer : on la libérerait de lui. Elle y souscrivit verbalement, à condition que la légitimité de son fils n'en souffrît pas et qu'il ne fût pas porté atteinte à son « honneur ». Des moyens à employer, elle ne voulut rien savoir. « Nous réglerons cette question entre nous, et Votre Grâce ne verra que le bien qui en résultera ; nous aurons l'approbation du Parlement », garantit Maitland. Elle souhaitait si fort être débarrassée de son mari qu'elle s'interdit de penser d'une part aux difficultés et aux lenteurs qu'entraînerait une séparation légale, d'autre part aux mœurs et habitudes de ses grands barons. Mais tout au fond d'elle-même, pouvait-elle ne pas soupçonner ce qu'ils avaient derrière la tête ? Lorsqu'elle demanda si son demi-frère Moray était d'accord, il lui fut répondu qu'il « regarderait à travers ses doigts sans rien dire » – ce qui impliquait à coup sûr quelques accrocs à la stricte légalité !

On lui avait fait une promesse abstraite, sans lui révéler comment on s'y prendrait pour la tenir : elle ne demandait qu'à s'accommoder de cette douteuse casuistique. Certes, elle était naturellement compatissante et avait horreur du sang versé. Mais sa haine violente, viscérale contre l'époux naguère aimé redoublait maintenant sous l'effet de la peur. Il avait voulu la faire périr sans doute, lui voler le pouvoir à coup sûr. Il continuait de comploter contre elle, méditait, disait-on, de se faire auprès de l'Espagne le champion de la cause catholique en Écosse ou bien il rêvait au contraire, après l'avoir détrônée ou tuée, d'exercer la régence au nom de leur fils. Il était une menace suspendue sur sa tête : à la vengeance, tout à fait compatible avec l'honneur, venait s'ajouter la légitime défense. Aucun murmure de sa conscience n'empêcha Marie de se boucher hermétiquement les yeux et les oreilles et de laisser les choses suivre leur cours.

Parmi les conjurés figurait un personnage qui avait pris depuis peu et qui devait prendre auprès d'elle une place de plus en plus importante : James Hepburn, comte de Bothwell, possesseur de vastes domaines dans le sud-est de l'Écosse, le long de la frontière anglaise. Les contemporains et la postérité se sont montrés pour lui d'une égale sévérité : vaincu, il constitue en effet un bouc émissaire idéal. Mais dans l'hiver de 1566-1567, beaucoup d'aspects de sa personnalité et de sa carrière plaidaient en sa faveur.

Bien qu'il ait dû payer d'un séjour en prison, puis d'un exil en France l'appui apporté à Marie de Guise, il était toujours resté fidèle aux Stuarts. Le soir de l'assassinat de Riccio, il s'était échappé du palais en sautant du premier étage par une fenêtre et avait organisé l'évasion de la reine. Comblé par elle de biens et de charges, il est devenu son homme de confiance, mais rien, pas même la visite qu'elle lui rend au mois d'octobre, alors qu'il se trouve blessé en danger de mort[1], ne laisse supposer entre eux les relations qu'on se plut ensuite à imaginer.

Pas très grand mais trapu, doté d'une force physique colossale, il tenait des grands fauves auxquels on l'a parfois comparé. Comme tous les seigneurs féodaux mal dégagés des mentalités médiévales, il était ambitieux, orgueilleux, batailleur et cruel. Calculateur, mais dépourvu de prudence, il se montrait,

1. La visite n'eut lieu que plusieurs jours après l'annonce de sa blessure. Marie fit dans la journée l'aller et retour de Jedburgh au château de l'Hermitage – 50 miles – accompagnée de son demi-frère et de leur suite. Il n'y a pas là de place pour un épisode amoureux.

lorsqu'il s'était fixé un but, rapide, résolu, d'un courage frisant la témérité. Intelligent, efficace, il joignait à ses talents de chef de guerre d'évidentes qualités d'administrateur. Ce prétendu sauvage, beaucoup plus instruit que ses pairs, savait plusieurs langues, possédait des livres, avait acquis au cours de ses voyages, et notamment en France, un vernis de culture et de civilité qui tranchait sur la grossièreté ambiante. Une réputation de séducteur irrésistible l'auréolait. Non qu'il poursuivît ardemment les femmes : elles s'offraient à lui, conquises. Ce n'était assurément ni un médiocre, ni une brute.

Tel est l'homme qui passa pour le principal responsable de la mort de Darnley. Mais il n'était pas le seul. Il n'avait pas eu, semble-t-il, l'initiative du complot et il est probable que le choix des moyens fut collectif. Darnley avait pour principaux adversaires ses anciens complices dans l'affaire Riccio, qu'il avait trahis et abandonnés. Rien de plus légitime à leurs yeux qu'une vengeance. Mais le recours à l'arme usuelle, le poignard, leur vaudrait une enquête judiciaire qui risquait de faire surgir de bien désagréables révélations. Ils optèrent donc pour un attentat à l'explosif. Le procédé, plus difficile à mettre en œuvre et plus aléatoire, offrait l'avantage d'égarer les soupçons. On ferait croire que la reine était visée en même temps que son mari, et l'on incriminerait des fanatiques antipapistes ou tous autres coupables potentiels.

Il n'était pas possible d'opérer à Glasgow, où Darnley était entouré des siens. Il fallait le ramener à Édimbourg. Or une seule personne pouvait le décider à y rentrer : sa femme. C'est ainsi que Marie intervint dans le drame à l'écart duquel elle tentait de se tenir. Qui la convainquit de le faire ? Selon toute probabilité, on y reviendra, Bothwell.

Certes, la sagesse conseillait à Marie de ramener auprès d'elle Darnley, pour le surveiller et l'empêcher de se répandre en intrigues à Glasgow ou sur le continent. Était-ce suffisant pour la décider à aller le chercher en personne, toutes affaires cessantes, bien qu'il fût gravement malade, et à s'imposer de feindre une réconciliation qui lui répugnait ? Seule la perspective d'être débarrassée de lui à brève échéance peut expliquer sa détermination et sa hâte. Argument décisif : pour un divorce, voire un passage en jugement au chef de trahison, sa présence était indispensable. Pour un assassinat plus encore. On croira sans peine, cependant, que celui ou ceux avec qui elle en délibéra laissèrent soigneusement dans l'ombre ce qu'elle ne devait ni ne souhaitait savoir. Marie n'était pas sotte. Put-elle être dupe de ces raisons et s'en satisfaire, comme le pensent certains biographes ? Livra-t-elle sciemment son mari aux assassins ? C'est la thèse de Stefan Zweig. Faute de pouvoir pénétrer dans les replis de sa conscience, chacun se contente de reconstruire à son gré ce que fut son état d'esprit au cours de ce fatal voyage. Mais il paraît bien difficile de l'exonérer de toute complicité : l'aveuglement volontaire a des limites.

L'attentat de Kirk O'Field

Marie partit pour Glasgow le 20 janvier. Elle savait Darnley au lit, souffrant d'une éruption cutanée, accompagnée d'une forte fièvre. Plutôt que de la variole, on pense aujourd'hui qu'il s'agissait d'une poussée de syphilis. À quelque chose malheur est bon. Cette crise, qui risquait de compliquer le voyage de retour, la soustrayait pour l'instant aux importunités conjugales. Mais, pour le décider à la suivre, elle dut lui promettre non seulement de lui rendre ses prérogatives royales, mais de reprendre avec lui la vie commune.

Des heures effroyables qu'elle passa à son chevet, la plus longue des « Lettres de la cassette[1] » offre dans sa première partie – la seule qui ait quelque chance de contenir des éléments authentiques – une évocation assez vraisemblable. On l'y voit seule au milieu d'une belle-famille hostile, épuisée de fatigue, rongée d'anxiété, jetant sur le papier, en désordre, la substance de la conversation qu'elle eut avec son mari. Le malheureux se serait abaissé comme à plaisir, implorant son pardon, multipliant supplications et promesses : un homme de son âge ne

1. On suppose aujourd'hui que cette lettre serait faite d'un texte écrit par Marie dans lequel auraient été intercalés des fragments d'une lettre d'amour écrite par une autre femme et des passages apocryphes faisant clairement allusion au projet de meurtre. Comment savoir ? En tout cas, le faussaire se montre très bien informé des faits et gestes de la reine au cours de cette période.

pouvait-il pas faillir deux ou trois fois « et après se repentir de sa faute » et se corriger ? Il ne souhaitait qu'une seule chose, faire avec elle « une table et un lit, comme ceux qui sont mari et femme ». À cette condition, il était prêt à la suivre n'importe où. Sur ses intrigues passées et présentes, il lui livra tous les renseignements qu'elle voulait. Tâche trop facile, répugnante. Devant ce « cœur mou comme cire », partagée entre le dégoût et la pitié, se forçant à mentir et à feindre, elle a honte pour lui, mais aussi pour elle. Seul la soutient, si l'on suppose la lettre authentique, l'amour qu'elle éprouve pour le destinataire non nommé : « Qu'il vous souvienne que, si ce n'était pas pour vous obéir, j'aimerais mieux être morte. » Si au contraire on croit que cette lettre a fait l'objet d'interpolations, ou même qu'elle est apocryphe, on ne peut attribuer qu'à la haine et au désir de vengeance le piège qu'elle tend à Darnley. Quoi qu'en pensent les défenseurs de Marie, il n'est pas certain que la morale y trouve son compte.

Deux jours après, ils partirent ensemble pour Édimbourg, elle à cheval, lui dans la litière qu'elle avait fait venir à cette intention. Pas question de l'installer à Holyrood, où elle venait de faire transporter le petit Jacques. Le malade ne devait pas contaminer l'enfant. D'ailleurs, du calme et de l'air pur étaient nécessaires à sa convalescence. Elle proposait le château de Craigmillar dans les environs immédiats. C'est lui qui préféra prendre pour résidence une maison de moyenne importance, située sur une colline, dans l'enclos d'une ancienne abbaye dite Kirk O'Field. Cette maison, entourée d'un jardin, était adossée au rempart de la ville. Quelques-unes de ses fenêtres s'ouvraient sur les champs, au-delà du mur. Elle fut hâtivement aménagée pour le séjour du malade, dont la santé exigeait des bains.

À son arrivée, le samedi 1er février, Darnley s'installa dans la chambre prévue pour lui à l'étage. Marie, jouant les épouses attentives, partageait son temps entre le palais où l'appelaient ses obligations officielles et la petite demeure où son époux, comblé d'égards, se rétablissait très vite, sous l'œil des courtisans un peu étonnés de cette soudaine réconciliation. Elle y couchait parfois, mais seule, dans un appartement du rez-de-chaussée. Au bout de huit jours, on parlait de le ramener guéri à Holyrood. Le dimanche 9 février, il y avait foule à Kirk

O'Field, on jouait aux dés et l'on faisait de la musique. Elle s'apprêtait à passer la nuit sur place, quand, vers dix ou onze heures, quelqu'un lui rappela qu'elle avait promis d'assister à la représentation d'un « masque[1] » organisé pour le mariage d'un de ses serviteurs. Elle s'en alla donc, suivie de toute la compagnie.

Elle était couchée depuis quelque temps déjà, dans son palais, lorsque à deux heures du matin une terrifiante explosion secoua toute la ville, comme si vingt ou trente canons avaient tiré à la fois. Elle eut à peine le temps de s'interroger : des messagers arrivaient pour lui dire que la maison de Kirk O'Field n'était plus qu'un tas de pierres et que son mari était mort.

Si « éplorée et contristée » qu'elle fût, elle prit en main la situation avec une présence d'esprit prouvant qu'elle avait compris et écrivit le jour même à son ambassadeur à Paris une lettre exposant la thèse d'une double agression, à laquelle elle n'aurait échappé elle-même que par miracle : « Cet acte criminel, quel que soit celui qui l'a conçu, était dirigé, nous en sommes convaincue, autant contre notre personne que contre celle du roi. »

Hélas, diverses constatations vinrent contredire très vite cette explication. On avait trouvé le corps de Darnley en chemise de nuit non dans les décombres, mais de l'autre côté du rempart, à plus de soixante pas. Il ne présentait ni brûlures, ni fractures. Il n'avait pas été projeté au-dehors par l'explosion, mais assommé ou étranglé dans sa fuite, ainsi que le serviteur qui l'accompagnait, portant son manteau. Il y avait un survivant, qui confirma. Les occupants de la maison, entendant des bruits suspects et voyant des hommes dans le jardin, avaient tenté de s'échapper en sautant du haut du mur, du côté des champs : on retrouva la chaise dont ils s'étaient aidés pour descendre. Mais ils s'étaient heurtés à d'autres agresseurs qui leur avaient réglé leur compte. La vérité se fit jour peu à peu. Des caisses de poudre à canon avaient été transportées et stockées dans la cave, prêtes pour une mise à feu. On murmurait que Bothwell, venu en personne allumer la mèche, avait failli sauter avec. Rentré au palais en toute hâte, il ignorait que son plan avait

1. Pièce de théâtre d'un type particulier, propre à l'Écosse et à l'Angleterre.

partiellement échoué et que la besogne avait dû être achevée par les hommes du clan Douglas.

Les langues se déliaient et bientôt, dans Édimbourg, la rumeur monta. Des affiches placardées nuitamment sur les murs désignaient clairement les coupables, associaient au nom de Bothwell celui de la reine, dénonçaient la collusion entre le lièvre, animal emblématique du clan Hepburn, et la sirène, autrement dit la prostituée. Le scandale franchit les frontières et Élisabeth d'un côté, Catherine de Médicis de l'autre écrivirent à leur « sœur » et « fille » des lettres sermonneuses l'invitant à punir au plus vite les assassins. Mais Marie, étrangement, se taisait, comme prise d'hébétude, incapable d'agir. Bothwell, lui, s'emparait méthodiquement de tous les leviers du pouvoir et commençait de faire régner la terreur dans la ville. Lorsqu'il fallut bien confier à un tribunal l'action intentée contre lui par le père de la victime, il était assez redoutable pour faire du procès un simulacre et en sortir blanchi. Il se mit alors à préparer l'opinion à son mariage avec la veuve : n'était-il pas le plus capable de rétablir l'ordre dans le pays ? Au sortir d'un banquet copieusement arrosé, dans une taverne du nom d'Ainslie, il parvint même à faire signer à deux douzaines de grands personnages – huit évêques, neuf comtes et sept barons – un engagement écrit où ils promettaient de soutenir sa candidature à la main de Marie. Et afin de précipiter les choses, il manigança un enlèvement !

Le scandaleux remariage

Quand ont-ils perdu la tête tous les deux ? Je dis bien tous les deux. Car Bothwell, jusque-là pondéré et réaliste, mesurant ses ambitions à l'aune du possible, bascule lui aussi dans une sorte de déraison. Quand s'accomplit l'irréparable ? On l'ignore, mais on peut essayer de deviner.

Ceux qui font remonter à l'automne de l'année précédente une liaison adultère, comme ceux qui soutiennent qu'il n'y avait rien entre eux avant l'enlèvement simulé dont il va être question bientôt, rendent mal compte des faits. Une seule date, si surprenante soit-elle, concorde avec tous les indices et permet d'avancer une hypothèse cohérente.

Lors du pacte de Craigmillar, Bothwell n'est qu'un conjuré parmi d'autres. C'est Maitland qui négocie avec la reine : elle laissera faire, à condition de ne se mêler de rien. Or soudain, au moment de l'attentat, voici que Bothwell passe au premier plan. Entre-temps, que s'est-il passé ? Lorsqu'il fallut convaincre Marie d'aller chercher Darnley à Glasgow, nul n'était plus qualifié que ce fidèle de longue date, en qui elle avait pleine confiance, pour se charger de la démarche. C'est à ce moment-là, vers la mi-janvier, ni avant ni après, qu'ils sont sans doute tombés dans les bras l'un de l'autre.

Grande passion romantique ? Sûrement pas. Mais engrenage tragique. Marie est nerveuse, hésitante, elle tremble, elle pleure comme elle le fait si souvent dans la crainte ou la colère. Bothwell la rassure, l'apaise, s'émeut : rien de tel que les larmes pour remuer les sens d'un homme. Elle a eu pour époux deux adolescents plus jeunes qu'elle, auprès de qui elle jouait le rôle dominant. À trente ans, celui-ci est mûr, énergique, protecteur. Il ne l'a jamais trahie. Il lui promet son aide et son appui. Elle est là, fragile, vulnérable, abandonnée. Et lui, brusquement, voit s'offrir l'inespéré, avec elle le trône est à portée de sa main, il suffit de les cueillir. Entre cet homme à la virilité affirmée et cette femme hyperféminine, la nature fit le reste.

On a beaucoup épilogué, à la suite de Stefan Zweig, sur la révélation du plaisir charnel que lui aurait apportée ou non Bothwell. Pourtant, ce n'est pas exclusivement la sensualité qui les lie. Ce qu'elle a cherché et trouvé auprès de lui, c'est le soulagement, la sécurité, la certitude qu'elle n'est plus seule et qu'il va la prendre en charge, elle et son royaume. Et peut-être – mais comment savoir ? – a-t-elle découvert dans la jouissance partagée des corps l'oubli de soi, la dissolution de toute réalité extérieure et comme un avant-goût de l'absolu, la dépossession radicale dont témoignent les sonnets de la cassette – pour le cas improbable où elle en serait l'auteur.

Quant à lui, on nous répète qu'il n'en est pas amoureux, qu'elle ne ressemble pas à ses autres maîtresses, qu'elle n'est pas « son type », comme dira Proust. Il serait donc un pur ambitieux. Distinction illusoire : elle n'est pas pour lui une femme comme les autres, mais l'agent de son destin. Tout est lié. S'il n'avait pas éprouvé pour la femme un désir violent, il serait resté assez lucide pour comprendre que ses pairs ne consentiraient jamais à son élévation. Il lui voue un attachement passionné, qui n'est ni sentimental ni purement sensuel, mais quasiment magique : il sera roi avec elle et par elle. Folie. Ivre d'une vision d'avenir soudain entrevue, il est prêt à tout sacrifier à cette chimère. Pour expliquer la fascination qu'il exerça sur Marie, on parla à l'époque de « nécromancie et magie défendue ». Mais si envoûtement il y eut, il fut assurément naturel, et réciproque.

Le réveil sera rude et le prix à payer très lourd. Pour Marie, le déchirement et les remords. Pour lui, un combat à mener contre toute l'Écosse coalisée. Pour tous deux, la défaite, l'humiliation, le déshonneur et longtemps, trop longtemps après, la mort.

Au lendemain de l'attentat, ils n'ont de recours que dans la fuite en avant. Les lords ne pensaient pas travailler pour Bothwell. Jaloux, inquiets devant le scandale aussi, ils se sont désolidarisés de lui. La sagesse voudrait que Marie reste prudente, tienne le coupable à l'écart quelques mois, afin que l'oubli fasse son œuvre. Au lieu de quoi, elle va l'épouser dans des conditions rocambolesques.

Le 21 avril 1567, deux jours à peine après la signature du « traité d'Ainslie », elle s'en va à Stirling rendre visite à son fils, qui vient d'être réinstallé dans le château servant traditionnellement d'abri à l'enfance des petits princes. Une modeste escorte d'une trentaine de personnes l'accompagne. Sur le chemin du retour, à six miles d'Édimbourg, elle voit surgir Bothwell à la tête de huit cents cavaliers, qui lui demande de le suivre. Elle n'oppose aucune résistance, « pour éviter toute effusion de sang », dit-elle. Il eût fallu être bien naïf pour tenter de s'y opposer, tant cet enlèvement apparaissait cousu de fil blanc, préparé d'avance avec son accord. Au château de Dunbar, où elle fut conduite, elle passa huit jours en compagnie de son ravisseur, qui prit fermement sur lui la responsabilité de ce qui allait s'ensuivre. Il la viola, dirent les uns. Il lui extorqua par la menace une promesse de mariage, dirent les autres, plus pudibonds. Et comme en ce temps-là promesse écrite valait contrat, il la pressa de consommer l'union ainsi scellée. Entre-temps, il bâclait en toute hâte un divorce à l'amiable avec la jeune et puissante héritière épousée deux ans plus tôt. Quand il ramena Marie à Édimbourg, il ne lui restait plus qu'à contracter publiquement mariage avec elle pour « réparer » l'atteinte à son honneur. Ce qui fut fait le 15 mai, dans un climat glacial, devant un pasteur protestant réprobateur. Fallait-il que Marie fût aux abois pour renoncer à exiger une cérémonie catholique ! Quant aux festivités, elles furent réduites à leur plus simple expression. À Londres, à Paris, à Madrid, la surprise n'eut d'égale que l'indignation : la reine d'Écosse avait-elle perdu l'esprit ? Elle se déshonorait.

Comme l'a souligné Stefan Zweig, une raison, une seule, peut expliquer pareille précipitation. Marie attendait un enfant. Plus tard, elle remania la chronologie, prétendit qu'il était le fruit du « viol » et le motif pour lequel elle avait tant hâté son mariage. Mais trois semaines seulement séparent les deux événements : rien ne pressait. Il est probable qu'il fut conçu beaucoup plus tôt, vers la mi-janvier, comme le suggère une lettre de l'ambassadeur d'Espagne, en date du 21 juin, qui la dit enceinte de *cinq* mois. Il ne pouvait passer pour le fils de Darnley, dont on savait qu'elle avait cessé de partager le lit depuis l'automne au moins. Si l'on voulait l'attribuer à un mariage ultérieur, à coup sûr, il y avait urgence. L'ahurissante histoire d'enlèvement et de viol devient alors intelligible et l'on s'explique mieux pourquoi Bothwell a claironné haut et fort qu'il n'a pas attendu la bénédiction nuptiale pour posséder sa future femme. On comprend mieux aussi que Marie ait renoncé, au risque de scandale, à s'imposer un délai de décence et qu'elle ait consenti, dans l'angoisse et les larmes, à un mariage lourd de périls.

Cette hypothèse a le mérite de la vraisemblance. Mais on ne peut rien affirmer, puisqu'on ne connaît pas le calendrier précis de cette grossesse, qu'elle ne mena pas jusqu'à son terme. Épuisée par les épreuves, on sait seulement qu'elle perdit cet enfant – ou plutôt ces enfants, car ils étaient deux – au milieu de juillet. Elle était alors incarcérée et Bothwell en fuite.

Elle avait été unie à lui quatre mois et demi ou cinq mois. Sur ces cinq mois, trois semaines de cohabitation avouée, quatre semaines de mariage légitime. Il n'en fallut pas davantage au destin pour leur faire payer leur folie, au prix fort.

L'hallali

Contre le nouveau maître de l'Écosse, les lords, reniant la parole extorquée dans la crainte ou l'ivresse, ont fait l'union sacrée. Ils n'osent s'en prendre en face à la reine pourtant. Leur but est tout d'abord de la contraindre à se séparer de Bothwell.

Le 30 mai, celui-ci convoque le ban de ses « fidèles sujets ». Le 6 juin, fuyant Édimbourg qui gronde, il se réfugie avec Marie dans le château de Borthwick, où les rebelles viennent les assiéger. Il s'échappe pour chercher des secours. Marie parlemente, refuse de divorcer, profite de la nuit pour s'enfuir déguisée, en habits d'homme, et le rejoint à Dunbar où ils s'enferment.

Une information traîtresse leur fait croire qu'ils peuvent regagner sans danger la capitale. Mais en chemin ils se heurtent soudain aux insurgés, le 15 juin. De la colline de Carberry Hill où ses troupes ont pris position, Marie peut voir l'image peinte sur l'étendard blanc qui flotte à la tête de l'armée ennemie : au pied d'un arbre feuillu, son fils est agenouillé auprès du cadavre de Darnley ; et elle peut lire la légende : « Juge et venge ma cause, ô mon Dieu ! »

De part et d'autre, personne n'a vraiment envie d'en découdre. Les lords préfèrent l'intimidation. On parlemente. C'est l'ambassadeur de France, Du Croc, qui se charge de présenter à la reine l'ultimatum : elle sera rétablie sur le trône si elle abandonne Bothwell. Sur son refus indigné, celui-ci offrit de régler le litige en combat singulier, comme au temps de la chevalerie. Mais on le savait vaillant et dans le camp adverse les champions pressentis se défilèrent. Au fil des heures cependant, l'armée royale se débandait, fondait à vue d'œil. Aucun secours n'arrivait. Plutôt que d'engager un combat hasardeux, Marie préféra négocier, consentit un sacrifice pour sauver son mari. Elle accepta de rentrer à Édimbourg avec les lords, pourvu qu'il pût quitter la place sans être poursuivi. Lui s'était tenu à l'écart, silencieux. Lorsqu'elle eut pris librement sa décision, il s'avança, l'embrassa, puis s'éloigna au galop. Elle ne devait jamais le revoir.

C'est une prisonnière que les vainqueurs ramènent à Édimbourg. Dans les vêtements qu'elle a empruntés en quittant

Dunbar – un jupon rouge et une blouse aux poignets attachés de rubans – et qui sont maintenant souillés de boue, on ne reconnaît plus la reine jadis parée de soie et d'or. Elle n'est qu'une femme comme une autre, pire qu'une autre. Sur son passage la foule hurle à la mort : « Brûlez la putain ! Tuez-la, noyez-la. » On l'enferme dans la maison du prévôt. Elle apparaît à la fenêtre dépoitraillée, les cheveux défaits, le visage ravagé de colère et de larmes, éperdue, hurlante. Elle clame son bon droit, décidée à ne pas céder un pouce de son pouvoir. Le peuple ricane ou se détourne, gêné. En chaire se déchaîne l'éloquence frénétique de John Knox.

La présence de Marie trouble l'ordre public. Les lords, très embarrassés, la font enfermer dans un château perdu au milieu d'un lac, Lochleven, sous la garde de Lady Margaret Erskine-Douglas, la mère de son demi-frère Moray, celle même que Jacques V avait renoncé à épouser pour consolider par un mariage l'alliance franco-écossaise. Ils ne savent que faire d'elle. La déposer ? Ce serait un acte gravissime, devant lequel hésitent ces féodaux imprégnés des vieux codes nobiliaires. Alors, ils attendent que le temps use sa résistance. Et le temps fait son œuvre. Elle perd les enfants qu'elle portait, elle reste affaiblie, souffrante. Elle n'a pas de nouvelles de Bothwell : il n'est parvenu à rallier personne et s'est enfui en Scandinavie ; incarcéré à Copenhague, il passera dix ans à tourner comme un lion en cage et sombrera dans la folie bien avant de mourir. À Édimbourg, ses anciens complices réactivent l'enquête sur le meurtre de Darnley, pour rejeter sur lui toute la responsabilité. Soumis à la question, ses serviteurs révèlent l'existence de la cassette où il gardait – à quelle fin ? – des lettres compromettantes. Les lords ont de quoi perdre à tout jamais la reine. Mais un procès et une condamnation feraient l'effet d'un sacrilège. Ils veulent qu'elle abandonne d'elle-même le pouvoir.

Multipliant les pressions, mêlant persuasion et menace, ils finirent par l'obtenir. Le 29 juillet 1567, elle signa son abdication. Elle renonçait à la couronne en faveur de son fils. La régence était confiée à son demi-frère. L'enfant fut couronné aussitôt, selon le rite protestant. Moray, qui s'était éloigné, selon son habitude, pour éviter de tremper dans des événements fâcheux, rentra en hâte recueillir les marrons que les autres avaient tirés du feu pour lui.

L'hiver passa. Du fond de son « ennuyeuse prison », Marie protestait que sa détention était sans objet. La discorde s'insinuait lentement entre les vainqueurs. On commençait à la plaindre. Tout près d'elle, le plus jeune fils de Lady Margaret, George Douglas, la trouvait bien belle et bien malheureuse. Et puis, sa main était libre de nouveau, et son abdication forcée sujette à caution. Le romanesque reprenait ses droits. Au début de mai 1568, elle s'évada avec l'aide de son soupirant. Ses cheveux roux flottant au vent, elle rejoignit à cheval l'armée qu'il avait réunie pour elle. Et dans la griserie des acclamations populaires retrouvées, elle put croire que les jours anciens étaient revenus.

L'aventure se termina sur le champ de bataille de Langside le 13 du même mois. Moray contre Marie, le frère contre la sœur. Trois quarts d'heure de carnage, et l'amazone réduite à la fuite dut chevaucher sans savoir où faire halte, « coucher sur la dure et boire du lait aigre, et manger de la farine d'avoine sans pain », vivre trois nuits « comme les chats-huants », sans aucune femme pour la servir. Arrivée au bord du golfe de Solway, elle hésita sur le refuge à choisir. La France ? Elle se défiait de l'animosité de Catherine de Médicis. L'Espagne ? Une terre lointaine et comme inconnue. Elle écrivit pourtant à Élisabeth de Valois, qui avait été la compagne de son enfance, mais elle n'attendit pas la réponse et fit bien : la jeune reine d'Espagne était morte lorsque arriva la lettre. L'Angleterre, dont elle apercevait les rivages tout proches, offrait un refuge immédiat, d'accès facile. Sa « chère sœur » la reine lui avait renouvelé l'assurance de son « amitié dévouée ». Sans réfléchir davantage et sans attendre la réponse de l'intéressée, elle s'embarqua sur un bateau de pêche et traversa la Solway, le 16 mai 1568. De l'autre côté, ceux qui la recueillirent, très ennuyés, réclamèrent à Londres des instructions. Elle ne se doutait pas qu'elle devenait un problème international.

Un cas épineux

Les puissances étrangères avaient suivi avec effarement le drame qui se jouait en Écosse. La France et l'Angleterre surtout, concernées au premier chef.

À vrai dire, ni Catherine de Médicis ni Élisabeth n'avaient versé de larmes sur la mort du pauvre Darnley. « Ce jeune fou n'a pas été roi longtemps, écrivait la première au connétable de Montmorency. S'il eût été plus sage, je crois qu'il serait encore en vie. C'est grand heur pour la reine ma fille d'en être défaite. » Mais elle avait vivement condamné le remariage, refusé de reconnaître Bothwell pour roi et donné pour unique consigne à son ambassadeur de préserver l'alliance franco-écossaise. Aussi s'empressa-t-elle, lorsque Moray fut nommé régent, de lui faire dire de la part de Charles IX que l'amitié française lui restait acquise. D'ailleurs, elle tenait aussi, dans ces années-là, à être en bons termes avec Élisabeth.

Celle-ci avait vu sans déplaisir s'accumuler sur la tête de sa cousine des ennuis qu'elle contribuait à aggraver en subventionnant les rebelles. « Plus les affaires de la reine d'Écosse iront mal, plus celles de Votre Majesté iront bien », lui répétait son impitoyable ministre, William Cecil. Aux explications de Marie elle avait répondu par des lettres doucereuses débordantes de leçons et de conseils où celle-ci aurait perçu, si elle avait su lire entre les lignes, un mépris insidieux. Le fond de sa pensée était que l'imprudente avait bien mérité des malheurs qui, fort opportunément, la rendaient moins dangereuse.

Mais sa défaite et son abdication forcée obligeaient Londres et Paris à prendre parti. Les deux reines étaient tenues, décemment, de faire preuve d'un minimum de solidarité avec leur parente. Des protestations verbales feraient l'affaire. Restait l'exemple déplorable donné par les lords rebelles. Si les sujets se mettaient à déposer impunément les souverains, c'est tout l'ordre monarchique européen qui risquait d'être ébranlé. Ni Catherine ni Élisabeth ne songeaient pourtant à se battre pour rétablir Marie sur son trône. Comment justifier le respect du *statu quo* en Écosse sans remettre en cause le pouvoir des rois, comment neutraliser la reine déchue, c'est la question qu'on se posa dès qu'on eut appris qu'elle demandait asile et protection à l'Angleterre. Catherine pouvait se contenter de ne rien faire. Élisabeth devait agir. Elle le fit avec une rare perfidie.

Elle commença par assigner la réfugiée à résidence – ce que nous appellerions une résidence surveillée – pour se donner le temps de la réflexion. Il faut dire à sa décharge que Marie avait une manière de génie pour semer le désordre partout où elle passait. Elle insistait pour la rencontrer et s'expliquer de vive voix, certaine qu'elle la convaincrait de l'injustice dont elle était victime. L'adversité ne lui avait rien appris, n'avait fait que fortifier sa fierté. Dans les lettres dont elle accablait sa cousine, elle ne montrait aucun esprit de conciliation. Elle avait dénoncé l'acte d'abdication, signé sous la contrainte et tenu pour nul. Elle parlait en reine absolue, revendiquait son trône, ses prérogatives, face à des sujets ayant pour seul devoir d'obéir. Comment Élisabeth aurait-elle oublié qu'elle n'avait jamais renoncé à ses droits sur la couronne d'Angleterre ? Impossible de la recevoir autrement qu'avec les honneurs dus à son rang. Mais l'installer à la cour, c'était la traiter en reine légitime et s'engager à la soutenir. Ajoutez à cela une jalousie de femme, profonde, instinctive, à l'égard d'une rivale plus jeune, plus séduisante, capable au demeurant de susciter parmi les grands seigneurs anglais d'aventureux dévouements. Autant introduire le loup dans la bergerie.

Mais que faire ? Élisabeth, pour les mêmes raisons politiques, ne veut à aucun prix la laisser partir pour l'Espagne ou pour la France se mettre au service des ambitions catholiques. Elle ne peut sans motif la garder en captivité indéfiniment. Alors, on trouve ce qui paraît d'abord une simple échappatoire. On lui fait dire qu'elle ne sera reçue à Londres que lorsqu'elle sera lavée de tout soupçon de complicité dans l'attentat de Kirk O'Field. Indignation, fureur, larmes, protestations véhémentes : nul n'a juridiction sur une reine. En effet. Ce ne sera pas un procès, lui est-il donc répondu, mais une simple « conférence » qui lui donnera l'occasion de se justifier. Par lassitude, elle finit par accepter. Mais la conférence, d'abord tenue à York puis transférée à Londres, se transforma en réquisitoire lorsque Moray fit parvenir aux jurés le contenu de la fameuse cassette. Ce fut une parodie de justice. Marie ne put jamais s'expliquer ni même avoir communication de toutes les pièces du dossier. Il n'était pas question de la juger pour de bon, parce qu'on ne voulait prendre le risque ni de la condamner ni de l'absoudre. On se contenta de déverser publiquement des torrents de boue où la calomnie la plus grossière se mêlait à la vérité, puis la compagnie se sépara, au mois de janvier 1569, se déclarant incapable de trancher le différend et renvoyant les parties dos à dos. En ce qui concernait les nobles d'Écosse, Marie n'avait apporté aucun fait « qui pût entacher leur honneur ou leur allégeance à la couronne ». Eux, de leur côté, n'avaient pu « produire ni montrer suffisamment de preuves contre leur souveraine » pour que la reine d'Angleterre en conçût « quelque opinion fâcheuse ». Moyennant quoi Moray rentra en Écosse pour y exercer la régence et Marie retourna en résidence surveillée. À Paris comme à Londres, on croit en avoir fini avec elle. C'est à ses dépens qu'on s'apprête à négocier l'alliance franco-anglaise.

Malheur à celui par qui le scandale arrive, surtout s'il occupe un trône. Marie Stuart n'a pas été jugée, mais elle est déshonorée. Les doutes qui continuent de peser sur elle exonèrent les autres souverains de leur devoir de solidarité. Elle est un cas d'exception. L'exemple donné par ses sujets ne risque pas de devenir contagieux : il ne se trouve pas tous les jours une reine soupçonnée d'avoir épousé l'assassin de son mari. Dans les palais royaux on peut dormir sur ses deux oreilles.

On a peut-être tort.

Moray, par exemple, ne profita pas longtemps de sa victoire. Deux ans plus tard, en passant dans la rue, il fut abattu d'un coup d'arquebuse tiré d'une fenêtre par un tueur à la solde du chef d'un clan rival. Marie, dix-huit ans prisonnière, continuera bien malgré elle de semer le trouble : rassemblant sur son nom les opposants à Élisabeth, elle causera bien des affres à sa cousine avant de périr sur l'échafaud, en martyre de la catholicité. Quant au trône de France, pour lui va s'ouvrir le temps de tous les dangers.

CHAPITRE V

Les noces de sang

Au moment même où tombait la reine d'Écosse, la France avait d'autres soucis que de lui venir en aide. La troisième guerre de Religion faisait rage et nul ne mettait grand espoir dans le traité enfin conclu en 1570. « Boiteuse et malassise », la paix de Saint-Germain le fut au-delà de toutes les prévisions. Les noces de Marguerite de Valois avec Henri de Navarre, au mois d'août 1572, furent l'occasion d'un attentat manqué contre l'amiral de Coligny, qui déboucha, comme chacun sait, sur les flots de sang de la Saint-Barthélemy.

Rien n'est plus difficile que de raconter cet épisode, car l'abondance des témoignages ne compense pas leur partialité. Tous sont faussés par le souci de disculper tel ou tel participant, par la passion politique et religieuse. La postérité elle-même ne peut se défendre de regarder la Saint-Barthélemy à travers le prisme déformant de ses propres convictions. Longtemps dominée par l'image d'une Catherine diabolique, l'historiographie française a donné, ces dernières années, un coup de balancier en sens inverse. La reine avait-elle prémédité de longue date le massacre ? Il n'est plus guère d'historiens aujourd'hui pour le croire. En revanche, son rôle dans l'attentat reste controversé. Ceux qui cherchent à la décharger de toute responsabilité postulent qu'elle avait tout à perdre à la mort de Coligny : son rêve de réconciliation nationale n'y aurait pas survécu. Reste à savoir si ce rêve n'était pas déjà en train de sombrer et si elle n'imputait pas cette faillite aux entreprises de l'amiral et à l'influence qu'il exerçait sur le jeune roi. Dans ce cas, c'est pour tenter de préserver la paix qu'elle aurait résolu de le sacrifier, sans mesurer qu'elle provoquerait ainsi un désastre.

L'enquête sur le détail des événements est donc inséparable de considérations psychologiques et politiques. Où étaient les chances de paix ? De quels moyens Catherine disposait-elle pour faire prévaloir son avis ? Que savait-elle, que croyait-elle ? Rien, dans les informations accessibles, ne permet de trancher à coup sûr. Il est permis en revanche de proposer, au conditionnel, une version vraisemblable et cohérente du drame qui se joua pendant ces deux années cruciales entre Coligny, la reine mère et le roi son fils. Cette version est peu novatrice, elle ne s'écarte guère de la tradition inaugurée par Mariéjol au début de notre siècle. Mais c'est celle qui nous a paru se heurter au plus petit nombre d'objections.

L'ère du soupçon

Au lendemain d'un énième édit de pacification, les protestants restaient méfiants, c'est le moins qu'on puisse dire. Ils étaient prêts à voir des pièges partout, à deviner la main des assassins derrière la maladie et la mort de tous les leurs. Les catholiques n'étaient pas en reste. La peur s'installa dans les deux camps, et la peur est toujours mauvaise conseillère.

Il fallut beaucoup de temps pour rétablir des relations normales entre les combattants de la veille. Coligny, retranché dans la forteresse de La Rochelle, attendit une année entière pour se rendre à la cour. Il déclina sur un mauvais prétexte l'invitation à assister au mariage de Charles IX : refus insultant, sur lequel la reine prit le parti de fermer les yeux. Il s'occupait en compagnie de Jeanne d'Albret de mettre sur pied les structures administratives d'un État huguenot autonome, tandis qu'un synode national, réuni avec l'autorisation bienveillante du roi, fixait les principaux points du dogme réformé dans un texte encore en vigueur aujourd'hui, sous le nom de *Confession de La Rochelle*.

Il posa des conditions, réclama des garanties, ergota sur les clauses de l'édit avant de se présenter enfin à Blois, en septembre 1571, dévoré d'appréhension. Charles se trouvait au chevet de sa mère malade. Il releva l'amiral, qui avait mis un genou en terre, il l'embrassa et lui dit avec un sourire chaleureux : « Nous vous tenons maintenant, vous n'échapperez pas d'ici quand vous voudrez. » Paroles de courtoisie dans lesquelles il ne semble pas qu'il ait mis malice. Mais lorsque Catherine lui « montra autant de beau semblant que jamais elle en avait fait », il fut persuadé qu'elle lui jouait la comédie. Il la craint beaucoup. Il n'a pas tort. Il sait qu'elle ne l'aime pas. Et comme elle ne s'embarrasse pas de scrupules, il se doute que l'idée lui est venue de se débarrasser de lui.

Les ambassadeurs espagnols en effet l'y ont incitée sans précautions oratoires superflues. Pourquoi hésiterait-elle devant l'assassinat ? Il s'est banalisé, en France comme en Écosse. Le climat de haine et de vendetta a suscité des vocations de tueurs professionnels prêts à exécuter n'importe quel contrat par fanatisme ou pour de l'argent. Depuis le meurtre de François de Guise, la liste est longue de ceux qui sont tombés sous le poignard au coin d'un bois ou au détour d'une rue. À l'italienne dit-on pour sauver l'honneur français. Mais l'honneur a été balayé par la guerre civile.

Plus spécifiquement italien est le poison. Ce serait, dit-on, l'arme favorite de la « Florentine ». Il circule sur son compte des histoires de gants ou de pommes imprégnés par son parfumeur, René Bianchi, d'un arôme mortel. Comment faire le départ entre accusations fantaisistes et culpabilité réelle ?

Au milieu des affrontements de 1569 était mort subitement François d'Andelot, frère de Coligny et organisateur de la « surprise de Meaux », à qui elle avait de solides raisons d'en vouloir. L'autopsie conclut à l'empoisonnement. Des bruits coururent. L'un affirme qu'un Italien se vante à Paris d'avoir fait le coup et réclame récompense. Un autre renchérit : un Italien encore – est-ce le même ? – revendique le crime et prétend avoir « fait boire à l'amiral la même coupe ». Ce dernier a été malade en effet, comme cela lui arrivait souvent. La rumeur enfla, elle alla jusqu'en Angleterre où l'on chassa de l'entourage d'Élisabeth tous les natifs de la péninsule et où l'on fit faire avant chacun de ses repas « l'essai de sa nourriture ». Le coupable, si coupable il y eut, ne fut jamais arrêté. D'Andelot fut-il vraiment empoisonné ? C'est possible, mais pas sûr : l'analyse toxicologique en était encore à ses premiers balbutiements. Et si oui, Catherine avait-elle commandité l'attentat ? Il est encore plus difficile de le dire. Mais elle eut le tort de se réjouir ostensiblement, en exprimant l'espoir que Dieu fasse enfin recevoir à ses frères « le traitement qu'ils méritent ».

Quelques semaines plus tard, un domestique de l'amiral, nommé Dominique d'Alba, fut trouvé porteur d'une poudre blanche qui se révéla être de l'arsenic. Soumis à la question avant d'être pendu, il accusa le capitaine des gardes du duc d'Anjou. Vrai ou faux ? Et si c'était vrai, le duc était-il au courant ? En avait-il parlé à sa mère ? Il fut impossible de le savoir.

La paix était à peine signée que l'autre frère de Coligny, le cardinal Odet de Châtillon, sur le point de quitter l'Angleterre, mourait à son tour. « Empoisonné » lui aussi. Cette fois, on arrêta à La Rochelle un suspect qui avoua sous la torture, sans révéler pour qui il travaillait. Pour Catherine ? La chose est très peu probable. Elle était bien trop prudente. Elle n'aurait pas pris un tel risque outre-Manche, en milieu hostile, alors qu'il suffisait d'attendre son retour en France.

Disons-le crûment : ce n'est pas par scrupule moral qu'elle recule devant le meurtre de Coligny, mais parce qu'elle ne veut à aucun prix y paraître impliquée. La psychose du poison qui règne dans le camp huguenot lui interdit d'y recourir. D'ailleurs elle passe pour avoir trouvé mieux.

Comme tous ses contemporains, mais plus encore qu'eux, elle croit à l'influence des astres. En 1568, elle attend un renversement de la conjoncture : « S'il est vrai que les temps changent de sept ans en sept ans, il est encore possible que la fortune tourne pour nous, car nos tourments commencèrent il y a sept ans. » Et il n'est pas interdit d'aider le ciel, en recourant à la magie. Elle s'assura, dit-on, les services d'un envoûteur italien. Sur les indications de celui-ci, un fondeur allemand aurait fabriqué trois figurines en bronze à l'image de Coligny et de ses deux frères, comportant aux jointures et à la poitrine un très complexe jeu de vis. Chaque jour, en fonction de la position des astres, l'envoûteur serrait ou desserrait ces vis, dans l'attente du moment où il pourrait donner le tour final. La méthode, déjà expérimentée sur Condé, avait paru efficace puisque son image de bronze portait à la jambe une large éraflure à l'endroit même où une ruade l'atteignit, la lui brisant net, peu avant qu'il ne reçût le coup qui le tua. La mort des deux Châtillon renforça, selon la rumeur, la confiance de Catherine dans les manipulations occultes. Hélas, sur l'amiral, la magie n'avait pas de prise. L'homme de l'art déclara forfait : les constellations plaçaient ce personnage hors de sa portée, beaucoup trop haut dans le ciel.

La victime désignée, et qui le savait, ne faisait rien cependant pour se concilier la reine mère, au contraire. Il affectait de la mépriser et semblait prendre plaisir à l'humilier. Au lendemain de la paix de Longjumeau, comme elle disait ne pas pouvoir prévenir toutes les exactions contre les réformés, il avait mis en doute sa bonne foi. Ou alors, lui avait-il lancé insolemment, « si vous avez bonne volonté, vous n'avez nulle puissance... ». Chaque mot de soumission contient un reproche ou une menace implicites. Qu'elle « épluche » toutes mes actions, et « elle confessera que je suis tout autre que l'on m'a voulu dépeindre », lui écrit-il le 20 août 1570 et, le 2 janvier suivant : « Je vous supplie très humblement de ne dire plus [...] que je menace le roi ; car il n'y a gentilhomme en France qui plus désire le bien et repos de ce royaume que moi [...], mais pensez aussi que vous voyez la prochaine ruine de ce royaume, si n'y est bientôt pourvu... » Autrement dit, gare à vous, si vous ne souscrivez pas à mes exigences. Les convictions évangéliques n'avaient pas émoussé chez Coligny l'arrogance du grand seigneur.

S'il persiste et signe, de propos délibéré, c'est qu'il joue son va-tout et celui du parti protestant. Au fond de lui-même, il est trop respectueux de la légitimité monarchique, trop féru de légalité aussi pour croire viable un État dans lequel des villes et des provinces entières échapperaient à l'autorité du souverain. Sur ce point capital, il est du même avis que la reine : pas de partition du royaume. Mais leurs solutions diffèrent. La sienne consiste à rétablir l'unité en faisant basculer le souverain de son côté. Il croit la chose d'autant plus aisée que les enfants royaux, trop longtemps dociles, commencent à ruer dans les brancards.

« Un fils si parfait et si chéri... »

La réussite du plan de paix de Catherine supposait une parfaite répartition des rôles entre son fils aîné le roi, son cadet Henri et elle-même. Au premier la fonction traditionnelle, sacrée, de représentant de Dieu sur la terre, père de son peuple, souverain de justice, de paix, d'amour. Au second, la fonction guerrière. Elle se réservait, en même temps que l'intendance, la coordination de l'ensemble.

Un tel partage était judicieux. La conduite de la guerre, surtout d'une guerre civile, risquait d'entacher l'image du roi idéal, étranger aux querelles partisanes. Elle comportait en outre des devoirs périlleux : il fallait conduire les armées, c'est-à-dire, selon le code aristocratique en vigueur, charger à la tête des troupes. Or la personne royale est trop précieuse pour qu'on l'expose à la légère : la règle n'était pas nouvelle et l'on n'oubliait pas ce qu'il en avait coûté à François Ier d'avoir voulu se conduire en héros à Pavie. Le choix du jeune Henri comme lieutenant général du royaume permettait d'épargner Charles IX, tout en coupant court aux prétentions des grands féodaux. Certes, les seize ans du garçon ne faisaient pas le poids, mais en ces temps où l'on voyait à Rome des cardinaux du même âge, cette nomination éminemment politique n'avait rien de scandaleux.

Mais elle vint s'ajouter aux maladresses maternelles pour exacerber la rivalité sourde qui opposait depuis longtemps les deux adolescents. L'aîné est roi, mais le second a la préférence de Catherine, une préférence exclusive, outrageuse, de plus en plus criante. Charles, comme tous les jeunes gens, rêvait de combats, de grands coups d'épée, de sang, de gloire. La chasse, à laquelle il s'adonnait avec frénésie, ne lui offrait qu'un pâle substitut des batailles dans lesquelles allait s'illustrer Henri. Déjà miné par des accès de fièvre d'origine tuberculeuse, obligé de s'aliter souvent, il avait pour l'apparente santé de son frère la jalousie d'un malade que son état humilie et rabaisse. L'autre caracolait, fringant, s'enivrait des hommages que lui valait sa dignité toute neuve. Autour de lui se pressaient les courtisans prompts à flairer le vent. Lorsque s'ouvrirent les opérations de la troisième guerre, ce fut bien pis. Catherine tenta, ce qui se conçoit, de mettre toutes les chances de son côté. Elle lui donna les moyens de vaincre. Mais elle eut l'imprudence de faire de Jarnac et de Moncontour des triomphes personnels pour le débutant, qui s'était contenté de suivre les instructions de son mentor expérimenté, Tavannes. Le vieux maréchal grogna dans sa barbe. Charles, lui, fut ulcéré.

Dès qu'il s'agit de Henri, Catherine s'obnubile, sourde et aveugle à tout le reste. Elle monte en épingle les faits d'armes heureux et passe les échecs sous silence. Quand approche pour lui l'épreuve du feu, elle se précipite, « portée par les ailes du désir et de l'affection maternelle », elle fait à grandes guides, en trois jours et demi, le chemin de Paris à Tours, traînant derrière elle le pauvre cardinal de Bourbon suant et soufflant. Si la maladie la retient au loin, elle ne peut cacher son anxiété, elle est à ses côtés, de pensée et de cœur. Son sixième sens l'instruit par télépathie de tout ce qui touche l'enfant bien-aimé. Alitée et fiévreuse, elle s'écrie soudain : « Voyez-vous comme ils fuient ! Mon fils a la victoire ! Hé, mon Dieu ! Relevez mon fils ! Il est par terre ! Voyez, voyez dans cette haie, le prince de Condé est mort ! », et elle proteste le lendemain lorsque arrive de Jarnac un messager hors d'haleine : à quoi bon la réveiller pour lui annoncer une nouvelle qu'elle connaît déjà ?

C'est pour Henri que sonnent à toutes volées les cloches de Metz lors d'un *Te Deum*. C'est lui que la rumeur publique assimile, après Moncontour, au défunt duc de Guise, le plus glorieux capitaine du temps. Charles IX, furieux, se hâta de prendre la direction des opérations, interdit à Tavannes de poursuivre les fuyards et entreprit le siège des petites places de Saintonge et de Poitou, ce qui lui permettrait de mettre à son tableau de chasse une guirlande de villes conquises. Et il laissa échapper Coligny, résolu à sa sanglante « anabase ».

Entre ses deux victoires, Henri avait prononcé devant le Conseil royal, au cours de l'été, une harangue « faite avec tant d'art et d'éloquence et redite avec tant de grâce, qu'il se fit admirer de tous les assistants, et d'autant plus que sa grande jeunesse relevait et faisait davantage paraître la prudence de ses paroles, plus convenable à une barbe grise et à un vieux capitaine qu'à une adolescence de seize ans ». Rien d'étonnant : Tavannes avait beaucoup contribué à la rédaction de ce texte.

Mais tout le mérite en revint au jeune homme, dont le courage et la sagesse parurent également prometteurs.

Devant ce fils si beau, si valeureux, si intelligent, si doué, Catherine rayonne de fierté satisfaite. Le parti catholique décide de miser sur lui pour faire pièce à son frère qu'on dit circonvenu par les réformés : le héros de Jarnac et de Moncontour sera son champion. Le cardinal de Lorraine le choie, l'honore, le flatte. Le jeune duc de Guise, son aîné d'un an, dont le talent personnel a sauvé Poitiers – c'est lui qui a eu l'idée de détourner les eaux du Clain pour inonder le camp des assiégeants –, se garde bien de se poser en rival du prince : il ne sera que le premier de ses lieutenants. Et tandis que Henri s'enchante de sa nouvelle image de défenseur de la monarchie et de l'Église, le roi ulcéré enrage : le moment n'est-il pas venu pour lui de s'appuyer sur les huguenots ? Certes, Charles n'a fait de confidences à personne. Ne s'apprête-t-il pas à virer de bord, à l'insu de sa mère, très absorbée par ses efforts pour marier au mieux les enfants qui lui restent ?

Grandes manœuvres matrimoniales

La politique matrimoniale de Catherine est à géométrie variable. Beaucoup de tentatives ne sont que des ballons d'essai. On peut toujours tenter sa chance, n'est-ce pas ? Qui ne risque rien n'a rien. En cas d'échec, elle ne manque pas de solutions de rechange. À Bayonne, tout en sollicitant pour Marguerite la main de l'infant don Carlos, elle lorgnait aussi, comme recours, vers l'archiduc Rodolphe, aîné de l'empereur Maximilien. Lorsque meurt sa fille la reine d'Espagne en 1568, le chagrin ne l'empêche pas de constater que le veuf se trouve libre et elle lui offre sans attendre de remplacer la défunte par sa sœur. Devant un nouveau refus, elle se rabat sur Don Sébastien, roi de Portugal, le fils de cette même Juana qu'elle souhaitait naguère marier à Henri ! Piètre parti que ce garçon bizarre, « sujet à sa tête, variable et terriblement obstiné dans ses opinions ». C'était une sorte de moine laïc, élevé dans les jupes de sa mère et dans celles de deux religieux théatins qui tenaient à préserver son innocence : on le savait vierge et « peu habile pour avoir enfants ». Il périt au Maroc dans un combat contre les Maures avant d'avoir pu faire ses preuves comme homme et comme roi. Entre-temps, la mauvaise volonté de Juana et de Philippe II avait épargné à Marguerite cette union hasardeuse. Charles IX déclara prendre le refus pour une injure. Il mariera sa sœur, déclare-t-il, « en tel lieu qu'il en recevra plaisir, contentement et service et dont le mari se sentira grandement honoré et obligé à Sa Majesté ».

Le mari auquel il pensait était Henri de Navarre.

À une date où les cadavres de la guerre sont à peine froids et où les incendies couvent encore, cette union entre la sœur du roi et le chef nominal du parti adverse avait quelque chose de stupéfiant.

On rappela un prétendu engagement de Henri II. En 1557, comme on lui présentait l'héritier de Navarre, il avait pris dans ses bras ce gamin déluré à la langue si bien pendue en lui disant : « Voulez-vous être mon fils ? » À quoi l'enfant objecta, en patois béarnais : « Mon père est le seigneur roi qui est là. – Puisque vous ne voulez pas être mon fils, voulez-vous être mon gendre ? – Obé ! oui bien », avait répondu l'enfant. Antoine de Bourbon, flatté, avait pris l'offre pour argent comptant et s'en était prévalu quelque temps. Mais les deux pères étaient morts et beaucoup de sang avait coulé sous les ponts. Cette vieille promesse ne pouvait à elle seule redonner vie au projet. Ce sont des calculs politiques qui en décidèrent.

Difficile de savoir qui prit l'initiative. Une chose est sûre. Les chefs du parti réformé ont renoncé à l'emporter par les armes, sur le terrain. Ils visent au plus haut, en misant sur les nouvelles générations. Ils espèrent rallier le roi à leurs vues. Leur principal adversaire, Catherine, n'est pas immortel. Elle a été assez gravement malade en 1568 pour qu'on spécule sur sa mort et que Charles IX s'affole. Pendant deux ans au moins, elle continue d'être mal portante : ver solitaire, migraines, sciatique, catarrhes variés la minent ; le port d'une perruque blonde souligne les effets de la fièvre et de l'âge, au lieu de les atténuer. Sa combativité paraît atteinte. Les huguenots comptent la neutraliser en lui proposant pour ses enfants des mariages brillants, assortis d'alliances qui engagent la France aux côtés des puissances protestantes. Leur but n'a pas changé, mais la stratégie matrimoniale a remplacé la stratégie militaire. Dans l'immédiat, ce ne sont pas les peuples qui s'en plaindront.

Pour Charles IX, il est trop tard, il épouse une archiduchesse. Mais pas l'aînée, que lui a soufflée Philippe II. Catherine n'a pu décrocher pour son fils que la cadette. Raison de plus pour qu'elle en veuille à celui qui n'est plus son gendre et contrecarre toutes ses démarches. Le moment est donc bien choisi pour lui suggérer un double mariage : pour Henri, la reine d'Angleterre et pour Marguerite, Henri de Navarre. Non sans arrière-pensées, du côté des huguenots : des unions « mixtes » ouvriraient la porte à une reconnaissance officielle, voire à une victoire du calvinisme en France. La vieille coureuse de trônes qu'était Catherine fut-elle naïvement éblouie, comme on se plaît à le dire ? Ne prenons pas à la lettre l'enthousiasme dont témoigne parfois sa correspondance : elle ne dit pas tout ce qu'elle pense, et elle ne pense pas tout ce qu'elle dit. Si elle prêta l'oreille à ces offres, c'est qu'elle estimait y trouver son compte.

Un mariage peut en cacher un autre. Dans l'esprit des auteurs du projet, la reine d'Angleterre est un appât, un leurre. Le mariage important, le seul réalisable, c'est l'autre. Le mirage anglais, entraînant Catherine à rompre avec l'Espagne, aidera à faire aboutir l'union contre nature entre une princesse catholique et un prince huguenot. La preuve qu'on cherche à brouiller les cartes ? On parle aussi de marier le jeune Navarre à Élisabeth : les puissances catholiques, effrayées, envisageront Marguerite comme un moindre mal.

De l'autre côté de la Manche, Élisabeth minaude, invoque la différence d'âge et de condition, mais elle ne dit pas non. Pas pour l'instant. Elle pourra toujours invoquer au dernier moment l'insurmontable aversion de ses sujets pour les « papistes ». Ô surprise : Henri d'Anjou, lui, ne marche pas. Pour la première fois révolté contre sa mère, il se dérobe : « C'est une vieille créature, avec une jambe malade » – Élisabeth souffrait alors d'un ulcère suppurant. Et comme sa mère insiste, lui murmurant que « grandeur et puissance » valent bien quelques concessions, il réplique tout net qu'il refuse de se déshonorer en épousant « une putain publique » – allusion au favori avec qui la reine mûrissante a des familiarités qui font scandale. Catherine, ne voulant pas laisser échapper ce trône, songe à se rabattre sur son dernier-né, seize ans, pour la souveraine anglaise qui en a trente-huit. Mais Henri soudain se ravise et donne son accord : il a compris qu'il ne risque rien. Les pourparlers traîneront aussi longtemps que la politique l'exigera : tant que les foudres pontificales rendront précieux pour la reine excommuniée, « hérétique et bâtarde », l'aval donné par les offres matrimoniales françaises.

Du côté Navarre, il y a urgence au contraire, à cause des Pays-Bas. La situation est grave là-bas et les secours urgents. Il faut décider la reine à autoriser, sinon à patronner une expédition. Elle s'accroche maintenant au mariage de Navarre. Les pourparlers sont allés trop loin, une rupture supplémentaire, publique, rendrait sa fille impossible à caser : on n'est pas pour rien rebutée tant de fois. Elle se voit donc mettre le marché en main : la conclusion du mariage contre une intervention aux Pays-Bas.

Comment la prudente Catherine s'est-elle laissé conduire là ? Faut-il qu'elle tienne à unir Marguerite à Henri de Navarre ! Qu'en attend-elle ? Il y a d'abord, bien sûr, l'impératif traditionnel : garder la Navarre et le Béarn dans la dépendance de la France, empêcher qu'ils ne basculent, par suite d'une alliance politico-matrimoniale, dans le camp espagnol ou anglais. C'est aussi une opération de politique intérieure : ce couple mixte sera le vivant symbole de sa volonté de réconciliation nationale. Elle fait enfin, secrètement, un calcul inverse et symétrique de celui des dirigeants huguenots. Eux espèrent que le jeune homme influencera sa femme et l'entraînera dans l'orbite calviniste : une bonne épouse veut ce que veut son mari. Catherine, elle, connaît le caractère énergique de sa fille, son attachement au catholicisme, son intelligence, son charme. Elle croit connaître Henri, qui a suivi en sa compagnie le grand tour de France. Son appétit de vivre, son goût pour le plaisir, son penchant déjà affirmé pour les femmes ont peu à voir avec le rigorisme à la mode genevoise. Il a changé trois fois de religion, dans son adolescence il est vrai, et s'il est pour l'instant fidèle à la cène, il n'a rien d'un doctrinaire intransigeant et boude volontiers les prêches. Elle compte bien que sa nouvelle épouse aura sur lui le même effet que naguère Isabelle de Limeuil sur le trop galant prince de Condé. Elle ne mesure ni son intelligence ni la force de sa volonté. Personne alors ne les mesure : ballotté entre des parents et des partis désunis, l'adolescent s'est fait discret, presque transparent ; nul n'a deviné son extraordinaire puissance de dissimulation.

Parmi les dirigeants huguenots cependant, il en est deux qui, tout comme la reine mère, le croient aisément influençable et s'inquiètent de ce mariage : Coligny, réservé, et Jeanne d'Albret, franchement hostile.

Jeanne est partagée entre son amour maternel, son attachement à ses domaines patrimoniaux et son dévouement à la cause réformée. Elle répugne à une alliance anglaise qui offrirait à Henri, aux côtés de l'impérieuse Élisabeth, un simple strapontin de prince consort. Elle ne veut pas que la Navarre et le Béarn deviennent des provinces britanniques, risquant de servir de tête de pont à des entreprises de reconquête et de champ de bataille aux belligérants. Elle tient à les garder sous la protection du roi de France. Marguerite est donc le meilleur parti possible. Mais elle a peur pour la foi de son fils et pour le salut de son âme. « Mettez-vous en garde, lui dit-elle, contre tous les allèchements pour vous débaucher en votre vie et votre religion. C'est leur but. Ils ne le cèlent pas. » Elle tremble à l'idée de l'exposer aux tentations d'une cour corrompue. Et lorsqu'elle comprend qu'il faudra céder, elle tente de mettre le marché au plus haut prix.

Les négociations entre les deux belles-mères, dont la substance nous est connue, feraient d'excellentes scènes de comédie si l'enjeu n'était pas si grave et si Jeanne, épuisée par une tuberculose avancée, n'y usait ses dernières forces dans une résistance pathétique. Elle a consigné son fils à Pau, de crainte qu'on ne le lui enlève, et elle est venue seule à Chenonceaux, armée de son ironie mordante, affronter les caresses de l'Italienne. L'autre lui ayant fait dire, bien maladroitement, qu'elle n'avait rien à redouter, elle se moqua : « Pardonnez-moi si, lisant ces lettres, j'ai eu envie de rire, car vous me voulez assurer d'une peur que je n'ai jamais eue, et ne pensai jamais, comme l'on dit, que vous mangissiez [*sic*] les petits enfants. »

La chaleur de l'accueil détendit un peu le climat. Jeanne jugea Marguerite fort belle, quoique trop maquillée et la taille trop serrée. Elle lui trouva de la personnalité et en tira des augures ambigus : « De la façon de quoi elle est et du jugement qu'elle a, avec le crédit vers la Reine sa mère et le Roi et messieurs ses frères, si elle embrasse la religion, je puis dire que nous sommes les plus heureux du monde, et non seulement notre maison mais tout le royaume de France aura part en cet heur. » Mais dans le cas contraire, « vu sa prudence et jugement », ce mariage sera la ruine de l'Église réformée en France. Or, lorsqu'elle demanda si la jeune femme adopterait la foi de son époux, elle trouva Marguerite fermement décidée à rester catholique. On fit semblant de ne pas y attacher d'importance et la délicate question de l'éducation des enfants à venir fut laissée dans l'ombre. Car aucune des deux parties ne voulait la rupture.

Jeanne discuta pied à pied sur la dot, sur l'organisation de la cérémonie, sur la pratique religieuse du couple en France et en Béarn. Catherine, la sachant très vive, cherchait à la mettre en colère tout en gardant elle-même son sang-froid. La malheureuse se sentait harcelée, s'irritait : « L'on me gratte, l'on me pique, l'on me flatte, l'on me brave, l'on me veut tirer les vers du nez », la reine mère « me traite à la fourche ». Elle prétendit qu'on avait fait des trous dans les murs de sa chambre pour l'épier – pratique bien plus courante qu'on ne pourrait le croire, en ces temps où il n'existait ni micros, ni téléphones. « Assaillie étrangement d'amis et d'ennemis », accablée par les siens de conseils contradictoires, affolée à l'idée que le pape, remettant en cause l'annulation de son premier mariage, pourrait déclarer son fils bâtard, elle tenta d'obtenir des délais, des garanties, des places fortes.

De part et d'autre on transigea sur les modalités de la cérémonie. Jeanne, pensant aux malheurs des Pays-Bas, fit taire ses scrupules de mère. Elle finit par signer le contrat le 11 avril 1572 et mourut épuisée, au début de juin, sans avoir revu son fils. Et pour une fois, les médecins furent capables de contredire les rumeurs qui, comme d'habitude, allaient bon train. Non, elle n'était pas morte pour avoir respiré les senteurs méphitiques émanant de gants préparés par le fameux René, parfumeur de Catherine : un gros « apostume » lui avait rongé un poumon et, dans sa tête, qu'on ouvrit également, selon sa volonté, pour découvrir les causes de ses migraines, on trouva de « petits bulbes pleins d'eau entre le crâne et la taie du cerveau », mais aucune trace de poison.

Quant au mariage anglais du futur Henri III, il fut remis à plus tard et remplacé par un traité d'alliance, conclu le 29 avril.

Les événements se précipitaient.

Les initiatives de Charles IX

Catherine n'avait jamais eu l'intention d'intervenir aux Pays-Bas : elle pensait faire traîner les choses. Mais, tandis qu'elle négociait laborieusement les détails du mariage de sa fille, Coligny s'appliquait à conquérir la confiance de son fils. Entre la reine et l'amiral s'ouvre alors une lutte sourde pour la domination psychologique de Charles IX, impatient de secouer la tutelle maternelle, mais très influençable encore, prêt à osciller du pour au contre, selon l'avis de celui qui a parlé le dernier. Avec des enjeux politiques et religieux considérables.

L'éducation donnée par son précepteur Jacques Amyot ne préparait qu'imparfaitement le jeune roi au rôle conçu pour lui par sa mère. Les *Vies* de Plutarque regorgent d'intrépides héros plus séduisants que les vieux sages pour un garçon de vingt ans. L'amiral a-t-il joué de la rivalité des deux frères ? Il a flatté en tout cas chez l'aîné le mépris instinctif qu'éprouvent tous les hommes pour un pouvoir féminin. Celui de Catherine ne s'est-il pas prolongé au-delà du raisonnable ? Charles ne gardait de Henri II, mort lorsqu'il avait neuf ans, qu'un souvenir trop vague pour lui fournir un modèle auquel s'identifier. Coligny a l'âge du disparu. Avec son prestige de soldat, sa franchise brutale, ses propos sentencieux et jusqu'à sa manie de donner des leçons, il offre une vivante incarnation de la force et de la sagesse viriles qui fascine l'adolescent prolongé qu'est le roi. Oubliée, la fureur contre le rebelle qui l'a bravé : Charles l'appelle son père et ne jure plus que par lui.

Coligny, soulevé par sa foi, avait la force de persuasion des prophètes. Au jeune souverain de vingt et un ans, il proposait un grand dessein, digne de lui : voler au secours des Pays-Bas, les arracher à la domination espagnole, réaliser le rêve avorté de son père et de son aïeul, mettre à genoux le Habsbourg de Madrid, c'était là un objectif plus glorieux que la politique à la petite semaine de Catherine, toujours prête à s'humilier pour éviter un conflit. Il parlait le langage de l'audace, contre celui de la prudence. Il n'eut pas de peine à convaincre. « Ma mère est trop timorée », déclara Charles. Coligny lui répétait qu'il « ne fera[it] jamais rien qui vaille, s'il ne limit[ait] le pouvoir de sa mère » et n'installait son frère hors du royaume, sur quelque trône étranger.

Du point de vue militaire, les choses se présentaient bien. Les rebelles flamands gagnaient du terrain chaque jour : les « Gueux », comme on appelait désormais les plus hardis d'entre eux, avaient soulevé toute la Zélande. Et le roi de France écrivait à son ambassadeur à Constantinople qu'il faisait partir une flotte sous prétexte de protéger ses ports, mais en réalité pour « tenir le Roi Catholique en cervelle et donner hardiesse à ces Gueux des Pays-Bas de se remuer et entreprendre ». « Toutes mes fantaisies[1], concluait-il, sont bandées pour m'opposer à la grandeur des Espagnols. » Oubliait-il, par hasard, que la flotte espagnole avait écrasé celle des Turcs à Lépante six mois plus tôt, et qu'elle passait alors pour invincible ?

Une péripétie intérieure italienne l'amena à s'engager davantage. Avec le grand-duc de Toscane, le pape, l'Angleterre, il s'agissait de former une vaste coalition contre les Habsbourg. Le projet était trop irréaliste pour inquiéter vraiment Catherine. Elle prodigua les promesses indispensables à la conclusion du mariage navarrais, mais elle comptait bien user pour empêcher une intervention aux Pays-Bas de tous les moyens dilatoires possibles. Elle pensait, non sans quelque raison, que la France n'était pas en état de mener une campagne victorieuse contre l'Espagne et elle savait l'Angleterre hostile à toute conquête française en Flandre. Les complaisances de son fils pour Coligny, tant qu'elles restaient paroles en l'air, ne tiraient pas à conséquence. Elles permettaient même de gagner du temps, en attendant que la victoire du duc d'Albe rende superflue toute velléité d'intervention.

1. *Fantaisies* veut dire ici *pensées*.

Mais soudain, au moment où les autres participants faisaient marche arrière, elle découvrit par hasard, avec effroi, l'ampleur de ce que son fils lui avait caché. Il était sur le point de s'engager dans cette guerre tout seul, tandis que même le pape et la Toscane se défilaient : le parti huguenot, c'est-à-dire Coligny, l'avait converti à sa politique.

Elle vit rouge. Elle avait à coup sûr des raisons personnelles d'en vouloir à l'amiral. Lui ôter la confiance de son fils, c'était lui ôter le pouvoir ; elle ne s'en laisserait pas dépouiller sans combattre. Mais elle avait aussi des raisons moins égoïstes. Elle ne croyait pas, elle, à la réconciliation possible des Français par la guerre étrangère. Les catholiques n'accepteraient pas de laisser les réformés dominer le pays. Au bout de cette aventure, elle apercevait la reprise de la guerre civile, la France à feu et à sang, le trône menacé. Elle n'était pas seule de cet avis. Lorsque, à deux reprises, elle posa la question en Conseil, la plupart l'approuvèrent : il était urgent d'attendre. Déjà, les insurgés pliaient et, du côté de Mons, un contingent de volontaires français venait de se faire tailler en pièces. Alors Coligny, se dressant, lança dit-on une prophétie en forme de menace : « Madame, le Roi renonce à entrer dans une guerre ; Dieu veuille qu'il ne lui en survienne pas une autre de laquelle il ne serait pas en son pouvoir de se retirer ! »

Il profita d'une brève absence de Catherine pour reprendre en main le jeune roi. Celle-ci, prévenue, revint en toute hâte. Son fils était parti à la chasse. Elle l'y rejoignit, s'enferma seule à seul avec lui et, fondant en larmes, lui fit, paraît-il, une grande scène : « Je n'eusse pensé que, pour avoir pris tant de peine à vous élever, vous avoir conservé la couronne que les huguenots et les catholiques vous voulaient ôter, après m'être sacrifiée pour vous et encouru tant de hasard, que m'eussiez voulu donner récompense si misérable. Vous vous cachez de moi, qui suis votre mère, pour prendre conseil de vos ennemis ; vous vous ôtez de mes bras qui vous ont conservé, pour vous appuyer des leurs qui vous ont voulu assassiner. » Viennent alors les grands moyens, le chantage au départ : que ne la renvoie-t-il au lieu de sa naissance, pour lui éviter d'assister à la victoire des huguenots, « qui ne veulent la guerre d'Espagne, mais celle de France, et la subversion de tous les États, pour s'établir » !

Charles, confus, humilié, mais sensible aux arguments de sa mère, reconnut ses fautes, demanda pardon, désavoua l'entreprise. Mais l'amiral s'obstina, continua de recruter des troupes. Il ne désespérait pas de vaincre l'hésitation du roi en le mettant devant le fait accompli. Catherine put croire qu'il allait engager la France, de force, dans une guerre que nul ensuite ne serait en mesure d'arrêter. Il devenait un danger mortel. Mais elle avait encore besoin de lui dans l'immédiat, comme garant de l'approbation des huguenots à ce mariage « mixte », considéré comme sacrilège par une bonne partie des deux camps. Le calendrier s'imposait : il fallait célébrer le mariage de Navarre, puis neutraliser Coligny très vite, avant qu'il n'ait eu le temps de créer l'irréparable entre la France et l'Espagne.

Une bien curieuse cérémonie

Les noces avaient été fixées au lundi 18 août 1572.

La France avait fait solliciter à Rome, suffisamment à l'avance, la double dispense nécessaire : pour la consanguinité et pour la différence de religion. Pie V, très hostile à ce mariage, se faisait tirer l'oreille. Il avait même réussi à réactiver le projet portugais, mais son légat arriva à Blois trop tard pour qu'on pût revenir en arrière. Catherine redoutait de graves objections de sa part lorsqu'il eut la bonne idée de mourir. À son successeur, pensant que la chose passerait plus facilement, elle ne demanda que la première des deux dispenses. Mais le nouveau pontife savait bien qu'accorder l'une équivaudrait à donner son consentement à une union qu'il réprouvait et il lanternait. On décida donc, à Paris, de se passer de son approbation, en feignant de l'avoir reçue. Un paquet bien clos, censé contenir le précieux document, fut remis en public à la reine, qui le confia sans l'ouvrir au cardinal de Bourbon et l'on n'en parla plus. Mais elle donna au gouverneur de Lyon l'ordre de stopper tout le courrier en provenance d'Italie jusqu'à la cérémonie, afin qu'aucune interdiction expresse ne pût venir la troubler. Et le soir même du 18 août, elle lui enjoignit d'arrêter le courrier en sens inverse, pour être la première à annoncer la nouvelle au pape, dans les termes choisis par elle. Le cardinal de Bourbon, oncle du marié, se portait garant de la validité du mariage.

Catherine avait tenu à ce que les noces de Marguerite ne fussent en rien inférieures à celles de ses aînées. Aux ambassadeurs des puissances catholiques, qui boudaient l'invitation, elle voulait montrer que ce n'était pas une union au rabais, célébrée à la sauvette. Au peuple de la capitale, elle comptait offrir un divertissement salutaire. Dans la ville, en effet, le climat était très tendu. « Si les noces se font à Paris, avait prophétisé un jeune compagnon du roi de Navarre, le futur duc de Sully, les livrées en seront vermeilles. » L'arrivée du fiancé avec son escorte de quatre-vingts gentilshommes huguenots tout de noir vêtus, pour le deuil de leur reine, avait fait sur la majorité des habitants, très attachés à la foi traditionnelle, l'effet d'une provocation. Depuis douze ans on se battait contre eux, et voici que le roi leur donnait sa sœur en mariage ? Le bon peuple catholique ne comprenait pas, et les prédicateurs qui le catéchisaient ne l'aidaient pas à comprendre, au contraire. La reine se proposait, pour conjurer sa hargne, de lui en mettre plein les yeux.

Entre l'évêché et l'entrée de Notre-Dame ont été dressés des « échafauds » tendus de drap d'or, c'est-à-dire une suite d'estrades aboutées les unes aux autres, sur lesquelles défile le cortège nuptial, ainsi offert à la vue de la foule qui s'écrase en contrebas. Marguerite s'avance, « habillée à la royale avec la couronne et couette d'hermine mouchetée », ruisselante de pierreries, dans son « grand manteau bleu à quatre aunes de queue portée par trois princesses ». Le roi, « en soleil », rutile. La reine mère a pour la circonstance échangé son éternelle robe noire contre du brocart pourpre.

Le public est gâté. L'échange des consentements a lieu, non dans les profondeurs de la cathédrale, mais à l'air libre, devant le grand portail, sous les yeux de tous : différence de religion oblige. Dûment unis par le cardinal de Bourbon, les nouveaux mariés entrent dans la nef. Henri a renoncé aux scrupules qui l'empêchaient jadis de mettre fût-ce un pied dans une église au temps où son cousin Charles s'amusait à le décoiffer et à y jeter son bonnet pour l'obliger à aller le récupérer. Il consent à y pénétrer. Mais il ne s'avance jusqu'à la tribune qui marque l'accès au chœur que pour ressortir aussitôt par le transept gauche. Il gagne discrètement le cloître, où il se promène en compagnie des siens tandis que sa femme entend seule la messe aux côtés de son frère, le duc d'Anjou. Il revient ensuite la chercher là où il l'a laissée et reprend avec elle la tête du cortège. Une sorte de tour de passe-passe a escamoté « l'hérétique » pendant la durée de l'office, hors de la vue des spectateurs. Mais les deux époux sont entrés et sortis ensemble. Les apparences sont sauves.

Le soir, dans la grande salle du Palais de Justice, banquet, bal et mascarade. Dans le thème choisi, à base de divinités aquatiques, de chevaux marins, de récifs, d'écueils, de conques et de coquillages, certains voulurent voir un hommage à l'amiral de Coligny, mais il est peu probable que la reine, ordonnatrice des fêtes, ait songé à autre chose qu'à affirmer, malgré les succès espagnols, la force de notre flotte. Le lendemain mardi, dîner et bal, au Louvre cette fois. Le mercredi on célébra des jeux, dans un décor digne des mystères du Moyen Âge. D'un côté le paradis, en forme de jardin verdoyant habité par douze nymphes, le « ciel empyrée », une grande roue qui tournait, portant les sept planètes et les douze signes du zodiaque ; de l'autre, l'enfer peuplé d'une foule de diablotins qui, eux aussi, jouaient avec une roue tintinnabulant de clochettes. Un combat opposait les défenseurs du paradis, Charles IX et ses frères, à des chevaliers errants navarrais qui voulaient conquérir les nymphes. Échappant finalement à l'enfer, ces derniers, libérés, se livrèrent avec leurs rivaux à une sorte de tournoi, à grand renfort de bruit, de pétards et de fumée, qui fit déloger les spectateurs attardés. La fête, « préparée de longtemps », se voulait appel à la réconciliation. Elle fut interprétée ensuite comme une provocation, vouant aux gémonies les huguenots exclus du Paradis. Mais c'eût été bien peu politique. On voulut voir une intention vexatoire dans le costume porté par les Navarrais aux joutes du jeudi. Mais s'ils étaient déguisés en Turcs, avec cafetans et turbans dorés, le roi et ses frères étaient habillés, eux, en Amazones, c'est-à-dire en femmes, ce qui ne valait guère mieux. Rien ne permet de penser que la reine ait mis dans ces spectacles, conçus au temps où elle y croyait encore, autre chose qu'une invitation à fraterniser, dans un royaume réconcilié.

Un tueur maladroit

Les festivités s'achevaient, les invités songeaient au départ. Le vendredi 22 août au matin devant le Conseil, Coligny avait encore plaidé, contre l'avis général, en faveur d'une intervention en Flandre. Il s'attarda, à la demande du roi, pour admirer sa dextérité au jeu de paume. Vers onze heures, il sortit enfin, accompagné d'une quinzaine de ses fidèles. Catherine s'apprêtait à prendre son repas lorsque éclata soudain la nouvelle : il venait d'échapper à un attentat ! Elle ne manifesta aucune surprise. L'ambassadeur d'Espagne en conclut qu'elle s'y attendait. Mais elle n'était pas la seule. Tous le savaient en danger, y compris lui-même. Déjà l'on se rassurait : les blessures n'auraient pas de suites graves. L'Espagnol jugea que la reine mère cachait mal sa déconvenue. N'avait-elle pas en effet, plus que quiconque, intérêt à le voir disparaître ? Renonçant à dîner, elle s'isola dans sa chambre avec son fils cadet Henri. Le roi, lui, achevait sa partie de paume lorsqu'on l'informa. D'émotion et de colère il jeta sa raquette par terre et courut s'enfermer dans son appartement.

Au fil des heures, on en apprit davantage. Coligny était hébergé à l'Hôtel de Rochefort, tout près du Louvre, à l'angle de la rue de l'Arbre-Sec et de la rue de Béthisy[1]. Il revenait chez lui à pied par un lacis de courtes ruelles aujourd'hui disparues. Il marchait lentement, tout en lisant une requête qu'on venait de lui remettre. Ses compagnons l'entouraient, faisant écran. Rue des Poulies[2], ils s'écartèrent un instant, lui permettant de se baisser, pour rajuster sa chaussure, semble-t-il. C'est alors qu'un coup de feu l'atteignit soudain, qui lui déchiqueta l'index de la main droite et lui brisa le coude gauche[3]. À la fenêtre d'en face, ses amis trouvèrent, à demi dissimulée par une tenture, l'arquebuse encore fumante, mais le tueur maladroit s'était

1. Cette demeure est aussi nommée Hôtel de Béthisy, ou plus tard Hôtel de Ponthieu. Elle existe encore, au 144 rue de Rivoli.

2. Parallèle à la façade orientale du Louvre et perpendiculaire à la Seine, elle longeait le cloître de Saint-Germain-l'Auxerrois.

3. Les témoignages offrent sur les gestes de Coligny et sur la localisation de ses blessures quelques variantes qui ne tirent pas à conséquence.

enfui par-derrière, sur un cheval qui l'attendait dans le cloître de l'église voisine, et il ne put être rejoint. Le blessé, rapidement transporté à l'Hôtel de Rochefort, fut confié aux soins d'Ambroise Paré – un coreligionnaire –, qui amputa le doigt, en s'y reprenant à trois fois « à cause que ses ciseaux n'étaient pas bien aiguisés », et qui dut inciser profondément le bras pour en extraire la balle. L'éminent chirurgien prescrivit du repos, mais se porta garant de la guérison.

Pour les nobles huguenots, aucune hésitation sur l'origine de l'attentat : c'était une vengeance familiale des Guise, qui tenaient Coligny pour l'instigateur de l'assassinat du duc François neuf ans plus tôt. Ils réclamaient à grands cris un châtiment immédiat. Le roi, peu convaincu et répugnant à la justice expéditive, ordonna une enquête préalable, ce qui fut interprété comme une manœuvre dilatoire. Les premiers résultats en furent prometteurs. Le tireur fut très vite identifié. Charles de Louviers, sieur de Maurevert, n'était pas un vulgaire tueur à gages, mais un gentilhomme briard de famille honorable, qui avait navigué entre les camps adverses. Après avoir abattu, pour des raisons mal élucidées, un de ses anciens protecteurs, lieutenant de Coligny, il était allé se mettre au service des Guise. Certes ses liens avec eux étaient patents : la maison vide où il s'était caché appartenait à un ancien précepteur du jeune duc et le cheval qui lui avait permis de fuir sortait de ses écuries. Mais des confrères domestiques auraient pu aisément lui procurer ces facilités. Jouissait-il suffisamment de la confiance de ses protecteurs actuels pour se voir confier pareille mission ? Avant toute chose, il eût fallu l'interroger. Hélas, il s'était réfugié, non loin de Paris, dans la maison d'un de ses amis transformée en forteresse. Il allait mourir, un peu plus tard, sans avoir révélé le nom de son commanditaire. À moins qu'il n'en ait pas eu, et qu'il eût réglé avec l'amiral quelque vieux compte personnel, privant ainsi les historiens à venir d'une fascinante énigme…

Pouvait-on alors, en toute objectivité, incriminer les Guise ? Certes ils n'avaient pas pardonné à Coligny d'avoir fomenté en secret et publiquement applaudi à l'assassinat du duc François. La duchesse, femme de tête dotée de sens politique, refrénait sa haine depuis neuf ans afin de ne pas contrarier les efforts de pacification et son fils le jeune duc, vingt-deux ans à peine, avait dû jurer, au nom de toute sa maison, de renoncer à poursuivre l'amiral. Mais des témoins affirment que, dès la fin de juillet, Catherine ne lui avait pas caché son désir de voir disparaître Coligny. Elle n'avait qu'un mot à dire, il lui suffisait de lever l'interdiction formulée naguère : les Guises n'attendaient que cela. La vengeance, loin de choquer, s'imposait comme un devoir de piété familiale : on n'irait pas chercher plus loin les responsables de l'attentat. Une autorisation verbale ne laissant pas de traces, Catherine pouvait se croire couverte, à l'abri des remous provoqués par le meurtre. Et, s'il s'ensuivait un affrontement armé entre les Guises et les Châtillon, ce serait tout bénéfice que de voir ces deux redoutables familles s'entre-déchirer : l'autorité royale en sortirait renforcée.

Catherine a-t-elle donné le feu vert, a-t-elle levé l'interdit ? Fut-elle associée à l'élaboration détaillée de ce plan ? Il n'était pas indispensable qu'elle le fût. De toute façon, il ne fut pas mis à exécution. Car la vengeance exige publicité. Il eût fallu que les Guises revendiquent l'attentat – ce qu'ils se sont bien gardés de faire. L'énigme reste donc entière : qui a armé la main de Maurevert ?

L'après-midi du vendredi se passa en faux-semblants lourds d'arrière-pensées. Catherine s'inquiétait pour son fils très aimé, Henri duc d'Anjou, car l'arquebuse avait été fournie par l'un de ses gardes. Aurait-il trempé dans l'affaire à son insu ? Charles IX s'en allant rendre visite à Coligny, elle offrit de l'accompagner : elle tenait à être en tiers dans leur conversation. Toute la cour suivit. Le roi embrassa le blessé, promit de le venger. Celui-ci, affaibli mais lucide, misa sur son émotion pour lui arracher la promesse de poursuivre la guerre des Flandres et il l'invita à chasser de son Conseil les hommes qu'il disait vendus à l'Espagne. En visant les Guise, il s'en prenait aussi à la politique de Catherine. La soupçonnait-il de complicité dans l'attentat ? Le bruit en courait parmi les siens. Il réussit à isoler le roi un instant, à échanger avec lui quelques mots, sans doute pour le mettre en garde contre sa mère. Elle donna le signal du départ : il ne fallait pas fatiguer un malade.

Ce face-à-face des deux adversaires, lourd de sous-entendus shakespeariens, a donné lieu à des affabulations suspectes. La reine a-t-elle vraiment dit au blessé, en regardant le projectile extrait par Paré : « Je suis fort aise que la balle ne soit point demeurée dans votre corps car je me souviens que, lorsque M. de Guise fut tué à Orléans, les médecins me dirent que, si la balle avait pu être enlevée bien qu'empoisonnée, il n'y aurait eu aucun danger de mort » ? Elle était peu portée vers la provocation. Mais elle pensait assurément à François de Guise cet après-midi-là et, en son for intérieur, elle regrettait sans doute que la balle de Maurevert ne fût pas passée par les mains de son parfumeur et apothicaire René.

Conseils de guerre

Conseils au pluriel, parce qu'il y en eut un rue de Béthisy chez l'amiral et que de son côté Catherine de Médicis en tint au moins deux. C'est le signe que se sont formés deux camps adverses, au cœur desquels s'opposent les tenants de la négociation et ceux de la rupture.

Face au danger qui menace leur chef, les huguenots sont partagés. Certains conseillent le départ immédiat, mais selon Ambroise Paré, il n'est pas en état de voyager. Le roi a promis de garantir sa sécurité, pourquoi ne pas se fier à sa parole ? Finalement, c'est l'intéressé lui-même qui prend la décision de rester, pour des motifs héroïques. Il ne méconnaît pas l'ampleur du danger : on s'en prendra de nouveau à lui. Mais il juge sa présence physique nécessaire au succès des projets grandioses auxquels il pense avoir rallié le roi – qu'il sous-estime. S'il s'en va, il l'abandonne à l'influence maternelle et c'en est fait de tous ses efforts pour infléchir la politique française, c'en est fini de la guerre tant souhaitée contre l'Espagne. Face à la volonté de Catherine, la sienne ne pèsera que s'il est là en personne. Il choisit donc de risquer sa propre vie pour le salut de son grand dessein, le triomphe du calvinisme, aux Pays-Bas d'abord, puis, à terme, en France. A-t-il mesuré qu'il risquait aussi celle de ses compagnons ?

Chez ceux-ci, la fureur monte. Face à la modicité des résultats, ils croient à la mauvaise volonté : si l'on ne trouve pas, c'est qu'on ne veut pas chercher. De là jusqu'au soupçon de complicité la distance est mince. Leur colère se concentre sur la reine mère, qu'ils tiennent – à juste titre – pour responsable des obstacles opposés à leur prosélytisme. En tout état de cause, l'attentat ne restera pas impuni : si l'on y manque, ils sauront bien, eux, se faire justice ! Certains menacent d'aller égorger les Guises au fond du Louvre, jusque dans les bras du roi, réputé complice. Vraies ou fausses, les rumeurs enflent, alimentant la panique, et les Parisiens, sur ordre du roi, s'enferment chez eux. Le samedi après-midi, si l'on en croit le médecin italien Cavriana, la prise d'assaut du Louvre est prévue pour la nuit même.

Jusqu'alors, Catherine a gardé la tête froide. Son principal souci était de voir le roi son fils lui échapper. Non que Coligny inspire à celui-ci la moindre sympathie, les égards qu'il s'est astreint à lui prodiguer pour que le mariage soit un succès ne le lui ont pas rendu plus aimable. Mais il ne conçoit de le combattre qu'en respectant les formes de la justice. Hélas, aucun tribunal n'est propre à condamner les abus de pouvoir qui lui ont permis de former un État dans l'État. Catherine, elle, est cynique : quand les moyens légaux se montrent défaillants, elle n'hésitera pas à recourir à d'autres, moins recommandables.

Or elle est ce soir-là prise de panique. Inutile de songer à se barricader dans le Louvre ! Les huguenots n'auront pas à en forcer l'entrée : ils y sont déjà ! Henri de Navarre et son cousin de Condé y sont logés avec leurs suites respectives. Une attaque pour s'emparer du roi et se débarrasser de sa mère a toutes chances de réussir – bien plus que la conjuration d'Amboise ou la surprise de Meaux ! C'est pour elle-même que Catherine tremble, et ses amis et conseillers tremblent avec elle – pour leur vie.

Dans l'après-midi du samedi 23, la reine réunit dans le jardin des Tuileries une étroite poignée de fidèles, Gondi, Nevers, Birague – des Italiens qui lui doivent tout –, le maréchal de Tavannes et, bien entendu, son fils préféré, Henri d'Anjou. C'est alors qu'ils décident de prendre les devants en faisant mettre à mort, en même temps que Coligny, les principaux chefs du parti réformé. Chacun des participants chercha ensuite à minimiser son propre rôle en imputant aux autres les suggestions les plus radicales. Question oiseuse : tous étaient des créatures de Catherine et leur avis n'était que consultatif. Le vrai, le seul responsable, c'est elle.

Il était indispensable d'obtenir l'assentiment du roi, pour des raisons juridiques, mais surtout parce qu'un pareil ordre ne serait obéi que s'il le donnait en personne. C'est à Albert de Gondi, duc de Retz, qui passait pour le plus diplomate, qu'incomba, de l'avis général, la déplaisante mission de l'y préparer par des révélations dramatisées à dessein. Une information brutale d'abord : sa mère passe pour compromise dans l'attentat. Et, dans la foulée, des explications : depuis longtemps, les menées de Coligny bouleversent le royaume ; et elle ne lui a pas pardonné, personnellement, d'avoir fait tuer son mestre de camp, le brave Charry. Enfin l'argument décisif : les huguenots le croient lui-même complice, ils ont prévu, pour la nuit qui vient, un complot destiné à l'éliminer, lui, sa mère et son frère. C'était solliciter beaucoup les intempérances de paroles des plus excités : aucun plan n'était encore arrêté. Mais il n'en fallait pas plus pour bouleverser Charles IX.

Avec sa mère, son frère et les quatre mêmes comparses, il eut un entretien de deux longues heures au Louvre, aux alentours de minuit. Il discuta, invoqua l'affection que lui portait Coligny, se déclara lié par la parole donnée. Il doutait encore. Catherine laissa entendre qu'il n'osait pas, par lâcheté, prendre une décision nécessaire. Elle menaça de partir avec son frère et de l'abandonner à son sort. La colère le submergea. Il cria : « Vous le voulez ? Tuez-les, tuez-les tous ! »

Qu'on ne prenne pas cependant ces mots, comme on le fait trop souvent, pour une invitation à un massacre général des protestants. « Tous », ce sont tous les chefs de guerre. Eux seuls sont visés. Catherine continue de croire, comme elle l'a toujours fait, qu'il suffit pour que le parti s'effondre d'éliminer les grands seigneurs qui le mènent. Elle projette une sorte d'amputation chirurgicale pour éradiquer le mal. Elle a préparé une liste. Et une discussion sinistre s'engage sur chaque nom. En tête Henri de Navarre et Henri de Condé, princes du sang et comme tels quasiment intouchables. La reine épargne son gendre, le duc de Nevers défend son beau-frère : on les bouclera dans un coin du Louvre et on les sommera de se convertir. Pas de pitié en revanche pour la parentèle de l'amiral. On se met d'accord sur un certain nombre de victimes : une vingtaine ? une cinquantaine ? Les hypothèses oscillent entre ces deux chiffres. On convoque alors les magistrats municipaux, qu'on charge d'une part de fermer les portes et de condamner les ports sur la Seine pour prévenir les évasions, d'autre part de déployer les milices pour veiller au maintien de l'ordre. Puis l'on répartit la tâche entre les exécuteurs, gens du roi et gens de la maison de Guise. La vengeance a des droits : le duc Henri se réserve Coligny. L'opération doit avoir lieu à l'aube, ce dimanche matin 24 août, jour de la fête de saint Barthélemy : une opération de police qui se veut propre, circonscrite, et qui dégénérera en carnage.

Le « glas des huguenots »

Catherine de Médicis avait compté sans le peuple de Paris. À moins qu'elle n'ait au contraire, dans un calcul d'un profond machiavélisme, misé sur lui. Mais la chose ne lui ressemble guère : elle se défiait de la violence et ne jouait pas à la légère les apprentis sorciers.

La ville était alors surpeuplée, pleine de ruraux ayant fui les campagnes dévastées par la guerre, de soldats perdus licenciés sans ressources, de miséreux de toutes sortes réduits à la mendicité par la crise économique. Depuis le début de la semaine ils baguenaudaient, oisifs, bouche bée devant l'étalage de luxe déployé pour les fêtes du mariage, sourdement irrités lorsqu'ils retournaient à leur propre dénuement. À la suite de l'attentat, les gentilshommes huguenots battaient le pavé, grondaient contre le roi, exhibaient leurs armes. Il faisait chaud, le temps était lourd, la nervosité extrême et la peur rôdaient partout. Toutes les conditions étaient réunies pour un dérapage tragique.

Comme prévu, la première victime fut Coligny. Avant le jour, les gardes placés par le roi sous prétexte de le protéger ouvrirent la porte aux assassins. Une brève bagarre avec ses serviteurs, le temps pour ses proches de s'enfuir par les toits avec sa bénédiction, et le voici face à la mort, à laquelle il est prêt. « Es-tu l'amiral ? lui dit Besme, un mercenaire bohémien. – C'est moi. » Coligny le pria de respecter sa vieillesse. Puis, sans illusions, il ajouta en le regardant : « Au moins si quelque homme et non ce goujat[1] me faisait mourir ! » Il fut percé de coups et jeté par la fenêtre. En bas Henri de Guise attendait. Il essuya le sang qui recouvrait son visage, constata que c'était bien lui et l'écarta d'un coup de pied. Après quoi le cadavre fut livré à la populace. Décapité, émasculé, mutilé, il fut pendu par les pieds au gibet de Montfaucon où tout Paris, y compris la cour, défila pour le voir.

Selon la coutume italienne, le tocsin – on disait là-bas la *sonaria* – scanda la tuerie. La cloche de Saint-Germain-l'Auxerrois, paroisse du Louvre, avait sonné on ne sait trop à quelle heure, mais en tout cas avant celle du Palais de Justice, choisie pour donner le signal : déjà l'événement échappait à ses organisateurs. Et l'on prétend que Catherine, en l'entendant, trembla et qu'elle eût bien voulu se dédire. Car très vite les ordres sont dépassés. Autour des grands périssent souvent leur famille et leurs serviteurs. La chasse à l'homme s'organise, le peuple fanatisé se substitue aux exécuteurs désignés et les hommes des milices municipales, pour la plupart ardents catholiques, encouragent les désordres qu'ils ont pour mission d'empêcher. Le sang appelle le sang. On égorge sans discrimination hommes, femmes, enfants, on pourchasse les fuyards sur les toits, on fouille les maisons, on viole, on vole, on pille. On s'attaque aux bourgeois, aux commerçants aisés, sans distinction de religion, et on s'empare de leurs dépouilles. Trois jours d'émeutes où le pavé de Paris ruisselle de sang et où la Seine charrie des cadavres. Trois mille victimes, quatre mille, ou davantage : comment savoir ?

Claquemurés dans le Louvre, Catherine et ses fils regardent terrifiés le cataclysme qu'ils ont déchaîné. On ne croit plus guère aujourd'hui que Charles IX ait tiré sur ses sujets, à l'arquebuse, d'une des fenêtres du Louvre : les huguenots qui prétendirent l'avoir vu se trouvaient sur l'autre rive de la Seine, trop loin pour l'identifier à coup sûr. Sully, dans ses *Mémoires*, lui prête des remords immédiats et affirme qu'il envoya aux gouverneurs de province l'ordre d'empêcher ces « cruautés ». Mais des messagers fanatiques ont pu se réclamer indûment

1. Un *goujat* est un valet d'armée. C'est ce qu'il y a de plus bas dans la hiérarchie militaire.

de lui. Les nouvelles arrivant de Paris déclenchent en effet à travers toute la France une épidémie de massacres, une « saison » sanglante qui s'étire sur tout l'automne de 1572 : selon les villes et selon les provinces, en fonction du passé local, on tue beaucoup ou peu, et quelques gouverneurs courageux parviennent à enrayer la violence. Le décompte total des morts, très aléatoire, oscille entre vingt et trente mille. Même dans une guerre civile aussi meurtrière, qui a coûté la vie de part et d'autre à un très grand nombre de victimes, cela fait beaucoup à la fois, beaucoup trop.

Si Catherine avait cru se tirer d'affaire, elle s'était lourdement trompée. Il y avait de quoi frapper l'opinion, en France et dans l'Europe entière. De quoi entacher à jamais sa mémoire, également.

L'onde de choc

En France, bien qu'on fût habitué à l'horreur, depuis douze ans banalisée, la Saint-Barthélemy crée un choc. Pour la première fois, un massacre a été ordonné par le roi, réputé juste et bon, et par sa toute-puissante mère. Il a pris une ampleur inégalée. Les Parisiens, jusque-là épargnés, ont pu voir. Et ce qu'ils ont vu, ce fut la violence brutale, nue, incontrôlable, folle, la bacchanale des égorgeurs. Comment a-t-on pu en arriver là ? Chez les gens sensés, le dégoût le dispute à la peur.

Dans les deux camps se dessine un clivage entre modérés et extrémistes. Contrairement aux espoirs de Catherine, le parti huguenot n'est pas mort. Dans le Midi et dans l'Ouest, où il conserve ses assises populaires, il s'est radicalisé et a pris, sous la direction des ministres du culte, des allures de république théocratique incrustée dans la chair du royaume, avec pour capitale La Rochelle. D'autres réformés au contraire gardent la nostalgie de la paix naufragée, tandis que, du côté catholique, les partisans de la tolérance se font plus nombreux. Mais les uns et les autres se dressent contre la reine, et non plus derrière elle. Le parti des « politiques » gagne du terrain.

À Madrid, le très peu expansif Philippe II s'oublie jusqu'à rire de satisfaction : la France sera contrainte de renoncer aux alliances protestantes. Il fait chanter un *Te Deum*, mais il n'a pas pour autant l'intention d'accorder à Catherine la moindre concession politique ou matrimoniale. Il lui suffit de la savoir affaiblie. À Rome on organise de pompeuses actions de grâces. Le pape envoie un légat porteur de félicitations, mais au reçu des nouvelles de Paris il lui ordonne de suspendre son voyage : seul l'attentat contre Coligny a été prémédité ; le reste, résolution soudaine née d'un navrant concours de circonstances, est ce que nous appellerions une bavure. « Si l'amiral était mort du coup d'arquebuse qu'on lui tira, écrit le nonce Salviati, je ne me résous pas à croire qu'il se fût fait un si grand carnage. » Tel était aussi l'avis de l'ambassadeur d'Espagne.

Catherine et son fils comprirent vite qu'ils ne gagneraient rien à se poser en champions de la cause catholique. Il valait mieux rassurer leurs partenaires anglais et allemands. Ils s'empêtrèrent dans des explications contradictoires, tentèrent de minimiser le drame et de l'attribuer à la vengeance des Guise. Puis, lorsque l'ampleur de la tuerie fut connue et qu'il fut avéré que le roi avait donné l'ordre initial, ils choisirent d'en assumer la responsabilité, en accréditant la thèse du complot politique déjoué in extremis : Coligny et les siens étaient morts non pour « fait de religion », mais pour rébellion contre leur souverain légitime. Outre-Manche et outre-Rhin, les souverains réformés tenaient à l'amitié de la France : ils feignirent de prendre l'explication pour bonne.

À Paris, on eut ensuite l'idée d'exciper de l'ancien droit régalien pour justifier cette mise à mort. Le roi n'a pas besoin de recourir à un tribunal pour condamner un sujet qu'il estime coupable ou simplement nuisible au royaume. Il est à lui seul le juge suprême. Sa décision, qui procède alors de ce qu'on appelle la « justice retenue », est parfaitement légale. Certes. Mais invoquer cette procédure dans le cas de la Saint-Barthélemy relève du sophisme. Car le roi n'est pas dispensé, au contraire, d'entourer l'application de la peine de toutes les formes requises : arrestation, signification de la sentence, exécution publique par la main du bourreau. Il n'a nullement le droit de faire tirer sans sommation sur la victime désignée, encore moins de faire achever un blessé dans son lit. Ainsi en jugeaient les contemporains. Bien sûr, dit l'un d'eux, il est plus permis à un souverain

« d'entreprendre contre [ses] sujets par voies extraordinaires, qu'à eux d'entreprendre contre leur roi ». Mais véritablement, ajoute-t-il, ce sont « actions dangereuses. Les rois sont heureux, qui ne sont forcés à faire mourir leurs sujets ; s'il en faut venir là, la meilleure forme est, pour en ôter le blâme, de les faire juger par les cours de parlement et justice ordinaire ».

Il parle d'or. Non, aucun droit, fût-il régalien, ne légitime la décision de massacrer par surprise des adversaires avec qui l'on vient de se réconcilier. On peut l'expliquer, lui trouver des précédents, lui découvrir des circonstances atténuantes, l'excuser même à la rigueur : Catherine, son fils Henri, le royaume peut-être couraient un danger mortel. On ne peut pas la justifier. Un crime reste un crime. Avalisé ou non par Charles IX, celui-ci en est un, des plus effroyables.

Il se trouve que la postérité lui a réservé la plus insistante prédilection. Elle n'a cessé d'en ressasser les sanglantes péripéties. L'onde de choc a déferlé à travers les siècles, se chargeant à chaque génération de résonances nouvelles. La Saint-Barthélemy a fini par s'intégrer à la culture française comme archétype de l'horreur. Catherine de Médicis en porte le poids exclusif. Elle a du sang sur les mains, un sang que les services rendus à la France sont aussi impuissants à effacer que tous les parfums d'Arabie à laver les mains de lady Macbeth. Inversement le martyre a conféré aux huguenots le statut de victimes innocentes et doté Coligny d'une virginité nouvelle. Il a occulté toutes les violences antérieures, les coups de force, les prises d'armes, les représailles sauvages, le fanatisme. Il a fait oublier que dans une guerre civile, il est rare que les responsabilités ne soient pas partagées.

Catherine n'a pas eu de chance avec l'histoire. Dans l'immédiat, elle n'a pas non plus tiré de l'élimination des chefs protestants le bénéfice escompté. Et l'on peut dire, anticipant sur une formule célèbre, que le crime de la Saint-Barthélemy fut aussi une faute. Il a créé une fracture entre elle et le pays, envenimé la suspicion entre elle et ses enfants. C'en est fini de son règne sans partage. C'en est fini de son rêve de paix. Les années qui suivent, elle va les passer à courir de droite et de gauche pour tenter vainement de colmater les brèches dans un royaume qui fait eau de toutes parts.

Mais avant d'en venir là, nous nous tournerons vers deux autres reines, elles aussi secouées par la tourmente : sa bru, Élisabeth d'Autriche, douce créature perdue dans un monde où elle reste étrangère, et sa fille Marguerite, héroïne malheureuse de la fête qui a si tragiquement tourné.

CHAPITRE VI

Élisabeth d'Autriche

Dans la longue liste des reines de France, Élisabeth d'Autriche ne serait qu'un nom sans les cinq ou six pages attendries que lui consacre Brantôme et surtout sans le portrait qu'en fit François Clouet et qu'on peut admirer aujourd'hui au Louvre.

On y voit une femme très jeune, presque une adolescente. Le visage triangulaire, au teint translucide, qu'un nez assez marqué, épais mais droit, ne réussit pas à alourdir, est cerné par la blancheur de la haute fraise en dentelle et par les bandeaux d'une chevelure d'un blond roux rehaussés d'or, de pourpre et de perles. La bouche retient sur ses lèvres un sourire non éclos. Et surtout, dans ce visage vu de trois quarts, de grands yeux marron bien ouverts vous regardent en face, d'un regard direct, franc, réservé aussi, comme de quelqu'un qui voit et ne se livre pas. Rien de fade dans cette douceur faite de discrétion, de profondeur, de pureté. Quelle tristesse de la retrouver, dans ce même Louvre, tout de noir vêtue, la tête écrasée d'une toque à plumes, les traits figés, le regard éteint ! Un contraste qu'on aimerait pouvoir attribuer au seul manque de talent du peintre anonyme, qui ne sait pas, comme Clouet, déchiffrer les âmes. Tant on a peur que les trois ans et demi passés auprès de Charles IX l'aient abîmée !

La cadette des archiduchesses

Bien que la couronne impériale germanique fût élective, les Habsbourg avaient réussi à en faire leur chasse gardée. Charles Quint la transmit à son frère, Ferdinand Ier, dissociant ainsi la part espagnole de son héritage, réservée à ses descendants, et l'Empire, qu'il abandonnait à la branche autrichienne de la famille. Mais entre les deux branches les liens restaient très étroits. Leur cousinage avec le très puissant Philippe II d'Espagne donnait aux Habsbourg de Vienne un surcroît de prestige dont ils avaient bien besoin, tant leur pouvoir sur l'Allemagne était chancelant. Afin de resserrer encore le tissu familial, le fils de Ferdinand, Maximilien, que son père avait de son vivant fait élire roi des Romains pour lui assurer sa succession, avait épousé sa cousine Marie, fille de Charles Quint et sœur de Philippe[1]. Le couple, très prolifique, avait eu neuf garçons et six filles, dont beaucoup survécurent. Il y avait pléthore d'archiducs et d'archiduchesses à marier : on pouvait choisir.

Le maréchal de Vieilleville tire gloire, dans ses *Mémoires*, d'avoir été à l'origine de l'union entre Charles IX et la jeune Élisabeth. En 1562, lors d'une ambassade à Vienne auprès de l'empereur Ferdinand, il fut séduit par la fillette qui avait alors huit ans. Il s'écria, en la montrant à son grand-père : « Sacrée Majesté, voilà la reine de France, s'il vous plaît m'en croire. [...] Votre Sacrée Majesté ne saurait trouver en la chrétienté ni au reste du monde un mari plus sortable. [...] La paix sera perdurable entre vos maisons et [...] par cette ferme et indissoluble union, vous donnerez la loi à tous vos ennemis. » Bien qu'il ait dû avouer qu'il n'était pas mandaté pour faire cette offre, l'Empereur parut intéressé, convoqua la petite fille, qui, sur son ordre, invita l'ambassadeur à lui donner un baiser – sur la bouche, selon l'usage – signifiant qu'elle « était prédestinée à lui commander à jamais ». Vieilleville leur remit des médailles en or frappées à l'effigie de Charles IX et de sa mère et réclama un portrait de la fiancée pressentie pour l'apporter à son maître. Lorsqu'il fut sur le départ, elle le pria, en allemand, d'offrir de

1. Voir le tableau généalogique placé en annexe.

sa part au roi de France « son très humble et très affectionné service ». Elle lui glissa au doigt une bague de grand prix, l'honora d'un dernier baiser – c'était le troisième, il se sentait comblé –, puis il prit le chemin du retour.

Que pensa du portrait enfantin le jeune roi de douze ans ? nul ne le sait. Quant à sa mère, le mémorialiste s'abstient de nous dire qu'elle accueillit fraîchement son initiative. Certes Élisabeth, née le 5 juin 1554, était d'un âge tout à fait assorti à celui de Charles IX, né en 1550. Mais elle avait une sœur, Anne, de cinq ans son aînée : un parti plus brillant, puisque l'ordre de primogéniture comptait aussi en matière de mariage. C'est celle-ci que voulait Catherine pour son fils. Les années passèrent, les alliances de la reine mère et ses projets matrimoniaux évoluèrent de conserve. Elle enragea, on l'a vu, lorsque Philippe II devenu veuf éconduisit la candidature de Marguerite de Valois et se réserva l'aînée des archiduchesses. Mais elle refréna sa colère : un mariage catholique, avec traité à l'appui, était indispensable pour équilibrer les alliances protestantes qu'elle projetait. Elle se contenta donc de la cadette.

Albert de Gondi, maréchal de Retz, homme lige de Catherine, très au fait des affaires d'Europe centrale, fut chargé de la négociation. C'est lui, bien que les frères du roi en eussent manifesté le désir, qui alla chercher la jeune femme, veilla à la signature du contrat, le 14 janvier 1570, et au mariage par procuration, à Spire, le 22 octobre. À Vienne, en dépit des prophéties du maréchal de Vieilleville, on n'avait rien fait pour préparer la jeune fille, maintenant âgée de seize ans, à sa transplantation sur la terre de France. Dans cette famille aux attaches hispaniques très fortes, on parlait l'allemand et l'espagnol. Pas un mot de français. Et personne ne s'était soucié de le lui enseigner. Elle avait reçu d'une mère austère, profondément croyante, l'éducation la plus propre à faire d'elle la perle des épouses royales chrétiennes. L'Autriche de Maximilien était cependant moins rigoriste que l'Espagne de Philippe II. Elle échappa au confinement dans la demeure des femmes, qui était le lot des infantes madrilènes jusqu'à leurs noces, et fut initiée à la vie de cour. Sa piété, moins ostentatoire que la leur, était plus solide encore, parce que dépourvue de formalisme. Elle aurait peut-être pu jouer auprès de Charles IX un rôle important si on avait consenti à lui faire sa place et si on l'avait aidée à s'acclimater. Mais Catherine de Médicis, à qui Marie Stuart avait donné tant de fil à retordre, tenait à ce que sa nouvelle bru restât vouée à l'insignifiance. Elle s'y employa.

Fastes princiers

Pour fêter son arrivée, la France ne lésina pas. C'est sa propre magnificence que Catherine mettait en scène.

Le roi envoya à Sedan, alors principauté étrangère, une escorte menée par ses frères, qui se porta à la rencontre d'Élisabeth à deux lieues de la ville. Elle arrivait dans un coche doré, couvert de velours gris à grande broderie de blanc et incarnat, tiré par quatre chevaux hongres blancs. Un peu crottés sans doute, vu la saison et la longueur du voyage, mais les spectateurs n'y virent que du feu. Épisode romanesque : Charles, impatient de voir si elle était aussi belle que sur les portraits envoyés tout exprès, se glissa incognito parmi la troupe qui la regardait monter au château aménagé pour l'abriter ce soir-là. Il s'en retourna ravi l'attendre à Mézières, où devaient avoir lieu les noces : il « s'éjouissait d'avoir trouvé femme à son contentement ».

Elle arriva le lendemain, sur le soir, et l'on prit contact sans cérémonie. La matinée du jour suivant, 26 novembre 1570, se passa à écouter les représentants des deux pays lire les clauses du contrat et du traité afférent. En latin bien sûr – un latin un peu germanisé –, non seulement parce que c'était alors la langue juridique, mais parce que les partenaires n'avaient pas trouvé d'autre moyen pour se comprendre. Ceux qui n'en savaient pas assez pour suivre s'accommodaient d'un interprète. L'Électeur de Trèves, au nom de l'Empereur, « présenta la reine Élisabeth au roi son mari et à la reine sa mère ». Le roi la salua, la reine mère la baisa et la plaça entre eux deux. Puis les futurs époux s'en allèrent revêtir leurs costumes de cérémonie, sous l'œil critique de Catherine et de ses deux filles.

Élisabeth portait une robe de toile d'argent couverte de perles et un grand manteau de velours violet semé de fleurs de lys d'or, bordé d'hermine mouchetée, terminé par une traîne longue de vingt aunes. Sur sa tête, « une couronne à l'impériale ornée de grands diamants, rubis et émeraudes ». Le roi était vêtu de toile d'argent, brodée de perles et fourrée de loup-cervier. Leur consentement fut reçu par le cardinal de Bourbon, prince du sang. On festoya toute la soirée et tout le jour suivant. Après quoi les députés de l'Empereur se retirèrent, non sans avoir fait confirmer par le roi la ratification des traités et conventions annexés au contrat. Élisabeth était reine de France.

Le mariage avait eu lieu en province. Mais on ne pouvait tenir la capitale à l'écart des festivités. On attendit le printemps suivant pour y célébrer à nouveau l'amitié franco-germanique, dans une débauche d'arcs de triomphe, de processions, de cavalcades, de banquets, de bals, de feux d'artifice. Les plus grands artistes avaient travaillé aux figures de stuc jalonnant l'itinéraire du cortège à travers rues et carrefours. Francion et Pharamond, les fondateurs prétendus des deux peuples, y voisinaient avec des dieux de l'Olympe, des personnifications allégoriques, des figures mythologiques, des héros de l'Antiquité, associés aux princes de la maison de Valois. Ronsard y alla d'un quatrain de circonstance : « Viens, Hyménée, et d'un étroit lien, / Comme un lierre étroitement assemble / Le sang d'Autriche au sang Valésien, / Pour vivre en paix heureusement ensemble. » Et il loua dans un sonnet Catherine de Médicis veillant sur ses enfants et les faisant « reines et rois par nopcière[1] alliance ». Ce n'est pas ce qu'il a écrit de meilleur.

Le 25 mars eut lieu à Saint-Denis le sacre d'Élisabeth. Le 29, on l'exhiba lors d'une « entrée » où les « fabriques » qui venaient de servir pour son époux furent réutilisées, revêtues de nouveaux emblèmes et mimant de nouvelles scènes. À la fontaine du Ponceau, une reine mère en plâtre couronnait de fleurs de lys sa bru moulée en même matière et le décor du Pont-Neuf prophétisait la naissance d'un dauphin. La jeune reine fut promenée à travers Paris, ruisselante d'or et de perles, dans une litière tendue de toile d'argent. Les réjouissances prirent fin le 30 mars lors d'un énorme banquet offert par la Ville de Paris dans la grande salle du palais épiscopal, suivi d'un bal où dansa toute la cour.

1. Adjectif formé sur le substantif *noces*.

La noblesse huguenote avait boudé ces deux cérémonies et en avait critiqué le faste dispendieux, aussi contraire à la morale qu'à l'économie domestique.

Puis Élisabeth retourna à ses devoirs conjugaux et disparut des mémoires et chroniques. À peine sa présence est-elle mentionnée, lors de la visite des ambassadeurs polonais dans l'été de 1573. Le reste du temps, quand nous lisons dans un texte de ces années-là : *La Reine*, c'est de la reine mère qu'il s'agit. Catherine, d'accord avec son fils, s'est réservé le soin de mettre sa belle-fille au courant de ce qu'elle a besoin de savoir pour remplir son nouveau rôle : le moins possible, pour un rôle entièrement limité à la représentation et à la procréation. Par chance, on ne pouvait communiquer avec elle que par l'intermédiaire d'une dame de sa suite, la comtesse d'Arenberg, faisant office de traductrice : de quoi mettre un frein aux curiosités éventuelles de la jeune femme. Faute de maîtriser jamais la langue, elle resta, durant ses trois ans et demi de règne, comme en pays étranger. Elle aurait pu s'acclimater en France avec le secours de son mari. Mais celui-ci, passé le premier mouvement de curiosité, se désintéressa d'elle.

Charles IX

Charles occupait le trône depuis dix ans lorsqu'il se maria. Il en avait alors vingt. Il était grand, svelte, élancé, avec un visage régulier, d'apparence assez douce, et l'on comprend mal, devant les portraits que Clouet fit de lui et de son frère Henri, comment les contemporains ont pu trouver ce dernier beaucoup plus beau. Il est vrai que les critères esthétiques changent et que le regard des peintres est parfois subjectif.

Hélas ! il était « pulmonique », comme on disait alors, c'est-à-dire tuberculeux. Le souffle court, miné par une fièvre sournoise, il toussait beaucoup et crachait parfois du sang. Ce qui ne l'empêchait pas de se livrer avec frénésie aux activités les plus violentes, comme pour nier son état et en exorciser les menaces. Il aimait jouer au forgeron, il raffolait de la chasse et des joutes armées. Au retour de Mézières, la cour s'arrêta quelques semaines à Villers-Cotterêts, en pleine forêt. L'hiver était précoce et rude. Tout le jour, Charles courait les bois à cheval, poursuivait follement les cerfs, sans chiens, loin devant ses compagnons qui s'essoufflaient à le suivre. La neige, abondante, fournissait des projectiles pour d'amicales batailles. Il en fit même construire un rempart et deux ou trois bastions, qu'il invita ses compagnons à prendre d'assaut. Divertissements de son âge, devant lesquels il avait la joie de voir se dérober son cadet, trop attentif à sa précieuse personne pour la compromettre dans ces jeux grossiers. Mais il y avait quelque chose d'inquiétant dans l'outrance qu'il mettait partout.

Il était, selon la terminologie médicale en usage, « d'humeur colérique ». La bile dominait en lui. Parfois, la violence le prenait, irraisonnée, incontrôlée. Des récits qui le montrent égorgeant de ses mains le cerf aux abois, dans l'ivresse sanglante de la curée, l'ont fait taxer de cruauté. Mais pour voir là le signe d'une perversité sadique, il faut ignorer ce qu'était alors la chasse, une sorte de rituel aristocratique dans lequel communiait la caste guerrière. Et un rituel, comme chacun sait, appelle le sang. S'il en faisait un peu plus que les autres, c'était pour affirmer sa prééminence. Dans l'affrontement solitaire au corps à corps avec un sanglier furieux, il cherchait une consécration qui ferait oublier ses défaillances. Il jurait, non par goût du sacrilège, mais parce que « jurer était une marque de courage à un jeune homme ». Lorsqu'il sonnait du cor à perdre haleine, à cracher ses poumons, lorsqu'il allait jusqu'au bout de ses ressources physiques ou qu'il les outrepassait, c'est à lui-même aussi qu'il tentait de prouver qu'il était bien portant et fort.

Cet instable n'était ni une brute, ni un imbécile. Ouvert aux choses de l'esprit, il appréciait la poésie et la musique. Les vers qu'il écrivit, les fanfares de chasse qu'il composa en valaient d'autres. Comme tous les garçons de son âge, il rêvait de grandeur, de gloire et d'amour. Il cherchait désespérément une voie qui fût la sienne. Mais le fardeau royal pesait trop pour lui.

Sa mère, qui se souvenait de François II, s'était inquiétée de voir tarder en lui les signes de la puberté. Lorsqu'il fut en âge de courir les femmes, elle l'encouragea. Il y mit la même ardeur suicidaire que dans tout ce qu'il faisait. Mais il lui fallait aussi du sentiment. En juillet 1569, à Orléans, il tomba éperdument amoureux d'une jeune fille d'une extrême beauté,

Marie Touchet, dont le père, lieutenant du bailliage – autrement dit un magistrat –, appartenait à la moyenne bourgeoisie. Elle eut droit à une cour en règle, avec aubades de fifres et de tambours. Des lettres de son nom il forma une anagramme : « Je charme tout. » Il dut la lui expliquer : elle ne comprenait pas, elle ignorait les jeux à la mode. Elle lui résista peu. Le prestige attaché à la condition de maîtresse royale eut vite fait de balayer ses scrupules, si tant est qu'elle en ait eu. Elle était huguenote pourtant, comme ses parents. Rien ne permet de dire, comme on l'a fait, qu'elle ait plaidé auprès de lui la cause de ses coreligionnaires. Mais il l'aimait. Leur entente était à elle seule la preuve que catholiques et huguenots pouvaient fort bien vivre ensemble. Elle put ainsi peser, sans même le vouloir, sur ses orientations politiques.

La reine mère n'y voyait pas d'inconvénient. Elle laissa faire. Elle préférait cette maîtresse de condition médiocre à une femme de haute naissance flanquée d'une abondante parentèle aux prétentions et aux appétits insatiables : elle n'avait pas oublié Diane de Poitiers. Avec un nom aussi plébéien, cette petite-bourgeoise se contenterait de peu. Dans l'immédiat, le calcul était juste. Les ambitions ne se déchaîneront qu'à la génération suivante : auprès de Henri IV, le fils que Marie eut de Charles IX et les deux filles que lui donna ensuite un époux titré mettront, on le verra, les bouchées doubles.

En apprenant le prochain mariage de son royal amant, Marie Touchet avait éprouvé un peu d'appréhension. On disait la fiancée bien jolie. Elle se fit montrer son portrait, dit-on, et déclara que « l'Allemande ne lui faisait pas peur ». Catherine avait tout de même exigé qu'elle fût écartée quelque temps : il fallait au royaume un héritier légitime. Élisabeth aurait pu, peut-être, s'attacher alors son époux.

Elle lui avait plu, au premier regard, lorsqu'il la guettait à Sedan, caché dans la foule. Il eut pour elle des attentions. À la fin de janvier 1571, elle est au lit avec une bronchite. Il prend soin d'elle, invite à son chevet, pour la distraire, une troupe de jongleurs et, lorsqu'elle est guérie, il l'emmène à la foire Saint-Germain avec sa mère et sa sœur. C'est le temps du carnaval, tous quatre se déguisent en bourgeois, le roi perché sur le siège du cocher cingle de son fouet les épaules d'un passant dont la fureur ne peut que se changer en éclats de rire quand l'agresseur se fait reconnaître. Un autre jour, ils déambulent dans Paris revêtus de frocs que l'abbé de Saint-Germain-des-Prés a fini par consentir à leur prêter.

Ces plaisanteries de collégien, qui scandalisaient huguenots et catholiques fervents, furent-elles agréables à Élisabeth ? C'est peu probable. Elle n'était pas à l'unisson. « À la fleur de l'âge, elle rappelait dans sa conduite la sévérité des mœurs antiques. » Il y a dans son caractère, très différent de celui de son mari, un fond de sérieux qu'est venue renforcer une éducation rigide. « Le roi était prompt, mouvant et bouillant ; elle était froide et fort tempérée » : le feu et l'eau ne font pas bon ménage.

Et, par-dessus le marché, elle ne comprend rien à ce qui se dit. Entre elle et son mari, l'obstacle de la langue s'ajoute à la différence de tempérament. Ils peuvent échanger quelques mots en espagnol, que Charles parle un peu. Mais ils n'eurent jamais de vraies conversations. Restait l'intimité conjugale de leurs nuits. Au bout d'un an de mariage, elle se trouva enceinte. Charles put sans remords retourner à Marie Touchet, auprès de qui il trouvait plus de chaleur et plus de gaieté.

Le repli en Dieu

Élisabeth se résigna. Elle y avait été préparée. Elle aimait et honorait son mari, confirme Brantôme, « encore qu'elle le sût d'amoureuse complexion et qu'il eût des maîtresses [...] ; mais elle ne lui en fit jamais pire chère[1], ni ne lui en dit pire parole, supportant patiemment sa petite jalousie et le larcin qu'il lui faisait ». Elle abondait en vertus.

Sa mère, Marie d'Autriche, lui avait inculqué un catholicisme strict. Son père, Maximilien II, qui avait dû lui-même s'accommoder d'un Empire partagé entre les deux confessions rivales, l'avait avertie des risques que les conflits religieux faisaient courir à sa nouvelle patrie. Le royaume de France n'était plus aussi florissant qu'autrefois : « Vous le trouverez, lui dit-il,

1. Plus mauvais visage.

fort dissipé, démembré, divisé et fani[1], d'autant que si le Roi votre mari en tient une bonne part, les princes et seigneurs de la religion en détiennent de leur côté l'autre part. » Elle était donc très prévenue contre les huguenots. Lorsqu'on lui présenta Coligny, qui n'était à ses yeux qu'un suppôt du démon, elle rougit, recula et lui refusa sa main qu'il s'apprêtait à baiser. Mais elle montra lors de la Saint-Barthélemy que la charité chrétienne était chez elle la plus forte.

Elle vivait confinée dans ses appartements, en attendant le terme de sa grossesse, lorsque éclata le drame. Elle fut presque seule, dans le Louvre, à dormir paisiblement cette nuit-là. Personne n'avait pris la peine de l'avertir. Elle n'avait rien deviné, rien pressenti de ce qui se tramait. Lorsque les cloches et les cris la tirèrent du sommeil, elle s'informa, ses femmes la mirent au courant. « Hélas, dit-elle soudain, le Roi, mon mari, le sait-il ? – Oui, madame, répondit-on, c'est lui-même qui le fait faire. – Ô mon Dieu ! s'écria-t-elle, qu'est ceci ? et quels conseillers sont ceux-là qui lui ont donné tel avis ? Mon Dieu ! je te supplie et te requiers de lui vouloir pardonner ; car, si tu n'en as pitié, j'ai grand peur que cette offense soit mal pardonnable. » Elle se fit apporter son livre d'Heures et s'abîma en oraisons, « la larme à l'œil ». Elle priait pour les victimes, mais surtout pour les coupables. Et au premier chef pour son époux : il en avait le plus grand besoin.

Elle mit au monde deux mois plus tard, le 27 octobre, une petite fille qu'on baptisa Marie-Élisabeth ou, selon la formulation espagnole, Marie-Ysabel, en hommage à sa grand-mère et à sa marraine, la reine d'Angleterre en personne, qui consentit, deux mois après le massacre, à la porter sur les fonts. Sans rancune : intérêt politique oblige. La jeune reine put alors se replier sur elle-même, pour un dialogue silencieux avec Dieu qui se fera plus ardent encore après la mort de son mari.

Qu'une reine délaissée cherchât des consolations dans la religion, rien de plus fréquent ni de plus explicable. L'éducation, la tradition, la pression sociale concourent à l'y amener. Plus originale est la forme tout intériorisée que prend la ferveur religieuse chez Élisabeth. Elle était très pieuse sans être bigote :

1. Fané, flétri.

Brantôme, qui a vu tant de diseuses de patenôtres se livrer en public à des démonstrations ostentatoires, est tout ému de cette réserve, gage de sincérité. Dans la journée, elle ne manquait aucune des pratiques ordinaires, mais se gardait d'en rajouter. Seule l'indiscrétion d'une de ses femmes, glissant un œil par la fente des rideaux de son lit, permit de savoir que chaque soir, en cachette, « elle se tenait toute à genoux en chemise, et priait Dieu une heure ou demie, battant sa poitrine, et la macérait par très grande dévotion ». La servante familière se permit de l'en gronder : elle allait se rendre malade. La reine se fâcha, lui enjoignit de se taire, et se coucha ce soir-là. Mais elle prit l'habitude de se relever au cœur de la nuit, lorsqu'elle croyait ses femmes endormies, et celles-ci purent apercevoir bien souvent, en ombre chinoise, à la lueur de la veilleuse placée dans la ruelle du lit, sa silhouette agenouillée.

La fin d'un règne

Après la Saint-Barthélemy, la santé du roi ne cessa de décliner et son humeur de s'assombrir. Nul ne sait s'il eut réellement les visions de cauchemar que lui ont prêtées quelques contemporains et qu'a orchestrées à grand fracas l'historiographie romantique. Mais il est probable, compte tenu de l'affection qu'il vouait à Coligny, qu'il éprouva des regrets, sinon des remords. Il était retombé sous la coupe de sa mère, plus soumis que jamais. Il s'en voulait, mais n'osait s'en prendre à elle de cette sujétion, et déversait sa hargne sur son frère Henri, qu'elle lui préférait. Lorsque celui-ci partit pour la Pologne, qui venait de lui offrir le trône, chacun savait qu'il reviendrait bien vite. Charles était condamné.

Incombait alors à Élisabeth une fonction à laquelle, traditionnellement, aucune reine ne pouvait se dérober, celle de garde-malade. On croira sans peine qu'elle la remplit à la perfection. La légende édifiante qui se mit en place très vite nous la montre assise auprès du mourant, non pas à son chevet, selon l'usage, mais un peu à l'écart, de manière à le voir. Tous deux étaient accoutumés au silence. Elle se taisait, le regardait si intensément qu'on eût dit « qu'elle le couvait dans son cœur, de l'amour qu'elle lui portait ». Elle pleurait avec discrétion, jetant des larmes « si tendres et si secrètes » qu'elles pouvaient passer inaperçues, « essuyant ses yeux humides, faisant semblant de se moucher », cherchant à lui cacher sa douleur et sa compassion. Parfois elle se levait et s'en allait dans son oratoire prier Dieu pour sa santé. Restait alors près de lui une autre femme silencieuse et prévenante, la vieille huguenote qui avait été sa nourrice et l'aimait comme son fils.

Les dernières semaines de Charles furent atroces. On l'avait fait transporter à Vincennes, où l'air passait pour meilleur. C'était aussi une forteresse propre à décourager les conspirateurs, qui pullulaient. Mais à cette date, nul ne pouvait plus rien ni pour ni contre le malheureux. Dans son visage plombé, les joues se creusaient, profondes. Il était si décharné qu'il ne tenait plus sur ses jambes. Il respirait avec peine, cherchait son souffle, étouffait. Mais surtout des hémorragies cutanées, d'origine tuberculeuse, transformaient son corps en une vaste plaie sanguinolente. Ses draps, à peine changés, se retrouvaient aussitôt rouges et humides de sang. Il se voyait mourir, mais souffrait tant qu'il n'aspirait plus qu'à la délivrance. « Toutes choses humaines ne me sont plus de rien », soupira-t-il quand on lui annonça que Montgomery, l'auteur du coup malheureux qui avait tué Henri II, venait d'être pris à la tête d'une armée huguenote, jugé et mis à mort. Il lui importait peu que son père fût vengé.

Il organisa la passation de pouvoir, désigna comme successeur son frère Henri et nomma sa mère régente en attendant que celui-ci pût regagner la France. Selon Palma Cayet, il fit appeler son cousin Henri de Navarre et lui dit : « Mon frère, vous perdez un bon maître et un bon ami. [...] Je me fie en vous seul de ma femme et de ma fille. Je vous les recommande. » Ses derniers mots cependant ne furent pas pour la très douce épouse, mais pour la toute-puissante génitrice dans l'ombre de laquelle il avait vécu sa brève existence. « Et ma mère... » – ne faut-il pas écrire *Eh ?* –, murmura-t-il avant d'expirer le 30 mai 1574, à trois heures de l'après-midi. Exclamation pour le moins ambiguë, que Catherine s'empressa de transformer en hommage dans les lettres qu'elle écrivit en guise de faire-part : elle y voyait la preuve qu'elle passait, dans le cœur de son fils, immédiatement après Dieu[1]. On lui laissera la responsabilité de son interprétation.

Élisabeth mit à pleurer son mari sa retenue habituelle. Elle ne poussa pas de cris, mit une sourdine à ses plaintes, « jetant ses belles et précieuses larmes si tendrement, soupirant si doucement » qu'on voyait bien qu'elle se contraignait pour ne pas importuner. Passé le temps du deuil, lorsque se posa la question de son avenir, elle résolut de s'en retourner en Autriche. En France « elle n'était pas reconnue ni gratifiée comme elle le méritait ».

Une de ses dames d'honneur émit alors un regret : « Si au lieu d'une fille, [votre mari] vous eût laissé un fils, vous seriez à cette heure Reine mère du Roi, et votre grandeur [...] s'agrandirait et s'affermirait. – Ne me tenez point ce fâcheux propos, répliqua-t-elle. Comme si la France n'avait pas assez de malheurs, sans que je lui en fusse allée produire un pour achever du tout[2] sa ruine. » Et d'expliquer que les minorités royales étaient source de calamités sans nombre, comme on ne l'avait que trop vu déjà. « Voilà pourquoi je loue mon Dieu, et prends en gré le fruit qu'il m'a donné. »

Si elle partait, il lui fallait laisser sa fille, qui appartenait à la France. Sa piété l'aida à accepter ce nouveau déchirement. Elle alla embrasser l'enfant à Amboise, où on l'élevait. Puis elle quitta Paris le 5 décembre 1575, refit en sens inverse le trajet qui l'avait amenée cinq ans plus tôt, fut remise aux députés de son père par le même Albert de Gondi qui était venu la chercher. Elle s'installa à Vienne, où elle était née.

Elle n'avait que vingt et un ans. On se mit en quête pour elle d'un nouvel époux. Son père avait pressenti Henri III, qui, rentrant de Pologne s'était arrêté à Vienne : mais celui-ci avait éludé. Voici maintenant que se présentait un autre parti, bien plus brillant. On restait encore en famille. Au lieu du frère de son mari, il s'agissait du mari de sa sœur, qui était aussi son oncle maternel. Philippe II venait de perdre Anne, l'aînée des archiduchesses, celle que Catherine voulait naguère pour son

1. Le texte exact est : mon fils n'avait « rien reconnu tant que après Dieu, moi ».

2. Du tout : *complètement.*

fils. Veuf pour la quatrième fois, il était à nouveau disponible et sollicitait la cadette. Élisabeth refusa, par fidélité à la mémoire de Charles IX, dit-elle. Sortant pour une fois de sa placidité naturelle, elle se prit de colère contre le jésuite espagnol qui se permettait d'insister, affirmant, « s'il se mêlait de lui en rompre plus la tête, qu'elle l'en ferait repentir, jusques à le menacer de le faire fouetter en sa cuisine ». Et Philippe II, n'en trouvant pas d'autre à sa convenance, renonça à se remarier.

La cause profonde de son refus est qu'elle souhaitait entrer au couvent. Depuis son veuvage, elle s'était mise à l'étude de l'Écriture Sainte. Elle ne fit pas profession, par modestie sans doute. Mais elle fonda un monastère de clarisses dont les bâtiments jouxtaient sa demeure. Entre les deux, elle pouvait aller et venir sans être vue. Elle mena jusqu'à sa mort la même vie qu'une religieuse, « en veilles, jeûnes et continuelles prières pour la paix entre les princes chrétiens ». Elle fonda également à Prague l'Église de Tous les Saints. Elle aurait rédigé, dit-on, deux ouvrages, l'un de piété, *Sur la parole de Dieu*, l'autre d'histoire, *Sur les événements considérables qui arrivèrent en France* de son temps. Elle les aurait envoyés à sa belle-sœur Marguerite. Tous deux ont disparu sans laisser de traces et pour le second, c'est dommage, car elle avait à coup sûr un regard différent.

De temps en temps des nouvelles lui parvenaient de France. La petite fille qu'elle avait laissée à Amboise y mourut, le 2 avril 1578, avant d'avoir atteint ses six ans. Elle ne dit rien de son chagrin. Mais lorsqu'elle sut que Marguerite, qui lui avait toujours montré beaucoup d'amitié, était privée de ressources et réduite aux abois, elle ordonna que lui fût versée la moitié de son douaire. Elle mourut le 22 janvier 1592 et Marguerite, émue, se promit de faire son éloge dans le livre qu'elle projetait d'écrire. Ce fut Brantôme qui s'en chargea. C'est à lui que nous devons l'essentiel de ce qui a été raconté ici.

À son départ, Élisabeth fut unanimement regrettée. Elle avait été « fort aimée et honorée des Français », dira L'Estoile en apprenant sa mort. Elle n'avait jamais causé à personne le moindre déplaisir, jamais prononcé la moindre parole offensante. Il est vrai, ajoute Brantôme avec une touche d'ironie dont il ne semble pas avoir conscience, qu'elle parlait très peu, et toujours en espagnol – ou en allemand. Elle rejoignit dans l'histoire la cohorte des reines incomparables dont la bonté, la douceur, l'effacement font tout le mérite. On l'y oublia, comme ses aînées. Mais elle contribua, avec Claude, Éléonore et les autres, à modeler l'image idéale de la reine telle que l'inconscient collectif n'a cessé de la rêver : une reine qui surtout ne se mêle pas de politique. Vers 1575-1580, les Français en avaient la nostalgie.

CHAPITRE VII

Les espoirs envolés de Marguerite de Valois

Douée par la nature d'atouts considérables, santé, beauté, intelligence, énergie, Marguerite de Valois, dont les noces ont laissé dans l'histoire une trace sanglante, trouva le moyen de faire de sa vie un immense gâchis. Elle y est pour quelque chose. Mais les circonstances y sont aussi pour beaucoup. Refusant l'effacement dont sa belle-sœur Élisabeth avait donné l'exemple, elle fut très imprudente dans sa vie privée comme dans ses choix politiques, se trouva mêlée à tous les conflits familiaux et religieux, toujours du mauvais côté, en porte-à-faux, misant sur le perdant, disqualifiée comme reine de France au moment même où, contre toute attente, Henri de Navarre accédait au trône.

Sa réputation posthume est plus désastreuse encore. Prise dans les turbulences des polémiques engendrées par les guerres de Religion, elle reçut des coups de tous les partis. Une sulfureuse légende s'est bâtie autour d'elle, grâce aux pamphlets protestants ou ligueurs qui s'en prenaient, à travers elle, à sa mère, à ses frères ou plus tard à son mari. Une légende dont les historiens ne se libèrent que difficilement, puisqu'elle se fonde sur des « témoignages » d'époque. Que ces témoignages soient évidemment partiaux et qu'ils défient parfois toute vraisemblance n'empêche pas Marguerite d'être à jamais la « reine Margot », comploteuse impénitente, folle de son corps offert à d'innombrables amants : les histoires d'alcôve font toujours recette. Certes, il n'y a pas de fumée sans feu. Mais entre ce qu'elle a fait et ce qu'on lui prête, la marge est considérable : il faut essayer de faire le tri.

La benjamine des filles de France

Née le 14 mai 1553, elle est la septième des enfants de Henri II et de Catherine de Médicis. Derrière elle, de deux ans plus jeune, venaient Hercule, heureusement rebaptisé François, puis les jumelles qui n'ont pas vécu. De sa petite enfance, elle ne conserve que peu de souvenirs. Elle avait quatre ou cinq ans lorsque son père lui demanda lequel lui plaisait le plus de deux garçonnets qu'il lui montrait : au futur duc de Guise, trop impérieux, elle préféra le jeune marquis de Beaupréau, moins beau, mais plus sage. Elle se rappelle aussi son frère Henri, au temps du colloque de Poissy, jetant au feu son livre d'Heures et son chapelet et l'invitant en riant à se faire huguenote. La fillette était délurée déjà, si l'on en croit un charmant portrait au crayon qui la représente vers l'âge de huit ans. Pourtant, elle ne fit point parler d'elle lors du grand tour de France, dans lequel elle accompagna la cour. La variété des spectacles offerts par la nature ou par l'industrie des décorateurs de sa mère suffisait à combler ses yeux émerveillés.

En grandissant elle devient charmante et les poètes se disputent l'honneur de le lui dire. Elle est un « miracle de la nature » ou, comme l'indique son nom, *Margarita*, la Perle des perles[1]. La mythologie est mise au pillage pour décrire ses perfections : elle incarne tour à tour l'Aurore, Thétis, Vénus, l'une des trois Grâces. Les princesses sont toujours belles, c'est bien connu. Un bon point cependant pour celle-ci, une entorse au classement hiérarchique : on a dit à Bayonne qu'elle éclipsait sa sœur aînée, la reine d'Espagne. Ce doit être vrai. Laissons les métaphores aux poètes et cherchons quelques détails qui la fassent voir.

Comme son père, Henri II, elle est grande et très mince encore, fière de la finesse de sa taille que soulignent des robes étroitement ajustées. Dans son visage encadré de cheveux noirs, sous « l'arche d'ébène de ses sourcils », ressortent ses yeux sombres, qui tranchent sur un teint très blanc. La fillette mutine a cédé la place à une jeune fille pensive, sérieuse,

1. En latin, *margarita* signifie perle.

presque tendue, à la personnalité affirmée. Déjà les joues rondes et pleines de l'enfant se sont un peu alourdies, le menton discrètement fuyant rappelle celui de sa mère : sa beauté résistera mal au temps. Mais elle est pour l'instant fort séduisante et les épreuves ne lui ont pas encore donné le regard dur qu'on lui verra plus tard.

Les portraits, toujours un peu guindés, ne laissent rien deviner de sa démarche souple et légère, de sa vivacité, de son élégance, de son appétit de vivre, de son goût pour la chasse et le bal, où elle excelle, ni de sa resplendissante santé, si rare dans la progéniture de Catherine. Rien non plus de sa curiosité intellectuelle. Bien que ses études aient été jusque-là plutôt décousues, elle parle italien et espagnol couramment, elle sait assez de latin pour tenir un discours en cette langue et elle a pour la littérature un goût très marqué qui ne fera que croître avec les années.

Entre tels ou tels des enfants d'une famille nombreuse toujours se nouent des liens de prédilection. Henri, de deux ans son aîné, lui est naturellement associé dans des fêtes où il lui sert de partenaire. On les voyait danser tous les deux « d'une belle accordance ». Elle préférait les « danses graves », plus « dignes de sa majesté », aux branles, voltes et courantes, que les grincheux taxaient de lascivité. Mais elle savait aussi tourbillonner et sauter, légère, pour retomber dans les bras de son cavalier. En ce temps-là, dit mélancoliquement Brantôme, le frère et la sœur « s'entr'aimaient tant et n'étaient qu'un corps, une âme et une même volonté ! ». Attention ! on avait au XVIe siècle pour évoquer les sentiments la même tendance à l'hyperbole que pour décrire la beauté. Gardons-nous de voir dans les paroles du mémorialiste ou dans celles de l'intéressée elle-même ce qu'on y mettrait en les prononçant aujourd'hui. Et défions-nous des élucubrations des pamphlétaires.

De cette affection fraternelle, la satire déchaînée contre la « pourriture » de la cour des Valois a voulu faire une relation incestueuse. Et l'on lit encore un peu partout que « Margot » fut initiée à un précoce dévergondage par Henri, son premier amant. Pour faire bonne mesure, on y ajoute ses deux autres frères : c'est à tous trois, ensemble ou successivement, qu'elle aurait prodigué son corps. Tel est du moins l'aveu qu'on lui prête. Mais Marguerite n'a jamais rien avoué de tel, sinon dans des pamphlets qui ne font pas dans la dentelle ou dans des recueils d'anecdotes qui ont couru de bouche en bouche pendant des dizaines d'années, et qui se contredisent les uns les autres[1]. Elle a même dit expressément le contraire dans ses *Mémoires*. Certes, on n'est pas forcé de la croire lorsqu'elle se donne des airs de sainte nitouche. Mais en ce qui concerne ses relations prétendues avec ses frères et son libertinage prématuré, l'accusation ne résiste pas à l'examen.

Rien n'est plus surveillé, au XVIe siècle, qu'une fille de roi. Plus encore qu'une autre elle doit arriver vierge au lit de son époux. Car de sa vertu dépend la légitimité des souverains qui en naîtront. Comme la femme de César d'après un adage fameux, il lui faut être au-dessus de tout soupçon. C'est la raison pour laquelle, lorsqu'on veut abattre une dynastie, on s'en prend sans vergogne aux mœurs de ses reines[2].

Catherine, qui ne badine pas avec les convenances, n'a pas manqué de placer auprès de Marguerite une gouvernante chaperon qui a pour consigne de la dresser à l'obéissance et de ne pas la quitter d'une semelle. Elle fut une enfant timide, élevée avec une telle contrainte qu'elle tremblait devant sa mère : « Non seulement je ne lui osais parler, mais quand elle me regardait je transissais de peur d'avoir fait quelque chose qui lui déplût. » Et lorsqu'elle prit un peu d'assurance, la très haute opinion qu'elle avait de son rang et de son prix la conduisit à souscrire de son plein gré à la morale en vigueur pour les filles de sa condition. Elle avait trop d'orgueil pour commettre l'irréparable avant le mariage, en risquant de gâcher l'avenir de reine qui lui était dû. Et si par malheur elle avait fait quelque imprudence avec qui que ce fût, elle se serait bien gardée d'en souffler mot.

---

1. Les *Anecdotes tirées de l'Histoire de France*, par exemple, lui font dire à propos de son frère Henri : « Il se plaint que je passe mon temps, et ne sait-il pas que c'est lui qui m'a mise au montoir le premier ? » Mais le *Divorce satyrique* lui donne pour premiers amants, à l'âge de onze ans, « Antragues et Charins ».

2. Les libelles huguenots, par exemple, accusent Catherine de Médicis veuve de lubricité : c'est le moyen de jeter le doute sur la légitimité des enfants qu'elle a eus de Henri II. Un pamphlet ligueur n'hésite pas, lui, à donner pour amants à la très rigoriste Jeanne d'Albret tous les ministres protestants de son entourage, afin de déconsidérer Henri IV.

Initiation à la politique

Si elle passa, à l'égard de Henri, de l'affection la plus entière à une haine non moins passionnée, c'est qu'elle fut prise dans l'enchevêtrement d'intrigues et de suspicions qu'entraîna la jalousie réciproque des fils de Catherine. Écoutons-la raconter, dans ses *Mémoires*, comment son frère, récemment nommé lieutenant général du royaume, lui proposa de devenir son agent politique.

Au début de l'été de 1569, il la prit à part pour lui demander de se faire auprès de leur mère, en son absence, à la fois son interprète et ce qu'il faut bien appeler son espion. « Je vous connais assez d'esprit et de jugement pour me pouvoir servir auprès de la Reine ma mère, pour me maintenir en la fortune où je suis. [...] Je crains que l'absence ne m'y nuise ; et toutefois la guerre et la charge que j'ai me contraignent d'être presque toujours éloigné. Cependant le Roi mon frère est toujours auprès d'elle, la flatte et lui complaît en tout. Je crains qu'à la longue cela ne m'apporte préjudice... » Bref, il redoute de voir Charles prendre lui-même la direction des armées et l'évincer. « Ce qui me serait une ruine et déplaisir si grand, ajoute-t-il, qu'avant que recevoir une telle chute j'élirais plutôt une cruelle mort. » Il prie donc sa sœur de le remplacer auprès de Catherine, en se trouvant « toujours à son lever, à son cabinet et à son coucher, bref, tout le jour », pour que rien ne lui échappe. Marguerite accepta, éblouie et soumise, telle Moïse lorsque Dieu lui apparut « en la vision du buisson ». Il s'en alla dire à Catherine que sa fille n'était plus une enfant et qu'il était temps de l'initier aux affaires. La mère approuva et tout se passa d'abord au mieux : « Je lui parlais toujours de mon frère, et lui était averti de tout ce qui se passait, avec tant de fidélité que je ne respirais autre chose que sa volonté. »

Étrange famille, étrange climat ! Marguerite était-elle aussi naïve qu'elle le dit lorsqu'elle accepta ce rôle déplaisant ? Et ne noircit-elle pas, après coup, la figure de Henri ? Car, quelques mois plus tard, c'est la catastrophe : son frère lui retire sa confiance. C'est du moins ce que Catherine se charge de lui expliquer. Motif invoqué : on craint qu'elle ne bavarde auprès d'un de ses soupirants, l'héritier de Guise. Dans ses *Mémoires*, Marguerite impute sa disgrâce aux manigances d'un favori, Du Guast, désireux d'écarter de son maître toute autre influence que la sienne. Mais le plus probable, c'est que la reine mère elle-même mesura la légèreté, l'inexpérience de sa fille et craignit des indiscrétions. Elle put penser, aussi, que les relations de Henri avec le roi étaient assez délicates pour ne pas les compliquer par l'intervention d'un tiers. Enfin, y avait-il besoin d'intermédiaires entre elle et celui qu'elle nomme « ses yeux » et pour qui elle ne trouve pas de mots assez tendres ? Elle sut rassurer le fils bien-aimé, le convaincre de lâcher sa sœur dont l'entremise devenait d'ailleurs inutile : le prestige du vainqueur de Jarnac et de Moncontour était au zénith et sa situation inexpugnable.

« Depuis ce jour-là, ajoute Marguerite, elle alla toujours me diminuant sa faveur, faisant de son fils son idole, le voulant contenter en cela et en tout ce qu'il désirait d'elle. » La jeune fille fut ulcérée de cette exclusion injuste, qu'elle ressentit comme une trahison. À peine admise dans le saint des saints, elle se trouvait rejetée dans les ténèbres extérieures. Elle en fut littéralement malade, « du corps, mais plus encore de l'âme », victime toute désignée d'une dangereuse épidémie de « pourpre » – quelque chose comme la rougeole ou la scarlatine – qui la tint au lit plusieurs semaines et obligea les siens à s'occuper d'elle. Elle eut la joie de voir se presser à son chevet, malgré le risque de contagion, sa mère, son frère Charles et même Henri, l'ingrat, l'hypocrite, cause de son malheur. Maigre satisfaction qui ne lui rendit pas la fonction perdue, dont elle garda la nostalgie.

L'espace de quelques mois, elle avait goûté aux délices et aux poisons de la politique. Ce fut l'éveil d'une vocation. Elle s'estimait capable. Autour d'elle, aux leviers de commande, elle voyait des femmes : Catherine de Médicis, Jeanne d'Albret, Élisabeth d'Angleterre. Elle se souvenait de son aïeule, Louise de Savoie, de sa grand-tante, Marguerite de Navarre. Les modèles ne manquaient pas pour la convaincre qu'on n'est pas reine à part entière si l'on ne pèse pas sur le cours de l'histoire. Elle en rêva toute sa vie et tenta très souvent de passer à l'action. Ce n'est pas tout à fait sa faute si l'histoire, obstinément, la rebuta.

Premier amour

L'argument invoqué pour tenir Marguerite à l'écart des affaires n'était pas faux. La jeune fille se montrait bel et bien sensible au charme du jeune duc de Guise – celui-là même dont la morgue l'avait effrayée dans son enfance. Mais il s'agissait malgré tout d'un prétexte, puisque Catherine ne mit pas aussitôt le holà à une idylle qui se prolongea pendant près d'un an, tant qu'elle ne fut pas jugée dangereuse.

On n'expose pas impunément une jeune personne de seize ans, qui se sait jolie, à la griserie de la vie de cour. Marguerite est coquette, elle aime plaire. Auprès d'elle ses frères et leurs familiers s'éveillent à l'amour et les premiers balbutiements de leur cœur inspirent au poète Desportes une comédie pastorale que jouent à huis clos les intéressés eux-mêmes[1]. Elle y est associée. La « grande dame de riche matière », appelée Fleurdelys, c'est elle. Elle a pour soupirant un « seigneur » du nom de Nirée, presque l'anagramme de Henri.

À dix-neuf ans, l'héritier de Guise a toutes les qualités pour séduire une adolescente romanesque. Il est beau, il est grand, c'est un blond au regard clair. Marchant sur les traces paternelles, il vient de se couvrir de gloire à Poitiers. Et il lui fait les yeux doux. Qu'en fut-il réellement de leurs relations ? Certains biographes tiennent à prêter à la jeune fille la liberté de mœurs de la femme, ils croient à une liaison et vont jusqu'à montrer le garçon débusqué de son lit se sauvant par la fenêtre. L'hypothèse ne tient pas, pour les raisons à la fois matérielles et morales invoquées plus haut contre l'accusation d'inceste. Et parmi les contemporains, nul n'a cru à autre chose qu'à ce que d'autres biographes nomment une « bluette » ou un « flirt ». Catherine, fort sagement, s'accommode de ce marivaudage surveillé qui occupe le cœur de sa fille – c'est de son âge – en la détournant de la politique.

C'est précisément quand la politique s'en mêle qu'elle intervient, c'est-à-dire quand la famille de Guise fait mine de penser

1. *Le Paradis d'Amour*, souvent daté de 1572, mais dont le contenu suggère plutôt la date de 1570.

à un mariage. Une alliance royale de plus à un tableau de chasse déjà riche ? Pourquoi pas ? Après tout, Marguerite n'est qu'une cadette et les princes couronnés lui font grise mine. Henri serait pour elle un parti acceptable. Le cardinal de Lorraine, son oncle, l'encourage en sous-main et il prépare discrètement l'opinion. On commence à en parler en France et même à l'étranger. Il sait bien que la reine mère n'a aucune envie de renforcer encore la puissance déjà redoutable des Guises. Il faudrait lui forcer la main, en lui fermant toute autre solution.

Lorsque Catherine s'en rend compte, elle s'inquiète. Ces bruits risquent effectivement de torpiller les négociations laborieuses qu'elle mène pour trouver un trône à sa fille. Or voici qu'elle découvre que celle-ci s'est trop avancée, a commis l'imprudence d'échanger des lettres avec son amoureux : une correspondance, même innocente, peut être utilisée pour la compromettre et faire échouer un autre mariage. À la mi-juin elle intercepte une missive où Marguerite, bien qu'une dame d'honneur lui ait servi de secrétaire, a ajouté quelques mots de sa main. Elle la transmet au roi, qui, hors de lui, débarque chez sa mère à cinq heures du matin. On convoque la coupable et, derrière les portes closes de la chambre maternelle, a lieu une algarade dont les échos traversèrent les murs puisque l'ambassadeur d'Espagne s'empressa aussitôt de la raconter à son maître. La malheureuse aurait été « houspillée », malmenée, frappée, au point que Catherine dut passer une heure à rajuster ses vêtements et sa coiffure avant de la laisser reparaître.

Trois semaines plus tard, la reine mère profita d'un entretien avec le cardinal de Lorraine pour mettre les points sur les *i*. Comme il semblait ne pas désespérer des chances de son neveu, elle se dit « marrie qu'un tel bruit eût été porté si loin comme en Espagne », où il faisait du tort à ses projets. Elle l'invita à y couper court et elle enjoignit à son ambassadeur à Madrid de le démentir énergiquement.

Marguerite a compris, Henri aussi. Lorsqu'elle lui fit dire, par sa sœur Claude, qu'il avait intérêt à quitter la cour et à convoler au plus vite avec Catherine de Clèves, qu'il courtisait vaguement depuis un an, il obtempéra. L'épisode passa aux yeux de tous pour ce qu'il était : un engouement d'adolescente qui avait failli donner lieu à exploitation politique.

L'héroïne n'en fut en rien compromise. La preuve ? La soupçonneuse reine mère de Portugal, doña Juana, ayant eu vent de la chose, envoya tout exprès un gentilhomme pour enquêter incognito. On sut à Rome qu'elle avait été pleinement rassurée par lui et le refus qu'elle fit de la main de Marguerite fit dire au nonce apostolique que celle-ci « ne méritait pas pareille injure ».

Pense-t-on d'autre part que Jeanne d'Albret aurait consenti à en faire sa bru si elle avait eu le moindre doute ? Elle ne manquait pas d'informateurs, la cour était pleine de huguenots, très soucieux comme elle de moralité. Lorsqu'elle écrit à son fils : « Je veux que vous et votre femme vous retiriez de cette corruption », elle ne croit évidemment pas que la jeune fille y ait succombé.

Si attirée qu'elle ait pu être par Henri de Guise, Marguerite ne se sentait pas liée à lui profondément. Elle se déclara prête à épouser celui que sa mère lui destinerait. Ambition ? Orgueil ? Lorsqu'on lui proposa Henri de Navarre, qui lui offrait un titre de reine, elle avait depuis longtemps renoncé à son premier amour.

Le piège tragique

Il est certain pourtant qu'elle n'y consentit pas de gaieté de cœur. Sa mère ayant pris soin, pour la forme, de la consulter, elle se permit d'émettre une seule réserve, d'ordre religieux : « Je lui répondis n'avoir ni volonté ni élection[1] que la sienne, et que je la suppliais se souvenir que j'étais fort catholique. » Avant de dénoncer ici un trompe-l'œil destiné à dissimuler son attachement secret pour le jeune Guise, il faut se rappeler que les deux religions rivales s'opposent non seulement par la doctrine, mais par les mœurs. Le calvinisme se veut un mode de vie. Marguerite est gaie, vive, elle aime le plaisir, les fêtes, les divertissements. La perspective de quitter la brillante cour de France dont elle fait les délices pour vivre à Pau à l'heure de l'austérité huguenote dut lui paraître terrifiante. Pire qu'un

1. Choix.

exil en Espagne ou en Portugal, ce mariage provincial en pays réformé promettait d'être un enterrement.

La frivolité n'est pas seule en cause dans son refus de la Réforme. Contrairement à ses frères et à sa mère, elle n'a jamais été attirée par la foi nouvelle, même et surtout au temps où il était de bon ton, à la cour, de lui être indulgent. Sa fidélité au catholicisme est alors pour elle une façon d'affirmer son identité, voire sa liberté. Elle n'est pas disposée à violenter sa conscience pour complaire à qui que ce soit. Quand Jeanne d'Albret, lors des rencontres préliminaires au mariage, lui avait demandé si elle était prête « à suivre dans sa forme de religion le prince son fils », elle avait répliqué avec brusquerie qu'elle lui obéirait « en toute chose raisonnable, mais que quand même il serait le monarque du monde, elle ne changerait pas la religion dans laquelle elle avait été élevée ». Et la négociation avait failli capoter.

Certes, Jeanne d'Albret a disparu et Catherine de Médicis a changé de politique, en apparence du moins. La reine mère répète à qui veut l'entendre que le mariage navarrais sera « l'entier repos de ce royaume ». Et elle murmure à sa fille qu'il lui sera facile de mener par le bout du nez ce jeune Béarnais mal dégrossi qui ne demande qu'à céder à toutes les tentations de ce monde. Il n'empêche. Marguerite sait que la guerre civile est mal éteinte et qu'en cas de conflit, elle serait prise entre deux feux : l'ambassadrice de charme introduite dans le camp ennemi pour le subjuguer se transformerait alors en otage. La tension qui règne à Paris à la veille des noces accroît son appréhension. Le climat n'est pas vraiment à la réconciliation. Et l'arrivée de son fiancé flanqué de quatre-vingts gentilshommes tout de noir vêtus, portant le deuil de Jeanne, empoisonnée, dit-on, sur ordre de Catherine, a de quoi lui faire froid dans le dos.

Les torrents de larmes qu'elle versa étaient à peine essuyés lorsqu'elle s'avança sous le porche de Notre-Dame pour échanger avec Henri le consentement nuptial. On prétendit plus tard qu'elle resta muette, que le roi son frère dut lui donner un coup sur la tête pour la lui faire baisser en signe d'assentiment. Et les témoignages invoqués lors du procès en divorce vinrent corroborer les bruits qui couraient sur le caractère forcé de son engagement. Mais les relations faites au lendemain de l'événement n'y ont relevé aucune anomalie. Elle-même indique clairement, dans ses *Mémoires*, que « les paroles accoutumées » ont été prononcées. Elle a bel et bien dit *oui*, sans joie, mais docilement, comme on l'attendait d'une princesse de France bien élevée. Quoique ce ne fût pas un mariage d'inclination, elle y était résignée.

Pendant deux jours, elle put croire que ses craintes n'étaient pas fondées. On dansait, on festoyait, on se repaissait de spectacles. L'attentat contre Coligny brisa net l'illusion. Dans les appartements qu'elle partage avec Henri, les gentilshommes gascons se rassemblent, ils parlent à mots couverts d'enquête et de vengeance. Leur méfiance est manifeste : « Les huguenots me tenaient pour suspecte parce que j'étais catholique, et les catholiques parce que j'avais épousé le roi de Navarre, qui était huguenot. De sorte que personne ne me disait rien. »

Le silence s'épaissit autour d'elle à mesure que les heures passent. Les huguenots commencent à incriminer la reine mère et celle-ci, de son côté, a choisi la fuite en avant, la mise à mort des chefs adverses. Catherine ne peut rien dire à sa fille. L'avertir de ce qui se prépare, c'est prendre des risques supplémentaires sans pour autant lui faciliter la tâche, il aurait fallu exiger d'elle le secret, et donc la contraindre à trahir son mari. Il ne reste qu'une seule solution, la dérobade. Quand Marguerite insiste, cherche à savoir, elle se fait rabrouer, se heurte à un mur.

Le soir du 23 août, sa mère l'aperçoit assise sur un coffre en compagnie de sa sœur la duchesse de Lorraine. Celle-ci est au courant, elle a pitié, elle s'attriste. La reine, craignant que Claude n'en dise trop, ordonne brusquement à Marguerite d'aller se coucher : « Mon Dieu, ma sœur n'y allez pas », s'écrie Claude en pleurant et en la retenant par le bras. Catherine intervient, semonce l'indiscrète, qui, ruisselante de larmes, lui souhaite le bonsoir en tremblant. Rudoyée par sa mère, transie et éperdue, Marguerite se réfugie dans son oratoire. Henri l'arrache à ses prières pour l'inviter à le rejoindre au lit. Dans la chambre campent trente ou quarante huguenots inconnus qui passent la nuit à jouer aux cartes et aux dés en commentant le drame de la veille. Mal protégée par les rideaux du lit conjugal, dévorée d'anxiété, la jeune épousée ne ferme pas l'œil. À l'aube,

Henri se leva. Il allait, dit-il, jouer à la paume en attendant le réveil du roi, à qui il voulait demander justice. La chambre se vida et Marguerite, délivrée de ses terreurs nocturnes, sombra dans le sommeil.

Pas pour longtemps. Elle en fut tirée par des coups violents contre la porte, des cris : « Navarre, Navarre », elle vit surgir un homme ensanglanté qui se jeta sur elle, ils roulèrent ensemble jusque dans la ruelle du lit. Devant cette scène burlesque, le capitaine des gardes du roi, qui pourchassait l'infortuné huguenot, ne put s'empêcher de rire. Il congédia ses archers, accorda à Marguerite la vie du blessé, lui assura que son époux était sauf et entreprit de la conduire auprès du roi. Dans le couloir, elle vit tomber à ses pieds un malheureux percé d'un coup de hallebarde et faillit s'évanouir. Elle trouva chez sa sœur deux serviteurs de son mari, dont elle obtint la grâce.

Et petit à petit, à la lumière des confidences de Claude, elle se convainquit qu'elle avait été à la fois l'instrument et la victime d'un piège mortel. Elle a joué le rôle misérable d'appeau. Elle a été l'appelant, l'oiseau qu'on ligote auprès des filets vers lesquels ses cris doivent conduire ses congénères leurrés. Sa mère s'est servie de son mariage pour attirer à Paris la noblesse huguenote et l'exterminer par surprise. La populace de Paris faisait le même raisonnement, elle aussi, et elle prêtait au roi des propos gaillards : « Il disait en riant et en jurant Dieu à sa manière accoutumée, et avec des paroles que la pudeur oblige de taire, que sa grosse Margot, en se mariant, avait pris tous ses rebelles huguenots à la pipée. » De quoi mettre l'intéressée hors d'elle, si elle l'a su.

Marguerite flambe de rancune contre Catherine. Tenue à l'écart des affaires, ignorant alors les fluctuations de sa politique, le rôle du hasard, la part de l'improvisation dans le déclenchement du drame, elle ne peut que le croire prémédité. Pour elle, sa mère a sciemment, délibérément, compromis tout espoir d'un mariage réussi lui permettant de remplir la fonction de médiatrice qui est normalement celle d'une reine. Elle l'a placée en porte-à-faux, sans la prévenir, en lui mentant. Pis encore : elle n'a pas craint de la sacrifier, la nuit fatale, en la renvoyant dans ses appartements, où elle savait qu'auraient accès les massacreurs. La preuve ? Claude craignait, en la voyant partir, de ne jamais la revoir. Et elle a introduit dans ses relations à venir avec son époux le venin mortel de la suspicion. Le tout avec la complicité de son frère Henri.

Catherine n'était pas aussi mauvaise que le croyait sa fille. Elle mesura le mal qu'elle lui avait fait et essaya de le réparer. Elle proposa de la démarier. Sous quel prétexte ? Elle le lui souffla. Il suffisait de plaider la non-consommation. Elle lui demanda « si [s]on mari était homme ». « Je la suppliai de croire que je ne me connaissais pas en ce qu'elle me demandait », aurait répondu la jeune femme : réplique faussement naïve qui était une fin de non-recevoir. La mémorialiste en profite pour glisser un commentaire impliquant qu'elle pouvait à bon droit, en ce temps-là, plaider l'ignorance, en même temps qu'une allusion ironique aux fortes odeurs d'ail et d'oignon que traînait après soi le Béarnais : « Aussi pouvais-je dire alors comme cette Romaine à qui son mari se courrouçant de ce qu'elle ne l'avait averti qu'il avait l'haleine mauvaise, lui répondit qu'elle croyait que tous les hommes l'eussent semblable, ne s'étant jamais approchée d'autre homme que lui. » L'important, c'est la conclusion : quoi qu'il en fût de cette situation, « puisqu'elle m'y avait mise, j'y voulais demeurer, me doutant bien que ce qu'on voulait m'en séparer était pour lui faire un mauvais tour ».

Elle ne sera pas « un cœur de cire ». Mise en demeure de choisir entre sa mère et son mari, elle opte pour ce dernier. Librement et en toute connaissance de cause, cette fois-ci. Reine de Navarre elle est, reine de Navarre elle restera, malgré périls et obstacles. Ou à cause d'eux peut-être.

S'est-elle demandé ce qu'il en pensait, lui ?

Lendemains de noces

Si conventionnels qu'ils fussent, les mariages entre souverains accordaient d'habitude aux nouvelles épousées, ne serait-ce qu'en vue de perpétuer la dynastie, une brève période de grâce où elles pouvaient se croire aimées. Marguerite n'eut pas de chance. Jamais lune de miel royale ne fut plus courte que la sienne. Henri et elle eurent quatre nuits, pas une de plus, pour s'apprivoiser l'un à l'autre charnellement. On ne sait rien de ces quatre nuits, sinon que l'union fut consommée, ils le reconnurent lors du divorce. Tout le reste, notamment les répugnances physiques qu'aurait éprouvées la jeune fille raffinée face à un garçon rustaud et malodorant, relève du roman. Ce peut être vrai comme ce peut être faux. Il est permis de penser cependant que Henri, suivant les instructions données par sa défunte mère, avait soigné sa toilette. « Accoutumez vos cheveux à se relever », lui conseillait-elle dans une lettre dont la suite est malheureusement perdue. Jeanne blâmait le luxe, mais approuvait la propreté. Son fils, à l'instant d'aborder une si brillante épouse, se surveilla sans doute et se retint de céder, comme il le fit plus tard, à son penchant pour la grossièreté.

À défaut d'un amour sur lequel ni l'un ni l'autre ne comptaient, une relation de confiance aurait pu s'installer entre eux. Hélas ! Ils s'étaient mariés un lundi. Dès le vendredi, ils étaient hantés par la blessure de Coligny. Le doute et la crainte des suites probables s'insinuaient entre eux. Commencée le samedi soir, leur sixième nuit devait s'achever sur la « fête » sanglante de saint Barthélemy. On a vu comment Marguerite l'avait vécue en aveugle, dans l'angoisse, sans rien savoir. Henri, lui, espérait encore obtenir de Charles IX la punition des coupables. À défaut, les huguenots s'en chargeraient eux-mêmes. Lorsqu'il quitta au petit matin la chambre conjugale, il se heurta à des gardes qui le menèrent chez le roi. Seul put entrer avec lui son cousin Condé. Les portes se refermèrent sur ses compagnons et il comprit alors qu'il ne les reverrait jamais. Mêlant reproches et menaces, Charles somma les deux princes d'abjurer s'ils tenaient à la vie. Condé se drapa dans son honneur de gentilhomme : il aimait mieux mourir que trahir sa foi. Quelques jours suffirent à le faire céder. L'autre, plus habile, invoqua son ignorance et demanda des délais pour se faire instruire dans une religion qu'il connaissait fort bien, pour y être né et l'avoir pratiquée à plusieurs reprises pendant des années. Tous deux pliaient l'échine devant l'ampleur du désastre, qu'ils découvraient peu à peu au fil des heures. Pour justifier leur palinodie, ils pouvaient se dire, non sans raison, qu'il fallait conserver au parti des chefs.

Le roi de Navarre pleurait ses morts en silence : ses alliés, les grands féodaux défenseurs de la cause, comme Coligny et sa famille, mais surtout les humbles, les familiers, les gentilshommes de modeste extraction qui l'avaient suivi et lui avaient confié leur fortune, et parmi eux tous ceux, si proches, qui avaient passé à veiller, discuter et jouer dans sa chambre leur dernière nuit. Presque tous ses fidèles avaient péri. « Vous pouvez penser quel regret ce me fut, écrivit-il plus tard, voyant mourir ceux qui étaient venus à ma simple parole et sans autre assurance que celle que le roi m'avait faite. [...] En les voyant tuer jusques au chevet de mon lit, je demeurai seul dénué d'amis et de fiance. » Il reste quant à lui prisonnier dans le Louvre, impuissant, écrasé, et seule la colère qu'il refrène l'empêche de succomber au désespoir.

De quel œil peut-il regarder Marguerite, fille et sœur des assassins, qui a servi de prétexte et d'occasion pour prendre au piège la fleur de la noblesse huguenote ? Il se demande si elle n'était pas consentante et complice. Sa mère sait si bien mentir : pourquoi pas elle ? Elle ne peut se prévaloir de lui avoir sauvé la vie, il sait qu'elle n'a pas eu à intercéder pour lui : il doit le salut à sa condition de prince du sang. D'ailleurs, même s'il croit sa femme étrangère à l'organisation du guet-apens, des milliers de cadavres ensanglantés, mutilés, se dressent entre eux, sans compter l'image de sa mère à lui, Jeanne d'Albret, dont la Saint-Barthélemy semble confirmer, a posteriori, l'empoisonnement présumé : beaucoup de fantômes, prêts à hanter l'intimité future du couple maudit. Marguerite, en décidant de lui rester liée, n'a pas choisi la voie de la facilité. Il lui faut d'abord le persuader qu'elle ne l'a pas trahi. C'est à elle qu'incombe l'obligation de la preuve. Il ne peut se contenter de paroles, il la jugera sur pièces.

L'épouse d'un roitelet

Entre eux la disparité de condition ne facilite pas les choses. Marguerite lui est alors très supérieure. Elle est fille de France, catholique en un temps où les huguenots semblent anéantis, belle, cultivée, brillante, adulée. Ceux qui trouvaient que sa main était pour Henri une faveur inespérée pensent maintenant qu'il a été la dupe d'une farce sinistre et ne l'en méprisent que davantage. Difficile de tomber plus bas. Sous le jeune roi de Navarre, le futur Henri IV n'a pas encore percé. Il a l'air d'un bon garçon un peu veule qui ne demande qu'à jouir de la vie. Marguerite, son aînée de quelques mois, le sous-estime. Elle se croit plus forte, plus mûre, et s'imagine le dominer. Elle se sent responsable, même si ce fut involontairement, de son malheur. L'instinct protecteur, qu'elle possède très développé comme beaucoup de femmes, est renforcé dans son cœur par le désir de braver sa mère. Elle se berce de rêveries inspirées des romans de chevalerie et de la littérature courtoise : une reine généreuse est faite pour donner plus que pour recevoir, elle doit aux plus faibles protection et appui. Bref, elle s'apprête à défendre bec et ongles le « roitelet » qu'on « galoppe[1] à tous propos de paroles et de brocards », l'époux sur la tête duquel s'accumulent les vexations. Elle déchantera bientôt.

Le 26 septembre, il renonce solennellement à la foi réformée et Catherine, en le voyant s'approcher de l'autel pour communier, ne peut retenir un rire de triomphe. Trois jours plus tard, il doit écrire sous sa dictée une lettre où il supplie Grégoire XIII – le pape qui a marqué de réjouissances publiques l'annonce de la Saint-Barthélemy – de « le recevoir en la foi de son baptême », sans lui tenir rigueur des erreurs où ses parents ont entraîné son enfance. Il doit ensuite signer un édit rétablissant le culte catholique en Béarn. Et, pour couronner le tout, on l'expédie en janvier, à la tête d'un escadron de l'armée royale, assiéger La Rochelle où ses ex-coreligionnaires se sont enfermés.

Dans ces conditions les excuses de sa femme sont malvenues, sa sollicitude n'est qu'une humiliation de plus. Il est homme, il a trop de personnalité pour accepter de dépendre d'elle. Mais il ne peut se permettre de la repousser, tant sa situation est précaire. Il l'utilisera au mieux de ses intérêts, sans scrupules superflus, mais il se gardera de se livrer. Ainsi en usera-t-il, tout au long de sa vie, avec ceux qui lui serviront à se hisser au premier rang. Les délicatesses morales sont un luxe de nanti qu'il estime ne pas pouvoir s'offrir. À défaut de confiance véritable, il

1. Moque, ridiculise.

trouvera le moyen d'instaurer entre Marguerite et lui une sorte de pacte de solidarité, fondé sur une communauté d'objectifs et d'intérêts, dont il tirera tous les fruits et elle tout le blâme.

Il semble avoir boudé très vite le lit conjugal. Trop de morts reviennent errer la nuit derrière ses rideaux fermés. De plus il commence à se connaître, il sait qu'il a tendance à s'épandre sur l'oreiller en confidences imprudentes. Sa femme est la dernière auprès de qui s'oublier. Il papillonne donc, au risque de tomber sur une enjôleuse patentée tout droit sortie de l'« escadron » de la reine mère. Marguerite, négligée, se juge-t-elle autorisée d'office à lui rendre la pareille ? Lui fait-il savoir discrètement qu'il ne voit aucun inconvénient à la voir user d'une liberté dont lui-même abuse ? On ne le saura jamais.

La cour est devenue plus dissolue maintenant que les fils de Catherine sont en mesure de donner l'exemple. Flanqués de compagnons de leur âge, ils courent effrontément les femmes, semant le scandale dans leurs équipées nocturnes, terrorisant les bourgeois dont les filles sont trop jolies. Auprès des dames de leur monde, ils prodiguent les marques de soumission, versifient avec ou sans le secours de poètes appointés, dépensent des sommes folles en rubans, bagues et gages d'amour, se font sur scène les acteurs de fictions transparentes où ils jouent leur propre rôle. Chaque belle s'enorgueillit du nombre de ses soupirants. Où finit le jeu, où commencent les amours substantielles ? Il est malaisé de savoir ce que recouvrent les oripeaux romanesques.

Marguerite semble d'abord résister. Dans le célèbre « salon vert » de la maréchale de Retz ou chez son amie la duchesse de Nevers, elle collectionne les hommages. Elle est l'inspiratrice, la déesse et la muse des rimeurs, des danseurs et des joueurs de luth. Mais elle passe encore pour cruelle, inaccessible, fidèle à l'époux que lui a donné le sort :

On l'aime en la voyant, mais sans la mériter,
Puisque d'autres flambeaux que ceux d'un Jupiter
Ne pourraient animer une beauté si rare ;

C'est pourquoi sans aimer sa jeunesse se perd,
Et qu'elle honore tant sa France et son Navarre
Que sans elle on n'y voit que l'effroi d'un désert.

Mais la tentation est forte. Elle n'est pas reine de France, et rien ne la destine à le devenir. Catherine de Médicis a encore trois fils, eux-mêmes susceptibles d'avoir des fils. Nul ne peut alors penser, à moins d'être Nostradamus, que la race des Valois va s'éteindre et que Henri de Navarre leur succédera. Marguerite n'est donc pas tenue par la fierté, le respect de soi qu'elle éprouverait si un véritable destin de reine lui était promis. Elle n'est qu'une souveraine au rabais, rien de plus que la femme d'un des grands feudataires du royaume. Pourquoi ne profiterait-elle pas de la liberté que s'octroient ses pareilles, toutes munies de galants comblés ? L'air du temps, joint à l'indifférence de son mari et à la vivacité de son tempérament, balaiera bien vite ses hésitations.

Mais d'ici là, la conjoncture aura mis à l'épreuve la solidarité politique entre les époux et transformé en alliance véritable leur pacte de non-agression.

Le trône de Pologne

Dans la famille royale, la Saint-Barthélemy a laissé des cicatrices. Charles IX supporte de plus en plus mal l'espèce de vice-royauté exercée par son frère, avec la bénédiction et la complicité maternelles. Il s'irrite d'être « un roi de paille », privé de véritable pouvoir. Catherine se refuse cependant, en dépit des prédictions et des horoscopes, à spéculer sur la mort de son fils régnant pour procurer un trône au cadet. Il existe ailleurs qu'en France des royaumes à conquérir. Faute de réussir à faire de Henri un prince consort à Londres, elle a jeté son dévolu sur la Pologne.

Le dernier des Jagellons, Sigismond-Auguste II, venait de mourir. La couronne polonaise étant élective, Catherine présenta la candidature de son fils et envoya sur place l'évêque de Valence, Jean de Monluc, pour convaincre la Diète des mérites du jeune prince. Le massacre des huguenots français tombait bien mal à propos. Dans la très tolérante Pologne coexistaient pacifiquement plusieurs confessions et les réformés, quoique minoritaires, y avaient un poids considérable. La partie semblait perdue pour Henri, héros des catholiques, suspect d'avoir approuvé ou même conseillé la tuerie.

Les premiers mois de 1573 s'écoulèrent donc, pour le héros en question, à monter contre les remparts de La Rochelle une série d'opérations manquées, avec le concours narquois des convertis de fraîche date qui se faisaient un plaisir d'accompagner l'assaut de cris affreux, très propres à alerter les défenseurs de la place. Parmi ces combattants qui traînaient les pieds, on ne s'étonnera pas de trouver Henri de Navarre et son cousin Condé. Mais il y avait aussi des catholiques modérés qui trouvaient qu'on s'entre-déchirait depuis trop longtemps. Cette situation surréaliste se prolongeait, cette armée hétéroclite piétinait en vain dans la boue, rongée de dissensions internes, face à des Rochelais mourant de faim, mais qui passaient par les armes quiconque parlait de se rendre. Les assiégés étaient tout de même aux abois, prêts à capituler, lorsque éclata, au mois de mai, l'incroyable nouvelle : la Diète polonaise avait porté ses suffrages sur Henri d'Anjou.

Ce brillant résultat avait coûté au trésor royal pas mal d'argent et à Jean de Monluc des prodiges d'éloquence. L'ambassadeur de Catherine avait presque réussi à persuader les électeurs que son fils bien-aimé n'avait trempé en rien dans la répression du « complot » huguenot qu'il avait fallu écraser par souci de l'ordre public. Mais à vrai dire Henri devait son succès à la peur qu'inspiraient ses deux principaux compétiteurs, un archiduc autrichien et le prince de Moscovie, Ivan le Terrible en personne, voisins trop proches aux convoitises dangereuses pour l'indépendance du pays. De la France, on espérait des subsides, sans avoir à craindre une annexion.

Les électeurs polonais sauvèrent non seulement les Rochelais, mais tout ce qui restait du parti huguenot. Leur futur roi ne pouvait décemment continuer de se battre contre ses compatriotes pour des motifs de religion. Un édit accorda la liberté de conscience dans toute la France et celle de culte à La Rochelle, Nîmes et Montauban. Dans l'Ouest et le Midi se reconstitua aussitôt, plus radical que jamais, un État dans l'État bien décidé à se défendre : il faudra attendre Richelieu pour que l'autorité du roi soit à nouveau reçue dans le grand port saintongeais. Pour procurer un trône à son fils, Catherine avait compromis toutes chances d'en venir à bout.

Elle ne semble pas s'en être rendu compte. Elle a entrepris, fidèle à sa politique de bascule, de renouer les liens avec ses alliés luthériens d'Allemagne et elle se remet à soutenir contre l'Espagne, au moyen d'une aide financière discrète, les rebelles néerlandais. Comme si rien ne s'était passé. Politique avant tout. Et cahin-caha, la méthode porte ses fruits.

La réception des ambassadeurs polonais à Paris, au mois d'août 1573, fut pour Marguerite un triomphe et pour son frère Henri une épreuve amère.

Non seulement la jeune reine de Navarre brilla de tous les feux de sa beauté et de sa parure – « robe de velours incarnadin d'Espagne fort chargée de clinquant », avec bonnet assorti, « tant bien dressé de plumes et de pierreries que rien plus » –, mais elle éblouit par son esprit et sa culture ces seigneurs enturbannés de zibeline qui ne s'exprimaient qu'en latin. Cette « seconde Minerve », « déesse d'éloquence », répondit à la harangue de l'évêque de Posen par un discours bien tourné, « sans s'aider d'aucun truchement », tandis que son amie la maréchale de Retz poursuivait avec eux la conversation dans la langue de Cicéron. La timide Élisabeth se contentait de sourire et Marguerite remplissait fièrement auprès de son frère, comme naguère sa presque homonyme auprès de François Ier, les fonctions de la reine défaillante. C'était la première fois. Ce fut aussi la dernière.

Henri, lui, dut boire la coupe jusqu'à la lie. La Pologne était une oligarchie aristocratique dans laquelle le roi jouait surtout un rôle de représentation. Il découvrit que ses pouvoirs seraient limités par un ensemble d'obligations auxquelles il fut prié de souscrire. Il ne pourrait prendre aucune décision politique ni financière sans l'accord de la Diète. Il dut promettre, bien sûr, de respecter la liberté de conscience de ses sujets. Et comme il émettait des réserves sur quelques points, il s'entendit répondre que c'était à prendre ou à laisser : *Jurabis aut non regnabis*, tu jureras ou tu ne régneras pas ! Il jura, la mort dans l'âme. Tout ce qu'il put obtenir, ce fut d'échapper à l'engagement d'épouser la princesse Anna Jagellon, qui avouait quarante-huit printemps, parce que, par bonheur, les Polonais avaient oublié de lui demander si elle était d'accord.

Il fit tout pour retarder son départ, vainement. Son frère le roi, que la perspective d'être débarrassé de lui réjouissait fort, le poussa dehors. Toute la cour fit avec lui un bout du chemin, mais Charles dut s'arrêter aux alentours de Reims : il avait la fièvre et crachait le sang. Catherine continua le voyage. À Nancy, elle ne put se résigner à quitter son enfant chéri, elle le suivit jusqu'à la petite ville de Blamont, qui marquait la frontière du Saint Empire. Son chagrin ne l'empêcha pas d'y avoir des entretiens politiques avec les envoyés des princes allemands. Après quoi la mère et le fils s'embrassèrent en sanglotant. Mais leur séparation serait courte. Ils pensaient, sans oser le dire, que les jours de Charles IX étaient désormais comptés.

François d'Alençon

Ils n'étaient pas seuls à le penser. Le petit dernier de la famille, François d'Alençon, qui s'agitait depuis longtemps dans la coulisse, commençait à entrevoir des perspectives d'avenir.

Moins aimé de sa mère, qui lui reprochait de n'être que « guerre et tempête en son cerveau », ce petit dernier est également mal aimé des historiens, pour avoir été dix ans durant l'âme de la subversion contre Henri III. La malchance y fut pour beaucoup. Ce garçon n'était pas initialement pire que ses frères. Il n'avait que le tort d'être né après eux. Il se consolait mal de les voir monter tour à tour sur le trône alors qu'il restait voué à la condition de sujet. Plus encore que son aîné Charles, il était jaloux de celui qui accaparait l'amour exclusif de Catherine. De taille à peine moyenne, noir de cheveux et de peau, « moricaud » comme on disait avec dédain en ces temps épris de blondeur, il avait eu dans son enfance des traits réguliers assez agréables avant que la petite vérole ne vînt le défigurer, le rendant méconnaissable. Dans son visage creusé et raviné, les yeux enfoncés et striés de rouge paraissaient tout petits. Le nez, « grossi avec difformité », était traversé par une cicatrice profonde : on aurait dit qu'il en avait deux greffés l'un sur l'autre. La maladie avait altéré son caractère et jusqu'à ses facultés intellectuelles. Impulsif, instable, violent, il s'abandonna à une débauche effrénée qui ne suffisait pas à le consoler de sa disgrâce physique, et son insatiable volonté de puissance chercha et trouva dans la guerre civile un moyen de s'affirmer.

Tel qu'il était, il attirait en 1573-1574 de nombreux partisans. Tous ceux qu'avait indignés la part prise par Henri d'Anjou à la Saint-Barthélemy et qu'inquiétait son militantisme catholique voyaient dans le jeune François un chef possible pour le rassemblement qui commençait à se dessiner. Il avait alors dix-neuf ans : l'âge de se faire sa place au soleil. Mais sa mère n'avait pas jugé utile de l'associer aux affaires. Il ne savait rien. À la nouvelle de l'attentat contre Coligny, il s'écria : « Quelle trahison ! » Et il blâma ensuite le massacre. Son indignation n'était pas feinte, mais elle devait autant à la fureur d'avoir été tenu dans l'ignorance qu'à la pitié pour les victimes. Peu importait. Un pareil garant était une aubaine pour les modérés de tous bords, « Malcontents » et « Politiques »[1], que patronnait la puissante famille de Montmorency. Ils lui firent des offres de service aussitôt agréées et travaillèrent à le rapprocher des huguenots.

Précisément, il vient à point nommé, sur le champ de bataille de La Rochelle, de se lier d'amitié avec Condé et surtout avec Henri de Navarre. À eux trois, ils ont projeté de quitter l'armée pour s'emparer de quelques places fortes où ils s'enfermeront, à moins qu'ils ne rejoignent la flotte anglaise croisant au large. L'occasion fit défaut. Ce sera partie remise. Le retour de la paix les ramène à la cour, sous l'œil vigilant de la reine mère qui se méfie d'eux.

Le couple de Navarre est à nouveau réuni. Marguerite ne tarde pas à découvrir que des complots se mijotent. D'un côté le roi son frère, la reine sa mère et Henri d'Anjou, pour qui travaille celle-ci. De l'autre son mari et son plus jeune frère. Entre les deux camps, il lui faut opter : devant les entreprises des conjurés, le silence lui-même est choix. Elle hésite et on la voit, en l'espace de deux mois, passer d'un parti à l'autre.

1. Ces termes désignent différentes catégories d'opposants, à l'origine sociologique et aux motivations diverses, mais qui tous souhaitent la paix avec les réformés.

Pas par légèreté, quoi qu'on dise, mais parce que les données de la situation ont changé.

Décembre 1573. François a profité du départ du roi de Pologne pour prendre des contacts avec Louis de Nassau : sur le chemin du retour, son cousin de Navarre et lui projettent de s'échapper aux alentours de Soissons et de rejoindre à Sedan le chef des rebelles néerlandais. Marguerite est avertie. Elle révèle le complot à sa mère, qui met les suspects sous clef. Pourquoi ?

Le roi de Pologne a eu beau essayer, avant de partir, de lui « faire oublier les mauvais offices » de l'automne 1569, exiger d'elle un serment renouvelant leur « amitié » ancienne – dont on ne sait si elle l'a vraiment prêté –, elle a eu beau lui promettre verbalement ou par écrit qu'elle voulait bien « courir sa fortune, bonne ou mauvaise », elle ne se sent pas tenue à la loyauté envers un frère qui a cinq ans plus tôt trompé sa confiance et qui n'a rien fait pour la soustraire au piège que constituait son mariage. Ce n'est pas non plus pour rendre service à sa mère qu'elle trahit les conjurés. Elle a deux autres raisons de le faire. À Charles IX, qui a toujours été bon pour elle et qu'elle aime beaucoup, elle veut éviter l'épreuve d'une nouvelle guerre civile. Et elle pense d'autre part que la reprise des affrontements la placera en porte-à-faux, ballottée entre les partis. Elle n'a pas tort, c'est en effet ce qui se produira un peu plus tard. Dans l'immédiat, elle peut croire, en sacrifiant la liberté de son mari, avoir sauvé la paix.

Deux mois plus tard, il en va tout autrement. La santé de Charles IX s'est si fort détériorée que sa succession est virtuellement ouverte.

Le complot du Mardi gras (22-23 février 1574)

Les ambitions de François d'Alençon sont montées d'un cran, d'un très large cran. En décembre, il revendiquait la lieutenance générale du royaume, libérée par le départ du roi de Pologne, et qui lui fut refusée. En février, c'est le trône de France qu'il convoite, rien de moins. Et il a des partisans.

Certes, Henri n'est pas parti sans assurer ses arrières et sa mère veille au grain, elle a promis de lui conserver le royaume.

Une déclaration officielle de Charles IX a spécifié que l'élection polonaise ne lui faisait pas perdre ses droits et qu'il restait à Paris l'héritier en titre. Il n'empêche. Dans la lointaine Pologne, Henri est roi, il s'est lié par serment à ses nouveaux sujets. Que ne le laisse-t-on régner à Cracovie, puisqu'il y a sur place, en France, un cadet très propre à occuper le trône ! Une politique de tolérance – celle même que Catherine a tentée en vain de faire prévaloir – paraît possible, maintenant que les protestants ont renoncé à imposer leur foi au pays et en sont réduits à lutter pour leur survie. Mais après la Saint-Barthélemy, il faut quelqu'un d'autre qu'elle ou son fils Henri pour la mettre en œuvre. On prend ce qu'on a : c'est ainsi que les Politiques, sans examiner s'il en a les capacités, font de François d'Alençon leur candidat au trône et leur porte-drapeau.

Marguerite aperçoit soudain dans l'élévation de son jeune frère une solution à ses embarras. Elle n'aurait plus à choisir entre des fidélités inconciliables : le roi de France et celui de Navarre marcheraient la main dans la main. Mieux encore. La coexistence pacifique des deux confessions, que François s'engage à instaurer, lui offrirait le rôle dont elle rêve et auquel elle a brièvement goûté lors de la visite des ambassadeurs polonais : celui qu'avait joué jadis Marguerite de Navarre auprès de François Ier, et qui conjuguait influence et éclat. Elle connaissait peu son cadet jusqu'alors. Voici qu'il se met en frais pour elle et sollicite son appui. Elle découvre en lui avec joie l'allié et l'ami dont elle a grand besoin à cette date où son mari lui bat encore froid. Tous deux ils ont souffert du manque d'amour de Catherine, de la prédilection outrancière qu'elle voue à son préféré, de l'ignorance des affaires dans laquelle elle les a tenus. Au vilain petit canard, de deux ans son cadet, la grande sœur offre un substitut de protection maternelle. Elle a « résolu de l'aimer », malgré ses disgrâces ou à cause d'elles. Une seule réserve : qu'on ne porte aucun tort à Charles. Mais contre Henri, elle s'engage volontiers. Contre lui, elle soutiendra François sans concession, jusqu'à sa mort.

En regard de ces raisons profondes et puissantes, l'attirance qu'elle éprouve pour un des gentilshommes de ce frère, le comte de La Mole, ne peut être qu'un plus, à mettre au second rang. Son choix n'est pas d'une écervelée, il est réfléchi. Et il n'est pas non plus absurde : c'est à cette date celui d'un bon nombre de Français. L'ennui, c'est qu'avec une inconscience rare, ils n'hésitent pas à mettre de nouveau le royaume à feu et à sang, en prenant d'ailleurs des risques énormes, oubliant la capacité de riposte de Catherine et sous-estimant l'irascibilité de Charles IX.

Pour imposer leur volonté au roi, l'obliger à modifier son ordonnance de succession, les rebelles ne connaissent qu'un moyen, la prise d'armes. Ils ont vu grand. Tout le Midi se soulèverait. Du royaume entier, des troupes convergeraient vers Saint-Germain, où séjourne la cour. Un commando enlèverait du château François, Henri de Navarre et consorts dans la nuit du Mardi gras. L'Angleterre avait promis qu'un contingent débarquerait en Normandie. Ils se croyaient sûrs de leur fait. Mais un contretemps dans le calendrier fit perdre la tête à François. Les soupçons de Catherine, dont la police était bien faite, se changèrent en certitudes et le candidat au trône, invité à comparaître devant elle, s'affola et raconta tout ce qu'il savait. Le roi pardonna. La reine mère transporta tout son monde dans la forteresse bien défendue de Vincennes. Elle se contenta d'y faire garder à vue son dernier fils et son gendre et les confia aux soins de la belle Charlotte de Sauve, qui s'entendait à les occuper. Et elle consacra tous ses soins à mater la rébellion.

Or les deux suspects ne renonçaient pas à l'espoir de s'évader. Un autre projet fut éventé en avril. Les Anglais avaient débarqué, le soulèvement s'étendait. Le temps n'était plus à l'indulgence. On arrêta les coupables, y compris les deux princes, consignés à Vincennes, et l'enquête commença.

La tête du comte de La Mole

Contre toute attente, le roi moribond est saisi d'une violente colère. Le complot, il le sait bien, est dirigé contre son frère Henri, pas contre lui. Il ne se sent pas pour autant porté à l'indulgence. La prise d'armes est pour lui une insulte. On fait bon marché de sa décision, on n'attend pas qu'il soit mort pour remettre en cause ses dernières volontés ; profitant de sa faiblesse, on veut l'obliger à se renier de son vivant. En faveur de ce frère qu'il n'aime pas, il va faire le dernier acte d'autorité de son règne. Question de principes.

En dépit de tous les usages, l'enquête remonte jusqu'aux princes de sang royal. La seule faveur dont ils bénéficient, c'est de comparaître devant une cour spéciale, formée de commissaires nommés *ad hoc*. Devant eux, François d'Alençon, comme d'habitude, parla à tort et à travers. Henri de Navarre, lui, présenta un argumentaire très élaboré, d'une habileté consommée : il ne niait pas sa culpabilité, mais invoquait les circonstances atténuantes, voire la légitime défense. Ce petit chef-d'œuvre de plaidoirie, qui nous est parvenu sous le titre de *Mémoire justificatif pour Henri de Bourbon*, sortait de la plume de sa femme. C'est la première manifestation de cette solidarité politique qu'on observera bientôt entre eux. Jusqu'alors, Marguerite était guidée dans ses choix par l'intérêt personnel, l'affection ou l'animosité fraternelles. Son mari n'entrait pas en ligne de compte dans ses calculs. Les voici désormais alliés.

Leur vie intime, au contraire, suit des voies divergentes. Tandis que Henri dispute à son cousin d'Alençon la capiteuse Charlotte de Sauve, Marguerite succombe, selon toute vraisemblance, au sourire enjôleur du comte de La Mole, un sémillant quadragénaire « meilleur champion de Vénus que de Mars », mais grand catholique qui, au lieu d'une messe par jour, « en oyait trois et quatre, et quelquefois cinq ou six ». Aussi, disait en riant le roi, si l'on voulait « tenir registre de ses débauches, il ne fallait que compter ses messes ». Il figure en bonne place sur la liste des amants de la reine de Navarre, dont on sait qu'elle est sujette à caution. En tout état de cause, son bonheur ne put être que de courte durée, entre le complot qu'elle dénonça et celui dont elle fut complice.

Comme on pouvait le prévoir, Boniface de La Mole et son ami Annibal de Coconnas, principaux artisans de la dernière tentative d'évasion des princes, payèrent pour leurs maîtres intouchables, qui s'en tirèrent par quelques mois de détention confortable à Vincennes. Les deux comparses furent interrogés, soumis à l'atroce épreuve de la question, condamnés à mort et décapités en place de Grève, malgré une démarche du duc d'Alençon pour obtenir leur grâce.

Une découverte faite chez La Mole faillit coûter cher à Côme Ruggieri, l'astrologue favori de la reine mère. On y trouva une figurine de cire au cœur transpercé d'aiguilles, qui sortait visiblement de la boutique de ce redoutable personnage. L'accusé soutint que la statuette, très grossièrement modelée, représentait non pas un homme, mais une femme, dont son client souhaitait faire la conquête. Qu'elle visât à donner la mort ou l'amour, la pratique des envoûtements était répréhensible et Ruggieri fut condamné aux galères à vie. Il n'y resta que peu de temps, tant ses pouvoirs occultes inspiraient de crainte. À défaut d'être prince, il faisait bon être magicien.

Nul n'ignorait que l'héroïne de l'affaire était la reine de Navarre, bien que La Mole eût supporté héroïquement la torture sans la nommer. Il est peu vraisemblable qu'il ait chargé la foule massée sur son passage dans sa marche à l'échafaud de dire à Marguerite que ses dernières pensées étaient pour elle. Elle était néanmoins compromise. Elle assuma. Sur les manifestations de son chagrin et de celui de la duchesse de Nevers, aimée de Coconnas, les rumeurs ont couru très vite. Ces dames ont-elles suspendu à leur ceinture, pour afficher leur deuil, des breloques en forme de têtes de mort comme on les aimait à l'époque ? C'est possible. Sont-elles allées de nuit recueillir auprès du bourreau les têtes de leurs amants, ont-elles contemplé leur visage supplicié et baisé leurs lèvres mortes avant de leur donner une sépulture honorable ? Ce n'est qu'une légende. Ne nous en plaignons pas : nous lui devons la grande scène sur laquelle se clôt *Le Rouge et le Noir*.

Le dénouement, alors, se précipita. Marguerite dut renoncer à faire évader son mari et son frère en les glissant dans sa calèche, sous un déguisement de femme. Car elle ne pouvait en acheminer qu'un à la fois et, soit assaut de générosité, soit méfiance réciproque, ils ne parvinrent pas à se mettre d'accord sur celui qui partirait le premier. Déjà Charles IX entre en agonie. Avant de mourir le 30 mai, il a désigné à nouveau Henri pour sa succession et confié la régence à sa mère. Tandis qu'un messager galope vers Cracovie, Catherine se transporte au Louvre avec sa suite, consigne dans leurs chambres François d'Alençon et Henri de Navarre et fait bloquer toutes les portes sauf une, où l'on filtre les passages. Nul ne quittera le château tant que cette désignation n'aura pas revêtu forme officielle.

La cour se rend ensuite dans le Midi, à la rencontre du nouveau roi qui rentre par l'Italie. En cours de route, Marguerite a tout le loisir de méditer sur l'avenir qui l'attend. En misant sur François d'Alençon, elle a pris un très gros risque. Elle sait que Henri ne le lui pardonnera jamais. Elle n'a d'issue que dans la fuite en avant. Entre les deux frères et la sœur les jeux sont faits, pour dix ans : ce sera la guerre, à deux contre un. Mais Henri détient la puissance souveraine.

CHAPITRE VIII

Le singulier époux de Louise de Lorraine

« Monsieur mon fils, écrivait Catherine au lendemain de la mort de Charles IX, je vous envoyai hier en grande diligence Chémerault pour vous apporter une piteuse nouvelle pour moi, pour avoir vu tant mourir de mes enfants. Je prie Dieu qu'il m'envoie la mort avant que j'en voie plus, car je suis désespérée d'avoir vu un tel spectacle et l'amitié qu'il m'a montrée à la fin. [...] [Il me priait] que je vous envoyasse en toute diligence quérir et, en attendant que fussiez arrivé, que je prisse l'administration du royaume. [...] Après cela il me dit adieu et me pria de l'embrasser, ce qui faillit me faire crever. [...] Je ne trouve d'autre consolation que de vous voir bientôt ici, comme votre royaume en a besoin, et en bonne santé, car si je vous venais à perdre, je me ferais enterrer avec vous toute en vie, car je ne pourrais aussi bien porter ce mal. [...] Je meurs d'ennui de vous revoir, car rien ne me peut faire consoler et oublier ce que j'ai perdu que votre présence. Car vous savez combien je vous aime, et quand je pense que vous ne bougerez jamais plus d'avec nous, cela me fait prendre tout en patience. [...] Depuis votre partement, [j'] ai eu ennui sur ennui[1] : aussi je pense que votre retour m'apportera joie et contentement sur contentement et que je n'aurai plus de mal ni de fâcherie. »

Lettre pathétique et inquiétante à la fois : trop d'amour nuit. Les débordements de sollicitude maternelle y étaient entremêlés

1. *Partement* = départ. *Ennui* a le sens très fort de *chagrin*.

de conseils sur la conduite à tenir tant à l'égard de ses sujets polonais qu'avec ses propres serviteurs. Mais elle voulait croire que les six mois d'exercice du pouvoir à Cracovie avaient achevé de le mûrir : « L'expérience que vous avez acquise par votre voyage est telle que je m'assure[1] qu'il n'y eut jamais un plus sage roi que vous. » Elle rêvait d'un gouvernement bicéphale où l'union sans faille avec son fils lui permettrait enfin de diriger le royaume comme il devait l'être – c'est-à-dire comme elle entendait qu'il le fût. C'était prendre ses désirs pour la réalité.

Certes, Henri lui répond les mots qu'elle attend : « Je suis votre fils qui vous a toujours obéi et je suis plus résolu et dédié[2] que jamais. Je suis épris d'aise de vous penser voir… » Et il signe : « Celui qui à jamais vous sera serviteur. » Mais s'il est prompt à quitter la Pologne, comme elle l'y invite, il est beaucoup moins pressé de regagner la France, où il devra l'affronter et batailler pour se soustraire à une tutelle qui ne convient plus à son âge et à son rang : n'est-il pas désormais, à vingt-trois ans, donc largement majeur, le très puissant roi de France ?

Enfin libre !

Henri avait très mal vécu son exil forcé. La splendeur du cérémonial, à laquelle le jeune homme épris de faste fut d'abord sensible, ne compensait pas les servitudes qui pesaient sur lui. L'ombrageuse aristocratie polonaise ne lui laissait qu'un semblant de pouvoir assorti de fastidieuses obligations. Les membres de la Diète, l'assemblée suprême du pays, se régalaient d'interminables débats en latin auxquels il ne comprenait pas un traître mot. Les différentes confessions religieuses vivaient dans une coexistence que rendait pacifique par nécessité le relatif équilibre des groupes en présence. Mais la violence ne demandait qu'à resurgir. Les querelles entre membres des grandes familles prenaient des allures de luttes tribales que le nouveau roi, soucieux d'équité, tentait de trancher à sa manière, qui n'était pas

1. Je suis sûre…
2. Dévoué.

la leur. Il trouvait le climat affreux, les châteaux magnifiques mais inconfortables, la bière exécrable et la princesse Anna parfaitement rebutante. Ses compagnons trompaient l'ennui en jouant, banquetant et courant les filles, au risque de scandale. Ils l'importunaient de leurs disputes et de leurs récriminations. Quand il était vraiment excédé de cette cour barbare, il prenait « médecine » – entendez un clystère ou un purgatif – et se réfugiait dans sa chambre où il passait au lit des journées entières. Et il se laissait aller à dire « qu'il eût mieux aimé vivre captif en France que libre en Pologne ». Il portait « comme un rocher sur sa tête » cette indésirable couronne.

La mort de son frère le délivrait. Mais comment expliquer à ses nouveaux sujets qu'il allait les abandonner, après un règne de cent quarante-six jours seulement ? N'osant les affronter et craignant qu'ils ne cherchent à le retenir, il préféra confier ses explications à des lettres qu'ils ne découvriraient qu'après son départ. Il leur joua la comédie, reçut leurs condoléances sans souffler mot de son avenir, feignit même de s'intéresser à celui du pays et fit mine de prendre goût à ses coutumes. Le vendredi soir 18 juin, aussitôt tirés les rideaux de son lit après son coucher officiel, il consigna sa porte jusqu'au matin, enfila en hâte des vêtements de voyage et rejoignit par le couloir des cuisines les compagnons qui l'attendaient au-dehors. Il se lança à bride abattue vers la frontière toute proche. Il ne put maîtriser le cheval trop fringant qu'on lui avait réservé, dut en changer, s'égara dans des marécages noyés de brume, perdit en cours de route une partie de son escorte. Il tremblait d'angoisse et d'épuisement.

À Cracovie, on avait découvert la fuite du roi et de ses fidèles. On se précipita sur leurs traces. Leur chevauchée se transforma en une course-poursuite qu'ils gagnèrent de justesse. Ils étaient en territoire autrichien lorsque le comte Tenczynski les rejoignit, accompagné d'archers tartares menaçants. Henri était un faible, mais pas un lâche. Face au danger, il fit front. Puis lorsque son grand chambellan eut mis bas les armes, son éloquence naturelle lui souffla des mots vraiment royaux : « Monsieur le comte, j'ai fait trop de chemin pour retourner. Quand toutes les forces de Pologne seraient ici, je ne le ferais point, et je donnerais de la dague dans les reins du premier qui serait si hardi que de m'en parler. [...] En prenant ce que Dieu me donne par succession, ajouta-t-il, je ne quitte pas ce qu'il m'a acquis par élection, car j'ai, Dieu merci, les épaules assez fortes pour soutenir l'une et l'autre couronne. » Et il promit de revenir. Le comte lui jura fidélité en buvant une goutte de son sang qu'il se tira de la main. Ils échangèrent des présents et Henri en fut quitte avec la Pologne où, bien sûr, il était fermement décidé à ne jamais remettre les pieds.

Il fit une brève halte à Vienne, où l'empereur Maximilien, père de la jeune reine veuve Élisabeth, le traita bien, avec l'espoir de conserver le trône de France à sa fille en la lui faisant épouser. Mais il déclina l'offre et mit le cap vers le sud.

La longue semaine qu'il passa à Venise fut comme un enchantement. La République Sérénissime, qui recevait pour la première fois un roi de France, s'était mise en frais. De son côté, le fils de Catherine de Médicis découvrait dans sa seconde patrie, l'Italie, un pays selon son cœur. Il quitta Murano, où il avait passé la première nuit, sur la galère capitane aux rameurs habillés aux couleurs de la France, pour gagner le Lido où l'accueillirent Messieurs de la Seigneurie en tenue de cérémonie. Puis il eut droit, pour faire son entrée solennelle dans la ville, au plus fameux navire d'Europe, le *Bucentaure*, d'où se célébraient annuellement les épousailles de Venise et de la mer. Lorsqu'il aborda le Grand Canal pavoisé, les vaisseaux de guerre le saluèrent d'une salve de leurs canons et toutes les cloches firent écho au carillon de Saint-Marc qui donnait le branle. Au milieu des vivats et des acclamations, il atteignit le palais Foscari, où lui était réservé un logement.

Les jours suivants, il alla de surprise en éblouissement. On lui montra les églises, les palais, les ateliers de peinture, les cabinets d'antiquités, les bibliothèques. On le conduisit à l'Arsenal, où il vit édifier sous ses yeux une galère à base d'éléments préfabriqués qu'il suffisait d'assembler, et les maîtres verriers de Murano se déplacèrent pour venir souffler devant lui leurs fragiles merveilles. Il dégusta d'étonnantes confiseries en sucre filé qui simulaient à s'y méprendre les objets familiers. Cérémonies et festins réunissaient en son honneur, dans un grand ruissellement d'or, de perles et de pierreries, la meilleure société d'une ville dont les femmes passaient pour les plus belles du monde. Venise se faisait ensorceleuse pour ce roi esthète, épris de luxe et de beauté. Flattée de son admiration si évidemment sincère, elle était prête, pour lui plaire, à se surpasser.

Elle sut lui offrir, à côté des réceptions officielles, l'agrément de promenades privées, discrètement protégées, qui lui donnaient sans risques l'illusion de la liberté. Il mena une double vie. Il écuma comme un simple particulier les boutiques de joailliers et d'orfèvres, arpenta le Bazar turc, erra en gondole dans le lacis des canaux, alla voir jouer les fameux *Gelosi*, maîtres incontestés de la comédie improvisée, honora de sa visite l'illustre courtisane Veronica Franco, aussi connue pour sa culture que pour sa beauté. Par l'escalier dérobé aménagé à sa demande, il s'échappait de son palais dans la chaleur moite des soirées estivales, en quête de voluptés nocturnes, d'émotions, d'imprévu. Il rentrait au petit matin exténué, heureux, ayant joué à être un autre, délié de toute attache, déchargé du poids écrasant de sa royauté. Pure illusion, bien sûr. Ses escapades restent royales. Dans cette ville experte en masques et travestis, son prétendu incognito ne trompe personne, sa folle prodigalité suffirait à le faire reconnaître. Mais tous se prêtent à une complicité fructueuse, tandis que lui, se sentant à la fois caché et deviné, s'enchante de cette ambiguïté flatteuse : quand sous son déguisement l'on reconnaît le roi de France, c'est à sa personne, plutôt qu'à sa fonction, que s'adresse alors l'hommage.

Au bout de huit jours, le programme des festivités était épuisé, Henri avait dépensé tout l'argent que lui avait envoyé sa mère et les banquiers vénitiens, déjà largement mis à contribution, hésitaient à lui en avancer davantage. Le duc de Savoie, venu en éclaireur, commençait à lui parler d'affaires et Catherine, dont les lettres le pressaient de regagner son royaume, multipliait conseils et mises en garde. L'intermède italien était terminé, au cours duquel il avait pu jouir de toutes ses prérogatives de roi, sans en subir les contraintes. Il se résigna à partir, la tête et le cœur pleins de songes. Que rapportait-il de ce séjour ? La syphilis, si l'on en croit quelques-uns de ses détracteurs ? Ce n'est pas certain. Mais assurément une nostalgie tenace, le souvenir de ces quelques jours dérobés aux contingences, où il avait tâté de la liberté.

Catherine, dévorée d'impatience, était venue à sa rencontre. Lorsqu'il se jeta dans ses bras le 5 septembre aux confins du Lyonnais et de la Savoie, mal dégagé du mirage italien, il avait pris en secret la ferme résolution de soustraire sa vie privée, sinon son action politique, à l'impérialisme maternel.

Marie de Clèves

Depuis plus de deux ans, il était éperdument amoureux d'une des trois filles du duc de Clèves – celui-là même que nous avons déjà rencontré comme éphémère mari par procuration de Jeanne d'Albret. Venue à la cour à la suite de ses sœurs Henriette, duchesse de Nevers, et Catherine, duchesse de Guise, la jeune Marie était douée « d'une singulière beauté et bonté ». Bien qu'elle eût été élevée dans la foi réformée, ses convictions étaient fort tièdes. Elle répondait à l'amour de son soupirant. Hélas ! Catherine ne la trouvait pas digne de son fils, pour qui elle visait beaucoup plus haut. Elle brisa leur idylle en la mariant au prince de Condé. Henri versa des torrents de larmes, mais continua de la voir, se répandant en lamentations dès qu'il devait s'éloigner pour assiéger La Rochelle ou régner sur la Pologne. On n'a pas gardé trace de la correspondance qu'il échangea avec elle et qu'il signait de son sang, mais quelques lettres à des tiers permettent d'entrevoir que ce fut une passion violente, profonde, fortement marquée d'idéologie courtoise. Quoi qu'en ait dit Brantôme, il est probable que la « dame » qu'il révérait, l'héroïne de ce marivaudage romanesque où Ronsard lui prêta le concours de sa plume, ne fut jamais sa maîtresse. En revanche, il ne désespérait pas de la reprendre à Condé et de l'épouser. Celui-ci s'était enfui après l'échec du complot du Mardi gras. Réfugié en Allemagne, il était revenu au calvinisme. Il laissait à Paris sa femme devenue au contraire une catholique convaincue. Henri put rêver d'une annulation en cour de Rome qui lui livrerait sa bien-aimée.

Il y avait tout de même un obstacle : elle était enceinte. De son mari. En cet automne 1574, elle approchait de son terme. Le roi préférait n'y pas penser. En attendant sa délivrance, il se préparait à aller pacifier le Midi. Tout à la joie des retrouvailles avec la cour de France, il laissait à sa mère le soin des préparatifs et passait ses nuits à danser, en costume de satin violet rehaussé d'une débauche de plissés, de découpures, de boutons et de rubans, avec pendants de diamants aux oreilles et bracelets de corail au bras, traînant dans son sillage des effluves parfumés.

Ils séjournaient à Lyon quand la nouvelle les atteignit : Marie venait de mourir en couches, le 30 octobre. Catherine lut la lettre la première. Elle n'osa pas en parler, se contenta de la glisser au milieu du courrier où Henri la trouva. Il s'évanouit. Revenu péniblement à lui, il dut s'aliter, dévoré de fièvre. Quand il reparut au bout de trois jours, son obsession du détail vestimentaire n'avait pas disparu, mais elle avait tourné au macabre. Son justaucorps noir était constellé d'emblèmes en forme de têtes de mort. Il y en avait jusque sur les aiguillettes qui retenaient ses chausses et sur les rubans de ses souliers. Sa mère le crut ensorcelé, s'arrangea pour lui faire ôter les bijoux qui venaient d'elle, puis revenant à l'essentiel, elle s'occupa de lui trouver une épouse parmi les familles régnantes.

Profondément atteint, il se taisait, se repliait sur lui-même. Rien n'allait selon ses vœux. L'échec de la campagne militaire, survenant juste après le deuil de son grand amour, déclencha en lui la première d'une des nombreuses crises de mysticisme qui jalonnèrent son règne. Il organisa dans Avignon, à la veille de Noël, une procession de pénitents à laquelle ministres et courtisans furent invités bon gré mal gré à participer. Il ne leur laissa quelque latitude que sur la couleur du costume : ils pourraient à leur choix être blancs, comme lui-même, noirs, comme la reine mère, ou bleus. Vêtus à la manière des capucins d'une grossière tunique de bure, pieds nus, la tête dissimulée sous une cagoule percée de deux trous pour les yeux, ils défilèrent à sa suite cierge en main en psalmodiant des prières et les plus zélés – on ne sait si le roi en fut – se dénudèrent le torse pour se flageller jusqu'au sang. Le style très espagnol de cette mémorable cérémonie devait beaucoup à un confesseur jésuite récemment recruté, le père Auger. Mais il était trop étranger à la sensibilité française, dans sa théâtralité ostentatoire, pour ne pas choquer. L'on ricana jusqu'à Paris de la « procession des Battus » avignonnaise et l'on déplora ou l'on se réjouit, selon les cas, qu'elle eût fait une victime de marque en la personne du cardinal de Lorraine.

Le vieux prélat prit froid en effet et une congestion pulmonaire l'emporta en trois jours. C'était un des piliers du parti catholique. Catherine, qui voyait disparaître en lui un adversaire de la tolérance religieuse, s'en félicita publiquement. Elle fut cependant très frappée par cette mort, au point qu'elle crut voir, dit-on, son fantôme lui apparaître. N'en déplaise aux pamphlétaires, il n'avait pas été son amant. Mais elle perdait en lui un partenaire de son âge, aussi réaliste qu'elle. Les affrontements avaient fini par créer entre eux une forme de complicité. Ils se comprenaient. Avec lui, elle savait à quoi s'attendre. La jeune génération des Lorrains, au contraire, était redoutablement imprévisible.

Plus imprévisible encore le nouveau souverain, sur lequel les pénitents malgré eux s'interrogeaient en soignant leurs rhumes. Qu'était donc devenu le héros de Jarnac et de Moncontour, le digne émule de son père et de son grand-père, qui devait arracher enfin la France au funeste gouvernement des femmes ?

Et Catherine de son côté se posait mille questions, car elle sentait que son fils lui devenait étranger. Lorsqu'elle lui annonça, avec portrait à l'appui, qu'elle avait obtenu pour lui la main d'une attrayante princesse suédoise, à moins qu'il ne préfère une Danoise, il répliqua tout net que son choix était fait : il épouserait Louise de Lorraine-Vaudémont.

Le choix du roi

Qui donc ? Louise de Lorraine ? Où était-il allé chercher parti aussi modeste ?

Un cousinage avec le duc régnant ne suffisait pas à la hisser au niveau d'un roi de France. Née au château de Noményle 30 avril 1553, de Nicolas de Mercœur, comte de Vaudémont, cadet de la maison de Lorraine, elle était l'aînée des quatorze enfants qu'il eut de trois lits successifs. Elle n'avait qu'un an lorsque mourut sa mère, Marguerite d'Egmont, issue d'une grande famille des Pays-Bas. La seconde épouse de son père, Jeanne de Savoie-Nemours, fut pour elle une belle-mère affectueuse, lui fit donner une solide instruction classique et l'introduisit à la cour de Nancy à l'âge de dix ans. Elle brilla dans le monde, à Munich, au mariage de sa cousine Renée avec le duc Guillaume de Bavière. Mais un nouveau veuvage du comte lui donna pour marâtre Catherine d'Aumale, une femme dure, jalouse, qui la confina dans un isolement que venait rompre à de rares occasions la sollicitude de la duchesse Claude, la fille de Henri II et de Catherine de Médicis.

Grande, blonde au teint blanc, aux yeux brun clair très doux voilés par une légère myopie, la silhouette fine et racée, elle était belle, d'une beauté délicate, discrète, émouvante. Henri l'avait rencontrée l'année précédente lorsqu'il avait fait étape en Lorraine, sur le chemin de Cracovie. Dans le trouble où le jetait un départ qui lui répugnait, il fut frappé par sa douceur et sa modestie, lui demanda de prier pour lui, ajoutant que « s'il recevait du ciel cette grâce de voir son État bien établi, il lui ferait paraître combien il honorait son mérite ». Bien que les biographes ultérieurs de la reine aient voulu voir dans ces paroles une première ébauche de l'engagement à venir, on ne peut croire raisonnablement que Henri ait alors songé à l'épouser : une vague promesse de faveur, c'était déjà beaucoup en échange des prières d'une inconnue. Il ne « s'embrasa » pas aussitôt pour elle, c'est d'un autre feu qu'il brûlait alors, il était tout à sa passion pour Marie de Clèves.

Mais lorsqu'il décida de couper court aux entreprises matrimoniales de sa mère en prenant l'initiative, il se souvint de la douce et modeste jeune fille, qui n'était pas sans lui rappeler par certains côtés son amour perdu. Elle n'avait ni rang, ni crédit, ni fortune, ni prétentions. Elle n'existerait que par lui, elle serait toute à lui, fidèle et tendre. Il confia à son chancelier, Cheverny, « qu'il voulait prendre une femme de sa nation qui fût belle et agréable, disant qu'il en désirait une pour la bien aimer et en avoir des enfants, sans aller en chercher d'autres au loin, comme ses prédécesseurs avaient fait ». « En son cœur, il avait une affection imprimée et quasi déjà formée pour Mademoiselle de Vaudémont. »

Ce mariage « inégal et précipité » surprit beaucoup les contemporains, qui taxèrent de comédie le chagrin mélodramatique affiché quelques semaines plus tôt. On le soupçonna de n'aimer personne, alors qu'il lui fallait en permanence aimer quelqu'un pour se sentir vivre. On ne comprit pas davantage, tant les mentalités du temps étaient accoutumées à dissocier amour et conjugalité, qu'il tînt à porter à celle qu'il épousait un sentiment sincère. Contre tous les usages, son union avec Louise de Lorraine est le seul mariage royal de tout le siècle où n'intervinrent nulles considérations de politique ou d'intérêt. Inspiré, à défaut d'amour passion, par une inclination vraie, c'est un acte de foi dans l'amour conjugal espéré. Henri, décidément, prenait plaisir à se singulariser.

Il n'osa pas aborder sa mère de front et chargea le fidèle Cheverny « de le lui faire avoir pour agréable ». Catherine croyait que la perte de Marie de Clèves lui aurait inspiré, à l'égard des autres épouses possibles, une totale indifférence. Elle tomba de son haut. Mais elle l'aimait trop et craignait trop son humeur incertaine pour prendre le risque d'un conflit. Elle jugea qu'il serait désastreux de laisser apercevoir entre elle et son fils le moindre signe de mésentente. Elle prit donc le parti d'approuver chaudement ce qu'elle ne pouvait empêcher. Certes, les Guises, apparentés à la nouvelle reine, pourraient tenter d'en tirer avantage, mais la mort récente du cardinal de Lorraine venait de les affaiblir : une chose compensait l'autre. Et puis, renseignements pris, elle fut conquise par « l'esprit doux et dévot de cette princesse qu'elle jugea plus propre et adonnée à prier Dieu qu'à se mêler des affaires » : Louise ne lui disputerait pas le terrain politique.

Aussitôt acquis l'accord maternel, Henri congédia la capiteuse Renée de Rieux, demoiselle de Châteauneuf, avec qui il entretenait une liaison épisodique et, apprenant que Louise renonçait pour lui à deux prétendants, il proposa à l'un d'eux une compensation cavalière : « Mon cousin, j'ai épousé votre maîtresse[1] ; mais je veux en contre-échange que vous épousiez la mienne. » L'autre obtint à grand-peine trois jours de réflexion, qu'il mit à profit pour regagner en toute hâte son territoire de Luxembourg. Déjà deux hommes de confiance, Cheverny et Du Guast, chevauchaient vers la Lorraine, porteurs de la royale demande en mariage.

1. On se souviendra que le terme de maîtresse désigne seulement à l'époque une femme aimée ou recherchée par un homme, sans préjuger de la nature de leurs relations.

Le couronnement de Cendrillon

La suite de l'histoire, telle que l'ont transmise les biographes, a tout du conte de fées.

Louise, qui s'était rendue en pèlerinage à pied dans un sanctuaire de saint Nicolas, était absente lorsque les envoyés se présentèrent devant son père. Inutile de dire que celui-ci n'attendit pas de l'avoir consultée pour donner son consentement. Elle rentra tard, fatiguée, se mit au lit et s'endormit. Le lendemain, elle sentit la présence de sa belle-mère à son chevet, ouvrit les yeux et vit celle-ci lui faire trois révérences. Habituée à être rudoyée, elle ne comprit pas, se crut en faute, lui demanda pardon de ne pas s'être habillée à temps pour la saluer la première à son lever. « C'est à moi de me trouver au vôtre, répondit la marâtre avec une douceur imprévue, et de m'excuser d'avoir peut-être manqué à ce que je devais : vous épousez le roi de France. » La jeune fille, stupéfaite, croyait à une mauvaise plaisanterie. Elle se rendit enfin à l'évidence, elle était bien celle qu'avait choisie Henri III.

Le temps prit alors le galop. On était au début de février. Le roi tenait, pour donner plus de solennité encore à son mariage, à le jumeler avec son sacre, prévu pour le 13 du même mois. Il décida que les noces auraient lieu deux jours plus tard. Il arriva le 11 à Reims, où elle l'avait précédé de peu. Rencontre un peu angoissante pour tous deux. Au cours du voyage une autre princesse lorraine avait affirmé à Henri, pour tenter de la supplanter, que Louise lui préférait en secret un de ses anciens prétendants. Il se demandait s'il n'avait pas cédé trop vite à une impulsion déraisonnable. Elle, de son côté, tremblait qu'il ne fût déçu en la revoyant. Mais lorsqu'elle parut devant lui, elle rayonnait d'une telle joie qu'aucun doute n'était permis et le cœur du roi fondit de tendresse en se voyant ainsi adoré.

Elle se rendit le dimanche à son sacre, revêtue d'un manteau étincelant sur lequel il avait cousu lui-même perles et pierreries. Elle put le voir, caparaçonné d'or et de diamants, accomplir les gestes rituels, supporter des heures durant l'exténuante cérémonie. Il était à jeun, comme le voulait le rituel, il se sentit défaillir lorsqu'on lui posa sur la tête la lourde couronne, qui glissa, faillit tomber ; et il murmura qu'elle lui faisait mal : mauvais présage ? Il dut renoncer, par fatigue, à toucher les scrofuleux.

Le surlendemain Mardi gras eurent lieu les épousailles. Henri la voulait si belle que rien de ce qu'avaient prévu les tailleurs et les joailliers ne trouvait grâce à ses yeux. Elle se prêta patiemment aux essayages, debout, tournant et virevoltant pour lui permettre d'arranger un drapé, de rectifier un ajustement, se pliant à tous ses caprices. Ses cheveux n'étant jamais dressés à son goût par les professionnels, il finit par la coiffer de ses propres mains. Il y avait du Pygmalion en lui. Il l'avait tirée de rien. En l'habillant et en la parant lui-même, il se l'appropriait totalement, il faisait d'elle plus que sa créature : sa création.

Cependant le temps s'écoulait, dans la cathédrale le clergé et la cour attendaient, de plus en plus surpris de ce retard. Il était quatre heures de l'après-midi, la nuit tombait lorsqu'elle fit son entrée dans la nef, « vêtue à la royale d'un fort long manteau de velours violet tout semé de fleurs de lys d'or ». Et le cardinal de Bourbon put enfin célébrer la messe.

À la fin du mois, ils rentrèrent ensemble dans la capitale que Henri avait quittée un an et demi plus tôt pour s'en aller occuper le trône de Pologne. Ils étaient désormais mari et femme.

Jamais ne s'éteignit chez Louise l'éblouissement des premiers jours. Plus rien ne compta pour elle en dehors de celui qui l'avait élevée à lui, élue entre toutes pour partager sa destinée. Le cœur du roi ne l'avait pas trompé : elle était bien telle qu'il l'espérait. L'amour qu'elle lui voua devait résister au temps, aux épreuves, aux infidélités, à la mort. Pourtant, ce n'était pas un homme simple et facile à vivre que le fils préféré de Catherine de Médicis. Et sa personnalité ambiguë lui valut des attaques d'une violence inouïe, dont son épouse subit durement le contrecoup.

Un roi féminin

Les mois passent, puis les années, et les Français ne retrouvent pas dans leur roi le jeune guerrier plein de promesses qu'ils avaient cru connaître avant l'épisode polonais. En lui se développent au contraire d'inquiétants indices de féminité.

Il n'a rien perdu de son charme fameux, « cet admirable *je-ne-sais-quoi* qu'il a reçu de la nature » et qu'aucun portrait ne saurait rendre. « Ses yeux, cet agrément qu'il a autour de la bouche quand il parle, cette douceur avec laquelle il surprend ceux qui ont l'honneur de le voir en particulier ne se représentent ni par la plume ni par le pinceau. » Il est beau. Il le sait. Comment pourrait-il l'ignorer, depuis le temps qu'on le lui répète ? Cette beauté, cette grâce ont fait de lui pendant des années la coqueluche des filles d'honneur de sa mère. Il a appris d'elles à en jouer. Il aime à plaire, à séduire, et les moyens qu'il emploie, spontanément ou par mimétisme, ont quelque chose de féminin. À la société des hommes il préfère celle des femmes, dont il partage les préoccupations et les goûts.

Sa table de toilette n'a rien à envier à celle d'une coquette avertie : lotion spéciale pour éclaircir la peau de son visage et de ses mains, qu'il juge trop brune, crème de soin pour en conserver la douceur, poudre destinée à blanchir les dents tout en purifiant l'haleine, assortiment de parfums divers. Il prend grand soin de ses cheveux, du moins tant qu'il lui en reste : on les lui frise chaque matin au fer et on leur apporte lorsqu'ils commencent à grisonner de discrètes retouches de couleur. Lorsqu'il devra, pour raison de santé, se faire raser, il lancera la mode des bonnets plantés tout droits sur la tête, selon l'usage polonais, et recourra à l'occasion à une perruque.

Sa passion pour les bijoux, qu'il porte de préférence sur des tenues sombres pour mieux les mettre en valeur, n'est pas à l'époque spécifiquement féminine : tous les grands seigneurs exhibent, comme signes extérieurs de puissance et de richesse, des chaînes d'orfèvrerie à leur cou et d'énormes diamants à leurs doigts. Il ne se distinguerait que par la qualité de ceux qu'il arbore et par leur variété, s'il ne complétait sa tenue par des pendants d'oreilles qui, eux, ne relèvent pas des parures masculines traditionnelles. Certes, quelques gentilshommes faisaient parfois incruster un diamant dans le lobe d'une de leurs oreilles. Et Charles IX lui-même s'était risqué à y suspendre une pierre. Mais devant les énormes émeraudes arborées par Henri, « si grosses qu'il n'y a pas une Moresque en Afrique qui en ait de plus grandes », il en avait fait porter pendant quelques jours, par dérision, à une cinquantaine de ses gentilshommes, avant de les leur faire ôter. Lorsque Henri, devenu roi, se remit à exhiber de somptueuses pendeloques, il provoqua chez son plus jeune frère François et les amis de celui-ci de tels sarcasmes qu'il finit par y renoncer.

Parmi les activités aristocratiques auxquelles s'adonnent les hommes, il en est une seule qu'il pratique avec plaisir, la danse, où il excelle. Mais il déteste les exercices physiques exigeant un effort violent. Son frère Charles IX, pourtant de santé fragile, forçait les bêtes avec rage, battait le fer comme forgeron, jurait comme un charretier et piquait d'effroyables colères. Mais Henri fuit la chasse ou le manège, il se dérobe s'il le peut aux joutes et tournois malgré son réel talent d'escrimeur, et au jeu de paume, ancêtre de notre tennis, il substituera quelque temps le bilboquet. Il se force cependant à sacrifier aux usages, parvient à s'intéresser à la chasse sous l'angle de la vénerie et de la volerie d'oiseaux de proie, à l'équitation sous celui du dressage. Il ne convainc pas : un vrai gentilhomme se doit d'être belliqueux et brutal. Trop poli pour être honnête, trop mesuré dans son langage, trop doux malgré quelques éclats de colère, trop séduisant, trop raffiné, il aggrave son cas par son amour des livres, son intérêt pour les débats moraux ou philosophiques, ses accès de mysticisme, qui forment avec les traits cinglants d'une ironie désabusée un contraste surprenant. On lui pardonnerait tout cela s'il se dépensait par ailleurs en jeux virils. Mais ne voilà-t-il pas qu'il s'occupe à découper des *canivets*[1] ? Ce roi intellectuel, introverti, « tout enclin à la paix et au repos », passe donc pour un paresseux et la paresse, comme chacun sait, est mère de tous les vices. « Tous ses ins-

---

1. Les *canivets* étaient des images qu'on découpait soigneusement avec des ciseaux très fins et qu'on transportait sur d'autres supports pour en tirer divers effets.

tincts de bravoure et de graves desseins ont disparu, note au début de son règne un ambassadeur vénitien ; il s'abandonne à une telle oisiveté, les voluptés dominent tellement sa vie, il s'éloigne tant de tous exercices que chacun s'en étonne. » « Il est pusillanime et a faute de valeur », dit en écho le Savoyard. Et leur collègue espagnol explique qu'il laisse ainsi paraître « ce qu'il est en réalité », c'est-à-dire un homosexuel.

L'était-il, ne l'était-il pas ?

Le dimanche 24 février [1577], jour de saint Mathias, écrit dans son *Journal* le chroniqueur L'Estoile, bien que la situation politique fût très tendue et qu'il eût perdu tout récemment son beau-père, le roi « cependant faisait ballets et tournois, où il se trouvait ordinairement habillé en femme » – pour les ballets, pas pour les tournois ! – « ouvrant son pourpoint et découvrant sa gorge, y portant un collier de perles et trois collets de toile, deux à fraise et un renversé, ainsi que le portaient les dames de la cour ». Assurément on était en période de carnaval et durant les fêtes l'Église autorisait, comme jadis lors des saturnales, une transgression temporaire des lois et des interdits. Dans ce cadre le travestissement des hommes en femmes était traditionnel et il perdura, notamment dans les ballets à thèmes mythologiques, jusqu'au milieu du XVIIe siècle. Il n'était donc pas rare de voir des maréchaux couverts de cicatrices ou de graves magistrats incarner à cette occasion une déesse ou une nymphe. Hélas, le roi n'est pas un simple particulier. Étant donné les préjugés de son temps et la forte charge symbolique attachée à sa fonction, il aurait dû éviter les rôles de ce genre. Or il les affectionnait, et il les jouait trop bien, tant le travesti semblait chez lui naturel.

Mais ce qui contribua le plus à entacher sa réputation est la présence à ses côtés d'une pléiade de favoris qu'il entoura d'une affection extrême et combla de faveurs : les fameux *mignons*. Ce terme n'avait jusque-là par lui-même rien de péjoratif. Il impliquait seulement sollicitude et tendresse. Des favoris ? Les rois, princes et grands seigneurs en avaient presque tous. Ils choisissaient parmi leur clientèle de jeunes nobles de médiocre extraction dont ils assuraient la fortune en échange d'un dévouement à toute épreuve. Ils circulaient ainsi escortés d'une suite à l'ampleur de laquelle se mesurait leur prestige et qui pouvait leur servir de rempart en cas de danger. Des serviteurs à tout faire, des gardes du corps, des hommes de main au besoin, voilà ce qu'étaient la plupart des mignons qui entouraient Henri de Guise ou même François d'Alençon. Et leurs mœurs n'étaient pas en cause.

Mais Henri III choisit les siens sur critères esthétiques. Leur beauté rappelle aux poètes les plus fameux bergers de la légende grecque, qui avaient conquis le cœur des Olympiens. Le blond Jacques de Caylus notamment passait pour une réincarnation d'Adonis. Le roi les habille selon son goût, les fait friser, pommader, parfumer, les couvre de pierreries, les charge d'imposer les tenues vestimentaires qu'il tient pour élégantes, en fait des modèles ou des mannequins, au sens que nous donnons à ce mot lors des défilés de haute couture. Et les Parisiens de rire : « Ces beaux mignons portaient les cheveux longuets, frisés et refrisés, remontant par-dessus leurs petits bonnets de velours, comme font les femmes, et leurs fraises de chemises de toile d'atour empesées, et longues de demi-pied : de façon que voir leur tête dessus leur fraise, il semblait que ce fût le chef de saint Jean en un plat. [...] Peignés, diaprés et pulvérisés de poudres violettes et senteurs odoriférantes, [ils] aromatisaient les rues, places et maisons où ils fréquentaient. » De là à les qualifier de « mignons de couchette », pour préciser le rôle qu'ils étaient censés jouer auprès du roi, il n'y avait qu'un pas qui fut vite franchi.

La verve vengeresse de D'Aubigné et le moralisme bourgeois de L'Estoile ont donc transmis à la postérité, qui l'a presque toujours adoptée sans examen, l'image d'un roi se vautrant sans remords dans la luxure en compagnie de ses favoris. Il faut évidemment nuancer le portrait qui a été fait de lui, sans pour autant se croire obligé de le ramener à la norme.

Un seul diplomate, le très médisant Savoyard René de Lucinge, affirme noir sur blanc ce que la plupart des autres suggèrent entre les lignes. Il précise même le nom de son initiateur supposé, un des compagnons de son équipée polonaise, Villequier. Il ne sert pas à grand-chose, pour infirmer ce témoignage, d'énumérer les femmes qui, avant son mariage ou en marge, furent ses maîtresses, ni de recenser les fêtes mixtes fort dissolues auxquelles il participa. Car la seule conclusion qu'on puisse en tirer relève de l'évidence : il n'entretenait pas avec ses mignons une relation homosexuelle exclusive – chose d'ailleurs fort rare au XVIe siècle. Mais rien ne dit que, comme son frère François d'Alençon par exemple, il ne cultivait pas concurremment les deux formes d'amour. Lorsqu'on souligne d'autre part que ses favoris, en dépit de leurs airs de gravures de mode, étaient de redoutables bretteurs, toujours en quête de conquêtes féminines et prêts à en découdre à la moindre querelle, on est conduit à penser que leur maître appréciait justement chez eux cette virilité agressive qui lui faisait personnellement défaut. C'est bien comme un inverti qu'apparaissait le roi de France à ses contemporains médusés.

« Inversion psychique », tel est le diagnostic d'un médecin qui s'est penché sur son cas, estimant qu'il n'est pas passé à l'acte parce qu'il avait une conscience trop aiguë de sa condition de roi pour consentir à une relation de ce type. Réduit à contrarier ses désirs ou à en dévier les manifestations, il se serait contenté de vivre dans le déchirement sa féminité latente et de souffrir sans pouvoir éviter de scandaliser.

L'explication est plausible. Mais il est permis de se demander si l'on ne prend pas l'effet pour la cause en attribuant son mal-être à des pulsions sexuelles refoulées. Son extrême fragilité physique et psychique pourrait bien fournir la clef non seulement de ses comportements « féminins », mais de bien d'autres traits de sa personnalité.

Un être fragile

Le climat dans lequel Catherine de Médicis a élevé son fils préféré offrait un singulier mélange de laxisme et de contrainte. Elle ne savait que faire pour lui être agréable et le couvrait de compliments, mais elle attendait de lui qu'il réponde aux très grands espoirs qu'elle caressait : il serait l'émule de son père ou, mieux encore, de son grand-père François Ier, le type accompli du souverain de la Renaissance, à la fois guerrier et artiste. En somme, il ressemblait à un de ces enfants d'aujourd'hui outrageusement poussés, à qui l'on ne refuse rien, mais dont on exige beaucoup plus qu'ils ne sauraient donner. Docile, il s'évertua pendant toute son adolescence à reproduire le modèle proposé, non sans bénéficier sur le champ de bataille de discrets coups de pouce donnés par des maréchaux chevronnés. Il aimait sa mère, il mit son point d'honneur à la contenter, avec une bonne volonté d'autant plus grande que le modèle en question était universellement reçu et que ses moindres succès se voyaient récompensés par une moisson d'enivrantes louanges.

Lorsqu'il dut quitter la France la mort dans l'âme, elle lui tint pour enrober l'amertume de la pilule des propos dignes des anciennes Romaines évoquées dans les *Vies* de Plutarque, dont la récente traduction par Amyot faisait fureur : « Je vous ai trop montré que je vous aime mieux où vous pouvez acquérir réputation et grandeur que de vous voir auprès de moi, encore que ce me soit un grand contentement, mais je ne suis pas de ces mères qui n'aiment leurs enfants que pour eux, car je vous aime pour vous voir et désirer le premier en grandeurs et honneurs et réputation. »

Mais la pilule ne passa pas. Un seuil avait été franchi. Catherine demandait trop. Pendant les mois qu'il vécut en Pologne loin d'elle, soustrait à son emprise impérieuse, il se rendit compte qu'il serait incapable de forcer indéfiniment sa nature. Il comprit qu'il ne pouvait être celui qu'avait rêvé l'ambition maternelle. Et dans l'enchantement de la fête vénitienne, il sentit qu'il ne le voulait pas.

Il ne s'est jamais bien porté. Seule la comparaison avec Charles IX en phase terminale de sa tuberculose pulmonaire a pu le faire paraître robuste. Ses poumons à lui ne sont pas atteints. Mais c'est probablement le même mal, aggravé ou non – on ne sait – par une syphilis, qui provoqua chez lui des poussées infectieuses de toute sorte. Vers l'âge de douze ans, il avait eu au coin de l'œil gauche, près de la narine, une fistule suppurante dont les médecins ne purent venir à bout qu'en créant sous l'aisselle droite une « fontaine », afin de procurer une issue aux « humeurs » accumulées dans la tête : leur suintement continu marquait ses vêtements d'une auréole nettement visible à l'église lorsqu'il levait le bras pour se signer. Régulièrement, au cours de sa vie, on dut rouvrir cette voie dérivée pour tenter de purger les abcès récurrents qui lui venaient un peu partout sur le corps, à l'œil, à l'oreille, à la paume des mains, au pied. Il souffre de fièvres, d'atroces maux de tête, de troubles intestinaux, d'éruptions cutanées, d'œdèmes, d'hémorroïdes, de goutte, d'ostéite, d'ulcères. Depuis qu'une otite purulente a failli lui coûter la vie, il a perdu l'ouïe d'une oreille et il appréhende très fort les coliques néphrétiques dont il a ressenti quelques signes prémonitoires. C'est au demeurant un malade discipliné, prêt à se soumettre aux laxatifs, à la diète, à la saignée, docile aux injonctions contradictoires des médecins lui interdisant ou lui prescrivant tour à tour de boire du vin. C'est aussi un malade orgueilleux qui ne veut pas passer pour tel, car la maladie est laide, repoussante, elle risque d'altérer l'image qu'il veut avoir et donner de lui-même.

Il ne parvient pas à cacher le fait que tout effort intense ou simplement prolongé le fatigue, mais il le minimise, préfère en plaisanter, tente de faire passer pour préférence librement choisie ce qui est soumission aux impératifs de la nature. Il répugne aux exercices violents comme la chasse et la guerre tout simplement parce qu'il n'a pas les ressources physiques nécessaires. Il préfère les activités de l'esprit, parce qu'il est intelligent, certes, mais aussi parce qu'il les supporte mieux. Cependant, son application aux tâches de gouvernement est sujette à intermittences lorsque ses migraines deviennent intolérables. Il lui faut récupérer, laisser se reconstituer lentement des forces qu'il sera tenu de ménager. Sa paresse, son oisiveté, son « amour de la vie molle et facile » ne sont qu'une apparence derrière laquelle se dissimule une faiblesse qu'il se refuse à avouer. Et sa coquetterie, l'extrême soin qu'il prend de soigner et d'orner son corps est sans doute une réponse aux atteintes ressenties : parures, maquillage, parfums empêchent de laisser transparaître le lent travail de destruction qui est à l'œuvre au-dedans de lui.

Ses prétendues débauches relèvent sans doute du même processus compensatoire. Une sexualité vigoureuse n'est-elle pas un des attributs obligatoires d'un roi ? Catherine de Médicis, en proposant son fils à Élisabeth d'Angleterre, n'avait pas hésité à lui écrire qu'elle avait toutes chances de devenir mère « avec un aussi bon étalon ». Mais dans ce domaine comme dans les autres, elle semble l'avoir surestimé. Lorsqu'on tente de faire le décompte des « orgies » auxquelles il est attesté qu'il participa, on s'aperçoit qu'elles sont très peu nombreuses : le festin du Plessis-lès-Tours, la noce de la fille d'un de ses financiers, une partie fine chez le duc de Joyeuse..., on cite toujours les mêmes. Sur un règne de quatorze ans, ce n'est pas grand-chose. Si les murailles et tapisseries de sa chambre avaient pu parler, il est probable qu'elles n'auraient pas dit toutes les « belles choses » dont la seule idée fait saliver L'Estoile d'une gourmandise scandalisée. Le nonce apostolique Salviati voyait plus juste lorsqu'il écrivait à un collègue romain, dès avant le mariage avec Louise : « Il est par nature très porté à la luxure et néanmoins il est si faible que s'il lui arrivait de dormir deux ou trois nuits en compagnie, il ne pourrait quitter le lit d'une semaine. Quand Votre Seigneurie apprendra que le roi a eu en quelque sorte indisposition, comme c'est le cas aujourd'hui, où il est resté trois jours au lit, elle pourra dire que l'amour en a été la cause. » Le diplomate en conclut à tort qu'il vivra peu, mais avec raison qu'il n'aura pas d'enfants. Onze ans plus tard, si l'on en croit Lucinge, Henri était toujours partagé entre les intempérances de son imagination et les défaillances de son corps, puisqu'il s'adonnait au voyeurisme.

Il était encore plus fragile sur le plan psychique. « Mélancolique », donc dominé, selon la théorie des humeurs, par la bile noire qui assombrit le caractère, dépressif, « mal dans sa peau », comme nous dirions familièrement aujourd'hui, déchiré et lucide, il aspira éperdument, en marge de ses fonctions de roi qu'il tentait d'exercer de son mieux, à être aimé pour lui-même, tel qu'il était, de quelques êtres choisis à qui il vouait un attachement d'une intensité redoutable.

« J'aime avec extrémité »

Catherine l'aime excessivement, c'est-à-dire mal. Elle pèse sur lui de tout le poids de son autorité, de son expérience, de son savoir-faire de vieille négociatrice rouée. Telle une pieuvre, elle l'accable de ses conseils, l'écrase de ses louanges qu'il sait souvent imméritées, l'étouffe de ses embrassades et le noie de ses larmes, le ligote dans les nœuds étroits de la reconnaissance. Ne lui doit-il pas tout, et notamment deux couronnes, l'une conquise, l'autre préservée ? Il sait bien que c'est vrai, hélas, et qu'il a besoin d'elle : il ne peut sans son aide affronter les conflits qui secouent le royaume. Mais elle ne saurait combler son cœur.

Ce fils trop aimé de sa mère se sent mal aimé. La prédilection outrancière qu'elle lui voue l'a coupé de son entourage. Ses frères et sœurs le jalousent. Les autres le craignent, le flattent. Elle tend à écarter quiconque fait mine de se glisser entre elle et lui. Elle lui a refusé Marie de Clèves. Et quand elle le met en garde contre ceux qui sont devenus ses familiers en Pologne et qu'elle l'invite à leur mesurer ses faveurs, ce ne sont pas là seulement des préceptes de sage politique. D'instinct, elle cherche à faire autour de lui une sorte de vide sanitaire qui, reléguant à l'arrière-plan serviteurs et maîtresses, préserverait dans son superbe isolement le tête-à-tête entre mère et fils. Un roi doit savoir être seul, c'est ce que la vie a démontré à Catherine. Une solitude à deux la comblerait.

Pas lui. Comme son aîné, il a souffert d'une éducation trop fortement matriarcale. Charles était en quête d'un père, qu'il put croire un instant trouver en Coligny. Henri, sensible, passionné, cherche l'âme sœur, quel que soit le sexe du corps qui l'abrite. Il rêve du grand amour, de l'amitié idéale, avec toute la violence d'un tempérament à qui l'on n'a pas suffisamment imposé de garde-fous. « Ce que j'aime, c'est avec extrémité », a-t-il confié un jour à son secrétaire d'État, Villeroy. Bien sûr, il exige la réciproque, et quelquefois il l'obtient, tant émeut son attente ardente, anxieuse, pathétique. Tous ses espoirs s'étaient d'abord cristallisés sur Marie de Clèves. Quand elle est morte il a cherché un substitut en Louise de Lorraine. Elle est douce, sage, tendre, elle a toutes les qualités escomptées et elle l'aime profondément, mais il en faudrait davantage pour éteindre l'angoisse de son époux et répondre à son besoin de symbiose spirituelle. C'est à ses favoris qu'il demande finalement le supplément d'être dont il a besoin.

Sans qu'ils fussent nécessairement ses amants, il entretint avec eux une relation passionnelle qui ne pouvait être ni acceptée, ni même comprise et fut pour beaucoup dans sa désastreuse réputation. Comme Louise, ils sont ses créatures. Plus encore qu'elle, puisqu'ils sont hommes, il les façonne, il les modèle, il les recrée à son image et il se projette en eux. Portant mêmes vêtements, mêmes chevelures frisées, mêmes parures, ils sont ses miroirs et ses doubles, et c'est pourquoi on peut les dire efféminés comme lui. Mais ils sont aussi tout ce qu'il n'est pas, qu'il voudrait et ne peut pas être. Ils ont la santé et la force. Leur épée qui tranche sec est le bras armé de leur maître, leurs provocations et leurs duels sont siens. Nulle jalousie devant leurs succès féminins, au contraire. Il encourage leurs amours, qu'il vit par procuration : il rejaillit sur lui quelques bribes de leur exubérante virilité. Il les couvre bien sûr de présents et d'honneurs, bouleverse en leur faveur la hiérarchie nobiliaire et les soutient envers et contre tous, même s'ils ont tort, surtout s'ils ont tort, la seule condition étant qu'ils lui rendent son affection. Lorsqu'ils sont au loin, il les presse de lui écrire, et les lettres qu'il leur envoie sonnent comme des appels au secours : « Aimez-moi, aimez-moi, autant que je vous aime ! »

Il ne pouvait pas se passer de favoris, il en eut toujours entre deux et six à la fois. Et il en fit une assez grande consommation, car la fonction, on s'en doute, n'était pas de tout repos. Certains payèrent de leur disgrâce une infraction au pacte tacite. D'autres périrent assassinés. Quand deux d'entre eux tombèrent lors d'un célèbre duel qui les opposa en avril 1578 aux hommes du duc de Guise, le chagrin du roi atteignit au paroxysme. L'un, Maugiron, mourut sur le pré, l'autre, le beau Quélus, le plus aimé, agonisa plus d'un mois. Le roi allait le voir chaque jour. Il fit interdire la rue Saint-Antoine à la circulation pour procurer le silence au blessé, qu'il pansait et soignait de ses propres mains. Ce fut lui qui ôta les pendentifs qu'il avait suspendus lui-même à ses oreilles et il fit prélever sa blonde chevelure qu'il conserva comme relique avec celle de Maugiron. Il exposa leurs corps sur un lit de parade comme ceux des princes et leur fit bâtir dans l'église de Saint-Paul un somptueux mausolée de marbre blanc que la populace baptisa le « sérail des mignons » et qu'elle brisa quelques années plus tard, pendant les troubles de la Ligue. Car ce deuil mélodramatique avait scandalisé. C'étaient « façons de faire indignes d'un grand roi », gronda L'Estoile.

Henri pleurait ses mignons morts, mais il les remplaçait. Le 1er janvier qui suivit le duel tragique, lors de la remise des colliers de l'ordre du Saint-Esprit, on vit apparaître à ses côtés quatre nouveaux venus, vêtus en tout point comme lui. Et l'on comprit que la place laissée vide par les disparus était désormais remplie. Deux d'entre eux, Jean-Louis Nogaret de La Valette et Anne de Batarnay d'Arques, bientôt promus ducs d'Épernon et de Joyeuse, prirent vite une prééminence qui leur valut le surnom d'*archimignons* et jouèrent dans la fin du règne un rôle politique capital. Ils sont un peu plus jeunes que le roi, qui, entre-temps, a vieilli et n'a toujours pas d'enfant. Déjà il lui arrivait d'appeler Quélus « petit ». L'affection qu'il porte aux nouveaux venus prend une coloration plus paternelle encore, et familiale. Il les pousse au tout premier rang de la hiérarchie nobiliaire, il les dote, il les marie. Écrivant à la mère de Joyeuse, à qui il donne pour épouse la propre sœur de la reine Louise, il a ce cri du cœur : « Si je l'eusse pu faire mon fils, je l'eusse fait, mais je le fais mon frère. » Mais de plus en plus c'est en fils adoptif qu'il le traite, de même que son autre favori, Épernon.

Pareille faveur avait de quoi irriter tous ceux sur le ventre de qui il les faisait passer. Mais le plus grave était qu'elle témoignait d'un déséquilibre intérieur, d'une vulnérabilité qui parurent peu compatibles avec la fonction royale. « Il aimait sans mesure ceux qu'il favorisait sans savoir pourquoi », résume un contemporain. Ce n'était là qu'une de ses singularités, parmi bien d'autres.

Il était plein de contradictions. Il tenait par-dessus tout à ses prérogatives et veillait avec un soin tatillon au respect des formes qui en attestaient. Mais en même temps il supportait mal d'y être assujetti, il aurait voulu pouvoir y échapper. La vie quotidienne d'un souverain, en perpétuelle représentation, exposé au regard de ses sujets dans la moindre de ses activités, lui devenait parfois intolérable. « Misérable à mon gré qui n'a chez soi où être à soi, où se faire particulièrement la cour, où se cacher », écrit au même moment Montaigne, qui a vu de près et n'a pas aimé la vie que mène son prince. Aux yeux du méditatif auteur des *Essais*, misérable est le roi que tous courtisent mais qui ne s'appartient pas, jamais seul, jamais libre, enchaîné aux tréteaux de la scène grandiose sur laquelle il officie. Catherine a une capacité de repli sur soi hors du commun, elle est capable de s'abstraire de l'agitation ambiante pour mener, en son for intérieur, une réflexion solitaire. Henri, lui, a besoin d'isolement et d'intimité à la fois, il lui faut un cadre favorable et une présence amie. Plus il avance en âge, plus on le voit s'évader en compagnie de quelques familiers dans un château écarté. Et on le verra aussi chercher de temps à autre l'asile d'une cellule monastique pour tenter d'y trouver la paix intérieure.

Telle est, sommairement évoquée, la personnalité complexe de Henri III. On nous pardonnera ce long excursus consacré à un roi : il tient alors les clefs du destin de trois reines, sa mère, sa sœur et sa femme.

Il ne négligea jamais celle-ci, quoi qu'on en ait dit sur la foi des rumeurs concernant ses mœurs. Elle compta beaucoup dans sa vie et il forma avec elle un couple exceptionnellement uni.

Un couple uni

Si Louise de Lorraine occupe peu de place dans les chroniques, c'est parce qu'elle ne joua guère de rôle dans l'histoire : elle n'en avait ni le goût, ni sans doute les capacités. Elle se fond dans l'entourage du roi, perdue dans une manière d'anonymat. « Le jeudi gras 6 février [1578], écrit L'Estoile, le Roi, Monsieur, les princes et seigneurs de leur suite, les trois reines et les dames dînèrent en l'Hôtel de Ville, où le prévôt des marchands et les échevins firent le festin en grande somptuosité. » *Les reines*, presque toujours au pluriel, sont soit deux, Louise et son omniprésente belle-mère, soit trois lorsque comme ici se joint à elles Marguerite de Valois-Navarre. Et quand on lit sous la plume d'un mémorialiste *la reine*, il s'agit presque toujours de la reine mère. Pour parler de Louise, ils spécifient, *la jeune reine* ou *la reine régnante*. Celle-ci s'accommode sans peine d'une discrétion qui lui convient. Sa « maison » est plus restreinte que celle de Catherine et sa chambre moins « ouverte » : elle n'a pas en permanence autour d'elle-même tourbillon de courtisans.

Mais si on regarde de près ces chroniques ou si l'on examine l'iconographie, on constate qu'elle est toujours auprès du roi. Elle fut plus étroitement associée à la vie de son époux qu'aucune autre reine. Il lui fut offert moins d'entrées solennelles qu'à certaines, parce que Henri III fit moins de voyages d'apparat. Mais elle paraît à ses côtés dans toutes les cérémonies, dans toutes les fêtes, dans tous les festins officiels. Elle est présente dans sa chambre lorsqu'il reçoit des ambassadeurs, figure en bonne place à la séance d'ouverture des États généraux et participe avec lui, le 31 mai 1578, à la pose de la première pierre du futur Pont-Neuf. Il l'associe expressément, en 1579, à la création de l'ordre du Saint-Esprit, dont les insignes comportent deux *lambdas* grecs entrelacés avec un H : leurs initiales à tous deux. On est bien loin des monogrammes fameux joignant au nom de son père celui de Diane de Poitiers.

Les rois guerriers sont toujours par monts et par vaux, loin de leurs épouses. Henri III, plus sédentaire, séjourne près de la sienne. L'étiquette veut qu'il lui rende une visite quotidienne après son dîner (qui est, entre onze heures et midi, l'équivalent de notre déjeuner), qu'il prenne avec elle le souper (c'est-à-dire notre dîner) aux côtés de sa mère et qu'ils passent ensuite la soirée avec toute la cour à écouter de la musique ou à danser. Mais Henri ne s'en tient pas à ces démarches obligatoires, qui ne témoignent d'aucune affection particulière. Il apprécie la compagnie de sa femme et s'offre avec elle des escapades pleines d'imprévu. Dans l'hiver de 1674-1675 et bien que le pays fût en guerre, dit ironiquement L'Estoile, il ne laissait pas « d'aller aux environs de Paris, de côté et d'autre, se promener avec la reine son épouse, visiter les monastères des nonnains et autres lieux de plaisir, et en revenir la nuit, souvent par la fange et mauvais temps ; et même le samedi 7 janvier, son coche étant rompu, fit bien une lieue à pied par le mauvais temps qu'il faisait, et arriva au Louvre qu'il était plus de minuit ». L'été suivant, il profite d'un voyage en Normandie pour lui faire découvrir la mer. Le port de Dieppe, qui commerce avec les Tropiques, offre un grand choix d'animaux rares. Ils en rapportent tout un lot de guenons, perroquets et petits chiens, pour lesquels ils ont la même prédilection. Vers la même époque, il lui achète la terre d'Ollainville, près de Montlhéry, dont il remeuble somptueusement le château. Ils y séjourneront ensemble à plusieurs reprises.

Attentions de jeune marié que tout cela ? Elles se prolongent en tout cas bien au-delà de la lune de miel. En 1581, lors des noces de Joyeuse, Catherine, entrant à l'improviste dans le cabinet du roi, trouva la reine assise sur ses genoux : la chose parut assez insolite à l'ambassadeur d'Angleterre pour figurer dans son rapport. En juin 1587, lorsqu'une fièvre tierce la tient au lit, « sans parler d'une grande mélancolie qui l'afflige sans cesse », il « passe presque toute la journée auprès d'elle et essaie par des paroles pleines d'affection de l'exhorter à garder courage ».

Ce ne fut pas pour autant une union sans nuages.

Dès le lendemain de leur mariage, il lui ôta les filles de chambre qu'elle avait amenées avec elle, redoutant sans doute qu'elles n'intriguent en faveur des Lorrains. La « piqûre en fut grande » au cœur de la reine, surtout pour une « très belle et fort honnête demoiselle » nommée Changy. Mais une telle démarche était quasiment d'usage et elle s'inclina[1].

Plus graves furent les infidélités conjugales. Il alla quelquefois « au change, à la mode des grands », comme dit Brantôme. Il y mit cependant des formes. Jamais de maîtresses en titre, rien que des passades, peu nombreuses. Hélas, il y a toujours dans cette cour cancanière de bonnes langues pour en informer la principale intéressée. On lui fait savoir qu'il rencontre en secret telle ou telle fille d'honneur ou qu'il fréquente avec une assiduité suspecte le couvent de Poissy pour les beaux yeux d'une religieuse. Elle est amoureuse, elle est jalouse. Mais au lieu de subir en silence, comme ses pareilles, elle se révolte. C'est à tort que les contemporains ont vu en elle un « miroir de patience » : elle débordait d'amour, pas de résignation. Elle ne supporte pas, au début de son mariage, que Henri offre une place dans sa suite à Renée de Rieux en guise de cadeau de rupture. Elle est soulevée d'une grande colère, en 1580, quand tombent entre ses mains des lettres compromettantes d'une certaine demoiselle de La Mirandole, elle supplie Catherine « de l'envoyer de la Cour et que jamais elle ne la vît ». La jeune fille, en prenant congé d'elle, plaida coupable, mais allégua pour sa défense qu'elle voyait le roi « non en sa chambre, mais en une autre » : il ne

1. On verra plus loin que cette mesure était sans doute destinée à rendre plus acceptable pour sa sœur Marguerite l'expulsion d'une de ses suivantes.

mélangeait pas amours illégitimes et amours conjugales. Tous ces incidents n'impliquent point que les époux royaux fussent désunis, au contraire. Pour que Louise se permît de protester et qu'elle obtînt gain de cause, il fallait qu'elle se sût la préférée. Catherine avait sur la question une riche expérience. Elle ne s'y trompa pas et prit soin de se faire de Louise une alliée.

Elles firent front contre les mignons qui se montraient trop pressants auprès des filles d'honneur et en compromettaient quelques-unes. Catherine ne tolérait les intrigues de ses suivantes qu'au service de sa propre politique. L'honnêteté foncière de Louise lui fut très utile quand il s'agit de faire prévaloir la décence. On insinua que la trop possessive belle-mère incitait sa bru à faire des reproches au roi pour susciter entre eux irritation et discorde. Mais rien n'est moins sûr. Catherine, en délicatesse avec son fils, avait trop besoin d'elle. Et puis, il y a entre elles deux, en dépit des apparences, des points de convergence. Louise, sans être très intelligente, ne manque pas de bon sens. La piété exaltée du roi, par exemple, lui est étrangère. Elle préfère les bonnes œuvres. Elle patronne, au quartier Mouffetard, une Maison de Charité chrétienne. Et en peuplant les carrefours de statues de la Madone éclairées d'une lampe, elle contribue non seulement au salut de l'âme des Parisiens, mais à la sécurité de leurs sorties nocturnes. Elle s'inquiétera, comme Catherine, des progrès d'une dévotion outrancière chez le roi, en mesurera comme elle les effets dévastateurs dans l'opinion et tentera avec elle, en vain, de s'y opposer. On les retrouvera toutes deux luttant au coude à coude, dans la grande tourmente de la Ligue, pour la survie de celui à qui elles ont voué l'une et l'autre un immense amour.

Ce ne fut donc pas une reine insignifiante que Louise et la postérité a eu tort de l'oublier. Si elle n'avait choisi l'effacement, elle aurait pu briller d'un plus vif éclat. Elle le prouva en 1581, lors des festivités qui suivirent les noces de sa demi-sœur avec le duc de Joyeuse. Elle se devait d'offrir une fête aux jeunes époux. Ce fut le *Ballet comique*[1] *de la Reine*, resté célèbre dans l'histoire des spectacles pour avoir intégré la musique et la danse à une action dramatique, préfigurant ainsi les grands ballets

1. *Comique* veut simplement dire ici théâtral, sans préjuger du genre.

de cour du XVIIe siècle et annonçant de loin l'opéra. Le mérite de l'avoir conçu et organisé n'en revient pas à Louise, mais à Catherine, qui en avait confié l'exécution à un de ses chers artistes italiens, Belgiojoso, dont le nom francisé, Beaujoyeux, était en lui-même tout un programme. Sur un argument inspiré des maléfices de la magicienne Circé, nymphes et divinités évoluaient en chantant et en dansant dans un décor merveilleux. Un dénouement allégorique montrait Jupiter réduisant Circé à l'obéissance et, à l'intention de ceux qui n'auraient pas compris la leçon, un finale rassemblait tous les personnages dans un hommage rendu au roi, dont la sagesse et l'éloquence, dues à l'instruction reçue de sa mère, devaient suffire à ramener dans le devoir les rebelles les plus endurcis.

Pour une fois, Louise n'était pas parmi les spectateurs, dans l'ombre de sa belle-mère, mais sur la scène, parmi les néréides, « vêtue de toiles d'argent et incarnat qui bouillonn[ai]ent sur les flancs et tout autour du corps, et au bout partout de petites houppes d'or et de soie incarnate », « le chef paré et orné de petits triangles enrichis de diamants, rubis, perles et autres pierreries [...] telle qu'on voit la nuit les étoiles paraître au manteau azuré du firmament ».

La fête dura de dix heures du soir à trois heures du matin. À la fin – autre symbole – la reine offrit à son époux une grande médaille d'or représentant un dauphin nageant. Cette promesse d'un bonheur encore à venir ne fut malheureusement jamais tenue. L'absence d'enfant fut un drame pour le couple en même temps qu'une source de troubles très graves pour le royaume.

Le drame de la stérilité

En liant à son sacre la célébration de son mariage avec Louise, Henri pensait attirer sur leur union double bénédiction, dans l'espérance « que Dieu [lui] fera[it] la grâce d'en avoir bientôt des enfants ». L'impatience générale est telle que, dans les premiers mois, tous les yeux sont fixés sur la reine. On guette la moindre lassitude, la moindre pâleur, la moindre nausée. Les médecins qui veillent sur elle – est-ce vraiment un bien ? – font des déclarations qui donnent lieu à comptes rendus diplomatiques. Pronostics aussitôt démentis. En avril 1575, elle a des malaises, des vomissements, des douleurs au sein : fausse alerte. En juillet, elle est malade, « l'espoir de sa grossesse augmente », mais ce n'est qu'une erreur. Au printemps suivant, nouvelle désillusion. Le 24 mars 1576, l'ambassadeur vénitien fait état d'une rumeur optimiste, qu'il dément dès le 29. À la fin d'avril, elle souffre de ce qu'on croit être des troubles digestifs, on lui fait ingurgiter une purge qui la soulage. Hélas, on ne s'était pas aperçu qu'elle était enceinte. Cette « malheureuse médecine [...] lui fit vider l'enfant que les sages-femmes disaient être déjà tout formé ». Cette fausse couche, intervenue dans les toutes premières semaines, ne pouvait guère avoir sur sa fécondité future les mêmes graves conséquences qu'une autre plus tardive. Elle serait même sans doute passée inaperçue si l'on n'avait pas suivi la reine de si près. En l'occurrence, tout en causant aux futurs parents « un grand déplaisir », elle ranima en eux l'espérance. Ils veulent si fort y croire que l'imagination se met de la partie. Ils font comme si leurs désirs étaient déjà réalité. Elle choisit des robes plus amples, en prévision de l'enfant tant désiré. Et lorsque le roi l'emmène en Normandie, au cœur de l'été de 1576, il la fait voyager dans une litière traînée par des mules auxquelles on substitue des porteurs dès que le chemin devient raboteux.

Ces gestes propitiatoires restèrent sans effet. Au fil des mois, les ambassadeurs espacèrent leurs communiqués à mesure que l'évidence s'imposait : le couple royal était stérile. Dans l'histoire de France des derniers siècles, on ne connaissait pas d'exemple d'une stérilité royale sans appel. De quoi peser très lourdement sur les victimes de celle-ci, bien près de se transformer en coupables.

Le chagrin qui rongeait Louise se répercuta sur sa santé. Elle perdait force et couleurs, devenait l'ombre d'elle-même. Et comme les préjugés de l'époque associaient embonpoint et aptitude à la maternité, son cas parut de plus en plus désespéré : « Elle est d'une constitution et complexion très faible ; et c'est pourquoi on l'estime peu propre à avoir des enfants. Elle est plutôt maigre de corps qu'autre chose. » Le Vénitien qui écrit ces lignes en 1578 est cependant un des rares contemporains à lui attribuer la responsabilité de l'échec. L'opinion commune incrimine son mari, pour des raisons tenant à ses mœurs supposées, soit qu'on l'accuse d'homosexualité ou d'impuissance, soit qu'on évoque une syphilis qu'il aurait communiquée à la reine.

Mais si l'on hésitait sur les causes – et l'on hésite encore aujourd'hui –, les conséquences, elles, étaient claires. Et gravissimes. Sur le plan politique, c'est la perspective d'une crise successorale, avec son cortège de conflits – on y reviendra. Mais surtout, le lien mystique qui unit Henri III à son peuple s'en trouve affecté. Le roi incarne le royaume, dont la fécondité est à l'image de la sienne. Un souverain stérile est présage de stérilité générale : hommes, troupeaux et champs frappés de la même malédiction. Henri III, dont l'image était déjà suffisamment ternie par ses comportements et ses goûts peu virils, n'avait certes pas besoin de cette disgrâce supplémentaire.

Il ne pouvait manquer de se poser lui-même des questions. La naissance d'enfants naturels l'aurait rassuré et aurait coupé court aux insinuations. Il se serait même fait amener, dit-on, une belle et vigoureuse fille auprès de qui il espérait faire ses preuves. Mais, bien que quelques rumeurs aient couru, il n'eut de ses maîtresses aucune progéniture. Traditionnellement, les rois avouaient leurs bâtards et leur assuraient une position honorable. S'il en avait eu, il les aurait reconnus, en dépit du chagrin de son épouse : l'enjeu politique était trop important. Quant à celle-ci, il y eut de bonnes âmes pour l'inciter à faire l'essai de son côté. On prétend même qu'un des mignons bien en cour, Saint-Luc, s'était porté volontaire, ce qui lui valut sa mise à l'écart. Mais jamais Louise ne se serait prêtée à une manœuvre qui eût été à la fois une atteinte à l'honneur conjugal et, du point de vue dynastique, un sacrilège.

Henri tenta par moments de se raccrocher à l'explication la plus satisfaisante pour son amour-propre et de se persuader que la stérilité venait d'elle : « Ce n'était pas sa faute, mais celle de la reine régnante », aurait-il dit à sa mère. La malheureuse n'était que trop disposée à prendre sur elle le fardeau de cette involontaire culpabilité. A-t-elle craint la répudiation ? On voit mal quels motifs auraient pu être invoqués en cour de Rome en vue d'une annulation. Et puis, Henri avait des scrupules et Catherine, qui se souvenait de ses propres angoisses, ne renonça jamais à l'espoir. Elle-même n'avait-elle pas, après dix années infructueuses, mis au monde une dizaine d'enfants ? Elle croyait aux vertus de la confiance, elle leur prêchait l'optimisme : « Soyez joyeux ! Car voyez combien Dieu m'en a donné pour n'être point[1] mélancolique. » Mais, pour des êtres aussi anxieux, le conseil était difficile à suivre.

Ils recoururent à tout ce qu'offrait la médecine de l'époque. Le roi se fit examiner, on lui trouva, comme à son père, une légère anomalie sexuelle qu'on envisagea d'opérer. On le jugeait trop nerveux et on lui fit boire du lait d'ânesse pour l'apaiser, tandis qu'une matrone venue du fond du Languedoc préparait à la reine certains bains et lui faisait absorber des décoctions d'herbes mystérieuses dont elle détenait le secret. Tous deux coururent les stations thermales. Ils allèrent à Pougues et à Bourbon-Lancy, où ils ingurgitèrent des pintes et des pintes d'eau. À Mézières, ils se firent apporter de celle de Spa. Héroïques, ils en buvaient « plus que le plus grand ivrogne d'Allemagne de vin du Rhin », à s'en détraquer l'estomac, et Henri songeait au supplice de l'eau infligé pour donner la question : ce ne pouvait être pire « géhenne ». Ils se baignaient aussi et le repos entraîné par la cure leur donnait l'illusion d'un regain de santé. « Le roi et la reine ne furent jamais si sains qu'ils sont, écrivait Catherine lors de leur cure de 1583 ; s'il plaisait à Dieu les ramener avec un enfant au ventre de la reine, ce serait pour nous récompenser de tous nos maux. »

Chez le roi les épreuves réveillent la tendance latente au mysticisme. Pour se concilier la bienveillance divine, il multiplie les prières et les gestes de dévotion, fréquente assidûment les églises où il entend messes et sermons, et il accomplit des pèlerinages dont le *Journal* de L'Estoile nous permet de suivre le détail.

« Le vendredi 23 janvier [1579], le Roi alla à Ollainville se baigner et purger. Le semblable fit la Reine sa femme, qu'il laissa à Paris ; puis alla faire la fête de la Chandeleur en l'église de Chartres, et y prit deux chemises de Notre-Dame[2], une

1. Parce que je n'étais point...

2. On conservait à Chartres une chemise ayant appartenu à la Vierge, qui était, en même temps que sa statue, l'objet d'une grande vénération de la part des femmes désireuses d'enfants. On y distribuait à ces femmes des chemises

pour lui, et l'autre pour la Reine sa femme. Ce qu'ayant fait, il revint à Paris coucher avec elle, en espérance d'avoir un enfant, par la grâce de Dieu et des chemises[1]. [...] Le vendredi 26 [janvier 1582], le Roi et la Reine, chacun à part soi et chacun accompagné de bonnes troupes, allèrent à pied de Paris à Chartres, en voyage vers Notre-Dame de dessous terre, où fut faite une neuvaine à la dernière messe ; à laquelle le Roi et la Reine assistèrent, et offrirent une Notre-Dame d'argent doré, qui pesait cent marcs, à l'intention d'avoir lignée qui pût succéder à la couronne. [...] Le dimanche 18 mars, un jubilé à Paris, pour prier Dieu de donner lignée au Roi. [...] Le 25 juin, le Roi et la Reine furent en voyage à Notre-Dame de Chartres, y donnèrent une lampe d'argent de quarante marcs, et cinq cents livres de rente pour la faire ardre[2] jour et nuit. [...] Le lendemain de Pâques, 11 d'avril [1583], le Roi et la Reine partirent de Paris à pied, et allèrent à Chartres et à Notre-Dame de Cléry, pour obtenir mâle lignée par l'intercession de la belle dame ; et revinrent le 24 à Paris bien las. »

Dans les années ultérieures, les pèlerinages changent de nature. Louise a de la peine à suivre. Henri marche seul parmi des moines. « Le vendredi 9 mars [1584], le Roi partit de Paris pour aller à Notre-Dame de Chartres et de Cléry ; lesquels voyages il fit à pied, accompagné de quarante-sept frères pénitents des plus jeunes et dispos, pour bien aller de pied ; et tout au long de leur voyage portèrent toujours par les champs leurs habits de pénitents. » Et l'ambassadeur vénitien précise qu'ils couvrirent quatre-vingts lieues en treize jours et ajoute : « Il est resté dans chaque église des heures entières à genoux, en particulier dans celle de Chartres trois heures de suite sur la terre nue, en l'embrassant plusieurs fois. Il communiait tous les matins avec une telle dévotion et une telle humilité que tous ceux qui étaient présents en demeuraient étonnés et confus. » À titre de mortification, il avait tenu à garder une chaussure

---

qui, ayant été placées dix jours durant sur la châsse de Notre-Dame, passaient pour les rendre fécondes et pour leur alléger les douleurs de l'enfantement, dont la Vierge avait été elle-même préservée.

1. « Dont il était incapable, par la vérole qui le mangeait et les lascivetés qui l'énervaient », ajoute en guise de commentaire une édition plus tardive.

2. Brûler.

abîmée et la blessure qu'elle lui causa l'immobilisa ensuite plusieurs jours.

En mars 1586 à nouveau, « il partit des Chartreux, accompagné d'environ soixante de ses confrères en habits de pénitents, et avec eux s'en alla à Notre-Dame de Chartres, dont il revint à pied et en même habit en deux jours, et arriva à Paris le dernier [de] mars. La nuit du jeudi absolu[1], fit la procession accoutumée par les rues et églises de Paris, accompagné d'environ deux cents desdits pénitents ; et depuis la veille jusqu'au mardi de Pâques, ne bougea des Capucins à y faire prières et pénitences ».

Enfin, en décembre de la même année, le couple se rend à Chartres pour un dernier pèlerinage, en carrosse cette fois. Et comme la reine, en arrivant, se sentit souffrante et dut s'aliter, on voulut croire au miracle. Dès son retour à Paris, le roi s'en alla aux Capucins « remercier Dieu de ce que la reine était grosse, comme il en avait pris l'opinion ». Mais il fut détrompé trois jours plus tard.

Henri n'a donc pas tout à fait renoncé à l'espoir d'un enfant. Mais sa dévotion est devenue plus profonde. Il ne croit plus guère à la vertu des chemises bénites, des offrandes, des gestes extérieurs. C'est en lui qu'est le mal qu'il faut déraciner, le péché qui lui a valu cette malédiction qu'est la stérilité. Il remet en question sa vie tout entière. En 1582, il procède avec son confesseur à un examen de conscience général et fait vœu de ne plus connaître d'autre femme que la sienne et de dormir avec Louise toutes les nuits. Ses assiduités répétées auprès d'elle sont précédées de jeûnes, de prières, de tout un rituel purificateur. Sans plus de résultat. Il oscille entre espérance et découragement, s'obstine ou renonce tour à tour. Et peu à peu s'installe en lui la résignation. Il s'incline devant la volonté de Dieu. C'est à son salut éternel qu'il songe de plus en plus lorsqu'il revêt la bure du pénitent. Sa dévotion prendra dans les dernières années de son règne une coloration macabre, comme au temps du deuil de Marie de Clèves. Et l'on reverra à sa ceinture des chapelets de têtes de mort.

Un couple soumis à une telle épreuve risquait de s'entre-déchirer, chacun rejetant sur l'autre la responsabilité du

1. Ancien nom donné au Jeudi saint.

désastre. Henri et Louise furent préservés de cette tentation par leur foi. Dieu leur avait refusé des enfants, peu importait par quelles voies : les causes secondes sont négligeables face à la volonté première du Créateur. Ils restèrent donc solidaires dans le malheur vécu en commun. Mais leur itinéraire intérieur divergea. Louise, moins intelligente, moins intellectuelle surtout, d'une sensibilité plus terre à terre, ne comprit pas le mysticisme exacerbé de son mari, ne partagea pas sa volonté de mortification, resta étrangère à sa hantise de mort. Elle se contenta de lui offrir son amour simple, profond, total. Nous la retrouverons à ses côtés, discrète, fidèle, tout au long de l'itinéraire qui le conduisit à sa fin.

CHAPITRE IX

Les enfants terribles de Catherine

Revenons un peu en arrière, au mois de septembre 1574. La reine mère s'en allait à la rencontre du nouveau roi, traînant à sa suite les deux trublions princiers compromis dans la dernière conspiration, son fils François d'Alençon et son gendre Henri de Navarre. Elle faisait peser sur eux une surveillance de tous les instants, les menant avec elle dans son chariot le jour et les faisant coucher la nuit dans son logis. Ils ne bronchaient pas, feignaient la docilité. « Ils m'ont tous deux dit, écrit-elle, que asteure[1] qu'ils ont toute liberté, que c'est alors qu'ils me veulent le plus rendre de sujétion. » Toute liberté ? C'est beaucoup dire. Lorsque avait tonné le premier coup de canon annonçant que le roi franchissait la frontière, elle les avait envoyés au-devant de lui sous bonne escorte, comme l'exigeait le protocole, et ils s'étaient livrés aux démonstrations attendues. De Venise, Henri III n'avait-il pas écrit à celui qui venait de lui disputer le trône : « J'espère que Dieu me fera la grâce de vous faire connaître que vous n'aurez jamais un meilleur frère que je me délibère vous être[2], ne voulant être qu'une même chose avec vous… » ? Hommages et embrassades, gestes de soumission et protestations d'amitié sont de pure forme, autant en emportera le vent de la jalousie et de l'intérêt. Seules sont sincères les larmes de joie versées par la mère en se jetant dans les bras d'un fils secrètement réticent.

1. À cette heure, maintenant que…
2. Que j'ai l'intention d'être pour vous.

Nul ne croyait que l'entente pût durer dans la famille royale. Quelques mois plus tard, l'ambassadeur vénitien inquiet s'exclama : « Dieu veuille mettre sa sainte croix dans tout cela, car la discorde entre ces personnages est une guerre pire que celle contre les huguenots. » Il ne croyait pas si bien dire. Ou plus exactement il aurait fallu préciser que les luttes fratricides entre les fils de Catherine allaient réveiller et nourrir les conflits religieux. Les deux guerres n'en feraient plus qu'une, dans la plus inextricable confusion.

Seule la reine mère se berce d'illusions. Son optimisme naturel, joint à la joie des retrouvailles, lui souffle que les épreuves sont terminées, que la seule présence sur le trône d'un homme, d'un roi, mettra fin aux dissensions qui déchirent le royaume. À ce fils qui lui revient enfin, elle pense pouvoir offrir, sur un plat d'argent, les clefs de la paix.

Les illusions de Catherine

Sur l'échiquier politique et militaire, elle vient de remporter des points. La récente conspiration a échoué. Son dernier fils et son gendre ont désavoué et laissé exécuter les subalternes, elle les tient bien en main, ils filent doux : de quoi décourager les candidats à la subversion. Le corps expéditionnaire britannique a été battu, son chef capturé. Ce dernier était une vieille connaissance, l'Écossais Montgomery, capitaine des gardes de Henri II, involontaire auteur du coup de lance malencontreux qui avait tué son maître. En le faisant juger, condamner à mort et exécuter au plus vite, la reine venge son époux en même temps qu'elle sanctionne le passage de cet ancien serviteur à la cause de la Réforme. Le prince de Condé, en fuite, s'est réfugié auprès des protestants d'Allemagne. Reste le clan des Montmorency, suspect de sympathie pour les conjurés. Catherine ne peut pas grand-chose contre le très puissant duc Damville, gouverneur du Languedoc, qui s'est retiré dans sa province où il fait figure de vice-roi, mais elle détient son frère aîné, le maréchal de Montmorency, qu'elle fait embastiller en compagnie de leur cousin de Cossé : il répondra des incartades de son cadet si celui-ci tente de contester sa destitution, qu'elle vient de prononcer. Prudente, elle atténue l'offense en confiant la charge à un de leurs oncles. Il y a là matière à un de ces bons marchandages qu'elle affectionne et tout devrait se régler par un jeu d'échanges. Parmi les grands personnages, aucun, pense-t-elle, n'est en mesure de diriger une rébellion.

Quant à l'impopularité dont elle se voit l'objet, elle la tient pour négligeable. Depuis la Saint-Barthélemy, des pamphlets d'une violence inouïe, sortis de plumes huguenotes ou « politiques », rencontrent auprès du public un succès sans précédent. Non contents de lui reprocher le massacre, ils l'accusent de tous les vices et de tous les crimes. Les imputations les plus invraisemblables, sur la licence de ses mœurs ou sur les multiples empoisonnements qu'on lui prête, y compris parmi ses proches, voisinent avec des accusations mieux fondées : son insatiable volonté de puissance, à laquelle elle aurait sacrifié ses fils, la faveur excessive dont elle gratifie ses serviteurs italiens, notamment les financiers qui mettent le royaume en coupe réglée, sa mauvaise foi, sa duplicité, sa ruse, son cynisme. De tout cela, déballé en vrac, elle a pris le parti de rire : que les mécontents se défoulent en paroles, c'est sans conséquence puisque les grands seigneurs ont déposé les armes.

Quelque chose devrait l'alerter pourtant. Derrière toutes ces critiques perce çà et là une interrogation sur la légitimité du pouvoir royal et ses éventuelles limites. L'humeur est aux récriminations. À l'apologie du bon vieux temps, des souverains d'autrefois, des franchises et libertés traditionnelles, se mêlent des revendications plus modernes, exigeant du roi un partage des responsabilités avec les municipalités et les assemblées provinciales. Dans les deux cas, un même refus dresse les sujets contre l'idée d'une autorité échappant à tout contrôle. Et la phraséologie huguenote prend volontiers sur ce thème une tonalité républicaine de marque genevoise.

Catherine perçoit bien cette désaffection insidieuse qui frappe le régime monarchique, mais elle n'en mesure pas toute la portée. Paradoxalement, le fait qu'elle soit la principale cible des libellistes la rassure. Elle se sent seule visée. Les minorités, dit-on, sont une catastrophe, les régences un fléau, surtout quand on les confie à des femmes – des étrangères la plupart du temps – que la loi salique exclut pourtant du pouvoir comme incapables. Les Français veulent un roi, un vrai, un homme, adulte, en qui ils se reconnaîtront ? Eh bien ! ils en auront un, le meilleur qui soit, elle en est convaincue. Son fils chéri n'a qu'à paraître, dans tout l'éclat de ses vingt-trois ans, pour que la France réconciliée avec sa monarchie retrouve la paix. Ce qu'elle n'a pas pu faire, parce qu'elle était femme et ne jouissait que d'une autorité déléguée, il le fera, lui, souverain de plein exercice : « Il peut tout, pourvu qu'il le veuille ! »

Dès son avènement et avant même son retour en France, elle dresse à son intention un programme de gouvernement, que le chancelier Cheverny, qui le lui apporte à Turin, se chargera de lui commenter : de sages conseils qui l'invitent à rompre avec les habitudes prises du temps de Charles IX. Il doit « se montrer maître et non plus compagnon », car personne désormais n'est son égal : il a des sujets, des serviteurs, pas d'amis. Qu'il récompense chacun selon ses mérites, distribue à bon escient les charges à des hommes capables, refuse de céder à ceux qui l'importuneront de leurs plaintes ou se permettront de le braver. Qu'il se montre parcimonieux dans ses faveurs, pour ménager le trésor et pour laisser à tous quelque chose à espérer. Qu'il veille à soutenir, dans les provinces, les notables fidèles. Qu'il évite de laisser des favoris disposer de tout et se créer en son lieu et place des clientèles particulières à son détriment. Bref, qu'il se montre un arbitre au-dessus des partis, en position de trancher tous les conflits. Suivaient d'autres suggestions l'invitant à prendre personnellement en main les affaires de l'État et à soumettre sa vie quotidienne à un horaire très strict, afin de régler par là celle de toute la cour.

Elle parlait d'or. Henri le savait. La volonté, il l'avait. Du moins au départ. Et Catherine, lucide, le pressait de s'attaquer aux réformes, « car s'il ne les fait dès ce commencement, il ne les fera jamais ». Il en fit quelques-unes en effet, il réduisit les pouvoirs du Conseil, contrôla l'activité des secrétaires, se réserva de signer le courrier, les placets, les nominations. Mais il n'a pas, on l'a vu, la force et l'équilibre psychologique requis pour assumer les rôles successifs que lui assigne sa mère. Au brillant modèle fourni par son grand-père François Ier, ne vient-elle pas d'adjoindre, pour la diplomatie et l'administration, Louis XI ?

Alors, il s'enferme dans le mutisme, il se dérobe, il lui glisse entre les doigts, il fuit. Elle n'a plus de prise sur lui. Amère désillusion, qu'elle vit très mal.

Mère et fils

Certes, il ne manque pas, dans son discours d'ouverture des États généraux, de prodiguer à sa mère des hommages appuyés, pour « la grande vigilance, magnanimité et prudence avec lesquelles elle a tenu le gouvernail pour sauver ce royaume ». Moyennant quoi il a le sentiment de lui avoir rendu ce qui lui est dû. Mais la parfaite entente dont elle rêvait, l'harmonie totale de leurs deux esprits et de leurs deux cœurs se révèle illusoire dès son retour de Pologne.

Ces quelques mois d'absence l'ont changé. Leurs situations respectives ne sont plus les mêmes. L'adolescent qu'elle s'appliquait à protéger et à pousser est maintenant roi de France. Elle ne retrouve plus la libre familiarité qui la liait auparavant à lui. Étrangement, il l'intimide. La fille des Médicis éprouve, depuis qu'un mariage inespéré et une mort imprévue l'ont hissée sur le trône de France, un respect quasi religieux pour la fonction royale. Elle vénère en son fils le descendant et le successeur de Saint Louis, de Louis XI, de François Ier et de Henri II. En le servant de toutes ses forces, elle l'aidera à les égaler.

On ne peut s'empêcher d'observer cependant qu'elle n'avait pas montré, à l'égard de ses deux autres fils défunts, pareil respect. Celui-ci est l'objet d'une élection mystérieuse. En lui, beaucoup plus encore qu'en Charles IX, elle révère l'image idéale du souverain sur laquelle elle a tâché de le modeler et qu'elle le croit en mesure d'incarner. Et elle se projette en lui. Il sera le roi qu'elle aurait aimé être si elle avait eu la chance de naître garçon et fils de France. Il la vengera du sentiment d'impuissance si souvent éprouvé lorsqu'on lui refusait les moyens d'action politique qu'on eût libéralement accordés à un homme. Cette femme si lucide, si maîtresse d'elle-même n'est pas à l'abri des intempérances de l'imagination. Elle s'est fabriqué un fils selon son cœur, dont le vrai Henri n'est pas, hélas !, la copie conforme.

Qu'il pèche par inexpérience est sans importance : elle n'aura pas de peine à lui apprendre le métier de roi. Qu'il soit ombrageux, impulsif, influençable même, tout cela est dans l'ordre et devrait passer avec la venue de l'âge. Qu'il cherche à s'affirmer face à une mère abusivement possessive et protectrice, elle serait disposée à l'admettre, à la rigueur, et prête à alléger sa tutelle. Mais la mort de Marie de Clèves révèle en lui bien autre chose. Son chagrin violent, sa religiosité morbide sont terrifiants. Et, sans transition, lorsque son apparente passivité débouche sur la décision arrêtée d'épouser Louise de Lorraine, elle prend la mesure de sa puissance de dissimulation. Elle se croyait psychologue, elle pensait connaître et prévoir les réactions des jeunes gens. Voici soudain qu'elle découvre en lui des abîmes insoupçonnés. Elle ne le comprend pas. Toute une part de lui, sa quête d'absolu, son désir d'évasion, son angoisse intime, sa fascination de la mort, est par trop étrangère au solide réalisme sur lequel elle a fondé tous ses succès. Quant à son ambiguïté sexuelle, il est évident qu'elle n'entre pas dans les mérites et qualités du parfait souverain selon Catherine. Gêne, malaise, souffrance. À cette mère trop forte et qui lui prêche l'énergie, il répugne à montrer ses faiblesses. Et, dans son égoïsme candide d'enfant gâté, il ne songe pas une seconde à ses chagrins à elle. Celui qui venait de faire prendre le deuil à toute la cour pour la mort d'une femme qui n'était pas la sienne n'interrompt pas ses plaisirs, ne suspend pas les festivités lorsque quelques semaines plus tard la mort de sa sœur Claude, duchesse de Lorraine, jette leur mère dans le désespoir. Entre elle et lui, la fêlure est bien là, douloureuse. Elle ne se refermera jamais.

L'incompréhension partielle n'empêche pas l'amour, au contraire, elle l'avive même quelquefois. Mais elle le rend humble et timide. Face à son fils, Catherine perd une partie de ses moyens. La confiance aveugle dans ses mérites altère en elle le jugement, la crainte de lui déplaire la paralyse. Elle minimise ses erreurs et pardonne ses rebuffades. De lui elle accepte tout. Pour lui elle est prête à tout. Un dévouement total, médiocrement récompensé.

Elle lui a conseillé de prendre personnellement les rênes du pouvoir ? Elle en est la première victime. C'est lui qui décide, et il le lui fait sentir. Sous Charles IX elle exerçait en fait le pouvoir souverain. Elle n'est plus désormais que le « principal ministre » de Henri III. La cinquième guerre de Religion agrandira bientôt entre eux le hiatus. Il lui ôte le privilège d'ouvrir le courrier et de lire les dépêches la première. Il cherche à écarter ses créatures pour les remplacer par des hommes à lui. Elle a eu toutes les peines du monde à conserver des fonctions à mi-temps à son fidèle Albert de Gondi, condamné à partager sa charge de premier gentilhomme de la chambre avec un des compagnons de l'intermède polonais. Mais le roi le tient à l'écart. Sa confiance, il la donne à ses mignons. Jalousie, luttes d'influence, divergences sur la politique à tenir : elle trouve en eux des ennemis. Tous les favoris successifs, mais surtout les derniers, Joyeuse et Épernon, s'appliquent à écarter de son fils la reine mère. Ils le poussent à « rompre tout ce qu'elle avait promis et contracté pour lui ».

Elle s'accroche, elle impose sa présence et il n'a que trop l'occasion de l'utiliser. Il se décharge sur elle de toutes les tâches désagréables, par exemple négocier sur le terrain avec les rebelles ou tenter de remplir l'éternel tonneau des Danaïdes qu'est le trésor royal : nul ne lui disputera le très ingrat ministère des finances. Elle lui rend de toutes ses démarches un compte détaillé, prudent. Lorsqu'elle risque une critique, elle l'accompagne de précautions oratoires et d'excuses : « Pardonnez-moi, je vous parle la vérité et d'affection comme je la vous dois. » Mais en général, elle veille à lui laisser la responsabilité du choix et remplace les conseils par d'indirectes suggestions. Il peut ainsi s'attribuer le mérite des initiatives heureuses. Celles qui lui déplaisent, en revanche, il les lui met sur le dos, s'en lave les mains, prêt à revenir sur les concessions accordées. Il ne la querelle pas, se contente de lui « faire le froid », et ce silence est pire qu'une discussion ouverte, même violente. En janvier 1577, elle gémit : « Je ne fais pas une chose à part qu'il ne la trouve mauvaise ; l'on voit bien que je ne puis pas faire tout ce que je veux. » En 1588, elle dira tristement : « Il y a bien douze ans qu'il n'écoute plus mes conseils. » À vrai dire, il les écoute quand cela lui convient et il lui rend la direction des affaires par intermittence, lorsque sa santé, sa mélancolie ou ses dévotions l'amènent à s'isoler pour quelques jours : pouvoir à éclipses, privé par là même d'efficacité. Mais comme les interlocuteurs de Catherine savent qu'elle n'est pas maîtresse des décisions, son autorité dans la négociation s'en trouve réduite.

Leur action commune en devient discordante, le gouvernement à deux, la dyarchie harmonieuse dont elle rêvait, se transforme en un attelage disparate qui tire à hue et à dia. Est-ce par goût du pouvoir qu'elle se cramponne aux prérogatives qu'il lui laisse ? En partie sans doute. Elle aimait à se sentir indispensable. On lui a beaucoup reproché d'avoir tout fait pour le devenir. Mais à vrai dire, elle n'eut pas beaucoup à faire pour cela. Les imprudences de son fils y suffisaient. Dès ses premières semaines de règne, il démontra que le moment n'était pas encore venu pour Catherine de passer la main.

Occasions manquées

Il avait été chaleureusement accueilli à Turin, capitale de la Savoie, par le duc et par la duchesse Marguerite sa tante. À la prière de celle-ci, il accepta de leur restituer trois petites places fortes que la France occupait encore en Piémont depuis des décennies, mais dont le traité du Cateau-Cambrésis, complété par un autre, stipulait la rétrocession à terme. Les places en question n'avaient guère de valeur que sentimentale, puisque les ambitions françaises en Italie du Nord n'étaient plus qu'un souvenir. Leur abandon était légal et il ne tirait pas à conséquence. Mais elles constituaient une monnaie d'échange. L'erreur ne fut pas de les rendre, mais de les rendre sans compensation. Le bénéficiaire n'en croyait pas ses oreilles. Il se rua à Lyon pour s'assurer que la reine mère était d'accord. Malgré l'opposition de ses conseillers, elle n'osa contredire son fils et elle confirma.

Beaucoup plus grave fut la négociation manquée avec Damville.

Le gouverneur de Languedoc, destitué par elle et sommé de venir s'expliquer à Paris, n'avait pas voulu se jeter dans la gueule du loup et risquer de rejoindre son frère à la Bastille. Il cherchait à la court-circuiter en prenant contact avec le roi avant le retour de celui-ci en France. Son voisin et ami savoyard avait offert son entremise et lui avait ménagé une entrevue à Turin.

Henri, pris au dépourvu, le reçut aimablement mais le paya de réponses dilatoires, en attendant des instructions de sa mère. Mais déjà sa réaction montre à l'égard des questions soulevées par son interlocuteur une telle incompréhension que celui-ci, qui l'accompagnait dans son chemin vers la France, l'abandonne à Suse, découragé, bien décidé à ne « le voir jamais plus qu'en peinture ». À peine s'étaient-ils séparés qu'arrivait la lettre de Catherine enjoignant à son fils de ne pas le laisser partir sans s'être accommodé avec lui. Mais il était trop tard. À la suite de cette double bévue, le Savoyard proféra sur son neveu ce verdict sans appel : « C'est un sot. » Certes, Henri ne l'était pas, mais il venait assurément de commettre deux sottises.

Damville ne s'est pas dérangé uniquement pour débattre d'une compensation à son gouvernement perdu. Ce qu'il a à dire au roi est grave : c'est que les provinces méridionales, à l'appel des huguenots mais aussi des catholiques exaspérés par le désordre, récusent son autorité et s'organisent en groupements autonomes tout prêts à se fédérer et à faire sécession. De longues années d'insécurité, de rapines, de massacres ont détruit toute confiance dans une royauté impuissante à rétablir l'ordre. Ceux qui déposent les armes pour obéir aux édits sont les victimes désignées de toutes les exactions. Pour se défendre, nul ne peut compter que sur soi. Autour des gentilshommes besogneux vivotant sur leurs terres dévastées se regroupent les paysans anxieux d'échapper aux soldats ou aux brigands. Dans les villes, les notables soucieux de préserver les biens acquis par le travail ou la spéculation dirigent les affaires, recrutent des milices, renforcent les remparts, lèvent l'impôt. Contre les mercenaires étrangers, contre les bandes de pillards qui rançonnent indistinctement tous les voyageurs, contre les envoyés du roi qui prêchent le désarmement à sens unique, catholiques et protestants sont tentés de faire bloc, unis dans une même rancune contre un monarque inutile, pernicieux. Retour à une forme archaïque de féodalité ou émergence d'oligarchies municipales à l'italienne constituent pour la cohésion du royaume de graves menaces. Et lorsque l'assemblée générale des réformés, réunie à Millau, propose de regrouper les diverses suggestions en un faisceau de revendications communes et somme Damville de s'associer à l'État dans l'État qu'elle s'apprête à rendre officiel, le fils du connétable de Montmorency prend peur. Jusque-là, il avait louvoyé entre les forces en présence en s'appuyant sur les modérés des deux confessions. Mis au pied du mur, il ne se sent pas la vocation de tribun de la plèbe. Sa conscience de grand seigneur le rend solidaire de la monarchie. Il s'en va donc à Turin prier le roi d'accorder aux huguenots des libertés supplémentaires seules capables d'enrayer le processus.

On s'est demandé si des mesures de tolérance auraient pu, à cette date, sauver la situation. Peut-être que oui, peut-être que non : à cette question il est impossible de répondre. On s'est interrogé aussi sur les responsabilités respectives du roi et de sa mère dans la politique de rigueur adoptée. À l'évidence ni l'un ni l'autre n'étaient prêts à entendre le très dérangeant message du gouverneur, si peu conforme à leurs préjugés sur la hiérarchie sociale. Aucun des deux ne songeait un instant à souscrire aux exorbitantes revendications d'obscurs députés hérétiques qui osaient réclamer un partage du pouvoir. Mais Catherine aurait bien préféré, avant d'attaquer les huguenots du Midi, avoir préalablement neutralisé Damville. La maladresse du roi le rejeta au contraire dans leur camp.

La guerre civile – la cinquième guerre de Religion – était inévitable, Catherine le savait si bien qu'elle avait réuni à cet effet des fonds et des troupes. Mais elle s'engageait dans les plus mauvaises conditions.

Et Henri se révéla incapable de la mener : la mort de Marie de Clèves l'avait soudain anéanti. En proie au chagrin et à la crise mystique qui s'ensuivit, il laissa Damville s'emparer de Saint-Gilles-du-Gard : et, par bouffées, le fracas de la canonnade atteignait Avignon, dominant le tintement des cloches qui scandaient la marche des pénitents. Il abandonna la lutte pour aller se faire sacrer à Reims. Il dut passer, en remontant la vallée du Rhône, sous les murs bien clos de la petite cité de Livron qui avait repoussé tous les assauts et dont les habitants en liesse accoudés au rempart bombardaient le cortège de quolibets goguenards.

Damville fit une proclamation quasi révolutionnaire et prit la tête de la rébellion. Huguenots et « Politiques », plus unis que jamais, n'attendaient qu'un chef nominal légitime qui leur fournît une bannière sous laquelle il fût honorable de se rallier.

Ce chef était tout trouvé : l'inévitable petit dernier de la famille royale, François d'Alençon, ne demandait qu'à reprendre du service. Catherine voyait s'évanouir un autre de ses rêves, le rétablissement de la concorde entre ses enfants.

Les frères ennemis

François, duc d'Alençon, puis d'Anjou, également désigné par son titre de « Monsieur », frère du roi, fut pendant dix ans, parfois sans le vouloir, une calamité pour le royaume. Sa seule existence encourageait la subversion. Il fut aussi entre Henri III et sa mère le principal facteur de discorde.

L'omniprésence du thème des frères ennemis dans la littérature universelle devrait suffire à expliquer l'animosité qui jeta l'un contre l'autre les deux derniers rejetons de Catherine. Deux fils, un seul trône, et c'est le conflit. Des *Sept contre Thèbes* au meurtre de Remus par son jumeau fondateur de Rome, la légende est pleine de déchaînements fratricides. Seule la volonté de dénigrer à tout prix Catherine de Médicis inspira à certains de ses adversaires et, à leur suite, aux historiens l'idée qu'elle ait pu attiser délibérément la haine entre ses fils pour s'assurer par là plus de pouvoir. Ainsi Mézeray n'hésite-t-il pas à écrire, au XVIIe siècle, qu'elle avait non seulement soutenu tour à tour, pour mieux régner, les factions antagonistes – ce qui n'est pas faux –, mais encore « divisé son propre sang, afin de se rendre toujours l'arbitre des différends qu'elle faisait naître ». Selon le vicomte de Turenne, futur duc de Bouillon, « elle ne s'étudiait qu'à posséder ses enfants, et lui semblait ne le pouvoir si bien faire qu'en les tenant en jalousie avec leurs frères, et en méfiance avec leurs serviteurs ». En ce qui concerne ces derniers, il dit vrai. Mais c'est sans le vouloir, par sa prédilection trop visible pour Henri, qu'elle a envenimé la jalousie naturelle de François à son égard. Ses paroles, ses lettres, ses actes montrent qu'elle a fait l'impossible pour les réconcilier. « Hélas ! dit Cheverny, elle ne put pas empêcher que ce feu de division entre ses enfants ne s'allumât plus avant. »

Henri de son côté était irrité de la sollicitude qu'elle montrait pour son dernier-né, au plus fort de ses menées subversives. Il admettait mal qu'elle ne partageât pas la haine qu'il lui vouait et qu'elle lui conservât, envers et contre tout, une part de son amour maternel. Elle le ménageait, cherchait à le satisfaire, quêtait pour lui des honneurs, des responsabilités, un trône. Elle ne croyait pas nuire au roi, mais le servir, en privant son cadet des motifs de le jalouser. Mais il y voyait, lui, le signe d'un partage de ses affections. N'osant s'avouer qu'il aurait voulu le voir mort, mais tirant de ce souhait une obscure mauvaise conscience, il ruminait sa colère. Il réprimait son envie de se ruer sur lui, de le jeter à la Bastille, de le neutraliser à jamais, et il en voulait à Catherine de ne pas prendre les mesures de sévérité devant lesquelles lui-même reculait et de travailler obstinément à une improbable réconciliation. Au cœur de sa haine gît le sentiment, soigneusement refoulé, que l'autre menace sa vie même. La reine Louise est stérile. François est l'héritier du trône, entre lui et le pouvoir tant convoité, il n'y a que ce frère, ce roi fragile, qu'un des innombrables maux dont il souffre peut emporter brusquement. L'idée de la mort de l'autre hante chacun d'eux.

Et pour le cas où ils l'auraient oublié, tous autour d'eux se chargeaient de le leur rappeler : le factieux de la veille peut se réveiller roi le lendemain. Qui prendrait le risque de l'affronter, sinon des favoris de médiocre extraction qui n'ont rien à espérer de lui ? Les grands se taisent et retiennent leur souffle, à moins qu'ils ne misent ouvertement sur lui. Il a des partisans, une prétendue cause à défendre, celle de la tolérance. Il sait que tout lui est permis : un prince du sang est intouchable, un héritier du trône plus encore. Pourquoi se priverait-il d'en profiter ?

Le 15 septembre, au souper, il manquait Monsieur. On le chercha. Il resta introuvable. Il n'était ni dans sa chambre, ni chez sa sœur, ni chez aucune des dames qu'il courtisait. On fouilla le Louvre. On enquêta dans Paris aux endroits qu'il avait coutume de fréquenter. Mais il fallut se rendre à l'évidence : il s'était enfui. La reine mère avait relâché la surveillance, elle fermait les yeux sur ses escapades galantes, qui, pensait-elle, le détournaient de la politique. Il avait profité du crépuscule pour s'enfouir le visage dans le col d'un vaste manteau d'emprunt et se faire conduire au faubourg Saint-Marceau chez une dame dont la maison avait double entrée. À la porte de derrière un carrosse l'attendait. Il y sauta, franchit l'enceinte sans encombre, échangea son pesant véhicule contre un cheval et galopa à bride abattue jusqu'à Dreux dont la municipalité lui ouvrit les portes. Il était sauf.

Henri hors de lui enjoignit aux seigneurs qui l'entouraient de le poursuivre et de le ramener mort ou vif, mais ils déclinèrent la commission : « D'aller contre Monsieur son frère, ils savaient bien que le roi leur en saurait un jour mauvais gré. » Ils ne voulaient pas « mettre la main entre deux pierres ». Catherine, dont l'imprudence était à l'origine du drame, donna au duc de Nevers l'ordre de s'emparer de lui par ruse, mais celui-ci se défila. La chose n'était pas praticable et lui non plus, visiblement, ne tenait pas à se lancer dans l'aventure. Entre-temps, le prince avait publié une déclaration tonitruante signée « François, fils et frère de roi, duc d'Alençon et premier pair de France », où il déclarait « prendre la cause publique en main » et multipliait les promesses démagogiques, comme la suppression de la taille et autres impôts. Alors la reine décida de payer de sa personne et partit à la recherche du fugitif pour le raisonner. C'est la première fois, ce ne sera pas la dernière qu'on la verra ainsi courir après lui.

Il lui fit faux bond, la lanterna, finit par la rencontrer près de Chambord où se déroula d'abord la comédie des embrassades. Puis ils marchandèrent. Il demanda la libération du maréchal de Montmorency et de son cousin. D'accord, pourvu que le roi puisse monnayer ce geste de bienveillance auprès de Damville : Catherine, en l'emprisonnant, n'avait pas visé d'autre but. Il exigea des places fortes. Au lieu de La Charité-sur-Loire, clef pour le passage du fleuve, elle proposa Blois, de moindre importance stratégique. Les négociations traînaient, parce qu'il lui fallait convaincre Henri du bien-fondé de ses concessions, attendre la réponse de Damville et surtout surveiller les menées de Condé qui mettait sur pied en Allemagne une armée d'invasion. Elle poussa le roi à un accord rapide pour y couper court.

Henri céda de mauvaise grâce. Mais la signature de la trêve de Champigny ne stoppa pas la marche des reîtres de Jean-Casimir. À Heidelberg, ce fils cadet du prince Palatin tenait boutique de mercenaires, les louant aux plus offrants, de préférence calvinistes. Jamais gratis. Il fait crédit cependant à ses coreligionnaires, sûr que ses troupes se paieront sur l'habitant, à moins que le roi de France ne préfère les indemniser pour s'en débarrasser. Activité hautement lucrative, sans risques, dans laquelle il est passé maître. Il sait par expérience que sa seule apparition dans les provinces de l'Est lui vaut sans combat des offres avantageuses. Il ne veut pas renoncer à cette nouvelle expédition.

Elle lui coûta pourtant cette fois quelques dizaines de soldats, taillés en pièces par Henri de Guise à Dormans, sur les hauts de Meuse, le 10 octobre. Ce n'était malheureusement que l'avant-garde et le gros de la troupe en réchappa. Le jeune duc y gagna une blessure en travers du visage qui lui valut le surnom de Balafré qu'avait déjà porté son père et une prestigieuse auréole de héros. Le roi n'en dut pas moins accepter les conditions les plus humiliantes. Le traité d'Étigny dit « Paix de Monsieur », conférait à celui-ci un apanage considérable, notamment l'Anjou, dont il devint désormais le duc, la Touraine, le Berry, la place de La Charité. L'édit de Beaulieu, qui l'accompagnait, accordait aux huguenots tout ce qu'ils réclamaient en vain depuis le début du conflit, la liberté presque totale de culte, la restitution de leurs biens, la parité dans les chambres de justice, des hôpitaux, des écoles. Mieux encore : la Saint-Barthélemy y était qualifiée de crime, ses victimes seraient réhabilitées et indemnisées. En garantie, ils recevaient huit places fortes « de sûreté » en plein cœur des provinces méridionales. Quant à Jean-Casimir, il obtenait pour se retirer une indemnité colossale. Il rentra triomphalement à Heidelberg suivi d'un cortège de chariots chargés d'or. Mais comme la France n'avait pu réunir toute la somme nécessaire, il avait pris en otage le surintendant des Finances Bellièvre, qu'il se faisait une joie de promener en public.

C'est Catherine qui avait négocié ces accords. Henri les signa le cœur plein de rage et lui en voulut de les lui avoir imposés. Il prit soin de préciser officiellement, dans le préambule, que ce traité était le fruit de « la mûre et grande délibération de la reine, notre très honorée dame et mère ». Il n'y était pour rien. Il se refusait à admettre qu'il partageait avec elle la responsabilité de cette capitulation. Pour se justifier et pour préserver l'avenir, elle se risqua une dernière fois à dresser un mémoire, bilan de deux ans de règne malheureux et catéchisme de bon gouvernement. Mais le roi avait autre chose en tête. Il méditait une revanche. Et il n'était pas le seul. Pour le coup, les catholiques, outrés de voir leurs adversaires rafler la mise sans avoir combattu, décidèrent de prendre en main leur destin et de bâtir une organisation calquée sur celle, si efficace, des huguenots. Le gouverneur de Péronne refusa de livrer sa place à Condé et appela à la formation d'une *Ligue* pour la défense de la foi. Guise vit bientôt quel parti en tirer. Il exhibait sa balafre « très visible », qui lui était une excellente enseigne. Face au contre-pouvoir huguenot, un contre-pouvoir catholique s'installait. Entre les deux, le roi risquait de ne pas peser lourd.

Pour les États généraux de 1576, les électeurs catholiques s'étaient rendus aux urnes en grand nombre. Leurs députés furent très largement majoritaires. Le roi entoura l'ouverture de la session de cérémonies fastueuses comme il les aimait. Sa femme et sa sœur ruisselaient d'or et de pierreries, sa mère arborait ses voiles de veuve. Il crut habile, pour ne pas être débordé par la Ligue, de s'en déclarer le chef. Et Catherine déplora, sans oser le dire, de le voir faire cause commune avec un parti au lieu de rester au-dessus de tous. Les députés exigèrent un virage à cent quatre-vingts degrés, l'interdiction pure et simple du calvinisme, l'expulsion des ministres réformés, et Henri acquiesça. Sa mère, en privé, désapprouva : « Jamais il n'aurait dû se prononcer d'une manière si absolue. » Le 19 janvier, « elle pleura en son cabinet avec la reine sa fille de [ceux] qui avaient conseillé au roi de faire la guerre ». Comme pour lui donner raison, l'absurdité de cette politique apparut lorsqu'il réclama les crédits nécessaires à la campagne militaire qu'elle impliquait : les députés du tiers état jetèrent les hauts cris. Il fallait éradiquer le calvinisme sans impôts nouveaux, donc sans guerre ! Le roi fit à nouveau volte-face et renonça à l'unité de la foi. Il aurait mieux valu n'en jamais parler.

Au lendemain de leur triomphe, les huguenots se trouvaient cependant en mauvaise posture. Le sursaut catholique les avait surpris. Les reîtres avaient regagné leurs foyers. Et puis la reine mère, toujours convaincue des vertus de la paix, s'était donné les moyens de la faire prévaloir. Réparant enfin l'erreur commise à Turin deux ans plus tôt, elle était parvenue à détacher Damville du parti réformé. Oh, ses méthodes manquaient de panache. Elle avait fait libérer son frère, elle lui avait ensuite offert le marquisat italien de Saluces, elle avait fait plaider par sa femme, fervente catholique, la cause de la réconciliation. Quant à François, devenu duc d'Anjou, une telle pluie de faveurs et de biens était tombée sur sa tête qu'il n'en demandait pas davantage pour l'instant. Afin de rendre impossible son retour ultérieur au parti adverse, elle le fit charger par le roi de conduire les troupes destinées à disperser ce qui restait de ses alliés de la veille. Il prit d'assaut La Charité-sur-Loire, qui lui avait été attribuée, et il se livra sur les défenseurs d'Issoire à de féroces représailles : ceux qui souhaitaient le compromettre n'auraient jamais osé en espérer tant.

Henri de Navarre, lui, avait contribué indirectement au retour de la paix. Un beau matin du mois de février 1576, sans rien dire à sa femme, il était parti à la chasse et on ne l'avait pas revu. Son évasion, quelques mois après celle de son beau-frère, n'avait pas suscité à la cour la même panique et l'on soupçonna Catherine de l'avoir facilitée, avec l'espoir qu'il sèmerait le désordre dans le camp protestant en disputant à Condé la direction du parti. Mais il avait filé vers son Sud-Ouest natal. Revenu non sans hésitation à la foi réformée, il tentait d'y rétablir l'ordre avec le concours des modérés des deux bords, sur le modèle de ce que faisait en Languedoc Damville, avec qui il entretenait les meilleurs rapports. « La religion se plante au cœur des hommes par la force de la doctrine et persuasion, et se confirme par l'exemple de vie et non par le glaive », proclamait-il au grand scandale de son belliqueux cousin Condé et des pasteurs béarnais. Il reste en marge des combats, ne tire aucun profit des traités, se tient coi. Mais il cultive sa popularité.

Dans ces conditions, la résistance des derniers rebelles est de courte durée. La paix de Bergerac met fin à cette sixième guerre de Religion. Comme elle efface l'humiliation subie par Henri III lors de la précédente, elle est dite « paix du roi ». L'édit de Poitiers annule celui de Beaulieu, ramène l'exercice de la religion réformée à ce qu'il était. Il ne contente personne. Ni les huguenots, à qui on retire les privilèges récemment conquis, ni les catholiques, qui ont entrevu une possible victoire. Mais comme personne n'avait le moindre sou pour continuer la lutte, il fallut bien s'en contenter. Le grand gagnant de ce match nul – sur le plan matériel s'entend, pas sur le plan moral ! – est Monsieur, qui en retire un apanage accru, dans des provinces centrales parmi les plus riches du royaume. Henri n'est pas près de s'y résigner.

Une atmosphère empoisonnée

Certes, la hache de guerre était apparemment enterrée entre les deux frères. À Blois, en novembre 1576, ils s'étaient embrassés et Catherine avait pu clamer son « contentement » de les voir si bien réconciliés qu'il n'y aurait désormais en eux « qu'une même volonté à la conservation et grandeur de cette couronne ». Et le 15 mai 1577, le roi donna au Plessis-lès-Tours, en l'honneur du vainqueur de La Charité-sur-Loire, une fête dont la licence choqua. Pour les costumes, une couleur imposée, le vert : la couleur des fous, mais on n'était pas en carnaval. Faut-il attribuer ce choix à une arrière-pensée ironique de Henri III, soulignant ainsi l'absurdité de ces retrouvailles ? Le tout se termina en orgie bien faite pour plaire au jeune duc débauché. Trois semaines plus tard, la reine mère, rivalisant avec son fils, donnait à son tour à Chenonceaux une fête plus coûteuse encore, et qui fit scandale : « En ce beau banquet les dames les plus belles et honnêtes de la cour, étant à moitié nues et ayant leurs cheveux épars comme épousées, furent employées à faire le service. » Catherine, si l'on en croit L'Estoile, a donc renoncé aux règles de bonne tenue et civilité qu'elle avait réussi à imposer naguère. Depuis qu'y règne la jeune génération, la cour se dévergonde. Et elle s'abandonne à la violence.

Chaque jour apporte son lot d'intrigues, de ragots, de jalousies, d'insultes, d'affrontements verbaux ou armés. « La cour est plus étrange que vous ne l'ayez jamais vue, écrivait Henri de Navarre à un ami dans l'été de 1575. Nous sommes toujours prêts à nous couper la gorge les uns aux autres. Nous portons dagues, jaques de maille, et bien souvent la cuirassine sous la cape. » On lui en veut de son amitié pour Monsieur, on défend à sa maîtresse de lui parler. « Je n'attends que l'heure de donner une petite bataille, conclut-il, car ils disent qu'ils me tueront, et je veux gagner les devants. » Notre Gascon préfère finalement se mettre à l'abri chez lui en Guyenne. Il n'a pas tort. L'atmosphère à la cour devient de plus en plus irrespirable à mesure que s'aigrissent les relations entre le roi et son frère.

Chaque grand seigneur a ses hommes de main, redoutables : il les recrute exprès. Mais il veille, s'il est sage, à les tenir de près. Ce n'est pas le cas du roi, qui laisse à ses mignons trop aimés la bride sur le cou. Ils occupent le haut du pavé, et ils donnent le ton. Arrogants, insolents, prêts à jouer leur vie pour un mot qui les blesse ou pour un sourire aguicheur, ils cultivent la provocation comme un des beaux-arts, à moins qu'ils ne s'en prennent plus sournoisement à l'adversaire en lui volant épouse ou maîtresse. On s'affronte sur le pré, en combats singuliers ou multiples. On s'attend le soir, au détour d'une rue, à vingt contre un. On aposte des tueurs sous les fenêtres des dames. Paris nocturne devient un coupe-gorge. Et les rumeurs donnent au moindre geste, au moindre mot une importance démesurée.

La réconciliation forcée de 1576 ayant ramené le duc d'Anjou à la cour, les intrigues reprennent de plus belle. Les deux frères condamnés à une apparente amitié s'affrontent par favoris interposés. La bête noire du roi est Bussy d'Amboise, passé de son service à celui de Monsieur pour l'amour de Marguerite – une trahison. Bussy daube sur ses relations avec ses mignons, « de couchette », affirme-t-il. Il se permet de paraître à la cour « habillé tout simplement et modestement, mais suivi de six pages vêtus de drap d'or, frisé, disant tout haut que la saison était venue que les plus bélîtres seraient les plus braves[1] ». Quelques jours plus tard, on put craindre une bataille rangée entre les deux clans et le roi dut intervenir. Quélus échangea publiquement des insultes avec Bussy, puis lui tendit avec ses amis une embuscade dont il réchappa par miracle. Bussy demanda à en tirer « raison » dans un duel régulier, mais le roi refusa. Fureur du duc d'Anjou.

Catherine, très inquiète, intervint, proposa à son dernier fils une excursion à la campagne. Mieux valait qu'il n'assistât

1. *Bélitres* = gueux. *Braves* = élégants.

pas aux noces du favori Saint-Luc. Mais après une journée de détente dans les bois de Vincennes et de Saint-Maur, François dut paraître au bal couronnant la cérémonie : son absence eût passé pour déclaration de guerre. Il y subit de la part des mignons déchaînés une avalanche de quolibets du plus mauvais goût, sur sa petite taille, son visage grêlé, son costume, sa démarche. Ulcéré, il alla se plaindre à sa mère : il était décidé à quitter la cour.

Catherine s'étant fait fort d'obtenir l'autorisation du roi et ayant tiré de lui une promesse verbale, le petit duc se mit au lit, en rêvant à la belle Charlotte de Sauve, qui lui promettait rendez-vous. Henri, lui, ruminait en compagnie de ses favoris sur ce projet de départ qui lui rappelait de mauvais souvenirs. À une heure du matin, en robe de chambre, il débarqua furieux chez sa mère suivi de ses compagnons, qui n'avaient pas quitté leur costume de bal, il la tira du sommeil, l'invita à le suivre pour une perquisition dans la chambre de son frère, dont il croyait la trahison certaine. Affolée devant ce déchaînement de rage, elle se précipita sur ses traces en chemise de nuit.

François, mal réveillé, pliait l'échine sous l'algarade pendant que les gardes emportaient ses coffres et fouillaient son lit. En vain. Soudain Henri s'aperçut que la main de son frère se crispait sur un morceau de papier. Il le lui arracha, croyant tenir la preuve d'un complot. C'était un billet galant de Mme de Sauve. La déconvenue le rendit plus furieux encore. Il passa sa colère sur les serviteurs de Monsieur, qu'il fit arrêter. Au matin tout Paris retentissait déjà de l'esclandre.

Catherine s'employa à « rhabiller tout cela ». Elle commençait à en avoir l'habitude. Elle réunit le Conseil, s'adjoignit le duc de Lorraine, de passage à Paris, pour raisonner Henri, qui, après une matinée de palabres, finit par admettre vers midi qu'il était allé trop loin. Elle organisa aussitôt une nouvelle scène de réconciliation, publique bien entendu, où elle fit s'embrasser non seulement ses deux fils, mais pour faire bonne mesure Quélus et Bussy. Ce dernier donna à son adversaire une accolade si vigoureuse et lui planta sur les joues des baisers si sonores que toute l'assistance se mit à rire. On avait grand faim, il fallait dîner. Tous se retrouvèrent à table.

Le duc d'Anjou n'était pas rassuré pour autant. Il se prépara à la fuite.

Il trompa la surveillance grâce à la complicité de sa sœur. L'histoire de son évasion, romanesque à souhait, n'a pas manqué de séduire Alexandre Dumas, qui la raconte longuement dans *La Dame de Monsoreau*. Il s'échappa de nuit, avec deux compagnons seulement, par la fenêtre de la chambre de Marguerite, grâce à une corde que ses femmes avaient introduite discrètement dans une vieille malle. La jeune femme vit les fuyards s'éloigner, faillit mettre le feu à sa cheminée en brûlant prématurément la corde compromettante, se mit au lit en tremblant. François cependant gagnait l'abbaye de Sainte-Geneviève, y franchissait en rampant le mur d'enceinte par un trou qu'avait percé tout exprès Bussy et chevauchait vers Angers. Lorsqu'on découvrit le lendemain matin qu'il n'était plus là, sa sœur essuya stoïquement la colère fraternelle, en feignant l'ignorance. Et, tandis que les mignons du roi, privés de leur cible favorite, s'en prenaient imprudemment aux hommes du duc de Guise et payaient leur insolence de leur vie, lors du célèbre duel d'avril 1578, Catherine se préparait de nouveau à courir après son plus jeune fils.

Elle avait grand peur « qu'il ne fît encore le fou ». Mais, pour une fois, elle se trompait. Il lui jura qu'il ne songeait pas à « brouiller » dans le royaume et qu'il avait éconduit les offres de ses anciens partisans.

Il avait d'autres projets. Elle aussi en avait pour lui. Ces projets ne coïncidaient que partiellement, on le verra, mais ils avaient un point commun. Puisqu'il était décidément impossible aux deux frères de vivre côte à côte en bonne intelligence, mieux valait les séparer. Ils s'entendraient moins mal de loin que de près. Il était urgent de détourner les ambitions du duc d'Anjou. Vers l'étranger si possible. Il songeait justement à se tailler une principauté dans les Flandres, qui supportaient de plus en plus mal la tutelle espagnole. Sa mère, elle, penchait pour un bon mariage, assorti d'une principauté ou d'un trône. Les deux entreprises, conquête des Pays-Bas et négociations matrimoniales, sont de longue haleine. On ne peut en espérer des fruits immédiats, mais en attendant, elles occupent l'esprit tourmenté du duc d'Anjou et le neutralisent.

Catherine respire. Le royaume est en paix, ou à peu près. Sa présence à Paris n'est plus requise pour amortir les chocs entre ses fils. Il y a bien longtemps que les provinces n'ont vu de près leur roi. À défaut de Henri III, qui n'aime pas les voyages, elle décide d'aller les visiter. Elle fera d'une pierre deux coups, elle en profitera pour parachever la remise en ordre familiale en ramenant à son époux Marguerite, trop longtemps gardée en otage. En octobre 1578, elle reprend courageusement le bâton de pèlerin.

Catherine sur les routes

L'itinéraire qu'elle adopte recouvre en sens inverse celui qu'elle avait suivi lors du grand tour de France qui avait marqué le règne de Charles IX. Mais les deux voyages n'ont que peu de similitudes. Elle part cette fois en modeste équipage et adopte un profil plus bas, sans lésiner toutefois sur l'essentiel : des juristes chevronnés et de séduisantes filles d'honneur. Munie de ces atouts, elle pense pouvoir affronter les provinces méridionales où les armes n'ont pas encore été remisées au râtelier.

Elle n'a garde d'épouser les querelles des uns ou des autres. Aux partis affrontés, elle se présente en arbitre et en recours. Bien qu'elle sache user au besoin de la menace, elle lui préfère la persuasion. À Bordeaux, elle dissout une confrérie de catholiques exaltés. Ailleurs, elle fait rouvrir une église, sans pour autant fermer les temples, elle rétablit des huguenots dans leurs droits, elle tranche des conflits de pouvoir entre responsables locaux. Raccommodage, ravaudage, rafistolage, rhabillage, travail de ménagère avisée qui convient à sa patience retorse. Elle s'astreint à en informer jour après jour le roi, avec qui elle espère renouer par là une entière confiance.

Ses entretiens avec son gendre, sur lesquels on reviendra, relèvent de la même diplomatie prudente et conciliante. Mais elle est capable, dans une négociation importante, de tenir bon durant des heures, gardant l'œil clair et l'intelligence aux aguets quand ses collaborateurs sont au bord de la syncope, sachant bien que la victoire appartient à celui qui arrache le dernier mot. Intrépide, infatigable, elle promène son catarrhe, sa sciatique, ses coliques et ses rhumatismes sur des chemins impraticables, dans le mistral ou la tramontane, sous les pluies diluviennes des demi-saisons du Midi. Elle troque sa litière contre des chevaux ou des mulets, couche au petit bonheur des gîtes d'étape, s'accommode d'une tente entre les étangs et la mer. Elle lit, écrit, discute, écoute et conserve pourtant l'esprit et le cœur assez libres pour regarder le paysage, humer un parfum, apercevoir dans les champs les fèves en fleurs, les jeunes amandes à la coque déjà durcie et les cerises rougissantes et pour adresser à sa « commère » la duchesse d'Uzès de très spirituels récits. Elle est assez lucide aussi pour mesurer l'épuisement du royaume et pour compatir à la misère des petites gens. Elle ose écrire à son fils : « Cessez de fouler vos peuples, car vous êtes à la veille d'une révolte générale et qui vous dira le contraire ne vous dit pas la vérité. » Parce qu'elle prend la peine de tout observer, elle est capable de tout comprendre.

Les résultats de ces efforts sont inégaux. Tel Sisyphe, elle voit s'effondrer les conventions péniblement échafaudées. Les discordes qu'elle apaise pour un temps renaissent dès qu'elle a tourné les talons. En Provence, elle a le plus grand mal à rétablir l'ordre, en Dauphiné elle doit renoncer à faire prévaloir l'autorité royale sur celle des chefs locaux retranchés dans leurs montagnes. Une chose est sûre cependant. Elle y regagne personnellement une part du prestige perdu. Son courage en impose. Elle se présente sans armes, mains nues, aux portes de Montpellier la rebelle, elle s'avance le long du rempart entre deux haies d'arquebusiers hostiles qui ne laissent à son chariot qu'un étroit passage, et les plus récalcitrants s'inclinent : il y aura une messe dans la cathédrale, chaque dimanche, après le culte réformé.

Déjà, en 1577, l'ambassadeur vénitien notait : « Les Français ne voulaient pas d'abord reconnaître son esprit, sa prudence, mais à présent on la regarde comme quelque chose de surhumain. » Et il lui souhaite longue vie, « pour le bien de la France et de toutes les nations chrétiennes ». Deux ans plus tard il confirme : « C'est une princesse infatigable aux affaires, faite à point pour prendre de la peine et pour gouverner un peuple aussi remuant que les Français. Puisqu'ils commencent à connaître son mérite, il faut qu'à leur honte, ils la louent et se repentent de ne pas l'avoir appréciée plus tôt. » Il est vrai que ses fils lui fournissaient d'excellents repoussoirs.

Personne, jamais, ne semble avoir songé à porter la main sur elle. On se régale de pamphlets qui lui souhaitent le sort de Jézabel ou de Brunehaut, mais face à elle, chacun est saisi d'un respect presque superstitieux. Elle est femme, elle est vieille, elle est mère – mère du roi, mère du royaume –, y toucher serait sacrilège. Les théoriciens les plus hardis autorisent le tyrannicide, mais le matricide continue de faire peur. Incarnation d'une autorité venue du fond des âges, elle se présente immuable dans ses voiles noirs, invulnérable, sacrée, et tous s'inclinent. Ensuite, lorsqu'elle est partie, on respire un peu plus librement et l'on recommence à se disputer.

Elle aurait pu passer le reste de ses jours à « remettre paix et union » entre les sujets de son fils, si une grave maladie de Henri III ne l'avait affolée. En septembre 1578, on le croit mourant et la seule idée de le perdre la fait crier de douleur : « C'est ma vie et sans cela je ne veux ni vivre ni être. [...] Quand j'y pense au mal qu'il a eu, je ne sais ce que je suis, je loue mon bon Dieu de me l'avoir redonné et lui supplie que ce soit pour son temps plus que ma vie[1] et que tant que je vive, ne lui voie mal. Croyez que c'est une extrême peine d'être loin de ce que l'on aime comme je l'aime, et le savoir malade, c'est mourir à petit feu. »

Il est guéri, mais l'alerte risque d'avoir ranimé les intrigues autour de son frère. Elle bâcle en quelques mois le reste de sa mission et se hâte de regagner Paris, pour prendre en main l'avenir du duc d'Anjou.

L'entreprise des Pays-Bas

En jetant son dévolu sur les Pays-Bas, le duc ne montrait pas beaucoup d'imagination. Il ne faisait que reprendre le vieux projet de Coligny, naguère noyé dans le sang de la Saint-Barthélemy. Les circonstances paraissaient un peu plus favorables : en novembre 1576 les provinces du Sud, restées

1. Qu'il vive plus longtemps que moi.

catholiques, s'étaient soulevées à leur tour contre la domination espagnole. Les insurgés demandaient des renforts. Fort de l'appui des huguenots français, François d'Alençon se sentait pousser des ailes pour voler à leur secours. Sa sœur Marguerite, sous prétexte d'une cure aux eaux de Spa, lui avait gagné la sympathie d'un important seigneur flamand. Il piaffait d'impatience, mais sa mère, avertie, l'invita à attendre pour se risquer au-dehors que l'intérieur du royaume soit pacifié. Autant dire les calendes grecques. Il ne l'écouta pas. En 1578, il se lança dans l'aventure, subit un échec sérieux à Mons et rentra en France la bourse vide et l'oreille basse.

Depuis le temps de Coligny, Catherine n'avait pas changé d'avis. Elle était d'autant plus réservée sur une intervention aux Pays-Bas risquant de créer un *casus belli* avec l'Espagne que les troubles civils venaient de se réveiller en France dans une énième guerre de Religion qui secouait le Sud-Ouest. Le roi y était également très hostile. Mais il avait besoin, pour traiter avec les huguenots, de l'entremise de son frère. Dans une lettre ostensive destinée aux envoyés flamands, il promit de l'assister « jusqu'à sa chemise », mais il lui fit jurer de ne la montrer qu'à eux et le prévint qu'il n'avait aucune aide à attendre de lui. Sur ces bases truquées, le duc d'Anjou n'hésita pas à signer avec les députés des Provinces le traité du Plessis-lès-Tours faisant de lui, dans les Flandres, une sorte de monarque constitutionnel. Son frère cependant s'ingéniait à torpiller l'entreprise : « Je veux conserver mon État et moins le voir ruiner pour lui que pour personne du monde », grondait-il. Comme François s'attaquait ouvertement à Philippe II, il prit peur et Catherine vit le moment où les troupes royales allaient marcher sur celles de Monsieur pour les disperser. Selon son habitude, elle s'entremit, tenta l'impossible auprès de son fils pour l'arrêter et devant son refus elle s'attela à une tâche à peu près insurmontable, qu'on peut résumer en ces termes.

Elle parvint à persuader le roi de faire la part du feu, et de tolérer ce qu'il ne pouvait empêcher que par une guerre fratricide. Le duc serait moins nuisible en guerroyant aux Pays-Bas que s'il était retenu en France de force. Elle se chargea de le soutenir discrètement, de lui faire parvenir quelques fonds et obtint de faire couvrir ses troupes de loin par l'armée royale, pour dissuader les Espagnols de les attaquer. Pendant ce temps, Henri clamait haut et fort qu'il n'était pour rien dans les initiatives de son frère et qu'il souhaitait rester en bons termes avec l'Espagne. Un bel imbroglio, devant lequel les diplomates étrangers perdaient leur latin.

On n'entrera pas ici dans le détail des opérations militaires. Monsieur, après la prise de Cambrai, accumula les échecs. Le roi ne cachait plus sa fureur : « Nous aurons plutôt fait d'entrer en guerre pour ce museau et perdre royaume et honneur et tout. C'est une étrange chose que ce magot nous fasse perdre. » Le projet était chimérique en effet, pour trois raisons majeures qui apparurent très vite. La première, c'est que l'argent est le nerf de la guerre et qu'en dehors de quelques subsides venus de Londres, les caisses restèrent toujours vides. La seconde, c'est que les Flamands n'avaient aucune envie de remplacer les Espagnols par les Français. Ils voulaient leur liberté. Ils voyaient dans le duc d'Anjou un dangereux protecteur qu'il fallait tenir à distance, et le duc confirma leurs craintes en essayant de s'emparer par traîtrise des principales villes du pays. Les provinces méridionales catholiques choisirent alors de s'entendre avec le gouverneur espagnol. La troisième raison enfin, c'est que l'Angleterre, toujours disposée à causer des ennuis à Philippe II en soutenant les rebelles calvinistes, ne voulait cependant à aucun prix laisser la France s'implanter aux Pays-Bas. Elle préférait le statu quo : un protectorat chancelant qui tenait l'Espagne en haleine.

Or, comme le duc d'Anjou était alors candidat à la main de la reine Élisabeth, il y avait là matière à un joli jeu de dupes. Ce fut celle-ci qui le mena, de main de maître.

Une idylle à l'anglaise

Lorsqu'en 1571 le futur Henri III avait refusé d'épouser Élisabeth, Catherine de Médicis, on s'en souvient, avait aussitôt proposé son plus jeune fils. François ne partageait pas les dégoûts de son frère. Ni les rumeurs fâcheuses qui couraient sur elle, ni le fait qu'elle avait trente-huit ans et lui seize ne le rebutèrent. Il aurait épousé le diable si le diable lui avait offert une couronne. Le projet avait aussitôt avorté parce que l'Angleterre mettait la barre trop haut en réclamant Calais. Puis Catherine avait massacré ses huguenots, tandis qu'Élisabeth persécutait ses catholiques : le moment était inopportun. Mais François restait un prétendant virtuel. Huit ans plus tard, l'Espagne se faisait si menaçante contre l'Angleterre protestante que celle-ci éprouva soudain le besoin de se chercher des appuis. Élisabeth n'était toujours pas mariée. On renoua les négociations.

Les intérêts en cause dans l'affaire sont très clairs. L'Angleterre souhaite un traité d'alliance avec la France. Donnant, donnant : le traité contre le mariage. Mais qui donnerait le premier ? Henri III voulait que le mariage se fît d'abord, ses partenaires exigeaient par priorité le traité. Faute d'alliance en bonne et due forme, on comptait au moins à Londres que l'annonce des fiançailles brouillerait la France avec Philippe II. Enfin, s'il le fallait, les Anglais se résoudraient à apporter à l'entreprise du duc d'Anjou dans les Flandres un soutien mesuré, lui permettant d'inquiéter l'Espagne mais pas de conquérir le pays. Calculs très ordinaires de politique internationale.

Mais l'histoire de ces trois ans de fiançailles est rendue singulière par le fait qu'Élisabeth y mêla du sentiment. De l'hypocrisie la plus noire aux défaillances d'une femme incapable de commander à ses sens et à ses nerfs, on a tout invoqué pour rendre compte de ses étranges comportements. Il vaut la peine de s'y attarder, car son cas offre un excellent exemple des difficultés que présente pour une femme la condition souveraine.

En digne fille de son père, elle aimait par-dessus tout trois choses : le pouvoir, l'Angleterre et l'amour. Les deux premières étaient aisément compatibles entre elles. La troisième, non. « En prenant mari vous ne seriez plus que reine, au lieu qu'en gardant le célibat vous êtes roi et reine tout ensemble. Vous avez le cœur trop grand pour songer à vous donner un maître », lui disait en manière de flatterie un de ses familiers. Elle ne savait que trop qu'il avait raison. Une vie de femme « normale », avec époux et enfants, impliquait un partage et peut-être un abandon de sa souveraineté. Avec mille inconvénients pour le royaume. Ses jeunes années avaient été riches de périls et d'enseignements. Elle avait vu sa demi-sœur Marie Tudor faire avec Philippe II d'Espagne un mariage très brillant, mais désastreux sur le plan privé, et qui l'avait placée en porte-à-faux entre les intérêts contradictoires de son pays d'origine et de son pays d'adoption. Élire un compatriote de rang inférieur ne valait pas mieux. L'exemple de Marie Stuart lui avait montré, avec Darnley, qu'un époux non princier pouvait être aussi avide de pouvoir qu'un autre. Elle faillit épouser Dudley lorsque la mort accidentelle de sa femme le rendit libre, trop opportunément ; elle recula devant les rumeurs qui faisaient d'elle la complice de l'assassinat soupçonné. D'ailleurs, le cher Robert n'était-il pas beaucoup plus docile dans la fonction de favori ? Elle se résignait à trouver auprès de lui d'équivoques satisfactions, mais il est probable qu'elle ne prit jamais, quoi qu'on en ait dit, le risque majeur de donner le jour à un bâtard. Et, comme elle savait que l'Angleterre ne voulait pas de lui, elle s'en servit longtemps comme prétexte, comme écran de fumée, pour décourager les incitations au mariage. Les années passaient. Elle montait en graine. Elle restait la « reine vierge » mais point ingénue, friande d'hommages masculins, dont l'extrême coquetterie commençait à jurer avec sa beauté déclinante – si tant est qu'elle eût jamais été belle.

Sa situation inédite – une femme seule sur le trône – inquiétait ou choquait ses compatriotes. Bien qu'ignorant la loi salique, ils étaient tout aussi misogynes que les Français, et comme eux convaincus de l'incapacité congénitale du sexe faible. Reine ou pas, reine surtout, une femme devait se marier, abdiquer devant un époux les responsabilités que lui avaient attribuées les caprices de l'histoire et se borner à donner à la dynastie de légitimes héritiers. Depuis qu'à l'âge de vingt-cinq ans elle avait succédé à sa sœur, ses conseillers ne cessaient de le lui seriner, avec d'autant plus d'énergie que ses droits à la couronne étaient contestés par sa cousine d'Écosse, catholique, qui était aussi sa plus proche parente. Chaque fois qu'elle tombait malade, ce qui lui arrivait souvent, ils avaient des sueurs froides à l'idée des troubles qu'engendrerait un conflit successoral. Qu'elle prenne donc un mari et qu'elle en ait un fils, la question ne se poserait plus.

Ils ne purent jamais dénicher l'oiseau rare. Tous les prétendants possibles offraient des inconvénients rédhibitoires. Aucun des princes étrangers pressentis n'avait dépassé le stade de l'examen préliminaire ni eu l'honneur de se présenter devant la reine. Quant aux Britanniques, mieux valait ne pas penser aux jalousies que susciterait l'élévation de l'un d'entre eux. Vingt ans durant, on agita donc la question, on négocia à droite et à gauche, sans conclure. Elle se garda bien de dire qu'elle voulait rester fille : une prétention aussi monstrueuse chez une femme encore jeune aurait suscité incompréhension et scandale. Le voulait-elle d'ailleurs ? Partagée entre les exigences de sa féminité et la certitude qu'elle devrait y sacrifier le pouvoir auquel elle prenait un goût de plus en plus vif, elle hésitait. Marie Stuart avait prétendu être pleinement femme et pleinement reine et s'y était brûlée. Catherine de Médicis avait été les deux tour à tour ; accédant tardivement à la régence, elle avait décidé de n'être plus qu'une veuve et une mère, sans parvenir d'ailleurs à désarmer tout à fait les préventions masculines. Élisabeth, elle, repousse indéfiniment l'heure du choix, s'installe en un instable équilibre sur la ligne de partage entre les deux rôles. Elle oscille de l'un à l'autre, tantôt charmante, aguichante, filant avec Dudley un amour quasi conjugal, tantôt violente, arrogante, tyrannique, jurant comme un charretier et brutalisant ceux qu'elle caressait la veille, excentrique, pour les plus indulgents, hystérique, pour les plus sévères. Redoutablement lucide, au demeurant, dissimulée et comédienne, au point qu'on peut se demander si elle ne jouait pas délibérément de son hystérie pour se forger une personnalité à part, imprévisible et redoutable, et par là même se protéger de ceux qui voulaient à tout prix la soumettre à la loi commune. Quand elle apparaît au visiteur outrageusement maquillée, ses cheveux roux flamboyants frisés et torsadés de perles, la taille serrée dans un corset rigide et ployant sous le poids des joyaux qui constellent ses vêtements, droite, hiératique, elle a tout d'une idole. Et si elle se met en colère, l'effet peut être terrifiant.

Une idole est difficilement mariable. Les partis se font rares. Elle a maintenant quarante-cinq ans. C'est bien tard pour une première maternité, quoique ses médecins lui garantissent le contraire. Elle maigrit, se dessèche, elle est tout en angles et en saillies, « on pourrait lui compter les os », et sa peau abîmée par les fards se parchemine. Dudley a vieilli, il est moins aimable, et il s'éloigne doucement. Elle a du vague à l'âme, pleure sa jeunesse envolée, rêve de sentiments tendres. Elle est mûre pour une idylle d'arrière-saison – les plus dangereuses souvent.

Celle-ci ne le sera pas. Chez elle l'esprit vigilant surveille le cœur et lui marque les limites à ne pas franchir. Et pour le cas où cette vigilance se laisserait surprendre, la reine dispose d'un garde-fou solide. Lorsqu'elle a fait demander, dès les premières démarches, si son prétendant était prêt à se convertir à l'anglicanisme, Catherine de Médicis a répondu que la chose était impossible à un fils de France. Or dans leur énorme majorité les Anglais, se souvenant de Marie Tudor, sont opposés à un prince catholique que la mort de son frère pourrait faire roi du pays voisin et rival. Elle ne peut aller contre les sentiments de son peuple. Elle n'épousera pas François d'Anjou, elle le sait parfaitement, dès l'abord. À l'abri de cette certitude, elle peut jouer à aimer et à être aimée, s'offrir le luxe de vivre trois ans durant un roman imaginaire, avec entretiens tendres, correspondance amoureuse, échange de présents, promesses et serments, sans jamais perdre le sens des impératifs politiques, assez maîtresse d'elle-même pour lui faire du chantage à la rupture lorsqu'il prétend s'emparer pour de bon des Pays-Bas. Également sincère dans ses épanchements d'amoureuse et dans ses calculs de diplomate, elle a des sincérités non pas successives mais simultanées, non pas contradictoires mais complémentaires, puisqu'elles s'exercent dans deux domaines différents, celui du réel et celui de la fiction.

Du grand art qui serait odieux si elle s'en prenait à un partenaire franc et candide, lui vouant un amour vrai. Mais François d'Anjou n'en veut qu'à son trône : il ne l'aura pas. Elle sait aussi qu'il est un débauché et cela pimente le jeu que d'obliger à roucouler à ses pieds celui qui ne songe qu'à courir dès qu'il le peut s'encanailler dans les tavernes de Londres. À trompeur, trompeur et demi, et que le plus fin gagne. Ce sera Élisabeth. Pendant trois ans, son insatiable coquetterie aura joui délicieusement de cette idylle avec un prince en âge d'être son fils.

Elle se mit en frais au début de 1579 pour accueillir le gentilhomme que son prétendant lui envoyait en ambassade. Bel homme, élégant, spirituel, Simier cachait son cynisme brutal sous des dehors d'exquise politesse. Nul ne savait comme lui tourner le compliment. Il connaissait par cœur tous les tours et les détours du jardin de Courtoisie. Il lui chuchotait à l'oreille de mystérieuses douceurs qui la faisaient rougir. Il lui vola un mouchoir qu'il fit parvenir à son maître comme gage d'amour. Elle rayonnait, elle avait rajeuni de dix ans. Tant et si bien que ses familiers parlèrent de magie et le soupçonnèrent de lui avoir fait boire un philtre enchanté.

De part et d'autre de la Manche, des juristes furent chargés de dresser contrat. Tâche difficile. L'époux d'Élisabeth porterait-il le titre de roi d'Angleterre, de quelles dotations jouirait-il, qu'adviendrait-il si sa femme mourait avant lui, serait-il autorisé à pratiquer sa religion et, si oui, dans quelles conditions : autant de questions épineuses sur lesquelles elle se montra prête à faire des concessions inattendues. Pas ses conseillers, qui discutaient ferme, tandis que les prédicateurs tempêtaient en chaire. Avant de se décider, elle voulut voir son « fiancé ».

Il arriva le 17 août. La reine, dûment prévenue qu'il était très laid, se dit agréablement surprise. Il était petit, soit, et son nez boursouflé de cicatrices était énorme, mais il était jeune, vif et, comme Simier le lui avait conseillé, jouait à la perfection les soupirants ardemment épris. Elle raffolait des surnoms, elle l'appela sa « Grenouille », il lui offrit une broche où une de ces bestioles, assise sur une feuille d'or, portait gravé sur le dos un portrait de lui en miniature. Dans les jardins du château de Greenwich, où elle passait l'été, on pouvait voir la haute silhouette anguleuse de la reine vieillissante s'accrocher au bras d'un frétillant petit bonhomme trapu. Mais nul n'avait le cœur à en rire tant étaient importants les enjeux politiques.

Il repartit avec un diamant au doigt et des promesses. Ils échangèrent quelques lettres passionnées. Puis les juristes se remirent au travail, tandis que déferlaient contre la reine les malédictions tonitruantes des puritains londoniens, qui, pour être moins célèbres que John Knox, n'étaient pas moins virulents. L'ambassadeur espagnol Mendoza, qui suivait l'affaire sur place, se sentit tout à fait rassuré : « J'ai toujours été convaincu, écrit-il alors, que l'idée d'un mariage entre la reine et Alençon était une pure invention. Je n'en pense pas moins qu'il continuera d'en être question, et même que l'on finira par s'entendre, mais je crois qu'alors ce sera elle qui refusera. » C'est là, très exactement, ce qui se passa.

Pour l'instant, les Anglais avaient grand besoin de l'amitié française. Philippe II encourageait la révolte des catholiques irlandais, Rome lançait à l'assaut de l'Angleterre des légions de jésuites héroïques, prêts au martyre, qui agitaient les provinces du Nord mal détachées du catholicisme. On réactiva les négociations. Henri III envoya à Londres une forte délégation qui repartit mécontente : mariage puis traité, ou traité puis mariage ? La méfiance régnait. Il fut vexé qu'Élisabeth ne lui expédie, pour renouer le dialogue, qu'un seul ambassadeur, qu'on savait hostile au projet. Le duc d'Alençon furieux menaça de rompre. Élisabeth lui écrivit une lettre tendre accompagnée de trente mille livres d'or pour sa guerre aux Pays-Bas et le convoqua.

Les juristes élaborèrent un nouveau contrat, qui fut signé en juin, après quoi, en novembre 1581, François rejoignit de nouveau sa fantasque fiancée. Dix jours de marivaudage stérile l'exaspérèrent, il s'impatienta. L'ambassadeur de France demanda une réponse. Cette réponse fut stupéfiante. Sous les yeux de ses conseillers abasourdis, elle lui déclara : « Vous pouvez écrire ceci au roi : le duc d'Alençon sera mon époux ! » Puis elle retira une de ses bagues et la donna au petit duc en l'embrassant sur la bouche. Chacun reconnut là le très ancien rite qui, en droit médiéval, suffisait à unir les époux par consentement mutuel. Bien que médusé, il eut la présence d'esprit de lui offrir en retour une de ses bagues. Ils étaient mariés. Les cérémonies officielles ne seraient que formalités. Exultant de joie, il écrivit à son frère qu'Élisabeth était sa femme, aussi vrai que Louise était la sienne.

Mais sur un point essentiel il anticipait un peu. Élisabeth lui refusait la porte de sa chambre. Elle attendait la signature d'un traité d'alliance en bonne et due forme avec la France. « Non, vous êtes à moi, protestait-il, comme je peux le prouver par les lettres et les mots que vous m'avez écrits, que vous avez confirmés en me donnant cet anneau, ce dont j'ai fait part au roi mon frère, à ma mère et aux princes de France. » Humilié, il se mit à tempêter : « Si je ne peux faire de vous ma femme par des moyens honnêtes et par l'affection, je le ferai donc par la force, car je ne quitterai pas ce pays sans vous. » Où donc était passé le soupirant tendre et soumis ? Il prétendait parler en maître. Elle avait savouré jusqu'à la dernière goutte tous les plaisirs que pouvait lui offrir cette comédie. Elle n'avait pas envie d'en vivre les désagréments. Elle se débarrassa de lui en lui offrant une flotte et quelques gentilshommes pour le convoyer jusqu'à la côte de Zélande, où elle l'invita à se couvrir de gloire. En public, elle versa sur leur séparation des flots de larmes, mais chacun comprit qu'elle était secrètement soulagée et qu'en dépit des promesses échangées, elle ne le reverrait jamais.

Il y avait une part de sincérité dans la mélancolie qui s'empara d'elle quand elle vit s'éloigner le navire de son petit fiancé. Elle savait que c'était le dernier. Plus jamais elle ne serait courtisée par un prince de sang royal. Elle avait quarante-huit ans, elle ne pourrait plus jouer les jeunes premières. Elle devrait se contenter de marivaudages factices avec des favoris de moins en moins dociles. Une page était tournée.

Mais elle n'a pas tout perdu, au contraire. Elle a gagné ses galons de souveraine célibataire. Ses sujets ont eu si peur qu'ils renoncent à la marier. Ils accepteront pendant plus de vingt ans encore l'autorité de cette femme seule qui a maintenant pour unique amour son pays : « Un ennemi mortel ne pourrait pas me souhaiter plus grand dommage que de haïr l'Angleterre, et la mort serait bienvenue s'il m'advenait telle infortune. » Elle a fait le bon choix.

Quant à l'épineuse question de sa succession, on verra plus loin comment elle la régla, sans s'encombrer de sentiments.

Un deuil de plus pour Catherine

Catherine, bien qu'elle eût été prête à faire le voyage d'Angleterre s'il eût fallu, n'avait jamais eu beaucoup d'illusions sur les chances de son fils auprès d'Élisabeth. Ses ouvertures diplomatiques n'étaient souvent que ballons d'essai, ou diversions et leurres. Le projet anglais, sur fond de conflits religieux, ne lui souriait guère. Au moins avait-il rempli son office en fixant pour trois ans les ambitions brouillonnes de François. Mais elle connaissait trop bien sa consœur pour croire au miracle. Elle se mit donc en quête, dès l'annonce officielle de la rupture, d'une solution de rechange.

Le mariage qui plaisait à son cœur de mère et de grand-mère était par malheur encore plus irréalisable. Elle aurait voulu unir à son dernier fils la cadette de ses petites-filles espagnoles, et elle caressait l'espoir chimérique que Philippe II doterait le jeune couple d'une principauté aux Pays-Bas. Elle se doutait bien qu'il n'y consentirait pas volontiers. Elle chercha donc les moyens de lui forcer la main. La guerre dans les Flandres en était un. Elle crut en voir un autre dans l'ouverture de la succession de Portugal.

Trois prétendants, dont Philippe II en personne, se disputaient le trône de Lisbonne laissé vacant par la mort du dernier souverain. Catherine se mit sur les rangs, invoquant de prétendus droits remontant à plus de deux cents ans : une femme de sa famille maternelle avait alors été l'épouse d'un roi de Portugal. L'échafaudage juridique édifié sur ces bases était plus que fragile, indéfendable. Mais Catherine assortit ses prétentions d'une expédition militaire sur les Açores, dont la plus grande île, Tercère, refusait de devenir espagnole. Elle se démena pour réunir des fonds, armer une flotte. Henri III, comme pour les Pays-Bas, s'en lavait les mains : la France n'avait rien à voir dans les revendications purement privées de sa mère. Elle ne prétendait certes pas bâtir un empire colonial sur les ruines de celui des Portugais, elle voulait seulement se procurer une monnaie d'échange pour le marchandage qu'elle projetait de mener avec Philippe II. Hélas, l'escadre française se fit battre à plate couture et comme la guerre n'était pas officiellement déclarée entre les deux pays, l'Espagne considéra les prisonniers comme des francs-tireurs et les massacra. Henri, qui aurait fait sien un éventuel succès, en voulut à sa mère de cet échec. Oubliant que les efforts de Catherine visaient aussi à le protéger de son frère, il ne voyait que la sollicitude qu'elle lui portait et s'en montrait jaloux. Elle s'efforçait envers et contre tout de les réconcilier, elle eut une fois de plus en février 1584 l'illusion d'y avoir réussi, ils s'embrassèrent et elle en pleura de joie.

Le destin brusquement se mit de la partie. François, comme ses aînés, était tuberculeux. Rongé de fièvre, il dépérissait à vue d'œil. Après quatre mois de crises ponctuées de rémissions, où l'espoir alternait avec l'inquiétude, berçant Catherine d'illusions, il s'éteignit en crachant le sang, le 10 juin de cette même année.

Catherine pleura. Elle aimait malgré tout cet insupportable petit dernier. Comme toutes les mères, elle supportait très mal de voir disparaître ses enfants. La mort, en les lui enlevant, lui arrachait une partie de son être. Avec eux, elle mourait un peu chaque fois. Pleurait-elle sur elle-même ou sur l'enfant perdu ? Sur les deux à la fois sans doute. On aurait mauvaise grâce à le lui reprocher, car c'est le cas le plus général.

Élisabeth d'Angleterre, en souvenir de ses longues « fiançailles » avec le défunt, lui adressa une de ces formules théâtrales dont elle avait le secret : « Madame, votre regret ne peut surmonter le mien. Il vous reste un enfant, mais je ne trouve de consolation qu'en la mort qui, j'espère, me le fera bientôt rencontrer. » Bientôt ? Il s'en fallut de dix-neuf ans !

Des quatre fils qu'avait eus Catherine, un seul désormais survivait, ses « chers yeux », l'objet de sa prédilection. L'amour qu'elle lui vouait se fit plus anxieux, plus possessif encore. Et comme après chaque deuil, une partie de son affection se reporta sur ses petits-enfants. Lorsque, quelques semaines plus tard, Philippe II donna la petite infante qu'elle avait convoitée pour François au jeune duc de Savoie Charles-Emmanuel – qu'elle aurait voulu marier à une autre de ses petites-filles, Christine de Lorraine –, elle se remit vite de sa déception. Elle était dépourvue de préventions contre la maison de Savoie. Elle avait beaucoup aimé la duchesse Marguerite, sa belle-sœur. Elle n'en voulut jamais à Emmanuel-Philibert, fin politique, de jouer son jeu et de le jouer bien, même si ses intérêts ne coïncidaient pas avec ceux de la France. Il ne lui déplut pas qu'une de ses petites-filles madrilènes, qu'elle n'avait jamais vues, épousât leur fils. La Savoie était toute proche. Peut-être rencontrerait-elle un jour cette enfant qui, en tout cas, continuerait d'appartenir au cercle familial élargi.

Le bilan de ces dix années n'est pas brillant. Catherine a consacré à neutraliser son dernier fils des efforts qui – elle le montra lors de sa tournée dans les provinces du Midi – auraient été mieux employés ailleurs. Elle procura au roi sept ans de paix relative. Il les mit à profit pour entreprendre de vastes réformes juridiques, une remise en état des institutions du royaume, qui ne purent porter leurs fruits faute de temps. De son côté, elle-même continuait aux Tuileries et dans l'Hôtel de la Reine[1] son œuvre de bâtisseuse et de collectionneuse d'objets d'art. Mais le prix à payer en fut exorbitant : de désastreuses concessions aux factions intérieures, une politique extérieure incohérente. Le jeune François fut pour le pays une calamité[2]. Son évidente médiocrité ne rend pas moins lourde la responsabilité de ceux – et ils furent nombreux – qui encouragèrent ses ambitions. On laissera au lecteur le soin de distribuer blâmes et satisfecit.

Sa disparition ne régla pas, bien au contraire, les difficultés dans lesquelles se débattait Henri III. Et elle ruina l'avenir de sa sœur Marguerite, qui avait imprudemment pris fait et cause pour lui. Avant d'aborder l'histoire de l'agonie de la dynastie des Valois, on nous permettra une incursion du côté de Navarre, pour revivre ces dix années en compagnie d'un couple dont les relations auraient eu tout du vaudeville si l'avenir de la France n'avait été en jeu.

---

1. L'Hôtel de la Reine se trouvait sur l'emplacement de l'actuelle Bourse du commerce, près du Forum des Halles. Il ne subsiste du bâtiment que la colonne astronomique du haut de laquelle, croit-on, Catherine faisait observer le ciel et surveiller la ville.

2. Le seul résultat positif de son action fut la conquête de Cambrai. Ce fut sa mère qui en hérita et réussit à la conserver, malgré les protestations espagnoles, en se conciliant la sympathie des habitants.

CHAPITRE X

Le couple de Navarre

Marguerite ne se sentait pas fière au début de septembre 1574 lorsqu'elle se retrouva face à son frère Henri, désormais roi de France. Il lui prit « un frisson si grand avec un tremblement si universel » qu'elle faillit se trouver mal. C'est qu'elle a soutenu contre lui leur cadet François et participé au complot qui visait à l'évincer. Il le sait. Elle sait qu'il le sait. Par son favori Du Guast ou par quelque autre importe peu. La seule solution pour elle serait de faire amende honorable et d'implorer son pardon. Mais elle est « fille de Roi, et sœur de Roi, et femme de Roi », elle ne s'abaissera pas à quémander des égards qui lui sont dus, son « honneur » lui interdit de se faire « mendiante des faveurs, des grâces et bienfaits » du souverain.

Les timidités d'adolescente sont loin. Marguerite est orgueilleuse. À cet orgueil de caste, fondé moins sur ses mérites propres que sur la qualité du sang qui coule dans ses veines, elle doit une excessive témérité et une périlleuse confiance dans la grandeur du rôle qui l'attend. Elle a tendance aussi à oublier qu'elle est femme ou plutôt à nier l'infériorité qui s'attache à son sexe. Elle est fille du matriarcat. La seule incarnation de l'autorité qu'elle ait jamais connue est féminine, c'est sa mère, devant qui ses frères et son mari filent doux. Marguerite se considère comme leur égale. La loi salique, qui écarte les femmes du trône, lui paraît une injustice scandaleuse. On sait que la reine mère ne se gênait pas pour dire tout le mal qu'elle pensait de cette loi. Elle y aurait joint, paraît-il, un vif éloge de Marguerite : « Or, si par abolition de la loi salique, le Royaume venait à ma fille par son juste droit, comme aussi autres royaumes tombent en quenouilles[1], certes ma fille est aussi bien capable de régner, ou plus que beaucoup d'hommes et rois que je sais, et qui ont été ; et crois-je que son règne serait beau ; et le rendrait pareil à celui du Roi son grand-père et Roi son père, car elle a un grand esprit et de grandes vertus pour ce faire. » On ne sait si Catherine a vraiment prononcé les paroles que lui prête ici Brantôme, mais elles reflètent à coup sûr le point de vue de l'intéressée elle-même : Marguerite se sent vocation de reine. Faute d'accéder au trône, elle croit pouvoir mener sa vie de façon autonome, libre de ses choix politiques et affectifs.

Elle se complique la tâche à plaisir. Tout en s'engageant à fond aux côtés de son cadet, elle met son point d'honneur à ne pas lâcher, politiquement, un époux qu'elle trompe pourtant sans vergogne. La situation serait à la rigueur vivable si les deux hommes faisaient cause commune. Elle s'emploie à les rapprocher, avec un succès inégal. Mais le roi, lui, s'efforce de les séparer. Il apparaît vite que François change de parti comme de chemise et que Henri de Navarre préfère mener son jeu personnel, à l'écart du conflit fratricide. Il ne lui reste alors qu'à seconder les efforts de sa mère pour recoller les morceaux. Elle reçoit des coups de part et d'autre, s'aliène peu à peu les deux rois, son frère et son époux, ils se réconcilieront après la mort de François d'Alençon-Anjou, sur son dos. Un itinéraire ponctué de hauts et de bas la conduit à la rupture.

Un tissu d'intrigues

Henri III, vindicatif, n'est pas près de pardonner à Marguerite. Il pense qu'en la brouillant avec son mari, il coupera court à ses menées politiques. Dès son séjour à Lyon, à l'automne de 1574, il guette les occasions de dénoncer son inconduite. Se promenant un jour dans la ville, voici qu'il remarque le « chariot » doré de sa sœur garé sur une place où se trouvait le logement d'un gentilhomme surnommé « le bel Entraguet ». De là à soupçonner que la jeune femme est à ses côtés, il n'y a qu'un

1. C'est-à-dire échoient à des femmes.

pas. Le serviteur qu'il envoie s'en assurer ne trouve personne, mais affirme : « Les oiseaux y ont été, mais ils n'y sont plus. » Quand Marguerite rentra chez elle, elle fut accueillie par son mari goguenard qui lui dit : « Allez chez la reine votre mère, et je m'assure que vous en reviendrez bien en colère » et lui refusa toute explication. Le duc de Guise, la croisant en chemin, lui souffla : « Je vous attendais ici pour vous avertir que la reine vous a prêté une dangereuse charité » et il lui expliqua que le roi l'avait accusée, sous prétexte de visite au couvent de Saint-Pierre tout proche, d'avoir rejoint un amant. Marguerite trouva toutes les dames de la cour en effervescence : on savait que Catherine ne tolérait pas les atteintes publiques à la bienséance. Contre le feu de la colère maternelle, elle ne put qu'invoquer le témoignage des six dames d'honneur qui l'accompagnaient et ne l'avaient pas quittée de tout le jour. Il fallut vingt-quatre heures à la reine mère pour mener une enquête qui lui permit d'innocenter sa fille. Elle ne demandait que cela.

Pour une fois, et quoi qu'en aient dit les biographes de la reine Margot, le roi s'était trompé de cible. Rien ne permet de dire qu'Entragues, alors au mieux avec une autre grande dame, ait été l'amant de la reine de Navarre ni à cette date, ni plus tard. Elle reparut la tête haute et Henri dut lui faire des excuses, en mettant son erreur au compte de ses serviteurs. Son mari, très sagement, avait dès le début refusé de prendre l'affaire au sérieux. Il n'avait pas intérêt à un éclat. Mais l'esclandre laissa des traces. Si l'accusation avait commencé par recevoir crédit, c'est que Marguerite n'était pas irréprochable. Un parfum de scandale s'attache à elle, elle attire les galants, elle appelle les ragots. Sa seule présence envenime les intrigues partout où elle passe. Quant à Henri de Navarre, si indifférent qu'il soit à ses infidélités, il les préférerait plus discrètes. Il n'a aucune envie d'endosser le déplaisant personnage de mari cocu et content. Il sait mauvais gré à sa femme de lui en faire courir le risque.

D'autant plus qu'elle tombe peu après – sur ce point tout le monde est d'accord – éperdument amoureuse du fameux Bussy d'Amboise, le « brave Bussy », coqueluche des dames, un risque-tout policé, galant et brutal, aussi bon helléniste que brillant escrimeur, qui résumait en sa personne, aux yeux de l'aristocratie du temps, toutes les perfections masculines. Vingt ans après, en écrivant ses *Mémoires*, Marguerite, faute d'oser avouer son amour, laisse déborder son admiration : il n'y avait « en ce siècle-là, de son sexe et de sa qualité, rien de semblable en valeur, réputation, grâce et esprit ». La discrétion n'est pas le péché mignon des hommes de ce genre. « De quoi servirait à un grand capitaine, dit Brantôme, d'avoir fait un beau et signalé exploit de guerre et qu'il fût tu et nullement su ? » Il en allait de même pour les exploits amoureux. Toute la cour apprit très vite que Bussy était l'amant de la reine de Navarre.

On ne reviendra pas sur la fureur du roi en le voyant passer au service de son frère et accabler ses mignons d'insultes qui l'atteignaient lui-même par ricochet. Henri de Navarre, lui, a pour l'instant la rancune silencieuse. Mais il boude le lit conjugal et bat froid à Marguerite : dans l'été de 1575, reconnaît-elle, « nous ne couchions plus ni ne parlions plus ensemble ». On le soupçonne d'avoir trempé dans l'embuscade qui faillit coûter la vie à Bussy. Et lorsque le roi l'invite à chasser de la maison de sa femme une de ses suivantes les plus chères, Gilonne de Thorigny, c'est de très bonne grâce qu'il s'exécute. Le motif invoqué était « qu'il ne fallait point laisser à des jeunes princesses des filles en qui elles eussent une particulière amitié ». La langue du XVIe siècle n'est pas la nôtre. Ne faisons pas dire à ces phrases ce qu'elles ne disent nullement et ne prêtons pas à Margot, comme on l'a fait quelquefois, des relations coupables avec sa suivante : « La chère Thorigny, écrit l'ambassadeur toscan, tenait la main à l'amitié que Bussy avait avec sa maîtresse. » Elle servait peut-être aussi ses intrigues politiques. Les protestations de Marguerite furent si véhémentes que le roi, ne voulant pas reculer, étendit la mesure à la maison de la reine : et c'est ainsi que la pauvre Louise de Lorraine, comme on l'a vu plus haut, dut à son grand chagrin congédier quelques-unes des dames de sa suite.

L'évasion du duc d'Alençon, dont elle est complice, rend plus précaire encore la situation de Marguerite. Tandis que sa mère court à la poursuite du fugitif, elle est consignée dans sa chambre au Louvre, dit l'ambassadeur anglais. Comme de coutume la contrariété se répercute sur sa santé, elle s'alite avec un « grand rhume sur la moitié du visage », une grosse fièvre et beaucoup de douleurs. Au moins avait-elle la satisfaction de savoir son mari et son plus jeune frère dans le même camp.

Elle était encore malade, affirme Brantôme, lorsqu'on lui annonça l'assassinat de Du Guast, principal conseiller de Henri III, au cours d'une séance de sudation où il soignait sa syphilis. Elle avait mille raisons de le haïr, elle imputait à son influence l'animosité que lui portait le roi, il ne se cachait pas de la mépriser, aurait même dit, selon l'ambassadeur florentin, qu'il la tenait pour *la regina delle putane*. On conçoit qu'elle ait salué la nouvelle par des exclamations de joie et une oraison funèbre bien sentie : « Aussi c'était un corps gâté de toutes sortes de vilainies, qui fut donné à la pourriture qui dès longtemps le possédait, et son âme aux démons, à qui il avait fait hommage par magie et toutes sortes de méchancetés. »

Nul, dans l'immédiat, ne lui imputa cette mort. Du Guast avait beaucoup d'ennemis et le suspect numéro un, le baron de Vitteaux, plusieurs bonnes raisons de lui en vouloir. Seul de Thou l'incrimine sans la nommer, mais très clairement, dans son *Histoire universelle*, qui ne paraît qu'en 1604. Une grande princesse, conte-t-il, se rendit de nuit dans le couvent des Augustins pour y rencontrer Vitteaux, « un homme accoutumé à verser le sang. [...] Elle l'engagea aisément par ses caresses à se faire son vengeur, en vengeant ses propres injures. [...] Éloquente et caressante », elle n'eut pas de peine à persuader « un homme qui trouvait son propre intérêt à se venger d'un ennemi puissant ». Les caresses, dans la langue du XVIe siècle, ce sont le plus souvent des flatteries verbales. Mais la chronique scandaleuse en a tiré plus tard, au prix d'un faux-sens, la superbe scène de mélodrame où la reine paie comptant, de sa personne, à même les dalles de l'église, le prix de la mort de son ennemi.

Rien de cette histoire ne résiste à l'examen. Il est certain, en revanche, que la mort de Du Guast avait violemment irrité le roi et que, même s'il n'en rendait pas sa sœur responsable, il l'englobait dans le ramassis de trublions qui lui menaient la vie dure.

Otage ou médiatrice ?

La fuite de son mari aggrave la situation de Marguerite. Comment, sans avouer leur mésentente, persuader le roi qu'il ne l'avait pas prévenue ? D'autant que le Béarnais facétieux proclamait : « Je n'ai regret que pour deux choses que j'ai laissées à Paris, la messe et ma femme : toutefois pour la messe, j'essaierai de m'en passer ; mais pour ma femme, je ne puis, et la veux ravoir. » Le roi mécontent répondit « qu'il avait donné sa sœur à un catholique, non à un huguenot » – ce qui, stricto sensu, était faux – et qu'il lui fallait, s'il voulait la récupérer, se faire catholique. Et il la garda, étroitement assignée à résidence. Elle trouva en elle-même les ressources pour faire face. Elle aimait les livres, même les plus austères, philosophie et théologie. Elle passa son temps à étudier. Elle fut même tentée, si on l'en croit, par la dévotion.

Un otage n'a de prix que si quelqu'un tient vraiment à le récupérer. Mais quoi qu'il en eût dit, le roi de Navarre, tout heureux de reprendre possession de ses États, se passait fort bien d'elle. Elle ne lui manquait pas, elle lui était plus utile à la cour, d'où elle parvenait malgré la surveillance à lui faire passer des informations. Au fil des semaines, son peu de chaleur à la réclamer devenait déshonorant pour la famille royale, on aurait dit qu'il la répudiait. Le roi était embarrassé. Sa mère lui expliqua que, « comme la prudence conseillait de vivre avec ses amis comme devant un jour être ses ennemis [...], elle ordonnait d'user de ses ennemis comme pouvant être un jour amis », bref qu'il valait mieux se concilier sa sœur et l'utiliser comme médiatrice. D'ailleurs, il y a quelqu'un pour plaider sa cause : François d'Alençon, lui, se refuse à traiter tant qu'elle est prisonnière. Elle participe donc aux négociations qui préparent la « paix de Monsieur » et paraît dans une tenue éblouissante – « une robe d'orangé et noir, dont le champ était noir avec force clinquant, et son grand voile de majesté » – à l'ouverture des États généraux de Blois.

La voici au mieux avec ses deux frères, provisoirement réconciliés. Mais à quel prix ! Ils s'apprêtent à faire ensemble la guerre aux amis de son mari ! Les retrouvailles conjugales seront pour plus tard. En attendant, elle cherche un prétexte pour quitter la cour. On lui suggère d'accompagner la princesse de La Roche-sur-Yon qui s'en va prendre les eaux de Spa. Marguerite se découvre très à propos un érysipèle à un bras, les médecins conseillent une cure, la saison est propice, elle partira. Le roi approuve, il ordonne au gouverneur de Péronne de veiller à ce qu'elle ait un riche équipage : « Il est raisonnable pour ma réputation et pour honorer ma dite sœur [...] qu'elle soit bien suivie. »

Diplomatie et thermalisme

Parti vers la mi-juin, le cortège progresse avec lenteur, faisant étape dans chaque ville traversée. Marguerite se déplace dans « une litière toute vitrée » agrémentée de « quarante devises toutes différentes, avec les mots en espagnol et italien, sur le soleil et ses effets », suivie de dix filles à cheval et de six carrosses ou chariots pour mener le reste des dames. Jamais depuis la visite des Polonais elle n'avait été ainsi louée, admirée, honorée, fêtée. Elle fait du tourisme, se promène d'église en palais et en jardin, admire les grandes horloges mécaniques animées, s'amuse de la panique que crée la crue soudaine d'une rivière, s'étonne de voir une grande dame nourrir en public son enfant au sein, pleure la mort romanesque d'une jeune fille de sa suite, tuée par un chagrin d'amour. Mais sa tristesse dure peu. Elle est trop heureuse de voir le monde tourner autour de sa personne. Voici enfin qu'on lui prodigue les honneurs dus à une reine.

Elle en a aussi les responsabilités. Elle ne va pas en Flandre pour soigner sa peau, ni même uniquement pour fuir Paris, mais en ambassadrice officieuse chargée de préparer les voies à son plus jeune frère, qui a l'intention d'intervenir aux Pays-Bas. Hostile à ce projet, le roi, on le sait, se résigne à le tolérer à condition de n'y être pas impliqué et il consent à ce que Catherine lui apporte un soutien discret. L'entremise de Marguerite lui convient. Ses récents démêlés avec elle lui permettront, en cas d'incidents, de prétendre ignorer que la cure thermale sert de paravent à une ambassade.

À Cambrai, toutes grâces dehors, elle emploie « tout ce que Dieu [lui] a donné d'esprit à rendre Monsieur d'Inchy » – le gouverneur de la ville – « affectionné à la France ». À Mons, elle se lie d'amitié avec la comtesse de Lalaing, intelligente et énergique, par qui elle fait la conquête de son mari. Tâche aisée : il déteste les Espagnols. À Namur, elle est magnifiquement accueillie par don Juan d'Autriche, qui gouverne les Pays-Bas pour le compte de son demi-frère Philippe II : la France et l'Espagne sont officiellement en excellents termes. Est-ce la faute de l'ambassadrice si don Juan profite de la diversion créée par les festivités ? Elle vient à peine de tourner les talons qu'il enlève aux bourgeois flamands la citadelle de la ville et la garnit de troupes à lui. Tandis que, installée à Liège dans le palais de l'évêque, elle ingurgite consciencieusement pendant six semaines les eaux de Spa toute proche, les troubles s'étendent dans les Provinces.

Appréhension ? Ou au contraire goût du risque et de l'aventure ? Plutôt que d'attendre pour rentrer d'avoir reçu des passeports, elle préfère prendre les devants, quitte à jouer les héroïnes. La voici à Namur insurgée qui maintenant l'insulte et braque le canon contre son logis. On la laisse partir, mais plus loin, dans Dinant surexcitée par de récentes élections copieusement arrosées de bière, son cortège est bloqué. Elle se lève debout dans sa litière, ôte son masque[1], proclame qui elle est, et elle constate fort étonnée que les Flamands n'ont que faire des rois de France : le nom du comte de Lalaing lui est un sésame plus efficace. Après avoir joué à cache-cache avec les troupes de don Juan qui lui donnent la chasse, elle atteint enfin la frontière et s'installe vers la mi-septembre à La Fère, où le duc d'Alençon la rejoint pour recevoir des émissaires venus de Mons et de Cambrai.

Il est d'usage chez les historiens de tourner en dérision cette ambassade. Marguerite, nous dit-on, confondait diplomatie et mondanité et s'illusionnait sur l'efficacité politique de ses charmes. Elle n'était pas la seule pourtant à croire, en

1. Rappelons que les femmes de qualité portaient toujours un masque pour voyager, afin de n'être pas reconnues et importunées, et aussi pour protéger leur teint du soleil et des intempéries.

son temps, aux vertus des festivités princières : c'était un des articles du credo de sa mère. Elle a fort bien rempli la mission dont elle s'était chargée. Quant à l'échec final de l'entreprise, elle n'en est pas responsable, il est dû notamment à la légèreté avec laquelle elle fut conçue et aux dissensions entre les deux frères. On ne saurait lui en faire grief. On peut sourire en revanche de l'autosatisfaction ingénue qui s'étale dans le récit qu'elle fait, quinze ans plus tard, de cette brève période de sa vie où pour une fois la réalité a consenti à coïncider avec ses rêves. On peut aussi s'en attendrir.

Retrouvailles

En France, elle trouve la paix rétablie. Rien ne justifie plus qu'on la retienne à Paris, où elle risque de se remettre à intriguer. Catherine persuade son fils qu'elle peut lui être utile en Guyenne. Maintenant que le roi est réconcilié avec son frère et que les huguenots sont isolés, il reste à obtenir le ralliement du Navarrais. Elle espère que Marguerite l'y aidera.

La reine mère a toujours considéré ses filles comme des instruments au service de sa politique. Elle a d'autant moins de scrupules à faire de celle-ci l'un des agents de son programme du moment que la jeune femme a tout à y gagner. En la ramenant à son mari, elle lui donne une chance de le reconquérir. Elle n'a pas le sentiment de lui porter tort, au contraire. Tel est aussi, quoi qu'on en ait dit, l'avis de Marguerite. Elle a pris goût au métier de reine.

Elle n'arrivera pas les mains vides : on lui réglera enfin sa dot, impayée jusque-là. Faute d'argent liquide, on lui concède l'Agenais, le Rouergue, le Quercy. Un beau cadeau sur lequel on compte, en vain, pour la décider à laisser tomber son plus jeune frère. Si le départ d'abord prévu pour décembre est retardé, elle n'y est pour rien. Catherine cherche des expédients financiers et attend que les derniers soubresauts de la guerre s'apaisent en Poitou et en Guyenne. Mais les incidents violents qui secouent la cour dans les premiers mois de 1578 et l'aide apportée par Marguerite à la seconde évasion de François, qu'on a contée plus haut[1], achèvent de la rendre indésirable à Paris. Catherine, assurée du calme de son dernier fils, arrache sa fille à la colère du roi et, au début d'août, l'embarque pour la Guyenne, au grand désespoir de ses compagnons de bal et de ses poètes favoris : la cour, « veuve de sa beauté », « a perdu son soleil ».

Entrées offertes par les villes, discours, hommages, la beauté en question s'achemine en grande pompe vers cet époux qu'elle a décidé de séduire. Les retrouvailles approchent et elle s'y prépare au moyen d'apprêts dont la duchesse d'Uzès fait au roi une description pleine d'humour : « Il y a trois jours qu'elle se tient renfermée et n'a que trois femmes de chambre avec elle, l'une avec le glaive, l'autre avec la pâte et la dernière avec le feu[2] ; toujours dans l'eau, blanche comme lys, sentant comme baume, se frotte, se refrotte, fait encensements, de sorte que l'on dirait que c'est une sorcière avec charmes. » Lorsqu'on lui demandait en souriant pour qui elle prenait tant de soins, elle se fâchait : « Ce n'était pour plaire à autrui, mais à elle seule. »

Henri de Navarre avait réclamé sa femme, il l'avait. Il ne pouvait se permettre de la bouder. Il partagea son lit dès le premier soir, à La Réole, et l'on signale qu'il fit ici ou là « acte de bon mari ». Mais dans les comptes rendus qui nous sont faits de ces retrouvailles, une chose surprend : c'est la modestie du rôle qu'y joue Marguerite, malgré les efforts de Catherine pour la mettre en avant. Elle a des airs de figurante. Les égards qui lui sont prodigués relèvent de l'apparence, ils sont pure représentation. À l'abri de cette façade se déroulent entre son mari et sa mère des marchandages qui lui échappent.

Catherine s'est mise en route sans être sûre d'être bien reçue. L'entourage du roi de Navarre est très hostile. Les huguenots du Sud-Ouest refusent de rendre les villes qu'ils détiennent, comme l'exige la paix de Bergerac. Henri lui-même, gouverneur nominal de Guyenne, est en conflit aigu avec le lieutenant général du roi à Bordeaux, Biron, qui le traite du haut de son âge, de son expérience et de son catholicisme militant. En échange de sa

1. Voir p. 580.
2. Les objets utilisés par Marguerite pour sa toilette (crèmes de beauté, fers à friser ou rasoirs à épiler) sont assimilés plaisamment à ceux qui servent à la préparation d'un sacrifice rituel.

réconciliation avec sa femme, il entend obtenir des concessions. Il tâte donc le terrain, garde d'abord ses distances, évite de se joindre au cortège des deux femmes, menant en parallèle son propre chemin, en attendant qu'on trouve, non sans peine, un lieu assez neutre pour un séjour commun.

Ce fut Auch. Catherine laissa à sa fille la joie d'inaugurer la fête. L'heure était au divertissement. Un soir, l'on était en plein bal et l'on dansait, toutes confessions confondues, lorsqu'un serviteur vint dire à son maître, à l'oreille, que des catholiques venaient de se saisir de La Réole. Il s'éclipsa, réunit quelques fidèles, sauta à cheval et se rua sur Fleurançe, alors tenue par les catholiques, où, très pacifiquement puisque les habitants lui ouvrirent les portes, il n'eut aucun mal à placer une garnison protestante. C'était la réponse du berger à la bergère. Catherine, en femme d'esprit, apprécia. Elle n'en fit que rire ; et, branlant de la tête, elle dit : « Je vois bien que c'est la revanche de La Réole et que le roi de Navarre a voulu faire chou pour chou ; mais le mien est mieux pommé. » Et les deux villes furent échangées l'une contre l'autre.

Catherine connaissait mal son gendre. Elle le retrouve chez lui, parmi les siens, dans ce Sud-Ouest qui lui tient à cœur. Il a mûri. Ce n'est plus le même homme. Elle découvre à quel point il est fin, prudent, réaliste ; il comprend vite et bien, il juge juste et il sait attendre ; et il a, par-dessus le marché, le sens de l'humour. Tous deux ont en commun l'amour de la vie et l'amour de la paix. Elle sait qu'il souhaite comme elle la concorde civile, mais elle est capable de comprendre qu'il n'est pas tout à fait maître chez lui et doit composer avec la turbulence de ses gentilshommes et avec l'opiniâtreté des ministres huguenots. Sans se l'avouer, elle trouve qu'il est bien plus agréable de discuter avec lui qu'avec des impulsifs comme ses fils. Il est dur en affaires, mais avec lui on sait où l'on va. Dommage qu'ils ne soient pas du même bord. Dommage surtout – cette seule idée la met hors d'elle – qu'il ait des droits sur la couronne de France. Au fond, ils étaient faits pour s'entendre. Elle lui laisse en partant Marguerite, mais elle n'est pas tout à fait sûre que celle-ci soit à la hauteur.

Elle compte sur elle pour la tenir informée et pour exercer sa médiation dans les conflits qui ne manqueront pas de surgir. La jeune femme lui promet de la servir « en ce qui ne contreviendra à la grandeur et conservation de [son] mari ». Sur l'objectif majeur elle est d'accord, bien décidée à veiller au respect de la convention qui vient d'être signée à Nérac après des pourparlers laborieux où elle est venue mettre une note apaisante. Elle y a d'ailleurs le plus grand intérêt, car une reprise des hostilités la mettrait dans une situation intenable : « J'aimerais mieux la mort que la guerre. »

Catherine s'en va très satisfaite. Pour elle son gendre s'est fait, les derniers jours, enjôleur, cajoleur, plein d'attentions, charmant. Et quand il lui promet de maintenir la paix, elle veut y voir l'effet des bons offices de son épouse. Sur l'avenir du jeune couple, elle est optimiste : « C'est le meilleur ménage que l'on saurait désirer. » Mais Marguerite, elle, verse des torrents de larmes. Pas plus que ses frères, elle n'a conquis sa pleine autonomie par rapport à leur mère. Malgré les grands airs d'indépendance qu'elle s'est donnés, elle conserve en face d'elle quelque chose de l'adolescente admirative et tremblante qu'elle a été naguère. Elle la redoute, mais apprécie sa protection. À l'idée de la voir partir, de se retrouver seule aux côtés d'un homme dont elle mesure chaque jour davantage la force, la dissimulation, l'égocentrisme, son assurance l'abandonne, elle se sent soudain prise de panique.

Elle n'a pas tout à fait tort. Quelques semaines plus tard le séjour du couple dans la capitale du Béarn, où Henri se devait de présenter son épouse, donne lieu a un incident significatif. Dans les États de Jeanne d'Albret, qui échappent à la juridiction du roi de France, le culte catholique est strictement interdit. On a bien voulu aménager à l'usage de Marguerite une minuscule chapelle dans un recoin du château. Mais lorsque à la Pentecôte on s'aperçut que des catholiques locaux s'y étaient glissés, avec son assentiment sans aucun doute, on vint les arrêter sous ses yeux à la sortie de la messe et son mari la laissa insulter par un de ses secrétaires, huguenot intransigeant, préposé aux questions religieuses. L'affaire, aussitôt connue à Paris, souleva une tempête. Le roi de Navarre, qui ne voulait se brouiller ni avec ses sujets ni avec Henri III, prit le parti de quitter Pau. Une grosse fièvre accompagnée de migraine, qui le prit en route et le mit au lit pour dix-sept jours, donna à Marguerite l'occasion de se faire une garde-malade attentionnée et la rapprocha de lui. Elle se jura cependant de ne jamais remettre les pieds dans la « petite Genève » pyrénéenne tant que le catholicisme en serait banni, et elle tint parole.

« Une cour si belle et si plaisante »

En août 1579, ils s'installèrent à Nérac, dans le charmant château lové dans une boucle de la Baïse qui avait fait les délices de sa grand-tante et que Henri venait de faire orner de somptueuses tapisseries prélevées sur les murs de celui de Pau. Marguerite parvint à y créer et à y maintenir tant bien que mal, deux ans et demi durant, une oasis de paix, de civilité, de culture. Laissons-lui ici la parole :

« Notre cour était si belle et si plaisante, que nous n'enviions point celle de France, y ayant madame la princesse de Navarre sa sœur [...] et moi avec bon nombre de dames et filles, et le Roi mon mari étant suivi d'une belle troupe de seigneurs et gentilshommes, aussi honnêtes gens que les plus galants que j'ai vus à la Cour ; et n'y avait rien à regretter en eux, sinon qu'ils étaient huguenots. Mais de cette diversité de religion il ne s'en oyait point parler, le Roi mon mari et la princesse sa sœur allant d'un côté au prêche, et moi et mon train à la messe en une chapelle qui est dans le parc ; d'où comme je sortais, nous nous rassemblions pour nous aller promener ensemble, ou dans un très beau jardin, qui a des allées de lauriers et de cyprès fort longues, ou dans le parc que j'avais fait faire, en des allées de trois mille pas qui sont au long de la rivière ; et le reste de la journée se passait en toutes sortes de plaisirs honnêtes, le bal se tenant ordinairement l'après-dîner et le soir. »

C'est la première fois que Marguerite est maîtresse chez elle. Pour cette cour qui est sienne, elle a visé très haut, dans l'intention avouée de rivaliser avec celle de Paris. Poésie, musique, théâtre, bal : on trouve à Nérac tous les divertissements aristocratiques alors en vogue. Songe-t-elle à concurrencer la fameuse Académie du Palais créée par son frère ? On discutera chez elle de science, de morale et de philosophie. Elle attire tout ce que le Sud-Ouest compte d'érudits, de savants, de poètes.

Du Bartas, Pibrac, d'Aubigné logent sur place. L'évêque d'Aire, traducteur d'Euclide et adaptateur des écrits ésotériques d'Hermès Trismégiste, qui fut aussi le premier à faire l'ascension du pic du Midi d'Ossau, peut rencontrer en visite Michel de Montaigne qui vient en voisin. La reine avait lu, lors de sa réclusion forcée au Louvre, la traduction que le magistrat bordelais avait faite de l'œuvre d'un médecin catalan, la *Théologie naturelle*. Ils en parlèrent et peut-être est-ce à leurs entretiens que nous devons la célèbre *Apologie de Raymond Sebond*, qui formera le plus long chapitre des *Essais*.

Elle veut aussi policer les mœurs. Elle trouve pour ce faire un atout dans les théories néoplatoniciennes de « l'honnête amour », qui, considérant l'amour humain comme un reflet de celui de Dieu et privilégiant l'union des âmes au détriment de celle des corps, permettent de sublimer les relations entre hommes et femmes. Elle se situe là dans la vieille tradition courtoise revue et corrigée à la lumière du *Banquet* de Platon, interprété par Marsile Ficin. En même temps, par l'exaltation de la femme et la discipline exigée de l'homme, elle fait figure de *précieuse* avant la lettre.

Elle apprit à son mari « qu'un cavalier était sans âme quand il était sans amour », ajoutant que le secret en la matière était marque de vice. L'honnête amour ne se cache pas. Chaque gentilhomme à la cour avait donc une dame qu'il « servait » publiquement et il apprenait à goûter les douceurs du marivaudage littéraire. Certes, les mauvais esprits ne manquaient pas de dire que c'était là un voile commode pour dissimuler des liaisons. Mais la cour de Nérac y gagnait beaucoup en tenue, en civilité, en décence. Pour complaire à sa femme, le roi lui-même fait un effort, il s'apprivoise, il troque ses tenues de coureur de grand chemin contre des habits de soie et de satin rehaussés d'or, il se tient bien. Pas de conflits, pas de duels, une commune volonté pour des divertissements communs, une réciproque « amitié » entre hommes et femmes également nobles et d'égale culture : Rabelais n'a pas imaginé mieux pour sa fameuse abbaye de Thélème.

Ce bel édifice mit plus de deux ans à se déliter, en dépit des pressions externes et des défaillances internes. Ce n'est pas si mal. Dans un environnement aussi tourmenté, cette cour avait quelque chose d'incongru, d'irréel. Elle laissa chez tous ceux qui y goûtèrent, même les plus haineux comme d'Aubigné, une nostalgie tenace douce-amère. Et sa réputation traversa la Manche : elle est le cadre de rêve dans lequel Shakespeare place la charmante comédie des *Peines d'amour perdues*. Quel meilleur hommage pouvait lui être rendu ?

Quant à la reine, et compte tenu de ce qui suivit, Nérac fait figure à ses yeux de paradis perdu.

Échec politique

En dehors du reproche de corruption, le principal grief des huguenots contre la cour de Nérac est qu'elle démobilise les combattants : « La reine de Navarre eut bientôt dérouillé les esprits et fait rouiller les armes. » D'Aubigné n'a pas tort : c'est en effet la mission de Marguerite. Mais les armes sont encore en état de servir.

En confiant à sa fille le rôle de sentinelle avancée en pays huguenot, Catherine lui a fait un cadeau empoisonné. La proposer comme un recours aux catholiques opprimés, l'inviter à arbitrer les différends qui opposent son mari au maréchal de Biron, c'est lui donner part au gouvernement de la Guyenne. Répéter à son gendre qu'il doit lui communiquer toutes les lettres qu'elle lui envoie, c'est sommer celui-ci de l'associer de très près à ses affaires. Or il n'en a pas la moindre intention. On ne peut, en ces circonstances, ni s'en étonner ni le lui reprocher. Il joue son jeu, et le joue fort habilement, ne lui disant que ce qu'il veut bien lui dire, se servant d'elle pour persuader la reine qu'il n'a que des intentions pacifiques. Bref, il la manipule.

Elle vient précisément d'écrire à Paris plusieurs lettres où elle se porte garante de lui, malgré une recrudescence de tension, lorsqu'elle découvre au matin du 10 avril qu'il a disparu, lui laissant un mot d'explications embarrassées : « [Je vous prie] de ne trouver étrange une résolution que j'ai prise, contraint par la nécessité sans vous en avoir rien dit. [...] Ce m'est un regret extrême, qu'au lieu du contentement que je désirais vous donner [...], il faille tout le contraire et qu'ayez ce déplaisir de voir ma condition réduite à un tel malheur. [...] Je n'ai pu plus retarder, et suis parti avec autant de regret que j'en saurais jamais avoir, ayant différé de vous en dire l'occasion, que j'ai mieux aimé vous écrire, pour ce que les mauvaises nouvelles ne se savent que trop tôt. »

Henri ne mentait pas lorsqu'il disait se lancer à contrecœur dans une nouvelle prise d'armes. L'initiative ne venait pas de lui, mais de Condé, éternel candidat aux fonctions de chef des huguenots. Mais s'il laissait cette guerre se dérouler sans lui, c'en était fait de son prestige auprès des siens, il perdait toute chance de diriger le parti, il était politiquement coulé. Marguerite s'affola : « Si les huguenots avaient du meilleur[1], c'était à la ruine de la religion catholique, de quoi j'affectionnais la conservation plus que ma propre vie. Si aussi les catholiques avaient l'avantage sur les huguenots, je voyais la ruine du roi mon mari. » De Paris la reine mère indignée morigénait son gendre : « Mon fils[2], je ne puis croire que vous vouliez la ruine de ce royaume, comme elle sera, et la vôtre, si la guerre recommence, et vous prie considérer ce que vous êtes et quel bien vous peut advenir de la ruine de cet État et que ceux qui vous font faire ces choses si mal à propos ne vous aiment point. » Et auprès de Marguerite, elle insiste : « Il est mal conseillé, dites-le lui, ma fille [...]. Faites-lui connaître le tort qu'il se fait, et mettez peine de rhabiller cette faute, qui est bien lourde. »

L'intéressé, de son côté, sollicitait l'aide de sa femme pour obtenir la neutralité des villes lui appartenant. Elle tient à lui. Deux mois plus tôt, elle l'a sauvé en l'avertissant d'une embuscade qu'on lui tendait. Mise en demeure de choisir, elle décide de « courre sa fortune ». Le soutien qu'elle lui apporte reste discret cependant. Et elle tente de se dédouaner auprès de sa mère en lui transmettant la fameuse lettre d'excuses du 10 avril. Catherine serait prête à s'en satisfaire, lorsque la prise de Cahors, où Henri de Navarre se montre d'une hardiesse folle et recueille ses premiers lauriers, met Henri III hors de lui. Le roi resta persuadé que le soulèvement était dû aux intrigues

1. L'emportaient.
2. *Mon fils* ou *ma fille* sont les termes d'usage pour s'adresser à un gendre ou à une bru.

de sa sœur, qu'elle et ses suivantes avaient poussé leurs amants à prendre les armes pour venger leur honneur sur lequel on daubait à Paris : d'où le surnom de *guerre des Amoureux* qui resta à cette septième guerre de Religion. Et ce lui fut un grief de plus contre elle.

Catherine s'était trompée, ce conflit n'apporta pas à son gendre la ruine annoncée. Sur le terrain, c'est un match nul. La paix de Fleix, que François d'Alençon – mais oui ! – a été chargé de négocier, rétablit, à quelques places fortes près, le statu quo antérieur. Mais dans la lutte pour le pouvoir qui couvait au sein du parti huguenot, Henri de Navarre, qui a fait ses preuves au combat et dans la négociation, rafle la mise. Sa victoire est aussi celle de la tendance modérée sur la tendance dure. Déjà sa vocation de fédérateur se dessine.

Il a, d'un seul coup, changé de stature. Il n'a plus besoin de sa femme comme intermédiaire. Quant à Catherine, elle abandonne l'espoir de voir sa fille l'influencer. Le roi ne décolère pas contre sa sœur. Le bref passage de Marguerite sur la scène politique s'achève sur un fiasco, en même temps que se détériorent les relations conjugales du couple.

Échec conjugal

Le « ménage » de Navarre ne va pas aussi bien que l'imaginait l'optimisme maternel. La tradition veut que les responsabilités de la mésentente soient équitablement partagées entre les époux. C'était vrai à Paris, dans la cour dissolue des dernières années de Charles IX, lorsque Marguerite croyait pouvoir profiter à sa guise des mêmes libertés que son roitelet de mari. Ce ne l'est plus à Nérac, où elle a choisi d'assumer son personnage de reine. Pour imposer de la tenue à tous, ne doit-elle pas donner l'exemple la première ?

Il est très peu probable, en dépit des ragots, qu'elle se soit alors jetée dans les bras du vicomte de Turenne. Bussy, le vaillant Bussy, qu'elle avait aimé, vient de mourir sous les coups d'une escouade de sbires apostés par un mari jaloux. Il s'est battu comme un lion, à quinze contre un, a expédié *ad patres* plusieurs de ses adversaires avant de succomber sous le nombre.

Tout Paris s'en émut et le grincheux L'Estoile se fendit pour lui d'une oraison funèbre enflammée : « Telle fut la fin du capitaine Bussy, qui était d'un courage invincible, haut à la main, fier et audacieux, aussi vaillant que son épée [...]. La peur n'avait jamais trouvé place dans son cœur. » Marguerite le pleura-t-elle en secret ? Il était mort pour une autre. Avec l'expérience, un certain désenchantement a fait place chez elle aux emportements d'autrefois. Satisfaire un homme, c'est s'exposer à le perdre vite. Mieux vaut le promener dans les méandres de la métaphysique mystico-sentimentale inspirée du platonisme. C'est sans doute sous cette forme qu'elle répondit aux avances de Turenne – si avances il y eut.

Car depuis son installation à Nérac, elle a une raison d'être sage bien meilleure encore : elle veut un enfant. Et bien entendu, aucun doute ne doit planer sur la légitimité d'un fils de roi. Dès les retrouvailles Paris mettait en chansons ses espoirs de maternité :

Marguerite est bien aise d'être
Réalliée à son mari ;
Elle n'a pas le cœur marri
D'être sitôt devenue grosse.

Ce fut une déception. Le peu d'empressement de son époux la désolait. Était-elle stérile ? Ou manquait-il seulement de persévérance ? Comme sa belle-sœur Louise, elle en appela aux sources thermales, que les Pyrénées toutes proches lui offraient généreusement. À sa mère, elle fait part dans ses lettres des bienfaits qu'elle en attend. En vain. Le miracle espéré n'eut pas lieu. Jamais enfant ne s'annonça.

On comprend mieux alors l'amertume que lui inspirent les multiples liaisons de son mari, qui le détournent d'elle. D'une capiteuse beauté brune surnommée Dayelle, venue et repartie avec l'escadron de la reine mère, il était passé à une suivante de sa femme nommée Rebours, qui tomba malade, à la vive satisfaction de celle-ci. Au plus fort de la vogue platonisante, il s'éprend d'une autre suivante, qu'on appelait Fosseuse parce que son père était baron de Fosseux. Aux pieds de cette exquise enfant de quatorze ans à peine, timide et rougissante, et encore

« toute bonne », le séducteur impénitent soupire, pris de scrupules. Il la cajole et la bourre de friandises, massepains, confitures de roses et sucre candi.

Mais il n'est pas homme à se contenter de faveurs platoniques et ce qui devait arriver arriva. Des ambitions insoupçonnées viennent alors à la petite. Elle devient arrogante. Face à l'épouse stérile, elle s'enorgueillit d'avoir su donner au roi l'enfant attendu. Pour peu que ce soit un garçon, elle se voit déjà reine. Henri, qu'aucune de ses nombreuses passades n'a encore rendu père, rayonne de fierté : sa virilité n'est pas en cause. On ne sait s'il s'aventura à promettre le mariage, comme il le fit plus tard à plusieurs reprises. En tout cas, Marguerite connut la peur de la répudiation et elle trembla. Elle découvrit aussi, en ces circonstances, à quel degré de goujaterie pouvait atteindre son mari lorsqu'il était amoureux.

Fosseuse entraîna Henri aux Eaux-Chaudes, pour fuir la cour de Nérac où elle craignait les commérages. Et il prétendit convaincre sa femme de leur servir de chaperon. Pour refuser, elle invoqua son serment de ne jamais remettre les pieds dans le très huguenot Béarn et elle se morfondit à les attendre à Bagnères-de-Bigorre, « y versant autant de larmes qu'eux buvaient de gouttes des eaux où ils étaient ». Marguerite proposa ensuite d'installer la jeune fille à l'écart de la cour jusqu'à sa délivrance, mais celle-ci effrayée poussa les hauts cris. Elle ne voulait pas s'éloigner de son amant. Un beau matin, à l'aube, dans la chambre où le couple royal occupait des lits jumeaux, surgit le médecin à la recherche de secours, qui éveille le roi. Celui-ci à son tour tire le rideau de Marguerite : « Mamie, je vous ai celé une chose qu'il faut que je vous avoue. Je vous prie de m'en excuser. [...] Mais obligez-moi tant que de vous lever tout à l'heure[1], et aller secourir Fosseuse qui est fort mal. [...] Vous savez combien je l'aime, je vous prie, obligez-moi en cela. » Et l'épouse dévouée fit le vide au château en expédiant tout le monde à la chasse et se transforma en sage-femme auprès de la maîtresse en couches. À la vue de l'enfant, elle poussa un soupir : c'était une fille, mort-née. Le danger était écarté et les apparences sauves. Lorsqu'il lui demanda le lendemain

1. Tout de suite.

de se rendre au chevet de Fosseuse comme si elle souffrait d'une maladie ordinaire, pour tenter bien inutilement de donner le change, elle l'envoya promener et ils se disputèrent. Elle éprouvait maintenant pour lui quelque chose qui ressemblait à du mépris.

Elle prit soudain Nérac en grippe. Elle accepta, comme sa mère l'y invitait, de faire un séjour à Paris.

Elle emmenait avec elle ses suivantes, parmi lesquelles Fosseuse, dont jasait toute sa cour. La reine mère, ennemie du scandale, lui conseilla de la renvoyer à ses parents, ce qu'elle fit, à la grande fureur de son mari, qui prit la chose comme une injure personnelle et lui expédia un émissaire porteur de menaces : il ne remettrait jamais les pieds à la cour si l'on n'y réintégrait pas sa maîtresse. La réplique qu'il s'attira, de la propre plume de Catherine, est une cinglante leçon de civilité conjugale à l'usage des infidèles : « Vous n'êtes pas le premier mari jeune et non pas bien sage en telles choses, mais je vous trouve bien le premier et le seul qui fasse après un tel fait advenu tenir un tel langage à sa femme[1]. » Et d'invoquer son propre époux Henri II, qui trouva très bon que l'on renvoyât Lady Fleming enceinte de lui et ne cessa pas pour autant de lui témoigner à elle bon visage et bon langage. Comment osait-il s'en prendre à la sœur de son roi, qui lui a fait un grand honneur en l'épousant ? « Ce n'est pas la façon de traiter les femmes de bien et de telle maison, de les injurier à l'appétit[2] d'une putain publique. » Henri n'insista pas, mais il ne revint pas à la cour.

Marguerite regagna seule Paris, achevant de s'éloigner de lui.

Retour à Paris

Il ne s'agit pas d'un voyage d'agrément, pas plus que Marguerite ne se lance, comme on l'a dit parfois, sur les traces de son dernier amant.

Certes, son cœur est pris, comme il ne l'a jamais été. Mais elle n'est plus l'écervelée de naguère. Elle a rencontré, lors des

1. Qui lui fasse dire de pareilles choses, après ce qui est arrivé.
2. Pour répondre au désir de…

derniers pourparlers de paix, quand son mari était en pleine idylle avec Fosseuse, un homme en qui elle pense avoir trouvé le Parfait Amant. Le grand écuyer du duc d'Alençon, Jacques de Harlay, seigneur de Champvallon, est jeune, beau, respectueux, attentif, soumis. Il partage ses goûts pour la littérature et il est poète à ses heures. Elle l'aima passionnément et devint à coup sûr sa maîtresse, on ne sait quand, quoique d'Aubigné prétende les avoir surpris très vite. Mais ce nouvel amour très cérébral s'accommodait de l'absence. C'est à la jeune femme qu'appartient l'initiative. Elle donne le ton. Elle s'applique à sublimer leurs relations en les plaçant sous le signe de la métaphysique sentimentale qu'elle affectionne. Elle prétend guider son aimé sur les chemins de l'absolu, loin des pièges du désir, qui engendre la satiété. La séparation leur réussit mieux que les retrouvailles. Ils confient leurs effusions à une correspondance dont nous sont parvenues dix-sept lettres d'elle et deux de lui, non datées. On y voit la reine argumenter à longueur de pages, à la manière des débats courtois ou précieux, pour savoir lequel des deux aime le mieux. Réunis, ils s'empêtrent, bien sûr, dans les contradictions.

Ce n'est pas pour le rejoindre qu'elle regagne la capitale au début de 1582 : il n'y est pas, il a suivi le duc d'Anjou en campagne. Si elle est heureuse de quitter Nérac, elle appréhende de se retrouver à Paris dans une cour hostile où règnent les archimignons, qui ne l'aiment pas. Ce voyage est une idée de sa mère, à laquelle une fois de plus elle obéit. Et les motifs en sont, comme d'habitude, politiques.

François d'Anjou guerroie aux Pays-Bas avec la bénédiction de la reine d'Angleterre, dont on peut croire encore qu'elle va l'épouser. Des gentilshommes gascons l'accompagnent, d'autres sont décidés à le rejoindre. Henri III redoute que le roi de Navarre ne se laisse entraîner dans l'aventure. Il voudrait l'avoir près de lui à Paris, pendant les quelques mois cruciaux où l'issue de l'affaire reste incertaine. Marguerite doit le convaincre de venir. On lui fait des grâces : Catherine va à sa rencontre jusqu'à Poitiers, le roi lui-même promet de se déplacer pour conférer avec lui à Blois. Il n'aura pas besoin de se déranger : sa mère a trouvé le Béarnais très irrité contre son beau-frère qui lui marchande l'autorité en Guyenne, il est reparti vers ses terres en toute hâte. Il ne viendra pas à la cour. Au moins n'a-t-il pas pris le chemin des Pays-Bas.

Vue à la lumière de ces éléments, l'affaire Fosseuse prend un autre sens. Si seul le souci des bienséances avait été en cause, la reine mère aurait dû la faire renvoyer dès Poitiers. On la garde jusqu'au bout du voyage comme appât, avec l'espoir que son amant la suivra. Une fois à Fontainebleau, il faut se rendre à l'évidence : il lui préfère sa liberté. D'où le renvoi. Catherine passe sur elle sa mauvaise humeur. Par là elle fournit à Henri de Navarre un prétexte pour refuser – c'est chose grave – de se soumettre à l'invitation du roi. L'esclandre provoqué par l'amoureux sert de rideau de fumée à l'indiscipline du feudataire indocile.

Marguerite n'a pas réussi, elle non plus, à entraîner dans son sillage le prudent Béarnais, même en lui faisant miroiter un espoir de grossesse, vite envolé. Dans ces conditions, on n'a que faire d'elle à Paris. D'autant que, tout en filant avec Champvallon un amour de plus en plus tourmenté – il s'est marié sans oser le lui dire –, elle continue de transmettre à son mari des informations et d'intriguer en faveur de son dernier frère. Et elle multiplie les mots d'esprit mordants sur les favoris du roi.

Henri III excédé décide d'en finir. L'affront qu'il lui fit, pour n'avoir pas eu lieu publiquement au cours d'un bal, comme on l'a dit, n'en eut pas moins un extraordinaire retentissement.

L'affront

Il la somma d'abord, comme huit ans plus tôt, de se défaire de ses deux dames d'honneur les plus proches, Mme de Duras et Mlle de Béthune, qui assuraient la liaison avec le duc d'Anjou. Mais en public il incrimina leur « inconduite » et du même coup celle de leur maîtresse. Et il pria sa sœur de regagner ses pénates. Elle n'en fit rien. Il invite alors son beau-frère à faire chasser de chez elle la « vermine très pernicieuse » que sont ces deux dames. Et sans attendre la réponse, il envoie à Marguerite l'ordre exprès de quitter Paris, tandis que des sergents du guet fouillent le domicile de Champvallon à la recherche de l'enfant naturel qu'elle venait, prétendait-on, de lui donner, bien qu'elle n'eût pas cessé de paraître à la cour.

Pour le coup, elle se décida à partir, pas très rassurée. Son équipage croisa par hasard celui du roi à Bourg-la-Reine. Il refusa de la saluer – insulte grave – et, soudain pris de soupçons, il fit bien pis : il envoya une troupe d'archers qui, un peu plus loin, aux approches de Palaiseau, intercepta son convoi, l'obligea à ôter son masque, fouilla sa litière, sans y découvrir d'ailleurs rien de suspect. Pendant qu'elle reprend sa route, ses deux confidentes, arrêtées, sont conduites devant le roi qui les interroge en personne. Henri III a déconsidéré sa sœur. L'offense est impardonnable : « Ceux qui connaissent le caractère de cette princesse assurent qu'elle saura bien se venger d'un aussi grand affront. » Mais on se perdait en conjectures sur la réaction du roi de Navarre. Il passait pour indulgent aux infidélités de sa femme et on l'avait vu supporter en silence un certain nombre de quolibets. Avalerait-il cette couleuvre ? Or il décide, très habilement, d'exploiter l'énorme sottise que la colère vient de faire commettre à son beau-frère.

Commence alors entre les deux Henri une partie de bras de fer pendant laquelle la pauvre Marguerite ne peut faire une lieue vers le sud, sur l'ordre de l'un, sans que l'autre lui intime de s'arrêter. Elle restera ainsi huit mois en suspens, entre Poitiers et Agen, comme une balle qu'ils se renvoient. Henri de Navarre prend les devants, en demandant que toute la lumière soit faite. Il ne saurait reprendre chez lui une épouse diffamée. « Si elle a commis une faute digne de l'affront qui lui a été fait, dit à Henri III son envoyé Duplessis-Mornay, il vous en demande justice, comme au maître de maison et au père de la famille. Sinon, Sire, comme il ne le croira que le plus tard qu'il pourra, il vous la[1] demande, comme à un prince qui en fait profession, des calomniateurs sur le rapport desquels une telle injure aura été précipitée. » Jamais ultimatum ne joignit dans sa formulation tant de rigueur à tant d'élégance. La demande de poursuites judiciaires n'est là que pour la forme. Faute de

1. Le pronom *la* est mis pour le mot *justice*, de même que, un peu plus loin, le pronom *en*. Le sens est : il vous demande de tirer justice des calomniateurs, de les châtier.

preuves, qu'on serait bien en peine de lui fournir, le Béarnais entend monnayer au plus haut prix les retrouvailles conjugales. Pour le décider à passer l'éponge, quelques villes fortes stratégiques dans le Sud-Ouest ne seraient pas de trop : tel est le message que d'autres émissaires sont chargés de transmettre à son beau-frère, qui pousse les hauts cris.

Toute la France en faisait des gorges chaudes. Henri III tenta d'abord de le raisonner et de l'intimider par des « paroles piquantes », lui écrivant en guise d'excuses : « Les rois sont sujets à être trompés, et les princesses les plus vertueuses ne sont pas souvent exemptes de la calomnie. Vous savez ce qu'on a dit de la feue reine votre mère, et combien on en a mal parlé. » Sur quoi le roi de Navarre se serait pris à rire, en s'exclamant : « Le roi par toutes ses lettres me fait beaucoup d'honneur ; par les premières il m'appelle cocu, et par les dernières fils de putain. Je l'en remercie. » Vraie ou fausse, l'anecdote prouve au moins qu'il avait su mettre les rieurs de son côté. Et il avait en main les meilleures cartes.

Tandis que la guerre larvée se ranimait en Guyenne, chacun essayant d'accumuler le maximum d'atouts – pardon : de villes – en vue du marchandage final, Marguerite se lamentait, et sa mère tentait vainement d'intervenir. Soudain, l'annonce que François d'Alençon se mourait débloqua la situation. L'héritier du trône est désormais Henri de Navarre. Les intérêts des deux rois, jusque-là divergents, se rejoignent. On bâcle un accord fait de concessions mutuelles et le Béarnais récupère à Agen sa femme, sur la joue de qui il plante un baiser public. Ils s'acheminent ensemble vers Nérac, tandis que partent des messagers porteurs de lettres dans lesquelles l'un et l'autre disent leur satisfaction. Marguerite était-elle en larmes, comme l'affirme un témoin ? Et quel sens donner à ces larmes, si elle les a bien versées ? Nervosité, joie, appréhension, crainte pour la santé de son frère, elle avait alors plus d'une raison de pleurer.

Elle en aura bientôt davantage encore.

L'irréparable

Son mari l'a reprise, faute de pouvoir se débarrasser d'elle décemment, mais elle ne compte plus pour lui. Il lui bat froid, par rancune peut-être, par indifférence sûrement. Et aussi par politique.

Il a maintenant une maîtresse en titre d'une autre stature que les gamines qui peuplaient de leurs gentils minois la cour de Nérac. Diane d'Andoins, veuve du comte de Guiche dont elle a eu deux enfants, est à vingt-cinq ans une femme intelligente et cultivée, dans le plein éclat de son austère beauté. Elle partage avec la célèbre favorite dont elle porte le prénom une fierté impérieuse et l'art de se créer un style qui lui est propre. Pour éviter de lui être assimilée cependant, elle a changé ce prénom en celui plus romanesque de Corisande, une des héroïnes de l'*Amadis de Gaule*. Sortant d'une des plus hautes familles de la région, elle pourrait prétendre à devenir reine de Navarre. En attendant un éventuel divorce, elle joue les princesses hautaines dans son château d'Hagetmau, aux confins du Béarn et de la Chalosse, et si Henri veut la voir, c'est à lui de se déplacer. Singularité supplémentaire, elle est catholique.

Bien qu'elle ait un an de moins que lui, elle prend sur celui qui devient assez vite son amant et qu'elle appelle « petiot » un ascendant exceptionnel. Moins égoïste et moins cupide que Diane de Poitiers, elle devine chez le jeune roi de Navarre des qualités hors du commun, elle croit en sa destinée et choisit de s'en faire l'instrument. Amante, éducatrice, égérie, fée tutélaire, elle s'accommode en souriant de ses foucades tant qu'elles ne l'éloignent pas de lui durablement. Mais le moment venu, elle ne consentira pas sans peine à lui laisser prendre sans elle son essor.

Elle n'eut pas besoin de le mettre en garde contre le boulet que constituait sa femme pour un héritier du trône. Il l'avait compris tout seul. Marguerite traîne après elle un relent de ragots, d'intrigues, de scandales. Le roi vient d'achever de la discréditer. Son image est ternie. Elle n'est ni respectée ni respectable et il est trop tard pour qu'elle remonte la pente. Est-elle digne de devenir, le cas échéant, une reine de France ?

Sa stérilité probable vient s'ajouter à sa déplorable réputation pour la disqualifier. Henri songe à coup sûr à se séparer d'elle. Quand ? Comment ? Ce sera pour plus tard. Mais il se garde bien de redonner vie à cette union moribonde en prenant le risque de lui faire un enfant. On s'en étonne à Paris et l'on invente pour l'expliquer d'absurdes histoires. Elle n'a sûrement pas tenté d'empoisonner son mari, mais il est exact qu'elle était « fort mal contente de [lui], qui la négligeait, n'ayant couché avec elle depuis les nouvelles de l'affront que le roi son frère lui avait fait recevoir en août 1583, […] la caressant de belles paroles et bon visage, mais de l'autre, point : dont[1] la mère et la fille enrageaient ».

Catherine crut bon d'adresser à celle-ci des réflexions tirées de son expérience personnelle. Sa fille doit se montrer plus pointilleuse qu'elle ne l'a été elle-même. Elle n'était pas libre, jadis, du choix de ses fréquentations et accepta de subir celles que lui imposèrent tour à tour son beau-père et son époux. Elle leur devait obéissance à tous deux. Mais ils savaient aussi leur devoir et n'auraient jamais osé lui demander les complaisances qu'a eues Marguerite pour Fosseuse par exemple. Devenue veuve, elle n'avait pu, pour des raisons politiques, écarter de la cour toutes les personnes « de mauvaise vie ». Mais son âge et sa réputation lui permettaient de fréquenter n'importe qui. Que Marguerite, elle, tienne à distance celles que courtise son mari, sinon « il pensera qu'elle est bien aise qu'il aime quelqu'un d'autre, afin qu'elle en puisse faire de même ». Qu'elle s'oppose par bienséance à ce qu'il s'en prenne aux femmes de sa maison : il ne saura le trouver que très bon. Et elle avoue garder encore sur le cœur, au bout de vingt-cinq ans, la servilité dont elle dut faire preuve auprès de Diane de Poitiers : « Si je faisais bonne chère à Mme de Valentinois, c'était parce qu'il était le roi, et encore je lui faisais toujours connaître que c'était à mon très grand regret : car jamais femme qui aimât son mari n'aima sa putain ; car on ne le peut appeler autrement, encore que le mot soit vilain à dire à nous autres. »

Difficile de passer plus complètement à côté du problème ! Catherine vieillit, sa psychologie est en défaut, elle ne com-

---

1. Ce dont…

prend rien aux comportements de la jeune génération, on a presque envie de dire qu'elle radote. Et sa fille mesure qu'elle ne peut attendre d'elle ni conseil ni soutien moral. Il lui faudra s'habituer à la solitude.

La visite du duc d'Épernon, envoyé par le roi pour suggérer au Navarrais de se convertir, est vécue par elle comme une épreuve intolérable. Elle le soupçonne d'avoir contribué à exciter son frère contre elle lors de la fameuse algarade et ne veut pas le rencontrer. Mari, frère et mère se coalisent pour l'y contraindre : « Ma vie est réduite à la condition des esclaves », gémit-elle. Lors de l'Épiphanie de 1585, Henri est absent, elle lui écrit quelques mots très humbles, derrière lesquels résonne un appel au secours : « La fête se fût pu dire belle, si elle eût eu l'honneur de votre présence. » Mais cette présence se fait de plus en plus rare. Il n'est jamais là.

Alors, deux mois plus tard, le 19 mars, elle ose un geste inimaginable à l'époque : elle s'en va, elle quitte le domicile conjugal, elle claque la porte. Elle se réfugie dans Agen, qui lui appartient, et se rallie au parti en lutte contre les deux rois qui l'ont rejetée, à la Ligue. Elle apprendra bientôt que là non plus il n'y a pas de place pour elle.

Épouse et reine en rupture de ban, elle a coupé les ponts derrière elle, elle s'est mise hors la loi. La société du temps lui aurait pardonné beaucoup de choses, mais pas cela, pas cette remise en cause d'un des principes qui la fondent. « Dieu m'a laissé cette créature pour la punition de mes péchés, [...] c'est mon fléau », s'exclame Catherine, qui la renie et l'oubliera dans son testament. Il n'empêche : elle est devant Dieu et devant les hommes l'épouse légitime de Henri de Navarre et elle sera bientôt la reine, putative mais non couronnée, de France. Et on la verra un jour tenir entre ses mains, avec la liberté de Henri IV, l'avenir du royaume.

Mais ni sa mère ni son frère ne seront là pour apprécier cette ultime ironie du sort. La dynastie des Valois agonise.

CHAPITRE XI

Échec et agonie de Catherine de Médicis

Le 24 juin 1584, le roi, vêtu d'un grand manteau de dix-huit aunes de serge de Florence violette, ayant la queue plus large que longue, portée par huit gentilshommes, partit du Louvre l'après-dîner, pour aller donner de l'eau bénite sur le corps de son frère, dans l'église de Saint-Magloire au faubourg Saint-Jacques. Il était précédé de toute la cour en grand deuil et « suivi de la Reine sa femme, seule en un carrosse couvert de tanné[1], et elle aussi vêtue de tanné, après lequel suivaient huit coches pleins de dames vêtues de noir ». Le lendemain les armoiries du prince, reproduites à douze cents exemplaires, étaient exposées dans toute la ville et le trajet conduisant à Notre-Dame jalonné de flambeaux. Le roi, exclu du cortège funèbre selon la coutume, « demeura à visage découvert quatre ou cinq heures en la fenêtre d'une maison devant l'Hôtel-Dieu », pour voir l'effigie du défunt, « faite d'après le vif et le naturel », défiler sur un lit de parade entouré de deux cents porteurs de torches. À ses côtés, on remarquait le duc de Guise, pensif.

Ayant trouvé indécent que, sur les quatre favoris de son frère marchant aux quatre coins du cercueil, un seul eût le collier de l'ordre du Saint-Esprit, il le conféra aussitôt aux trois autres. Il put les admirer étincelants d'or le lendemain, au passage du convoi qui s'acheminait vers la nécropole royale de Saint-Denis. Le plus jeune fils de Catherine fut inhumé dans le somptueux

1. Sorte de drap de couleur brune.

mausolée en forme de rotonde qu'elle avait fait bâtir pour abriter les restes de son époux et les siens, ainsi que ceux de leurs enfants décédés. On déposa dans la crypte, à l'entrée du caveau, les objets – armes, éperons, gantelets, bâton de commandement – qui marquaient son rang et la tombe se referma sur celui dont les menées turbulentes avaient empoisonné dix ans durant le règne de Henri III.

En déployant pour ce frère haï des fastes funèbres spectaculaires, le roi a-t-il conscience, comme on l'a dit, de procéder aux funérailles de la dynastie ? Le fait est que la disparition de François d'Anjou, loin de mettre fin aux troubles qui sapent son autorité, vient les aggraver en ouvrant une crise dynastique sans précédent dans l'histoire de France. Pour y faire face, il est de plus en plus isolé. Lui restent jusqu'au bout, indéfectibles, l'adoration silencieuse de sa femme et l'activité infatigable de sa mère, toutes deux d'un dévouement absolu, total. Cela ne saurait suffire pour le soustraire à l'engrenage tragique qui finira par les emporter tous trois.

La crise dynastique

Henri eut beau déclarer que le problème de sa succession n'était pas à l'ordre du jour puisque son âge et celui de sa femme lui permettaient d'espérer de nombreux enfants, personne n'en crut rien, pas même lui : en 1584, la stérilité du couple royal apparaît définitive. Quant à sa propre santé, elle donne des inquiétudes à répétition. Que se passera-t-il s'il vient à mourir ?

L'ordre de succession au trône est réglé en France par la loi salique, qui ignore purement et simplement les femmes : seuls sont pris en compte les descendants mâles, par ordre de primogéniture. Dans le cas présent Henri de Navarre, qu'elle désigne comme héritier, n'est cousin du roi, par son père[1], qu'au vingt-

1. Si l'on tient compte des femmes, Henri III et Henri de Navarre sont cousins issus de germains, puisque leurs grand-père et grand-mère respectifs, François Ier et Marguerite de Valois-Angoulême, étaient frère et sœur. Plus que les autres Bourbons, Henri de Navarre est donc perçu comme membre de la famille royale

deuxième degré ! Il faut remonter jusqu'au XIIIe siècle pour leur trouver un ancêtre commun. Les Valois descendent du fils aîné de Saint Louis, Philippe III, et les Bourbons de son sixième fils, Robert de Clermont. Entre les deux branches, la mort a fait le vide. Enjamber dans l'arbre généalogique un pareil abîme, alors qu'une parenté aussi lointaine n'est même pas reconnue par le droit privé en matière de succession, donne le vertige. Autant remonter jusqu'à Adam et Ève, murmure Catherine, qui pense que « le sang [est] bien morfondu au-delà du sixième degré [...] et qu'il [est] plus naturel de laisser la succession à ses neveux qu'à des gens aussi éloignés ».

La tradition est cependant si forte que personne ne songerait à contester les droits du Béarnais s'il n'était huguenot. Bien que l'adhésion du souverain à la foi romaine ne fasse l'objet d'aucune « loi fondamentale » – pour la bonne raison qu'auparavant la question ne se posait pas –, il est évident que le serment du sacre fait de lui le défenseur de l'orthodoxie religieuse, et que la tutelle que lui confère sur son clergé le Concordat de Bologne implique qu'il soit catholique. Le Roi Très Chrétien, fils aîné de l'Église, ne saurait être un hérétique.

La solution la plus simple serait évidemment que le Navarrais se convertisse. Henri III le souhaite de toutes ses forces et multiplie les avances en ce sens. Dès qu'il sut le duc d'Anjou condamné, il envoya à Nérac son favori, Épernon, pour lui proposer la reconnaissance officielle de ses droits au trône en échange de sa conversion. La reine mère n'y était pas hostile, au contraire, puisqu'elle intima à sa fille l'ordre de faire bon visage au messager. Première démarche d'une longue série. Toutes se heurtèrent à une fin de non-recevoir. Oh, ce n'est pas par attachement doctrinal à la Réforme que Henri de Navarre se dérobe, mais par lucidité politique. Lui-même est prêt à avouer en privé qu'il ne voit pas entre les deux confessions de différences rédhibitoires. Mais il sait qu'un retour au catholicisme serait désastreux pour lui en ces circonstances. Il a déjà changé cinq fois de religion. Même si l'on écarte ses fluctuations d'enfant, dont il n'est pas responsable, il reste qu'après avoir

---

au sens large. Mais cette parenté n'est évidemment pas prise en considération par la loi salique.

abjuré le calvinisme, contraint et forcé, au lendemain de la Saint-Barthélemy, il lui est revenu dès qu'il a pu s'échapper de la cour. Il est donc *relaps*, ce qui aggrave son cas aux yeux de Rome. Une palinodie trop visiblement dictée par l'attrait d'un trône le déshonorerait, lui aliénerait tous ses partisans actuels, huguenots et catholiques modérés séduits par la sagesse de ses propos, sans lui concilier pour autant le moindre de ses adversaires. Sans écarter l'idée d'une conversion, il en repousse donc l'échéance. Il ne pourra en venir là que vainqueur, après avoir reconquis la maîtrise de l'État : ce sera alors un acte libre, honorable.

En attendant, il ne facilite pas la tâche à Henri III. Les solutions de rechange envisageables ouvrent un large champ aux ambitions des uns ou des autres. Voici à quoi elles se résument.

Première hypothèse, on conserve la loi salique, en omettant simplement les hérétiques. L'héritier désigné est alors l'oncle du roi de Navarre, le cardinal Charles de Bourbon, frère cadet de son père. Le « vieil bonnet rouge », comme l'appelle par dérision le roi, a soixante et un ans, l'intelligence médiocre, la larme facile, la parole volubile et irréfléchie, mais une vanité sans bornes, qu'il étale avec une réjouissante candeur : c'est à lui, il en est persuadé, que revient légitimement le trône. Comme il est dépourvu de descendants, il ferait tout au plus un souverain de transition, permettant de voir venir. Aussi a-t-il pas mal de partisans. Mais après lui, les branches cadettes de la maison de Bourbon offrent tout un assortiment de catholiques susceptibles de se mettre sur les rangs : de quoi faire réfléchir les autres candidats.

Seconde hypothèse, on renonce à la loi salique et deux cas de figure se présentent alors. Ou bien les femmes transmettent leurs droits sans avoir elles-mêmes accès au pouvoir, et le trône reviendrait alors à l'unique neveu de Henri III, le jeune marquis de Pont-à-Mousson, fils de sa sœur Claude et du duc de Lorraine Charles III. Ou bien elles jouissent de la plénitude de ces droits, et dans ce cas les infantes d'Espagne, nièces du roi par l'aînée de ses sœurs Élisabeth, auraient la priorité : c'est là l'interprétation de leur père Philippe II.

Troisième hypothèse, on jette par-dessus bord une lignée usée jusqu'à la corde et on change de dynastie. Des généalogistes travaillant pour le compte des Guises ont exhumé une filiation les faisant remonter à Charlemagne. Les usurpateurs capétiens n'auraient alors qu'à restituer aux descendants des Carolingiens l'héritage indûment confisqué. Le duc Henri de Guise se verrait très bien remplacer Henri III.

Citons enfin pour mémoire, parce qu'elles n'ont pas dépassé le stade des écrits polémiques, les thèses révolutionnaires de certains théoriciens des deux camps – huguenots d'abord, puis catholiques – qui proposaient de rendre au peuple ses prérogatives en lui confiant le soin d'élire le souverain et d'en contrôler l'action par les soins d'États généraux réunis à intervalles réguliers. L'aristocratie, toutes confessions confondues, se coalisera pour torpiller des idées aussi subversives.

Reste donc une multiplicité de prétendants, qui joue plutôt en faveur de l'héritier désigné.

Henri III, très attaché aux formes traditionnelles de la monarchie, n'en démordra jamais : il n'envisage pas d'autre successeur que son cousin de Navarre. Mais également attaché à la défense du catholicisme, il attend et espère son hypothétique conversion. D'où son refus de l'exclure, son attentisme, ses atermoiements, la mollesse qu'il met à le combattre.

Catherine, elle, n'a pas d'idées préconçues. Les lois fondamentales du royaume n'ont rien de sacré à ses yeux : une loi, cela peut se changer, surtout si elle lèse les femmes, comme la loi salique. Elle n'a pas non plus de position arrêtée sur les candidats en course pour la succession. Contrairement à ce qu'on lit çà et là, y compris chez ses contemporains, il est faux qu'elle ait opté pour les Lorrains, par haine de son gendre, et travaillé à la désignation de son petit-fils le marquis de Pont-à-Mousson en favorisant le parti ultra-catholique. Car elle a aussi tenté de négocier avec le Navarrais. C'est devant le refus de celui-ci qu'elle a pu penser que le marquis ferait un héritier acceptable : il était jeune, il laisserait sagement vieillir Henri III sans chercher à le pousser dehors. Et sa candidature, si elle se précisait, pourrait brouiller avec les Guises le duc de Lorraine son père. Elle laisse donc délibérément courir le bruit que cette solution lui agrée. Dans l'immédiat, elle en tire un avantage considérable : elle conserve avec tous les Lorrains d'excellentes relations et, en leur donnant l'illusion d'un désaccord entre elle et le roi sur ce point, en leur faisant croire même qu'elle leur est favorable, elle brouille le jeu et endort leur méfiance. Mais elle a en réalité un objectif prioritaire, et un seul, préserver l'autorité de son fils, puis, devant la montée des périls, sauver sa vie. Quant à savoir qui lui succédera sur le trône, elle s'en soucie alors comme d'une guigne.

Montée des périls : la Ligue

Henri III et sa mère mirent un certain temps à se rendre compte que le danger qui les menaçait avait changé de nature. À l'automne de 1584, seule l'agitation sporadique dans le Midi inquiète la reine. Quand on lui parle des intelligences que les Espagnols ont nouées en France, elle hausse les épaules en affirmant qu'ils prennent leurs désirs pour des réalités ; il n'y a de troubles qu'en Languedoc, mais elle compte « y voir bientôt les choses réduites en une bonne pacification, au lieu d'une guerre que l'on y a voulu allumer ». *On* ? Qui *on* ? Les huguenots, bien sûr, et leurs alliés les Politiques, qu'elle s'efforce depuis des années de ramener à l'obéissance. Elle comprit seulement au début de 1585 qu'elle devait désormais faire face à une subversion catholique de grande envergure.

La perspective de voir sur le trône un roi huguenot inspire à beaucoup de catholiques une inquiétude bien compréhensible. Son premier soin ne sera-t-il pas d'imposer à toute la France la religion qui est la sienne et qui seule a droit de cité dans sa vicomté de Béarn ? L'exemple anglais est là pour alimenter une crainte qu'enveniment à plaisir des prédicateurs fougueux brûlant de reconquérir sur l'hérésie le terrain perdu. Des bruits alarmants circulent, prophétisant une Saint-Barthélemy à l'envers. Le menu peuple catholique, qui souffre de la guerre, de la disette et de la crise économique, regrette le bon vieux temps d'avant la Réforme et voit en elle la cause de tous ses maux. Il fournira des troupes à quiconque prendra la peine de l'encadrer.

Un double mouvement se dessine, encouragé par l'excommunication pontificale qui frappe Henri de Navarre à l'automne de 1585. Dans les villes et notamment à Paris, des associations de défense se forment autour de clercs ou de magistrats, issus de la moyenne bourgeoisie, et qui ont fait leurs les idées naguère diffusées par les « monarchomaques » protestants sur l'origine populaire de la souveraineté : contrôle de l'administration du royaume par des représentants élus, droit de déposer un roi qui trahirait ses devoirs de souverain, légitimité du tyrannicide s'il devient hérétique ou « fauteur » d'hérésie, on aperçoit dans ces revendications un radicalisme révolutionnaire qu'on ne reverra pas en France avant 1789. Parmi les dirigeants de ces associations figurent au départ des gens de bonne volonté sincèrement attachés au catholicisme. Ils seront vite débordés par les fanatiques ou les pêcheurs en eau trouble.

Les grands seigneurs catholiques se rassemblent d'autre part autour du duc de Guise, animés de motifs moins désintéressés. Beaucoup d'entre eux sont amers. Quoiqu'ils aient dans les dernières guerres largement payé de leurs personnes et de leurs biens et remporté de multiples victoires, ils ont vu les faveurs, les gouvernements, les places aller soit aux ennemis de la veille que le roi tente de rallier, soit aux archimignons chers à son cœur. La défense de la religion et le souci du bien public recouvrent chez eux des appétits plus terre à terre : ils veulent le pouvoir pour eux et leur clientèle, selon un scénario vingt fois répété depuis que la monarchie s'est imposée sur les débris de la féodalité moribonde.

De la fusion des deux mouvements naît « la Sainte Ligue offensive et défensive et perpétuelle pour la seule tuition[1], défense et conservation de la religion catholique, apostolique et romaine » et l'extirpation de l'hérésie en France et aux Pays-Bas : c'est ainsi qu'elle se définit dans la proclamation du 16 janvier 1585. Henri III et sa mère prennent aussitôt la mesure du danger : aux côtés des princes et des bourgeois parisiens figure parmi les signataires le roi d'Espagne en personne.

Philippe II garde sur le cœur les multiples ennuis que lui a valus la politique française depuis dix ans. Maintenant qu'il est maître du Portugal et que les provinces flamandes méridionales ont choisi de lui rester fidèles, il a tout le loisir de songer à la vengeance. Son intérêt lui conseille aussi d'écarter du trône de France un prétendant huguenot qui ne manquerait pas de

1. Protection.

soutenir les rebelles néerlandais. Il est riche de tout l'or des Indes, qu'il croit encore inépuisable. Il peut se permettre de financer généreusement la subversion. C'est lui qui orchestre la rébellion catholique contre Henri III, en commande les phases, en contrôle le déroulement, par l'intermédiaire de ses agents infiltrés dans tous les milieux.

Les Guises, grassement subventionnés, seront le fer de lance de la Ligue. Ils sont aussi nombreux, aussi puissants, aussi soudés qu'à la génération précédente. À la tête du clan, trois frères, Henri, l'héritier du titre ducal, porteur d'une balafre plus célèbre encore que celle de son père, le deuxième, Louis, évêque et cardinal comme naguère son oncle, et le troisième, Charles, duc de Mayenne, moins brillant, moins belliqueux, plus diplomate. L'âge venant, l'aîné maigrit, se dessèche et son visage prend des allures de lame de couteau, tandis que le troisième engraisse jusqu'à une difformité qui le paralyse. À côté d'eux, les femmes, non moins intelligentes et énergiques : leur mère Anne d'Este, remariée au duc de Nemours, leur sœur Catherine, épouse puis veuve du duc de Montpensier. À l'arrière-plan, une nuée de collatéraux, cousins et alliés, dont le propre frère de la reine Louise. S'y ajoute la protection discrète du chef de la branche aînée de Lorraine, le duc Charles III, prêt à offrir ses bons offices en cas de difficultés.

L'objectif de la Ligue est d'imposer à Henri III la mise hors la loi des huguenots et la guerre à outrance contre leur parti : une politique à laquelle il répugne et qu'il tient pour impraticable, à moins de causer dans le royaume d'effroyables ravages. Il tente de résister, et très vite l'idée vient à ses adversaires qu'il serait plus simple de se débarrasser de lui en le déposant et de le remplacer par celui qui présente toutes les qualités requises d'un souverain défenseur de la foi, le duc de Guise, grand, fort, énergique, intrépide, couvert de gloire et follement populaire. Le roi découvre brutalement, dans le flot de haine qui déferle soudain sur lui, qu'il en va de son trône, de sa liberté et peut-être de sa vie. Sa réaction ne sera pas celle que sa mère attendait.

Une conscience tragique

Catherine est inquiète. Qu'arrive-t-il donc à son fils très aimé ? Depuis la mort de son frère, il n'est plus le même. Comme si le cordon ombilical avait été brusquement coupé lorsqu'il s'est retrouvé seul survivant de la nichée des Valois, en charge des destinées de la dynastie mais incapable de la perpétuer, stérile. Psychologiquement, il s'éloigne de sa mère à toute vitesse. Non pas qu'il s'applique à l'écarter, comme naguère. Il lui échappe parce qu'il est ailleurs, dans un univers mental auquel elle n'a pas accès. Elle en vient à regretter le temps où il ruait dans les brancards. Car cette façon de se détourner d'elle est pire. Elle qui s'est acharnée toute sa vie à prévenir ses désirs, à réaliser ses vœux, à aplanir le chemin sous ses pas se voit soudain impuissante devant la profondeur d'une détresse qu'elle perçoit, mais ne peut partager. Il souffre, il se perd, il se détruit, et elle n'y peut rien, sinon pleurer en compagnie de la reine Louise.

Prenez, par exemple, les dévotions. Quelques pèlerinages pour demander à la Vierge de lui envoyer des enfants, c'est bien. Mais point trop n'en faut. Et ils ne doivent pas détourner un souverain de sa tâche, qui est de gouverner : « La dévotion est bonne et le roi son père en a fait des voyages à Cléry et à Saint-Martin-de-Tours, mais il ne laissait rien de ce qu'il fallait pour faire ses affaires. » Comment comprendrait-elle que la prière et la pénitence sont pour Henri le moyen de désarmer la colère divine dont les malheurs qui l'affligent sont l'évidente manifestation, et qu'il attend de Dieu seul la solution des conflits dans lesquels il se débat ? Superstitieuse, elle croit certes que les astres influent sur nos destinées, mais ce déterminisme cosmique exclut toute responsabilité morale de notre part. On peut essayer d'en détourner le cours au moyen de quelques talismans, sûrement pas en se retirant dans une cellule monastique. Pour l'essentiel, son credo est simple, c'est : Aide-toi, le ciel t'aidera. Or voici que son fils, lui, tourne au mysticisme. À partir de 1582 et de plus en plus jusqu'à la fin du règne, il se livre à des manifestations de piété répétées que son tempérament excessif incline à l'outrance. Il crée des confréries de pénitents, édifie dans l'ancien prieuré de Vincennes un oratoire à sa convenance où il installe des frères Minimes, participe sous la cagoule à des processions publiques et s'astreint à partager lors de retraites toutes les pratiques de la vie conventuelle.

Il passa chez les Capucins les fêtes de Noël 1585, huit jours d'affilée, « vêtu d'un habit très semblable à celui des religieux, mais toutefois de rasette[1] blanche, consacrant cinq heures à chanter l'office divin, quatre aux oraisons mentales ou à haute voix. Le reste du temps a été occupé à réciter les litanies au cours de processions et à écouter la prédication du père Edmond Auger jésuite, sur la grandeur du Seigneur et sur sa passion. [...] La prédication terminée, le roi a ordonné que toutes les lumières fussent éteintes, étant le premier à se donner la discipline avec force tout en invitant les autres membres de la compagnie à suivre son exemple avec la même ferveur. [...] Sa Majesté a observé, lors du dîner, une grande abstinence, en ne mangeant rien d'autre, en guise de jeûne, qu'une poire cuite. [...] Avant de s'asseoir comme en se levant de table, le roi embrassait la terre comme le font les capucins. Durant tout le temps de son séjour, Sa Majesté a voulu encore dormir sur la paille, celle-ci recouverte seulement d'une étoffe verte et lui-même d'une couverture ordinaire, tout en ne reposant de cette manière pas plus de quatre heures ». Avant de quitter le monastère, il compara la discipline dont il se servait ordinairement à la cour avec celle d'un moine, trouva la sienne trop douce et l'échangea.

Jeûne, veilles, flagellations : il n'a pas la santé requise pour supporter pareil régime. Sa mère et sa femme ont quelques raisons de trembler. Elles tremblent aussi devant les effets politiques dévastateurs de cette dévotion incompatible avec l'exercice de ses fonctions. Les pamphlets se déchaînent. Les plus féroces ne croient pas à la sincérité de sa foi, crient à l'hypocrisie. Bien qu'il ait réformé ses mœurs et renoncé depuis la mort de son frère aux mascarades du carnaval, ils ne voient dans ses gestes de piété spectaculaires que simagrées : tour à tour travesti en femme ou en pénitent encagoulé, il s'abandonne selon eux à un exhibitionnisme impie. D'autres trouvent qu'une

1. Tissu d'apparence satinée.

procession sous la pluie battante est peu de chose pour expier le gaspillage des deniers publics :

Après avoir pillé la France
Et tout son peuple dépouillé
Est-ce pas belle pénitence
De se couvrir d'un sac mouillé ?

Les plus indulgents dénoncent une démission coupable, une fuite du roi devant les tâches qui lui incombent. « Le dernier jour de novembre [1584], raconte L'Estoile, le Roi prenant plaisir à faire voltiger et sauter un beau cheval sur lequel il était monté, et ayant avisé un gentilhomme qui était au duc de Guise, lui dit : "Mon cousin de Guise a-t-il vu en Champagne des moines comme moi, qui fissent ainsi bondir leurs chevaux ?" Cela disait le Roi, parce qu'il lui avait été rapporté que M. de Guise avait dit, étant en Champagne : "Le Roi fait la vie d'un moine, et non pas d'un roi." » Et le conteur d'ajouter : « À la vérité ce bon prince eût mieux fait de monter plus souvent à cheval, et de dire moins ses heures. » Car, comme il le souligne ailleurs, « le pis de tout cela était que le roi était à pied et la Ligue à cheval ; et que son sac de pénitent n'était à l'épreuve comme la cuirasse des Ligueurs ».

Peut-on être à la fois roi et moine au XVIe siècle ? Charles Quint pensait que non. Pour se retirer au monastère de Yuste, il avait abdiqué. Le duc de Guise suggère à Henri III d'en faire autant. S'il n'y consent pas, on le poussera de force dans un cloître, comme l'a fait jadis Pépin le Bref avec le dernier des Mérovingiens. Déjà la duchesse de Montpensier affûte les ciseaux d'or qu'elle porte à sa ceinture : elle s'en servira pour imposer au dernier des Valois la tonsure le vouant à la vie monacale. Son successeur est prêt.

Le déferlement de mépris et de haine, les humiliations répétées sont pour Henri III, si avide d'être compris et aimé, une épreuve insoutenable. Disons-le à sa décharge, il y avait de quoi déstabiliser n'importe qui. Rien d'étonnant donc que son équilibre psychique en soit affecté. La certitude d'un péché à expier, qui animait d'abord son désir de pénitence, fait place au sentiment d'injustice : a-t-il vraiment mérité tant d'ignominie ? Sa foi n'en est pas atteinte, mais sa capacité à lutter est entamée. Il passe par des alternatives d'exaltation et de dépression, il a ses sursauts de révolte et ses heures d'abandon, où il se résigne à ce que la volonté de Dieu soit faite. Lorsqu'il n'en peut plus, il s'enfuit parmi les moines en quête de paix. Il songe à la mort. N'est-elle pas refuge suprême et promesse d'un jugement équitable ? L'excès de macérations qu'il s'impose est désir d'autodestruction. Lorsqu'il revient à lui, il jette sur le monde un regard d'une lucidité désespérée. Et il tient à marquer qu'il n'est pas dupe. Distanciation, dérision : les manigances qui mènent le monde ne sont plus son fait.

Il a inversé l'ordre des priorités. Quand sa mère lui parle politique, il répond morale. Elle l'incite à des concessions diplomatiques, mais il ne supporte plus de mentir : « Je ne veux, sinon la vérité. » Elle dit : « Je sais bien que, ayant le cœur qu'il a, c'est une dure médecine à avaler, mais il est encore plus dur de se perdre et l'on loue ceux qui savent céder au temps pour se conserver. » Lui proclame : « J'aime mieux perdre la vie que l'honneur. » Il ne supporte plus les baisers hypocrites et les réconciliations menteuses, et il s'arrange pour provoquer, d'un mot cinglant, ceux que sa mère vient de lui jeter dans les bras. Nul n'échappe aux traits de son ironie, pas même lui, lorsqu'il a honte de plier l'échine sous les avanies. Incapable de concevoir une politique de rechange – y en a-t-il une ? –, il laisse Catherine pratiquer en son nom celle qui a toujours été la sienne : feindre de ne pas voir les insultes, louvoyer, temporiser, ne heurter personne, attendre que les ennemis s'entre-détruisent. Mais il lui en veut de ne pas lui prêcher la résistance, comme le fait son favori Épernon. C'est que la résistance comporte des risques. Il est disposé à les affronter : sa vie ne vient pour lui qu'en troisième lieu, après son salut éternel en l'autre monde et la préservation de sa dignité en celui-ci. Pour Catherine au contraire, sa vie passe avant toute chose. Comprenons-la. Elle a sa fierté, pas plus que lui elle ne goûte les démarches humiliantes, les rebuffades, le mépris. Mais elle l'aime. Elle acceptera pour lui plus qu'elle n'accepterait peut-être pour elle-même. Hélas ! Il est solidaire de tout ce qu'elle fait en son nom et il s'en exaspère sans pouvoir faire mieux. Elle entreprend de le sauver malgré lui, en lui imposant, face aux exigences de la Ligue, des capitulations qui lui font horreur. Le fossé qui les sépare s'élargit, entre eux s'installent incompréhension et rancœurs.

Si encore les faits donnaient raison à Catherine, si la victoire finale venait récompenser une longue suite de replis tactiques, il pourrait lui pardonner. Mais au moment précis où il rejette, pour des raisons de principe, le pragmatisme amoral que professe depuis toujours sa mère, les armes traditionnelles de celle-ci – négociations, marchandages, calculs, temporisation – se montrent inopérantes. Tous ses efforts se heurtent à la détermination d'un parti décidé à vaincre, à vaincre vite, et qui s'en est donné les moyens. L'habileté politique de la reine mère connaît alors un échec sans précédent.

Faillite politique

La France est divisée en deux blocs. Le Midi et l'Ouest sont dominés par les huguenots et les catholiques modérés. Le reste, et notamment Paris, est aux mains de la Ligue. Entre les deux camps, rien n'est négociable. La Ligue s'est juré de restaurer en France l'unité religieuse en éliminant les « hérétiques », ceux-ci luttent maintenant pour leur survie et pour la coexistence pacifique des deux religions. Henri III répugne profondément à une nouvelle campagne contre les huguenots. Il se sait incapable de les vaincre avec ses propres forces et il se refuse à recourir à celles du roi d'Espagne : ce serait la ruine et l'asservissement du pays. D'un autre côté, sa foi profonde et sincère le place en porte-à-faux. Il s'est engagé par le serment du sacre à défendre la religion. A-t-il le droit de s'opposer à ceux qui s'en déclarent les champions ? Ses confesseurs lui en font scrupule. Catherine, elle, a la conscience moins chatouilleuse et elle a toujours été, si l'on excepte le drame de la Saint-Barthélemy, une adepte convaincue de la pacification. Sur l'essentiel, tous deux sont d'accord : il faut éviter la guerre. Quant à la tactique à suivre, Henri s'en décharge d'abord comme d'habitude sur sa mère.

Dès les premiers mois de 1585, il devint évident que quelque chose se préparait. À Paris, les prédicateurs dénonçaient violemment l'amitié franco-anglaise, dans les provinces de l'Est on rassemblait des soldats et des armes. Catherine, faisant celle qui ne comprend pas, écrivit au duc de Guise qu'elle était « autant marrie qu'ébahie » des bruits qui couraient et ne voulait pas croire qu'il fût la cause de ces « remuements ». Les Ligueurs jetèrent alors le masque. La déclaration publiée à Péronne le 31 mars et signée du cardinal de Bourbon critiquait sévèrement le gouvernement de Henri III et proposait pour remédier aux maux du royaume l'interdiction du culte réformé, le renvoi des favoris, le rétablissement de la noblesse dans ses anciennes dignités et l'allégement des impôts. Elle se terminait par un appel à Catherine, « notre très honorée dame, sans la sagesse et prudence de laquelle le royaume serait dès piéça[1] dissipé et perdu » : on l'invitait à mettre au service de la Ligue le crédit qu'elle avait auprès du roi, un crédit, ajoutait-on perfidement, dont on espérait que ses « ennemis » ne l'avaient pas dépouillée. Traduisons : on tentait de jouer de sa mésentente avec le duc d'Épernon pour la détacher de son fils.

Elle se garda de détromper les auteurs de cette manœuvre : ses négociations s'en trouveraient facilitées, pensait-elle. Elle avait décidé d'aller affronter le duc de Guise dans son fief de Champagne. Installée à Épernay, elle invitait les Ligueurs à venir parlementer.

Depuis quelque temps, sa santé est mauvaise. Son « catarrhe » devient chronique, elle tousse, elle respire difficilement. Les rhumatismes et la goutte la torturent. Elle est souvent fiévreuse et dort très mal. Et elle se ronge d'inquiétude. Guise n'est pas pressé de répondre à son appel : il la laisse se morfondre plus de dix jours avant de se présenter enfin le 9 avril. Avec cet homme qu'elle a connu au berceau, qui a partagé l'enfance de ses fils, elle choisit de jouer les grands-mères grondeuses. Embarrassé par cet accueil, il feint la tristesse, verse quelques larmes de convenance et choisit de se dérober derrière le rideau de fumée que lui fournit « la défense de la religion », tout en hâtant ses préparatifs militaires. Elle a compris, elle incite son fils à en faire autant. « Bâton porte paix » : en d'autres termes, si tu veux la paix, prépare la guerre. Qu'il réunisse au plus vite de l'argent et des troupes.

1. D'ores et déjà.

Elle n'a pas renoncé à négocier cependant, elle s'accroche, fait intervenir des tiers, et attend. Elle est au lit, avec une douleur au côté, toussant de plus en plus, on craint une pleurésie, on l'abreuve d'un sirop de séné et de manne, on lui tire huit onces de sang. « J'ai si grand mal au cœur que je ne vous puis écrire », dit-elle à son fils en lui écrivant quand même. Et elle garde assez de présence d'esprit pour soustraire aux rebelles l'argent de la recette royale de Reims, qu'elle fait expédier à Paris.

Le 29 avril, elle voit enfin débarquer les deux chefs de la Ligue, le duc de Guise et son frère le cardinal, flanqués de leur homme de paille, le vieux cardinal de Bourbon. Ce dernier pleurniche, « montre regret de se voir embarqué » dans cette folie. Les deux autres ne cèdent pas d'un pouce. Elle décide le roi, acculé, à promulguer un édit interdisant tout exercice du culte réformé. Mais cette concession, loin de désarmer les Ligueurs, accroît leurs exigences. Voici maintenant qu'ils revendiquent des « places de sûreté ». Évidemment on en avait bien concédé aux huguenots ; mais il s'agissait en principe de les mettre à l'abri des violences catholiques. Nulle violence huguenote ne pèse sur les villes dont les Ligueurs réclament le gouvernement. C'est du roi qu'ils se méfient et contre lui qu'ils veulent se prémunir. Ils cherchent à le priver de ses derniers fidèles, autant dire à se faire livrer toutes les clefs du royaume.

Catherine, indignée, puis désespérée, comprit que tous ses efforts seraient vains : les Guises l'avaient entretenue et abusée longuement, pendant qu'ils renforçaient leurs positions sur le terrain. Ils s'étaient moqués d'elle et, à travers elle, ils s'étaient moqués du roi. Elle commence à trembler pour la vie même de son fils, l'engage à se garder des attentats. Et elle s'efforce de le persuader que, dans l'immédiat, il n'y a d'autre ressource que de céder. Il céda. Le traité de Nemours, qu'il signa les larmes aux yeux et la rage au cœur, était une capitulation totale en même temps qu'un aveu d'impuissance. Il se voyait engagé contre les huguenots dans une guerre sans merci dont il portait la responsabilité théorique, mais dont la direction, pour l'essentiel, lui échappait. Tel était le pitoyable résultat des trois mois de négociations de Catherine. À l'évidence, les bonnes vieilles recettes ne marchaient plus. Car pour négocier un marché, il faut avoir quelque chose à offrir. Elle n'a plus rien. Le roi est seul, nu, exposé aux coups des deux partis qui se partagent la France.

Henri de Navarre, lorsqu'il connut les clauses du traité de Nemours, vit la moitié de sa moustache blanchir en une nuit. Après quoi il s'occupa d'organiser la résistance. Le roi s'efforça de lui faciliter la tâche. Pour opérer dans l'Ouest, il adjoignit au duc de Mayenne, médiocre stratège, des troupes commandées par Matignon, bien décidé à traîner les pieds. Aussi les opérations du printemps de 1586 restèrent-elles indécises. Un espoir de paix, peut-être ? La reine mère décida d'aller essayer à nouveau ses talents de négociatrice auprès du Béarnais. Il lui fallait un solide courage et une grande puissance d'illusion.

De son château de Chenonceaux, où elle s'était installée pour passer l'été, elle fit dire à Henri de Navarre qu'elle souhaitait le rencontrer. Il se déclara d'accord pour discuter avec elle de la pacification, mais il ne cherchait en réalité qu'à gagner du temps. L'hiver venant, elle ne l'avait toujours pas vu. Elle se mit en route au mois de novembre, cahin-caha, cahotée dans sa litière pleine de courants d'air, d'auberge en auberge, dans des provinces livrées au brigandage. Elle traînait à sa suite deux seigneurs catholiques fidèles, quelques conseillers, des dames d'honneur et sa petite-fille Christine de Lorraine dont elle avait pris en charge l'éducation à la mort de sa mère. Elle poursuivit longtemps son insaisissable gendre, l'attendit en vain quinze jours à Saint-Maixent, finit par le rejoindre à Saint-Brice, près de Cognac, en plein pays huguenot.

Les deux interlocuteurs, ne voulant pas se découvrir, rivalisèrent de patelinades. « Eh bien, mon fils, ferons-nous quelque chose de bon ? – Il ne tiendra pas à moi, c'est ce que je désire. – Il faut donc que vous nous disiez ce que vous désirez pour cela. – Mes désirs, Madame, ne sont que ceux de Vos Majestés. – Laissons ces cérémonies et me dites ce que vous demandez. – Madame, je ne demande rien, et ne suis venu que pour recevoir vos commandements. – Là, là, faites quelque ouverture. – Madame, il n'y a point ici d'ouverture pour moi. » Elle se fit un mérite de la peine qu'elle se donnait et il lui répliqua en riant : « Madame, cette peine vous plaît et vous nourrit ; si vous étiez en repos, vous ne sauriez vivre longuement. » Il était aussi fin qu'elle, il savait bien qu'elle n'avait rien à offrir. Elle crut avoir un dernier atout dans sa manche : on annulerait son mariage avec Marguerite et on lui donnerait en échange, pour prix de sa conversion, la main de Christine de Lorraine. Elle avait oublié de consulter Henri III, qui mit son veto. Et il en aurait fallu bien davantage pour décider son gendre à changer de camp. Elle s'en retourna les mains vides après un dernier rendez-vous manqué. Henri de Navarre, tout comme Henri de Guise, s'était moqué d'elle. La vieille dame a fini son temps, son âge la protège personnellement des avanies, mais elle a perdu tout crédit. Une ultime et vaine tentative auprès des Guises, au printemps suivant, vient le lui confirmer. Adieu les négociations. Ce sera la guerre.

L'organisation de la campagne militaire de 1587 porte encore sa marque. Elle a trouvé des fonds, Henri III a réuni des troupes. Dans l'Est, les Guises se sont renforcés, mais un fort contingent de reîtres et de Suisses s'apprête à franchir la frontière pour rejoindre les huguenots. Le roi répartit les tâches de façon machiavélique. Son favori, Joyeuse, affrontera en Poitou Henri de Navarre, tandis que les Guises se chargeront d'arrêter les reîtres. Étant donné le rapport des forces, il espère que le premier sera vainqueur, les autres battus, et que, à la tête de l'armée du centre, il retrouvera sa position d'arbitre. Il laisse à Paris « la reine sa mère et la reine sa femme pour gouverner en son absence ».

Dans le rôle de munitionnaire et d'ingénieur militaire, Catherine se surpasse. Elle trouve de l'argent, veille au paiement des soldes, aux approvisionnements, fait fortifier les points menacés, surveiller le passage des rivières, occuper les châteaux de la côte normande pour prévenir une invasion anglaise. La reine Louise ne sait que prier et communier tous les trois jours pour le salut de son époux. Mais, du fait de ses liens familiaux avec les Lorrains, sa fidélité au roi a valeur de symbole.

Malheureusement, les hasards de la guerre déjouèrent tous les calculs. Joyeuse se fit battre par Henri de Navarre à Coutras et avec lui périt la fleur des gentilshommes fidèles au roi. Et Guise, victorieux des reîtres et des Suisses, fut accueilli en triomphateur dans la capitale surexcitée. Seule satisfaction pour Catherine, elle avait pu obtenir, moyennant finance, que les mercenaires survivants rentrent chez eux. Mais la politique de bascule qui lui avait si longtemps réussi avait fait faillite. Ce qui restait encore au roi de pouvoir et de prestige sombrait dans l'aventure. Abandonné par les grands ralliés aux Guises, il voyait monter contre lui la haine, les prédicateurs vitupéraient en chaire, les pamphlets redoublaient de violence pour le traîner dans la boue.

Il commençait à apercevoir l'ampleur des projets de Philippe II. Restaurer partout en Europe le catholicisme, imposer partout le protectorat espagnol, tel était l'objectif qui paraissait maintenant accessible au roi d'Espagne. L'assassinat de Guillaume d'Orange, commandité par lui trois ans plus tôt, avait porté un rude coup à la rébellion néerlandaise. Avant de terminer la reconquête par la France, il lui fallait abattre la reine Élisabeth, qui subventionnait les combattants avec l'argent des galions d'Amérique arraisonnés par ses corsaires et qui venait d'oser un acte inouï : faire condamner à mort et exécuter la prétendante catholique à sa succession. Faute d'avoir réussi à renverser de l'intérieur la « criminelle Anglaise », il préparait contre elle la plus formidable expédition navale de tous les temps. En attendant l'estocade finale, la mort de Marie Stuart servait de machine de guerre contre Henri III et sa mère, accusés de l'avoir insuffisamment défendue.

À tort : ils ne pouvaient pourtant rien pour elle. Et elle était largement responsable de son destin.

La mort de Marie Stuart

Dix ans après le débarquement intempestif de Marie en Angleterre, la reine Élisabeth la maintenait toujours en résidence surveillée, faute de savoir comment s'en débarrasser. Sa condition, à vrai dire, était douce et, mis à part le fait qu'elle ne pouvait quitter les domaines successifs dans lesquels elle était consignée, elle jouissait d'une certaine liberté de mouvement, pouvait entretenir une modeste cour, recevoir des visites, aller à la chasse ou en cure thermale dans des stations voisines. Elle avait des secrétaires, un ambassadeur en France, des correspondants un peu partout, avec qui elle échangeait des lettres au moyen d'un chiffre qu'elle croyait impénétrable. Elle lisait, brodait, écoutait de la musique, cancanait sur le dos de sa cousine de Londres et s'ennuyait ferme en regardant passer les saisons. En somme sa vie n'était pas très différente de celle qu'elle aurait menée en tant que reine douairière oubliée dans quelque château du Val de Loire ou retirée comme telles de ses pareilles dans un monastère d'Autriche ou d'Espagne.

Le problème, c'est qu'elle n'avait rien appris, rien oublié, et qu'elle ne renonçait à aucune de ses prétentions. Elle avait révoqué l'acte d'abdication signé sous la contrainte à Lochleven et elle contestait à son fils le titre de roi d'Écosse. La seule reine légitime, c'était elle, et celui qu'elle n'appelait que « le prince » lui devait obéissance. Quant à ceux qui gouvernaient au nom du petit Jacques, ils n'étaient que des rebelles bons à pendre. Elle n'avait pas davantage consenti à traiter de ses droits à la couronne d'Angleterre : elle revendiquait hautement la succession d'Élisabeth. Elle ne cessait de faire des projets, d'appeler au secours, de mener auprès de ses anciens sujets ou des puissances catholiques des intrigues contradictoires, avec une duplicité candide qui tenait beaucoup de l'inconscience. Dans ces conditions, c'eût été folie de la remettre en liberté.

À vrai dire, vers 1570, personne en Europe ne se souciait vraiment de prendre les armes pour la rétablir. La France avait bien trop besoin de l'alliance anglaise, qu'elle tentait de concrétiser par un mariage. Comme elle était moralement tenue de s'intéresser au sort d'une de ses anciennes reines, Catherine de Médicis envoyait de temps à autre un ambassadeur réclamer pour elle « bon traitement et commodité ». Londres promettait, et on en restait là. Philippe II, vers qui Marie ulcérée se retourna, ne faisait pas grand fond sur elle ; il avait alors d'autres préoccupations. Les principaux soucis d'Élisabeth venaient d'Écosse, où un parti « marianiste » profrançais soutenait les droits de la reine déchue, et de Rome, où le Saint-Siège venait de fulminer contre elle-même, « cette servante de toute iniquité, soi-disant reine d'Angleterre », une bulle d'excommunication. Un complot organisé en 1570 par un agent pontifical, Ridolfi, coûta sa tête au duc de Norfolk, un des plus grands seigneurs anglais, que la perspective d'épouser la prisonnière et de monter avec elle sur le trône d'Écosse avait poussé à des folies. Élisabeth n'osa s'en prendre à Marie, malgré l'insistance de ses ministres. Mais elle s'employa à neutraliser ses partisans à Édimbourg et au début de 1572, elle reconnut Jacques VI comme roi d'Écosse, se conciliant ainsi ceux qui tenaient en main le pays. Elle y gagna huit ans de tranquillité.

Dans les années 1580, tout change, lorsque s'accentue le mouvement de reconquête catholique, et que les provinces du nord de l'Angleterre, travaillées par les missionnaires jésuites, commencent de s'agiter. Marie Stuart occupe désormais un rôle central dans tous les plans destinés à abattre la souveraine hérétique. Oubliés, les soupçons déshonorants qui pesaient sur elle, la mort de Darnley et le scandaleux mariage avec Bothwell selon le rite réformé. Elle est maintenant la princesse captive victime d'un honteux déni de justice, l'héroïne catholique persécutée qu'il faut délivrer et placer sur le trône des deux royaumes pour la plus grande gloire de la vraie foi. Elle y gagne beaucoup d'amis, de dangereux amis prêts à se servir d'elle pour le triomphe d'une cause dans laquelle elle n'est qu'un pion. Et elle devient pour Élisabeth une réelle menace, plus redoutable de jour en jour.

On ne racontera pas ici tous les avatars successifs de ce que les catholiques anglais en exil nommèrent l'Entreprise avec une majuscule. Ils se ramènent tous à un seul et unique schéma : débarquement d'une armée d'invasion dirigée par l'Espagne, soulèvement des coreligionnaires restés sur place, libération de Marie Stuart, déposition et éventuellement mise à mort de « l'usurpatrice », qu'on remplacerait par sa cousine, élimination de l'hérésie en Grande-Bretagne et par voie de conséquence aux Pays-Bas et en France. Si par malheur un geôlier consciencieux expédiait la pauvre Marie d'un coup de poignard avant l'arrivée des libérateurs, Philippe II avait une solution de rechange : il réclamerait pour lui-même le trône d'Angleterre au nom d'une lointaine parenté exhumée tout exprès par ses généalogistes.

Élisabeth prit peur. La vague d'angoisse alimentée par les prophéties dans toute l'Europe déferlait sur l'Angleterre. Le moindre phénomène naturel, la moindre conjonction astrale passaient pour signe de calamités à venir. Des rumeurs alarmantes couraient sur la mort prochaine de la reine, sur la venue de troubles, de guerres, de famines. On tenta de l'assassiner. Son principal ministre chargé de la police, Walsingham, un protestant convaincu, renforça son réseau d'informateurs, multiplia les contrôles et les exécutions pour l'exemple. Devant l'agression étrangère cependant, les gestes de soutien à la souveraine se multipliaient. Une association se créa, spontanée ou téléguidée, dont les membres s'engageaient par serment à la défendre et, s'il le fallait, à la venger, en punissant non seulement « toute personne qui commettrait, tenterait ou conseillerait » un acte lui portant atteinte, mais aussi « toute personne en faveur de qui cet acte détestable serait entrepris ou tenté ». C'était rendre la reine d'Écosse responsable de tous les complots échafaudés en son nom, avec ou sans son consentement. Le Parlement, malgré les réserves des légistes, entérina. La condamnation de Marie devenait juridiquement possible.

Élisabeth prit soin, au préalable, de s'assurer la neutralité de Jacques VI. Le problème successoral anglais n'était pas sans analogies avec celui qui se posait en France : un souverain de même religion que la majorité de ses sujets, mais dépourvu d'enfants ; un héritier désigné appartenant à la confession minoritaire et donc rejeté par le plus grand nombre. La différence – essentielle –, c'est que l'héritière, catholique, avait un fils qui, lui, était réformé. Ayant atteint l'adolescence, il prétendait maintenant gouverner l'Écosse dont il était le roi. Il pardonnait mal à sa mère de lui dénier ce titre, de le traiter d'usurpateur. Comment l'aurait-il aimée ? Il n'avait que dix mois quand il l'avait vue pour la dernière fois, il ne la connaissait pas, il ne savait d'elle que ce que lui en avaient dit les puritains qui l'élevaient : c'était une hérétique, une épouse adultère, criminelle, qui avait été complice de la mort de son père – si tant est qu'il ne fût pas le « fils de David », l'Italien Riccio, auquel cas adieu les ambitions royales. Non, il ne lui devait rien, au contraire.

Lorsque les Écossais tentèrent de dénouer la situation en proposant un partage du pouvoir entre eux, elle se montra d'une insigne maladresse, orgueilleuse, exigeante, le prenant de haut. Il rompit la négociation et conclut avec Élisabeth une alliance qui lui procurait dans l'immédiat de substantiels avantages et lui laissait espérer sa succession dans l'avenir. « Je serais stupide si je préférais ma mère à mon trône », dira-t-il crûment. Il ne restait à Marie que ses yeux pour pleurer et sa voix pour maudire le « fils dénaturé, ingrat, perfide et désobéissant » qui l'avait trahie. Dans sa fureur, elle le déshérita et légua secrètement à Philippe II ses prétendus droits sur l'Écosse et l'Angleterre. Les Anglais, eux, étaient soulagés de savoir le trône promis à un protestant.

Pour assurer définitivement son autorité et ancrer son pays dans la Réforme, Élisabeth était tentée d'éliminer le maillon superflu de la chaîne successorale, celle dont la seule existence aiguillonnait les adversaires de l'Angleterre hérétique. Plus ses défenseurs étrangers s'agitaient pour Marie, plus ils la compromettaient. Elle était devenue un porte-drapeau, un étendard, un symbole, « l'espoir de tous les idolâtres », « le serpent caché dans l'herbe » des vertes prairies anglaises – bref, une épée de Damoclès suspendue au-dessus de la tête de sa cousine. Celle-ci avait donc, d'un pur point de vue politique, les meilleures raisons de la supprimer. Mais les moyens employés furent d'un machiavélisme qui scandalise encore les historiens.

Les récents complots pour libérer Marie avaient conduit Walsingham à la faire surveiller plus étroitement et à couper ses communications avec l'extérieur. Il se rendit compte assez vite qu'il se privait ainsi de toute charge solide contre elle. Pour pouvoir la faire condamner, il fallait prouver sa complicité, donc la prendre sur le fait. Sa détention fut adoucie, elle fut transférée dans une résidence moins rébarbative. Elle vit soudain débarquer un ami inconnu porteur de lettres, qu'il se chargeait de lui faire parvenir dans des tonneaux de bière, ainsi que les réponses. Un gentilhomme catholique nommé Babington s'apprêtait à la tirer de prison, à la rétablir sur le trône. La conspiration, semble-t-il, était authentique, mais l'« ami » trop ingénieux était un agent infiltré, au service de Walsingham. Marie se montra d'une invraisemblable légèreté. Elle se croyait experte en messages chiffrés, en acheminements clandestins. Depuis si longtemps coupée du monde, elle avait un peu perdu le sens des réalités. Et la prudence n'avait jamais été son fort. Sans méfiance, elle répondit aux avances qu'on lui faisait. L'organisateur du piège fut bientôt comblé : un lot de lettres compromettantes lui tomba entre les mains. Dans l'une d'elles, Marie approuvait explicitement un projet d'assassinat d'Élisabeth[1]. Tous les participants, arrêtés et torturés, parlèrent. L'issue du procès auquel elle fut soumise ne faisait pas de doute.

Devant le tribunal parut une femme prématurément vieille, malade, pouvant à peine se soutenir. Mais sa fierté était intacte. Elle s'enferma dans des dénégations hautaines : elle ne savait rien ; elle ne relevait pas d'un tribunal humain, en tant que reine, elle ne devait de comptes qu'à Dieu. Elle se disait victime de la malignité hérétique qui sanctionnait en elle sa fidélité à l'Église romaine. Comme prévu, elle fut condamnée, mais plusieurs semaines s'écoulèrent pendant lesquelles on put douter de l'exécution. Attente horrible. Préférant se passer de prêtre que de consentir à la présence d'un anglican, elle fit face à l'épreuve seule, soutenue par une foi devenue ardente. Elle monta sur l'échafaud sans un soupir, en héroïne de tragédie qu'elle était, plus faite pour les instants sublimes que pour la vie de tous les jours. En entrant dans la légende par la plus grande porte, celle du martyre, elle inaugurait une nouvelle carrière. À l'énigmatique devise qu'elle s'était choisie – « En ma fin est mon commencement » – le destin se chargeait de donner un sens imprévu.

Dans l'hypocrisie et les faux-fuyants, Élisabeth, elle, s'était surpassée. Superstition ou scrupules véritables à l'idée de faire mettre à mort une autre reine, sa cousine, fausse honte à l'égard des autres souverains européens ? Elle hésitait à assumer la condamnation. Elle fit même suggérer au geôlier de Marie qu'il comblerait ses vœux en lui procurant au fond de sa prison une fin discrète. Le rude puritain Amyas Paulet était un cerbère impitoyable, pas un assassin. Il se récusa, laissant la reine devant ses responsabilités. Elle se décida, feignit d'avoir signé par mégarde, fit mine de vouloir donner un contrordre alors qu'il n'en était plus temps, versa sur sa victime quelques larmes de crocodile.

1. Lors du procès, Marie nia l'avoir écrite, de même qu'elle nia, contre toute évidence, avoir eu connaissance du complot. Comme cette lettre ne nous est connue que par une copie, les apologistes de Marie Stuart, qui tiennent à préserver son « innocence », en contestent l'authenticité. Mais étant donné la psychologie du temps et les griefs que Marie nourrissait alors contre sa cousine, il est presque naturel qu'elle ait souscrit à ce projet.

Jacques VI, apprenant le complot, s'était désintéressé du sort de sa mère : « Qu'elle boive la bière qu'elle a brassée. » Il ne croyait alors qu'à une peine d'emprisonnement. Lorsqu'il sut que c'était la mort, il émit une protestation de convenance, puis, devant la colère d'Élisabeth, il se tut. Il serait seize ans plus tard Jacques Ier d'Angleterre.

En France, l'exécution de Marie, connue le 1er mars 1587, eut un retentissement considérable. Pour Henri III, elle tombait très mal. Il avait tenté de la sauver, mais le surintendant Bellièvre, envoyé tout exprès pour plaider sa cause, s'était entendu répondre que la sécurité d'Élisabeth exigeait sa mort : en l'épargnant, la reine eût été « cruelle pour elle-même ». Le roi de France était trop peu maître chez lui pour se faire respecter à l'extérieur. Qu'aurait-il pu pour la malheureuse ? Il se borna à faire dire à sa mémoire une messe à laquelle il assista, entouré des deux reines et de ce qui lui restait de cour. Il en aurait fallu davantage pour satisfaire les Ligueurs. Marie était Guise par sa mère, ils ne l'oubliaient pas. Ils accusèrent le roi d'avoir « vendu le sang de sa belle-sœur », de l'avoir « trahie ». Le martyre de Marie Stuart, exalté par les prédicateurs, devint un des points forts de la propagande catholique et sa fin tragique, qu'elle avait largement cherchée, vint alimenter le fanatisme qui flambait alors en France.

Barricades

De sombres prophéties annonçaient pour 1588 une avalanche de calamités, peut-être même la fin du monde. Henri III voyait son trône vaciller. Il était comme assiégé dans le Louvre. Certes, dans la crainte d'un attentat, il s'était procuré des gardes du corps, une équipe de Gascons dévoués et hardis, les Quarante-Cinq, prêts à jouer du poignard sans poser de questions. Ils ne pouvaient cependant suffire à le protéger contre un assaut concerté. Il disposait bien de quatre mille Suisses récemment recrutés, mais ils cantonnaient dans les faubourgs, car la ville était interdite aux soldats. Seules les milices municipales avaient le privilège d'y assurer le maintien de l'ordre et ces milices avaient été noyautées par les Ligueurs. Le roi n'avait pas tort de se sentir en danger.

Au printemps de 1588, il put échapper, grâce à un espion infiltré chez l'ennemi, à deux tentatives d'enlèvement. Du coup, les plus compromis des Ligueurs parisiens craignirent des représailles, ils appelèrent au secours le duc de Guise : sa présence dans la capitale les protégerait. Le roi lui envoya le surintendant Bellièvre pour lui signifier son interdiction expresse. Désobéir serait un crime de lèse-majesté.

Or le 9 mai, peu après midi, Catherine, qui logeait alors dans l'hôtel somptueusement décoré, dit *de la Reine*, qu'elle s'était fait bâtir près de Saint-Eustache, se reposait dans sa chambre lorsque sa naine favorite, jetant un coup d'œil par la fenêtre, s'écria : « Voici que le duc de Guise est là, à la porte ! » Elle répliqua qu'il fallait « bailler le fouet à cette naine qui mentait ». Mais quand elle reconnut que la naine disait vrai, elle trembla, frissonna et changea de couleur, « toute sens dessus dessous ». Il était bien là en effet, on l'introduisait auprès d'elle. Elle eut tout juste le temps de se composer une contenance pour l'accueillir.

Il fut dit à l'époque et répété ensuite par presque tous les historiens que son trouble fut de joie. Elle aurait elle-même, à ce qu'on prétend, convoqué le duc à Paris malgré les ordres du roi, pour lui faire jouer entre celui-ci et le peuple le rôle de médiateur. C'était tout de même prendre un grand risque pour un bénéfice incertain, jeter de l'huile sur le feu dans l'intention de l'apaiser : car l'arrivée du héros provoquait dans la foule un enthousiasme inquiétant. Depuis quelque temps, Catherine sentait monter la violence chez son fils et elle en avait peur. Se serait-elle exposée à le mettre en fureur sans de solides raisons ? Et comment le prudent Bellièvre, dûment averti de l'importance qu'il attachait à la chose, aurait-il accepté de délivrer une seconde commission contredisant la première ? Le plus probable est que Guise est venu de lui-même, pour ne pas décevoir l'attente de ses partisans. S'il a choisi de se présenter d'abord chez la reine mère, qui n'a jamais rompu avec lui, c'est qu'il compte sur elle pour amortir la réaction du roi : ce qu'elle ne manqua pas de faire.

Elle fit prévenir son fils. Puis elle commanda sa chaire à bras[1] et se fit porter au Louvre, suivie à pied par le duc de Guise dont le passage déchaînait des salves d'applaudissements. Le roi les attendait dans la chambre de la reine Louise, assis au chevet de sa femme alitée. Il ne répondit pas au salut du visiteur. Il refusa d'entendre ses explications et lui reprocha violemment d'avoir contrevenu à son interdiction formelle. Il était blême de fureur. Catherine le connaissait bien. Elle devina. Dans un cabinet guettait en effet le colonel d'Ornano, prêt à arrêter Guise ou à l'égorger. Dans la ville surexcitée, il y avait de quoi provoquer une émeute et un bain de sang. Catherine s'interposa, prétendit avoir elle-même mandé le duc, « pour le mettre bien auprès du roi comme il avait été toujours et pacifier toute chose ». Le motif pour une arrestation tombait. Henri dut feindre de prendre cette réponse pour argent comptant. La reine Louise, volant au secours de sa belle-mère, engagea la conversation avec son cousin. Lorsque la décence permit enfin à Guise de se retirer, il respira. Il quittait le Louvre libre, et sauf.

Les trois jours suivants se passèrent en entretiens tendus, en échanges de propos aigres-doux, ironiques ou insolents, dans une ville en ébullition. Le roi ne décolérait pas, mais parvenait à se maîtriser. Le duc remplissait avec une servilité affectée ses fonctions de grand maître en lui présentant sa serviette lors de ses repas. Les deux partis s'organisaient. Dans la nuit du 11 au 12, Henri III, sans en avertir sa mère, fit entrer dans la ville ses gardes françaises et ses régiments de Suisses, qui prirent position aux points stratégiques. La ville ressentit comme une agression cette entorse à ses privilèges, qui jeta tous les indécis dans les bras de la municipalité ligueuse. Des bruits alarmistes se mirent à courir : le roi voulait punir Paris, il fallait l'en empêcher. Le Quartier latin fut le premier à prendre les armes, puis la Cité suivit, la basoche se joignit aux étudiants et le mouvement fit tache d'huile. Les boutiques fermèrent. Dans les rues, on tendit les chaînes destinées à entraver la circulation nocturne, on les renforça de tonneaux, de pavés, de matériaux divers : on édifia les premières barricades de l'histoire de France.

1. Chaise à porteurs.

S'étant mis ainsi en état de défense, les Parisiens en appelèrent alors au duc de Guise, qui pria le nonce Morosini de s'entremettre pour obtenir le retrait des troupes. Celui-ci, éconduit par le roi, se rabattit sur Catherine. Il la trouva désolée d'avoir été tenue dans l'ignorance et désapprouvant ce qu'elle considérait comme une initiative dangereuse. Elle se préparait comme toujours à négocier, lorsque l'événement prit tout le monde de court. Les soldats royaux, paralysés dans leurs mouvements, privés de ravitaillement et de munitions, dépourvus de consignes face à une situation imprévue, étaient pris au piège. Le roi accepta de les retirer. Accident ou provocation : comme les Suisses abordaient le pont Notre-Dame au milieu d'une foule menaçante, un coup de feu éclata, tuant un tailleur du voisinage. Le peuple se rua sur eux, en massacra une vingtaine. Un peu plus tard, un nouvel accrochage, né de la peur réciproque, coûta la vie à cinquante d'entre eux. Pour apaiser l'émeute et prévenir un carnage, il ne restait au roi qu'à se plier à une humiliation de plus : solliciter l'intervention de Guise. Lorsque parut le duc en pourpoint de satin blanc, son chapeau à la main, sans armes, précédé de deux pages qui portaient l'un son épée et l'autre son bouclier, le trouble s'apaisa comme par enchantement, dans les acclamations et les cris de joie. Les Suisses délivrés se jetèrent à genoux en l'appelant leur sauveur, les gardes françaises se découvrirent pour défiler devant lui. Le troupeau des vaincus fut rabattu vers les faubourgs, tandis que l'auteur du miracle regagnait son hôtel en triomphe. Et dans la foule, quelques voix murmuraient : qu'attendait-on pour extirper du Louvre ce bougre de roi indigne et pour faire sacrer à sa place, à Reims, le défenseur de la foi et le libérateur de Paris ?

Le peuple passa la nuit sur les barricades, dans la crainte d'un assaut le lendemain. Au Louvre, Henri III disposait encore d'un contingent de Suisses et de gardes françaises et il avait appelé des renforts de Picardie. Sa mère le rejoignit, au matin du 13 mai, accompagnée de représentants du Parlement et de la municipalité, pour le convaincre de renoncer à un affrontement. Et à nouveau, il recula, acceptant de renvoyer toutes ses troupes. Catherine y gagna un regain de popularité qu'elle mit aussitôt à profit.

Émeute ou pas, elle ne changea rien à ses habitudes et décida de sortir pour aller entendre la messe à la Sainte-Chapelle comme chaque jour. Elle partit donc en compagnie de sa bru, malgré son âge et sa maladie. À chaque barricade, on déplaçait un tonneau pour livrer passage aux deux reines et on le remettait en place derrière elles. La vieille dame devait alors quitter sa chaise, marcher, enjamber des tas de pavés, traverser des caniveaux boueux. Elle supporta l'épreuve, sereine, impavide, « montrant un visage riant et assuré, sans s'étonner de rien ». Elle attendit d'être de retour chez elle pour laisser paraître son chagrin. Mais alors, « tout le long de son dîner[1], elle ne fit que pleurer ». Elle avait pu constater, de ses propres yeux, que les positions ligueuses tenaient le Louvre pratiquement encerclé.

Le roi devait-il s'enfuir ? Avant de se résoudre à cette solution de désespoir, Catherine était d'avis d'épuiser tous les recours. Dans l'après-midi, elle reprit sa chaise pour se rendre à l'hôtel de Guise en franchissant une fois de plus les barrages, dont elle repérait l'emplacement et évaluait la solidité. Le duc la reçut très mal. Il n'avait plus envie de jouer les intercesseurs, il déclara que les mutins étaient aussi impossibles à maîtriser que des « taureaux échauffés » et refusa d'aller au Louvre s'exposer à la colère du souverain qu'il bravait. Ses exigences étaient plus exorbitantes que jamais. Sur un mot de la reine le secrétaire d'État, Pinart, partit enjoindre à son fils de quitter Paris au plus vite.

Celui-ci était prêt au départ : d'autres avis lui étaient parvenus, on avait saisi une lettre très explicite où Guise écrivait : « Les chemins sont libres. [...] J'ai défait les Suisses, taillé en pièces une partie des gardes du roi et tiens le Louvre investi de si près que je rendrai bon compte de ce qui est dedans. Cette victoire est si grande qu'il en sera mémoire à jamais. » Le duc se trompait : la porte Neuve n'était pas gardée. Déjà Henri l'avait franchie pour gagner les Tuileries, quand le messager de sa mère l'atteignit. À cinq heures, il galopait vers Chartres où il se retira en sécurité, avec une soixantaine de compagnons – tout ce qui lui restait de sa « maison ».

1. Le dîner, équivalent de notre déjeuner, se prenait vers midi.

La vieille reine se trouvait encore à l'Hôtel de Guise lorsque la nouvelle y fut annoncée. Partagée entre la joie de savoir son fils sauvé et la crainte de le voir totalement discrédité par cette fuite, elle se composa un visage. « Madame, se serait écrié le duc, me voilà mort ! Tandis que Votre Majesté m'occupe ici, le roi s'en va pour me perdre. » L'authenticité de cette exclamation prémonitoire n'est pas certaine. Mais on peut être sûr qu'il était en fureur.

Et il y avait de quoi. Catherine avait bien manœuvré. Elle avait fait diversion, retardé l'assaut final contre le Louvre. En parlementant, elle avait paralysé Guise. Celui-ci, qui croyait la connaître, pensa qu'elle espérait encore « rhabiller » la situation. Il n'imagina pas un instant que le roi avait pour consigne de fuir au premier signal, abandonnant à Paris sa mère et sa femme. Les quelques heures ainsi gagnées n'avaient pas de prix.

L'histoire de ces trois jours tragiques se résume, pour un Parisien facétieux que cite L'Estoile, à un chassé-croisé d'occasions manquées : « Les deux Henri avaient tous deux bien fait les ânes, l'un pour n'avoir pas eu le cœur d'exécuter ce qu'il avait entrepris, en ayant eu tout loisir et moyen de le faire jusques à onze heures passées du matin dudit jour des barricades, et l'autre pour avoir le lendemain laissé échapper la bête qu'il tenait en ses filets. » Celle qui avait empêché le roi d'abord, le duc de Guise ensuite de succomber à la tentation du pire, c'était Catherine de Médicis, en sachant être où il fallait, quand il le fallait.

Ce n'était que partie remise. L'affrontement décisif entre les deux adversaires supposait l'éviction de l'infatigable médiatrice. Ce sera chose faite après une ultime « réconciliation ».

« J'embrasse mon rival... »

Toutes les barricades avaient disparu aussitôt après le départ du roi : le fauteur de troubles, n'était-ce pas lui ? Il avait eu peur, il s'était enfui. Le pacificateur de la capitale et bientôt du royaume, c'était Guise, auréolé de « l'infaillible protection de Dieu ». Il s'était fait livrer la Bastille, l'Arsenal et la forteresse de Vincennes, il avait fait élire une nouvelle municipalité à sa dévotion et trié sur le volet les capitaines de la milice. Il était maître de Paris. Et il détenait deux otages, en la personne des deux reines.

En fait, il ne savait que faire de sa victoire. Il était trop imbu des préjugés de sa caste pour accepter d'être porté au pouvoir par une insurrection populaire. Il ne se sentait pas vocation à devenir le roi des Halles ou de la basoche. Ce qu'il voulait, c'était exercer le pouvoir sous l'autorité nominale d'un monarque potiche, réduit à des fonctions de pure forme, ou bien obtenir de celui-ci une abdication légale en faveur du cardinal de Bourbon par exemple, le temps de recourir à des États généraux qui rendraient la monarchie élective avec l'assentiment de tous les corps constitués. Mais s'il se dressait ouvertement contre un roi qui venait de déclarer la guerre aux huguenots, il jetterait le masque, se priverait de son principal argument, la défense de la religion. Il savait qu'il perdrait l'appui de la plupart de ses pairs. Il savait aussi que ses commanditaires, le roi d'Espagne et le pape, également hostiles à toute forme de subversion, ne lui pardonneraient pas de donner sur ce point le mauvais exemple. Il était condamné à se réconcilier d'apparence avec Henri III.

Il multiplia donc les proclamations de loyauté, s'assura l'aval de la reine mère pour toutes ses innovations administratives et s'efforça de faire disgracier le duc d'Épernon, qui encourageait le roi à la résistance. Les deux reines, « demi-prisonnières », assignées à résidence, ne sont pas à proprement parler en danger. Mais elles ne sont respectées « que par beaux semblants, [...] bonnetades et baisemains ». De liberté, pas question. On se sert d'elles quand il en est besoin. On éveille Catherine en pleine nuit pour inciter à l'obéissance le premier président du Parlement. On la contraint d'entériner la nomination des nouveaux responsables municipaux. On leur soumet à toutes deux, pour approbation, un texte à imposer au roi qui est une véritable transmission de pouvoir aux Ligueurs. Elles discutent, protestent et comme Henri III refuse d'obtempérer, Guise les assiège de pressions, de menaces, au point de faire sortir de ses gonds la très discrète Louise, qui lui reproche en face sa rébellion. Catherine, se disposant à aller à la messe aux Capucins, se heurte un jour à une porte fermée et, comme le duc répond que la serrure est cassée, elle fait vérifier que ce n'est pas vrai et pousse les hauts cris, menace : elle sortira de force, au risque de se faire tuer, et sa mort retombera sur lui.

Il fallut cependant céder. Le roi dut signer un énième édit, dit d'*Union*, qui ajoutait aux mesures précédemment décrétées contre les huguenots l'amnistie pour tous les participants au soulèvement parisien, la publication en France des décrets du concile de Trente, la nomination du duc de Guise comme lieutenant général du royaume et la désignation du cardinal de Bourbon comme héritier du trône, avec en prime le renvoi du duc d'Épernon. Henri III était dépossédé de tout pouvoir. Les deux reines durent assister, à Notre-Dame, au *Te Deum* qui célébrait cette nouvelle capitulation.

Après quoi, rendues à la liberté, elles rejoignirent à Chartres le roi, à qui Guise vint rendre un hommage hypocrite. Les deux ennemis s'embrassèrent, sous l'œil désabusé de la reine mère. Pendant son dîner, le roi demanda à boire au duc de Guise, « puis lui dit : "À qui boirons-nous ? – À qui vous plaira, Sire, répondit le duc ; c'est à Votre Majesté d'en ordonner. – Mon cousin, dit le roi, buvons à nos bons amis les huguenots. – C'est bien dire, Sire, répondit le duc. – Et à nos bons barricadeux, va dire le roi ; ne les oublions pas." À quoi le duc se prit à sourire », ajoute L'Estoile qui rapporte ce dialogue, « mais d'un ris qui ne passait pas le nœud de la gorge ; mal content de l'union nouvelle que le roi voulait faire des huguenots avec les barricadeurs ».

Henri III en voulait en effet mortellement aux Parisiens de l'affront qu'ils lui avaient infligé. Il ne consentit pas à revenir dans sa capitale. Comme Catherine l'en priait, à la requête de Guise, et s'étonnait de son refus : « Serait-il bien possible qu'eussiez changé tout d'un coup votre naturel, que j'ai toujours connu si aisé à pardonner ? – Il est vrai, Madame, ce que vous dites, répondit le roi ; mais que voulez-vous que j'y fasse ? C'est ce méchant d'Épernon qui m'a gâté, et m'a tout changé mon naturel bon. » Son ironie prenait désormais pour cible sa propre mère, qu'il avait jusque-là épargnée. Le dernier édit qu'elle avait négocié pour lui avait fait déborder la coupe de l'amertume. Il s'éloigna d'elle définitivement.

L'éviction de Catherine

Au cours de l'été de 1588, il advint un événement international aux conséquences incalculables. La glorieuse Armada avait quitté Lisbonne forte de cent trente navires, tant de guerre que de commerce, armés pour la circonstance. Les grandes voiles blanches frappées d'une croix écarlate – celles mêmes dont les caravelles de Christophe Colomb ont immortalisé l'image – faisaient d'elle l'armée du Christ partant en croisade contre l'hérésie. La victoire de Philippe II ne faisait de doute pour personne. Catherine en était persuadée et c'est pourquoi elle était d'avis de s'incliner devant ses associés les Ligueurs. Henri III, lui, voulait croire à un échec. Non qu'il fût mieux informé qu'elle. Mais c'était sa seule chance de salut.

Or le sort lui donna raison. Les vaisseaux espagnols, lourds et peu maniables, se virent refuser une bataille rangée où le nombre les aurait servis. Les bâtiments anglais, plus légers, se contentèrent de les harceler, de les incendier en lançant sur eux des brûlots, de les disperser. La tempête se mit de la partie et les chassa par-delà le pas de Calais jusque dans la mer du Nord, où les éléments se chargèrent de parachever le désastre. Plus de la moitié se perdirent corps et biens. Aucun soldat ennemi ne mit le pied en Angleterre. Le 22 septembre, lorsque les navires rescapés atteignirent Santander en piteux état, toute l'Europe était déjà au courant. Dieu aurait-il changé de camp ? Les protestants triomphaient. La Ligue baissait le ton. Henri III vit dans la défaite de l'Armada le signe qu'il attendait.

Il avait convoqué les États généraux à Blois pour la mi-octobre. Il s'y installa au début de septembre et effectua brusquement, à la surprise générale, une révolution ministérielle. Sans préavis, tous les anciens serviteurs, le chancelier Cheverny, le surintendant des Finances Bellièvre, les secrétaires d'État Villeroy, Brûlart et Pinart, reçurent une lettre les invitant sèchement à se retirer. À leur place il nomma des inconnus sans attaches, si l'on excepte deux sympathisants de la Ligue pour servir de couverture. Nul n'y accorda d'importance. On crut à un caprice, à un mouvement d'humeur contre la reine mère, dont les partants étaient les créatures. Personne ne mesura, en dehors d'elle, le sens véritable de cette rupture. Il ne lui avait rien dit. Elle en fut profondément blessée et il y avait de quoi. Elle lui demanda des explications. Il fut brutal, presque insultant, si l'on en croit l'ambassadeur espagnol : les disgraciés n'étaient que des incapables ou des canailles. C'était rendre toute discussion impossible. Plus que leur renvoi lui-même, qui pouvait à la rigueur se justifier, la forme de ce renvoi en disait long sur ses intentions. Henri III s'affranchissait de sa mère, il se débarrassait des artisans de sa politique de conciliation, de temporisation, de demi-mesures. C'est donc qu'il avait d'autres projets. Catherine en déduisit qu'il s'apprêtait à défier la Ligue et les Guises. Elle trembla.

Il l'entoura lors de la réunion des États généraux des honneurs accoutumés. Il lui décerna au début de sa harangue inaugurale un vigoureux éloge : ses services la rendaient digne d'être nommée non seulement « mère du roi, mais aussi mère de l'État et du royaume ». Mais il enchaîna aussitôt : « Je suis votre roi, donné de Dieu, et je suis le seul qui le puisse véritablement et légitimement dire. » L'avalanche de fleurs enrobait un congédiement poli. Tous comprirent que le règne de la vieille dame était terminé. Le reste du discours témoignait d'une volonté de reprise en main. Décidé à ne plus souffrir désormais de ligues et associations dans son royaume, il consentait dans sa très grande bonté à « mettre sous le pied » le passé – entendez à oublier les barricades –, mais déclarait « pour l'avenir atteints et convaincus du crime de lèse-majesté ceux de [s]es sujets qui ne s'en départir[aient] ou qui y tremper[aient] sans [s]on aveu ». C'était ordonner aux Guises et à leur parti de se saborder. Leur indignation fut telle qu'il dut faire disparaître cette dernière phrase du texte imprimé. Mais il l'avait prononcée, publiquement, devant les représentants de la France entière. Seuls une exceptionnelle suffisance et le mépris dans lequel il tenait le roi firent méconnaître au duc le danger couru. Aux multiples avis lui enjoignant de se garder, il n'opposait qu'une réponse hautaine : « Il n'oserait. » Mais la fureur de Henri III était maintenant telle qu'il était prêt à tout oser.

Au château de Blois, en cet automne de 1588, la tension était à son comble. Le fait que le roi se contînt, endurât sans protester les revendications des États, échangeât avec Guise des mots aimables et des dragées au chevet de la reine mère n'était pas fait pour rassurer celle-ci. À l'évidence, il dissimulait. Le compte à rebours était commencé.

L'unique rayon de soleil fut pour Catherine la signature du contrat de mariage de sa petite-fille préférée, Christine de Lorraine, avec le grand-duc de Florence Ferdinand de Médicis. Elle lui donna tous ses biens en Toscane, deux cent mille écus d'or et la précieuse suite de tapisseries représentant les fêtes à la cour des Valois, qu'on peut voir aujourd'hui au musée des Offices. Elle offrit en son honneur un dernier bal et lui murmura à son départ, en l'embrassant, qu'elle avait bien de la chance de partir vers une contrée paisible, sans assister à la ruine de ce pauvre royaume.

À près de soixante-dix ans, l'infatigable vieille dame baisse soudain les armes. Elle est malade, fiévreuse, déchirée d'une toux que rien ne parvient à apaiser. Le pressentiment d'une catastrophe imminente la mine. Fait-elle un retour en arrière sur ses choix politiques, se demande-t-elle si elle porte une part de responsabilité dans la crise qui menace d'emporter la monarchie ? Se souvient-elle de la Saint-Barthélemy et de ce qu'il lui en a coûté politiquement pour avoir cédé un jour à la tentation criminelle ? On ne sait. Elle ne s'est confiée à personne sur ce point. Mais il est sûr qu'elle est atteinte à la fois dans son amour pour son fils, qui l'a rejetée et qu'elle voit courir à l'abîme, et dans son attachement à la France, à ce royaume qu'elle a fait sien, qu'elle voulait pacifique et prospère et qui n'a connu sous son règne que déchirements : un double échec, le désaveu de toute son action. De quoi lui ôter le goût de lutter encore, le goût de vivre. Maintenant que l'espoir lui est ôté, les misères physiques qu'elle surmontait par le mépris l'accablent, elle se sent malade pour de bon, plus que malade : finie.

La fin de Catherine

Elle dormit très mal dans la nuit du 22 au 23 décembre. Ses poumons engorgés sifflaient, elle étouffait. Au petit matin, elle ne put pas ne pas entendre, au-dessus de sa tête, un grand fracas ponctué de bruits de bottes, de cliquetis d'épées, de voix, de cris. L'étage supérieur comportait les appartements du roi, la salle du Conseil, sa chambre, ses deux cabinets de travail. C'est chez lui que se déroulait un drame. Mais elle ne posa pas de questions. À quoi bon ? Elle savait déjà. Elle se réfugia dans la somnolence que lui procura le sirop administré par son médecin italien, Cavriana. C'est par ce dernier qu'on connaît la scène qui suivit.

Le premier soin du roi, après avoir contemplé le cadavre de son rival et constaté, selon un mot consacré par l'histoire, qu'il « était encore plus grand mort que vivant », fut de se rendre auprès de sa mère par l'escalier intérieur qui reliait leurs deux chambres. Elle le vit soudain surgir à son chevet. Il était d'un calme surnaturel, terrifiant. Il lui dit, glacial : « Bonjour, Madame, je vous prie de me pardonner. M. de Guise est mort et l'on n'en parlera plus. Je l'ai fait tuer, je l'ai prévenu dans le dessein qu'il avait conçu contre moi. Je ne pouvais tolérer son insolence, quoique j'eusse bien essayé de la supporter pour ne pas souiller mes mains de son sang. » Il rappela les offenses pardonnées en vain et les attaques répétées contre son pouvoir, son État et sa vie. « Mais puisque ma patience ne me valait que honte et dommage, ajouta-t-il, que chaque jour j'étais irrité et offensé par de nouvelles perfidies, Dieu est venu à mon secours et m'a finalement inspiré et aidé. Je vais présentement à l'église pour le remercier au cours du sacrifice de la messe. » Il ne voulait aucun mal à la famille des victimes. « Mais, conclut-il, je veux être roi et non prisonnier et esclave comme je l'ai été depuis le 13 mai jusqu'à présent, où je commence de nouveau à être roi et maître. » Il affirma cependant vouloir poursuivre l'extirpation de l'hérésie.

Il débita tout d'une traite, comme un texte préparé, ce réquisitoire qui, par-delà les Guises, visait aussi Catherine : qui, sinon elle, lui prêchait une patience stérile ? Qui l'avait empêché, une première fois, de faire tuer son rival ? Si Cavriana omet de rapporter la réponse de la reine, c'est sans doute qu'elle ne répondit rien, parce qu'il n'y avait rien à répondre. Son fils daignait l'informer de ses actes, mais il récusait désormais ses avis. Quoi qu'aient pu croire les Ligueurs parisiens, il ne l'avait pas mise dans le secret du guet-apens, parce qu'il savait qu'elle aurait tenté de l'en détourner. Et il ne l'avertit qu'après coup de la mise à mort du cardinal de Guise, le lendemain matin, dans la prison où celui-ci était détenu.

Il était tentant de suppléer à son silence : une scène d'une telle intensité dramatique appelle les mots historiques. S'est-elle contentée d'approuver en disant : « Mon fils, cela me fait plaisir, pourvu que ce soit pour le bien de l'État. Du moins je le désire ardemment » ? Lui a-t-elle demandé « s'il avait bien pensé et pourvu à tout ce qui lui en pourrait arriver » et pris les résolutions nécessaires ? A-t-elle dit, en termes plus imagés : « C'est bien coupé, maintenant il faut recoudre » ? On ne sait. Très vraisemblable en revanche est la réflexion qu'elle confia un peu plus tard, le jour même de Noël, à un moine : « Ah ! le malheureux, qu'a-t-il fait ? Priez pour lui, qui en a plus besoin que jamais et que je vois se précipiter à sa ruine, et je crains qu'il ne perde le corps, l'âme et le royaume. » Cette « si violente et périlleuse action » lui faisait tout craindre. Les regrets qu'elle exprima à la duchesse de Nemours, mère des Guises, dans sa lettre de condoléances étaient sincères. Car dans la mort des deux frères, c'est celle de son propre fils qu'elle voyait inscrite en filigrane.

La visite de celui-ci l'avait laissée dans un état d'extrême faiblesse. Le médecin crut qu'elle allait passer, emportée par une « terrible bourrasque de mal ». Elle trouva cependant la force de se lever, le 1er janvier, pour aller rendre visite en sortant de la messe au cardinal de Bourbon emprisonné, qui tremblait pour sa vie. Elle avait conservé pour le vieux prélat, en dépit de son adhésion à la Ligue, une affection cimentée par les années : ils étaient les derniers survivants d'une même génération, largement entamée par la mort. Elle lui apportait sa grâce, elle voulait entreprendre avec lui le recollage des morceaux brisés. Mais il l'accueillit très mal. C'est elle, lui reprocha-t-il, qui, avec sa manie des réconciliations menteuses, avait endormi la méfiance des Guises et les avait attirés dans le piège où ils avaient péri. Il se prit de colère : « Votre parole, Madame, nous a ainsi tous conduits à la boucherie. » Là non plus, elle ne trouva rien à dire. Elle s'enfuit, « saisie de mélancolie et de regret », en larmes. Décidément, elle ne pouvait plus rien. Contre l'irréparable sa force de persuasion était vaine.

Elle avait eu tort de sortir au cœur de l'hiver. Elle reprit froid, s'en fut se recoucher, grelottant de fièvre et toussant à s'en arracher les bronches. On diagnostiqua une pleurésie, nous dirions plutôt une congestion pulmonaire. Devant l'inutilité d'une dernière saignée, elle prit ses dispositions, se confessa, reçut les sacrements, dicta son testament. Comme elle demandait qui était le prêtre inconnu que lui envoyait le hasard, il répondit qu'il s'appelait Julien de Saint-Germain. Elle se rappela : une prophétie, qu'elle avait toujours mal interprétée, lui prédisait qu'elle mourrait « près de Saint-Germain ». Elle avait fui en vain les lieux portant ce nom, et voici qu'elle le rencontrait chez un homme. Elle s'écria : « Je suis morte. » Son heure était venue. Sans révolte, elle s'inclina. Elle se sentait si fatiguée. Et elle n'avait pas envie de voir ce qui allait suivre.

Elle perdit peu à peu l'usage de la parole et mourut le 5 janvier à une heure de l'après-midi. À l'autopsie, on lui trouva le poumon abîmé et un abcès sanguinolent dans la cervelle. On mit son corps dans un cercueil de plomb, puis on exposa, quatre semaines durant, son effigie de cire revêtue des vêtements d'apparat qui avaient déjà servi pour Anne de Bretagne dans les mêmes circonstances. Elle eut droit, lors de ses obsèques dans l'église Saint-Sauveur de Blois, à une belle oraison funèbre où l'orateur la compara à toutes les femmes célèbres de la Bible et de la mythologie : la chaste Suzanne, la magnanime Judith, la patiente Sarah, la sage Pénélope et même la « tant renommée Didon », dont on se demande ce qu'elle venait faire là. À Paris, du côté des Ligueurs, on évoquait plutôt Jézabel. Mais, par-delà les réactions ambiguës, hésitant entre blâme et louange, dominait dans le royaume le sentiment que disparaissait en elle un intercesseur, un recours et que l'avenir était désormais gros de tous les orages. Le peuple apeuré murmurait : « Nous n'aurons plus de reine mère pour nous faire la paix. » Et l'historien de Thou écrivait : « Ce n'est pas une femme, c'est la royauté qui vient de mourir. »

La guerre civile interdisait de la conduire à Saint-Denis. On la laissa donc à Blois et, comme l'étanchéité du cercueil se montra déficiente, il fallut l'ensevelir à la hâte, en pleine terre, sans inscription funéraire, ce qui fit dire qu'on « n'en faisait pas plus de cas que d'une chèvre morte ». Elle resta plus de vingt ans dans cette tombe de fortune. C'est grâce à Diane d'Angoulême, la fille bâtarde de Henri II et de sa maîtresse piémontaise d'un soir, qu'elle put enfin, en 1610, rejoindre son époux au tombeau d'apparat où le ciseau de Germain Pilon les a doublement fixés dans le marbre. Des deux enfants survivants de Catherine, aucun n'avait eu le loisir ou le désir d'y songer.

Par testament, elle léguait, on l'a dit, ses biens florentins à Christine, ses biens auvergnats au fils naturel de Charles IX et de Marie Touchet. Chenonceaux allait à la reine Louise, qu'elle avait beaucoup aimée. D'innombrables legs plus modestes venaient récompenser des serviteurs et des maisons religieuses. Rien pour l'indocile Marguerite et son intraitable époux. Le reste allait à son fils Henri III. Mais l'inventaire révéla qu'il ne restait rien. Le passif de la succession l'emportait sur l'actif. On dut mettre à l'encan l'Hôtel de la Reine, ses collections, ses joyaux, qui ne suffirent pas à combler le déficit. Catherine de Médicis la magnifique n'aimait l'argent que pour le dépenser au service du culte monarchique, dans un grand chatoiement de soie, de marbre et d'or.

Elle était morte dans l'angoisse de ce qui allait advenir. Ses craintes ne furent justifiées qu'à demi. Son fils, on va le voir, perdit la vie dans la tourmente, mais le royaume ne sombra pas. Henri de Navarre le sauva, en imposant à chacun des deux partis le respect de l'autre : il reprenait à son compte ce qui avait été l'idée fixe de la vieille reine. Il réussit là où elle avait échoué. Il en retira la gloire. Elle, au contraire, vilipendée par les pamphlétaires des deux camps, marquée par le sang de la Saint-Barthélemy, servit de bouc émissaire. Il n'entre pas dans notre propos d'apprécier son rôle dans l'histoire, ni de porter sur elle, dans l'absolu, un jugement moral nécessairement mitigé. Aux vers de circonstance recueillis par L'Estoile, qui souhaitent contradictoirement « enfer et paradis » à cette reine « ange et diable », « toute pleine de blâme et pleine de louange », on préférera ici, pour terminer, une réflexion de Henri IV, concrète, réaliste, à ras de terre, humaine. Comme quelqu'un lui faisait observer, beaucoup plus tard, à la veille de son mariage avec

Marie de Médicis, qu'une autre Florentine avait été naguère la cause de tous les malheurs de la France, il répliqua :

« Mais je vous prie, qu'eût pu faire une pauvre femme ayant par la mort de son mari cinq petits enfants sur les bras, et deux familles en France qui pensaient d'envahir la couronne, la nôtre[1] et celle de Guise ? Fallait-il pas qu'elle jouât d'étranges personnages pour tromper les uns et les autres et cependant garder, comme elle a fait, ses enfants, qui ont successivement régné par la sage conduite d'une femme si avisée ? Je m'étonne qu'elle n'a pas encore fait pis. »

C'était marquer, on ne peut plus clairement, l'étroitesse de sa marge de manœuvre, les limites de son pouvoir. C'était dire, aussi, que les responsabilités dans la guerre civile étaient très largement partagées et qu'il en prenait sa part.

1. C'est-à-dire la famille de Bourbon.

CHAPITRE XII

Louise l'inconsolée

En choisissant une femme « de sa nation », Henri III se souvenait-il de celle de son frère Charles, la pauvre Élisabeth d'Autriche, perdue dans une cour qui lui resta toujours étrangère ? Il avait voulu la sienne aussi proche de lui que possible par la langue, la sensibilité, les attaches familiales. Elle pourrait le comprendre et l'aimer. Elle échapperait aux déchirements qui étaient le fruit des mariages politiques : elle ne serait pas une de ces reines otages, garants d'une réconciliation fragile entre belligérants et condamnées en cas de reprise des combats à ne plus savoir de quel côté tourner leurs vœux. Le duché de Lorraine gravitait depuis si longtemps dans l'orbite française, il était lié à la France par tant de liens qu'on le regardait à Paris comme une sorte de protectorat. Louise n'aurait pas à choisir entre ses deux familles, ses deux patries : elles n'en faisaient qu'une.

La guerre civile devait, hélas !, lui infliger bien pis.

Présence de Louise

Louise porte le nom de Lorraine : la chose implique, à l'époque, certaines solidarités. Parce qu'elle tenta, comme Catherine, de plaider l'apaisement, on la soupçonna, comme elle, de sympathies secrètes pour le parti de l'Union. Sans plus de fondement. Ceux qui, dans le camp ligueur, crurent pouvoir compter sur ses attaches familiales pour la faire entrer dans leur jeu en furent pour leurs frais. Elle se montra consternée quand toute sa parentèle prit le parti de la subversion. Son plus grand chagrin lui vint de voir son frère, le duc de Mercœur, y adhérer et en devenir un des combattants les plus convaincus, sinon les plus efficaces. Par bonheur pour elle, il se battit surtout dans son gouvernement de Bretagne et n'eut pas l'occasion, comme Guise, d'affronter le roi face à face. Elle essaiera vainement de l'en détourner et travaillera plus tard à son retour en grâce. Tous les autres, en revanche, sont à ses yeux d'impardonnables rebelles : entre son époux et ses cousins de Guise, son cœur, sans la moindre hésitation, a choisi. Elle est présente aux côtés du roi pendant les mois dramatiques où se noue son destin.

Présente en esprit, toujours, présente physiquement, le plus souvent. Si l'écrasante personnalité de Catherine de Médicis n'occupait presque continûment le devant de la scène, rejetant dans l'ombre tout l'arrière-plan, chroniqueurs et historiens auraient davantage pris garde à cette présence et à la signification qu'on peut lui prêter.

Revenons un peu en arrière. Le 9 mai, quand le roi envisage d'arrêter le duc de Guise entré dans Paris malgré son interdiction expresse, où choisit-il de le recevoir ? Dans la chambre où sa femme, souffrante, est alitée. A-t-il pu dissimuler à celle-ci sa décision, lui cacher qu'il rassemblait ses gardes et les installait à pied d'œuvre, dans la coulisse, pour une intervention qui risquait d'être sanglante ? Il eût été plus simple, dans ce cas, de recevoir le duc ailleurs. Il est donc probable qu'il l'a informée et qu'elle a souscrit au projet, avec les dangers qu'il comportait. Respectée et aimée de tous, liée de parenté avec les Guises, elle pourrait de plus lui servir de caution morale et témoigner que tout s'était bien déroulé dans les formes légales : accusation de lèse-majesté, arrestation et, en cas de résistance – Henri ne pouvait s'empêcher de l'espérer –, mise à mort immédiate. La parole de la reine ferait foi. Et s'il fallait envisager le pire, si la foule en furie submergeait ensuite le Louvre, il la savait prête à mourir avec lui. Tel était sans doute le scénario prévu, que fit échouer Catherine.

Douce, Louise ? Timide ? Autant en emporte le vent des épreuves. Retenue à Paris par la force, elle se montre courageuse au contraire, et hardie, aux côtés de sa belle-mère, lorsqu'il s'agit de franchir les barricades. Elle ose affronter Guise et lui demander en face ce qu'il a dans la tête en refusant toutes les offres du roi : veut-il donc lui faire la guerre ? Elle prie et communie beaucoup plus que Catherine, mais il semble qu'elle pleure moins. Et elle en oublie d'être malade. Quand elle peut, enfin libérée par le traité d'Union, rejoindre son mari, elle le suit, de Chartres à Mantes, puis à Blois, et le soutient de son amour. Jamais, au témoignage des contemporains, on ne les a sentis aussi proches l'un de l'autre.

Elle vécut comme Catherine, à travers le fragile écran d'une cloison ou d'un plafond, le drame qui se joua dans la nuit du 22 au 23 décembre. Mais elle en eut une perception différente. Le roi avait tendu son piège avec un soin méticuleux. Il avait fait condamner certaines portes, de manière à créer une sorte de souricière conduisant à sa chambre, et fait installer dans les combles des cellules prétendument destinées à des moines pour y cacher ses hommes de main. Il convoqua pour le 23 décembre à huit heures un Conseil auquel il invita le duc de Guise à assister. Pour donner un motif plausible à une agitation matinale insolite, il parla tour à tour d'un départ pour Cléry ou d'une visite à une maison qu'il possédait dans la forêt. Vers minuit, il congédia ses familiers et alla se coucher non dans sa chambre, qui devait servir de théâtre à la mise à mort, mais auprès de Louise, comme presque tous les soirs.

Il ne ferma pas l'œil. Il était éveillé lorsque son valet, Du Halde, vint gratter discrètement à la porte, comme convenu, à quatre heures du matin. La dame de Piolans, première femme de chambre de la reine, l'entrouvrit sans bruit. « Dites au roi qu'il est quatre heures. » Tandis qu'elle hésitait à déranger ses maîtres, le roi intervint. Il avait entendu. « Sire, c'est monsieur Du Halde qui dit qu'il est quatre heures. – Piolans, çà mes bottines, ma robe et mon bougeoir ! » demanda-t-il très bourgeoisement. Il s'habilla en hâte et disparut de la pièce, « laissant la reine, dit son médecin Miron, dans une grande perplexité ».

De ce que Louise a pu savoir, deviner, entendre, nous n'avons pas la moindre idée. Et il n'y avait personne auprès d'elle pour écouter et rapporter les explications que lui donna son mari. Mais il a passé dans le même lit qu'elle une des nuits les plus effroyables de son existence, car il savait qu'il jouait sa vie. S'il échouait, si son rival tentait de s'emparer de lui, il le répétait depuis six mois : « Jamais je ne me rendrai vivant entre ses mains, je veux mourir en roi de France. » Il s'apprêtait à le redire aux Quarante-Cinq en leur donnant ses ordres : « Il m'a réduit en cette extrémité qu'il faut que je meure ou qu'il meure, et que ce soit ce matin. » Il est impossible que la femme qui l'aimait n'ait pas senti cette angoisse et ne l'ait pas partagée. Le plus probable est qu'elle ne posa pas de questions. Elle croyait en lui, et cette confiance abandonnée avait plus de prix que n'importe quels encouragements. Arrêtons ici cette tentative de reconstitution psychologique : on va dire que nous romançons. Ce qui est sûr, en tout cas, c'est qu'elle se refusa toujours à le blâmer, à le juger même. Elle consacrera des années à défendre sa mémoire.

Solitude du roi

En ce début de janvier 1589, une fois retombée la formidable tension qui le soutenait depuis qu'il avait pris sa décision, Henri III se sent assez désemparé, aboulique : réaction bien compréhensible chez un hypernerveux. Mais, pour retrouver son équilibre, il lui faudrait être en paix avec lui-même, et en paix avec les autres. Or le moins qu'on puisse dire est qu'il ne l'est pas. Psychologiquement et moralement, il est ébranlé jusqu'au fond de l'être. Politiquement, il sait bien que la disparition des Guises n'a rien résolu. De « valet » qu'il était, il affirme qu'il est redevenu « maître ». Maître de quoi ? Et à quel prix ?

Henri de Guise est mort et, dans la foulée, Catherine est morte. Non, il ne l'a pas tuée. Le poids des années, les malheurs du royaume, la ruine de toutes ses espérances ont contribué, autant que la désaffection de son fils, à la pousser dans la tombe. Ils se sont séparés en bons termes et il l'a beaucoup pleurée. Il n'a pas à avoir de remords à son égard. Mais à trente-sept ans, soudain privé d'une tutelle contre laquelle il s'est tant débattu, il se sent adulte, et orphelin. On ne se libère pas aisément d'une mère pareille.

La concomitance de ces deux morts n'est pas fortuite, et elles se conjuguent pour créer autour du roi un vide immense. L'un et l'autre, chacun à sa manière, par douceur ou par violence, lui imposaient leur volonté, se substituaient à lui, le dépossédaient de son être. C'est pourquoi il les associait dans une même rancune, soupçonnant injustement Catherine de pactiser contre lui avec les Ligueurs. C'est pourquoi, en annonçant à l'une qu'il venait de tuer l'autre, sa voix avait résonné d'un tel accent de défi. Elle l'en avait empêché, une première fois. La seconde tentative, réussie, était aussi une victoire sur elle. Et voici qu'à son tour, en moins de quinze jours, elle était morte. Le double joug qui lui pesait tant était levé. Il était libre. Mais la disparition des deux êtres contre qui il tentait de s'affirmer le laissait sans appui, sans repères, livré à une vertigineuse solitude. Une solitude existentielle contre laquelle l'amour de Louise ne pouvait être un rempart suffisant.

Il en souffrait d'autant plus que sa conscience n'était pas en paix.

On se condamne à ne rien comprendre au drame de Blois si l'on voit en lui un homme délibérément machiavélique. Malgré l'extraordinaire puissance de dissimulation dont il fait preuve dans la préparation du guet-apens, il n'a rien d'un assassin endurci. Il ne s'est résolu qu'en désespoir de cause à choisir ce qu'il croit être le moindre mal, mais il reste dévoré de scrupules et avide de se justifier. En bravant ouvertement son autorité, en organisant la subversion contre lui, le duc de Guise avait cent fois mérité la mort. En droit monarchique, le souverain était habilité à le condamner de son propre chef, sans recourir à un tribunal, et à faire appliquer aussitôt la sentence. Aussi Henri prit-il soin d'employer le terme d'exécution[1] pour qualifier cette mise à mort. Mais il était trop bon juriste, et trop bon chrétien aussi, pour ne pas mesurer les faiblesses de ce raisonnement. Car si la peine prononcée était parfaitement légitime, les

1. C'est le terme qu'ont choisi d'employer aujourd'hui les historiens, soucieux à juste titre de réhabiliter Henri III injustement vilipendé par leurs prédécesseurs. Et il est vrai que l'expression traditionnellement retenue d'*assassinat du duc de Guise* implique une telle réprobation qu'elle évoque fâcheusement les thèses ligueuses. Mais parler simplement d'exécution, c'est faire bon marché de l'impression ressentie par les contemporains et des scrupules du roi lui-même. Alors comment désigner la chose ? Pourquoi pas par les mots plus neutres de *mise à mort* ?

circonstances dans lesquelles elle fut appliquée ne répondaient guère à l'idée qu'on se faisait de la justice royale.

Preuve qu'il se sentait coupable : il sollicita le pardon du pape. Comme l'ambassadeur soutenait la thèse de l'exécution, Sixte Quint, pour une fois assez neutre malgré ses sympathies proespagnoles, répliqua avec bon sens : « Si à la journée des barricades, le roi eût fait tuer le duc et jeter son corps par les fenêtres, tout le monde l'en eût loué ; mais le mettre à mort après s'être réconcilié avec lui, c'est homicide et non pas justice. » C'est bien là en effet que le bât blessait. Le 9 mai 1588, Henri III disposait d'un flagrant délit, le crime de lèse-majesté était patent. Mais l'occasion dont l'intervention de sa mère l'avait privé ne s'était jamais représentée : il lui en avait terriblement voulu. Il avait dû user de la ruse, inviter son rival au Conseil, l'attirer dans sa propre chambre sous prétexte de le consulter, et le faire assaillir au coin du corridor par une quinzaine d'hommes de main tapis dans l'ombre. Le lendemain matin, « l'exécution » avait pris des allures de boucherie quand, tirant le cardinal de Lorraine Louis de Guise de la chambre où on le retenait prisonnier, on l'avait froidement abattu à coups de hallebarde. Après quoi, on les avait coupés en morceaux tous deux et brûlés dans une cheminée du château et on avait répandu leurs cendres au vent, pour empêcher leurs partisans d'en faire des reliques. Certes, le démembrement des cadavres de condamnés était d'usage à l'époque : on les exposait aux carrefours à titre d'exemple dissuasif. Et il arrivait quelquefois qu'on les brûlât. Des pauvres gens le plus souvent. Les grands seigneurs, même passant par la main du bourreau, avaient droit à quelques égards. Le traitement ignominieux infligé aux corps des princes lorrains, le refus de les rendre à leur mère, la privation de sépulture fournirent à la propagande ligueuse un thème de choix. De tout cela, le roi, après coup, ne pouvait pas être très fier.

D'autre part, il se savait en rupture de légalité sur un point. Il avait le droit de condamner le duc de Guise, mais pas son frère. En tant que cardinal, celui-ci échappait à sa juridiction, il ne relevait que du Saint-Siège. Son exécution sommaire, dans les conditions qu'on a dites, souleva la réprobation du monde catholique. Sixte Quint ne manqua pas d'en prendre avantage.

Il ne brandit pas pour autant les foudres de l'excommunication, pas tout de suite. Contrairement à ce qu'on lit souvent, elle intervint un peu plus tard et pour d'autres raisons. Il préféra d'abord spéculer sur la mauvaise conscience du roi pour exiger de lui la poursuite de la politique antiréformée.

C'était l'inviter à faire face, avec ses ressources propres – autant dire rien –, à deux partis hostiles, l'un à qui il avait officiellement déclaré la guerre, l'autre dont il venait de mettre à mort les chefs. Politiquement, il était difficile d'être plus seul.

Il détenait cependant, en dépit de son dénuement, quelque chose d'infiniment précieux, la légitimité, petite flamme vacillante et fragile autour de laquelle beaucoup de Français, écœurés par trente ans de guerre civile, ne demandaient qu'à se rassembler.

Les retrouvailles du Plessis-lès-Tours

Il eut du mal à se réveiller, à retomber sur la terre, à regarder en face une situation quasi désespérée. Tous les contemporains furent frappés de l'apathie qui le saisit alors et de son incapacité à exploiter sa victoire en menant contre les rebelles une action rapide et vigoureuse. Une guerre civile n'est pas un duel. À la Ligue décapitée de nouvelles têtes ne repousseraient que trop vite. Pourquoi libérait-il soudain une partie des meneurs qu'il avait fait emprisonner à Blois ? Pourquoi ne volait-il pas au secours de la citadelle d'Orléans assiégée ? Il se reprit, convoqua la noblesse restée fidèle, tenta de faire lever des mercenaires en Allemagne et en Suisse. Il sentait l'étau se resserrer autour de lui et il hésitait encore. Mais il savait qu'il lui faudrait faire un choix. Il tenta de négocier concurremment avec les deux partis, et la décision vint non de lui, mais d'eux.

À Paris comme dans la plupart des grandes villes, le fanatisme battait son plein. Les frères de Guise avaient rejoint Marie Stuart au martyrologe. On réafficha au cimetière des Innocents les images terrifiantes des supplices infligés aux catholiques anglais par Élisabeth. Les prédicateurs désignaient à la vindicte populaire le *Vilain Hérode* – anagramme de Henri de Valois –, qui trahissait sa foi au profit du prétendant hérétique. Et les envoûteurs faisaient fortune en modelant des figures de cire à sa ressemblance, qu'on piquait d'aiguilles aux endroits appropriés. Les doublons d'Espagne, répandus à flots, stimulaient le zèle des agitateurs. La municipalité avait divisé la ville en seize quartiers, organisés militairement, d'où le nom de *Seize* qui fut bientôt donné à leurs dirigeants. Il ne faisait pas bon, à Paris, n'être pas Ligueur.

Pendant ce temps le duc de Mayenne, promu chef de la cause après la mort de ses frères, patrouillait en Vendômois, pillant et ravageant sans vergogne, à la recherche de l'armée royale. Louise de Lorraine intervint auprès de lui en tant que parente, pour tenter un accommodement. Peine perdue. Elle se retira à Chenonceaux tandis que son mari guerroyait au jour le jour, sur la défensive.

Henri de Navarre au contraire a compris, avec son intelligence politique très aiguë et son humanité profonde, que son heure est venue. Il piaffe d'une impatience qu'a bien de la peine à tempérer son très sagace confident, Duplessis-Mornay. Il sait trouver les mots qu'il faut pour s'adresser à « tous les bons Français, fidèles au roi, amateurs de leur patrie et zélateurs des bonnes lois ». Il dénonce les horreurs de la guerre, s'indigne que nul n'ait osé, aux États généraux de Blois, « prononcer ce mot sacré de paix, ce mot dans l'effet duquel consiste tout le bien du royaume ». Il en appelle à la raison, en même temps qu'à la fraternité : « Nous avons été quatre ans ivres, insensés et furieux, n'est-ce pas assez ? »

Les villes, les châteaux s'ouvrent ou se ferment au gré des sympathies de leurs possesseurs. Mais en général, on préfère avoir affaire aux huguenots, qui tiennent mieux leurs troupes. Louise les a-t-elle accueillis de bonne grâce à Chenonceaux ? À la mi-février, ils campent sur son domaine et, en bonne châtelaine, elle tente de protéger ses sujets. Le 18, elle écrit à Henri de Navarre une lettre pour se plaindre de Rosny – le futur Sully – qui s'est logé sur ses terres et y commet des dommages, « avec ses artilleries, gens d'armes, soudards et autres maléfices de guerre ». Elle traite son interlocuteur en arbitre, pas en ennemi.

Entre les deux Henri, des négociations discrètes se sont nouées. L'un des artisans les plus efficaces de leur rapprochement est une femme, Diane de France, la demi-sœur bâtarde du roi, veuve du maréchal de Montmorency, une amie de la reine Louise. Elle a ouvert au Béarnais sa bonne ville de Châtellerault. C'est elle que le roi charge des premiers contacts, fin février. Deux mois de suspens encore : il ne se décide pas à sauter le pas. Battu par Mayenne près d'Amboise, acculé, il n'a finalement d'autre ressource que de se jeter dans les bras de son cousin. Rendez-vous est pris pour trois jours plus tard, aux portes de Tours. Avant de s'y rendre, il fait un détour par Chenonceaux, pour voir Louise. Il a besoin de son approbation. Il est permis de penser qu'elle la lui a donnée de grand cœur.

L'entrevue des deux rois dans le parc du Plessis, le 30 avril, a beau avoir été cent fois racontée, elle reste chargée d'une émotion inépuisée. Les appréhensions partagées de part et d'autre, l'attente, et soudain les deux hommes face à face, « se tendant les bras sans pouvoir se toucher tant la foule était grande », jetant un pont sur treize ans de séparation, de malentendus, d'affrontements, de guerres. En un geste d'hommage, le Navarrais se jette aux genoux de son souverain, qui le relève et l'embrasse. Cette scène célèbre peut aussi être lue à l'envers. À dater de ce jour, c'est Henri de Navarre qui relève, redresse, remet d'aplomb, sur pied, le roi exténué, qui lui insuffle son énergie, le soulève et l'entraîne avec lui jusqu'aux abords de la capitale. L'alliance du Plessis-lès-Tours, c'est la conjonction de la légitimité avec la force. L'effet psychologique en fut foudroyant. La Ligue hurla à la mort et c'est alors que le pape se décida à excommunier Henri III, pour collusion avec l'hérétique, sanctionnant aussi rétroactivement le meurtre des Guises. Mais il en aurait fallu davantage pour enrayer la vague d'espérance qui soulevait la majorité des Français.

Vivent les deux rois ! Auprès d'eux les ralliements se multiplient, avec d'autant plus de rapidité que leurs adversaires se discréditent à plaisir. L'ensemble de la noblesse et la plupart des notables voient d'un mauvais œil le contre-gouvernement installé dans Paris, une sorte de commune autoproclamée qui règne par la délation et la terreur et lève ce que nous appellerions un « impôt révolutionnaire ». Le pape, en se mêlant d'arbitrer la question successorale française, réveille les susceptibilités gallicanes du clergé et de la magistrature. L'intervention de l'Espagne, dont la Ligue apparaît comme le bras armé, suscite un sursaut du sentiment patriotique. « Mieux vaut être espagnol qu'huguenot », clamaient naguère les prédicateurs. Beaucoup commencent à penser que c'est mal poser la question, qu'on peut être à la fois catholique et français et qu'une solution nationale au problème religieux est possible.

Les places fortes tombent une à une comme des châteaux de cartes. Main dans la main, les deux rois progressent. Les voici installés, en juillet, sur les hauteurs de Saint-Cloud d'où on peut observer la grande ville terrifiante et terrifiée, qui s'enfonce dans l'hystérie collective. Henri de Navarre bataille dans les faubourgs. Henri III, dans le château d'un écuyer de sa mère, Jérôme de Gondi, réfléchit à des plans pour l'assaut qui n'est plus désormais qu'une affaire de jours. Il s'apprête à rentrer en maître dans la capitale qui l'a chassé quinze mois plus tôt.

La dernière couronne

Aux alentours du 4 août, un messager hors d'haleine arriva à Chenonceaux où la reine demeurait à l'écart, pendant la durée des opérations militaires : le roi avait été victime d'un attentat ; il n'était pas en danger, puisqu'il lui écrivait. La lettre qu'on remit à Louise, bien qu'elle se voulût rassurante, lui fit grand peur.

Voici le récit du drame tel qu'il le fit à l'intention de l'épouse qu'il aimait :

« M'amie, après que mes ennemis ont vu que tous leurs artifices s'en allaient dissipés par la grâce de Dieu et qu'il n'y avait plus de salut pour eux qu'en ma mort, sachant bien le zèle et la dévotion que je porte en ma religion catholique, apostolique et romaine, et l'accès et libre audience que je donne à tous religieux et gens d'Église quand ils veulent parler à moi, ils ont pensé n'avoir point de plus beau moyen pour parvenir à leur malheureux dessein que sous le voile et l'habit d'un religieux, en cette maudite conspiration, violant toutes les lois divines et humaines et la foi qui doit être en l'habit d'un ecclésiastique[1]. Ce matin, étant à mes affaires et le sieur de Bellegarde seul en ma chambre, mon procureur général m'a amené, par mon commandement, un jeune jacobin, qui disait avoir lettres du premier président de ma cour de Parlement, et à me dire quelque chose de sa part. Après m'avoir salué et baillé des lettres fausses dudit premier président, feignant d'avoir à me dire quelque chose de secret[2], j'ai fait retirer le dit sieur de Bellegarde et mon procureur général : lors ce méchant et malheureux m'a donné un coup de couteau, pensant me tuer ; mais Dieu, qui est protecteur des rois et qui n'a pas voulu que son très humble serviteur perdît la vie, sous la révérence qu'il a portée à l'habit[3] de ceux qui se disent voués à son service, me l'a conservée par sa sainte grâce et tellement détourné le coup que, grâce à Dieu, ce n'est rien, et que j'espère dans peu de jours recouvrer ma santé, tant par le sentiment que j'en ai en moi-même que par l'assurance des médecins et chirurgiens qui m'ont pansé et reconnu n'y avoir aucun danger, dont j'ai bien voulu vous avertir aussitôt, afin que vous ne soyez point en peine, pour les bruits que l'on pourra faire courir au contraire. Priant Dieu vous avoir en sa sainte et digne garde, étant au pont de Saint-Cloud, le 1er jour d'août 1589. »

La plume avait été tenue, comme de coutume, par un secrétaire, mais Henri avait ajouté un bref post-scriptum de sa main :

« M'amie, j'espère que je me porterai très bien ; priez Dieu pour moi et ne bougez de là. »

Louise voulut se précipiter à Saint-Cloud. On la retint. Le médecin qui avait sondé la plaie n'avait pas dit l'exacte vérité au roi : l'intestin était perforé. On le savait condamné. Et le courrier, au moment où il délivrait son message, se doutait qu'il était déjà mort.

Le matin du 1er août en effet, comme le jacobin Jacques Clément insistait pour lui transmettre une information secrète et urgente, il l'avait fait introduire dans sa chambre vers huit

1. La bonne foi qu'implique le fait de porter un habit ecclésiastique, c'est-à-dire d'être prêtre ou moine.

2. Comme il feignait...

3. Pour avoir porté respect, pour s'être fié à l'habit... L'« humble serviteur » est le roi.

heures. Sortant du lit, installé sur sa chaise percée pour y faire « ses affaires[1] », il n'était pas encore habillé et mal protégé contre le coup que le moine lui porta au bas-ventre avec un long couteau. La blessure étant peu douloureuse, il la crut d'abord sans gravité. On dressa un autel dans sa chambre et il assista à la messe, puis il dicta la lettre à sa femme. Lorsque arriva Henri de Navarre, vers onze heures, il commençait à souffrir et à comprendre qu'il était perdu. « La justice, lui dit-il, veut que vous succédiez après moi en ce royaume, dans lequel vous aurez beaucoup de traverses si vous ne vous résolvez à changer de religion. » À l'intention de tous les assistants, il évoqua le drame de Blois : il n'avait pas agi par vengeance personnelle, mais pour défendre une couronne dont il n'était que le dépositaire. « J'ai été contraint d'user de l'autorité souveraine qu'il avait plu à la divine Providence de me donner sur eux ; mais comme leur rage ne s'est terminée qu'après l'assassinat qu'ils ont commis en ma personne, je vous prie comme mes amis et vous ordonne comme votre roi, que vous reconnaissiez après ma mort mon frère que voilà… » Et il leur fit prêter serment de fidélité à celui qui allait devenir Henri IV.

Malgré la douleur, une sorte de paix, de sérénité l'a envahi. Du guet-apens de Blois, il conservait, en dépit de toutes les justifications possibles, un remords. Lorsqu'il cherchait à abattre le duc, il était obsédé par l'idée de sa propre mort. Il répétait qu'il était prêt à payer de sa vie l'élimination de Guise. Il y était parvenu sans aucun dommage, avec une surprenante facilité. Il s'aperçoit maintenant que le moment de s'acquitter n'était que différé. Le sang appelle le sang : c'est pour venger Guise que Paris en colère a suscité ce moine assassin. Mais le sang rachète aussi le sang et efface le péché. Vie pour vie. Au moment d'entrer dans l'éternité, Henri se sent quitte. Et la balance même penche plutôt en sa faveur, puisqu'il n'a pas bénéficié de son acte, qu'il a travaillé pour son successeur et pour le salut du royaume. Tout est bien. Lorsqu'il reçoit vers minuit les derniers sacrements, avant que la péritonite

1. Les « affaires » en question n'exigeaient pas comme de nos jours l'intimité absolue et il n'était pas anormal que le roi reçoive un visiteur tout en s'y consacrant.

ne l'emporte, il pardonne du fond du cœur à ses ennemis et implore leur pardon en retour, avec la ferme espérance que la troisième couronne, celle qu'évoque sa devise – *Manet ultima caelo* –, l'attend désormais au ciel.

La reine blanche

Louise fut inconsolable. Elle prit le deuil en blanc, comme le voulait l'usage, et s'installa à Chenonceaux qu'elle aimait. Elle y mena « plutôt une vie de dame privée que de reine et de religieuse que de veuve ». Il est vrai que la dureté des temps incitait au repli sur soi. La mort du roi et l'avènement de son successeur hérétique avaient ressuscité les terreurs populaires et ranimé la flamme ligueuse. Henri IV dut conquérir son royaume pied à pied et ne fut en mesure de soumettre Paris qu'après cinq ans de combats sévères. Louise n'était pas seule, en ces années tourmentées, à se renfermer dans sa coquille.

Elle choisit une chambre donnant sur la rivière, d'où elle apercevait les frondaisons. Un emploi du temps strictement réglé faisait alterner les promenades, les séances de broderie et les lectures de *Vie des saints* : parmi ses femmes, c'est une demoiselle de La Béraudière qui lisait le mieux. Chaque semaine, elle allait assister à l'office dominical dans l'église du petit village de Francueil, empruntant pour s'y rendre la grande allée du parc, qui prit alors le nom d'allée de la Reine-Blanche. Bref on trouve sous la plume de ses biographes tous les éléments obligés d'un portrait de pieuse reine retirée du monde après son veuvage.

La personnalité de Louise offre heureusement quelques aspects qui tranchent sur cette fadeur convenue et qui la singularisent. Sa piété, certes sincère, est inséparable du culte passionné qu'elle voue à son époux disparu. Celui-ci dispute à Dieu la première place dans son cœur. Héritière de son goût pour le symbolisme macabre, elle a donné à sa chambre un décor de cénotaphe. Sur la cheminée, un portrait de Henri accompagné d'une devise : *Saevi monumenta doloris*[1]. Aux murs,

1. « Monuments commémoratifs d'une douleur cruelle. »

des emblèmes divers, évocateurs d'amour et de mort. Des buis, des myrtes, arbustes que la mythologie associe à Vénus, avec une légende latine : *Nostra, sed in tumulo*[1]. Des cordelières de veuve, des torches enflammées, des tibias disposés en croix. Le tout sur fond de velours noir ponctué de larmes d'argent. Soyons juste : il y avait aussi deux grands crucifix d'ivoire. La chapelle qui jouxtait sa chambre était tendue de soie noire et portait les mêmes ornements. Entre les deux pièces elle fit ouvrir une petite fenêtre qui lui permettait d'entendre la messe de son lit.

Le mysticisme du roi, en revanche, avait eu peu de prise sur elle. La magnanimité dont il fit preuve sur son lit de mort lui est étrangère. Pardonner ? Il n'en est pas question. Louise est terrestre et c'est sur cette terre qu'elle veut que justice soit rendue. Un mois après le drame, sa réponse à la lettre de condoléances du nouveau roi est, en même temps qu'un cri de douleur, un furieux appel à la vengeance : elle « ne désire plus de vie que pour voir la punition faite de ceux qui la [lui] rendent si misérable ». Dieu ne permettra pas, elle en est sûre, que cette « énorme et exécrable méchanceté » échappe à une punition exemplaire.

Le moine illuminé auteur du coup de couteau ayant été massacré sur place, Louise pensait aux vrais responsables, ceux qui avaient armé son bras, les chefs de la Ligue. Mais en 1589, ils étaient hors de portée. On trouva cependant une victime expiatoire en la personne d'un comparse. Parmi les prisonniers raflés par les royaux dans les faubourgs de Paris se trouvait un jacobin[2], le père Bourgoing, prieur du couvent auquel appartenait Jacques Clément. Peut-être avait-il poussé celui-ci au meurtre. En tout cas il s'était publiquement réjoui en chaire de l'assassinat du roi. Il fut condamné à mort, écartelé, ses restes brûlés et ses cendres jetées au vent, à la grande satisfaction de Louise, dont la douceur légendaire appelle décidément bien des retouches.

1. « Ils sont nôtres, mais dans la tombe. »

2. *Jacobins* était le nom qu'on donnait alors en France aux Dominicains. On se souviendra ici que leur ordre, fondé pour lutter contre l'hérésie, avait ses racines en Espagne.

Elle ne renonça pas pour autant à obtenir plus haute vengeance, mais pendant cinq ans, elle mit une sourdine à ses plaintes, consciente qu'il n'y avait plus personne pour les entendre. Henri IV avait d'autres chats à fouetter. Sa victoire et sa conversion, comblant les vœux les plus chers de son époux, la réjouirent. N'ayant pu se rendre, pour raison de santé semble-t-il, à la cérémonie de l'abjuration, elle sollicita une audience. Il la reçut à Mantes au début de janvier 1594, la prit par la main, l'embrassa, la combla d'honneurs. Mais quand elle fit présenter par son procureur une requête exigeant le châtiment des instigateurs du régicide, il éluda. Sa politique de réconciliation nationale impliquait l'oubli d'un passé que la reine blanche, figée dans l'attitude de la statue du Commandeur, venait inopportunément rappeler. À la fin de l'entrevue elle s'évanouit, épuisée, et l'on s'empressa de la ramener à Chenonceaux.

Deux ans plus tard, le roi, au moment de publier solennellement un édit de grâce, prend la peine de lui écrire pour lui expliquer qu'il est obligé d'absoudre le duc de Mayenne et les princesses lorraines, faute de preuves matérielles et parce que l'intérêt du royaume l'exige. Elle refuse de s'incliner, donne pouvoir à sa belle-sœur Diane de France pour y faire opposition en son nom. Baroud d'honneur : l'édit fut enregistré le 9 août. Mais elle ne pardonna jamais à Mayenne et refusa de le revoir. Il fallut, on le verra, le difficile accommodement de son frère, le duc de Mercœur, pour tempérer sa soif de vengeance.

Elle n'eut guère plus de succès du côté du Saint-Siège en s'acharnant à remuer des cendres que tous voulaient voir éteintes.

En 1589, elle envoie son premier écuyer à Rome pour demander la réhabilitation de son mari et la condamnation morale des Jacobins, dont les prédications furieuses avaient encouragé le meurtrier. Ses prétentions étaient grandes. Elle ne demandait pas la levée de l'excommunication du roi, qu'elle tenait pour nulle et non avenue, puisque cette mesure n'avait jamais été acceptée en France. Ce qu'elle attendait du pape, c'était une sorte d'amende honorable globale de l'Église pour tout ce qui avait été fait contre Henri III. Elle voulait une déclaration pontificale déplorant l'assassinat du roi, une cérémonie funèbre à Rome en son honneur, des prières publiques pour son âme, l'interdiction à tout membre du clergé de dire du mal de lui, et l'obligation pour les couvents jacobins de Paris et de Sens d'invoquer sa mémoire au cours de la messe et de célébrer tous les ans un service expiatoire.

Inutile de dire que Sixte Quint congédia sans ménagements son émissaire. En partant celui-ci confia les instructions de la reine à un prêtre gascon, Arnauld d'Ossat, alors chargé à Rome des affaires de France, avec qui elle entretint pendant dix ans une correspondance régulière. Le temps passait, on changea plusieurs fois de pape. Il y avait toujours plus important à traiter que la réhabilitation de Henri III. À partir de 1593, c'est celle de Henri IV qu'il est urgent de négocier. Le roi de France, au moment de se convertir, doit être sûr que l'Église lèvera toutes les interdictions fulminées contre lui. Le nouveau pape serait prêt à y consentir, mais Philippe II, mécontent de voir triompher en France sur le terrain celui qu'il a toujours combattu, menace Rome de représailles. D'Ossat, parmi d'autres, joua dans l'accommodement un rôle essentiel, qui lui valut le chapeau de cardinal. Et il obtint pour la veuve du feu roi une demi-satisfaction : le pape abolit rétroactivement l'excommunication et proclama que Henri III était mort en paix avec l'Église. Mais il refusa d'imposer pénitence aux Jacobins.

Le combat a usé Louise, le temps écoulé l'a rendue moins vindicative. Comme tous les Français, elle aspire à la paix. Ses dernières années, mélancoliques, sont marquées de détachement.

« Il faut laisser maisons et vergers et jardins… »

Ainsi chantait Ronsard en se sentant mourir. Hélas ! Louise n'en était pas là lorsqu'il lui fallut, en 1599, quitter son refuge de Chenonceaux. L'arrachement la toucha au vif.

Par testament, Catherine de Médicis lui avait légué le château et ses dépendances et le roi avait ratifié cette donation et déclaré cette terre « franche et quitte de toutes dettes, obligations et hypothèques ». Tel ne fut pas l'avis des hommes de loi chargés de régler la succession de la vieille reine. Le passif était si lourd qu'à la mort de Henri III, son successeur renonça à tous les droits qui auraient pu lui en venir et laissa la justice régler les litiges entre créanciers. Louise se vit donc condamnée, si elle voulait conserver Chenonceaux, à payer sa part des dettes de sa belle-mère. Elle n'en avait pas le premier sou, était elle-même aux abois car son douaire ne lui avait pas été versé : les rois, pas plus que les simples particuliers, n'échappent aux plaies d'argent, « douleur non pareille » si l'on en croit Rabelais. En décembre 1593, il fut décidé que le domaine serait vendu aux enchères.

La bataille de procédure fut longue et, si la reine perdit, le château évita cependant la mise à l'encan grâce aux tractations qui accompagnèrent la rentrée en grâce du duc de Mercœur. Ce demi-frère de Louise avait au moins un point commun avec elle, l'entêtement, la suite dans les idées. Il avait été un des Ligueurs les plus ardents et lorsque ses amis, un à un, se rallièrent à Henri IV victorieux, il s'obstina. La négociation pour son accommodement dura quatre ans et fut difficile, malgré les efforts déployés par Louise et par l'habile conseiller du roi, Duplessis-Mornay. Il finit par se soumettre en 1598, mais refusa d'entrer au service de celui qu'il avait tant combattu et s'en alla se faire tuer dans la guerre contre les Turcs.

Il n'avait qu'une fille unique, et une fortune considérable. Henri IV venait d'avoir de la maîtresse qu'il aimait avec passion, Gabrielle d'Estrées, un fils prénommé en toute simplicité César et titré duc de Vendôme. La jeune femme raffolait de Chenonceaux et pour elle le roi savait toujours trouver de l'argent. Elle racheta les droits des autres créanciers sur le domaine, organisa, malgré la répugnance des Mercœur, le mariage des deux enfants, céda alors Chenonceaux à Louise à condition que celle-ci en fît don aux jeunes mariés. Dont acte, le 15 octobre 1598. Ils étaient encore au berceau, ils pouvaient attendre. Louise disposait de l'usufruit. Mais elle préféra céder la place à Gabrielle. Chenonceaux resta ainsi propriété de la famille royale, mais la reine blanche se résigna à quitter, à l'automne de 1599, ce lieu qui, dix ans durant, avait abrité son chagrin. Elle partait les mains vides, ayant décidé de ne rien emporter de ses souvenirs.

On lui attribua comme douaire une partie du Berry, avec la ville de Romorantin, et le duché de Bourbonnais, dont la capitale, Moulins, lui servit de résidence. Elle s'y livra aux habituelles œuvres de charité et aux fondations pieuses. Elle dépérissait à vue d'œil. Elle prit froid en écoutant un sermon, le 3 décembre 1600, dans une église glaciale, s'alita et mourut le 29 janvier suivant, pieusement bien sûr, en prononçant, dit-on, le nom de Jésus. Si l'on en croit Brantôme, qui ne tarit pas d'éloges sur ses vertus, elle avait fait apporter sa couronne au chevet de son lit, et « ne voulut qu'elle ne bougeât d'auprès d'elle tant qu'elle vivrait et, après sa mort, qu'elle fût couronnée et tant qu'elle durerait sur terre ». Ce qui était une manière de se déclarer, pour l'éternité, l'indéfectible épouse de Henri III.

À la différence de Catherine de Médicis, elle avait consenti, pourtant, à une séparation posthume. Elle souhaitait être ensevelie à Bourges dans un couvent de Capucines qu'elle voulait fonder. Mais on l'installa dans celui de Paris, au faubourg Saint-Honoré. Puis elle gagna de là la nouvelle église des Capucines, près de la place Vendôme, fut transportée au Père-Lachaise pendant la Révolution et n'accéda enfin à Saint-Denis qu'en 1817. À cette date, la tombe de son époux, entré dans la nécropole royale en 1610, avait été violée et ses restes jetés avec les autres à la fosse commune. De sorte que Louise de Lorraine est la seule, de tous les rois dont le souvenir hante l'abbatiale, à occuper vraiment la tombe qui porte son nom.

Le dernier fils de Catherine de Médicis est mort sans descendance et après lui agonise ce siècle ensanglanté par les guerres de Religion. C'est à un Bourbon, Henri IV, qu'il appartient de restaurer l'ordre monarchique et d'inaugurer la transformation de la France en un État moderne fort et centralisé. Il lui faudra au préalable, afin de faire souche d'une lignée nouvelle, rompre le dernier lien, stérile, qui l'unit encore à la dynastie moribonde : son épouse Marguerite. Avec le « démariage » du couple de Navarre s'achèvera alors l'histoire de nos reines au XVIe siècle.

CHAPITRE XIII

Le « démariage » de Marguerite

« Je n'attends que l'heure d'ouïr dire que l'on aura envoyé étrangler la feue reine de Navarre. Cela, avec la mort de sa mère, me ferait bien chanter le cantique de Siméon », écrivait à Corisande le futur Henri IV en apprenant le coup de théâtre de Blois. Ce n'est qu'une plaisanterie pour souligner le caractère stupéfiant de la nouvelle, mais elle en dit long sur ses désirs : il voudrait voir sa femme dans la tombe ! Or la mort, si prévenante pour lui depuis longtemps, si empressée à faire disparaître au moment opportun ennemis, rivaux, amis susceptibles de freiner son ascension, et qui pousse la complaisance jusqu'à exaucer la seconde partie de son vœu en emportant Catherine quinze jours après les Guises, refusera obstinément de se charger de Marguerite. Henri est condamné à s'entendre avec elle pour une séparation à l'amiable. Elle en profitera pour faire, après des années de rejet, un rétablissement spectaculaire.

La fugitive

En quittant Nérac pour Agen à la mi-mars de 1585, Marguerite semblait se conformer à l'habitude qu'elle avait prise d'aller faire ses Pâques dans une cité catholique. Son époux soupçonna vite qu'elle n'avait pas l'intention de revenir, mais il en fut plutôt satisfait. À Paris, Henri III et Catherine mirent un certain temps à comprendre, avant de contre-attaquer.

En s'installant à Agen, elle ne croit pas se lancer dans l'inconnu. Faisant partie des territoires qui lui ont été attribués en paiement de sa dot, la ville et sa région lui appartiennent. Elle en est très officiellement comtesse. Elle pense y mener la vie d'un seigneur provincial indépendant. Les considérations politiques ont eu peu de part à sa décision. Certes, elle hait le roi son frère, qu'elle tient pour responsable de ses récents malheurs ; mais elle n'est pas assez sotte pour prendre violemment position contre lui. Certes, elle est sincèrement catholique, mais couper la route du trône au prétendant huguenot n'est pas pour elle une priorité. Ce qu'elle veut, après avoir été si longtemps un jouet entre les mains de sa mère, de ses frères, de son mari, c'est être enfin maîtresse d'elle-même. Elle est avide de liberté. Elle se voit déjà souveraine d'Agen, réunissant autour d'elle une cour sur le modèle de celle de Nérac, mais bien à elle, une société choisie de fidèles à sa dévotion sur laquelle elle régnerait sans partage. Et pourquoi ne serait-elle pas appelée à jouer dans ce Sud-Ouest agité par la guerre civile un rôle de médiatrice ?

Elle va déchanter très vite.

Dans l'immédiat il lui faut se protéger de la colère probable de son frère. Elle s'emploie donc, comme tous les petits potentats locaux qui bravent le pouvoir royal, à faire de sa ville une place inexpugnable. Et elle se cherche des partenaires. Elle se comporte comme un homme, à la grande stupéfaction de sa mère, qui le découvre peu à peu et s'en indigne.

Le maréchal de Matignon, qui tenait Bordeaux pour le compte du roi, lui envoya d'abord deux compagnies de gendarmes pour sa sécurité : faisant d'une pierre deux coups, il la surveillerait tout en protégeant la ville contre les incursions huguenotes. Mais elle ne s'en contente pas et recrute un régiment entier à sa solde. Elle accumule des armes, des munitions. Le 15 mai, elle réunit les autorités municipales, leur déclare que Matignon la trahit – ce qui n'est pas faux – et exige que les clefs de la ville lui soient remises. Elle complète ce petit coup d'État en remplaçant les responsables civils et militaires par des lieutenants à elle. Après quoi elle entreprend de faire renforcer les remparts et construire une citadelle.

Elle le reconnaîtra elle-même plus tard : on ne s'improvise pas gouverneur d'une place forte en temps de guerre. Elle n'en soupçonnait pas le coût. Elle eut très vite de gros problèmes financiers. Et Catherine, qui s'était d'abord laissé attendrir en apprenant qu'elle n'avait pas les moyens « d'avoir de la viande[1] pour elle », lui coupa tous les crédits quand elle sut qu'il s'agissait de fournitures militaires. Les campagnes étaient ruinées, les revenus ne rentraient pas, la confiance faisait défaut. Révoltée contre son frère et son mari, elle n'avait guère le choix de ses alliés : elle se tourna du côté de la Ligue, vers qui penchaient aussi les Agenais, fervents catholiques. Elle prit langue avec le duc de Guise, à qui elle promit son soutien militaire en échange de subsides qu'il fut incapable de lui procurer : le bailleur de fonds du parti, Philippe II, n'était pas disposé à gaspiller ses doublons pour une auxiliaire d'un poids aussi médiocre. Guise lui-même la tenait pour quantité si négligeable qu'il ne prit pas la peine de la faire mentionner comme détentrice de la place d'Agen lors de la signature du traité de Nemours. Elle en fut ulcérée.

Elle mesurait mal sa situation. Même une femme vraiment libre et indépendante, autrement dit une veuve, n'aurait pas obtenu aisément d'être considérée comme un seigneur à part entière avec qui on accepte de négocier. À plus forte raison, une reine en rupture provisoire de statut conjugal comme Marguerite, qui reste l'épouse et la sœur de deux rois, n'est pas crédible. Ses interlocuteurs demeurent circonspects. En prenant parti pour ou contre elle, ils songent surtout au bénéfice qu'ils en tireront auprès des rois en question et l'incertitude des temps fait de ce choix un pari sur l'avenir bien hasardeux. Certains s'y risquent, mais les plus prudents préfèrent s'abstenir. Moins ils se mêleront de ses affaires et mieux ils se porteront. Qu'elle aille exercer ailleurs ses activités brouillonnes.

Avec les Agenais, les choses se gâtèrent en six mois. Après avoir augmenté les impôts et exigé le logement des garnisons, ne voilà-t-il pas qu'elle faisait démolir pour édifier sa citadelle tout un quartier de la ville, où se trouvaient les plus beaux hôtels particuliers, en oubliant d'indemniser les propriétaires, et qu'elle prétendait réquisitionner pour son chantier tous les habitants ! Il suffira à Matignon de s'entendre avec quelques-uns de ceux-ci. Le 25 septembre, ils se soulèvent, organisent une

1. Le mot *viande* désigne la nourriture en général.

échauffourée, un obus met le feu au couvent qu'elle avait transformé en dépôt de munitions. Explosion, incendie. Elle s'enfuit par une porte pendant que Matignon entre par l'autre. Bon prince, il lui laissa le loisir de dîner et se garda bien de la poursuivre lorsqu'elle s'élança vers le nord, réduite à chevaucher en croupe sur la monture d'un de ses écuyers, en compagnie d'une petite escorte. Il ne se souciait pas de s'encombrer d'elle. Pour Marguerite, c'était une déroute, en même temps qu'une rupture grave avec les siens.

Si elle se dirige vers les montagnes, c'est que toutes les autres routes lui sont fermées. L'un de ses partisans, François de Lignerac, lieutenant de la Haute-Auvergne, a proposé le château de Carlat[1], où commande son frère et qui comme Agen fait partie de l'apanage de la reine de Navarre. Va pour Carlat. Les fugitifs accomplirent en cinq jours, par de rudes chemins, un trajet de près de deux cents de nos kilomètres. Une partie de ses meubles et de ses bagages suivit, cahin-caha, à bref délai.

Elle s'installa dans ce nid d'aigle, perché sur le replat d'une coulée basaltique, qui avait déjà abrité la révolte de Jacques d'Armagnac contre Louis XI et dont le connétable de Bourbon voulait faire sa base retranchée lorsqu'il se rebella contre François Ier. Le vieux château médiéval, avec ses remparts flanqués de tours surplombant un à-pic escarpé, passait pour imprenable. Laissé à l'abandon depuis plus d'un demi-siècle, il avait perdu tous les éléments de confort qui en avaient fait la splendeur. Il lui restait ses murs, ses bastions, ses caves voûtées et une source d'eau douce qui, si l'on avait emmagasiné des provisions en suffisance, garantissait la survie en cas de siège. De là Marguerite pensait pouvoir narguer sa mère, qui lui offrait une hospitalité plus confortable, mais dûment surveillée, dans son manoir d'Ibois, aux portes d'Issoire : « Je n'en ai, Dieu merci, point de besoin, étant en une très bonne place qui est à moi, assistée de beaucoup de gens d'honneur et y vivant très honorée et en toute sûreté. [...] Quant à ce qu'il vous a plu [...] me dire que ce n'était à moi à faire la guerre, ç'a bien été, Madame, à moi de me garder. » Aussi ne s'y est-elle résolue,

1. À une douzaine de kilomètres au sud-est d'Aurillac.

continue-t-elle, que « pour ne retomber en la puissance de ceux qui [lui] ont voulu ôter le bien, la vie et l'honneur ».

Elle passa à Carlat une année entière, qui dut lui paraître longue, malgré les quelques relations qu'elle put entretenir avec la noblesse du voisinage. Elle manquait cruellement d'argent, empruntait à qui voulait lui faire crédit, luttait contre l'ennui et contre les bronchites. Des dissensions domestiques empoisonnaient le climat autour d'elle. Parmi les gentilshommes qui l'accompagnaient, un cadet sans fortune, Jean de Lart de Galard, seigneur d'Aubiac, était devenu son amant. L'ambassadeur de Toscane le dit fort beau, les pamphlets le décrivent comme un homme « chétif, rousseau, plus tavelé qu'une truite » : on en conclura que c'était un blond marqué de taches de rousseur, ce qui n'excluait pas qu'il fût séduisant. Elle l'aima passionnément, d'un amour renforcé par la solitude et le sentiment d'abandon. Lui, de son côté, aurait dit en la voyant pour la première fois qu'il voudrait « avoir couché avec elle à peine d'être pendu ». Comme c'est précisément ce qui lui arriva, cette réflexion vraie ou supposée ne manqua pas d'apporter à la sulfureuse légende de la reine Margot une pierre de plus.

Un incident scandaleux contribua à ternir encore davantage sa réputation. Son lieutenant Lignerac poignarda le fils de l'apothicaire du château. Le drame se déroula dans la chambre même de la reine, qui fut éclaboussée de sang. Il est bien tentant d'imaginer autour d'elle une meute d'hommes prêts à s'entredéchirer pour la posséder. À Paris, on n'hésite pas à attribuer à la jalousie le geste meurtrier, « la reine mère en meurt de douleur et le roi la hait à mort », et on voit là de quoi justifier pour Henri de Navarre une demande d'annulation. Sans vouloir sous-estimer la puissance des charmes de Marguerite, il est permis de penser que la passion amoureuse déçue n'est pas seule responsable du climat qui règne à Carlat.

En prenant un amant parmi ceux qui la servent, elle indispose tous les autres, sans pour autant qu'ils soient épris d'elle. Elle modifie les équilibres à l'intérieur de la microsociété formée par eux, de la même manière, toutes proportions gardées, que son frère, en violant pour ses mignons l'ordre hiérarchique nobiliaire, déclenchait la fureur des exclus. Les préventions contre sa liberté de mœurs aidant, nul ne la respecte plus.

Le secrétaire Choisnin gifle l'huissier qui protégeait sa porte, l'insulte publiquement, puis s'en va abreuver Paris d'anecdotes sur la pétaudière de Carlat. Lignerac, furieux qu'elle ait confié à son inférieur Aubiac le commandement des troupes, s'estime lésé. À l'automne, tandis que la peste fait rage, elle découvre qu'il s'apprête à la trahir. Il a reçu des offres de la part du roi, maintenant décidé à s'emparer de sa sœur. Pour rester à son service, il fixe ses conditions : qu'elle sacrifie son favori – il suffira de le précipiter du haut du rocher – et il continuera de gouverner le château en son nom. Elle refusa, bien sûr. Les historiens sentimentaux aiment à penser que ce fut seulement par amour. Mais quelle sécurité aurait-elle pu trouver auprès de l'homme qui avait osé lui proposer un tel marché ? En fuyant, elle cherchait d'abord son propre salut.

Elle quitta Carlat le 14 octobre, non sans avoir dû laisser à son ex-lieutenant félon, pour s'acquitter de ses emprunts, l'argent et les bijoux qui lui restaient. Comme au départ d'Agen, Aubiac la porte en croupe sur son cheval, mais l'équipage est cette fois encore plus restreint. Ses fidèles ne sont plus qu'une quarantaine.

La prisonnière

Où aller ? La décision de Marguerite est surprenante. Certes, les refuges possibles étaient rares. Mais n'était-ce pas se jeter dans la gueule du loup que de se rendre à Ibois, dans le château que lui avait proposé Catherine quelques mois plus tôt ? Ce choix signifie qu'elle n'a pas perdu espoir de voir intervenir celle-ci dans le conflit qui l'oppose à Henri III, sinon par affection maternelle, du moins par crainte du scandale. Autrement dit, elle est lasse de sa vie de hors-la-loi, a envie de rentrer en grâce et elle juge préférable de prendre l'initiative. Ibois pourrait lui offrir le havre d'un purgatoire.

Elle traversa le massif des Plombs du Cantal par des pistes de montagne, plus souvent en char à bœufs ou à pied qu'à cheval, exposée aux intempéries, aux attaques des brigands et des gens de guerre. Pour qu'elle parvînt saine et sauve aux rives de l'Allier, il fallait, s'exclama sa mère, que quelque esprit aérien l'eût transportée sur son aile. Faute d'oser s'aventurer sur le pont d'Issoire, qui était gardé, elle passa la rivière à gué, de nuit, et arriva à destination trempée, fourbue, après quatre jours d'un voyage exténuant. Elle trouva les portes ouvertes.

À peine était-elle installée que survint le marquis de Canillac, un important gentilhomme auvergnat qui rejoignait ses foyers après avoir servi dans l'armée de Joyeuse. Il savait le prix qu'attachait Henri III à la capture de sa sœur, il l'avait prise en chasse et il la bloqua dans son nouveau gîte. Résolue à une défense désespérée, elle écrivit une lettre pathétique non pas à Catherine, mais à son maître d'hôtel – avec l'espoir qu'il lui donnerait le maximum de publicité : « Puisque la cruauté de mes malheurs et de ceux à qui je ne rendis jamais que services est si grande que, non contents des indignités que depuis tant d'années ils me font pâtir, [ils] veulent poursuivre ma vie jusqu'à la fin, je désire au moins, avant ma mort, avoir ce contentement que la reine ma mère sache que j'ai eu assez de courage pour ne tomber vive entre les mains de mes ennemis [...]. Assurez-l'en et les premières nouvelles qu'elle aura de moi sera ma mort. » Très inspirée par la lecture des classiques, elle posait visiblement pour la postérité.

Mais la réalité prit un tour moins héroïque. Dans la place il n'y avait ni vivres ni munitions et, après avoir tenu deux jours le ventre creux, les soldats lui imposèrent une reddition sans gloire. Le vainqueur se garda bien de lui infliger « une honteuse et cruelle mort ». Il avait trop besoin d'elle comme monnaie d'échange auprès du roi.

Pour l'instant, celui-ci exulte d'une satisfaction féroce. Qu'on l'enferme, qu'on saisisse ses bagages, qu'on suspende le versement de ses revenus, qu'on chasse ses serviteurs. Et qu'on pende Aubiac sous ses yeux. Ce sera fait quelques jours plus tard, mais à l'écart, pour éviter d'alimenter les rumeurs. Le 13 novembre, la fugitive se retrouve incarcérée entre les murs d'Usson, autre forteresse médiévale plus inexpugnable encore que Carlat, et que Louis XI tenait pour la plus sûre des prisons d'État. Elle s'attend à partager le sort de son amant, elle écrit à sa mère comme on fait son testament : puisque son malheur veut que celle-ci souhaite la voir morte, qu'au moins on ne prenne pas pour la faire périr de prétexte déshonorant ; qu'on ne l'accuse pas, dit-elle entre les lignes, d'avoir mis au monde des bâtards. Quand elle théâtralise ainsi la situation, comme de coutume, se rend-elle compte qu'elle court un véritable danger et qu'à Paris, beaucoup la tiennent pour virtuellement condamnée, promise non à un procès en forme, mais à une exécution discrète au fond d'un cachot ?

En décembre 1586, sa mère est à Saint-Brice, auprès du roi de Navarre qu'elle incite à se convertir. Elle lui offre, on l'a vu, une épouse de rechange en la personne de sa petite-fille Christine de Lorraine. Mais pour cela, il faut écarter Marguerite. La mort de celle-ci arrangerait tout le monde. Justement elle est malade, d'une de ces maladies psychosomatiques dans lesquelles elle se réfugie pour digérer ses chagrins : pendant près de deux mois, les médecins la croient perdue. Catherine a sans aucun doute pris en compte sa probable disparition, mais on répugne à penser, comme quelques contemporains l'ont cru, qu'elle ait envisagé froidement de la faire périr. Il serait bien temps, si le Béarnais mordait à l'hameçon et si elle survivait, de s'occuper ensuite des modalités pratiques – l'internement dans un couvent par exemple. En attendant, la situation était périlleuse pour elle, car il ne manquait pas de gens prêts à rendre à sa famille le service de la pousser vers la tombe.

Henri III, à la différence de sa mère, ne comptait guère sur les arguments matrimoniaux pour convertir son cousin et ces marchandages lui déplaisaient. Après la carotte, il invita Catherine à manier le bâton. « Il ne faut pas qu'il attende de nous que nous la traitions inhumainement ni aussi qu'il la puisse répudier pour après en épouser une autre. Je voudrais qu'elle fût mise en un lieu où il la pût voir quand il voudrait pour essayer d'en tirer des enfants. Il faut qu'il se résolve de n'en épouser jamais d'autre tant qu'elle vivra et que, s'il s'oubliait tant que de faire autrement, outre qu'il mettrait sa lignée en doute pour jamais, il m'aurait pour ennemi capital. » Sous cette apparente bénignité pour sa sœur perce l'amertume de l'homme souffrant d'un mariage stérile qu'il ne se croit pas autorisé à dissoudre : pourquoi aiderait-il son beau-frère à échapper au sien ?

Mais il n'eut pas le loisir d'imposer à Marguerite cette forme originale de réclusion. Car en trois mois son geôlier volontaire avait retourné sa veste. Certains ont été d'autant plus portés à voir là un miracle opéré par les attraits de la jeune femme que la rhétorique y trouvait ample matière à s'exercer : « la seule vue de l'ivoire de son bras triompha de lui », dit l'un ; « celui qui la tenait prisonnière en devint prisonnier dans peu de temps », dit l'autre, car c'est une gageure impossible que de vouloir garder captive « celle qui, de ses yeux et de son beau visage, peut assujettir en ses liens et chaînes tout le reste du monde comme un forçat ». La vérité est plus prosaïque. Elle avait négocié avec le marquis de Canillac et su faire vibrer en lui la corde de l'amour-propre et celle de l'intérêt. Furieux que le roi, en dépit des avertissements de sa mère, ait négligé de lui donner la récompense escomptée, il se montra tout disposé à passer au service de la Ligue, qui avait à cette date le vent en poupe. Il quitta Usson en remettant à Marguerite les clefs de la place et l'entière autorité sur ses défenseurs.

La voici libre et, comme à Carlat, en possession d'une place forte. Tandis qu'elle se débat dans les difficultés quotidiennes et mendie une aide financière jusqu'en Autriche auprès de sa belle-sœur Élisabeth, qui lui concède la moitié de son douaire, les événements se précipitent. La scène politique se vide successivement des deux Guises, de Catherine et de Henri III lui-même. Entre Marguerite et son époux, les intermédiaires ont disparu. C'est à eux et à eux seuls qu'il appartient de régler leur différend. Il est désormais roi de France, ou du moins il essaie de s'imposer comme tel. Elle sait parfaitement qu'elle a perdu toute chance d'occuper le trône à ses côtés et il n'est pas certain qu'elle en ait envie. Sa vie conjugale lui a laissé de trop mauvais souvenirs, elle tient le mariage pour responsable de tous ses malheurs et voit en lui « le seul fléau » de son existence. Elle a aussi de bonnes raisons de se croire stérile. Elle envisage donc volontiers une séparation qui lui permettrait de retrouver un statut social honorable et lui garantirait des moyens d'existence conformes à son rang.

Tout paraît relativement simple. Rien de comparable avec le cas de Louis XII et de Jeanne de France, puisque ici les conjoints sont d'accord sur le principe. Il leur faudra pourtant dix ans pour en venir à bout, dix ans pendant lesquels Marguerite reste châtelaine d'Usson. La forteresse qu'on lui avait assignée comme prison est devenue pour elle « une arche de salut » et pendant les périodes de troubles une place de sûreté d'où elle peut servir le parti de son choix. Elle finit par s'accommoder de la vie qu'elle y mène, solitaire, mais libre, de plus en plus confortable à mesure que s'améliore sa situation financière, consacrant son temps à la rédaction de ses *Mémoires*, à la lecture, à l'étude. Elle n'est pas pressée. Comme on va le voir, c'est son mari qui est demandeur, et c'est d'elle que dépend la décision. Elle a les plus gros atouts en main. Elle ne lui accordera sa liberté qu'au prix fort.

Un difficile « démariage »

Henri de Navarre, devenu roi de France, souhaitait se séparer de Marguerite pour des raisons qui n'étaient pas toutes d'ordre privé. Sa position politique ne serait vraiment solide que le jour où il aurait un fils, sans quoi le problème successoral se poserait une fois de plus, dans des conditions encore plus fâcheuses. Car en l'absence d'un dauphin, l'héritier désigné du trône, selon la loi salique, était son petit-cousin, le prince de Condé, un bébé au maillot marqué par un drame. La mort brutale de son père en 1588 avait entraîné l'arrestation de sa mère, qu'on accusait de l'avoir empoisonné. Il était né en prison. On avait relâché la princesse et abandonné les poursuites faute de preuves, mais des doutes subsistaient sur la légitimité de l'enfant. Et par-dessus le marché, il était élevé en Saintonge dans la plus stricte obédience huguenote. C'était bien la peine, pensaient les catholiques intransigeants, d'avoir tant lutté pour maintenir intactes les règles de succession au trône : on tombait de Charybde en Scylla. Ils en tiraient un argument supplémentaire pour refuser de reconnaître Henri IV.

Afin de procréer au plus vite, celui-ci devait donc impérativement divorcer – ou plus exactement obtenir l'annulation de son mariage – et convoler à nouveau en justes noces.

Les arguments juridiques ne manquaient pas. Rassemblons ici ceux qui furent envisagés tour à tour. La stérilité de l'épouse n'était pas un élément recevable à Rome. On pouvait difficilement plaider l'adultère sans un scandale retentissant : Marguerite protesterait. La non-consommation ? Les connaissant l'un et l'autre, on leur aurait ri au nez. On songea à se rabattre sur les vices de forme. Dieu sait s'il y en avait eu dans cette cérémonie truquée entre conjoints de confessions différentes ! Mais était-il opportun, au moment où Henri rentrait dans le giron de l'Église, d'attirer l'attention sur ce point délicat ? On avait fait croire à Rome qu'il acceptait lors de son mariage de se soumettre au rituel catholique : il ne pouvait décemment invoquer cet artifice comme facteur de nullité. On se souvint alors qu'ils étaient cousins et que la dispense pontificale pour leur consanguinité n'était pas arrivée le jour des noces ; l'évêque de Paris affirma même que nul n'en avait vu la moindre trace. On prétendit aussi que le roi Henri II, père de la mariée, avait été par personne interposée le parrain du petit prince de Béarn. C'étaient là des motifs d'empêchement. Mais leur fragilité sautait aux yeux. Restait un seul argument irréfutable, décisif aux yeux de l'Église : l'absence de consentement chez Marguerite. On ne demandait qu'à la croire si elle affirmait avoir été mariée de force. Elle y était toute disposée, mais pas sans compensations. Disons crûment qu'elle réclamait ce que nous appellerions une confortable pension alimentaire.

Les choses traînèrent à la fois du côté de Rome et de son côté à elle. Il y avait à ce retard d'excellentes raisons.

Les papes successifs s'étaient longuement battus pour empêcher le roi de Navarre d'accéder au trône. Il leur fallait maintenant refaire dans l'autre sens le chemin parcouru. Ils ne s'y résolvaient qu'à tout petits pas. Henri IV avait multiplié en vain les gestes à l'adresse de Rome. Son abjuration, longuement préparée, a donné lieu à Saint-Denis, le 25 juillet 1593, à une émouvante cérémonie devant une foule d'assistants en larmes. Mais les évêques de France y ont fait procéder sans l'aveu du Saint-Siège. Clément VIII refuse de recevoir l'ambassadeur chargé de lui en faire part : il tient encore le roi de France pour un hérétique. Dans ces conditions, aucun dignitaire ecclésiastique ne peut s'aventurer à prononcer la dissolution de son mariage. Ce serait une provocation inutile, car aucune princesse catholique ne voudrait de lui. Il lui faut donc patienter, commencer par se réconcilier avec le pape, obtenir de lui la levée de l'excommunication, être pleinement réhabilité aux yeux de l'Église. C'est chose acquise le 30 août 1593. La voie est libre à Rome pour une annulation.

Marguerite, pendant ce temps, menait les discussions avec l'habileté d'une femme d'affaires consommée. Avant de lui jeter la pierre, qu'on se rappelle qu'elle a été privée de tous ses revenus, qu'elle survit depuis des années à coups d'expédients financiers et qu'elle peut à juste titre se sentir lésée. Pourquoi aurait-elle des scrupules lorsqu'elle voit le roi acheter à coups de gratifications, de gouvernements, de bénéfices le ralliement de ceux qui lui ont fait la guerre à mort ? Elle demande qu'on lui maintienne la pension de cinquante mille livres que lui servaient ses frères et que son ex-mari lui en accorde une autre équivalente. Plus deux cent mille écus pour régler ses dettes. Il promet, de très bonne grâce. Mais elle sait trop bien qu'il est enclin à oublier ses promesses et que les solliciteurs sont trop nombreux pour qu'il puisse complaire à tous. Il lui faut conserver des moyens de pression pour se faire payer. Elle signe donc des procurations où elle se dit d'accord pour entamer une procédure d'annulation, dont elle se réserve de contrôler le déroulement. Elle obtient en échange l'assurance que ses revenus lui seront rendus aussitôt. Mais pour activer ses démarches, elle attendra de les avoir effectivement touchés. Elle adresse à Henri des lettres où à la flatterie, à la soumission, aux protestations affectueuses, à un soupçon de regret pour les erreurs passées se mêlent adroitement les revendications d'ordre financier. N'est-ce pas d'ailleurs « l'honneur du roi et du royaume qu'[elle] maintienne un train digne de [sa] naissance » ? Catherine de Médicis en personne n'aurait pas dit mieux. Elle y gagne au fil des ans une amélioration très appréciable de sa condition. Au moment où les obstacles sont levés à Rome, elle serait prête à libérer enfin son mari. Mais il se livre alors à des imprudences qui retardent de cinq ans le dénouement.

Henri est amoureux. La chose n'est pas nouvelle. Depuis qu'il s'est éloigné de son Béarn et de Corisande, il a beaucoup papillonné. Mais cette fois il semble pris, et bien pris. L'heureuse élue, Gabrielle d'Estrées, est une blonde et fraîche fille de vingt ans, le regard bleu, rieuse, assez sotte, charmante. La famille, peu à cheval sur les bonnes mœurs, la lui a jetée dans les bras malgré sa préférence pour le grand écuyer, le beau Roger de Bellegarde, avec qui elle ne se gêne pas pour le tromper. Il l'a d'abord mariée, pour sauver les apparences. Puis il la démarie, pour pouvoir reconnaître les enfants qu'elle lui donne. Il la couvre de titres et de biens et la traite en reine. Il l'affiche à ses côtés. Elle assiste à son abjuration à Saint-Denis et lors de son entrée solennelle à Paris, le 15 septembre 1594, elle se pavane dans une litière, ruisselante de perles et de diamants, et le peuple se transmet l'information de bouche à oreille : « Qui est-ce ? – C'est la putain du roi. » Il en est si fou qu'il songe à l'épouser. Voici pour le trône de France des héritiers tout trouvés : une fois légitimés, ses deux fils, César et Alexandre – tout un programme ! –, pourraient y prétendre.

À quoi pense-t-il ? Dans tout le royaume, dans toute l'Europe la réprobation est unanime. Il se déshonore, il va se perdre. Et le spectre des troubles civils se profile de nouveau à l'horizon. À Rome, on soupçonne que les démarches faites pour obtenir la main d'une princesse florentine, Marie de Médicis, ne sont qu'un rideau de fumée : une fois l'annulation obtenue, il épousera Gabrielle. Le pape fait donc la sourde oreille, il ne lui rendra pas le mauvais service de lui accorder sa liberté. Marguerite réagit de même. Afin de se concilier le roi, il lui était arrivé de prodiguer quelques amabilités épistolaires à celle qu'elle tenait pour une simple favorite, mais elle n'est pas d'accord pour faciliter ce honteux mariage. « La reine a révoqué sa procuration, s'excusant auprès de Sa Majesté de ne pouvoir faire autrement sans grave surcharge de sa conscience. Elle a consulté des personnes doctes et prudentes ; finalement elle estime qu'elle met son âme en danger manifeste et que, si le roi est maître de sa vie, elle implore de n'être pas forcée dans des choses qui compromettent le salut de son âme. » Ah ! qu'en termes galants elle savait enrober les choses ! En privé elle ne se gênait pas pour dire qu'elle refusait de céder la place à une « bagasse ».

On affirme que cette volte-face ne fâcha pas le roi. Il avait bien conscience de faire une folie. Qu'espérait-il ? Que le destin prendrait la décision à sa place ? Le destin a rarement de ces complaisances, et c'est pourtant bien ce qu'il fit. Deux mois plus tard, à la veille de Pâques, Gabrielle accoucha prématurément d'un enfant mort-né et expira dans une crise d'éclampsie dont les manifestations spectaculaires terrifièrent les assistants[1]. Henri pleura. Puis, très vite, il prit une autre maîtresse et expédia un ambassadeur à Rome pour réactiver la procédure, avec l'accord de Marguerite. Le 31 août de la même année 1599, le pape admit le principe d'une annulation canonique, il envoya une commission pour interroger le roi et la reine. Celle-ci déclara sans hésiter qu'elle avait été contrainte de se marier contre sa volonté : rétrospectivement, elle en était tout à fait convaincue. On trouva aisément des témoins pour évoquer ses pleurs, dire que sa mère l'avait menacée, certifier qu'elle n'eut jamais pour son mari que de l'aversion. La sentence fut rendue le 17 décembre. Les époux terribles étaient libres.

Ils échangèrent de fort belles lettres, dont la lecture leur tira des larmes. « Ma sœur, disait Henri, si Dieu a permis que le lien de notre conjonction ait été dissous, sa justice divine l'a fait autant pour notre particulier repos que pour le bien public du royaume. » Et elle lui répondait : « Il faut déférer à Dieu la gloire des heureux événements. [...] Il m'envoie sa bénédiction en me donnant votre paix, en laquelle Votre Majesté fait reluire sa clémence... » Il était entendu qu'elle conserverait le titre de reine, en même temps qu'elle serait duchesse de Valois. Elle était rétablie dans ses droits, elle aurait la jouissance des apanages et pensions qu'elle revendiquait. Belle revanche pour celle qui dix ans plus tôt courait à pied les routes d'Auvergne en rupture de ban avec deux rois.

Quant à lui, un an plus tard, il épousait Marie de Médicis.

L'héritage de Catherine

Marguerite cependant restait à Usson. Que faire d'autre ? Elle n'avait pas le choix. Certes, son château devint le rendez-vous de toute la noblesse locale et sa réputation d'amie des lettres et des arts y attira, comme jadis à Nérac, poètes, romanciers, érudits : c'est alors qu'Honoré d'Urfé la connut et qu'il fit d'elle, pour son *Astrée*, le modèle de la reine Galathée. Mais

1. On parla, bien sûr, d'empoisonnement. C'est possible, mais pas certain.

elle rêvait d'en sortir, sans savoir comment. Les agissements du comte d'Auvergne lui en fournirent bientôt le moyen.

Charles de Valois, alors âgé de vingt-sept ans, était le fils naturel de Charles IX et de Marie Touchet. Il était beau comme un jeune dieu, courageux, brillant. Henri III, qui ne décolérait pas contre sa sœur, avait poussé Catherine mourante à déshériter celle-ci au profit de ce neveu qu'il tenait pour un fils. La vieille reine lui avait légué par testament tous les biens propres auvergnats lui venant de sa mère. Marguerite, lésée et blessée, ne s'en consolait pas. Elle fit d'abord contre mauvaise fortune bon cœur. Son neveu vivant non loin d'Usson, elle prétend chercher « son amitié ». Mais entre eux le conflit est latent. Il sait bien qu'elle guette l'occasion de faire casser le testament et que son divorce amiable risque de lui faciliter la chose.

Or Henri IV traverse dans les toutes premières années du siècle une période difficile. Autour de lui, les mécontentements grondent. Il n'a pu satisfaire tout le monde. Chacun s'estime mal récompensé, s'agite, réclame, intrigue, trahit. Des conjurations se nouent parmi ses familiers, ses proches, moins pour l'évincer du trône que pour lui extorquer, les armes à la main, charges et faveurs. Le jeune comte d'Auvergne se laissa entraîner dans celle de Biron, en 1601, et n'échappa à la condamnation que parce que sa demi-sœur, Henriette d'Entragues, était la maîtresse du roi. Il récidiva en 1604, lorsque celle-ci, forte d'une promesse de mariage écrite, s'en prit à la légitimité de la reine Marie de Médicis et de ses enfants. Le complot, très étendu, avait des ramifications jusqu'en Espagne. Les coupables sauvèrent leur tête d'extrême justesse, Charles de Valois vit sa peine commuée en prison à vie et passa douze années à la Bastille.

Au milieu de tous ces remous, Marguerite se montre parfaitement loyale à l'égard de son ancien mari. Dans cette Auvergne travaillée par les conjurés, elle tient fermement Usson, qui commande Issoire et la plaine de l'Allier : elle n'en veut être, pour le compte du roi, que « le capitaine et le concierge ». Elle surveille pour lui les mouvements qui se font alentour et elle l'en informe. Soutien matériel, soutien moral surtout, qui est précieux à Henri IV en ces temps de traîtrise. Il trouve en elle, désormais, la plus sûre des alliées.

Elle ne perd pas pour autant le sens de ses intérêts. Elle a toujours besoin d'argent. Ses dépenses croissent à proportion de ses revenus, l'écart entre les uns et les autres également. Mais, contrairement aux trublions qui agitent alors le royaume, elle a l'honnêteté de lier ses demandes d'argent à des services réels et solides. Et elle trouve le moyen de faire de la récupération de son héritage un acte politique de première importance au service du roi.

Avant même la première incartade du comte d'Auvergne, elle fit attaquer par un biais le testament de Catherine de Médicis, en visant un domaine particulier, le Lauragais, qui prêtait à contestation. Elle eut gain de cause en 1601. Un peu plus tard, au lendemain de l'arrestation du comte, elle annonça qu'elle demandait à être rétablie en son bien, insolemment usurpé par celui qu'elle se refusait à appeler son neveu, puisqu'il s'était montré ennemi de Sa Majesté, un « méchant homme » qu'il fallait priver, lui et ses enfants, « peut-être un jour semblables à lui », des châteaux forts commandant l'Auvergne. C'était là suggérer que le roi était personnellement intéressé à l'affaire. À la mort de Marguerite en effet, qui, sinon lui, pourrait prétendre à sa succession ?

Juridiquement, ces revendications semblaient difficiles à soutenir : lors de son mariage, la reine de Navarre avait renoncé, en échange de sa dot, à toute prétention sur les biens de ses père et mère. Mais on exhuma le propre contrat de mariage de Catherine, rédigé en un temps où son fiancé n'était pas destiné à régner. Les deux époux s'y faisaient une donation réciproque de leurs biens, qui passeraient ensuite automatiquement à leurs fils, par ordre de primogéniture, puis, s'ils étaient sans descendance, à leurs filles. Ce document plus ancien primait sur tous les autres. Marguerite, seule survivante des enfants du couple, en était la seule héritière. Le procès traîna longtemps, car il y avait matière à ergoter. Elle emporta la décision grâce à un geste spectaculaire. Un fils, un dauphin, le futur Louis XIII, était venu en 1601 combler les vœux du roi. Elle lui fit donation de tous ses biens, dont elle se réservait seulement l'usufruit. Les magistrats du parlement de Paris n'hésitèrent plus, alors, à lui attribuer le comté d'Auvergne.

C'était un très grand service qu'elle rendait là à Henri IV. Un double service, matériel et moral. Elle assurait le retour à la couronne d'une province importante, sinon riche, qu'il valait mieux ne pas laisser entre les mains de féodaux indociles. Et en adoptant le dauphin comme héritier, elle, l'ancienne épouse répudiée, donnait un brevet de légitimité au nouveau mariage du roi. Elle, la dernière des Valois, transmettait aux Bourbons, bien plus que leur fortune, leur héritage spirituel. Cette reconnaissance assurait la continuité entre les deux dynasties.

En échange, elle comptait bien retrouver dans le royaume une place officielle conforme à son rang. Elle y parvint, en réussissant à établir avec son ancien mari une relation fraternelle.

« Vous m'êtes et père, et frère, et roi »

Depuis longtemps Marguerite tente de faire de la terminologie imposée par le protocole une réalité : elle se veut pour Henri une sœur. Être la sœur du roi, tel a été son lot, presque aussi loin que remontent ses souvenirs. Mais elle avait plusieurs frères, dont certains furent rois tour à tour, et elle fut enveloppée dans leurs conflits. Tous sont morts. Le roi actuel, qu'elle n'a pu supporter comme mari, a pris leur place sur le trône et dans son cœur elle est prête à chercher en lui le frère qu'elle n'a pas eu, affectueux, tutélaire, qui la laisserait mener à sa guise une vie de liberté protégée. C'est comme sœur du couple royal qu'elle entreprend de se faire accepter à la cour.

Henri IV n'était pas très chaud pour son retour. Il l'aurait bien laissée en Auvergne. Mais il ne pouvait guère lui refuser l'autorisation de venir à Paris pour les besoins de son procès. C'est donc avec son agrément qu'elle y fait au mois de juillet 1605 une apparition discrète. Elle s'installe non dans la capitale, mais au château de Madrid, dans le bois de Boulogne. Il envoie pour l'accueillir son fils légitimé, le petit César de Vendôme, onze ans. Ne nous y trompons pas, c'est un honneur qu'il lui fait. Elle s'aventure jusqu'au cloître Notre-Dame, chez son chancelier, et y reçoit la visite protocolaire, dûment autorisée, de la Municipalité. Le roi hésite : sa venue aura-t-elle sur l'opinion des effets fâcheux ou bénéfiques ? Il est sûr de sa bonne volonté, il se décide : il la verra. Il se rendit à Boulogne, d'où il ne rentra qu'à dix heures du soir, nota un ministre étonné. Ce qu'ils se dirent, nul ne le sut, mais le roi revint très content. Rendez-vous était pris pour une visite de Marguerite au dauphin.

La rencontre eut lieu le 6 août, à Saint-Germain, dans le château qui avait abrité sa propre enfance. Devant ce petit garçon de quatre ans, câlin mais impérieux, et conscient déjà du rang qui est le sien, elle se sent fondre de tendresse. Repoussant les suggestions maternelles, il décrète soudain, en lui souhaitant la bienvenue, qu'il l'appellera *Maman ma fille* ! Avec Marie de Médicis, tout va bien, pas l'ombre de jalousie de part et d'autre. L'ancienne épouse s'installe dans son rôle de tante ou grand-tante gâteau complaisante aux moindres désirs du bambin. Et le médecin Héroard surprend un jour la famille royale dans une pose à séduire un peintre : la reine couchée sur son lit, le roi assis dessus à ses pieds, Marguerite agenouillée contre les montants et le dauphin jouant par terre à côté d'elle. On pense déjà à faire de celle-ci une marraine : elle portera en effet sur les fonts la petite Henriette, future reine d'Angleterre.

Elle est reçue au Louvre, elle entretient avec Henri une correspondance familière, simple et gaie. Elle n'avait pas voulu croire à la gravité d'une épidémie de peste, écrit-elle à l'automne de 1606, mais il lui a bien fallu, en « punition de [s]on incrédulité », « tenir la campagne à la façon des Tartares, toujours changeant de lieu, ayant séparé tout [s]on train par bandes ». En octobre elle est au lit, avec ce qu'elle appelle une pleurésie : « On m'a tiré tant de sang que je crois que, quand j'aurai l'honneur de baiser les mains à Votre Majesté, vous me prendrez pour une anatomie[1], ayant à cette heure le nez aussi long que le roi mon grand-père. » Elle a pour ses incartades sentimentales une indulgence de connaisseur. Bref, ils ne se sont jamais sentis aussi proches que depuis qu'ils sont séparés.

Rien ne s'opposait donc à ce qu'elle s'installe dans Paris. Henri lui offre l'Hôtel de Sens, au bord de la Seine, près du pont Marie. Ravie, elle y entreprend des réparations, s'aperçoit qu'elles coûtent plus cher que prévu, vient mendier des sub-

1. Un squelette. Le grand-père en question est François Ier.

sides. Le roi paie. Encouragée, elle aménage sur les hauteurs d'Issy une maison de campagne avec un jardin rafraîchi d'eaux courantes dont la beauté charme les poètes. Saisie par la même passion que sa mère pour les bâtiments, elle acquiert en 1606 un vaste terrain sur la rive gauche, en face du Louvre. Elle y fait bâtir à sa convenance l'Hôtel des Augustins, où elle mène un train presque royal.

Elle a gagné la partie. Elle a réussi à se faire attribuer, dans cette société si fortement codifiée, un statut original, unique. Elle a été reine de Navarre, elle a failli être reine de France. Elle n'est plus reine de nulle part. Aucune des déterminations accolées au nom de reine ne lui convient : elle n'est reine ni régnante, ni mère, ni douairière. Son titre n'est pas lié à un territoire, à un époux, à un fils, mais attaché à sa personne. Elle est « la reine Marguerite » et occupe à la cour une place sans équivalent. Il lui arrive même d'y organiser comme jadis une fête ou une réception. Mais elle est libre, indépendante, et dirige sa vie comme elle l'entend.

Une vieille dame excentrique

Vingt-deux ans ont passé depuis que son frère l'avait chassée de Paris, un gros succès de curiosité l'y attendait à son arrivée. Elle avait maintenant la cinquantaine. Si l'on en croit la rumeur publique, il aurait fallu beaucoup de saignées pour la transformer en squelette ! Car elle était devenue « horriblement grosse » et faute de pouvoir amincir sa taille, elle élargissait ses hanches avec des vertugadins de fer-blanc si volumineux qu'il y avait « bien des portes où elle ne pouvait passer ». Quoiqu'elle eût les joues un peu pendantes et l'ovale du visage très affaissé, elle continuait de se farder, de se friser, de se pommader et elle arborait des décolletés à faire rougir une honnête femme, avec une prédilection pour des modes désuètes teintées d'un léger ridicule.

Mais elle est généreuse, compatissante, libérale en aumônes pour les pauvres gens. Un peu dévote, à l'occasion, mais pas trop. Juste ce qu'il faut pour se faire pardonner le reste. Elle élève une chapelle aux Augustins pour accomplir un vœu formulé lors d'une mutinerie à Usson. Elle a beaucoup d'esprit et peu de préjugés, un franc-parler tempéré d'un humour souriant. Elle répugne aux contraintes, se plie mal aux horaires trop stricts. Si un livre lui plaît, « tant grand et long soit-il, elle ne laisse ni s'arrête jamais, tant qu'elle en ait vu la fin, et bien souvent en perd le manger et le dormir ». Elle obéit à sa fantaisie. « On disait qu'à son arrivée le roi l'avait requise de deux choses : l'une, que pour mieux pourvoir à sa santé, elle ne fit plus comme elle avait de coutume, la nuit du jour et le jour de la nuit ; l'autre, qu'elle restreignît ses libéralités et devînt un peu ménagère[1]. Du premier, elle promit au roi d'y apporter ce qu'elle pourrait pour contenter Sa Majesté ; [...] mais qu'au regard de l'autre, il lui était du tout impossible, ne pouvant jamais vivre autrement, et tenant cette libéralité de race. »

Ses mœurs sont une cible de choix pour les pamphlétaires. Car elle n'a pas renoncé à séduire. « Jamais il n'y eut une personne plus encline à la galanterie. » Elle y met cependant quelque discernement : « Elle a des hommes tant qu'elle veut et elle les choisit. » Il n'est pas sérieux de voir en elle, comme l'auteur du *Divorce satyrique*[2], une nymphomane asservie à sa luxure. Certes, elle ne peut se passer d'hommages masculins, tribut rendu depuis toujours à sa royale personne. Mais il serait imprudent de confondre ceux qui s'adressent à la reine et ceux qui s'adressent à la femme. Et dans cet encens souvent versifié qui accompagne ses pas, il est difficile de distinguer le réel du jeu littéraire, les amoureux comblés des chevaliers servants de courtoisie. Plus elle vieillit et plus elle se berce de ces louanges fictives, dont elle sait bien, au fond d'elle-même, qu'elle ne les mérite plus.

Restent les favoris. À Usson, puis à Paris, elle en a constamment un auprès d'elle, un seul à la fois, aussitôt remplacé quand il disparaît. Ce ne sont pas, quoi qu'on en ait dit, des gens

1. Économe.

2. Ce très violent pamphlet, publié en 1607 sans nom d'auteur et attribué à d'Aubigné, lui prête des amants par milliers. Au-delà de la reine elle-même, il cherche surtout à atteindre le roi, dans le rôle ridicule de mari trompé, complaisant et lâche.

du peuple, mais des garçons de petite ou moyenne noblesse, jeunes et sans fortune, qui occupent dans sa maison des emplois intermédiaires comme maître de musique ou secrétaire. Ils sont très probablement ses amants. Mais elle en attend aussi de l'affection. Et comme naguère Henri III avec ses mignons, elle les forme, les pousse, les dote, les marie. Elle ne cherche pas à dissimuler la tendresse qu'elle leur porte : au point où en est sa réputation, elle n'a plus grand-chose à perdre. Lorsque Gabriel Dat de Saint-Julien est assassiné, à la portière de son carrosse, par le fils d'une de ses anciennes dames d'honneur[1], tous ses familiers sont appelés à la déploration du « bel Atys », comme elle le nomme elle-même :

Atys, de qui la mort attriste mes années,
Atys, digne des vœux de tant d'âmes bien nées,
Que j'avais élevé pour montrer aux humains
Une œuvre de mes mains !

Le successeur du défunt se nomme Bajaumont, il est baron. Elle a près de soixante ans et il est tout jeune. Elle le soigne maternellement lors d'une maladie et le sauve, en dépit des médecins. Il mourra prématurément lui aussi, on ne sait dans quelles circonstances. Elle le pleura, mais s'attacha ensuite à un chanteur nommé Villars, qui semble cette fois lui avoir survécu.

La satire avait fini par se lasser. On acceptait la vieille dame telle qu'elle était, avec ses favoris, son fou et ses pauvres, sa coquetterie intempestive, ses excentricités et son petit grain de déraison. Car elle régnait sur les lettres et les arts et sa maison, face à la cour du Louvre à la fois pingre et rustaude, était devenue le rendez-vous de tous les esprits curieux et cultivés.

« Une maison vouée à Apollon et aux Muses »

Y aurait-il quelque souvenir de Rabelais dans la manière dont elle organise sa vie quotidienne ? Le temps des repas, comme

1. On ne connaît pas la cause exacte de ce meurtre. Il n'est pas sûr que ce soit la jalousie.

pour le bon géant Gargantua, associe la nourriture du corps et celle de l'esprit. Tandis que ses gentilshommes lui présentent un à un les mets, à plats couverts, avec toute la solennité requise, « elle a ordinairement quatre hommes près de soi » à qui elle soumet pour examen « telle proposition qui lui plaît ». « Chacun desquels ayant déduit sa râtelée, ou pour, ou contre, et étant de fois à autre par elle contredit, comme elle est pleine d'entendement, [elle] leur fait perdre souvent le pied, n'étant marrie d'être par eux contrôlée, mais que ce soit avec bonnes et valables raisons. » Les sujets proposés étaient des plus sérieux – théologie, philosophie – et les interlocuteurs choisis parmi « des personnes de rare savoir ». Les interventions de la reine faisaient voir « combien elle avait profité aux bonnes Lettres et aux Sciences, et que son éloignement de la cour lui avait acquis plus qu'elle n'avait perdu ». Un peu pédante, la chère Marguerite, un peu bas-bleu ? Elle a conservé, malgré son amitié pour l'auteur des *Essais*, la fringale de savoir encyclopédique qui marquait ses aînés et leur propension à en faire étalage. Longtemps frustrée, elle ne veut rien perdre de ce que peut lui apporter la société d'esprits choisis. Elle a bien des excuses. Et peut-être d'ailleurs ces témoignages d'Étienne Pasquier et de Scipion Dupleix en disent-ils plus long sur leur propre cuistrerie que sur celle de la reine. L'élégance et l'humour, qu'elle a reçus en partage, ne sont pas forcément le lot de tous ses commensaux.

Tous écrivaient des vers, sérieux ou légers, sur l'union platonicienne des âmes ou la beauté d'un jardin. On pétrarquisait, à la manière de Ronsard et de la Pléiade, et l'on débattait inlassablement des questions d'amour dont se délecteront les lecteurs de l'*Astrée*. Mais on estimait aussi Malherbe, dont le purisme sourcilleux donnait matière à querelles homériques entre partisans et adversaires des confrères qu'il éreintait.

Autant que la poésie, Marguerite goûtait la musique, qu'elle fût profane ou religieuse. Elle eut à son service des instrumentistes et des chanteurs. Elle avait toujours aimé les livres. Elle enrichit sa bibliothèque et en confia le soin à la « fille d'élection » de Montaigne, Marie de Gournay. On ne s'étonnera donc pas que la Querelle des Femmes, longuement poursuivie depuis deux siècles, ait trouvé chez elle une caisse de résonance et qu'un féminisme de bon aloi y ait été à l'ordre du jour. La cour de Marguerite n'offre-t-elle pas la preuve vivante que la femme, inférieure à l'homme pour la force physique, se montre son égale par la culture, l'intelligence, le goût ?

En ce début du XVIIe siècle où la vie mondaine est morte, tuée par trente ans de guerres civiles, où le roi, peu soucieux des choses de l'esprit, a renoncé à pratiquer le mécénat, il appartint à Marguerite de patronner, d'encourager et d'aider les artistes. Dans la cour raffinée qu'elle réunit autour d'elle fut préservé quelque chose de ce qui avait fait la grandeur et le rayonnement de celle des Valois. Non contente de livrer aux Bourbons l'héritage matériel de Catherine de Médicis, Marguerite leur transmet son héritage culturel, son sens du faste, de la fête, son goût du beau, du luxe, du décorum, inséparables témoignages de la majesté royale. La leçon, avec quelques années de décalage, sera parfaitement reçue.

La fin de la vie de Marguerite fut assombrie par l'assassinat de Henri IV, dont elle ne se consola pas. Elle soutint fidèlement Marie de Médicis dans les conflits de la régence, mais la lassitude la prenait. Elle n'était plus qu'une survivante, en sursis. Elle tomba malade au printemps de 1615, se prépara chrétiennement à la mort et expira le 27 mars. Elle n'avait rien souhaité d'autre, en guise de cérémonie, que « les prières des gens de bien ».

Elle avait été une femme rebelle à sa condition. En un temps où la sujétion conjugale était la destinée normale de toute princesse, elle avait rué dans les brancards et osé s'en plaindre. La faute n'en était pas au mari, avec qui elle s'entendit bien quand elle cessa de lui être liée, mais à l'institution. Fille et sœur de rois, elle se suffisait à elle-même et ne cherchait qu'en elle-même son accomplissement : « Je n'ai point d'ambition et n'ai pas besoin d'en avoir, étant ce que je suis. » Mais elle crut, à tort, que son rang lui donnait accès au pouvoir sans contrepartie. Au jeu périlleux de l'amour et de la politique elle se fit piéger. Elle paya très cher son insubordination et sa liberté de mœurs. Le redressement qu'elle opéra n'en est que plus remarquable.

Elle ne fit pas école : les risques étaient trop grands. On l'oublia. Ou plutôt on oublia ce qu'elle avait voulu être et la légende s'empara vite d'une existence riche en épisodes dramatiques ou scabreux. Marguerite devint Margot la scandaleuse, objet de fascination et de réprobation mêlées. L'on a le droit de déplorer que celle-ci ne soit que la caricature de l'autre. Mais elle ne vivrait pas aussi intensément dans notre imaginaire si la vraie Marguerite, la reine de Navarre, n'avait pas fait voler allégrement sa couronne, en même temps que son bonnet, pardessus les moulins.

ÉPILOGUE

Un siècle de femmes

Au XVIe siècle, l'histoire regorge de figures féminines. L'itinéraire des dix reines qui ont occupé le trône de France aux côtés de leur mari ou de leurs fils croise celui de quelques femmes qui ont rempli les mêmes fonctions sans en avoir le titre, de quelques autres qui ont exercé dans des États voisins un pouvoir souverain ou délégué, de douairières aussi qui ont dirigé d'une main énergique les plus hautes maisons nobiliaires. Elles apparaissent complémentaires. Leur commune participation aux affaires, même lorsque la politique les oppose, renforce leur importance. Elles parviennent à créer, en dépit des préjugés misogynes, une situation de fait. Dans la société du XVIe siècle, les femmes comptent, et on compte avec elles. Pas toutes. Affaire de personnalité et de circonstances.

Les événements jalonnant la vie privée des rois et des reines – mariages, maternités, entente ou dissensions entre époux, entre frères et sœurs, entre mères et fils – tiennent dans ce livre une place considérable. Au détriment de la politique, penseront certains. Ils ont tort : la vie privée et la politique ne font qu'un. La société d'alors est un groupement de familles et non, comme la nôtre, une juxtaposition d'individus. En ce qui concerne les rois, la famille a nom dynastie et elle est sacrée, exigeant des nouvelles venues une solidarité sans faille. Le destin d'une reine est fonction de la place qu'elle occupe dans une famille dont elle est un élément rapporté, mais essentiel.

Si Claude de France ou Louise de Lorraine, l'une par droit de naissance et l'autre par amour, y entrent de plain-pied, d'autres éprouvent pour s'y intégrer difficultés et résistances. Qu'elles soient françaises, francophones ou franchement étrangères n'est pas déterminant. Il y faut surtout le temps et la volonté. L'un et l'autre firent défaut à Marie d'Angleterre, qui ne songeait qu'à rentrer chez elle pour épouser son amant. Anne de Bretagne eut tout le temps nécessaire, mais pas la volonté : elle resta bretonne de cœur, soucieuse de soustraire sa province natale à l'annexion française. Si Élisabeth d'Autriche demeura une étrangère à la cour de Charles IX, elle le doit à son éducation morale et religieuse très stricte plus encore qu'à l'obstacle linguistique : elle n'avait pas plus envie de se modeler sur son entourage que d'apprendre le français. La bonne volonté était entière chez Éléonore, mais dix-sept ans d'efforts ne purent vaincre l'indifférence de François Ier, qui ne lui donna pas d'enfants : elle repartit pour l'Espagne. Le destin ne laissa pas à Marie Stuart l'occasion de faire ses preuves comme reine de France, mais l'on peut penser que sa double ou triple couronne, jointe à ses attaches lorraines, ne lui aurait pas facilité la tâche. Quant à Jeanne et à Marguerite, l'accession au trône de leurs maris respectifs entraîna leur mise à l'écart : victimes l'une et l'autre d'une rupture dans la continuité dynastique leur donnant à l'improviste le statut de reine, pour lequel elles étaient par ailleurs disqualifiées. Le seul exemple de transplantation et d'intégration réussies – ô combien ! – est celui de Catherine de Médicis. Elle bénéficia au plus haut point de la volonté et de la durée.

Le premier devoir de la reine a toujours été et continue d'être la procréation, pour assurer l'avenir de la dynastie. Il s'y ajoute au XVIe siècle une fonction nouvelle, de représentation, qui acquiert au fil des années une importance croissante. Anne de Bretagne a créé la cour, Catherine de Médicis l'a portée à son plus haut degré d'éclat. L'institution monarchique en tire un surcroît de splendeur. La reine, à titre personnel, y gagne encore davantage. La cour est pour elle instrument de pouvoir, elle lui permet de plier les hommes à la civilité, de façonner les esprits, les imaginations, les cœurs, de régner sur les modes, les mœurs, les goûts, de patronner et donc d'orienter les lettres et les arts : magistère culturel aux ramifications infinies, qui accroît son influence et modifie son image.

Les éloges et les oraisons funèbres témoignent d'une évolution, ou du moins d'une hésitation dans l'idée qu'on se fait d'une parfaite reine. Le modèle traditionnel, correspondant à l'enseignement de l'Église sur la femme, y est concurrencé par un autre, qui porte la marque de la Renaissance. D'un côté la reine douce, pieuse, charitable, regorgeant de vertus, bonne épouse et tendre mère, n'ayant jamais fait le moindre mal à personne, insignifiante jusqu'à la transparence : une sorte de sainte laïque prête à rejoindre dès son veuvage le couvent qui l'attend de toute éternité. De l'autre la reine éblouissante de beauté, parée comme une déesse, fière, courageuse, parangon de culture, protectrice des arts, ambassadrice de charme au service d'une monarchie soucieuse de séduire l'ensemble de ses sujets et de s'attacher une aristocratie turbulente. Entre les deux, le cœur de Brantôme n'hésite pas : quelques lignes émues pour Claude de France, prématurément tuée par ses grossesses répétées, ou pour la très religieuse Élisabeth d'Autriche, mais des dizaines de pages enthousiastes pour Anne de Bretagne ou Marguerite de Valois.

Pour celles dont la piété ne suffit pas à combler le cœur, les honneurs attachés à leur condition sont un puissant remède contre les déceptions sentimentales.

Toutes sont femmes. Jeunes, elles ont rêvé d'amour, malgré les mises en garde que leur prodiguait l'éducation. Le mariage est pour quelques-unes d'entre elles le deuil d'une idylle. Elles s'en consolent presque toutes aisément, tant les fascine le titre de reine. Elles offrent loyalement, du meilleur cœur, à leur royal époux un amour dont elles savent bien qu'il ne pourra jamais s'adresser à un autre. L'inconduite masculine n'est pas une excuse : pas question pour une reine de tromper sa faim en acceptant d'être la « mie » d'un soupirant, même platonique. Dépositaire de la légitimité dynastique, elle doit rester inaccessible, sacrée. Bien peu osent enfreindre cet interdit, à leurs risques et périls. Marguerite le fit en un temps où elle ne se savait pas destinée à être reine de France et compromit ainsi ses chances de le devenir. Et Marie Stuart fournit à Élisabeth d'Angleterre, avec son remariage scandaleux, un admirable prétexte pour détourner un temps de sa cause toutes les cours européennes. Mais face aux infidélités conjugales, la plupart d'entre elles se résignent et certaines, comme Catherine de Médicis, reportent sur leurs enfants l'amour dont leur mari n'a pas voulu. La potion est moins amère cependant si les apparences sont sauves et si elles conservent publiquement la prééminence.

La cour leur est pour cela d'un grand secours. Anne de Bretagne, qui la créa, y régna sans partage et ni Charles VIII ni Louis XII ne se seraient risqués à y introduire une maîtresse. Leurs frasques avaient lieu au-dehors : une marque de déférence que François Ier conserva à l'égard de Claude. C'est seulement du temps d'Éléonore qu'il installa ouvertement auprès de lui la duchesse d'Étampes. Henri II revint avec Diane de Poitiers à une forme de réserve, hypocrite certes, mais appréciable, en faisant passer pour courtoise amitié les relations qui la liaient à lui. Et par la suite, Catherine de Médicis invita ses fils à « aller au change » hors du cadre officiel des palais royaux. Elle a sur la question des idées bien arrêtées : on ne reproche pas aux bâtards leur naissance, on les recueille, on les élève, on les dote, mais on écarte leur mère et nul ne songerait à leur ouvrir l'accès au trône. Il faudra attendre le début du XVIIe siècle pour voir Henri IV afficher sans pudeur son double ménage, épouse et maîtresse mettant au monde en parallèle des enfants élevés ensemble. Et c'est Louis XIV qui donnera à la polygamie royale sa consécration officielle. Ni Anne de Bretagne ni Catherine de Médicis, pourtant si vilipendée pour les mœurs de ses filles d'honneur, n'auraient toléré pareille indécence : la reine devait être respectée, et d'abord par son seigneur et maître le roi.

Qu'elles se conforment à l'un ou l'autre modèle, les reines du XVIe siècle ne sortent pas des fonctions normalement dévolues à leur sexe. On n'aime pas les femmes qui oublient qu'elles le sont et imitent dans leur vie privée les comportements des hommes : témoin Marguerite de Valois. Ce n'est pas en jouant les amazones mais en usant de leurs armes propres que les plus marquantes parviennent à se glisser au pouvoir. Elles n'y réussissent qu'avec la venue de la maturité. L'âge, qui est l'ennemi des maîtresses, est leur meilleur allié. Il finit par les soustraire aux maternités. Il crée entre elles et leur mari une complicité faite d'accoutumance et de communauté d'intérêts. Il leur donne auprès de leurs enfants grandissants un rôle d'éducatrice. Il peut les faire veuves et régentes, au nom d'un fils mineur.

Constatation banale : dans presque toutes les sociétés, le pouvoir d'une femme est mieux accepté si le vieillissement l'a soustraite aux convoitises masculines. La matrone jouit d'une autorité refusée aux plus jeunes. On obéit de meilleure grâce à celle en qui on discerne une image maternelle. Mère du roi, mère du royaume : Catherine de Médicis se sait plus forte sous sa coiffe de veuve et dans ses voiles noirs ; le renoncement à la parure, aux attributs de la féminité est le prix qu'elle consent volontiers à payer pour régner.

Reste qu'il y faut aussi la complicité des événements.

Le XVIe siècle est l'âge d'or des reines, des régentes, des gouvernantes de toutes sortes. Presque toujours des veuves. Dans l'Europe entière, un fort contingent d'énergiques douairières est en charge d'une large part de pouvoir. Elles occupent en bataillons serrés les galeries de portraits, les journaux et les chroniques. Elles le doivent à leurs qualités personnelles, mais aussi à des causes extérieures.

Un peu partout, de grands États modernes sont en train de se constituer. Mais les souverains n'y disposent pas d'une administration permanente sur laquelle se reposer. Ils ne peuvent pas compter non plus sur les grands féodaux, mal consolés d'avoir perdu leur indépendance et toujours prêts à la révolte. Mères et sœurs, en revanche, leur sont pleinement dévouées. C'est à sa mère que François Ier laisse la régence en partant pour Pavie. C'est à leurs sœurs ou à leurs tantes que les rois d'Espagne confient le gouvernement des Pays-Bas. Dans ce rôle de substitut du roi empêché ou absent, les femmes sont pour un temps irremplaçables. Et Catherine de Médicis a beau jeu de clamer que ses fils, face aux appétits des ambitieux de tout bord, ne sauraient avoir de meilleur soutien que leur mère.

D'autre part, dans la seconde moitié du siècle surtout, les caprices de la mortalité, plus sévère aux garçons qu'aux filles, les ravages de la maladie – tuberculose et syphilis –, la guerre civile ou étrangère, grande dévoreuse d'hommes, obligent les fortes femmes des maisons royales et princières à combler les vides, à prendre le relais pour défendre leur famille, leur parti, leur fief ou leur royaume. Veuve, la reine de Navarre Jeanne d'Albret, âme de la résistance huguenote. Veuves, les trois duchesses de Guise successives dont le rôle est décisif dans la politique familiale. Veuve, Catherine de Médicis, mère de trois rois trop jeunes, qu'elle domine de toute la hauteur de son intelligence et de son expérience. Qui sait ce qu'elle aurait été si son fils aîné, au lieu d'être un semi-débile, avait ressemblé à François Ier ou si les autres s'étaient montrés sains, vigoureux, équilibrés, capables ? C'est la carence masculine qui, comme toujours, conduit les femmes au pouvoir.

Concession toute provisoire. On ne recourt à elles que comme un pis-aller. Elles continuent, en dépit de tous leurs mérites, d'avoir mauvaise réputation. On ne comptabilise guère que leurs erreurs. Appelées au pouvoir par des troubles civils, elles leur restent associées dans la mémoire collective, elles passeront bientôt pour les avoir causés. Une régence de femme est promesse de calamités, affirme-t-on, oubliant que le vrai danger réside dans l'autorité contestée d'un roi trop jeune. Après deux minorités assorties de régences féminines, le XVIIe siècle verra se réduire comme une peau de chagrin le peu de pouvoir laissé aux reines. Un règne d'une exceptionnelle longueur, un grand roi, appuyé sur un appareil d'État efficace et doté d'une épouse falote : on aura oublié, sous Louis XIV, que la reine pouvait servir à autre chose qu'à lui donner des enfants.

La cour même, dont la création revient à Anne de Bretagne et l'épanouissement à Catherine de Médicis, cesse d'être l'écrin où brillaient les reines. Louis XIV, lorsqu'il en hérite, l'organise autour de sa propre personne, il s'approprie l'instrument de prestige et d'influence dont celles du XVIe siècle s'étaient servies pour gouverner les hommes. Tout le bénéfice n'en est pas perdu pour autant. La cour des Valois a fourni un modèle culturel, a créé une forme de vie sociale dont le rayonnement s'est répandu dans les milieux aristocratiques, eux-mêmes imités ensuite par la bourgeoisie. Les salons sont enfants de la cour et une longue vie leur est promise. L'art de la conversation, le goût des divertissements pris en commun, l'habitude donnée aux hommes et aux femmes de se fréquenter dans un cadre choisi, l'amour de la littérature et des arts, tout cela venu d'Italie, est passé dans les mœurs françaises où il en subsiste encore quelque chose qu'on ne rencontre pas ailleurs. Mais les reines ont cessé d'en être le moteur.

De l'avancée considérable faite par elles au XVIe siècle dans la sphère politique, de leur participation active aux destinées de la France, la cour est le seul acquis notable qui perdure – en dehors d'elles. Mais le pouvoir, de plus en plus, leur sera refusé. La fin du XVIIe siècle, puis le XVIIIe les relèguent au second plan. Par leur médiocrité, elles se font souvent complices de cette éviction. Jamais plus on ne reverra aux leviers de commande un tel nombre de femmes aux dons exceptionnels. Jamais aucune n'approchera, dans le meilleur comme dans le pire, Catherine de Médicis, qui à elle seule joua tous les rôles, incarna tour à tour les visages opposés de l'épouse docile et de la mère terrible et mena trente ans durant une action qui prête encore à controverses passionnées.

À partir de la Fronde et jusqu'à nos jours, l'histoire de France devient une histoire d'hommes.

Exclusivement.

ANNEXES

Repères chronologiques

1457		Mariage de Louis XI avec Charlotte de Savoie.
1461		Naissance d'Anne de Beaujeu.
	22 juil.	Mort de Charles VII. Avènement de Louis XI.
1462	27 juin	Naissance de Louis II d'Orléans, futur Louis XII.
1464	23 avril	Naissance de Jeanne de France.
1470	30 juin	Naissance du dauphin, futur Charles VIII.
1476	8 sept.	Mariage de Louis d'Orléans et de Jeanne de France.
1477	26 janv.	Naissance d'Anne de Bretagne.
1480	10 janv.	Naissance de Marguerite d'Autriche.
1483	22 juin	Fiançailles du dauphin Charles avec Marguerite d'Autriche.
	30 août	Mort de Louis XI. Avènement de Charles VIII.
1485		Début de la « Guerre Folle ».
1488	28 juil.	Louis d'Orléans battu et fait prisonnier à Saint-Aubin-du-Cormier.
1489		Reprise de la guerre en Bretagne. Anne est couronnée duchesse à Rennes.
1490	Déc.	Mariage par procuration entre Anne de Bretagne et Maximilien.
1491		La France victorieuse en Bretagne. Traité de Rennes.
	6 déc.	Mariage de Charles VIII et d'Anne de Bretagne.
1492	3 janv.	Prise de Grenade par le roi d'Aragon : les derniers Maures sont chassés d'Espagne.
	Avril	Naissance de Marguerite d'Angoulême.
	Août	Roderigo Borgia élu pape (Alexandre VI).

	10 oct.	Naissance du dauphin Charles-Orland.
	12 oct.	Christophe Colomb découvre l'Amérique.
1493	Mai	Retour de Marguerite d'Autriche en Flandre.
1494		Expédition de Charles VIII marquant le début des guerres d'Italie. Les Médicis sont chassés de Florence.
	12 sept.	Naissance de François d'Angoulême, futur François Ier.
	Nov.-déc.	Entrée des Français à Florence et à Rome.
1495	18 mars	Naissance de Marie d'Angleterre.
		Naples prise par Charles VIII. Retour du roi en France (bataille de Fornoue).
	7 nov.	Arrivée du roi à Lyon.
	4 déc.	Les Français sont chassés de Naples.
	16 déc.	Mort du dauphin Charles-Orland.
1498	7 avril	Mort de Charles VIII. Avènement de Louis XII.
	Août-déc.	Procès en annulation du mariage de Louis XII et de Jeanne de France.
	15 nov.	Naissance d'Éléonore d'Autriche.
1499	8 janv.	Mariage de Louis XII et d'Anne de Bretagne.
	14 sept.	Prise de Milan par les troupes françaises.
	13 oct.	Naissance de Claude de France.
1500	24 févr.	Naissance du futur Charles Quint.
1501		Conquête du royaume de Naples par Louis XII.
1503	Juin	Les Français sont chassés de Naples.
	Nov.	Élection de Jules II au pontificat.
1504	Sept.	Traité de Blois, promettant la main de Claude à Charles de Gand.
1505	4 févr.	Mort de Jeanne de France.
1506		Fiançailles de Claude de France et de François d'Angoulême.
1508		Jules II forme contre la France la Ligue de Cambrai.
1509	22 avril	Avènement de Henri VIII en Angleterre.
	14 mai	Victoire d'Agnadel sur les coalisés de la Ligue.

1510	25 oct.	Naissance de Renée de France.
1511		Jules II forme contre la France la Sainte Ligue.
1512		Malgré la victoire des Français à Ravenne, où périt Gaston de Foix, le pape les expulse d'Italie.
1513		Mort de Jules II. Élection de Léon X (Jean de Médicis).
		Défaite de Novare et perte du Milanais.
		Louis XII renonce à l'Italie.
	Juin-août	Débarquement de Henri VIII près de Calais.
		Défaite des Français à Guinegatte.
1514	9 janv.	Mort d'Anne de Bretagne.
	18 mai	Mariage de Claude de France et de François de Valois-Angoulême.
	7 août	Traité de paix et d'alliance entre la France et l'Angleterre.
	9 oct.	Mariage de Louis XII et de Marie d'Angleterre.
1515	1er janv.	Mort de Louis XII. Avènement de François Ier.
	13 sept.	Reprise des guerres d'Italie. Victoire de François Ier à Marignan. Conquête de Milan, Parme et Plaisance.
1516		Charles de Habsbourg roi d'Espagne.
		Concordat de Bologne : le pape accorde au roi de France le droit de nommer les hauts dignitaires ecclésiastiques.
		Traité de Noyon, qui accorde le Milanais à la France et Naples à l'Espagne.
		« Paix perpétuelle » entre la France et les cantons suisses.
1517		Martin Luther publie ses thèses contre les indulgences. Débuts de la Réforme.
1518	28 févr.	Naissance du dauphin François.
	28 avril	Mariage de Laurent de Médicis et de Madeleine de La Tour d'Auvergne.
1519	31 mars	Naissance du second fils de François Ier, le futur Henri II.
	13 avril	Naissance de Catherine de Médicis.
		Mort de ses parents.
	Juin	Charles de Habsbourg, élu à l'Empire contre François Ier, prend le nom de Charles Quint.

1520		Entrevue franco-anglaise dite du Drap d'Or.
1521		Mort du pape Léon X.
		Excommunication de Luther.
		Début de la lutte entre la France et la maison d'Autriche.
1523		Trahison et fuite du connétable de Bourbon.
		Élection du pape Clément VII (Jules de Médicis).
1524		Campagne de François Ier en Italie du Nord.
	Juillet	Mort de Claude de France.
1525	25 févr.	Défaite de Pavie.
		Captivité de François Ier en Espagne et ambassade de sa sœur Marguerite.
1526		Le roi de Hongrie, beau-frère de Charles Quint, battu et tué par les Turcs à Mohács.
		Traité de Madrid et retour du roi en France. Ses deux fils aînés sont envoyés en otages à Madrid.
1527		Seconde guerre de François Ier contre Charles Quint.
		Rétablissement de la république à Florence.
		Sac de Rome et mort du connétable de Bourbon.
1529	3 août	Paix de Cambrai, dite « Paix des Dames ».
1530	1er juil.	Restitution des enfants de France.
	7 juil.	Mariage de François Ier et d'Éléonore d'Autriche.
		Chute de la république à Florence. Rétablissement des Médicis.
		Diète d'Augsbourg. Rupture entre les catholiques et les luthériens.
1531	22 sept.	Mort de Louise de Savoie.
		Le pape fait de Florence un duché qu'il donne à son neveu Alexandre de Médicis.
1533	28 oct.	Mariage de Catherine de Médicis avec Henri, second fils de François Ier.
		Divorce de Henri VIII prononcé par l'Église anglicane, remariage avec Anne Boleyn et naissance de la future Élisabeth Ire.
1534		Par l'Acte de suprématie, Henri VIII consacre la rupture de l'Église anglicane avec Rome.

	17-18 oct.	Des placards attaquant violemment la messe sont affichés un peu partout en France, entraînant une répression sévère.
1535		Traité d'alliance franco-turque.
		Genève se soustrait à la juridiction de son évêque et adopte officiellement la Réforme.
1536		Reprise de la guerre entre François Ier et Charles Quint. La France s'empare des territoires du duc de Savoie.
	Août	Mort du dauphin François. Son frère Henri devient dauphin et Catherine de Médicis dauphine.
		Publication à Genève de l'*Institution de la religion chrétienne* par Jean Calvin.
1538		Négociations de Nice et entrevue d'Aigues-Mortes entre François Ier et Charles Quint. Fin de la guerre.
		Mariage de Jacques V d'Écosse et de Marie de Guise.
		Excommunication de Henri VIII.
1540		Charles Quint va châtier les Gantois révoltés.
		Édit de Fontainebleau pour la répression de l'hérésie.
1541		Échec de la diète de Ratisbonne qui consacre la partition religieuse de l'Allemagne.
1542		Reprise de la guerre entre François Ier et Charles Quint.
	8 déc.	Naissance de Marie Stuart.
	14 déc.	Mort de Jacques V. Marie Stuart reine d'Écosse.
1544	19 janv.	Naissance du premier enfant du dauphin Henri et de Catherine de Médicis, le futur François II.
	14 avril	Victoire de Cérisoles.
	Sept.	Paix de Crépy-en-Laonnois entre François Ier et Charles Quint.
1545	9 sept.	Mort de Charles, duc d'Orléans, dernier fils du roi.
1545-1546		Ouverture du concile de Trente. Massacre des Vaudois en Provence. Persécutions religieuses en France contre les réformés et contre le groupe de Meaux.

1546	2 avr.	Naissance d'Élisabeth de France, future reine d'Espagne.
1547	27 janv.	Mort de Henri VIII d'Angleterre. Avènement de son fils Édouard VI.
	31 mars	Mort de François Ier. Avènement de Henri II. Catherine de Médicis reine de France.
		Ivan IV le Terrible prend le titre de « tsar de toutes les Russies ».
	12 nov.	Naissance de Claude de France, future duchesse de Lorraine.
1548	Août	Arrivée en France de Marie Stuart.
	20 oct.	Jeanne d'Albret épouse Antoine de Bourbon.
1550	27 juin	Naissance de Charles-Maximilien, le futur Charles IX.
1551	20 sept.	Naissance d'Édouard-Alexandre, le futur Henri III.
1551-1552		Reprise de la guerre entre Charles Quint et la France, qui s'allie aux princes protestants d'Allemagne. Catherine de Médicis exerce quelques mois la régence en l'absence de son mari.
1553		Mort d'Édouard VI d'Angleterre. Avènement de Marie Tudor, qui rétablit le catholicisme par la force. Elle épousera l'année suivante Philippe, l'infant héritier d'Espagne.
	14 mai	Naissance de Marguerite de France, future reine de Navarre et de France, souvent dite la « reine Margot ».
	13 déc.	Naissance à Pau du futur Henri IV.
1555	18 mars	Naissance d'Hercule, futur François d'Alençon, puis d'Anjou, dernier fils du couple royal.
1556	25 oct.	Abdication de Charles Quint, qui se retire au monastère de Yuste. Sa succession sera partagée entre son fils Philippe II (Espagne) et son frère Ferdinand (Empire).
		Reprise de la guerre franco-espagnole.
1557		Défaite française à Saint-Quentin.
1558	Janvier	François de Guise reprend Calais aux Anglais.
	13 févr.	Mort d'Éléonore d'Autriche.
	24 avril	Mariage de Marie Stuart et du dauphin François.

	21 sept.	Mort de Charles Quint.
	17 nov.	Mort de Marie Tudor. Avènement de sa sœur Élisabeth, qui révoque les lois restaurant le catholicisme en Angleterre.
1559	2-3 avril	Traité du Cateau-Cambrésis, mettant fin à la guerre franco-espagnole.
		Mariage d'Élisabeth de France avec Philippe II d'Espagne et de sa tante Marguerite de France avec le duc Emmanuel-Philibert de Savoie.
	10 juill.	Mort de Henri II. Avènement de François II. Marie Stuart reine de France.
	Août-déc.	En France, persécutions contre les réformés.
1560	Mars	Échec de la conjuration d'Amboise. Répression.
	Août	En Écosse, un édit interdit le catholicisme. La religion officielle devient le presbytérianisme.
	5 déc.	Mort de François II. Avènement de Charles IX. Catherine de Médicis au pouvoir.
	Déc.-janv.	Réunion des États généraux à Orléans. Suspension des poursuites contre les hérétiques.
1561	Août	Retour de Marie Stuart en Écosse.
	9 sept.-9 oct.	Colloque de Poissy, réuni à l'initiative de Catherine de Médicis, et qui se termine sur un échec.
1562	17 janv.	Édit de Saint-Germain, dit de janvier, autorisant le culte réformé en dehors des villes.
	1er mars	Massacre de Vassy. Début de la première guerre de Religion en France.
	Oct.	Siège de Rouen. Mort d'Antoine de Bourbon, roi de Navarre.
	19 déc.	Bataille de Dreux, gagnée grâce à François de Guise.
1563	24 févr.	Assassinat de François de Guise par Poltrot de Méré.
	19 mars	Édit de pacification d'Amboise, réglementant plus strictement l'exercice du culte réformé. Fin de la première guerre de Religion.
	30 juil.	Reprise du Havre aux Anglais.
	17 août	Charles IX est déclaré majeur, à treize ans.
1564	Janv.	Départ de la cour pour le grand tour de France.
	11 avr.	Traité de Troyes, qui donne Calais à la France.

1565	15 juin-2 juil.	Entrevue de Bayonne entre Catherine de Médicis et sa fille Élisabeth, reine d'Espagne.
	29 juil.	Marie Stuart épouse Henry Darnley.
	Sept.	Les Espagnols massacrent les colons français en Floride.
1566	9 mars	Assassinat à Édimbourg du secrétaire de Marie Stuart, Riccio.
	1er mai	Retour de la cour de France à Paris.
	19 juin	Naissance du fils de Marie Stuart, Jacques.
	Août	Soulèvement des Pays-Bas contre la domination espagnole.
1567	10 févr.	Assassinat de Darnley à Kirk O'Field.
	15 mai	Mariage de Marie Stuart avec Bothwell.
	29 juil.	Abdication de Marie Stuart en faveur de son fils.
	26-28 sept.	« Surprise de Meaux. » Nouvelle prise d'armes des protestants en France et deuxième guerre de Religion.
	10 nov.	Combat de Saint-Denis. Mort du connétable de Montmorency.
	12 nov.	Henri d'Anjou est nommé lieutenant général du royaume.
1568	23 mars	Paix de Longjumeau. Fin de la deuxième guerre de Religion.
	16 mai	Marie Stuart, vaincue, se réfugie en Angleterre. Répression à Bruxelles. Exécution des comtes d'Egmont et de Horn.
	Août	Début de la troisième guerre de Religion en France.
	3 oct.	Mort d'Élisabeth de France, reine d'Espagne.
1569	13 mars	Victoire de Henri d'Anjou sur les protestants à Jarnac. Mort du prince Louis de Condé.
	3 oct.	Victoire de Henri d'Anjou à Moncontour.
1570	Janv.-juil.	« Anabase » de Coligny, qui vient menacer Paris.
	25 févr.	Excommunication d'Élisabeth d'Angleterre.
	8 août	Paix et édit de Saint-Germain. Fin de la troisième guerre de Religion. Les protestants obtiennent des places de sûreté.
	26 nov.	Mariage de Charles IX et d'Élisabeth d'Autriche.

1571	7 oct.	Victoire navale des Espagnols, des Vénitiens et du Saint-Siège sur les Turcs, à Lépante.
1572		Coligny tente d'engager Charles IX à intervenir aux Pays-Bas.
	9 juin	Mort de Jeanne d'Albret, reine de Navarre.
	18 août	Mariage de Marguerite de Valois avec Henri de Navarre.
	22 août	Attentat manqué contre l'amiral de Coligny.
	24 août	Massacre de la Saint-Barthélemy à Paris.
1573	Fév.-juil.	Quatrième guerre de Religion. Siège de La Rochelle par les troupes royales.
	11 mai	Henri d'Anjou élu roi de Pologne.
	6 juil.	Levée du siège de La Rochelle. Édit de Boulogne et fin de la quatrième guerre de Religion.
	Août-sept.	Réception des ambassadeurs polonais à Paris.
	2 déc.	Henri d'Anjou quitte la France pour la Pologne.
1574	22-23 févr.	Complot « du Mardi gras ».
		Exécution de La Mole et de Coconnas.
	30 mai	Mort de Charles IX. Avènement de Henri III.
	Juin-août	Retour en France de Henri III.
	Août	Début de la cinquième guerre de Religion.
	30 oct.	Mort de Marie de Clèves, princesse de Condé.
	26 déc.	Mort du cardinal de Lorraine.
1575	12 janv.	Alliance de Montmorency-Damville, chef des Politiques, avec les protestants.
	13 févr.	Sacre de Henri III à Reims.
	15 févr.	Mariage de Henri III avec Louise de Lorraine-Vaudémont.
	20 févr.	Mort de Claude de France, duchesse de Lorraine.
	15 sept.	François d'Alençon – « Monsieur », frère du roi – s'évade de la cour et prend la tête des opposants. Catherine de Médicis part à sa poursuite.
	10 oct.	Le jeune Henri de Guise bat les reîtres à Dormans et y gagne le surnom de « Balafré ».
1576	3 févr.	Henri de Navarre s'enfuit de la cour et retourne à la foi réformée.

	6-7 mai	Traité d'Étigny, dit « Paix de Monsieur » et édit de Beaulieu, très favorable aux protestants. Fin de la cinquième guerre de Religion.
	Juin	Formation à Péronne de la première Ligue catholique.
	6 déc.	Ouverture des États généraux de Blois, qui réclament le rétablissement de l'unité religieuse.
1577	Mars-sept.	Sixième guerre de Religion, terminée par le traité de Bergerac et l'édit de Poitiers, plus restrictif que le précédent.
	Juin-nov.	Voyage en Flandres de Marguerite de Valois.
1578	14 févr.	François d'Alençon-Anjou s'évade à nouveau de la cour.
	27 avril	Duel meurtrier entre les mignons du roi et ceux du duc de Guise.
	Juillet	Intervention de François d'Anjou aux Pays-Bas.
	Août	Catherine de Médicis s'en va pour ramener sa fille à son mari et tenter de pacifier le Midi.
	2 oct.	Retrouvailles, à La Réole, de Henri de Navarre et de sa femme Marguerite.
1579	Janvier	Éclatement des Pays-Bas espagnols. Les provinces du Sud, catholiques, restent liées à l'Espagne. Celles du Nord, protestantes, font sécession.
	28 févr.	Traité secret de Nérac.
	Août	Première entrevue de François d'Alençon-Anjou et de sa « fiancée » Élisabeth d'Angleterre.
1580	Avril	Septième guerre de Religion, dite « des Amoureux ».
	19 sept.	Traité du Plessis-lès-Tours entre Monsieur et les Pays-Bas.
	26 nov.	Paix de Fleix, fin de la septième guerre de Religion.
1581	24 sept.	Mariage du duc de Joyeuse avec la sœur de la reine Louise.
	Nov.	Nouvelles négociations matrimoniales franco-anglaises, suivies de rupture.
1582	10 févr.	Installation de François d'Alençon-Anjou aux Pays-Bas.

1583	Janvier	Échec de François d'Alençon-Anjou aux Pays-Bas.
	Août	Algarade de Henri III envers sa sœur Marguerite.
1584	13 avril	Henri de Navarre ramène son épouse à Nérac.
	10 juin	Mort de François d'Alençon-Anjou. Ouverture de la crise successorale en France.
	10 juil.	Assassinat de Guillaume d'Orange.
	31 déc.	Traité de Joinville entre la Ligue et Philippe II.
1585	19 mars	Fuite de Marguerite de Valois.
	31 mars	Manifeste de la Ligue à Péronne. Début de la huitième guerre de Religion.
	Juillet	Traité de Nemours entre le roi et la Ligue et révocation de tous les édits autorisant le culte réformé.
1586	Déc.	Entretiens de Saint-Brice entre Catherine de Médicis et Henri de Navarre.
1587	18 févr.	Exécution de Marie Stuart à Fotheringay.
	20 oct.	Victoire de Henri de Navarre à Coutras sur les troupes royales. Mort de Joyeuse.
	Oct.-nov.	Victoires de Henri de Guise sur les reîtres protestants.
1588	11-13 mai	Journées des barricades ligueuses à Paris.
		Fuite du roi.
	21 juil.	Édit d'Union imposé au roi par les catholiques.
	Août-sept.	Désastre de l'Invincible Armada.
	8 sept.	Renouvellement complet du ministère par le roi.
	23-24 déc.	À Blois, le duc et le cardinal de Guise sont mis à mort sur l'ordre du roi.
1589	5 janv.	Mort de Catherine de Médicis.
	30 avril	Entrevue du Plessis-lès-Tours entre Henri III et Henri de Navarre. Alliance des « deux Henri ».
	Mai	Le pape excommunie Henri III et le déclare déposé.
	1er août	Assassinat de Henri III par Jacques Clément à Saint-Cloud.
1589-1593		Henri IV doit conquérir son royaume les armes à la main.

1593	25 juil.	Abjuration de Henri IV à Saint-Denis.
1594	27 févr.	Sacre de Henri IV à Chartres.
	22 mars	Paris ouvre ses portes à Henri IV. Fin de la huitième guerre de Religion.
1595	30 août	Absolution de Henri IV par le pape.
1598	13 avril	Édit de Nantes.
1599	10 avril	Mort de Gabrielle d'Estrées.
	17 déc.	Annulation du mariage de Henri IV avec Marguerite de Valois.
1600	17 déc.	Célébration à Lyon du mariage de Henri IV et de Marie de Médicis.
1601	29 janv.	Mort de Louise de Lorraine.
	27 sept.	Naissance du futur Louis XIII.
1605		Réinstallation de Marguerite de Valois à Paris.
1610	14 mai	Assassinat de Henri IV. Avènement de Louis XIII.
1615	27 mars	Mort de Marguerite de Valois.

GÉNÉALOGIES

LA MAISON DE FRANCE

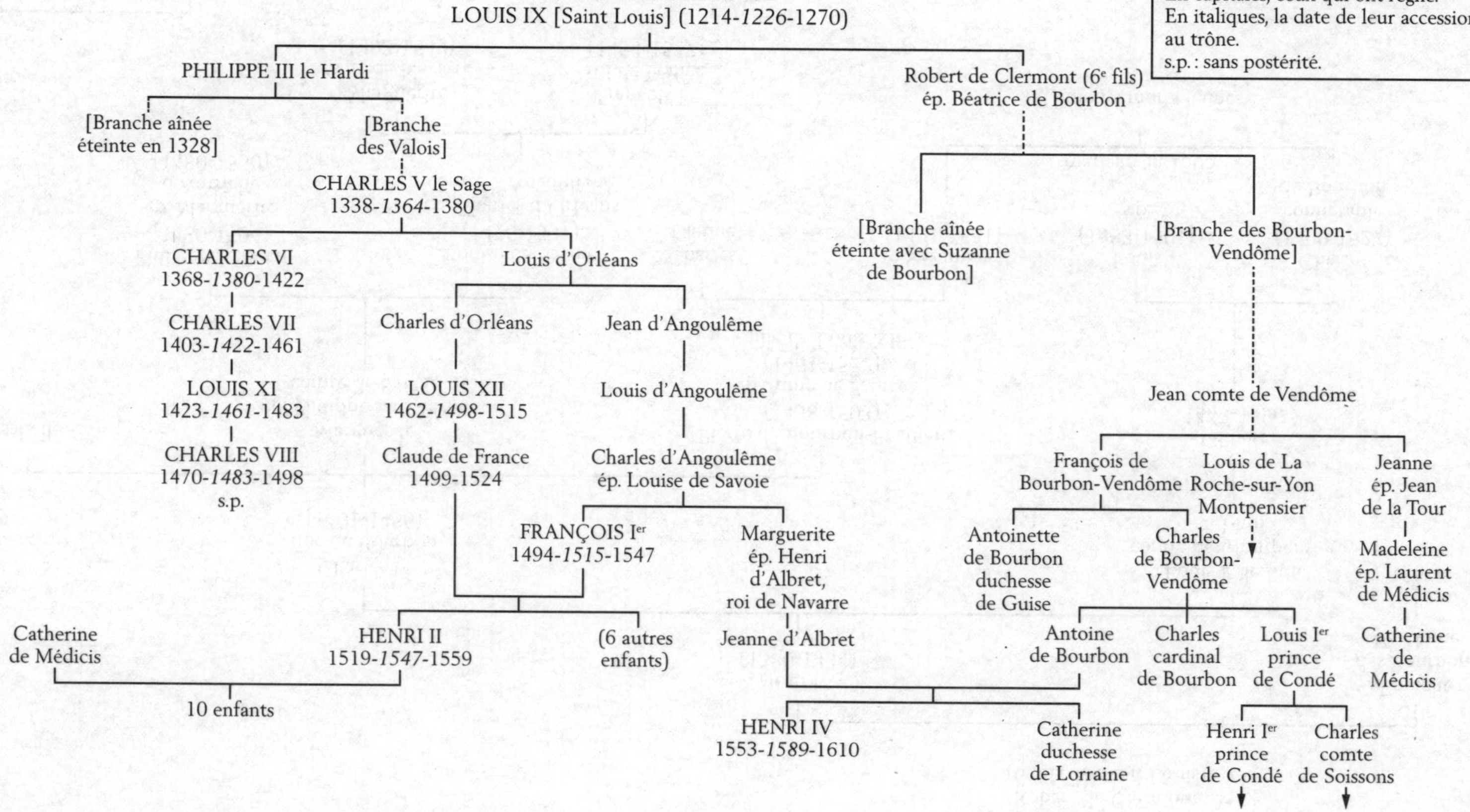

LA MAISON DE BOURBON
(branche aînée)

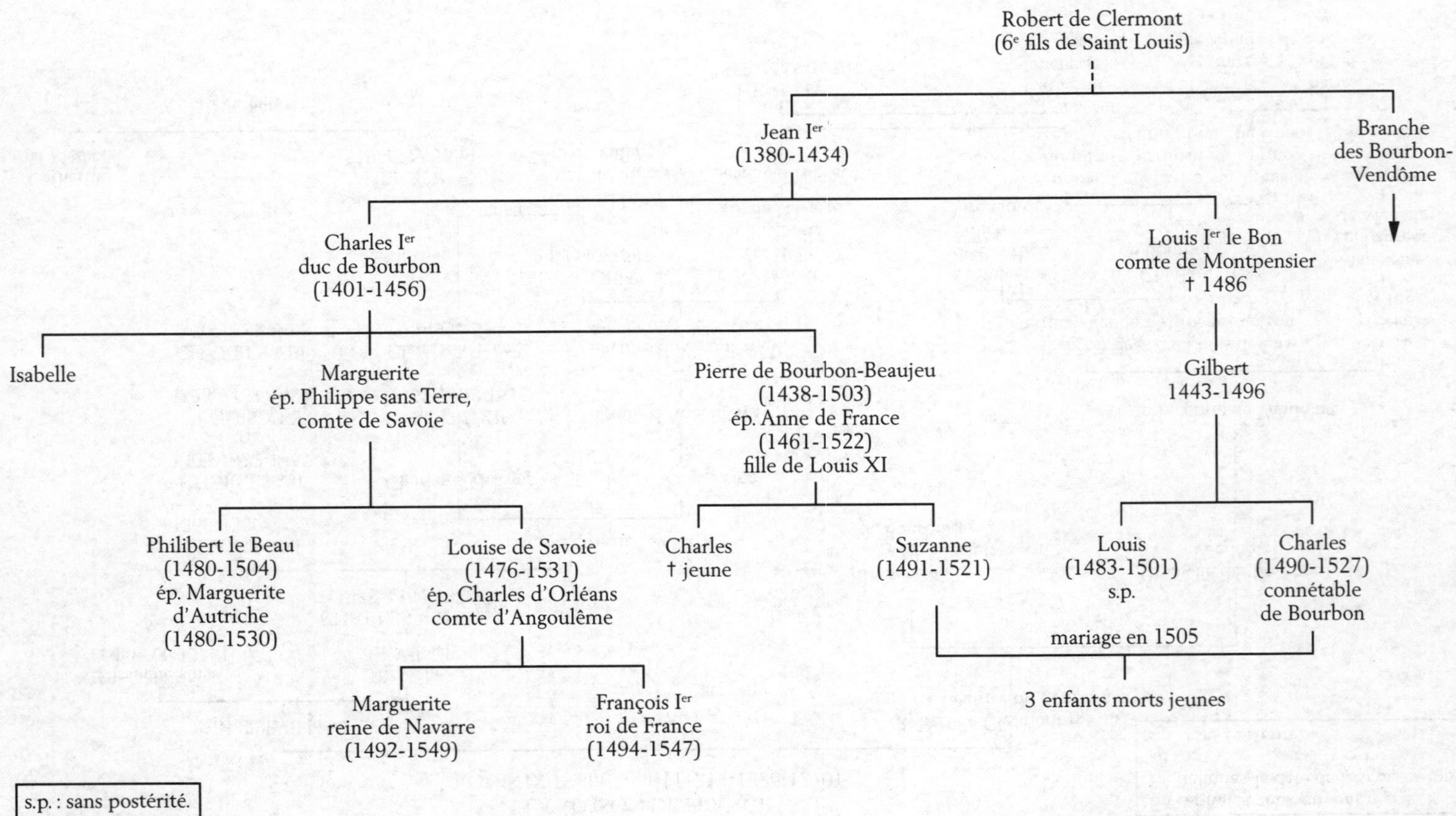

LA MAISON DE HABSBOURG

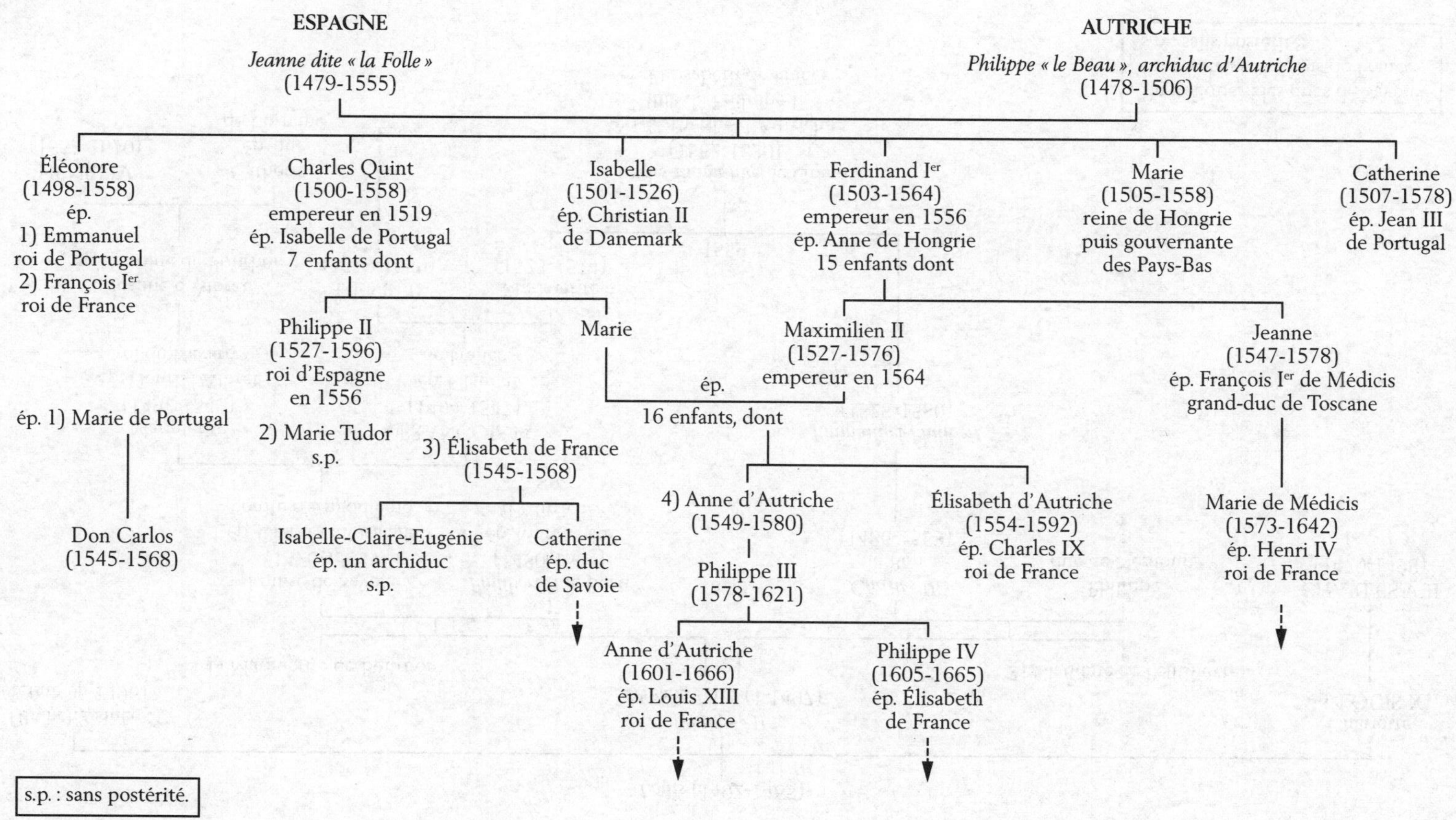

LA MAISON DE SAVOIE

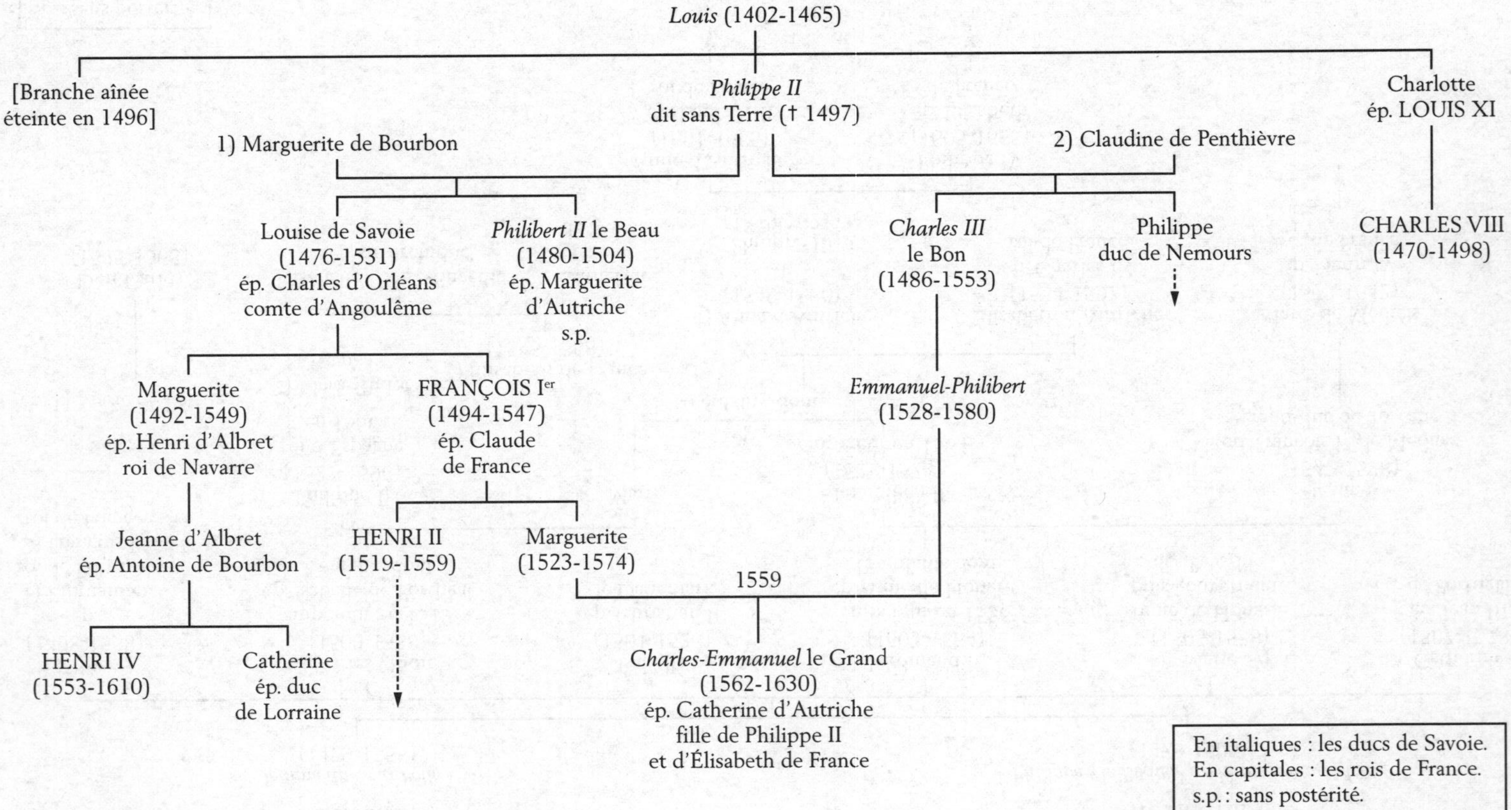

LES MÉDICIS

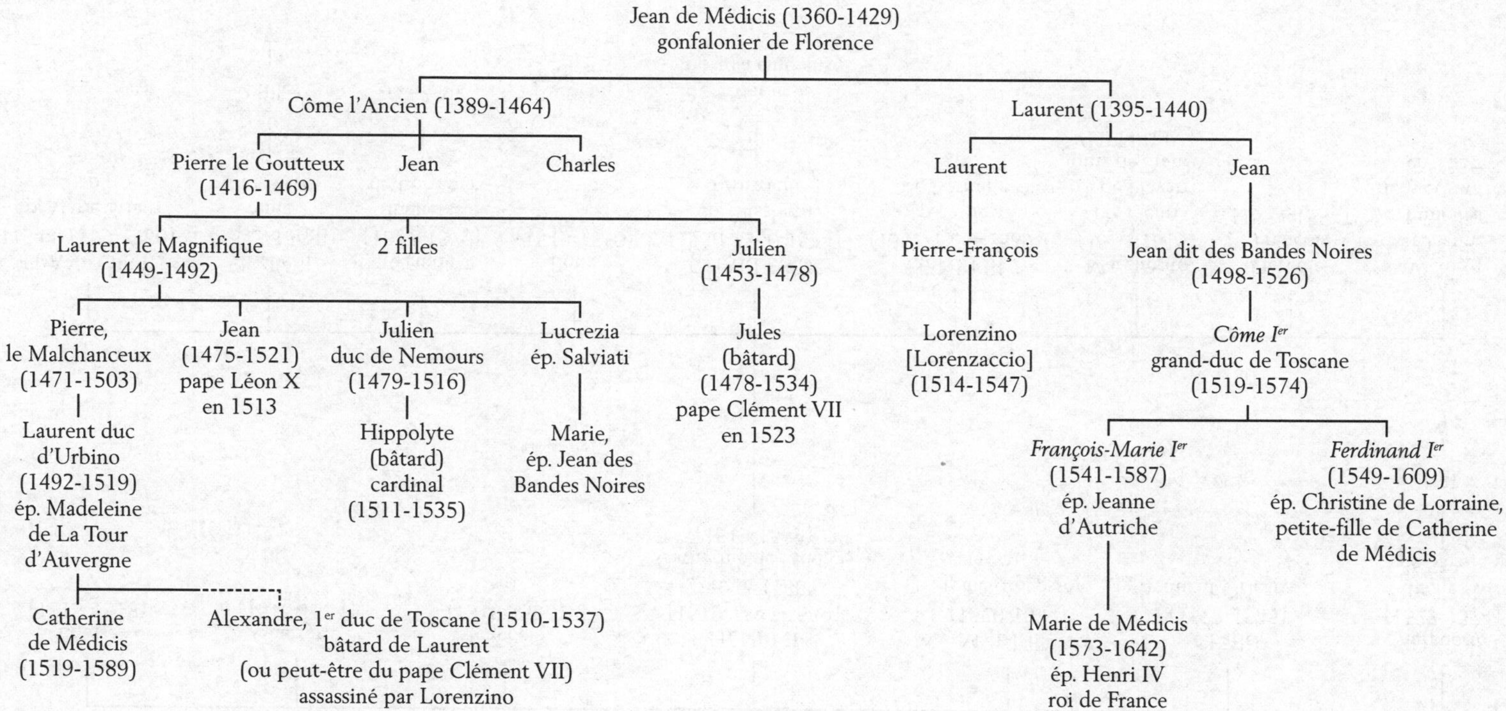

En italiques, ceux qui ont porté le titre de grand-duc

LA POSTÉRITÉ DE FRANÇOIS Ier

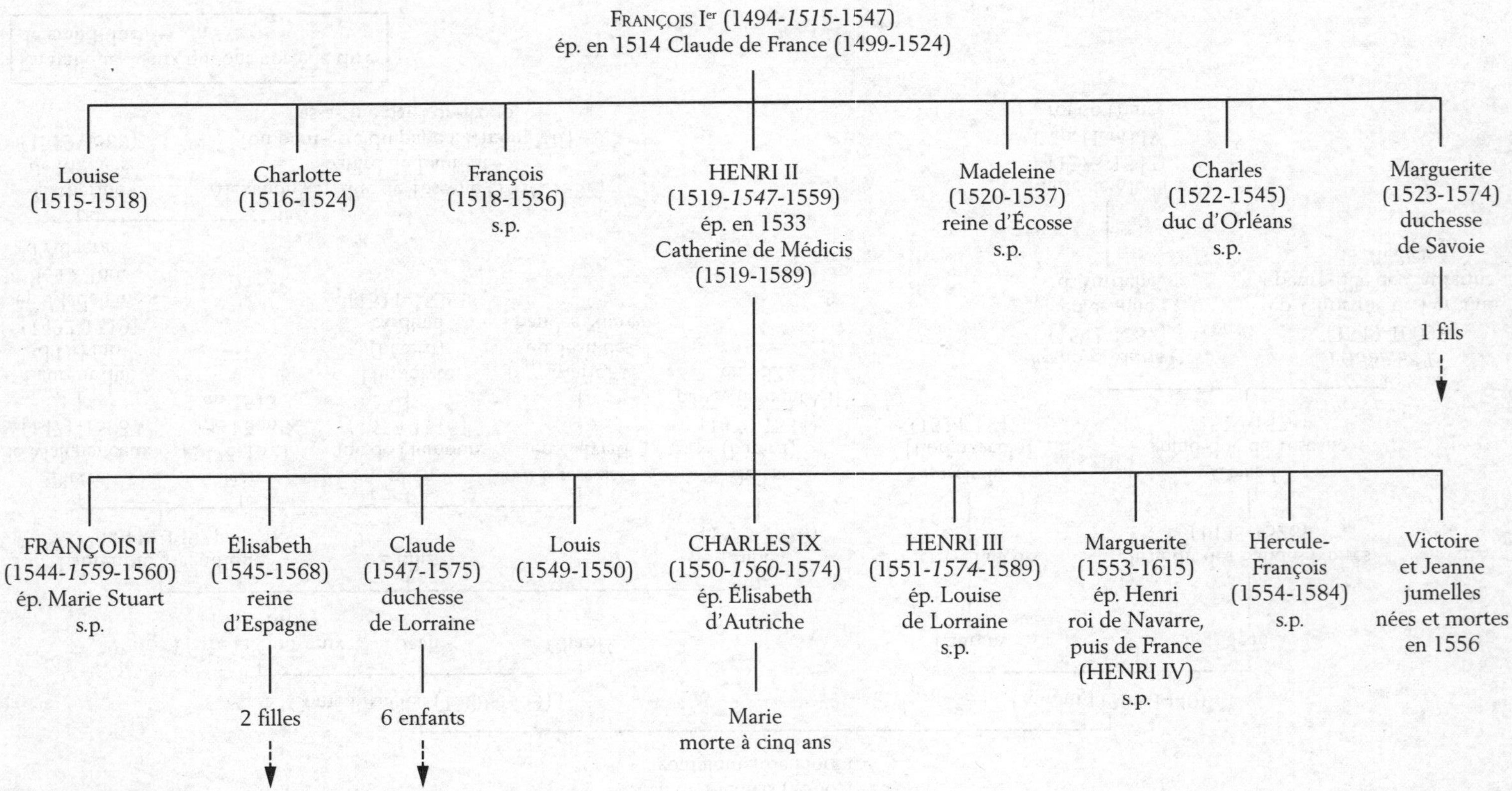

s.p. : sans postérité.

LA SUCCESSION ANGLO-ÉCOSSAISE

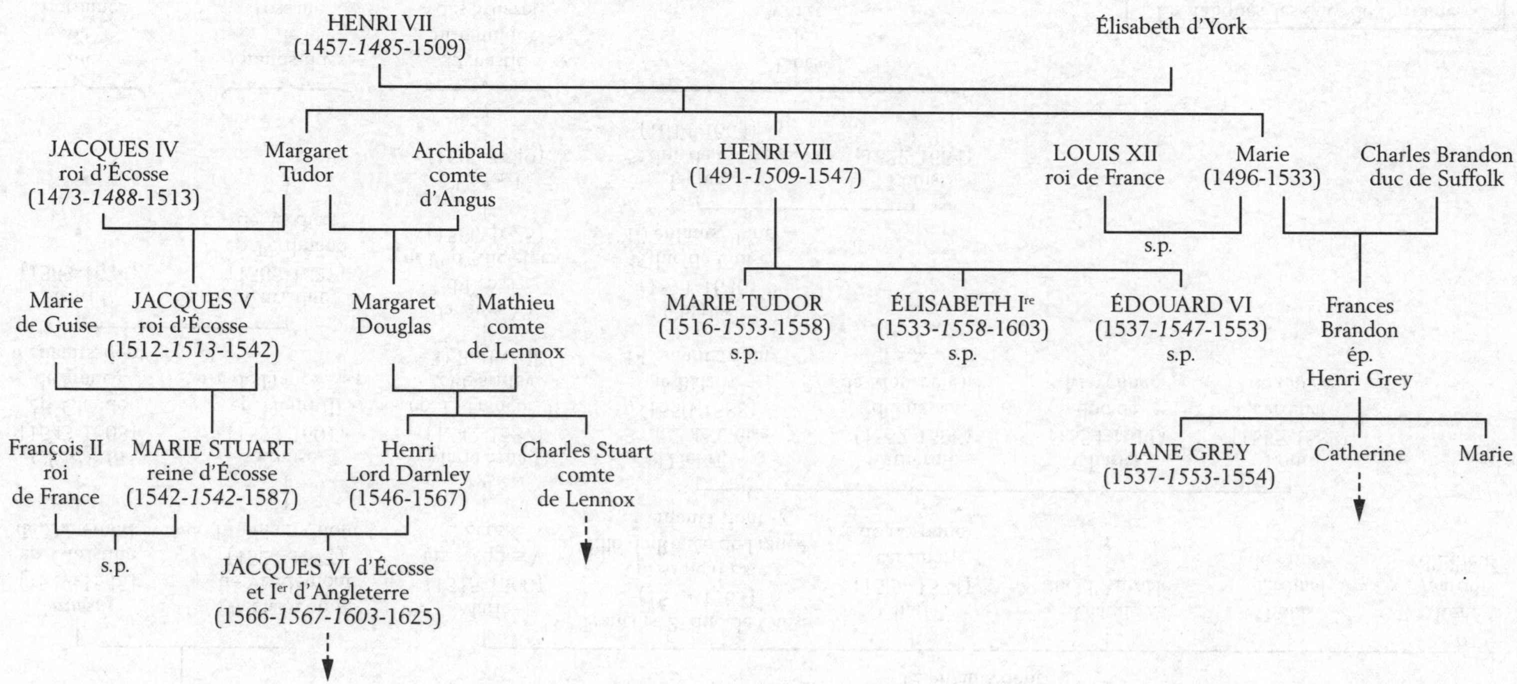

En capitales, ceux qui ont régné sur l'Écosse ou sur l'Angleterre.
En italiques, la date de leur accession au trône.
s.p. : sans postérité.

LA MAISON DE LORRAINE

René II, duc de Lorraine
(1451-1508)

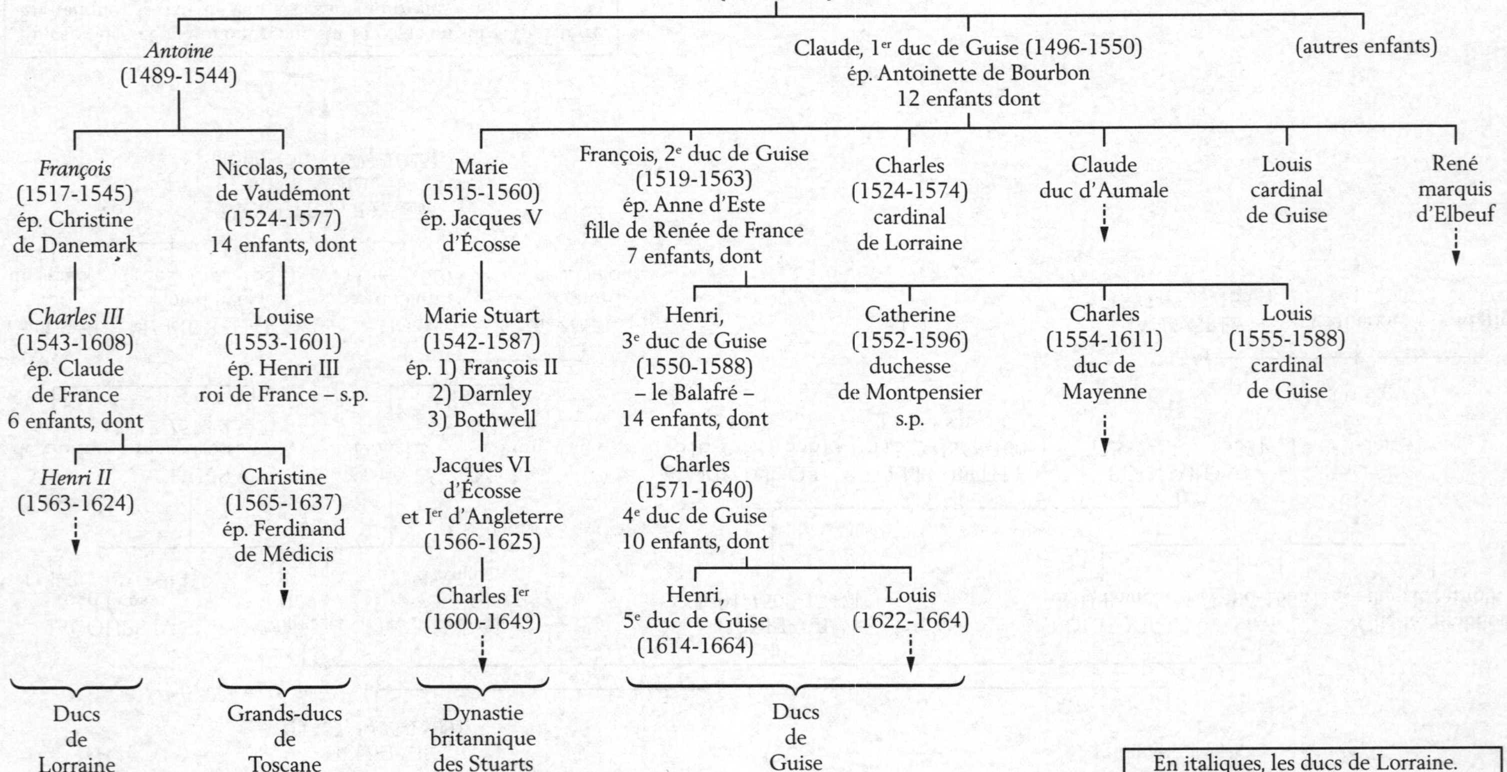

En italiques, les ducs de Lorraine.
s.p. : sans postérité.

Orientation bibliographique

I – Ouvrages anciens

Tous les mémorialistes des XVe et XVIe siècles, qu'on peut lire soit dans la Collection Petitot, 1re série (1820-1829), soit, de préférence, dans la Collection Michaud et Poujoulat (1836-1839). Parmi eux, notamment : Commynes, Fleuranges, Jean Bouchet, Tavannes, Vieilleville, Castelnau, Turenne-Bouillon, Villeroy, Cheverny, Palma Cayet, L'Estoile et, bien entendu, Marguerite de Valois.

Les ouvrages de ces deux derniers ont fait l'objet d'éditions séparées :

Marguerite de Valois, *Mémoires*, publ. par Guessard, Paris, 1842 ; autres éditions : Bonnefon, 1920, Cazaux, 1987, S. Rozenker, éd. Ombres, 1994 et E. Viennot, Champion, 1999.

L'Estoile (Pierre de), *Mémoires-Journaux (1574-1611)*, éd. collective en 12 vol., Paris, Lemerre, 1875-1896. En cours de publication, éd. par M. Lazard et G. Schrenck.

On leur ajoutera :

Aubigné (Théodore Agrippa d'), *Œuvres complètes*, éd. Réaume et Caussade, 6 vol., Paris, Lemerre, 1873-1892.

Brantôme (Pierre de Bourdeille, abbé de), *Œuvres complètes*, éd. Lalanne, 12 vol., Paris, Renouard, 1864-1896. Édition partielle du recueil des *Dames* par E. Vaucheret, Paris, Gallimard, « Bibliothèque de la Pléiade », 1991.

Catherine de Médicis, *Lettres*, éd. H. de La Ferrière et G. Baguenault de Puchesse, 11 vol., Paris, Imprimerie nationale, 1880-1909.

COSTE (Hilarion de), *Les Éloges et les Vies des Reines...*, 1630.

Discours merveilleux de la vie, actions et déportements de la reine Catherine de Médicis, pamphlet anonyme, 1575.

Le Divorce satyrique, pamphlet anonyme, recueilli parmi les *Œuvres* de D'Aubigné.

HENRI III, *Lettres d'Henri III, roi de France*, Paris, Klincksieck, éd. commencée en 1959.

HENRI IV, *Recueil des lettres missives de Henri de Navarre*, éd. J. Berger de Xivrey, 9 vol., Paris, Imprimerie royale, 1843-1876.

MATTHIEU (Pierre), *Histoire de France*, revue par son fils, 2 vol., 1631.

MONTAIGNE, *Essais*, Gallimard, « Bibliothèque de la Pléiade », 2007.

TALLEMANT DES REAUX, *Historiettes*, éd. A. Adam, 2 vol., Gallimard, « Bibliothèque de la Pléiade », 1960-1961.

THOU (Jacques-Auguste de), *Histoire universelle de J.-A. de Thou depuis 1543 jusqu'en 1607*, traduite en français d'après l'édition latine de 1604-1620 à Londres, 16 vol., Londres (Paris), 1734.

THOU (Jacques-Auguste de), *Mémoires*, 1620 (en latin), trad. française 1711, rééditée dans les coll. Petitot et Michaud.

II – OUVRAGES MODERNES (LISTE ACTUALISÉE)

Ouvrage de base : *Histoire et Dictionnaire des guerres de Religion*, dirigé par Arlette JOUANNA, Robert Laffont, coll. « Bouquins », 1998.

BABELON (Jean-Pierre), *Henri IV*, Fayard, 1982.

BAILLON (comte de), *Histoire de Louise de Lorraine, reine de France (1553-1601)*, L. Techener, 1884.

BALZAC (Honoré de), *Sur Catherine de Médicis*.

BARBICHE (B.), BERCÉ (Y.-M. et Fr.), BUISSERET (D.-J.), *La France des guerres de Religion (1550-1650)*, Culture, art, loisirs, 1971.

BARBICHE (Bernard), *Sully*, Fayard, 1978.

BAUDOIN-MATUSZAK (M.-N.), *Paris et Catherine de Médicis*, ouvrage collectif publié par la délégation à l'action culturelle de la Ville de Paris, s.d.

BEAURIEZ (L. de), *Élisabeth d'Autriche*, J. Gervais, 1884.
BERTIÈRE (Simone) *Henri IV et la Providence*, Éditions de Fallois, 2021.
BLUCHE (François), *L'Ancien Régime. Institutions et Société*, Le Livre de poche, 1993.
BOOM (Ghislaine de), *Éléonore de Portugal, reine de France*, Bruxelles, Charles Bessart, 1943.
BOUCHER (Jacqueline), *La Cour d'Henri III*, Rennes, Ouest-France, 1986.
BOURGEON (Jean-Louis), *L'Assassinat de Coligny*, Genève, Droz, 1992.
BOURRASSIN (E.), *Charles IX*, In Fine, 1986.
BROWN (Mary Croom), *Mary Tudor, a Queen of France*, Londres, Methuen & Co., 1911.
CASTELOT (André), *La Reine Margot*, Perrin, 1993.
CAZAUX (Yves), *Jeanne d'Albret*, Albin Michel, 1973.
CHAUSSINAND-NOGARET (Guy), *La Vie quotidienne des femmes du Roi, d'Agnès Sorel à Marie-Antoinette*, Hachette, 1990.
CHÉRUEL (Adolphe), *Marie Stuart et Catherine de Médicis*, Hachette, 1858.
CHEVALLIER (Pierre), *Henri III*, Fayard, 1985.
CLOULAS (Ivan), *Catherine de Médicis*, Fayard, 1979.
—, *Henri II*, Fayard, 1985.
—, *Philippe II*, Fayard, 1992.
COCULA (Anne-Marie), *Brantôme*, Albin Michel, 1986.
CONSTANT (Jean-Marie), *Les Guise*, Hachette, 1985.
—, *Les Français pendant les guerres de Religion*, Hachette, 1984.
CORNETTE (Joël), *Anne de Bretagne*, Gallimard, 2021.
COTTRET (Bernard), *La Royauté au féminin. Elisabeth Ire d'Angleterre*, Fayard, 2009.
CRÉTÉ (Liliane), *Coligny*, Fayard, 1985.
CROUZET (Denis), *La Nuit de la Saint-Barthélemy. Un rêve perdu de la Renaissance*, Fayard, 1994.
—, *Les Guerriers de Dieu. La violence des troubles de religion, vers 1525-vers 1610*, Seyssel, Champ Vallon, 1990, 2 vol.
—, *Dieu en ses royaumes. Une histoire des guerres de Religion*, Seyssel, Champ Vallon, 2008.
DAUSSY (Hugues), *Le Parti huguenot. Chronique d'une désillusion*, Genève, Droz, 2014.

DÉJEAN (Jean-Luc), *Marguerite de Navarre*, Fayard, 1987.
DELUMEAU (Jean), *La Civilisation de la Renaissance*, Arthaud, 1967.
—, *Le Péché et la Peur*, Fayard, 1990.
DUBY (Georges) et PERROT (Michelle), *Histoire des Femmes*, t. III : *XVII*e*-XVIII*e *siècle*, Seuil, 1991.
DUCHEIN (Michel), *Élisabeth I*re *d'Angleterre*, Fayard, 1992.
—, *Marie Stuart*, Fayard, 1987.
ERICKSON (Carolly), *Élisabeth Première*, 1983, traduction française, Seuil, 1985.
ERLANGER (Philippe), *La Saint-Barthélemy*, Gallimard, 1965.
—, *Diane de Poitiers*, Gallimard, 1955.
ESPEZEL (Pierre d'), *Les Reines de France*, ouvrage collectif, éditions Nicolas, 1947.
FEBVRE (Lucien), *Amour sacré, amour profane ; autour de l'*Heptaméron, Gallimard, 1944.
FRASER (Antonia), *Marie Stuart, reine de France et d'Écosse*, 1969, trad. fr., Robert Laffont, 1973.
GABORY (E.), *Anne de Bretagne, duchesse et reine*, Plon, 1941.
GARRISSON (Janine), *Henri IV*, Seuil, 1984, nouv. éd. 2008.
—, *La Saint-Barthélemy*, Bruxelles, Complexe, 2000.
—, *Marguerite de Valois*, Fayard, 1994.
—, *Les Derniers Valois*, Fayard, 2001.
HENRY-BORDEAUX (Paule), *Louise de Savoie, régente et roi de France*, Plon, 1954.
JACQUART (Jean), *François I*er, Fayard, 1981.
JOUANNA (Arlette), *Le Devoir de révolte : la noblesse française et la gestation de l'État moderne (1559-1661)*, Fayard, 1989.
—, *La Saint-Barthélemy*, Gallimard, 2007.
JOURDA (Pierre), *Marguerite d'Angoulême, duchesse d'Alençon, reine de Navarre, 1492-1549*, Champion, 1930, 2 vol.
KENDALL (Paul Murray), *Louis XI*, Fayard, 1974.
LABANDE-MAILFERT (Yvonne), *Charles VIII*, Fayard, 1986.
LAZARD (Madeleine), *Les Avenues de Fémynie. Les Femmes et la Renaissance*, Fayard, 2001.
LECOQ (Anne-Marie), *François I*er *imaginaire. Symbolique et politique à l'aube de la Renaissance française*, préface de Marc Fumaroli, Macula, 1987.

LEROUX DE LINCY (A. J. V.), *Vie de la reine Anne de Bretagne*, L. Curmer, 1860, 4 vol.

LE ROY LADURIE (Emmanuel), *L'État royal, 1460-1610*, Hachette, « Pluriel », 1987.

MARIÉJOL (Jean-H.), *Catherine de Médicis*, 1919, rééd. Tallandier, 1979.

—, *La Vie de Marguerite de Valois, reine de Navarre et de France, 1553-1615*, Hachette, 1928.

MAULDE LA CLAVIÈRE (René de), *Histoire de Louis XII*, E. Leroux, 1889-1893.

—, *Jeanne de France*, H. Champion, 1883.

—, *Louise de Savoie et François Ier, trente années de jeunesse (1485-1515)*, Perrin, 1895.

—, *Procédures politiques du règne de Louis XII*, Imprimerie nationale, 1885 (cf. le procès de Jeanne de France, p. 789-1125).

MAYER (D. M.), *The Great Regent (Louise de Savoie)*, Londres, Weidenfeld & Nicolson, 1966.

MICHELET (Jules), *Histoire de France, Renaissance et Réforme*, rééd. Robert Laffont, 1982.

MOUSNIER (Roland), *Histoire générale des civilisations*, t. IV, *Les XVIe et XVIIe siècles (1492-1715)*, PUF, 1954.

—, *Les Institutions de la France sous la monarchie absolue*, PUF, 1974 et 1980, 2 vol.

ORIEUX (Jean), *Catherine de Médicis*, Flammarion, 1986.

PETITFILS (Jean-Christian) *Henri IV*, Perrin, 2021.

PRESCOTT (H.F.M.), *Spanish Tudor : the Life of « Bloody Mary »*, Londres, 1953.

QUILLIET (Bernard), *Louis XII*, Fayard, 1986.

RICHET (Denis), *La France moderne, l'esprit des institutions*, Flammarion, 1973.

ROELKER (Nancy), *Queen of Navarre : Jeanne d'Albret, 1528-1572*, Cambridge (Mass.), 1968, trad. fr. 1979.

SIMONIN (Michel), *Charles IX*, Fayard, 1995.

SOLNON (Jean-François), *La Cour de France*, Fayard, 1987.

—, *Henri III*, Perrin, 2001.

—, *Catherine de Médicis*, Perrin, 2009.

SUTHERLAND (Nicola-Mary), *The Massacre of St Bartholomew and the European Conflict*, Londres, Macmillan, 1973.

TOUDOUZE (G.), *Anne, duchesse de Bretagne et reine de France*, Floury, 1959.

TOURAULT (Philippe), *Anne de Bretagne*, Perrin, 1990.

VIENNOT (Éliane) *Marguerite de Valois. Histoire d'une femme, histoire d'un mythe*, Fayard, 1993.

—, *La France, les femmes et le pouvoir. L'invention de la loi salique*, Perrin, 2006.

YATES (Frances A.), *The Valois Tapestries* (Studies of the Warburg Institute, vol. 23), Londres, 1959.

ZELLER (B.), *Claude de France*, P. Ollendorff, 1892.

ZWEIG (Stefan), *Marie Stuart*, traduction française, Grasset, 1936.

Index

Nota : On a exclu de cet index d'une part Dieu, le Christ, la Vierge, les personnages bibliques et les saints – sauf ceux qui interviennent personnellement dans les événements racontés –, d'autre part les personnages mythologiques, légendaires ou littéraires.

A

ABBATE (Niccolo dell'), peintre : 298
ADRETS (baron des) : 393
ALAVA (don Francès d') : 396
ALBA (Dominique d') : 454
ALBE (Fernando Alvarez de Tolède, duc d') : 281, 397, 399-402, 465
ALBRET, *voir* HENRI ou JEANNE D'ALBRET
ALBRET (Alain, sire d') : 42
ALBRET (Henri d'), roi de Navarre : 213
ALBRET (Jeanne d'), *voir* JEANNE D'ALBRET
ALDOBRANDINI : 237
ALENÇON (Charles, duc d') : 152, 155, 175
ALENÇON (François), *voir* FRANÇOIS D'ALENÇON-ANJOU
ALEXANDRE VI (Rodrigo Borgia), pape : 62, 86, 89, 104
ALEXANDRE-ÉDOUARD DE FRANCE, *voir* HENRI III
ALIÉNOR D'AQUITAINE, reine de France : 289
ALMEIDA (Francisco d') : 87
AMBOISE (Georges d'), ministre et cardinal : 87, 115, 175, 191
AMBOISE (Jacques d') : 175
AMBOISE (Louis d'), évêque d'Albi : 87
AMYOT (Jacques) : 274, 464, 544
ANDELOT (François d') : 327-328, 405, 410, 453-455
ANDOINS (Diane d'), comtesse de Guiche, dite « Corisande » : 621, 683, 694
ANDROUET DU CERCEAU (Baptiste) : 298
ANGOULÊME (Diane de France, duchesse d'), bâtarde de Henri II : 259, 662, 673, 679
ANGOULÊME (François d'), *voir* FRANÇOIS Ier
ANJOU (duc d'), *voir* jusqu'en 1574, HENRI III, puis son frère FRANÇOIS
ANJOU (la duchesse d') : 162
ANNE BOLEYN, reine d'Angleterre : 159
ANNE D'AUTRICHE, reine de France : 224, 485
ANNE D'AUTRICHE, reine d'Espagne : 495
ANNE DE BRETAGNE, reine de France : 9, 15-17, 33, 37-38, 41-49, 51-58, 60-61, 63-68, 81-82, 84, 87, 93-94, 97, 101-121, 123-125, 136, 143-146, 153-154, 158-159, 200, 289, 708-710, 712

ANNE DE FRANCE, fille de Louis XI, dame de Beaujeu, puis duchesse de Bourbon : 33-34, 36, 40, 42, 47, 49, 54, 56, 59, 61, 70, 72-73, 75, 81-82, 91, 102, 105, 107, 168-169
ANNE, fille de Charles VIII et d'Anne de Bretagne, qui ne vécut pas : 67
ARENBERG (comtesse d') : 488
ARÉTIN (l') : 265
ARIOSTE (l') : 235, 386, 422
ARMAGNAC (Jacques d') : 686
ARTHUR D'ANGLETERRE, prince de Galles : 152
AUBIAC (Jean de Lart de Galard, seigneur d') : 687-689
AUBIGNÉ (Agrippa d') : 302, 334, 359, 542
AUGER (le père Edmond), jésuite : 533
AUMALE (Catherine d'), comtesse de Vaudémont : 535, 537
AUTON (Jean d'), chroniqueur : 106

B

BABINGTON : 646
BAÏF (Jean-Antoine de) : 325
BAJAUMONT (baron de) : 703
BALZAC (Honoré de) : 262, 270, 303, 348
BAVIÈRE (Frédéric de), prince Palatin : 198-199, 202
BAVIÈRE (Philippe de), Électeur Palatin : 199
BAYARD : 126
BEAUJEU, *voir* ANNE DE FRANCE et BOURBON (Pierre de)
BEAUJEU (François de), *voir* LINIÈRES
BEAUJOYEUX (Baldassarino di Belgiojoso, dit) : 554
BEAUPRÉAU (marquis de) : 500
BELLEGARDE (Roger de) : 675, 695
BELLIÈVRE (Pomponne de) : 574, 648-649, 656
BÉRAULT (Nicolas) : 327
BERQUIN (Louis de) : 183
BERTRANDI, garde des Sceaux : 278
BESME : 476
BÉTHOULAS (François), avocat : 91, 93
BÉTHUNE (comtesse de) : 618
BÈZE (Théodore de) : 209, 354, 361, 363-364
BIANCHI ou BIANCO (René), parfumeur : 453, 463, 473
BIRAGUE (René de) : 474
BIRON (maréchal de) : 606, 611, 697
BLANCHE DE CASTILLE, reine de France : 31, 345
BOCCACE : 249
BOISY (Mme de) : 127
BOLEYN (Anne), reine d'Angleterre : 309, 323, 418
BONNIVET, amiral de France : 163, 173, 175
BORGIA (César) : 86, 94, 104
BORGIA (Rodrigo), *voir* ALEXANDRE VI
BOTHWELL (James Hepburn, comte de) : 433, 435, 439-445, 447, 644
BOUCHET (Jean), chroniqueur : 85, 95
BOUILLON, *voir* TURENNE
BOURBON (Antoine de), roi de Navarre : 278, 307, 329, 332, 346-348, 368, 370, 389-391
BOURBON (Catherine de), princesse de Navarre : 391, 609
BOURBON (Charles de), cardinal, « roi de la Ligue » : 302, 392, 457, 467-468, 487, 538, 628, 638-639, 654-655, 660
BOURBON (Charles III, duc de), connétable : 163-164, 167-173, 175, 177, 181, 184, 187, 194, 202, 236, 251, 686
BOURBONS (les) : 168, 328, 335, 338, 370, 627-628, 699, 705
BOURBON (Marguerite de), duchesse de Savoie : 169, 190
BOURBON (Pierre, seigneur de Beaujeu, puis duc de) : 36, 40, 42, 57, 61, 73, 75, 147, 168-169
BOURBON (Suzanne de), fille du précédent : 168-169
BOURBON-MONTPENSIER (Gilbert de) : 63, 168

BOURBON-VENDÔME (Jeanne de) : 232
BOURBON-VENDÔME (Marie de) : 307
BOURDICHON (Jean) : 110
BOURGOING (le père) : 678
BRANDON (Charles), *voir* SUFFOLK
BRANTÔME (Pierre de Bourdeille, seigneur de) : 95, 98, 101, 105, 109, 115, 120, 135-136, 146, 158, 195, 207, 219, 251-252, 259, 270, 302, 382, 399, 414, 483, 491, 493, 496, 501, 532, 552, 598, 600-601, 682, 709
BRÉZÉ (Françoise de) : 275
BRÉZÉ (Louis de), sénéchal de Normandie : 251-252, 254
BRIÇONNET (Guillaume), évêque de Meaux : 157, 165, 183
BRION (Mme de) : 254
BRÛLART : 656
BULLANT (Jean) : 298
BUSSY D'AMBOISE : 578-580, 599-600, 613-614

C

CALABRE (duc de) : 152
CALVIN (Jean) : 243, 328, 339, 363, 371, 373, 381, 416
CANAPLES (Mme de) : 223
CANILLAC (Jean de Beaufort, marquis de) : 689, 691
CAPÉTIENS (les) : 629
CARLOS (don), infant d'Espagne : 281, 340-341, 396, 399, 421, 458
CAROLINGIENS (les) : 629
CARON (Antoine) : 298
CASTELNAU DE MAUVISSIÈRE : 420
CASTILLE (le connétable de) : 206, 213
CATHERINE D'ARAGON, reine d'Angleterre : 205, 323
CATHERINE D'AUTRICHE ou de HABSBOURG, plus jeune sœur de Charles Quint : 201
CATHERINE DE MÉDICIS, reine de France : 16, 18, 25, 31-32, 149, 196, 214-215, 218, 225, 227-228, 234-241, 243, 245, 247, 285, 289-290, 292, 295, 297-302, 309, 313, 319, 327, 329-332, 334-336, 338-340, 342, 345-361, 363-375, 377, 379-388, 391-407, 409-413, 421, 426, 428, 440, 446-448, 451-470, 472-480, 485-490, 494-495, 500-511, 514-523, 525, 527, 530-536, 538-539, 543-547, 549-554, 556-557, 561-564, 566-586, 588-589, 591-595, 597-599, 602-603, 605-608, 611-614, 616-618, 622-623, 625, 627-631, 633-662, 665-669, 680-685, 688-691, 694, 696-698, 705, 708, 710-713
CAVRIANA : 474, 659
CAYET (Palma) : 494
CAYLUS ou QUÉLUS (Jacques de Lévis, comte de) : 542, 548-549, 578-579
CECIL (Guillaume), Lord Burghley : 447
CHAMPVALLON (Jacques de Harlay, seigneur de) : 617-618
CHANGY (Mlle de) : 552
CHARINS : 502
CHARLEMAGNE : 57, 62, 228, 308, 629
CHARLES DE FRANCE, duc d'Orléans, dernier fils de François Ier : 160, 163, 185, 215, 221, 261-263
CHARLES DE FRANCE, frère de Louis XI, duc de Berry : 74
CHARLES DE HABSBOURG, archiduc d'Autriche : 421
CHARLES, dernier fils de Charles VIII et d'Anne de Bretagne, mort à un mois : 65
CHARLES III, duc de Lorraine : 200, 281, 320, 340, 387-388, 628-629, 632
CHARLES III le Bon, duc de Savoie : 173
CHARLES LE TÉMÉRAIRE, duc de Bourgogne : 35, 38-39, 51, 112, 191, 198, 230
CHARLES QUINT (Charles de Habsbourg, dit aussi Charles de Gand), empereur germanique : 112, 114-

117, 125-128, 138-139, 145, 154, 158, 163, 168, 170-171, 173-180, 184-188, 190-194, 197-205, 211-212, 214, 216-221, 223-224, 234-236, 239, 276, 279, 281, 388, 484
CHARLES V, roi de France : 31, 348
CHARLES VII, roi de France : 34, 55, 107, 443
CHARLES VIII, roi de France : 17, 33-39, 41-68, 73, 76, 82-84, 89, 91, 101-107, 118, 120, 125, 148, 151, 169, 188-189, 230, 288, 290, 307, 710
CHARLES IX, roi de France : 32, 272, 297, 338, 341-342, 347-348, 353, 359, 374, 377, 392-393, 402, 405, 411, 447, 452, 456-460, 464-480, 483-496, 503-504, 512, 516, 519-523, 525, 527, 540, 544, 547, 564-565, 567, 581, 613, 662, 665, 697, 708
CHARLES-EMMANUEL LE GRAND, duc de Savoie : 249, 594
CHARLES-MAXIMILIEN, *voir* CHARLES IX
CHARLES-ORLAND, dauphin de France : 57-58, 64-65, 105
CHARLOTTE DE FRANCE, seconde fille de François Ier : 160, 162, 165
CHARLOTTE DE SAVOIE, reine de France : 34, 36, 70, 78
CHARRY : 384, 475
CHÂTEAUBRIANT (Françoise de) : 159, 162, 186
CHÂTEAUNEUF, *voir* RIEUX
CHÂTELARD (Pierre de) : 343, 424
CHÂTILLON (les) : 402, 406
CHÂTILLON-COLIGNY (François de), *voir* ANDELOT
CHÂTILLON-COLIGNY (Gaspard de), *voir* COLIGNY
CHÂTILLON-COLIGNY (Louise de) : 327
CHÂTILLON-COLIGNY (Odet de), cardinal de Châtillon : 327, 454-455
CHAUNU (Pierre) : 366
CHÉMERAULT : 527
CHEVERNY (Philippe Hurault de) : 535-536, 564, 571, 656
CHIÈVRES (Guillaume de) : 192
CHOISNIN (Jean) : 688
CHRISTIAN Ier, roi de Danemark : 152
CHRISTINE DE DANEMARK, duchesse de Lorraine : 250
CICÉRON : 422
CLAUDE DE FRANCE, duchesse de Lorraine : 272, 281, 297, 350, 383, 388, 506, 509-510, 535, 566, 628
CLAUDE DE FRANCE, reine de France : 16-18, 24, 72, 106, 111-112, 114-117, 123, 130, 134, 140, 143-157, 160-167, 176, 210, 224-225, 233, 289, 497, 708-710
CLÉMENT (Jacques) : 675, 678
CLÉMENT VII (Jules de Médicis), pape : 229, 235-242, 244, 260, 327
CLÉMENT VIII, pape : 693
CLERMONT (Robert, comte de), dernier fils de Saint Louis : 168
CLÈVES (Catherine de), *voir* GUISE
CLÈVES (Guillaume, duc de), *voir* LA MARCK
CLÈVES (Henriette de), duchesse de Nevers : 515, 525, 532
CLÈVES (Marie de), duchesse d'Orléans, mère de Louis XII : 70-71, 73, 75-77, 106
CLÈVES (Marie de), princesse de Condé : 532-533, 535-536, 547, 566, 570
CLOUET (François) : 483, 488
CLOVIS : 15
COCHET (Gérard), médecin : 80
COCONNAS (Annibal de) : 524-525
COLIGNY (Gaspard de Châtillon, amiral de) : 327-329, 334, 336, 367, 369, 372-374, 378-379, 381, 400, 402, 404, 407, 410-411, 451-455, 457, 462, 464-467, 469-476, 479-480, 492-493, 509, 512-513, 520, 547, 583-584
COLOMB (Christophe) : 656
CÔME DE MÉDICIS, grand-duc de Florence : 386
COMMYNES (Philippe de), chroniqueur : 52, 58, 62, 66, 189

CONDÉ (Henri Ier de Bourbon, 2e prince de) : 411, 474-475, 512, 517, 532, 562, 573, 575-576, 612
CONDÉ (Henri II de Bourbon, 3e prince de Condé) : 692
CONDÉ (Louis de Bourbon, 1er prince de) : 329, 334, 338-339, 346, 356, 368, 372-373, 381-382, 384, 397, 404-408, 411, 421, 454, 457, 461
CONTARINI, ambassadeur vénitien : 269
CORNEILLE DE LYON, peintre : 242, 393
COSSÉ (Artus de), maréchal : 562, 573
CULAN (Anne de), dame de Linières : 74-75

D

DAMMARTIN (Antoine de Chabannes, comte de) : 76, 93
DAMVILLE (Henri de Montmorency, duc) : 562, 568-570, 573, 576
DANÈS (Pierre) : 274
DARNLEY (Henri Stuart, Lord) : 425-434, 436-439, 441, 444-445, 447, 587, 644
DAYELLE (Victoire d'Ayala, dite) : 614
DELLA ROVERE (François-Marie) : 231
DELORME (Philibert) : 275
DESPORTES : 505
DIANE DE FRANCE, *voir* ANGOULÊME
DIANE DE POITIERS-BRÉZÉ, duchesse de Valentinois : 251-252, 254-257, 259-260, 262-276, 278-284, 301, 309, 326, 331, 349, 360, 490, 551, 621-622, 710
DOUGLAS (George) : 446
DOUGLAS (le clan) : 440
DU BARTAS : 610
DU BELLAY (Joachim), poète : 287, 422
DU BELLAY (Martin), mémorialiste : 205, 234
DU BOURG (Anne) : 280, 299, 332
DU CROC : 444
DU HALDE : 667
DUCI (Filippa) : 259
DUDLEY (Robert), comte de Leicester : 422, 424, 587-588
DUMAS (Alexandre) : 303, 580
DUNOIS (François Ier de) : 46
DUNOIS (François II de, duc de Longueville) : 125, 127
DUPLEIX (Scipion) : 704
DUPLESSIS-MORNAY : 619, 672, 681
DUPRAT (Antoine), chancelier : 156, 170, 182
DURAS (vicomtesse de) : 618

E

ÉDOUARD IV, roi d'Angleterre : 38, 127
ÉDOUARD VI, roi d'Angleterre : 312, 320, 323-324
ÉDOUARD-ALEXANDRE, *voir* HENRI III
EGMONT (Lamoral, comte d') : 281, 404
EGMONT (Marguerite d'), comtesse de Vaudémont : 534
ÉLÉONORE D'AUTRICHE, ou de Habsbourg, reine de Portugal, puis de France : 16-17, 125, 178, 184, 186, 194, 197-225, 248, 254, 261, 268-269, 289-290
ÉLÉONORE D'AUTRICHE, reine de France : 327, 497, 708, 710
ÉLISABETH D'AUTRICHE, reine de France : 17, 302, 481, 483-488, 490-496, 499, 518, 530, 665, 691, 708-709
ÉLISABETH DE FRANCE, ou de Valois, reine d'Espagne : 261, 270, 272, 281, 297, 316, 332, 347, 350-351, 378, 383, 395, 397-399, 446, 458, 628
ÉLISABETH D'YORK, princesse d'Angleterre, fille d'Édouard IV : 38, 127
ÉLISABETH Ire, reine d'Angleterre : 280, 305, 323-325, 342-343, 371, 373-374, 399, 410, 418-422, 424-427, 432-433, 440, 447-449, 453, 460,

462, 504, 545, 585-586, 588-592, 594, 642-648, 671, 709
EMMANUEL-PHILIBERT, duc de Savoie : 249, 280-283, 407, 531, 568, 594
ENTRAGUES (Charles de Balsac d') : 502, 598-599
ENTRAGUES (Henriette d') : 697
ÉPERNON (Jean-Louis Nogaret de La Valette, duc d') : 549, 567, 623, 627, 636, 654-655
ÉRASME : 179
ERSKINE (Lord) : 430
ERSKINE-DOUGLAS (Margaret) : 445-446
ESTE (Anne d'), *voir* GUISE
ESTE (Hippolyte d'), duc de Ferrare : 117
ESTRÉES (Gabrielle d') : 681, 694-695
ÉTAMPES (Anne de Pisseleu, duchesse d') : 186, 210, 221, 223, 248, 257, 262, 269, 280, 326, 710

F

FAREL (Guillaume) : 183
FEBVRE (Lucien) : 153
FERDINAND DE HABSBOURG, frère de Charles Quint, roi des Romains, puis empereur germanique : 117, 199, 201, 223
FERDINAND DE MÉDICIS, grand-duc de Toscane : 658
FERDINAND Ier, empereur germanique : 484
FERDINAND Ier, roi d'Aragon : 213
FERDINAND II, roi d'Aragon : 52, 59, 63, 121, 190, 200
FERNEL (Jean), médecin : 260, 273, 317
FERRARE (Alphonse d'Este, duc de) : 421
FICIN (Marsile) : 610
FLEMING (Jane Stuart, Lady) : 271, 314, 616
FLEURANGES (Robert III de La Marck, seigneur de), mémorialiste : 124
FOIX (Gaston de) : 118
FOLLE-EN-PIED : 386, 649
FOSSEUSE : 614-618, 622
FOSSEUX (baron de) : 614
FRANCO (Veronica) : 531
FRANÇOIS DE PAULE (saint) : 37, 57-58, 65, 117, 148
FRANÇOIS, duc d'Alençon, puis d'Anjou : 297, 353, 358, 395, 500, 540, 542-543, 561-562, 571-574, 576-580, 583-586, 589-595, 597-598, 600, 602, 604-605, 613, 617-618, 620, 626-627
FRANÇOIS (ex-Hercule), duc d'Alençon, puis d'Anjou, dernier fils de Catherine de Médicis : 273
FRANÇOIS, fils aîné de François Ier, dauphin de France : 178, 185-186, 204, 206-208, 212-213, 215, 218-220, 253, 256
FRANÇOIS Ier, duc de Valois-Angoulême, puis roi de France : 17, 24-25, 72, 108, 112-116, 120, 123-124, 129, 132-133, 135-140, 143, 145-157, 159-165, 168-169, 184, 194, 196-197, 200, 202-205, 207-211, 214-222, 224, 227, 231-232, 234-236, 239-241, 244-245, 247, 249-252, 254, 259, 261-262, 275, 289-291, 296, 299, 308, 326, 380, 383, 389, 397, 456, 518, 522, 543, 564-565, 626, 686, 700, 708, 710-712
FRANÇOIS II, dauphin, puis roi de France : 261, 272, 281, 283-284, 295-296, 298-299, 313, 316, 319, 322, 325-326, 329-330, 335-339, 346, 349, 351, 362, 370, 421-422, 424, 426-427, 432-433, 489
FRANÇOIS II, duc de Bretagne : 36-38, 42, 71, 90, 108
FRÉDÉRIC III, empereur germanique : 39
FUGGER, banquiers allemands : 191

G

GAND (Charles de), *voir* CHARLES QUINT
GATTINARA (Mercurino) : 184

GIÉ (Pierre de), maréchal de France : 113-116, 151-152
GONDI (Albert de), maréchal, duc de Retz : 474-475, 485, 495, 567
GONDI (Antoine de) : 274
GONDI (Jérôme de) : 674
GONDI (Marie-Catherine dite Marion de Pierrevive ou dame Du Perron, dame de) : 260, 274-275, 402
GOUJON (Jean) : 266, 321
GOURGUES (Dominique de) : 400
GOURNAY (Marie de) : 704
GRANVELLE (cardinal de) : 396
GRAVILLE, amiral de France : 50
GRÉGOIRE XIII, pape : 465-466, 479, 514
GREY (Jeanne) : 141, 323-324
GUAST (Le ou Du, Louis Béranger) : 504, 536, 597, 601
GUICHARDIN : 95
GUILDFORD (Lady) : 131
GUILLAUME D'ORANGE, *voir* NASSAU
GUILLAUME, duc de Bavière : 535
GUISE (Anne d'Este, duchesse de Guise, puis de Nemours) : 308, 471, 632, 660, 670, 712
GUISE (Antoinette de Bourbon-Vendôme, duchesse de) : 308, 315, 712
GUISE (Catherine de Clèves, duchesse de) : 506, 532, 712
GUISE (Charles de), *voir* MAYENNE
GUISE (Charles de), cardinal de Lorraine : 316, 326, 330-332, 340, 343, 364, 392, 506, 534, 536
GUISE (Claude de Lorraine, 1er duc de) : 259, 308-309, 579
GUISE (François Ier de Lorraine, 2e duc de) : 279, 308, 320, 327, 330-332, 340, 368, 372, 374, 389, 402, 420, 453, 457, 471, 473, 574
GUISE (Henri Ier de Lorraine, 3e duc de), « le Balafré » : 411, 458, 471, 476-477, 500, 504, 542, 574-575, 580, 599, 625, 629, 631-632, 638-639, 641, 649-655, 657, 659, 666-671, 673, 676, 683, 685, 691
GUISES (les), dits aussi les LORRAINS (famille) : 260, 276, 279, 306, 308-309, 315, 319-320, 326-329, 332, 335-340, 351, 358-359, 361, 368, 374, 402, 471-472, 474, 479, 506, 534, 536, 552, 629, 632, 639, 641, 648, 657, 659-660, 663
GUISE (Louis de), cardinal : 632, 639, 660, 668, 670-671, 673, 676, 683, 691
GUISE (Louise de) : 259, 309
GUISE (Marie de), *voir* MARIE DE GUISE

H

HABSBOURG (les) : 25, 41, 112, 114, 117, 123, 171, 199, 201, 207, 288-289, 345, 484
HENRI D'ALBRET, roi de Navarre : 388
HENRI II de Lorraine, marquis de Pont-à-Mousson, puis duc de LORRAINE : 350, 629
HENRI II, roi de France : 160, 163, 185-186, 204-208, 212-215, 218-220, 222, 225, 227, 239, 241-242, 245, 248-249, 251-260, 262-263, 265, 267-273, 275-284, 287, 289-291, 296, 298-299, 308-309, 313-315, 317, 319-320, 325-327, 330-332, 335, 360, 380, 382, 389, 397, 400, 459, 464, 494, 500, 502, 535, 551, 562, 565, 616, 633, 662, 693, 710
HENRI III, duc d'Anjou, puis roi de France : 17, 272, 297, 308, 338, 347-348, 352-353, 358, 362, 386, 395-396, 399, 421, 454, 456-458, 460-461, 464, 469-470, 472, 480, 488, 493-494, 500-501, 503-504, 511, 516-520, 522-523, 525-561, 564-586, 591, 593, 595, 597-603, 608, 612, 617-620, 623, 625-638, 641-642, 648-660, 662, 665-685, 688-691, 697, 700, 703
HENRI IV, roi de Navarre, puis roi de France : 16, 24, 72, 153, 292, 298, 302, 338, 383, 386, 391, 394,

398, 411, 451, 459-463, 474-475, 490, 494, 499, 507-515, 520-525, 561-562, 576-577, 581, 595, 597-599, 601-602, 604-623, 626-627, 629-631, 640-641, 662, 672-674, 676-685, 687, 690-694, 696-700, 702-705, 710

HENRI VII, roi d'Angleterre : 59, 127, 148, 152, 425

HENRI VIII, roi d'Angleterre : 125-128, 131-132, 135, 137-141, 152, 159, 163, 171, 180, 183, 205, 241, 261, 307, 309, 311-313, 319-320, 322-324, 342

HENRIETTE DE FRANCE, reine d'Angleterre : 700

HEPBURN (le clan) : 440

HERCULE DE FRANCE, *voir* FRANÇOIS D'ALENÇON-ANJOU

HÉROARD (Jean) : 700

HOMÈRE : 423

HORN (comte de) : 404

HUGO (Victor) : 252

HUMIÈRES (Jean d') : 273

HUMIÈRES (Mme d') : 273

I

INCHY : 604

INNOCENT VIII, pape : 46, 51

ISABELLE D'AUTRICHE, reine de Danemark : 198, 200

ISABELLE DE BRETAGNE : 37, 227

ISABELLE DE CASTILLE : 52, 121

ISABELLE DE PORTUGAL, épouse de Charles Quint : 177, 186-187, 202, 220

J

JACQUES Ier STUART, roi d'Écosse : 34

JACQUES IV STUART, roi d'Écosse : 125-126, 307

JACQUES V STUART, roi d'Écosse : 219, 309-311

JACQUES VI STUART, roi d'Écosse, plus tard Jacques Ier d'Angleterre : 431-432, 438, 442, 444-445, 643-645, 648

JAGELLON (Anna) : 518, 529

JAGELLONS (les) : 516

JANE GREY, *voir* GREY, Jeanne

JEAN DE TROYES, chroniqueur : 72

JEAN III, roi de Portugal : 202

JEAN-CASIMIR, prince Palatin : 573-574

JEANNE D'ALBRET, reine de Navarre : 215, 262, 370, 379, 381-382, 388-392, 397, 401, 452, 462-463, 502, 507-508, 512-513, 532, 608, 621, 712

JEANNE DE CASTILLE, dite « la Folle » : 112, 190, 197, 201, 224

JEANNE DE FRANCE, reine de France : 16, 24, 42, 68-69, 71-99, 101, 105, 114, 143, 370, 691, 708

JEANNE, fille mort-née de Catherine de Médicis : 273

JEANNE SEYMOUR, reine d'Angleterre : 323

JOYEUSE (Anne de Batarnay, baron d'Arques, duc de) : 546, 549, 552-553, 567, 641, 689

JUAN D'ARAGON, infant d'Espagne : 43, 52, 189

JUAN D'AUTRICHE (don) : 604

JUANA (doña), reine de Portugal : 396, 458-459, 507

JULES II, pape : 117-119

JUSTE (Jean), sculpteur : 136

K

KNOX (John) : 314, 415-417, 420, 424, 426, 445, 590

L

LA BÉRAUDIÈRE (Mlle de) : 677

LA FONTAINE (Jean de), confesseur de Jeanne de France : 74

La Marck (Guillaume de), duc de Clèves : 215, 389, 532
La Mirandole (Mlle de) : 552
La Mole (Boniface de) : 522-525
La Renaudie : 333
La Roche-sur-Yon (princesse de) : 603
La Tour (Anne de) : 232
La Tour d'Auvergne (Madeleine de) : 303
La Tour (Jean de) : 232
La Tour (Madeleine de) : 232-233
La Tour (maison de) : 255
La Trémoille (Louis de) : 85-86, 96, 103, 175
Lafayette (Mme de) : 275
Lalaing (comte de) : 604
Lalaing (comtesse de) : 604
Lamartine (Alphonse de) : 350
Langley (frère), moine : 137
Lannoy (Charles de), vice-roi de Naples : 175, 186
Lautrec (Odon de Foix, vicomte de) : 173
Lefèvre d'Étaples : 183
Lennox (Margaret Douglas, comtesse de) : 425
Lennox (Mathieu Stuart, comte de) : 425
Léon X (Jean de Médicis), pape : 231, 233-235
Lescot (Pierre) : 298
L'Estoile (Pierre de) : 496, 541-542, 546, 548, 550-551, 557, 577, 614, 635, 653, 655, 662
L'Hôpital (Michel de), chancelier : 353, 360, 379, 396, 405-406
Lignérac (François de) : 686-688
Limeuil (Isabelle de) : 382, 406, 461
Linières (François de Beaujeu, seigneur de) : 41, 74-75, 77-78
Longueville, *voir* Dunois
Lorraine (Christine de), grande-duchesse de Toscane : 350, 594, 640-641, 658, 662, 690
Lorraine (le duc de) III, *voir* Charles III
Lorrains (les), *voir* Guises
Louis, fils de Henri II et de Catherine de Médicis, mort en bas âge : 273
Louis IX (Saint Louis), roi de France : 31, 168, 232, 329, 346, 392, 565, 627
Louis XI, roi de France : 33-40, 48, 50, 58, 67-71, 73-81, 83, 85, 91, 93, 95, 102, 107, 168-169, 175, 229-231, 370, 564-565, 686, 689
Louis XII (Louis d'Orléans), roi de France : 36-37, 42, 49, 54, 57, 64-66, 68-73, 75-91, 93-99, 101-107, 109-121, 123-126, 128-133, 135-137, 140-141, 143-144, 146-154, 169, 191, 200, 230, 288-290, 300, 307-308, 380, 691, 710
Louis XIII, roi de France : 401, 698, 700
Louis XIV, roi de France : 45, 275, 710, 712
Louise de France, fille aînée de François Ier : 155, 158, 160, 162
Louise de Lorraine-Vaudémont, reine de France : 17, 302, 527, 534-538, 546-560, 566, 572, 591, 614, 625-626, 632-633, 641, 650, 653-655, 662, 665-669, 672-682, 708
Louise de Savoie : 17, 31, 113, 120, 134, 137, 139, 147-153, 155-156, 158, 160, 162-165, 195-196, 208, 215-216, 225, 231, 252, 255, 278, 291, 504
Lucinge (René de) : 542, 546
Luther : 182-183, 214, 243

M

Machiavel : 233, 356
Madeleine de France, 3e fille de François Ier, reine d'Écosse : 163, 219
Madeleine de France, reine d'Écosse : 160, 307
Maillé (Françoise de) : 75
Maitland de Lethington (Guillaume) : 419, 434

MALASSIS (seigneur de) : 411

MANUEL ou EMMANUEL Ier, roi de Portugal : 178, 200-202, 204

MARGUERITE D'ANGOULÊME, duchesse d'Alençon, puis reine de Navarre : 109, 147-150, 152-155, 157-158, 165, 175-179, 182-183, 202, 210, 213-215, 222, 238, 249, 262

MARGUERITE D'AUTRICHE, duchesse de Savoie, régente des Pays-Bas : 17, 39-41, 45, 50-52, 54, 59, 125, 128, 188-196, 198, 200, 204, 209, 216-217

MARGUERITE DE FRANCE, dernière fille de François Ier, duchesse de Savoie : 160, 163, 214, 249, 261, 281, 383, 568

MARGUERITE DE HABSBOURG, bâtarde de Charles Quint : 239, 243

MARGUERITE DE NAVARRE, ou d'Angoulême : 16, 300, 388-389, 609

MARGUERITE DE VALOIS, reine de Navarre, puis de France, dite la « reine Margot » : 16, 18, 24, 269, 273, 297, 302, 340, 351, 386, 395-396, 451, 458-464, 468, 481, 485, 496, 499-516, 518, 520-522, 524-526, 550, 552, 578, 580-581, 584, 595, 597-600, 602-623, 626, 641, 682-702, 704-706, 708-710

MARGUERITE D'ÉCOSSE, reine de France : 34

MARGUERITE D'YORK, dite « Madame la Grande », troisième épouse de Charles le Téméraire : 198

MARGUERITE TUDOR, reine d'Écosse : 125-126, 307, 324

MARIA DE PORTUGAL, fille d'Éléonore d'Autriche : 202-203, 212, 221, 224

MARIE D'ANGLETERRE, reine de France : 16, 123-142, 146, 191, 708

MARIE D'AUTRICHE : 484, 491

MARIE D'AUTRICHE, ou de HABSBOURG, sœur de Charles Quint, reine de Hongrie : 198, 217, 219, 221, 224

MARIE DE BOURGOGNE, fille de Charles le Téméraire : 38-39, 42, 112

MARIE DE GUISE, reine d'Écosse : 308-309, 311-318, 336, 341, 416, 435

MARIE DE MÉDICIS, reine de France : 16, 298, 695-697, 700, 705

MARIE ou MARIA D'AUTRICHE, ou de HABSBOURG, fille de Charles Quint, épouse de Maximilien II : 223-224

MARIE STUART, reine d'Écosse et de France : 16, 271, 281, 285, 297, 301, 305-306, 316, 319-325, 329-331, 334, 336-344, 349, 412-415, 417-430, 432-438, 440-449, 451, 486, 587-588, 642-648, 663, 671, 709

MARIE ou MARY TUDOR, « la Sanglante », reine d'Angleterre : 141, 159, 280, 320, 322, 324-325, 586, 589

MARIE-ÉLISABETH (ou MARIA-YSABEL) DE FRANCE : 492, 494-496

MARIÉJOL (J.-H.) : 452

MAROT (Clément) : 110, 157, 209, 220

MAROT (Jehan) : 110

MARTYR (Pierre), *voir* VERMIGLI

MATIGNON (maréchal de) : 640, 684-686

MAUGIRON : 548

MAUREVERT (Charles de Louviers, sieur de) : 471-473

MAXIMILIEN Ier, empereur germanique : 37, 39, 41-43, 45-46, 48, 50-51, 53, 59-60, 102, 105, 112-113, 115-116, 190, 198-201, 205

MAXIMILIEN II, empereur germanique : 223, 235, 458, 484-485, 491, 530

MAYENNE (Charles de Lorraine, duc de) : 632, 640, 649, 672-673, 679

MÉDICIS (Alexandre de) : 138, 229, 235-239, 243, 276

MÉDICIS (Côme de), dit l'Ancien : 229

MÉDICIS (Hippolyte de) : 235-240

MÉDICIS (Jean de), *voir* LÉON X, pape

MÉDICIS (Jules de), *voir* CLÉMENT VII, pape

MÉDICIS (Julien de), frère de Laurent le Magnifique : 235

MÉDICIS (Julien de), frère de Pierre le Malchanceux : 231
MÉDICIS (Laurent Ier de), dit le Magnifique : 229-230, 232
MÉDICIS (Laurent II de), fils de Pierre le Malchanceux, duc d'Urbino, père de Catherine de Médicis : 230-234
MÉDICIS (les) : 227, 229-231, 233-238, 243, 245, 255, 350, 565
MÉDICIS (Lorenzo de), dit Lorenzaccio : 239
MÉDICIS (Pierre de), dit le Goutteux : 229-230
MÉDICIS (Pierre de), dit le Malchanceux : 229-231
MENDOZA : 590
MERCŒUR (Philippe-Emmanuel de Lorraine, duc de) : 632, 666, 679, 681
MÉROVINGIENS (les) : 635
MESCHINOT (Jehan) : 110
MÉZERAY (François Eudes de) : 571
MICHEL-ANGE : 234
MICHELET (Jules) : 151, 303
MIRON : 667
MONLUC (Blaise de), maréchal : 395, 411
MONLUC (Jean de), évêque de Valence : 516-517
MONTAIGNE (Michel de) : 396, 549, 610, 704
MONTECUCCULI : 218
MONTFERRAT (duc de) : 152
MONTGOMERY (Gabriel de Lorges, comte de) : 282, 494, 562
MONTMORENCY (Anne de), grand maître, puis connétable : 206, 215, 256, 260, 271, 276, 278-280, 296, 309, 319, 326-327, 331, 365, 368, 372, 394, 401, 404-405, 407, 411, 570
MONTMORENCY (François de), maréchal : 562, 573, 673
MONTMORENCY (Henri de), *voir* DAMVILLE
MONTMORENCY (les) : 520, 562
MONTMORENCY (Mme de) : 254
MONTPENSIER (Catherine de Lorraine, duchesse de) : 632, 635
MONTPENSIER (Louis de Bourbon, duc de) : 632
MORAY (James Stuart, comte de) : 342, 415, 421, 426, 431, 434, 445-449
MOROSINI : 651
MUSSET (Alfred de) : 238

N

NASSAU (Guillaume de), prince d'Orange, dit « le Taciturne » : 642
NASSAU (Louis de) : 521
NEMOURS (Jacques de Savoie, duc de) : 271, 384, 632
NEVERS (duchesse de), *voir* CLÈVES (Henriette de)
NEVERS (Louis de Gonzague, duc de) : 474-475, 573
NICOLAS (Gilbert) : 74
NORFOLK (duc de) : 643
NOSTRADAMUS (Michel de Notre-Dame, dit) : 274, 282, 338, 394, 516

O

ORANGE, *voir* NASSAU
ORANGE (Guillaume de Nassau, prince d') : 281
ORANGE (Jean de Chalon, prince d') : 102
ORLANDO, *voir* CHARLES-ORLAND et ROLAND
ORLÉANS (Charles, duc d'), père de Louis XII, poète : 70-71, 75, 124, 150
ORLÉANS (Jean d') : 150
ORLÉANS (Louis d'), *voir* LOUIS XII
ORNANO (colonel d') : 650
ORSINI (famille romaine) : 230
OSSAT (Arnauld d') : 680
OVIDE : 422

P

PARÉ (Ambroise) : 283, 349, 471, 473
PASQUIER (Étienne) : 704
PAUL III, pape : 219
PAUL-ÉMILE : 228
PAULET (Amyas) : 647
PAZZI (famille florentine) : 229
PÉPIN LE BREF : 635
PÉTRARQUE : 422
PHILIBERT II le Beau, duc de Savoie : 189-190, 192
PHILIPPE, dit « sans Terre », duc de Savoie : 147
PHILIPPE Ier de Habsbourg, « le Beau », archiduc, puis roi de Castille : 39, 50-51, 112, 114, 190, 197, 199
PHILIPPE II Auguste, roi de France : 30, 288
PHILIPPE II de Habsbourg, fils de Charles Quint, roi d'Espagne : 204, 223, 279, 281, 288, 320, 324, 332, 340-341, 351, 355, 360, 368, 378, 395, 397, 399-401, 403, 407, 421, 459-460, 465, 484, 495-496, 584-586, 591, 593-594, 604, 628, 631, 642-644, 646, 656, 685
PHILIPPE III, roi de France : 627
PHILIPPE IV le Bel, roi de France : 24, 119, 152
PIBRAC (Guy Du Faur de) : 610
PIE IV, pape : 379
PIE V, pape : 467
PIERREVIVE, *voir* GONDI
PILON (Germain) : 298, 662
PINART : 652, 656
PIOLANS (Mme de) : 667
PISSELEU (Anne de), *voir* ÉTAMPES
PLATON : 249, 423, 610
PLUTARQUE : 274, 422, 464, 544
POITIERS, *voir* SAINT-VALLIER et DIANE
POLHEIM (le maréchal de) : 43
POLTROT (Jean de), sieur de Méré : 372
POPINCOURT (Jane) : 127
PRIMATICE (le) : 298
PROUST (Marcel) : 441

Q

QUÉLUS, *voir* CAYLUS

R

RABELAIS : 73, 610, 681, 703
RAPHAËL : 232, 234
REBOURS : 614
RENÉ, *voir* BIANCHI
RENÉ Ier D'ANJOU, « le Bon », roi de Naples : 57, 107
RENÉ II, duc de Lorraine : 308
RENÉE DE FRANCE, fille de Louis XII et d'Anne de Bretagne, duchesse de Ferrare : 106, 117, 145, 300, 308, 380
RENÉE DE LORRAINE, duchesse de Bavière : 535
RETZ (maréchal de), *voir* GONDI
RETZ (maréchale de) : 515, 518
RICCIO (David) : 427-428, 430-431, 433-436, 645
RICHARD III, roi d'Angleterre : 127
RICHELIEU : 517
RIDOLFI : 643
RIEUX (Renée de), demoiselle de Châteauneuf : 382, 536, 552
ROBBART (Amy) : 424
ROBERT DE CLERMONT : 627
ROBERTET (Florimond) : 115
RODOLPHE DE HABSBOURG, archiduc : 458
ROHAN (Anne de) : 109
ROHAN (Jean II, vicomte de) : 42
ROLAND, neveu de Charlemagne : 57
RONSARD (Pierre de) : 219, 249, 273, 302, 325, 343, 371, 375, 386, 388-389, 396, 402, 422, 424, 487, 532, 680
ROUSSEL (Gérard) : 183
ROVERE, *voir* DELLA ROVERE
RUGGIERI (Côme) : 525
RUTHVEN (Lord) : 428

S

SAINT-ANDRÉ (maréchal de) : 365
SAINT-GERMAIN (Julien de) : 661
SAINT-JULIEN (Gabriel Dat de) : 703
SAINT-LUC (François d'Épinay, seigneur de) : 556, 579
SAINT-RÉAL : 399
SAINT-VALLIER (Jean de Poitiers) : 251, 254
SALVIATI : 479, 546
SALVIATI (famille florentine) : 230
SAULX-TAVANNES (Gaspard de) : 170, 271, 327, 331, 335, 354, 356, 388, 409, 457, 474
SAUVE (Charlotte de Beaune, baronne de) : 523-524, 579
SAVOIE (Philiberte de) : 231
SAVOIE (René de), dit « le Grand Bâtard » : 175
SAVOIE-NEMOURS (Jeanne de), comtesse de Vaudémont : 534
SAVONAROLE : 230, 236
SCHILLER (Friedrich von) : 340, 399
SCIPION L'AFRICAIN : 228
SÉBASTIEN, roi de Portugal : 458
SEMBLANÇAY, surintendant des Finances : 156
SERVET (Michel) : 299
SÉVIGNÉ (marquise de) : 148
SEYSSEL (Claude de) : 106, 119
SFORZA (François) : 177
SFORZA (Galéas) : 62
SFORZA (Ludovic), duc de Milan : 62, 64, 75, 144
SHAKESPEARE (William) : 127, 611
SIBILLE, maîtresse de Charles VIII : 61
SIGISMOND-AUGUSTE II, roi de Pologne : 516
SIMIER (Jean de) : 590
SIXTE IV, pape : 230
SIXTE QUINT, pape : 670
SODERINI (famille florentine) : 230
SOLIMAN LE MAGNIFIQUE : 399
SOREL (Agnès), favorite de Charles VII : 55, 107
SPINOLA (Thomassine) : 106
STROZZI (Clarisse) : 276
STROZZI (famille florentine) : 230
STROZZI (Laurent) : 276
STROZZI (Léon) : 276-277
STROZZI (Philippe) : 276
STROZZI (Pierre) : 276-277, 327
STROZZI (Robert) : 276
STUART (James), *voir* MORAY
STUART (MARIE), *voir* MARIE STUART
STUARTS (les) : 310, 414, 425, 431, 435
SUÉTONE : 422
SUFFOLK (Charles Brandon, duc de) : 128-129, 134-135, 137-141
SULLY (Maximilien de Béthune, baron de Rosny, duc de) : 468, 672

T

TAVANNES, *voir* SAULX
TENCZYNSKI (comte) : 529-530
THORIGNY (Gilonne de) : 600
THOU (Jacques-Auguste de) : 601, 661
TITUS, empereur romain : 45
TOUCHET (Marie) : 490-491, 662, 697
TOURNON (le cardinal de) : 206
TUDORS (les) : 425
TURENNE (Henri de La Tour d'Auvergne, vicomte de), plus tard duc de Bouillon : 382, 571, 613

U

URFÉ (Honoré d') : 696
UZÈS (duchesse d') : 582, 606

V

VALOIS (Charles de), comte d'Auvergne : 662, 697
VALOIS (les) : 291-292, 338, 353, 487, 501, 516, 595, 623, 633, 658, 699, 705, 712
VALOIS-ANGOULÊME (Charles de), époux de Louise de Savoie : 147
VAN BOGHEM : 189

VASARI : 215, 242
VAUDÉMONT (Nicolas de Mercœur, comte de) : 534, 537
VENDÔME (Alexandre de) : 695
VENDÔME (César, duc de) : 681, 695, 699
VERDI (Giuseppe) : 340, 399
VERMIGLI (Pierre), dit Pierre Martyr : 364
VÉRONÈSE : 215
VÉSALE : 283
VICTOIRE, fille de Catherine de Médicis, morte à deux mois : 273
VIEILLEVILLE (maréchal de) : 484-485
VILLARS : 703
VILLEQUIER (René de) : 542
VILLEROY (Nicolas de Neufville, seigneur de) : 547, 656
VISCONTI (Valentine) : 64, 75, 154
VITTEAUX (Yves d'Alègre, baron de) : 601

W

WALSINGHAM (Lord) : 644-646
WISHART (George) : 416
WOLSEY (cardinal), ministre de Henri VIII : 131-132, 137, 140

X

XÉNOPHON : 410

Z

ZÉNOBIUS : 230
ZWEIG (Stefan) : 433, 437, 441, 443

Remerciements

Étant venue à l'Histoire tardivement, je ne suis la disciple de personne. Ma dette en est d'autant plus grande à l'égard de tous les historiens dont les œuvres ont inspiré et orienté mon travail. On les trouvera en bonne place dans ma bibliographie. Un grand merci à eux !

Aux éditeurs qui m'ont ouvert leurs portes. Ils ne sont que deux et je n'en ai point cherché d'autres :

Bernard de Fallois, mon strict contemporain, à qui me lia une indéfectible amitié.

Benoît Yvert, de la génération suivante, qui a bien voulu recueillir chez Perrin la vieille dame que je suis devenue.

À mes amis du *Figaro Histoire* – et au premier de tous, Michel De Jaeghere.

À quelques amis personnels plus jeunes que moi, notamment Philippe Martial et Claude Ameline, et mon ancienne élève Brigitte Agard, qui m'ont poussée à ne pas déposer la plume.

Aux lecteurs – d'origines sociales très diverses – qui aiment mes livres et prennent la peine de me le faire savoir.

À mes enfants et petits-enfants, qui m'aident à supporter les servitudes du grand âge. Mais ils ont de la chance : en ce domaine, l'activité intellectuelle constitue la meilleure thérapie.

Table

Préface 9
Préambule 15

PREMIÈRE PARTIE
LE BEAU XVIe SIÈCLE

PROLOGUE. LE MÉTIER DE REINE 23

Mariage (23). – Vie quotidienne (25). – Représentation (28). – Pouvoir (29).

I. LES NOCES DU LIS ET DE L'HERMINE 33

Les calculs de Louis XI (33). – L'héritière de Bretagne (36). – « La petite reine » (38). – Les malheurs de la duchesse Anne (42). – Des fiançailles difficiles (44). – La double rupture (45). – Un mariage clandestin (47). – L'adieu à Marguerite (50).

II. LE PREMIER RÈGNE D'ANNE DE BRETAGNE 53

Une union harmonieuse (53). – Maternités (56). – La Grande Entreprise (59). – Les délices de Naples (62). – Le temps des épreuves (64).

III. LE CALVAIRE DE JEANNE DE FRANCE 69

Des fiancés au maillot (70). – Une mauvaise action de Louis XI ? (71). – Berrichonne d'adoption (73). – Le mariage forcé (75). – Une moisson d'humiliations (78). – Une reine encombrante (84). – Un procès à scandale (87). – Où est la victoire ? (95).

IV. LE SECOND RÈGNE D'ANNE DE BRETAGNE 101

Anne de Bretagne marque des points (102). – Le meilleur des couples ? (105). – Anne de Bretagne et sa cour (107). – Un mari pour Claude (111). – Louis XII contre Jules II (117). – La fin (119).

V. UNE ÉTOILE FILANTE VENUE D'ANGLETERRE : MARIE 123

Une nouvelle épouse pour Louis XII (124). – « Plus folle que reine » (127). – Les « amoureuses noces » (129). – Un couple très surveillé (133). – Le sort de Marie (136).

VI. CLAUDE DE FRANCE 143

Une enfance heureuse (143). – « Mon roi, mon seigneur, mon César, mon fils » (147). – « Un seul cœur en trois corps » (149). – Un accueil mitigé (151). – La répartition des tâches (155). – Maternités et voyages 160). – La reine morte (164).

VII. L'ENTRE-DEUX-REINES (1524-1530) 167

« Vassal dépité change de maître » (168). – Pavie (173). – L'ambassade de Marguerite (176). – La régente au pouvoir (179). – Un marché de dupes (184). – Où l'on retrouve Marguerite d'Autriche (188). – La Paix des Dames (Cambrai, 1529) (192).

VIII. ÉLÉONORE D'AUTRICHE 197

Une sœur obéissante (197). – À une princesse il faut un roi (200). – Le retour des otages (204). – La messagère de paix (207). – La reine délaissée (209). – Intercessions illusoires (216). – Le rejet (222).

IX. UNE HÉRITIÈRE SANS HÉRITAGE 227

La fortune des Médicis (227). – « Nos parents, amis et alliés » (229). – Pour le meilleur et pour le pire (232). – Le « rameau vert » dans l'orage (235). – Le pape case neveux et nièce (237). – Un bien beau mariage (240). – La *Duchessina* (241).

X. LA LONGUE MARCHE 247

Se faire aimer (248). – La Grande Sénéchale (251). – À future reine il faut un fils (258). – L'apothéose de Diane (263). – Ménage à trois (268). – La mère des enfants de France (272).

– Premiers pas en politique (275). – Un traité, deux mariages et un enterrement (281).

ÉPILOGUE. VERS UNE ÉCLIPSE DES ROIS 287

Une monarchie qui se veut forte (287). – Une monarchie fragile (290).

SECONDE PARTIE
LES ANNÉES SANGLANTES

PROLOGUE. LE TOURNANT DU SIÈCLE 295

Passation de pouvoir (296). – Des ombres au tableau (298). – Le nouveau visage de Catherine de Médicis (300).

I. LES TROIS COURONNES DE MARIE STUART 305

Les Guises et l'alliance franco-écossaise (306). – Ingouvernable Écosse (309). – Le vert paradis… (315). – Amours enfantines (318). – Une couronne de trop (322). – La lutte pour le pouvoir (326). – Catherine, Marie Stuart et les Guises (329). – Le « tumulte » d'Amboise (333). – La fin de François II (336). – « Adieu, France !… » (339).

II. CATHERINE AU POUVOIR 345

Un pouvoir précaire (345). – Catherine et ses enfants (348). – La quadrature du cercle (353). – Le printemps des huguenots (359). – Le colloque de Poissy (363). – Le massacre de Vassy et ses suites (366). – Une guerre affreuse, qui finit bien (370).

III. LA PACIFICATION MANQUÉE 377

Catherine fait le ménage (379). – La cour, « vrai Paradis » ou « nouvelle Babylone » ? (380). – Une initiative audacieuse : le grand tour de France (383). – Un programme bien conçu (385). – Jeanne d'Albret (388). – Voyage en pays huguenot (392). – L'entrevue de Bayonne (396). – La fin du voyage (401). – La « surprise de Meaux » (403). – La France à feu et à sang (406).

IV. LA CHUTE DE MARIE STUART OU COMMENT ON PERD UN TRÔNE 413

Retour au pays natal (413). – John Knox et l'Église presbytérienne (415). – « Ma très chère et excellente sœur… » (418). – Une reine très convoitée (420). – Le prince charmant (424). – Le baptême du sang (427). – Le jeu de l'amour et de la mort (429). – Chronique d'une mort annoncée (434). – L'attentat de Kirk O'Field (437). – Le scandaleux remariage (440). – L'hallali (444). – Un cas épineux (447).

V. LES NOCES DE SANG 451

L'ère du soupçon (452). – « Un fils si parfait et si chéri… » (456). – Grandes manœuvres matrimoniales (458). – Les initiatives de Charles IX (464). – Une bien curieuse cérémonie (467). – Un tueur maladroit (470). – Conseils de guerre (473). – Le « glas des huguenots » (476). – L'onde de choc (478).

VI. ÉLISABETH D'AUTRICHE 483

La cadette des archiduchesses (484). – Fastes princiers (486). – Charles IX (488). – Le repli en Dieu (491). – La fin d'un règne (493).

VII. LES ESPOIRS ENVOLÉS DE MARGUERITE DE VALOIS 499

La benjamine des filles de France (500). – Initiation à la politique (503). – Premier amour (505). – Le piège tragique (507). – Lendemains de noces (511). – L'épouse d'un roitelet (513). – Le trône de Pologne (516). – François d'Alençon (519). – Le complot du Mardi gras (22-23 février 1574) (521). – La tête du comte de La Mole (523).

VIII. LE SINGULIER ÉPOUX DE LOUISE DE LORRAINE 527

Enfin libre ! (528). – Marie de Clèves (532). – Le choix du roi (534). – Le couronnement de Cendrillon (537). – Un roi féminin (539). – L'était-il, ne l'était-il pas ? (541). – Un être fragile (543). – « J'aime avec extrémité » (546). – Un couple uni (550). – Le drame de la stérilité (554).

IX. LES ENFANTS TERRIBLES DE CATHERINE 561

Les illusions de Catherine (562). – Mère et fils (565). – Occasions manquées (568). – Les frères ennemis (571). – Une atmosphère empoisonnée (577). – Catherine sur les routes (581). – L'entreprise des Pays-Bas (583). – Une idylle à l'anglaise (585). – Un deuil de plus pour Catherine (592).

X. LE COUPLE DE NAVARRE 597

Un tissu d'intrigues (598). – Otage ou médiatrice ? (602). – Diplomatie et thermalisme (603). – Retrouvailles (605). – « Une cour si belle et si plaisante » (609). – Échec politique (611). – Échec conjugal (613). – Retour à Paris (616). – L'affront (618). – L'irréparable (621).

XI. ÉCHEC ET AGONIE DE CATHERINE DE MÉDICIS 625

La crise dynastique (626). – Montée des périls : la Ligue (630). – Une conscience tragique (633). – Faillite politique (637). – La mort de Marie Stuart (642). – Barricades (648). – « J'embrasse mon rival... » (653). – L'éviction de Catherine (656). – La fin de Catherine (658).

XII. LOUISE L'INCONSOLÉE 665

Présence de Louise (665). – Solitude du roi (668). – Les retrouvailles du Plessis-lès-Tours (671). – La dernière couronne (674). – La reine blanche (677). – « Il faut laisser maisons et vergers et jardins... » (680).

XIII. LE « DÉMARIAGE » DE MARGUERITE 683

La fugitive (683). – La prisonnière (688). – Un difficile « démariage » (692). – L'héritage de Catherine (696). – « Vous m'êtes et père, et frère, et roi » (699). – Une vieille dame excentrique (701). – « Une maison vouée à Apollon et aux Muses » (703).

Épilogue. Un siècle de femmes 707
Annexes 715
Repères chronologiques 717
Généalogies 729
Orientation bibliographique 739
Index 745
Remerciements 759

Du même auteur (suite)

Les Reines de France au temps des Valois : 2. Les années sanglantes, éditions de Fallois, Paris, 1994.

Les Reines de France au temps des Valois : 1. Le beau XVIe *siècle*, éditions de Fallois, Paris, 1994.

La Vie du cardinal de Retz, éditions de Fallois, Paris, 1990, ouvrage récompensé par le Prix du Nouveau cercle de l'Union, le Grand Prix « Printemps » de la biographie en 1990 et par le Prix XVIIe siècle ; Librairie générale française, coll. « Le Livre de poche », Paris, 2010.